Albrecht Wolters

Reformationsgeschichte der Stadt Wesel

Albrecht Wolters

Reformationsgeschichte der Stadt Wesel

ISBN/EAN: 9783743664906

Hergestellt in Europa, USA, Kanada, Australien, Japan

Cover: Foto ©Lupo / pixelio.de

Weitere Bücher finden Sie auf **www.hansebooks.com**

Reformationsgeschichte
der
Stadt Wesel,

bis zur Befestigung ihres reformirten Bekenntnisses

durch

die Weseler Synode,

von

Albrecht Wolters,
Pfarrer zu Bonn.

Bonn,
bei Adolph Marcus.
1868.

Inhalt.

		Seite
1.	Einleitung	1
2.	Die Stadt Wesel beim Beginn der Reformationszeit	11
3.	Ruhe vor dem Sturm	20
4.	Die ersten Reformversuche des Clevischen Herzogs Johann III; Anfänge einer kirchlichen Bewegung in Wesel	30
5.	Die Bewegung nimmt einen evangelischen Charakter an; Einfluß der Kirchenordnungen des Herzogs	47
6.	Die Wiedertäufer in Wesel	63
7.	Herzog Wilhelms Regierungsantritt; die Stadt nimmt unter Leitung des Predigers Iman Ortzen von Seeland das evangelische Bekenntniß an	72
8.	Wesel führt trotz des fürstlichen Widerspruchs selbstständig eine evangelische Reformation durch; Nicolaus Buscoducensis Rector, zuletzt Superintendent	83
9.	Bischof Hermanns von Köln Reformation; die Geldrische Fehde und der Vertrag zu Venlo	99
10.	Einwanderung der Walonen und Bildung ihrer französisch redenden Fremdengemeinde zu Wesel	107
11.	Das Interim und seine Folgen	113
12.	Der Augsburger Religionsfriede; Bildung der neulutherischen Parthei der Heshusianer	134
13.	Einwanderung der Reste der Londoner Fremdengemeinde und der Engländer; Anfänge des confessionellen Abendmahlstreites	149
14.	Die Flüchtlinge von Calvin berathen; eine neue Fremdengemeinde bildet sich neben der walonischen aus französisch und englisch redenden Protestanten	162
15.	Streit der neulutherischen Parthei mit den Fremden	171
16.	Melanchthon tritt vergebens für die Flüchtlinge auf; ein Theil derselben wird gezwungen die Stadt zu verlassen	180
17.	Einfluß der Weseler Bedrängniß auf das Geschick der Fremdengemeinden zu Frankfurt	201
18.	Der Versuch, die neulutherische Lehre in Wesel zur Herrschaft zu bringen, wird verhindert	213

		Seite
19.	Der Chorrock bringt zwei Pfarrer, einen Anhänger und einen Gegner der Heshusianer, um ihr Amt............................	225
20.	Der durch das Interim verdrängte Pfarrer Iman wird zurückgerufen; trotz seiner gelingt den Heshusianern die Aufstellung eines städtischen Bekenntnisses (Confessio Wesaliensis) 1561........	230
21.	Streit mit den Walonen über die Annahme des Weseler Bekenntnisses..	236
22.	Das Haupt der gegen die Walonen thätigen Rathsparthei fällt von ihr ab; der in der Stadt erschienene Heshusen wird vertrieben, das Weseler Bekenntniß aufgegeben................................	251
23.	Entlassung der Anhänger Heshusens; die Uebereinstimmung der städtischen mit der walonischen Gemeinde in der Lehre bahnt sich an	264
24.	Sieg der Heshusianer in Essen; hier stärken sich die Reste der Weseler Parthei..	272
25.	Abfall der Niederlande; die unionistischen und confessionellen Bestrebungen namentlich in Antwerpen; Flucht der Niederländer nach Wesel..	286
26.	Befestigung des reformirten Bekenntnisses; Begründung der presbyterialen Kirchenverfassung zu Wesel und am Niederrhein durch die Weseler Synode..	314

Erster Anhang: Die Synode von Wesel.

  I. Das lateinische Protokoll derselben 335
  II. Erläuterungen dazu:
  　1. Der Text... 359
  　2. Die Unterschreiber................................. 368
  　3. Der Inhalt des Protokolls.......................... 380
  III. Deutsche Uebersetzung................................. 402

Zweiter Anhang: Urkunden............................... 431

Register.. 473

Die wichtigsten gedruckten Bücher, welche für die vorliegende Arbeit haben benutzt werden können, finden sich an den betreffenden Stellen in den Anmerkungen angegeben. Die Buchstaben W. R. A. und W. K. A. daselbst verweisen auf das Weseler-Raths- und das Weseler-Kirchen-Archiv (ersteres im Besitz des jetzigen Magistrats, letzteres der evangelischen Gemeinde der Stadt Wesel), aus deren handschriftlichen Schätzen der eigentliche Stoff gesammelt worden ist.

1. Einleitung.

„Genff, Wesell und Rochelle seindt des Teuffels andre Hell."
(Spruch aus dem 16. Jahrhundert.)
„Conserva domine Wesaliam inclytam, hospitium ecclesiae tuae!"
(Gebet der von Wesel scheidenden Niederländer. 1578.)

Am 3. November 1868 werden seit dem Convent niederländischer reformirter Flüchtlinge, welcher unter dem Namen der Weseler Synode bekannt ist, dreihundert Jahre verflossen sein. An ihn wollen diese Blätter erinnern.

Es ist unmöglich die Bedeutung, welche dieser Convent für die evangelische Kirche des westlichen Deutschlands gehabt hat, zu würdigen ohne die Entwicklungsgeschichte der Gemeinde zu kennen innerhalb deren er sich versammelte. Wäre die evangelische Gemeinde von Wesel, welche 1568 bis auf wenige Seelen alle Einwohner der Stadt umfaßte, damals nicht grade so geartet gewesen wie sie es war: so würde er entweder ganz unmöglich gewesen sein, oder wenn er möglich war, als eine Conferenz von fremden Reformirten, die sich hier zusammengefunden um über die Zukunft ihrer vaterländischen Kirche zu berathen, spurlos an ihr vorüber gegangen sein, und würde es im letzteren Falle nur der niederländischen nicht aber der rheinischen evangelischen Kirche geziemt haben, seiner beim Ablauf dieses dritten Jahrhunderts nach seiner Berufung zu gedenken. Nun hat aber der Convent gerade auf die Gemeinde Wesel, die seinen Interessen so nahe stand, vor Allen mächtig gewirkt; und durch diese damals so bedeutende und blühende Stadt, den Vorort der gleich darauf gebildeten Classikalsynode desselben Namens, sind seine Verabredungen und Beschlüsse über Kirchenverfassung schnell angenommen und weiter getragen, und so allmählig Gemeingut der Evangelischen des alten Herzogthums Cleve, ja des Niederrheinlandes geworden. Für die letzteren hat offenbar der Convent die größte Bedeutung gehabt und bedarf es deßhalb keiner besonderen Nachweise der Berechtigung sein Gedächtniß unter ihnen zu erneuern.

Aber auch außerhalb dieses kleineren Kreises wird ihm eine dankbare Erinnerung nicht versagt werden können. Denn diese evangelische Kirche der clevischen Gebiete war es doch, welche, stark durch ihre presbyterialen Ordnungen, die heftigsten Stürme abschlug, durch schwere Nothzeit hindurch auf die freundlichen Tage sich bewahrte da brandenburgische Fürsten ihre Schirmherrn werden konnten; sie war es, die später, ohne irdischen Schutz und trotz der Ungunst einer Zeit die anderswo vielfach den Glauben und das christliche Leben schwächte, in ihren ererbten Verfassungsformen, ohne sonderlichen Schaden zu leiden, stehen blieb, und als sie endlich nach schmählicher Fremdherrschaft wieder an die Krone Preußen fiel, für ihre Verfassung so sehr die Stimmung und Meinung der Evangelischen Deutschlands sich gewonnen hatte, daß die Einführung derselben weit über die alten clevischen Gebiete hinaus gewünscht und erstrebt, und wenigstens in die evangelische Kirche von Rheinland und Westphalen erreicht worden ist. Diese Verfassung aber weist auf den Weseler Convent zurück, ja sie gründet sich auf ihn; und er hat somit auch in unseren Tagen vollen Anspruch auf Beachtung von Seiten der evangelischen Kirche Rheinlands und Westphalens nicht nur, sondern auch der ganzen deutschen evangelischen Kirche so weit sie an der Beantwortung der Frage nach ihrer besten und bewährtesten Verfassung sich betheiligt.

Das Land auf beiden Ufern des Rheines, von Basel an bis da wo er die deutsche Erde verläßt, in diesem weiten Sinne das **Rheinland**, hat eine ganz eigenartige Reformationsgeschichte. Dieses große Gebiet war seiner ganzen Ausdehnung nach vom Norden bis zum Süden hin in besonderer Weise auf die Reformation vorgebildet und vorbereitet, und ist deßhalb auch auf allen Punkten ziemlich gleichmäßig auf sie eingegangen. Nur zuletzt, und auch nur strichweise, war es durch die Vorschule des **Humanismus** gegangen; allgemeiner und Jahrhunderte lang hatte hier überall die Richtung der **Mystiker** gewirkt, welche im poetischen Süden die Gottesfreunde, im prosaischeren Norden die Brüder und Schwestern des gemeinsamen Lebens erzeugte, eine Richtung theoretischer und praktischer Frömmigkeit die den überschwänglichen Heinrich Suso am Oberrhein ausrufen ließ: „Wafen! ich swimme in der gotheit als ein adler in dem lufte!" und eine Schwester des Agnetenconvents zu Emmerich am Niederrhein lehrte sich beim kärglichen Mahl immer das schnödeste Stückchen zu langen und dabei zu denken „Gretchen, für dich ist es gut genug: deinen Heiland hat man mit Essig und Galle gespeist." Während die ferner vom schönsten deutschen Strom östlich und westlich gelegenen Gebiete gleich zu Anfang der religiösen Bewegung denjenigen tonangebenden Stimmen folgten, welche die lutherische oder die reformirte Glaubensfassung leiteten: bildete und erhielt sich in den Gebieten dieses Rheinlandes in überraschender Uebereinstimmung lange ein Geist, der sich mit den beiden großen Hälften der evangelischen Bewegung gleich einig, aber doch auch jeder von ihnen gegenüber selbstständig wußte, der in der Herrschaft eines schulgerecht gegliederten theologischen Lehrsystems Verkümmerung des Glaubens witterte und sie darum bekämpfte, Gottes Wort über alle Bekenntnisse und Lehrnormen stellte und darin sich eine Unionsrichtung bewahrte. Man hat kürzlich diesen Charakter der rheinischen Kirche wohl den Melanchthonischen genannt. Der neue Name mag immerhin gelten so fern er daran erinnert, daß Melanchthon es war, welcher bis ans Ende selbstständig unter den mancherlei Richtungen in der evangelischen Kirche stand, ihre Lehrfassung und Lehrbildung nicht für an einem bestimmten Tage abgeschlossen erklären mochte, allezeit unter ihnen vermittelte, und namentlich ihr Auseinandergehen in zwei Heerlager deßhalb nicht zugeben wollte, weil er die beiden vorhandenen Hauptströmungen für gleichberechtigt hielt, in ihrer Zusammenfassung die Wahrheit, in ihrer Sonderung und Vereinzelung aber die Beschädigung derselben sah, überhaupt aber nicht gewillt war der Theologie den Glauben zum Opfer zu bringen. Denn in ähnlicher Weise hat die, von der persönlichen Einwirkung Melanchthons anfangs ganz, und lange fast ganz unberührte rheinische Kirche der Reformationszeit, auf hundert Punkten zugleich von evangelisch lehrenden selbstständigen Männern erfaßt und geleitet, selbstständig sich so ent=

wickelt, daß sie sich nicht dahin bringen ließ für den immer streitiger werdenden Unterschied der reformirten und lutherischen Lehre sich zu erhitzen. Wo in ihr der Kampf zwischen Lutheranern und Reformirten im sechzehnten Jahrhundert überhaupt entbrannt ist, da ist er von auswärts her in sie übertragen, nicht urwüchsig aus ihr hervorgegangen. Die Eigenthümlichkeit und Anlage des Volkes selbst wie die politischen und religiösen Umstände, worunter die evangelische Kirche hier sich bildete und baute, bot geraume Zeit keinen Boden für dies ausländische Gewächs dar. Vielmehr stand es so, daß die evangelische Richtung welche hier einwurzelte, nirgends durch die angenommene Schultheologie eines Reformators sich hat bestimmen lassen wollen; und nur sehr langsam, Schritt für Schritt, und oft durch die zufälligsten Ursachen sind die vielen Landschaften, woraus das Rheinland bestand, in wunderlicher Abwechslung, theils mehr lutherisch, theils mehr reformirt, gefärbt worden.

Wesel macht darin keine Ausnahme. Nicht in plötzlichem Bruch, sondern allmählig löst sich anfangs auch hier das evangelische Leben aus den Hüllen des Katholizismus, worin es naiv genug und länger als wir erwarten gesteckt hat. Der Kampf der Stadt mit ihrem Fürsten, welcher eigensinnig die schon absterbenden humanistischen Ideen, in die sein Lehrer Heresbach ihn eingeführt hatte, den frischen treibenden kirchlichen Ideen seiner Zeit nicht opfern wollte, hemmt dies Leben nur so viel als er es fördert. So wenig nach irgend einer Seite zugespitzt ist noch 1545 die religiöse Stimmung der deutschen Stadt, daß die vor den spanischen Gewaltthaten flüchtenden französisch redenden Wallonen ohne alles Bedenken willige Aufnahme finden. Nach dem Interim, und da der Passauer Vertrag der Bürgerschaft die volle Freiheit religiöser Bewegung zurückgab, bildet sich durch Heresbachs persönliche Beziehungen zu Melanchthon vermittelt, eine gewisse Vorliebe für Diesen, für die Augsburger Confession, für Bischof Hermanns Reformationsordnung. Vergebens verschleppen dann die Heshusianer ihren neulutherischen Abendmahlsstreit in die, von den Resten der niederländischen Fremdengemeinden Lasco's in London, von den mit ihnen zugleich geflohenen Engländern erfüllte, durchwachsene und bestimmte Stadt; vergebens versteigt sich das Streben einer Parthei, um die von Genf berathenen und von Wittenberg beschützten Fremden los zu werden bis zur Aufstellung einer neulutherischen Confession der Stadt: denn als der Abfall ihres Partheihauptes über Nacht den unnatürlichen Haber abbricht, zeigt sich wie wenig er hier hingehörte, indem die Bürgerschaft sogleich ihren früheren, wenn man will melanchthonischen, Standpunkt wiederfindet. Nun endlich verschafft die Einwanderung der vor Alba geflohenen Niederländer ihnen und ihrer Lehre das Uebergewicht, und der Convent ihrer bedeutenden, für ihre zersprengte vaterländische „Kirche unter dem Kreuz" besorgten Häupter drückt der Stadt das reformirte Gepräge in Lehre und Kirchenverfassung auf. Wäre, wie in Frankfurt und Straßburg, so auch in Wesel die Springflut der Neulutheraner durchgedrungen: so würde die Stadt dadurch unfähig geworden sein diese Niederländer nur zu beherbergen, geschweige denn von ihnen ein Gemeindeleben anzunehmen, das sich in Presbyterien und Synoden in sich selber und gegen die Welt abschloß; und so würden vierzig Jahre später die brandenburgischen Fürsten, als sie die Erbschaft der clevischen Herzoge antraten, nicht die einzige presbyterial verfaßte Kirche der Reformation auf deutschen Boden als Monument und Document, als Frucht und Keim zugleich, in bessere Zeiten haben hinüber retten können.

Die eben angedeutete Entwicklung der Weseler Gemeinde verläuft, obwohl sie weithin wirkt, und vorübergehend selbst das Geschick der Kirchen zu Frankfurt und Essen berührt, meist auffallend ruhig, selten stürmisch, ganz unbefleckt von schändlicher Gewaltthat; und da Männer wie die Humanisten Hermann Busch und Konrad von Heresbach, der Märthrer Adolph Clarenbach, Calvin und Melanchthon, Tileman Heshusen der geborene Weselaner, Marnix von S. Aldegonde und Peter Dathen ihre Spuren ihr eingedrückt haben: so kann es nicht fehlen, daß wir, indem wir ihr folgen, fortwährend aus dem stillen Winkel des clevischen Herzogthums in die größeren Bewegungen der Welt zu blicken veranlaßt werden.

Alle Mächte und Partheien, welche jene bedeutende Zeit bewegten, treten der Reihe nach auf diesem engen Schauplatz auf, und es gewährt deshalb die Reformationsgeschichte Wesels mehr als die irgend einer anderen deutschen Stadt, wenn nicht von Anfang bis zu Ende so doch für eine lange Zeit, ein farbiges kleines Abbild der großen Reformationsgeschichte unseres deutschen Volkes. Nur für den kurzen Zeitraum weniger Jahre ist sie durch den Zank der Neulutheraner mit den Melanchthonianern und Reformirten ausgefüllt. Es ist kein anmuthiges Geschäft an diesen unerquicklichen Streit erinnern zu müssen mitten in einem Gebiete, welches in der Union der zu lange gegen einander gereizten und von einander getrennt gehaltenen Schwesterkirchen seinen Schmuck und Segen zugleich sieht. Doch wiegt dabei die Hoffnung auf mögliche Frucht reichlich jedes unangenehme Gefühl auf. Denn diese Weseler Ereignisse sind besonders geeignet einen gar nicht zu mißdeutenden Belag für die zwei Wahrnehmungen abzugeben, welchen Keiner sich entziehen kann der unbefangen sich mit der Geschichte der sinkenden Reformationszeit beschäftigt. Die eine ist die wenig erhebende: daß wir Nachgebornen uns kaum einen Begriff von der Verbitterung machen können, womit damals in ganzen Schichten des Volkes Reformirte und Lutheraner sich gegenüber gestanden haben. Die andere, tröstliche, ist die: daß die modernen Sturmläufer aus Gebieten die nicht wissen was Union ist, welche den alten schmählichen Streit wieder anblasen möchten, sich deßhalb vergebens bemühen, weil die Erneuung und Entwickelung des Glaubenslebens in der Liebe auf reformirtem, lutherischem und unirtem Gebiet durchgängig die Erste Grundvoraussetzung dazu weggebrochen hat, — die nämlich: daß es sich in diesem Streit nicht etwa nur um gute oder bessere Lehre, sondern darum handle wer von den Beiden, der Reformirte oder der Lutheraner, ganz gewiß selig werde, und wer von ihnen eben so gewiß zur ewigen Verdammniß fahre? Die Lutheraner wie die Reformirten unserer Tage, wo sie etwa Lust verspüren in gelehrtem Bücherstreit die Federn gegen einander zu spitzen, oder im Leben hie und da sich zu necken; die Confessionellen wo sie etwa wie vor Zeiten der Poet Frischlin im Haß der Unionsfreunde, dieser Mittelsleute, das Odi neutrales hören lassen, und durch ihr Poltern weichere Seelen verschüchtern: sie werden doch allesammt, wenn sie sich nur zuvor umsehen, Anstand nehmen, selbst in den Besten derjenigen Männer welche vor Jahrhunderten unter jenen Namen sich befehdeten, ihre Vorbilder in polemischer Gesinnung anzuerkennen. Der große Jurist Franz Hotoman, aus deutschem

Geschlecht in Paris geboren, der sich auf seine Bibel wie auf sein Corpus Juris verstand, Cicero wie Stücke der Pandecten commentirte, und über die Abendmahlsfrage mit derselben Genauigkeit wie über die feinste Rechtsfrage verhandelt hat; der ohne jedes Bedenken und wie wenn es sich von selbst verstünde die geliebte französische Heimath, einen hoch verehrten katholischen Vater, reichen Besitz, noch reichere Lebenshoffnungen freudig seinem Calvinismus opferte, um auf deutscher Erde trotz all seines Ruhmes ein elendes Leben zu führen, schob die Schuld der Zuchtlosigkeit seiner Zeit in Deutschland auf die neulutherische Lehre vom Abendmahl auf „diese teuflische Ubiquität, welche wohin sie gerathe allen Lastern Thür und Thor öffne!" [1]) Der viel gepriesene Sänger **Philipp Nicolai**, ein Mann der in lieblichen Versen den Heiland als den Morgenstern, in erhabenem Wächterlied seine Wiederkunft als die des Bräutigams zur sehnenden bräutlichen Gemeinde gefeiert hat wußte „die Calvinianer besser nirgend abzumalen denn mit diesen prophetischen Worten der Schrift: in ihrem Munde ist nichts Gewisses, ihr Inwendiges ist Herzeleid, ihr Rachen ist ein offenes Grab, mit ihren Zungen heucheln sie. Sie legen den ersten Ursprung der Sünde Gott zu, machen aus ihm einen Erztyrannen, und verfluchen und vermaledeien uns Christen, die wir unser Vertrauen auf der Jungfrau Maria Sohn Jesum von Nazareth setzen, welches nach ihrer Meinung eine ver-

---

1) **Franz H.** wurde 1524 zu Paris geboren, und starb als Professor zu Basel 1590. Die große Familie, der er angehört, stammte aus Breslau, und hatte sich vor ihrer Auswanderung nach Frankreich in der Lausitz und im Clevischen (Emmerich) niedergelassen. Ihren Namen bewahrt in Emmerich die Hotomanstraße. Non quidem patria sed origine Embricensis sagt **Wassenberg** von Franz (s. s. Embrica p. 280). Am bekanntesten ist von seinen politischen Tractaten das Brutum fulmen papae Sixti V. adversus Henricum seren. regem Navarrae etc. gegen die Schrift Sixti V. papae declaratio contra Henricum Borbonium assertum regem Navarrae et Henricum item Borbonium praetensum principem Condensem, haereticos, ac liberatio subditorum ab omni fidelitatis et obsequii debito. Romae. haer. Bladii. 1585. — Die citirte Stelle findet sich im Brief vom 21. Juni 1580 in: Epistolae Franc. et Jo. Hotomanorum. Amstelod. 1700. p. 123. Sein Leben und Wirken ist zuletzt behandelt in der France protestante p. Haag. Paris 1855. tome V. p. 525. ffg.

dammte Abgötterei fein foll.. Chriftum fchreien fie für einen ohnmächtigen Baal aus, und machen aus dem h. Geift einen Sündenvogt und Landbetrüger.. Ach du armes verkauftes Deutfch= land, wie haft du dich fo jämmerlich laffen verführen, daß du läffeft die heillofen calvinifchen Rottengeifter ihr giftig Unkraut ausftreuen! Wohlan, wehre wer wehren kann, daß vor diefem Ungeziefer behütet werde was noch von reinen Kirchen übrig ift!" [1])

Wenn das am **grünen Holz** gefchah: was mußte am **dürren** werden? Und wohin mußten die Gemeinden ge= rathen, wenn fchon zu Anfang des fiebenzehnten Jahrhunderts die unwiderlegte Frage gehört wurde „es ftudire bei den Evan= gelifchen die Jugend fchier nicht anders, als wie die Lutheraner den Calviniften, und wie diefe jenen begegnen möchten?" [2])

Nachdem jener unfelige Streit einmal auch den hundert kleinen Territorien des Nieder=Rheinlands eingeimpft war, ift er wohl nirgend fo lange und fo gründlich ausgefochten worden als gerade hier; eben weil nicht ein großes reformirtes Kirchengebiet mit einem großen lutherifchen die Sache ausmachte, wie es wohl anderswo gefchah; oder eine wuchtige Majorität eine winzige Minorität fchnell zum Schweigen brachte, und dann fich ihrer Siegesfreude überließ wie in vielen Gegenden Norddeutfchlands: vielmehr hier die kleinen reformirten und lutherifchen Gebiete und Striche in taufendfacher Durchkreuzung und Mifchung bunt durch= einander lagen, in den meiften Städten und Städtchen des cle= vifchen Landes fogar, nachdem in ihnen das reformirte Bekennt= niß herrfchend wurde, die Lutheraner fich daneben zu kleineren Gemeinden fammelten, und fo die tagtäglichen Berührungen des gewöhnlichen Verkehrs die größte und anhaltendfte Spannung hervorriefen und erhielten. Als dann vor etwa hundert Jahren auch hier die allgemeine Erfchöpfung erwies, daß mit dem Kampfes= muth vielfach auch der Glaubensmuth verfehrt war, drohte eine Zeit lang der Unglaube das Erbe eines unverftändigen Eifers

---

1) Des Liederdichters Leben hat zuletzt **Curtze** in feiner Monographie (Halle 1859) literarifch ausführlich auch in Bezug auf feine Schandfchriften bearbeitet, und namentlich feine Beziehungen zur Graffchaft Mark (Unna u. f. w.) dargelegt.

2) Friedbietung der Pfälzifchen Theologen an alle lutherifche Kirchen. 1606.

anzutreten. Das hat nun der Herr gnädig dadurch verhindert, daß er gleich die ersten gewaltigen Stöße, welche die französische Revolution nach Außen hin führte, auf das alte niederrheinische Culturland lenkte, und dann in großem Elend es prüfte, indem er es von allen deutschen Gauen am längsten den Fremden beließ. Die Anfechtung lehrte damals nicht auf der Menschen Streitschriften, wohl aber auf Gottes Wort merken. Deßhalb sahen sich hier bei der Neugestaltung Deutschlands und als das kirchliche Leben mit dem politischen zugleich einen frischen Aufschwung nahm, Reformirte und Lutheraner so sehr zur Einigkeit im Geist geneigt, daß sie die ihnen von einem frommen Könige empfohlene Union fast durchgängig als Verschmelzung der neben einander bestandenen, im Sacrament aber lange schon geeinigten Gemeinden auffaßten, und gleich im ersten Ansatz bei der Proclamation der Union weit über die kirchenregimentlichen Gesetze hinausgegangen sind welche sie einführten. Mit geringen Ausnahmen hielt und setzte man das beiden Confessionen in der Lehre Gemeinsame als den Grund fest, worauf sie sich zu bauen hätten.

Es mag dabei hie und da in der Liebe, die Alles hofft, wie in der noch frischen Erinnerung an den Jammer des Bruderzwistes und an eine Gewaltherrschaft, welche den französischen Maire zur einflußreichsten Person der evangelischen Gemeinden machte, des Guten zu viel geschehen, es mag zuweilen der eben bezeichnete Weg etwas rasch beschritten worden sein. Trotzdem aber wird der Rath derjenigen unter uns, welche für die Epigonenzeit der Reformation statt für ihre Blüthenzeit begeistert, den beiden Provinzialkirchen Rheinlands und Westphalens zumuthen das dabei Versäumte nun nachzuholen, die — wie sie meinen — doch mehr abgebrochene als beendigte Fehde wenigstens in Hauptpunkten jetzt auszufechten, und die Fäden wieder aufzunehmen welche den ermatteten Händen der Väter entsanken, nicht wohl auf Beifall rechnen dürfen. Vergebens preist man das gefährliche Unternehmen dadurch an, daß man nach einer vorgängigen Versenkung wenigstens der nicht aus der Verbindung von zweien entstandenen, oder noch nicht dem Consensus beigetretenen, Gemeinden in ihre ursprüngliche lutherische oder reformirte Lehre eine um so innigere Union derselben in Aussicht stellt; denn schon dem gewöhnlichen Verstande leuchtet ein, welch eine

sonderbare Theorie es ist die da annimmt, daß zwei Prozeß-
führende sich am besten dann vertragen werden, wenn Jeder
von ihnen zuvor sich in seine Prozeßacten und Beweismittel
statt in die des Anderen vertieft haben wird! Wer sich vertiefen will der vertiefe sich in das Wort Gottes und in die Weisheit und Erkenntniß Dessen, der darin sich bezeugt und offenbart.
Die theologische Wissenschaft möge immerhin sich daran
ergötzen, die verschiedene Lehre beider evangelischen Confessionen
als von Einem grundlegenden (bisher freilich von Jedem der
darüber gehandelt anders bestimmten) Dogma an bis zu den
feinsten Lehrspitzen hin organische und nirgend zufällige
zu erweisen; der Kirche, dem Kirchenregiment, dem gläubigen und christlichen Leben genügt es zu wissen, zum Ersten:
daß die Reformatoren selbst ihren ganzen Lehrunterschied
nur in wenigen disputabeln Sätzen gefunden haben, zum Andern:
daß es auf alle Fälle gerathener ist, den Beweis des Glaubens
aus eigenen Werken der Liebe als aus den Bekenntnißschriften
der Väter zu erbringen.

2. Die Stadt Wesel beim Beginn der Reformationszeit.

Fast scheint es, als habe das alte Wort der Prophet gelte nichts in seinem Vaterlande eine Ausnahme an dem frommen Norbert von Xanten[1] erfahren. Als Weltgeistlicher am kaiserlichen Hofe hatte er plötzlich zu Wreden aller Herrlichkeit der Welt zugleich mit der Pfründe an der alten Collegiatkirche seines Geburtsortes entsagt (1114), erschien als begeisterter Bußprediger in seiner frühern Heimath im Niederrheinland, und sah Groß und Klein zu seinem Dienst bereit. Nach seinen Anordnungen wurde das Frauenkloster Fürstenberg bei Xanten umgestaltet (1119)[2]; Graf Arnold II. von Cleve stiftete auf seinen Antrieb das nach der Praemonstratenserregel eingerichtete Kloster Bedburg, dem er die Pfarrkirche seiner eigenen Residenz unterwarf (1121); die Brüder Gottfried und Otto, Grafen von Kappenberg, übergaben ihm unter Genehmigung des Kaisers ihr Erbschloß zu Kappenberg mit allen dazu gehörigen Gütern zur Gründung eines Klosters (1122)[3]. Von

---

1) Seine älteste Lebensbeschreibung (vita Norberti archiep. Magdeburgensis) zuerst entdeckt und herausgegeben von Wilmans s. bei Pertz, momumenta. tom. XII. p. 663 sqq.; in neuester Zeit behandelt in der Dissert. Vita S. Norberti von Jos. Scholz Vratislaviae typ. Friedrich.

2) Lacomblet, Urkundenbuch I. 290.

3) Vita Godefridi com. Capenbergensis. Pertz XII. p. 514. Die Praemonstratenserklöster waren Anfangs Alle für Männer und Frauen eingerichtet; erst später wurden sie nach den Geschlechtern geschieden. Bald nach Norbert's Tod stiftete Gerhard von Widrath noch das Praemonstratenserkloster Hamborn (1136), dessen Abt als der Vornehmste des clevischen Clerus bei den Festen am Hofe zu fungiren pflegte. — Eine Uebersicht der Praemonstratenserstiftungen im Rheinland und Westphalen in: Annalen des hist. Vereins für den Niederrhein. I. Köln. 1855.

hier aus wurde am Ausfluß der Lippe in den Rhein das adliche Frauenkloster Aldendorp gestiftet (1125), welches unter seiner ersten Aussteuer in Feld, Wald und Fischereien auch einen, in der Nähe gelegenen, sogenannten königlichen Hof, Wisele, erhielt[1]. Dieser Hof, zur Zeit der Schenkung mit den zu ihm gehörigen kleineren Besitzungen und Feldmarken eine Bauerschaft, wuchs, durch seine Lage an zwei schiffbaren Flüssen und die Reichthümer des mächtigen Klosters, welches frühe schon den Namen „Hoichkloster" sich verdiente, begünstigt, zu großer Blüthe heran. Der so sich bildende neue Ort Wesel wurde von dem damaligen Reichsverweser und römischen König Konrad dem Grafen Diedrich von Cleve (genannt Luyff) geschenkt, und empfing, von seinem neuen Herrscher zur Stadt erhoben, von ihm zugleich seine ersten Privilegien (1241)[2].

Die Kirche Wesels, frühe schon und wohl nur als Holzkirche erbaut, ward dem als Apostel dieser Gegenden verehrten Friesen Wilibrord durch den Kölner Bischof Philipp von Heinsberg (1181) geweiht, und die Pfarrei derselben durch den Landesherrn so lange vergeben, bis dieser das Patronatrecht über sie dem Hochkloster schenkte (1277)[3] und dadurch alle kirchlichen Stiftungen der Stadt demselben unterwarf. Dasselbe hat von da an, geleitet durch das ihm vorgesetzte Mutterkloster Kap-

---

1) s. die Urk. bei Teschenmacher. Annal. im Append. No. 39; 40: curtis Wiselensis, bei Pertz: curtis Wisele. Ueber die Anfänge der Stadt Wesel muß ich auf meine Mittheilungen in der Zeitschrift des bergischen Geschichtsvereins, IV. Band. 1867, verweisen.

2) Lacomblet II. No. 258. Die hier und bei Teschenmacher mitgetheilten Urkunden über das Kloster sind zu vervollständigen 1. durch das, im Archiv für berg. Geschichte Band IV zum ersten Male mitgetheilte, Document von 1280; 2. durch die von Hugo (s. et canonici ordinis Praemonstratensis annales. Nanceii 1734 tom. II.) herausgegebenen Urkunden. Vgl. auch Bärsch, das Kloster Steinfeld. Schleiden 1857 S. 121 ff. — 1252 heißt es coenobium in Wesele; die curtis in Wesele kommt noch 1347, „Hof und Stadt W." 1428 vor. 1291 schon heißt die Stadt opidum Weselense.

3) Die Urkunde d. d. die Priscae virg. bei Lacomblet II. 208 und Otto. — Das Patronat über die Kirche zu Brünen hatte das Kloster schon 1. Mai 1271 von Sueder von Ringenberg erhalten.

penberg seinen Einfluß auf die Bürgerschaft in oft sehr fühlbarer Weise geltend gemacht.

Die erste größere neue geistliche Stiftung in der Stadt, von der wir Kunde haben, ist die der Johanniterherren. Sie erschienen 1291; doch ist ihr Haus für die Entwickelung des Ortes von keiner besonderen Bedeutung gewesen, und ihr Comthur hat selten über etwas Anderes als Güter und Rechte mit ihr verhandelt [1]).

Wichtiger war die Niederlassung der Dominicaner. Auf dem Convent des Predigerordens zu Lübeck 1291 erwirkte Graf Diedrich von Cleve die Stiftung ihres Klosters, und fertigte den Fundationsbrief dafür aus. Der Bau begann noch in demselben Jahre und wurde 1296 mit Hülfe des freigebigen Fürsten beendigt [2]).

Die Augustiner wanderten von ihrer benachbarten Ansiedlung zu Marienthal in Beylar (bei Brünen) her ein, und erhielten 1351 von dem Probst zu Kappenberg als dem Oberherrn des Hochklosters, und unter Zustimmung desselben so wie des Stadtpfarrers Erlaubniß ihren Convent zu eröffnen [3]).

Diese Klöster, welchen noch andere kleinere Stiftungen in der Stadt zugezählt werden könnten, gaben Wesel den gewöhnlichen kirchlichen Zuschnitt damaliger Städte. Eigenthümlich aber sind ihr zwei Genossenschaften der „Brüder und Schwestern des gemeinsamen Lebens", jenes von Gerhard Groot aus Deventer gestifteten Verbandes von Laien, die, ohne eine Ordensregel anzunehmen, unter Leitung von Geistlichen zusammenwohnten, durch Abschreiben von Büchern und Handarbeit ihren Lebensunterhalt erwarben, und als ein Gegengewicht gegen die übermächtigen Klöster von den Städten am Niederrhein mit besonderer Vorliebe errichtet und gepflegt worden sind.

Das erste derselben, das Bruderhaus zu S. Martin wurde 1435 gestiftet indem ein Canonicus des Münsterschen Hauses „zum Springborn", Johann von Kollik, die Wohnung seiner

---

1) Der Fürst erschwerte ihnen schon bei der Niederlassung die Möglichkeit liegende Gründe zu erwerben. Vgl. Lacomblet II. S. 544.
2) Nach der Klosterchronik (1291 – 1801) in Wesel.
3) Die Urkunde d. d. die Kiliani 1351 im W. R. A. 144. 7.

verstorbenen Schwester in Wesel (auf der Sevenaer-, jetzt Ritter-
straße) diesem Zweck weihte ¹).

Das zweite, das Schwesternhaus (das Haus devoter
meghde) Mariengarten, im Volksmund schlechtweg das Be-
ghinenhaus genannt, vom Magistrat der Stadt 1431 neu
eingerichtet, ihm untergeben und für vierzig Schwestern bestimmt,
verdankte seinen Ursprung dem Herzog Adolph von Cleve,
seiner Gemahlin Maria, und dem ersten Rector des Bruder-
hauses zu Münster, Heinrich von Ahaus.

Das „hohe Kloster" lag vor der Stadt. Eine in seiner Nähe
unmittelbar vor dem Stadtthor (Viehthor) erbaute, bis heute erhaltene, kleine Kapelle war den Heiligen Nicolaus und Antonius geweiht. Aus den beträchtlichen Opfern der, in ihr
Morgens vor Oeffnung des Thors betenden, Landleute beschloß
die Stadt eine Kirche zu errichten, und begann ihren Bau
während sich um sie her eine Vorstadt zu bilden begann (1429).
Aber nur langsam wuchs trotz der Anstrengungen der Bürger
das stolze Gotteshaus empor bis das, in der Kapelle aufgestellte,
hölzerne Antoniusbild — zu rechter Zeit, wie es scheint, — ein
Wunder that, Pilger von überall her herbeiströmten und der
Ertrag des Opfers so außerordentlich reich wurde, daß der Magistrat sich durch „unsen gueden sunte Anthonius" in den Stand
gesetzt sah, mühelos die Kirche „auf der Mathena" zu vollenden,
deren Patronat alsdann selbstredend dem hohen Kloster zufiel.
Gleichzeitig war die Altstadt mit einem Neubau der Wilibrordskirche beschäftigt ²). Doch gelang es diesem in ungewöhnlich großen

---

1) s. Teschenmacher I. 186. vgl. die Urkunde im Wes. Privilegienbuch v. 1451 (nativit. Mariae), wo das Leben der Brüder ein geestelick leeven, dasjenige der Orden (nach einer mönchischen Regel) ein
beeter leeven genannt wird. Sie beginnen in Wesel als sogenannte
Gregorianer.

2) Im Jahr 1452 betrug das Antoniusopfer 1579 Mark, 1453 sogar
2828 Mark. Auf dieser Höhe hielt sich freilich die Verehrung des Bildes
nicht. Sie sank allmählig auf 150 Mark, „nae deser werlt loope" wie der
Kirchmeister lakonisch in seiner Rechnung bemerkt. Der Heilige, Antonius
der Einsiedler, stets mit einem Schwein abgebildet, gab Veranlassung zu dem
Sprüchwort des Niederrheins über Menschen, welche die Anhängsel der Großen
dieser Erde nicht genug beachten: „man müsse dem Heiligen opfern und sei-

Verhältnissen, fünfschiffig, angelegten und darum trotz anderthalb-
hundertjähriger Arbeit unvollendet gebliebenen Bau nicht, die schöne
Mathenakirche zu überflügeln, da ihm ein so einträgliches „Heiligthum" fehlte, wie dieses in ihrer Kapelle barg.

Der Antoniustag blieb alljährlich bis in das erste Viertel
des sechzehnten Jahrhunderts der glänzende Festtag der ganzen
Stadt und ihrer Umgebung. An ihm stellten die kleinen clevischen Städte, besonders aber das benachbarte Westphalen Pilger
und Gäste zu Tausenden für einen Festzug, welcher, unter dem
Vorgang der Stadtpfeifer, das von Priestern getragene Wunderbild

---

nem Schwein." Aus den in der Kapelle dargebrachten Thieren wurden
jährlich die meistversprechenden Ferkel ausgewählt. Die Kirchmeister ließen
sie, an Schellen, die sie am Halse trugen, kenntlich, durch die Stadt laufen
und von der allgemeinen Frömmigkeit füttern bis zu Winteranfang, wo sie
eingefangen, zum Besten der Kapelle gemästet und verkauft wurden. Die
Naivetät der Zeit nannte solch ein Thier schlechtweg den Antonius. (K. rechnung 1457. verkofft 2 toennisvercken; 1516. gekocht vier kleyne
vercken tot Thoennisvercken thalden; 1517. vur kopperen bellen
gegeven die men den haire omb den hals hyengen 3 mark; 1518.
gekocht wat saides vur den Thonyssen; gekocht eyn malder boick-
weits vur den Thonyssen etc.). — Fischart kennt den Weseler Cultus.
s. s. Bienenkorb deß heil. Röm. Immenschwarms I. St. 1. Cap. „wie ein
glöcklin an eines Königsfärlins Halse"; II. St. 2. Cap. „daß allein die
Leviten mögen das Heyligthumb von S. Antonii ferdlein auff ihren schultern
tragen"; 7. Cap. „Ja hilff du heylig Anthoniusbild zu Wesel"; 13. Cap.
„das ist wol war das man deß S. Antonii heutzlin eben so wol beweyraucht
als den Heiligen selbst. Seht also gehts mit unserm Drachen, S. Antonii
heutzlin zu: es bekommet wol manches Opffer vnd wachslicht, vnd wird manchs-
mal von nachbarschafft wegen geküsst vmb des lieben Heyligen willen bey dem
es steht." — Vgl. Von dem grossen Gottesdienst der löbl. Statt Cöln. Dr.
Gerhart Westerburg. 1545. S. 22 „Es ist kaum ein haußmann der
nicht Sanct Anthonius zum minsten ein schwein gibt, darumb das er doch
sein Hauß vnd scheuren nicht wolle verbrennen lassen. Die tünnis schwein
vnd serden werden auch allethalben gemestiget vnd haben gleibt vor allen
andern schweinen." — In alter Zeit waren die Opferschweine durchs Gesetz
unverletzlich gemacht (lex salica §. 13 ed Merkel; vgl. Grimms d. My-
thologie I. 45). Jedes Dorf fütterte sich seinen Juleber, der am Beschneidungs-
tag geschlachtet und gebraten wurde. In Herkenrath ist noch lange am
17. Januar Schweinefleisch dargebracht und den Armen geschenkt worden. In
Wesel galt als Hauptfesttag der 13. Juni.

durch die Straßen führte, die Schützengilden mit ihren Königen, silbernen „Kleinodien" und Bannern, die Schüler der Stadt mit ihrem „Kinderbischof", den Rath der Stadt, Weltgeistliche und Klosterbrüder, Bruderschaften und Zünfte, in dem ganzen Prunke, den jene Zeit vielleicht mehr noch als die unsre liebte, vereinigte, und jedes Mal seinen glücklichen Schluß in zahlreichen Festgelagen und lärmenden Volksbelustigungen fand [1]).

Im Laufe der Zeit war Wesel mit großen Privilegien ausgestattet worden. Es ist kein leerer Prunk, daß der Bürgermeister in lateinischen Urkunden nach der Weise Roms Consul, und ein von der Bürgerschaft gefaßter Beschluß ein Plebiscit heißt: denn beinahe mit der Freiheit einer alten Republik bewegte sich die, durch den Verkehr mit den rührigen Niederlanden früh gereifte, Stadt [2]).

Ein Bürger durfte nur vor dem städtischen Schöffen verklagt werden. Von einem Schöffenurtheil wurde nur an den Schöffenstuhl in Dortmund appellirt. Ward es hier bestätigt, so zahlte der Appellant ein Pfund Leichtpfennige; ward es verworfen, so riß man des Schöffen Hausfronte ein. Zur Heeresfolge waren die Bürger nur in so weit dem Fürsten verpflichtet, daß sie vor Nacht noch wieder in ihre Pfähle zurückkehren konnten. Alle ihre Waaren genossen im ganzen Land des Grafen und späteren Herzogs von Cleve Zollfreiheit.

Der Magistrat der Stadt, der Rath, wurde jährlich neu gewählt (in der Woche Reminiscere). Die Bürger erkoren dabei aus jedem Stadtviertel drei Wahlmänner (Gemeindeleute); diese Zwölf ernannten sechs Räthe und zwölf Schöffen; die Letztern ebenfalls sechs Räthe und (aus ihrer Mitte) den Bürgermeister

---

1) Die Mathenakirche hielt an diesem Tage für die Pilger, namentlich für die „Westphelinge", einen frommen Kram, verkaufte ihnen Antonsschellen, welche man zur Verhütung von Krankheiten dem lieben Vieh umhing, silberne und kupferne Medaillen zum Andenken an die Pilgerfahrt u. s. w. (s. d. Kirch. Rech. der Mathena, z. B. 1497, wonach der Kirchmeister für den Jahresbedarf allein 300 bellen, für 50 Mark wythteylen, für 28 Mark roidteylen hat machen lassen).

2) Die älteste Rechtsverfassung derselben habe ich durch die bereits erwähnte besondere Mittheilung im vierten Band der Zeitschrift des bergischen Geschichtsvereins aufzuhellen gesucht. Die ältesten Privilegienbriefe s. bei Lacomblet.

(Stadtbürgermeister), dessen Gehülfen (Feldbürgermeister), den Rentmeister, so wie endlich aus der Bürgerschaft die Kerkermeister. Der fürstliche Richter, welchen man seit Anfang des vierzehnten Jahrhunderts im Schöffenstuhl dulden mußte, hatte bei seinem Amtsantritt den Bürgern zu schwören: ohne Ansehen der Person richten und die Schöffenurtheile ausführen zu wollen; die Schöffen schwuren hinwieder: dem Fürsten zu seinem und der Stadt zu ihren Rechten zu verhelfen. Erst nachdem der Landesherr am Huldigungstage persönlich die Stadtprivilegien beschworen hatte, schwuren die Bürger ihm treu und hold zu sein, sein Bestes zu thun und seinen Schaden zu verhüten [1]).

Die allgemeinen Landesgesetze, nach welchen ein im Kloster Lebender so wenig als das Kloster selbst liegende Güter erben und kaufen durfte, wurden durch städtische Gesetze noch dahin verschärft, daß auch nicht einmal ein Priester dieselben erben oder erwerben dürfe (1420). Der Rath verbot den vor ihn citirten und erschienenen städtischen Geistlichen der Stadt alle Gerichtsbarkeit außer in Testaments=Praebenden= und Ehesachen (1457), und stellte, wenn Klagen über ihre Habsucht laut wurden, ihre Stolgebühren fest (1423) ohne Widerspruch zu erfahren oder eine Klage über Gewaltthat hören zu müssen. Zur Zeit der Noth besteuerte er die ganze Geistlichkeit wie die übrigen Bürger, erreichte auch meistens ohne Umstände was er wollte; und wenn wohl die Augustiner einmal betheuerten, die Kornaccise nicht entrichten zu dürfen „da sie ihnen bei Androhung des Bannes und ewiger Malediction von ihren Oberen verboten sei", so

---

1) Der Richter schwur: tho weesen een rechtverdich richter sonder enigho aenneeminghe der personen, den heren tot synen rechten vnde onse lieuer stat van wesel tot oeren rechten, tho richten.

Der Fürst schwur: Dat wy die stat van wesel vnd al oeren borgeren halden beyde too water vnde toe lande jn allen oeren handtvesten, privilegien, brieven, gnaden, vryheyden, rechten vnde gewoenten etc.

Die Bürger schwuren: Dat wy onsen gnedighen lieuen heren trou vnde holt willen weesen als ondersaten oers rechten landsheren schuldich syn toe doen, syn best toe doen vnde syn ergst toe waeren also vern als wy dat mit onsen vyff sinnen gewaeren kunnen. W. R. A. im Privilegienbuch.

ließen sie sich doch erbitten, sie aus freien Stücken zu zahlen (1522). Daß kein Bürger in der Stadt mit kirchlichem Bann belegt werden dürfe war schon zwei Menschenalter vor der Reformation von dem Rath für Recht anerkannt (1457)[1]), und er verfolgte unnachsichtlich jeden Geistlichen, welcher ihn trotzdem zu verkündigen wagte. Der Landesfürst mußte, wenn ein Ablaß im Lande gepredigt werden sollte, zuerst dem Bischof seine Genehmigung dazu ertheilen (1464 zum Zug gegen die Türken, 1507 gegen Russen und Tartaren); doch kam es selbst dann noch vor, daß sich die Stadt einer solchen vom Herzog auch i h r zugedachten himmlischen Gnade erwehrte[2]).

Wohl war das Verhältniß des Herzogs zur mächtigen Bürgerschaft ein freundliches; seine Söhne erhielten von ihrem Rath Rosse und Pokale, seine Töchter Beiträge zur Aussteuer, er selbst Ehrengeschenke, und der „durchlauchtige Herr" ließ es seinerseits

---

1) in crastino ascens. f. das R. Prot. v. 1529. 9. im W. R. A.

2) Die Urkunde des Herzogs vom Laurenztag 1464 eröffnet der Stadt, daß der Pabst einen „roemschen afflait gegeuen vmb der reysen wil op die turken" und daß Er zugelassen habe „den afflait jn onsen lande to moigen verkundigen" und in vier Städten Kasten aufzustellen, „vmb dat geld van den afflait dairjn geworpen to werden". Wesel war eine dieser vier Städte. Sie antwortet (Mariä Himmelf. Abend 1464): sie hätte aus der Schrift des Fürsten von dem „roemschen afflaet" und der mitübersandten Bulle ersehn, daß, so man an dem Kreuzzuge Theil nähme oder „een selere tag van gelde darto geue" „afflaet gnade ind vollome vergiffnuß allr ons suuden gegeuen ind verleent sy": doch werde ja wohl wie es scheine aus der ganzen Sache nichts werden, es sei des Bittens ohnehin viel in der Stadt u. s. w. und bitte sie deshalb d e m ü t h i g, ihr zu erlassen den Kasten aufzustellen. — Beide Urkunden sind, mit der auf den Ablaß von 1507 bezüglichen, im Anhang meiner Schrift über Heresbach (Konrad von Heresbach und der clevische Hof seiner Zeit. Elberfeld 1867.) mitgetheilt, und muß ich hier wie überhaupt für weitere Ausführungen über die allgemeinen religiösen und politischen Verhältnisse des clevischen Landes im Reformationszeitalter auf sie verweisen.

Der 1507 in Wesel angebotene Ablaß wurde auch in Soest verkündigt. f. „Wolters van Plettenberch, (Heer-) Meisters to Liefflandt deutzsches Ordens" Schreiben an den Rath dieser Stadt v. 27. Nov. 1506 (bei Häberlin, analecta medii aevi p. 477) „bath wi mit Unssem Ordenn .. vann den vorbogen, ketterschenn vnd abgesnedenn Russenn myth sumigen vngeleubigen Tatern, eren biplichtern, bedrangeth" rc.

an erkenntlichen Gunstbezeugungen und Einladungen zu den Hoffesten nicht fehlen. Trotzdem liebte die Stadt die persönliche Berührung mit ihm nur von Zeit zu Zeit, und hatte es sich, dem alten Spruch „weit vom Jupiter weit vom Blitz" folgend, als Gnade ausgebeten und als Privilegium mit Brief und Siegel von ihren Herrschern erhalten (1347), daß dieselben innerhalb ihrer Mauern keine bleibende Wohnung nehmen wollten! Handelte es sich nun aber gar um irgend ein Recht, so wurde seine „getreue Stadt" unbeugsam hart, und wich nur der Gewalt. So trat sie ihm fest entgegen als er die Güter hingerichteter Wiedertäufer einziehen wollte, weil dies ihre Privilegien verkürze; so sagte ihr Rath dem fürstlichen Richter ohne alle Schminke ins Gesicht: er habe gegen seinen Eid gehandelt, indem er ein Münzedict ohne seine Erlaubniß publicirt habe; ja er ließ, wenn der Fürst in der Kirche eine Verordnung bekannt machte, welcher bei Geld= und Leibesstrafen nachgelebt werden sollte, zur selben Stunde und am selben heiligen Orte ausrufen: daß der Fürst solche Strafen in Wesel durchaus nicht zu verhängen habe.

Die Geistlichkeit der damals herrschenden Kirche hatte den Beweis, daß sie das sei wofür sie sich lange ausgegeben, so wenig in Wesel wie anderswo zu erbringen vermocht. Die Versuche, die Kirche an Haupt und Gliedern dadurch zu erneuen, zu reformiren wie man sagte, daß man ihre Schäden mit äußeren Mitteln zu heilen suchte, waren überall fehlgeschlagen; ja sie hatten, weil ihre Anwendung das offene Geständniß der vorhandenen Krankheit enthielt, den Zustand nur verschlimmert statt ihn zu bessern. Die Verbitterung des Volks gegen seine Priester war durchweg so groß geworden, daß, wenige Monate bevor Luther, ohne zu ahnen was er that, seine Thesen anschlug, ein englischer Bischof klagte: die Londoner Geschworenen würden, wenn Abel ein Priester wäre, ihn des Mordes des Kain schuldig finden.

3. Ruhe vor dem Sturm.

In dem, für die Geschichte der neueren Zeit entscheidenden, Jahr 1517 hatte Wesel auch mit einer „Reformation" zu thun, wenn auch nur mit der seines Hochklosters, und zwar einer solchen, die lediglich die ganz vergessenen Ordensregeln seinen Bewohnerinnen, soweit die böse Zeit es leiden mochte, wieder einschärfen sollte.

Die Anstalt hatte von den Statuten ihrer ersten Stiftung sich so weit entfernt, und die Töchter des clevischen Adels, welche sie in ihren weiten Mauern barg, führten ein so ärgerliches Leben, daß der Abt von Knechtsteden, vom Generalcapitel der Praemonstratenser beauftragt, schon 1514 darin erschienen war um sie an bessere Tage zu erinnern und zu ihren Pflichten zurückzuführen. Seine Bemühungen waren aber damals vergeblich gewesen, da die Damen an ihren Verwandten, den Mächtigen und Rittern im Lande, ihre Stütze hatten, und fröhlich fortfuhren zu thun was ihnen beliebte. Da wandte sich der Orden an den Herzog Johann von Cleve, seine Hülfe zu dieser nöthigen „Reformation" zu erflehen, und erhielt sie. Was dem Wort nicht gelungen war sollte das Eisen erzwingen. Der Fürst erlaubte (Albanustag 1517) dem Abt von Steinfeld aufs neue seine Reformation vorzunehmen, und forderte — bezeichnend für die Zeit — die Stadt Wesel auf: diesem Geistlichen Hundert bewaffnete Bürger zur Verfügung ins Kloster zu senden. Diejenigen Klosterfrauen, welche dem, was nun unter dem Schutz der Schwerter im Stift vorgenommen und eingerichtet ward, sich nicht fügen wollten, wurden herausgebracht, und endlich, da sie in der Stadt ihren Aufenthalt nahmen und hier „allerlei betrügliche Reden wider die Reformation führten", auch von hier ausgewiesen (Mont. nach visit. Mar. 1517).¹)

Von derjenigen „Reformation", welche an den Wittenberger Vorgang vom Allerheiligenabend 1517 sich anschloß, war in Wesel lange nichts zu spüren. Den stärksten Widerstand leistete ihr der ebenfalls im Jahre 1517 durch das hohe Kloster, und zwar in Folge seiner „Reformation", an die Wilibrordskirche berufene Pastor der Altstadt Anton von Füstenberg, Doctor der Theologie, Probst zu Borken und Protonotarius Apostolicus, ein Mann, der bei großem Ernst des Lebens den Standpunkt seiner Kirche furchtlos verfocht²).

Was in den nächsten Jahren zu Wesel in kirchlichen Dingen sich zutrug, kommt ohne Zweifel meistens auf Rechnung der damaligen, die Kirche argwöhnisch beobachtenden Zeit. Nur ganz allmählig schlagen die Verhandlungen einen Ton an, der uns vermuthen läßt, die evangelische Strömung habe auch das ferne Herzogthum Cleve erreicht, — doch wird es unmöglich sein, eine einzelne Thatsache oder ein bestimmtes Jahr als die Grenze der alten und neuen Aera für die Stadt anzugeben.

Der Boden war hier der Aufnahme reformatorischer Ideen günstig. Zunächst wirkte die „große Schule", welche der Rath der Stadt 1516 eröffnet, zu ihren Gunsten. Im Gegensatz zu den bisherigen, in Abhängigkeit von der Kirche gehaltenen Lehranstalten, denen nur erlaubt war zu treiben was sie vorschrieb, und als wahr zu erweisen was sie lehrte, hatte sich allerwärts ein Geist Bahn gebrochen, welcher Freiheit der wissenschaftlichen Forschungen forderte, und ihnen Pflicht und Recht wiedergewann, die Dinge so zu nehmen wie man sie findet, nicht aber so wie man wohl wollte daß sie sein möchten. Die Humanisten, welche die Studien des klassischen Alterthums, der großen, so lange vergrabenen, Geistesschätze hochgebildeter Völker in unserm Vaterlande in Gang brachten, und damit zugleich die Erforschung der Urkunden und ältesten Ausleger und Zeugen des Christenthums ermöglichten, hatten auch im clevischen Herzogthum zahlreiche und sogar

---

1) Die beiden Befehle Johanns im W. R. A. 144. 7. — Ueber die erste Reformation s. Annales ord. Praem. II. 11.

2) Dienst. nach Mathei erhält er seine Wohnung. W. R. A. 137. 1.

mächtige Freunde. Am Hofe des Herzogs war diejenige Richtung frühe schon vertreten, welche in Erasmus den Größten der lebenden Menschen bewunderte, und sein Streben, Volk und Kirche von den Sümpfen zu den Quellen zu führen, begeistert förderte. Die Menschen menschlich (human) machen, war das ganze Bestreben der sogenannten Humanisten; sie bilden, sagte Einer der Mildesten und Besten von ihnen fein genug, heißt dem Heiland — dem Sohn des Menschen — Kleider auf den Weg breiten, über die er seinen Einzug halten soll. Diese, damals durch alle Culturländer unsres Erdtheils verbreitete, Richtung war nun aber der Kirche längst verdächtig geworden. Im Streite, den der getaufte Jude Pfefferkorn in Köln erregte, war schon Jahre vor dem Anfang der, aus dem Wort der heiligen Schrift und dem Gewissen entsprungenen, Reformation die junge Welt der sprachgewandten und sprachenkundigen Humanisten mit der alten Welt der „Dunkelmänner" an einander gerathen. Beide Partheien hatten alle Mächte und Menschen, die sie hatten auftreiben können, ins Feld geführt. Der Sieg war den Humanisten geblieben, und sie beuteten ihn aus so viel sie konnten. In ihren Angriffen auf die unbeholfene Geistlichkeit, welche sie mit neuen Waffen bekämpften und schlugen, ließen Viele sich so weit hinreißen, daß sie, nach den Knechten den Herrn beurtheilend, und das Christenthum mit der Kirche (wie sie denn gelehrt waren) verwechselnd, an seiner Macht wie an seinem Geiste vollständig irre wurden, ja an ihm verzweifelten und vor Plato's Bild eine ewige Lampe anzündeten.

Am Niederrhein gab es nur Wenige von dieser äußersten Parthei. Ein gesunder Sinn ließ hier solche Excesse nicht aufkommen, und nur diejenigen fanden ihre Heimath, welche eine freundliche Stellung zum Glauben einnahmen. Dennoch ist nicht zu leugnen, daß, wo man damals den Humanismus anerkannte oder pflegte, wie die Sachen nun einmal lagen, man damit zugleich Stellung gegen die Kirche nahm, welche denselben, er mochte sagen was er wollte, bestritt. Wenn daher die Stadt Wesel bei Eröffnung ihrer großen lateinischen Schule, die sie aus eigenen Mitteln sich stiftete, einen der hervorragendsten Humanisten jener Zeit, Hermann Busch, als Rector berief (Herbst 1516): so bewies sie damit ohne Weiteres, daß sie nicht gewillt sei, das

Veraltete und überall Zusammenbrechende zu stützen, vielmehr auch an ihrem Theil der Erneuerung des ganzen Volkslebens in Lehre, Staat, Kunst, Wissenschaft, Schule und Kirche, Recht und Sitte eine Zufluchtsstätte zu eröffnen. Wohl blieb dieser berühmte, und durch seinen Geist wie durch seine Verbindungen mächtige, Gelehrte nur anderthalb Jahre; aber seine Wirksamkeit eben so sehr wie nach seinem Abgang die Thätigkeit der von ihm angeregten, und in seinen Fußtapfen wandelnden Lehrer, bei den Gebildeten das Andenken und die Anhänglichkeit an ihn, einen Mann, welcher in seinen Schriften der Kirche seiner Zeit die Zeugnisse jener alten Kirche vorhielt, die in apostolischem Geist den Menschen gedient nicht aber über sie geherrscht, die Wissenschaften gepflegt nicht aber verhindert habe, gab der Schule unläugbar gleich damals schon ihr bleibendes Gepräge. Sie hatte den Humanismus so zu sagen mit auf die Welt gebracht[1]), und Buschens Collegen und Nachfolger gehörten, so weit wir nach bestimmten Nachrichten über sie urtheilen können, seiner Richtung an. An dieser Schule hatte der Trieb jener Zeit, Wissenschaft und Gewissen von Menschen frei und nur dem Herrn vom Himmel dienstbar zu machen, Halt und Förderung; von ihr ging unmerklich zwar, aber sicher, eine Wirkung auf die Bürgerschaft aus, welche sie der Lehre der Reformation befreundete.

Nächst dieser, durch Lehrer und Schüler die ganze Stadt beherrschenden, Anstalt beförderte das Augustinerkloster eine der evangelischen Lehre günstige Stimmung. In den Klöstern der Augustiner hatte ja das Studium des großen Kirchenlehrers, nach welchem sie sich nannten, stets geblüht. Die Lehre welche dieser wunderbare Mann, dem Apostel folgend, von der Allgenugsamkeit der Gnade Gottes bei der Bekehrung des Menschen aufstellt, war von den Ordensgliedern allgemein angenommen, und brachte sie nun leicht dahin ihm auch darin zu folgen, daß

---

[1] Ueber Herm. Busch vergl. die betreffenden Schriften über den Humanismus, auch Rist in dem Niederländischen Archiv für kirchl. Geschichte. Utrecht. VII. 389. Ueber seine Wirksamkeit zu Wesel hat zuerst Heidemann (Gymnas.-Programm 1853) Nachricht, H. I. Liessem (Bonnae, 1866), die letzte vita Buschii gegeben.

sie Gott allein die Ehre gaben, und in dem von Ihm gewirkten Glauben des Bekehrten den einzigen Grund seiner Rechtfertigung vor Gott sahen. Es war, wenn etwas, providentiell, daß der junge Luther, als er erschreckt sich von der Welt abwandte, Augustiner wurde, und daß er darnach den Grund alles Heils und die Gewißheit der Seligkeit allein in der Erbarmung Gottes suchen lehrte als Glied eines Ordens, welcher hierauf in so einziger Weise vorbereitet war. Deshalb sehen wir auch, wo nur Augustinerklöster sich finden, damals von ihnen die religiöse Bewegung ausgehen, mindestens erfahren wir, daß sie sich daran betheiligen. Von allen Ländern her strömten ihre Mitglieder nach Wittenberg um ihren großen Bruder zu hören.[1]) Die ersten Blutzeugen der evangelischen Kirche waren Augustiner: Heinrich Voes und Johann Esch (van Essen), welche zu Brüssel betend den Feuertod starben. (1. Juli 1523).[2])

---

1) Vgl. das Album der Universität von Wittenberg. 1841. — Selbst im Aug. Kloster zu Cöln dauerten die Kundgebungen für Luther von 1523—1533.

2) Der Prior des Antwerpener Augustinerklosters, welchem beide angehörten, war J. Spreng, „fast der einzige — schrieb Erasmus — der Geistlichen, welcher Christum verkündigt, während die übrigen nur Menschenfabeln oder ihre Einkünfte zum Text ihrer Predigten wählen." Erasm. epp. VI. 4. Er entkam durch Widerruf nach Bremen, wo er als Pfarrer gestorben ist. Ueber ihn vergl. die schöne Schrift von Janssen, Jac. Praepositus, geschetst in zyn lyden en stryden, Amsterdam 1862. Von einem dritten seiner Conventualen, Lambert Thorn, verschwinden die Spuren im Gefängniß; der vierte, Henrich Müller van Zütphen, rettete sich nach Meldorp, wo er von den diethmarsischen Bauern mehr zu Tode gebraten als verbrannt wurde; der fünfte, Adrian Burschot, floh zu Luther und reformirte später die Grafschaft Hoha. Der Eindruck des gottseligen Sterbens der beiden Märtyrer war so groß, daß Erasmus sagt: „die Stadt habe von da an sich auf Luthers Seite geneigt", und „ihr Tod habe Viele zu Lutheranern gemacht." vergl. Erasm. epp. XXI. 7. und Melanchthoni im XIX. Buch. — Hamelmann p. 796. Luthers Briefe bei de Wette VI. 626; dessen „Ein Lied von den zweyen Martyrern Christi zu Brüssel, von den Sophisten zu Löven verbrannt", darin jene bekannte Stelle: „die Asche will nicht lassen ab, sie stäubt in allen Landen; hie hilft kein Bach, Loch, Grub noch Grab, sie macht den Feind zu Schanden. Die er im Leben durch den Mord zu schweigen hat gedrungen, die muß er todt an allem Ort, mit aller Stimm und Zungen, gar fröhlich lassen singen."

Noch im Jahre 1520 finden wir den Rath der Stadt ganz in altgewohnter Thätigkeit. Seine Protokolle zeigen wie er in Allem den Weg seiner Väter ging, höchstens daß er seine Zucht über die Bürgerschaft strenger als in früheren Zeiten übte. Ein Gesetz aus jenen Tagen verbot den Wirthen an allen Festtagmorgen nicht zu schenken bevor „unser Herrgott in der Hochmesse elevirt sei"; einem Bürger wurde gedroht: so er seine Frau noch länger mißhandle, werde man ihn um hundert Goldgulden strafen; ein Ehebrecher ward mit einer Buße von 15,000 Ziegelsteinen zum Bau der Wilibrordskirche belegt; einen anderen ließ man zu Weihnachten halbnackt in der Prozession als Büßer gehn, den Kerkermeister hinter sich der ihn mit Ruthen schlug; einen der in Bigamie lebte, warf man ins Gefängniß. Doch begann er bereits 1521 trotz geistlicher Rechte und Vorrechte auch die Geistlichkeit anzugreifen. Dem Prior des Augustinerklosters wurde vorgehalten, wie ein Glied seines Convents sich an einer Bürgerin vergangen, und darauf der Bescheid ertheilt, derselbe sei bereits bestraft und fortgeschickt. Als im Jahre darauf (1522) der Pastor Fürstenberg die Stadt anfragte: wie er sich zu benehmen habe, da ihm ein versiegelter Brief zugekommen den er für einen Bannbrief halte? hieß die knappe Antwort: „es bestehe ein Vertrag des Fürsten mit der Landschaft, daß keinerlei geistliche Mandate in profanis ins clevische Land kommen dürften; danach habe er sich zu richten." Er richtete sich wirklich danach und verkündigte den Bann nicht. Gegen wen derselbe gerichtet gewesen sein mag — ob gegen die später, wie wir hören werden, davon Betroffenen oder gegen Andere — wird schwer zu ermitteln sein. Trotz solcher Vorgänge glaubte aber der Rath immerhin noch aufs Beste mit seiner Kirche zu stehen. Er schenkte dem Observantenkloster zu Dorsten eine Tonne Häringe auf städtische Kosten, erhöhte den zehn Vicaren der Mathena ihre kümmerlichen Meßgelder auf 4 Albus, hielt die „Antoniustracht" mit besonderer Feierlichkeit, „bewilligte" die Bittmesse, welche der Kölner Erzbischof den Pfarrern der Stadt anbefahl. Freilich ging es ihm mit den Geistlichen innerhalb seiner Mauern nicht sonderlich, da er mit ihnen zu oft über das Mein und Dein in Händel gerieth. Das hohe Kloster wollte die Antoniusopfer an sich bringen, und er hatte seine liebe Noth diese ergiebige

Quelle der Mathenakirche zu erhalten; der Prior weigerte sich hartnäckig die Accise der Stadt zu entrichten, welche diese um einer Fehde mit Geldern willen eine Zeit lang der ganzen Geistlichkeit auferlegt hatte; ja der Propst von Kappenberg (Johann Ketler) verklagte Wesel und reizte dadurch den Rath so sehr, daß er auch den üblichen Ehrenwein zu Neujahr (1523) nicht ins Kloster sandte. Selbst über Fürstenberg ging die Klage (1523), daß er durch allerlei Auflagen seine Gemeinde aussauge, und wurden deshalb seine Stolgebühren vom Rathe herabgesetzt.[1]) Je unfreundlicher das Verhältniß der Stadt zu dem mächtigen adelichen Kloster, seinem Prior, der zugleich Pastor der Mathenakirche war, und der Priorin (der „Frau") wurde, desto freundlicher gestaltete sich das zu den Augustinern, namentlich zu dem Lesemeister ihres Convents Matheus von Gynderick (seit 1523). Um diese Zeit bekam der Rath von einem Bürger in öffentlicher Sitzung zu hören: es sei wohl mit Schriften zu beweisen, daß Priester welche öffentlich mit ihren Concubinen lebten und doch täglich celebrirten, ihre Freiheit nicht behalten dürften (1522): und benutzte deshalb die erste Gelegenheit den Prior des Hochklosters aufzufordern, diejenigen seiner Vicare, welche solch ein Leben zur Unehre und Schmach des geistlichen Standes führten, zu strafen und die Sache zu ändern — wo nicht so werde man sich anders bedenken (1523).

Im Jahre 1525 beginnen die Wellen höher zu gehen. Deutlich stellt sich nun schon heraus, daß die Mathenavorstadt, von dem stolzen Kloster und seinem Prior geleitet, gegen die übrige Stadt und den Rath eine oppositionelle Stellung einzunehmen entschlossen war.

Die jährliche Rathswahl hatte (Montag nach Reminiscere) 1525 Wessel von Bert, einen entschiedenen Freund der Lutheraner, als zweiten Bürgermeister ans Ruder gebracht. Die Wahl war ein Compromiß zwischen der katholischen und evangelischen Richtung gewesen, indem als erster Leiter der Stadt der durchaus katholische Gerit Bongert durchgebracht wurde. Aber schon daß

---

1) R. P. 1523. 6. Er sollte künftig erhalten von einer Trauung ¼ Goldgulden aber nicht Wein noch Kost, sein Kapellan ⅛, jeder der Küster ebenfalls ⅛ Goldg. Wer mehr zahlte hatte 1 Goldgulden Strafe verwirkt.

von Bert die Zügel nur mit in die Hand nehmen sollte, schien seinen größten Gegnern zu viel. Kaum war der Ausfall der Abstimmung bekannt, als auch in der Vorstadt die eben geschlossene Feier von einem Haufen Volk in wüster Weise nachgeäfft wurde; die Glocke wurde in der Mathena geläutet wie kurz vorher in der Wilibrordskirche geschehen, und der „Geck" sammt der Schuljugend wählten sich (natürlich unter höherer Anleitung) zum Spott Bürgermeister Schöffen und Rath![1]) Die Witterung, daß die Ernennung

---

[1]) Von Druckschriften aus neuerer Zeit sind für diesen und die nächsten Abschnitte zu Rath gezogen: Versuch einer Reformationsgeschichte der Stadt Wesel (von einem Ungenannten), mitgetheilt in der Zeitschrift „Stromata." Duisburg 1787 I. Band. — Beschreibung der Reformationshistorie des Herzogthums Cleve von J. D. von Steinen. Lippstadt 1727. (Ein Auszug aus den bisher ungedruckt gebliebenen deutschen Kirchenannalen der Reformation in Cleve ꝛc. Teschenmachers; s. das Genauere in der Zeitschrift des Bergischen Geschichtsvereins. I. Band 1863. S. 181). — Regenten- und Volks-Geschichte der Länder Cleve ꝛc. von Knapp. 1836. — Reformationsgeschichte der Länder Jülich, Cleve, Berg ꝛc. von J. P. Berg, herausgg. von Troß. Hamm. 1-26. (s. Ztschr. des B. G. B. II. 244.) — Reformationsgeschichte der Länder Jülich ꝛc. von J. A. v. Recklinghausen. Elberfeld 1818. 2. Bde. Der 3. Band mit Ergänzungen von v. Oven. Solingen 1837. — Geschichte der Quellen des evang. Kirchenrechts der Provinzen Rheinland und Westphalen von Jacobson. Königsberg 1844. — Geschichte der Reformation der Stadt Wesel von Sardemann. Wesel 1840. — Geschichte des christlichen Lebens in der rhein. westph. evangelischen Kirche von Goebel. 3 Bde. Coblenz 1849. — Vorarbeiten zu einer Geschichte des höhern Schulwesens in Wesel von Heidemann, in den Weseler Gymnasialprogrammen für 1853 und 1859.

Erst als die vorliegende Schrift schon druckfertig war kam mir die eben erschienene „Geschichte der evangelischen Kirche von Cleve-Mark ꝛc. von Dr. Heppe" (Iserlohn 1867) in die Hand. Je erfreulicher es ist, die Geschicke der ev. Kirche des nordwestlichen Deutschlands endlich auch einmal in meisterhafter Weise behandelt zu sehn: um so mehr müssen wir bedauern, daß ihre früheren Bearbeiter, theils leichtgläubig, theils partheiisch, in seltener Consequenz dieselbe mit allerlei wahrscheinlichen Unwahrheiten gespickt haben, und dadurch bis heute Jeden irre führen, der sie nicht auf Schritt und Tritt durch Einsicht der Acten und Urkunden zu controliren in der Lage ist. So kann ich mir die, in den betr. Capiteln dieser Heppe'schen Geschichte vorgetragene, bisher freilich gültig gewesene Auffassung von der Stellung, welche Hof und Herzöge von Cleve in der Reformationszeit zu den weltbewegenden Mächten einnahmen, nicht aneignen, muß vielmehr diejenige Darstellung derselben, welche ich nach den Urkunden in meiner Schrift über Heres-

von Berts einen Umschlag in der Behandlung kirchlicher Fragen signalisire, ja daß sie geradezu ein erster Sieg der erstarkenden

bach (auf welche ich auch für die folgenden Notizen mich beziehe) zu geben versucht habe, für die richtige halten. Außer der Verschiedenheit aber, welche durch meine andere Auffassung dieses Verhältnisses bei vielen davon abhängigen Dingen sich nothwendig ergiebt, kann ich auch manche davon unabhängige Einzelheiten, die auf Rechnung früherer, mit zu großem Vertrauen behandelter Berichterstatter kommen, nicht annehmen. Ich muß dies hier aussprechen, damit ich bei meinen Lesern nicht in den Verdacht gerathe, aus einer so bedeutenden Erscheinung, wie das Heppe'sche Werk ist, nicht gelernt zu haben was daraus zu lernen sei. So glaube ich — um nur Einiges hervorzuheben — erwiesen zu haben, daß die mit einem gewissen Pomp in Scene gesetzte clevische Kirchenvisitation von 1533 nicht eine durchgreifende That (S. 53), sondern ein Schlag ins Wasser war; kann die Ansprüche des clev. Herzogs Wilhelm auf Geldern nicht für ungerecht (S. 69), sondern muß sie nach den uns vorliegenden Thatsachen für gerecht halten; glaube nicht, daß sein Verhältniß zur französischen Prinzessin eine Verlobung gewesen die er fallen lassen konnte (S. 70), sondern daß es eine rechtmäßige Ehe war die er auflösen ließ. Eben so wenig kann ich die Abhängigkeit des Fürsten vom Kaiser so auffassen, daß er demselben sogar im Schmalkaldener Krieg Hülfe geliehn (S. 70), da er eher das Gegentheil davon gethan hat. Irrig ist die Nachricht, daß Herzog Wilhelm 1541 in seinem Namen die Augsburger Confession habe unterschreiben, ja sogar Ostern 1543 seinen Anschluß an die evangelischen Reichsstände öffentlich habe verkündigen lassen (S. 68). Auf einem Irrthum (oder Druckfehler?) beruht die Angabe, daß Heresbach 1461 geboren sei (S. 26); es geschah 35 Jahre später. Das Urtheil Luthers über die clev. Kirchenordnung „bös deutsch bös evangelisch" (S. 29) kann ich nur für eben so apokryph halten wie die, bei Heppe unterdrückte, Unfläthigkeit welche es bei Hammelmann einleiten soll. Was Wesel speziell angeht, so wird hier im Jahr 1531 der Wendepunkt in der Entwickelung seiner Reformation darin gesetzt (S. 26): daß einmal der Betrug bei einer durch die Geistlichen vorgenommenen Teufelsaustreibung entdeckt, dann auch darin, daß die Ablaßkrämer aus der Stadt getrieben worden, indem ein Rathsbeschluß allen Ablaßhändlern, die sich künftig blicken ließen, Nasen und Ohren abzuschneiden drohte — ein Beschluß dessen Erlaß durch Aufhängung eines Messers an jedem Stadtthor in steter Erinnerung erhalten worden. Aber das Alles gehört dem Reich der Fabel an. So stürmisch gings in Wesel nicht zu. Auch ist das Palladium der Stadt, das Antoniusbild, nicht von den Bürgern niedergerissen (S. 73) wie die vorliegende Schrift ergeben wird. Ebenso wenig wissen die Acten von einem Verbot des Umtragens des Kreuzes. Auch hat die Stadt sich niemals des Schutzes des Landgrafen von Hessen versichert (S. 73). Die Säcke an Stadtthoren sind nicht als Bedrohung der Ueberbringer von

evangelischen Richtung sei, war, wie der Erfolg schnell genug bewies, richtig.

Bannbriefen, daß sie in Säcken ersäuft werden sollen (S. 75), sondern einfach als Wahrzeichen der Bannfreiheit der Orte zu fassen. Es ist unrichtig, daß das Ausweisungsdecret gegen die Fremden zu Wesel nicht zur Ausführung gekommen sei (S. 107), und leider erweislich, daß die englische Gemeinde 1567 verjagt ist — so weit war es hier im lutherischen Confessionalismus doch gekommen! Und was den entgegengesetzten der Reformirten betrifft, so ist es trotz aller hartnäckigen Versicherungen der Chronisten Wesels von der frühen Geltung des Heidelberger Katechismus nicht wahr, daß derselbe der Stadt so bald das Gepräge gegeben hat, welches sie später trug; also auch irrig daß er hier bereits 1564 in Kirchen und Schulen gesetzliche Einführung erhalten und damit ihr Anschluß an die reformirte Kirche vollendet gewesen (S. 109); es hat sich derselbe erst ein ganzes Menschenalter später vollendet.

4. Die ersten Reformversuche des Clevischen Herzogs Johann III.; Anfänge einer kirchlichen Bewegung in Wesel.

Herzog Johann III. von Cleve ging damals mit dem Gedanken einer Reform der Kirche seiner Länder um. Der von ihm auf Erasmus Rath zum Erzieher des Jungherzogs Wilhelm berufene Konrad von Heresbach[1]) hatte bereits in den ersten Jahren seiner Thätigkeit (seit 1523) einen bedeutenden, ja einen so großen Einfluß auf diesen hausbackenen Fürsten gewonnen, daß derselbe willig in seinen fromm gemeinten und humanistisch zugeschnittenen Plan eingegangen war, den ganzen Staat in all seinen Theilen umfassend zu erneuen.

Heresbach, der bis an seinen Tod, also mehr als ein halbes Jahrhundert lang, die Geschicke des clevischen Herzogthums bestimmt, und wenn nicht immer persönlich, so doch durch die von ihm abhängigen Hofleute geleitet hat, war früher in Cöln, wo er die Rechte und nebenher die schönen Wissenschaften studirte, mit Erasmus bekannt geworden, durch ihn veranlaßt, in Basel die Ausgabe griechischer Schriftsteller in lateinischer Uebersetzung zu besorgen, und von dort als Professor der griechischen Sprache an die Universität Freiburg berufen (1521). In Ferrara hatte er sich dann den Doctorhut der Jurisprudenz erworben. Er war bewandert in der lateinischen, griechischen und hebräischen Sprache, der französischen kundig, und mit den theologischen Streitfragen seiner Zeit ungewöhnlich vertraut. Er hat sich nie darin ergeben können, daß die beiden großen religiösen Stimmungen und Richtungen,

---

1) Ich muß an dieser Stelle wie überall wo im Folgenden noch Heresbachs Name genannt wird, für die weiteren Beweise in Betreff des über ihn Gesagten auf meine Schrift über ihn verweisen.

welche zu seiner Zeit durch die abendländische Christenheit gingen, sich selbstständig und gesondert als zwei sich bestreitende Kirchen darstellen sollten, und alle seine Bestrebungen auf kirchlichem Gebiet gehen mit Betonung des biblischen Christenthums darauf zuerst aus: dies Auseinanderfallen zu verhindern. Er wollte den Katholischen den Segen der Evangelischen, den Evangelischen den Segen der Katholischen bewahren. Er hielt es für möglich sie zusammen zu halten, und brachte den alten Herzog Johann wie dessen Sohn, seinen Zögling, dazu, den Versuch zu wagen in ihrem Herzogthum, wie auf einer glücklichen Insel mitten im tosenden Meer, ein friedliches Volk zu beherrschen, das in religiösen Dingen eine ganz einzige Stellung einnehmen, das weder evangelisch noch katholisch sich nennen, aber beides sein sollte. Da die von den Vätern ererbte Macht der clevischen Fürsten über die Kirche fast unbeschränkt war (das Sprüchwort sagte mit Recht: der Herzog von Cleve sei in seinem Lande Papst), so sehen wir diese Männer ungehindert den Weg der Reformen betreten; und weder der Kölnische noch der Münstersche Bischof, welche doch beide von diesem Unternehmen betroffen wurden, indem die clevischen Länder zu ihren Diözesen gehörten, haben zu widersprechen oder ihnen gar ihr Recht dazu zu bestreiten gewagt.

Das Clevische Herzogthum berührte die kaiserlichen Erblande, die Niederlande. Daß Kaiser Karl V. die Lehre, welche Luther vertrat, für baare Ketzerei hielt, daß er das von Aleander stilisirte Wormser Edict (1521), welches Luther und seine Anhänger mit Bann und Acht belegte, hier nach seiner ganzen grausamen Strenge und bis zum letzten Buchstaben durchzuführen gewillt sei, lag offen am Tage. Zu Antwerpen war der Augustinerconvent, dem Luthers Freund vorstand, gesprengt, zwei seiner Bewohner lebendig verbrannt worden mit Erlaubniß des Kaisers, dessen Statthalterin Margarethe von Parma dann, um in der Hetze der Ketzer nicht zurückzubleiben, das Kloster auf den Grund abbrechen und wie zur Sühne der entweihten Erde die Andreaspfarrkirche an seiner Stelle erbauen ließ (1522). Solch eine Nachbarschaft verfehlte ihren Einfluß auf die Stimmung in den clevischen Landen nicht, erregte vielmehr fortwährend die für Feuer und Flammen leicht zugänglichen Leidenschaften eines ungebildeten Volks, und zwangen seine Fürsten zur Behutsamkeit.

Dazu aber kam, daß der Herzog wie Heresbach (damals freilich mehr noch als später), überzeugt, das ganze Volksleben bedürfe einer Neugestaltung, die kirchliche Reform nicht für den größten sondern nur für einen Theil des ihnen obliegenden Werks hielt. Sie waren deshalb nicht gewillt, sich dadurch die Hände binden zu lassen, daß sie für die Evangelischen ohne Weiteres Parthei nahmen. Die Dinge lagen in diesen Jahren so, daß Beide, der Fürst sowohl wie sein Freund, wenn sie überhaupt die Reformation mit Erfolg in die Hand nehmen wollten, meinten, sie und sich zugleich von jedem Verdacht des Lutherthums frei halten zu müssen. Deshalb erließ der Herzog vierzehn Tage nach jener entscheidenden Rathswahl in Wesel ein Edict (aus Hambach, Sonntag Laetare 1525), das trotz seiner ganz allgemeinen Haltung doch besonders auf seine Hauptstadt gemünzt war. Er fordert hier: es solle von den Predigtstühlen dem gemeinen Volk täglich gesagt werden, daß des Marthinus Luters und seines Anhangs Schriften und Lehre eitel falsch und Ketzerei sei, und daß er so ernst und hoch er könne, Jeden bedrohe, sie nicht anzunehmen, da er, wer es heimlich oder öffentlich thäte, in Haft und Gefängniß setzen und sonder Gnade an Leib und Gut zu strafen gedächte.[1]

Der Weseler Rath ließ sich diese „Schriften, betreffend die Ketzerei von M. Luyters" vorlesen und sandte eine nichtssagende Antwort an den Hof. So wohlfeilen Kaufs aber wie er hoffte, ließ ihn der Fürst doch nicht los. Ein neuer Brief desselben an die Stadt (Jülich, 21. März 1525) betheuerte: „der Landesherr habe sich deß nicht versehen, daß trotz seiner früheren Schreiben die lutherische Lehre in Wesel täglich mehr sich ausbreite. Ihm, dem Fürsten, und der Stadt, einer der wichtigsten und vornehmsten seiner Lande, würde es in aller Welt zu besonderem Schimpf gereichen, wenn in ihr die Ketzerei überhand nehme, und befehle er deshalb: der Rath solle die Schulmeister und andere Pfaffen, welche diese Lehre unter die Schüler und unter das gemeine Volk brächten, sofort aus der Stadt schaffen, ihre ketzerischen Bücher verbrennen. den Pastoren und anderen guten Priestern, die sich nach der Ordnung der heiligen

---

[1] Bei Scotti, Sammlung clev. Gesetze I. 18.

Kirche hielten, beistehen, und so sich verhalten, daß man spüre die Ketzerei sei in Wesel abgeschafft."[1] Jedoch auch dies Schreiben blieb ohne Erfolg. Wessel von Bert, der mächtigsten Familie der Stadt angehörend, dazu ein Mann von großer Ehrenhaftigkeit und Kraft, hatte den Rath, dessen Glieder alle er übersah, so zu sagen in seiner Hand; und es mußte ihm um so leichter werden, denselben von Gewaltmaßregeln abzuhalten, da man gewiß wußte, daß der Fürst selbst, trotz dieser donnernden Sprache, die bisherigen Zustände des religiösen Lebens mißbilligte, ja daß er eben im Begriff stand, jene „Ordnung der heiligen Kirche", die Wesel ehren und halten sollte, selber anzutasten!

Er that es wirklich in einer „Ordnung" in Kirchensachen, welche er nur wenige Monate später erließ (Hambach, 2. Juli).[2] In ihrem Eingang wirft er der Kirche nicht mehr und nicht weniger vor als: „sie habe unziemliche und unleidliche Irrthümer und Mißbräuche in sich aufkommen lassen, wodurch seine Unterthanen und arme Leute merklich beschwert worden und Ungeschicklichkeit des Volkes erwachsen sei." Und wie schreiend diese gerügten Mißbräuche seien ließ das Edict daraus errathen, daß der Fürst nicht einmal bis zu einem „allgemeinen Concilium" oder einer „von Kaiser und Reich vorzunehmenden Reformation" warten konnte, sondern bis dahin eben noch den Erlaß dieser vorläufigen Ordnung für nothwendig hielt. Wegen der Lehre bestimmt dieselbe nicht was man nach jener frommen Mahnung an die Weselaner erwarten könnte, dieselbe „nach der Ordnung der heiligen Kirche" zu richten: sondern fordert in bisher hier zu Lande unerhörten Ausdrücken, daß „das Wort Gottes klar, ohne allen Aufruhr, Aergerniß oder Eigennutz fortan verkündigt", Niemand zu Seelenmessen gezwungen, die Sacramente aber umsonst gespendet werden sollen. Die Pfarrer, welche ihr Amt zu führen verhindert seien, nöthigt sie einen gelehrten Gehülfen anzunehmen; die Stifter, welche Pfarrstellen zu besetzen haben, keinen Mönch, sondern einen frommen, gelehrten

---

[1] Mitgetheilt in: Cornelius, der Münst. Aufruhr. 1855. I. 46. — Das Rathsprot. vom 24. März sagt: Item, Schriften onser gestr. heren ind frouven betreffendt die Ketterien van Martinus Luther gelesen.

[2] Scotti, I. S. 19.

Pastor dahin zu berufen, damit alle geistlichen Stellen mit gelehrten, frommen, passenden Leuten besetzt werden. Sie verbietet die Klostergelübde vor dem rechten Alter abzulegen; den
Bettelmönchen sich aus ihrem Kloster zu entfernen; den Geistlichen
mit Fastenspeisen Handel zu treiben; und will, daß das Umtragen
der Heiligenbilder beschränkt werde. Nebenher betheuert der Fürst
noch: er werde dafür sorgen, daß, da seine Unterthanen durch
geistliche Jurisdiction, Bann und Inderdict oft gezerrt und beschwert worden, auch solche Mißbräuche abgestellt würden.

Die ganze Ordnung hat keine Sylbe des Lobes, ja nicht
einmal der Anerkennung für das bisher geltende Kirchenwesen, vielmehr nur Tadel. Indem sie die Predigt, „das Wort
Gottes", fordert, thut sie gerade dasselbe, was alle Evangelischen
thaten; und weil sie dem Volke offen zugestand, es sei bisher
vielfach bedrängt und beschwert worden, ja indem sie wie mit
Fingern auf die Schäden der Kirche hinwies, war sie wahrlich
nicht danach angethan, dessen Achtung vor seiner Geistlichkeit zu
erhöhen. Sie wirkte wie Oel, das ins Feuer gegossen wird. Doch
bezeichnete sie — und das ist so zu sagen ihr Verdienst — wenigstens den Weg, auf dem der clevische Hof vorab in Religionssachen
zu gehen gedächte; er hieß: kein Lutherthum aber Reformation. Wenn wir uns dabei über etwas zu wundern haben,
so ist es nur, daß das Land trotz einer solchen, man möchte
sagen zum Zugreifen einladenden, Ordnung noch so lange
ruhig blieb.

Erst nach zwei Monaten — welch ein Zeitraum in jener so
schnellgehenden Periode! — begab sich zu Wesel der erste „lutherische
Handel."

Adolph Clarenbach, auf dem Büscher Hofe bei Lüttringhausen
geboren, in Cöln gebildet, in Münster zuerst im Schulfach angestellt, war 1523 an der Weseler lateinischen Schule als Conrector
eingetreten. Hier wurde er bald das Haupt der Gebildeten unter
den evangelisch Gesinnten der Stadt. Als die Bedeutendsten seiner
geistlichen Freunde werden uns der Augustiner Mathäus Ginderich, der Kapellan der Mathenakirche Clemens aus Rade
vorm Wald (Sylvanus), der Pfarrer im Nachbarorte Büderich
Johann Klopris, ein gewesener Augustiner aus Bortrop

genannt.¹) Sein Charakter einerseits, der so tadellos war, daß selbst seine erbittertsten Feinde nur seine evangelische Lehre, niemals aber die Lauterkeit seiner Sitten zu schmähen gewagt haben, die Entschiedenheit andrerseits, womit er die einmal erkannte biblische Wahrheit stets vertrat, mußten ihm in den schwankenden Verhältnissen der Stadt eine ungewöhnliche Bedeutung verschaffen, eine Bedeutung die der Verlauf jenes Handels, mehr aber noch das was danach in Wesel geschah, offenbart.

Naiver und doch zugleich überlegter als das Rathsprotokoll der Stadt es thut, kann man seine Sache nicht erzählen. „Heute, sagt es, (Dinstags nach Mariengeburt 1525) hat sich vor dem Rath ein lutherischer Handel zugetragen, zwischen dem Bruder Georg von Dorsten, Conventual des Franziskanerklosters daselbst und Meister Adolph Clarenbach, Laureat oder Conrector der Schule zu Wesel, betreffend des Bruders Predigt über den freien Willen, die zu widerlegen sich Adolph auf das Feuer erboten hat und noch erbietet. Bruder Georg hat dies Anerbieten acceptirt und begehrt die Disputation vor dem Rath halten zu lassen. Der Rath hat demnächst beide Partheien verhört, und da er Unruhe und Aufruhr in der Stadt davon fürchtet, den Bruder gebeten, die Sache fallen zu lassen: welches derselbe denn auch dem Rath zu Ehren und Gefallen gethan hat, unter der Bedingung, daß er zur Stunde den Meister Adolph aus-

---

1) M. Ginderich blieb bis 1528 in Wesel. Wir finden ihn später in Lüneburg wieder. Als Enno II. von Oldenburg ein Glaubensbekenntniß und Kirchenordnung aufstellen lassen wollte, berief er dazu ihn, der damals Pfarrer in Bardewick war, und Martin Undermark von Celle. S. Erneuertes Gedächtniß der Prediger in Aurich von Funke. 1717; Hamelm. Opp. p. 903; die Lüneburger Artikel von 1527 in Richters Kirchenordnungen I. 70.

Clemens Sylvanus ist später nach Hausen in Holstein gekommen. E. Rabus, Hist. der Märt. Straßb. Ausgabe II. 508.

Johann Klopris wich um 1525 aus seiner Stelle (ihm folgten Gerhard Oemeken und der Kapellan Adam Brixius), entkam der Gewalt des cölnischen Gerichts an demselben Tage da Clarenbach, der ihn dahin geleitet, demselben verfiel (3. April 1528), fand ein vorläufiges Unterkommen als Kaplan des Drosten zu Waffenberg, zog dann unstät umher und endigte in der Verzweiflung der Wiedertäufer zu Warendorf. S. Cornelius II. 344; vgl. Buchholz, Kaiser Ferdinand. IX. 362.

wiese und ihm Schutz und Schirm aufsagte. Zwar hat sich der Bruder schwierig gezeigt und den Vorschlag des Raths nicht gerne annehmen wollen, doch dem Rath zu Gefallen und um Unglück zu verhüten sich dazu verstanden, unter der Bestimmung, daß, wenn der Bruder dieses Handels Abschrift und Beweis bedürfte, dies ihm sofort ausgefertigt werden solle, so wie ferner unter dem Gelübbe, der Rath wolle des Bruders Anerbieten in Weinhäusern und anderen Zusammenkünften und an öffentlichen Plätzen so weit möglich nach christlicher und brüderlicher Liebe kund machen. Darauf ist beschlossen, dem Meister Adolph sein Geleit von der Stadt wegen zur Stunde anzusagen, was denn auch durch den Bürgermeister Bongert geschehen ist."

Es springt in die Augen, daß dieser Bericht so viel verdeckt als irgend möglich ist. Die ängstliche Vorsicht, welche künftigen unangenehmen Deutungen des Gewaltstreichs vorbeugen soll, ist darin wie mit Händen zu greifen.

Clarenbach selbst erzählt: er sei bereits früher von dem Fiskal zu Cöln beim Herzog Johann wegen seiner religiösen Meinung verklagt worden, doch habe der Fürst ihm Rechts gegönnt; einer zweiten Anklage habe er aber in so weit Folge gegeben, daß er der Stadt geboten, dem Verdächtigten kein längeres Bleiben zu erlauben; dies sei ihm durch den Bürgermeister kund gethan und so habe er gehorsam die Stadt verlassen.

Er begab sich zunächst zu seinem Freunde Klopris in Büderich, um vor hier aus — freilich vergebens — die Stadt Wesel um Rücknahme ihres Bescheides zu bitten. Während seines Aufenthaltes daselbst, berichtet er „hätten ihn die Mönche zu Dorsten unverschämt bei dem Herzog verleumdet; als dieser aber ihm erlaubt, sich gegen sie vor seinen fürstlichen Richtern zu verantworten, seien seine Verkläger alle ausgeblieben; ja er sei, nachdem die Anklage sich als lügenhaft erwiesen, von dem Fürsten und der Stadt wieder an sein Amt gestellt und mit der Stadt Freiheit wieder begabt worden, wofür er ihr dankbar sei." Das Amt trat er freilich nicht wieder an, sondern begab sich nach Osnabrück; daß er aber nach seiner Vertreibung der Stadt Rechte wirklich wiedererworben hatte, ergibt sich auch daraus, daß er in der Fastenzeit 1527 in ihr wieder erscheinen durfte, um die von seinen Freunden ihm zur Erziehung mitgegebenen Kinder zurückzubringen, zu einer Zeit, da er sich anschickte, das Amt eines Diakonen in Meldorf im Diethmarschen an Stelle des Märtyrers Heinrich von Zütphen anzutreten.

Wir können, so weit die uns nicht vollständig zugänglichen Quellen einen Einblick gewähren, den Ausgang des Weseler Ereignisses wohl nur als Folge einer Vereinbarung der beiden religiösen Partheien der Stadt, deren jede einen Bürgermeister an ihrer Spitze sah, auffassen. Während es von Bert nicht gerathen fand die Sache aufs Aeußerste zu treiben, und den Conrector als Lutheraner in die Hände des Fürsten gerathen zu lassen: mußte Bongert die öffentliche Disputation fürchten, welche alle Elemente der Unzufriedenheit sammeln und das unter der Asche glimmende Feuer in lichte Flammen aufschlagen lassen konnte.[1] Den Franziskaner mußten die hohen und theuren Ehrenerklärungen im schweigsamen Protokollbuche zufrieden stellen, während nur unter der Hand, nicht wie es üblich und Rechtens war in öffentlichem Ausruf durch die Boten der Stadt, die Bürgerschaft über die ganze Sache aufgeklärt werden sollte; Clarenbach aber konnte einsehen, daß die Stadt, vom Fürsten bedrängt, durch diesen offenkundigen Vorfall um ihrer selbst willen zu einer That gegen ihn gezwungen war.[2]

Sein Scheiden war wohl einerseits für die evangelische Parthei ein großer Verlust, indem sie den bedeutendsten und gottesfürchtigsten Vertreter ihrer Sache verlor; andrerseits aber mußte doch dieser „Handel" und sein kläglicher Verlauf die Aufmerksamkeit der Bürgerschaft auf die Frage ziehen: worum es sich denn nur eigentlich dabei gehandelt habe? Statt der einen ge-

---

[1] Der Guardian von Dorsten forderte bald nachher, als die Disputation nicht mehr gehalten werden konnte, sie solle gehalten werden; worauf der Rath kurzweg antwortete: Clarenbach sei bereits aus der Stadt.

[2] S. Rabus, welcher die „Acta Adolphi Clarenbach" abgedruckt hat a. a. O. S. 489. — Das Ende Clarenbachs ist bekannt. Er starb, von ungerechten Richtern verurtheilt, mit Peter Flystädt zu Cöln auf dem Scheiterhaufen am 28. September 1529, seinem Gott dankend „daß er diesen Tag erlebe", an dem er seinen Glauben durch den Zeugentod besiegeln durfte. Seine aus den seltensten Quellenschriften und Originalacten geschöpfte Biographie erwarten wir von dem Pfarrer Krafft in Elberfeld.

lehrten Disputation auf dem Rathhaus wurden nun hundert ungelehrte von den Bürgern an ihren gewöhnlichen Versammlungsorten gehalten, und die Anzeichen einer vermehrten religiösen Spannung in der Stadt ließen nicht lange auf sich warten. Der zum Gespräch aufgeforderte Bruder Georg hatte sich schon gleich nach Clarenbachs Fortgang darüber zu beklagen „daß ihm ehrenrührige Schriften und Worte angedichtet würden"; der Rath ward von der Bürgerschaft gezwungen, den Prior des hohen Klosters zu veranlassen, den Beweis zu führen, daß er Pastor der Mathenakirche sei, bis dahin aber ihm die Rente, welche dieser aus der Stadt zu beziehen habe, vorzuenthalten; ein Altbürgermeister nebst dem Stadtrentmeister Otto Bynck ließen sich eine hergebrachte Gabe für Brod und Wein an die Wilibrordskirche nur durch Pfändung bringen; der Procurator des Bruderklosters ward von einem Bürger gescholten und mißhandelt weil er gut lutherisch sei. In ähnlicher Stimmung verging das folgende Jahr (1526), welches Wessel von Bert seine einflußreiche Stellung noch beließ. Denn obwohl die Pest damals in der Stadt herrschte und die nächste Noth die weiter abliegenden Bestrebungen niederhielt, so fand dennoch der Rath Zeit, mit dem Prior des hohen Klosters in herber Weise darüber zu verhandeln, daß er seinen Kapellan wegen Prellereien zu entlassen habe: indem, so er damit zögere, die städtische Obrigkeit selbst ihn vor das Thor leiten lassen werde. Am Rathswahltag 1527 gelang es zwar der katholischen Parthei, von Bert aus seiner Würde zu verdrängen; doch blieb er noch Glied des Raths, und zwar eines solchen, der durch die neue Wahl an evangelisch gesinnten Gliedern stärker geworden war als der vorjährige und sein Amt nicht gerade zaghaft führte. Denn er versagte einem Geistlichen des Junkers von Büren und dem Guardian von Dorsten die Erlaubniß zu einer Disputation, entzog die Opferkerzen beider Kirchen dem hohen Kloster und legte sie diesen Kirchen selbst zu, und schreckte das hohe Kloster, welches seine Steuerfreiheit trotzig behauptete, dadurch, daß jeder Bürger, der auf der Klostermühle mahlen ließ, um zehn alte Schilt gestraft wurde. Doch das waren Neckereien; unter schwereren Vorgängen aber sollte das Rathsjahr zu Ende gehn. Ein trunkener Bürger hatte während einer Taufe, wobei er als Pathe gestanden, Schmähreden geführt, und wurde deshalb vor den Rath gestellt. Er erschien mit seinen Helfern, unter welchen ein Priester war. Es wurde festgestellt, daß er in der Kirche, während der Kapellan das Formular las, gesagt hatte: „wozu all dies Lesen? es ist ja doch lauter Unsinn und Geckengeschreibsel!" Auf des Taufenden Zurechtweisung „es sei nichts Böses gelesen," hatte er erwidert: „ihr wißts wohl besser, ich will euch morgen eines Besseren belehren," ja während der Taufe die Frage gestellt „ist das Wasser in einer Wagenspur nicht eben so gut als das im Taufstein?" Nach längerer Verhandlung entspann sich nun vor dem Rath und den beiden citirten Partheien wörtlich folgende Verhandlung.

Der Bürger: Ich habe damals eine Frage gethan, nichts anderes, und wünsche noch jetzt Antwort und Belehrung.

Der Bürgermeister zum Priester, (der des Bürgers Helfer ist): wißt ihr nicht, daß das Wasser im Taufstein heiliger ist als das in der Wagenspur?

Der Priester: nein.

Der Bürgermeister zum Kapellan: so sagt ihr es ihm, Meister!

Der Kapellan zum Priester: Ich glaube und halte fest, daß das Wasser im Taufstein heiliger ist als das in der Wagenspur.

Der Bürgermeister: So thue ich auch.

Darauf erklärt der Verklagte sammt seinem Helfer dem Priester: sie seien nun über die vorliegende Frage unterrichtet. Zum Schluß aber eröffnet der Bürgermeister dem Letzteren: „der Rath habe sich seinetwegen zwar seit Herbst beim Fürsten verwendet, damit ihm eine Pfarrei in der Nachbarschaft verliehen würde; da er jedoch nicht wisse, daß Wasser im Taufstein heiliger sei als das in der Wagenspur, so schicke er sich wohl nicht dazu Pastor zu werden", — und erhält die kurze Antwort: „darum habe ihn auch unser Herrgott davor bewahrt."

Da es im Rath zur Streitfrage wurde: ob man den Verklagten, der sich mit seiner Trunkenheit entschuldigte, gefänglich einziehen müsse oder nicht (gegen seine Verhaftung wurde protestirt), derselbe auch die 100,000 Ziegelsteine zum Kirchbau, wozu er begnadigt werden sollte, nicht zahlen wollte, sondern den Rechtsweg zu betreten vorzog, verlief seine Sache, welche nur als

Zeugniß der damaligen Stimmung in der Stadt für uns bedeutsam ist, in den Sand.

Von größeren Folgen als diese komisch-ernste Geschichte war eine Predigt, welche Fürstenberg in S. Wilibrord hielt um die bevorstehende Rathswahl in seinem Sinn zu lenken, und für die katholische Parthei auszubeuten. „Es sei der Gemeinde Schuld, rief er, daß der Unglaube, der nun in Wesel sich neu (nach Clarenbachs Vertreibung?) erhoben habe, nicht bestraft werde; die Bürger sollten die Personen, so damit befleckt wären, nicht zu ihren Oberen wählen; Frauen ließen sich in ihren Häusern deutsche Messen lesen; so viel Wachskerzen am Tag Mariä Reinigung in die Kirche gebracht wären, so viel Teufel wären in der Kirche gewesen!" In allen Ehren zur Sitzung des Raths citirt, weigerte er auf die Frage: wen er gemeint? jede Auskunft; er habe mit gutem Vorbedacht geredet, und werde, die er gemeint, nur nennen, wenn seine und des Rathes Richter zugegen wären. In der weiteren Verhandlung kam es aber noch auf dem Rathhause zu einer heftigen Auseinandersetzung zwischen ihm und Wessel von Bert, auf den, wie Jedermann wußte, seine Anspielungen gemünzt waren; doch vertheidigte Fürstenberg den ersten Bürgermeister (Thom. Kroen), gegen den Verdacht, dieser habe sich mit ihm vor der Predigt berathen, indem er selbst wisse was er zu predigen habe, und dies „versicherte er bei seiner Ehre, Priesterschaft und Seelen Seligkeit."

Was Fürstenberg hatte erreichen wollen, erreichte er vollständig, und das Gelingen des ersten Versuches, die Kanzel für seine Zwecke zu benutzen, führte ihn dazu, von nun an fortwährend von diesem Platze her den Rath, falls er ihm mißfiel, zu bestreiten und die leicht zu errathenden Geheimnisse der städtischen Verwaltung, wenn sie ihm unbequem wurden, in Wahrheit und Grobheit zu geißeln. Wessel von Bert wurde nicht zum Bürgermeister gewählt, ja nicht einmal wieder in den Rath gebracht. (1528.) Bei der Wahl selbst freilich war es stürmisch genug hergegangen. Am Thurm der Wilibrordskirche, in welcher sie Statt fand, war eine Schmähschrift auf von Bert angeklebt, die ihm vorwarf: in seinem Amt die Güter der Stadt vergeudet zu haben. Dafür forderte er nun Rechtfertigung, und sie ward ihm in der ehrenvollen Weise zu Theil, daß der Rath ihn nicht nur vor der berufenen Gemeinde vertheidigte, sondern auch eine Belohnung von 25 Goldgulden auf die Entdeckung des Verfassers jenes Pamphlets aussetzte. Das war nicht nach dem Sinn der Freunde Fürstenbergs. Ein Spottlied „auf den lutherischen Handel" ward in der Stadt verbreitet, und die Nachforschungen nach seinem Ursprung führten in das Haus des städtischen Rentmeisters. Es schien demselben zwar zu gelingen, mit heiler Haut davon zu kommen, als er bezeugte, es aus einem Buch seiner Frau abgeschrieben zu haben, und der Rath Miene machte, die Sache ganz und gar auf sich beruhen zu lassen; aber von Bert, der auch hierin Geschmähte, begehrte Fortsetzung der Untersuchung. Da erklärte die Frau Rentmeisterin: ihr siebenjährig Töchterlein habe jenes Buch von einem kleinen Jungen, einem „Jennesken", erhalten und es diesem auch wiedergegeben nachdem sie sich zuvor das Liedlein daraus abgeschrieben. Ganz stellte diese Erklärung den Rath zwar nicht zufrieden, doch drückte er zur Ehre Gottes, wofür ja hier offenbar gehandelt worden war, ein Auge zu und eröffnete der Verklagten: er wolle diese Auskunft vorläufig annehmen; es dünke ihm aber doch nicht gut, die ganze Geschichte dem unbekannten Jennesken in die Schuhe zu schieben.

Während so die evangelische Parthei in Bezug auf die Leitung der Stadt vorab in offenbarem Nachtheil sich befand, erstarkte sie dadurch, daß an die Stelle jenes Freundes Clarenbachs, des gleichfalls verdrängten Klopris, in dem damals nur durch den Rhein von Wesel getrennten Nachbarstädtchen Büderich der für die lutherische Sache begeisterte Priester Gerhard Oemeken von Camen mit seinem Kapellan Brixius thom Nörde[1] von

---

[1] Brixius' Leben hat viel Aufklärung durch Cornelius erhalten. (Münstersche Humanisten S. 77. und Münst. Aufruhr II. 330) Sein Name ist in Luthers Briefen VI. 235 verdruckt. Auch Daniel v. Soest, (s. d. Monogr. über ihn von Vorwerk, Soest 1856. S. 9) nennt ihn „van Schoppyngen." Er wirkte in der evangelischen Parthei als Pastor zu St. Martin in Münster zugleich mit Hermann Busch und im Gegensatz gegen die Wiedertäufer, doch mußte er vor dem mißgünstigen Magistrat die Stadt räumen, „den Staub von seinen Füßen schüttelnd." Philipp v. Hessen nahm sich seiner vorübergehend an; später stand er in Soest. Vgl. auch Hamelm. 1118. 1181. Ein Brief des früheren Bischofs von Münster, Wilh. Ketler, vom 11. Octbr. 1548 sagt: er sei damals wahrscheinlich zu Lübeck. (Düsseld. Archiv IV. 11.)

Schopfingen getreten war (1528), und Beide von hier aus den lebhaftesten Verkehr mit Clarenbachs Freunden und Partheigenossen zu Wesel angeknüpft hatten. Wohl mußte der Erstere schon nach einem, der andere nach zwei Jahren weichen; aber da sie die ersten waren, welche nicht auf eigne Hand oder nur auf Grund von Belehrungen die sie aus Büchern geschöpft, die evangelische Lehre trieben, sondern in evangelischen Schulen und Ländern eine klare Durchbildung ihrer religiösen Ueberzeugung sich erworben hatten, war ihre Wirksamkeit um so nachhaltiger.[1]

Einen ihm so günstig gestimmten Rath, der, von verdächtigen Elementen gesäubert, an frühere, gemüthlichere Zeiten erinnerte, konnte Fürstenberg seine Sachen leicht anbefehlen. Er wartete deshalb auch nicht einmal bis er citirt wurde: er erschien von selbst. "Der Priester und Lehrer der großen Schule, Meister Johann Zülbeck von Mörs, klagte er, sage ihm nach: er habe auf dem Predigtstuhl gelogen,[2] und werde er ihn deshalb vor ihrer Beider Oberen citiren lassen; wenn also Mandate wider denselben ankämen, so wisse der Rath den Grund. Auch sei es ihm unleidlich, daß die aus Dortrecht vertriebenen Augustiner hier in den Häusern predigten und die Sacramente spendeten."

Wegen dieser Ordensbrüder, welche als Lutheraner verjagt, zu Wesel wahrscheinlich in ihrem Convent Obdach gefunden hatten, wagte nun zwar der Rath noch keinen Schritt zu thun, da dies Kloster anrühren und der evangelischen Parthei offen den Krieg erklären, ziemlich gleich bedeutend war: wohl aber ließ er jenen jungen Priester vor sich fordern. Es gab zunächst Ermahnungen und Schriftenwechsel. Der Bannbrief von Cöln ließ unter so lockenden Verhältnissen nicht lange auf sich warten. Wohl hatte der Rath daran gedacht, vier Doctoren der Theologie auf städtische Rechnung von Cöln zu verschreiben, um Zülbecks Sache zu untersuchen; doch schrack er auch wieder vor den ungeheuren Kosten dieser gelehrten und gewiß langwierigen Conferenz zurück. Den Gebannten ohne Weiteres Preis geben, hieß aber doch auch so

---

1) Ueber Oemecken, den späteren Verfasser der Soester Kirchenordnung s. außer Cornelius a. a. O. auch meine Schrift über Heresbach.

2) Es handelte sich um die Stelle Joh. 1. 12, daß man durch den Glauben Gottes Kind werde. Zülbeck wurde später auf kurze Zeit Rector der Schule (1534).

sehr die städtischen Gesetze mit Füßen treten, daß er sich dazu nicht entschließen konnte; um so weniger, als bei dem schnellen Umschlag der Meinungen und Stimmungen das „heute mir morgen dir" bedacht sein wollte. So wurde denn ein anderer Weg versucht — der der Vermittlung. Ein Priester, der des Raths Vertrauen hatte, verhandelte in seinem Namen mit Zülbeck, und brachte ihn zur Erklärung: er sei willig, sich belehren zu lassen. Nichts konnte Fürstenberg unangenehmer sein als diese Nachgiebigkeit, da es ihm darauf ankam ein Exempel zu statuiren und durch einen heilsamen Schrecken auf die Stadt zu wirken, und er verlas — trotzdem der Streit beendigt war — den Bann über Zülbeck in der Kirche. Der Erfolg bewies ihm jedoch, daß er sich vollständig verrechnet hatte. Denn der Gebannte ging frei umher, und Niemand that ihm etwas. Da fragte Fürstenberg den Rath: ob er den Bann leiden wolle oder nicht? mit anderen Worten: ob er den Gebannten strafen werde oder nicht? Die Gemeinde wurde berufen, und sie ließ nicht den geringsten Zweifel darüber, wie sie denke. Unter Wessel von Berts Leitung ihrer Freiheiten sich stolz erinnernd, verwies sie den zaghaften Rath auf alte Privilegien und Satzungen (von 1457), und der Beschluß ward durchgesetzt „da in der Stadt der Bann seit Menschengedenken nicht gewesen, auch zum Nachtheil ihrer Privilegien gereiche, würde sie ihn nicht dulden und möge der Pastor die Abstellung desselben bewirken." [1]) Da zog Fürstenberg

---

[1]) Zugleich wurde beschlossen, neue Säcke an allen Thoren aufzuhängen, damit Fremde sehen könnten, daß die Stadt vom Banne frei sei. Aus diesem alten Brauch, die Bannfreiheit durch aufgehängte Säcke zu bekunden (deretwegen ich übrigens in den deutschen Rechtsalterthümern vergebens nach Analogie oder Erklärung gesucht habe), erwuchs später die Mähr: der clev. Fürst habe schon 1508 (s. Knapp, Geschichte, III. 121. 123) befohlen, die Ueberbringer geistlicher Mandate in Säcken zu ersäufen und deshalb diese Säcke an den Stadtthoren aufgehängt. Aus dieser ungeheuerlichen Deutung entwickelte sich dann die zweite: es seien an Wesels Thoren 1529 Messer aufgehangen, welche die Träger von Bannbriefen mit Abschneidung von Nasen und Ohren bedrohten. (Nach dem Mscpt. von Leenhof bei 's Gravehande, tweehondertj. gedachtnis. p. 179). Der Fetzen dieser vermoderten Säcke gedenkt Borheck (Gesch. der Länder Cleve ꝛc. Duisburg 1800. Anh. S. 62). Aus der Literatur fand die Sage sogar ihren Weg in die Gesetze. Churfürst Friedrich Wilhelm verbot durch

gelindere Saiten auf. Aber er erreichte auch so nicht einmal, daß man dem Gebannten verbot in die Wilibrordskirche zu gehen, trotz seiner Betheurung „er werde dann nicht celebriren und wäre Meister Johann sein Bruder" und versprach deßhalb mit seinen Freunden die Abstellung des Bannes zu versuchen, was denn auch gelungen zu sein scheint.¹) Der sechzigjährige Mann hatte durch diese unzweideutigen Thatsachen erfahren müssen, daß eine Stimmung in der Bürgerschaft waltete, die mit den abgenutzten Mitteln, wonach er gegriffen, nicht mehr zu bekämpfen war. Die Stadt behielt ihren Willen, der Gebannte verlor nicht Freiheit noch Ehre, und selbst der Fürst mußte mit einem schriftlichen Bericht über den friedlichen Verlauf des so heftig begonnenen Handels zufrieden sein.²)

Fürstenberg hatte somit den Geist erst recht wachgerufen, den er hatte erdrücken wollen, und die Rathswahl, welche gleich darauf vorzunehmen war (1529), machte seinen Gegner, den Lutheraner Wessel van Bert, wieder zum Bürgermeister. Seine Amtsführung ließ keinen Zweifel darüber, daß er die auf ihn gesetzten Hoffnungen erfüllen, und namentlich die Geistlichkeit in ihre Schranken weisen werde, wie uns die folgenden Ereignisse bezeugen. Nur wenige Wochen war er in seiner Würde und einem Guardian von Duisburg, der zum Besuch in Wesel erschienen war, wurde schon „in harten Worten" angesagt: er möge sich sammt seinen Gesellen fortan der Reden enthalten, die er zu Ostern auf der

---

sein Edict v. 7. Sept. 1661: Mandate auswärtiger Herrschaften ins clevische Land zu bringen, da dies gegen sein in diesen Landen ererbtes jus episcopale gehe, unter Androhung der Entsetzung vom Amt und Steckung in die Säcke und Werfung auf das Wasser „weshalb auch die von unsern Vorfahren zu diesem Ende verordneten Säcke an den Pforten wieder aufgehangen werden sollen." Das katholische Capitel von Cleve bat (18. Jan. 1662) dies „sein eigen Urtheil nicht ablesen und publiciren zu müssen". S. v. Oven, die Presbyterialverfassung in Berg ꝛc. Essen 1829. S. 51.

1) Die Rechnung der Wilibrodskirche von 1350 sagt, daß F am Frohnleichnamstag mit der Prozession zu gehen sich geweigert, und ein Kapellan statt seiner dafür angenommen und bezahlt sei. Bei den folgenden ähnlichen Gelegenheiten aber ist die Rede davon nicht mehr.

2) Der Priester erbot sich, so ihm frei Geleit gegeben würde, in Cleve vor fürstlichen Räthen und Gelehrten über seine Sache griechisch, lateinisch und deutsch zu verhandeln.

Kanzel geführt, sonst werde der Rath ferner darin zu denken haben. Einem Bücherhausirer, der von Goslar angekommen und Schriften feilgehalten, unter denen etliche schändlich auf die Messe gedichtet waren, wurden diese „so wie auch die von der babylonischen Gefangenschaft" verbrannt und nur die guten erhielt er wieder; doch verschweigt das Protokoll, welches diesen Beschluß enthält, schonend Luthers Namen. Dem Prior des Bruderklosters ward bedeutet: er möchte bezahlen was die Herren ihres Conventes gegessen und getrunken und die Bürger ihnen gütlich geborgt hätten, sonst werde man in den Kirchen ausrufen lassen: Niemand solle ihnen fürder Glauben oder Credit schenken. Auf dem Städtetag zu Cleve hatte der Fürst den Deputirten ein kaiserliches Mandat verlesen lassen, „man solle die Lutheraner (lutryaner), die sich unterständen aufs Neue zu taufen (!)¹) strafen ohne Verzug, sie verbrennen, köpfen oder ersäufen;" als aber der Weseler Gesandte diesen erschreckenden Bericht dem Rath erstattete, that dieser mit einer Feder voll Dinte die Henkerzumuthungen in den düren Worten ab: „**welches dann — Gott sei Lob — allhier nicht zu thun ist.**" Ihm dünkte es fruchtbringender, den Probst zu Kappenberg aufzufordern: einen Priester der Mathenakirche, der ein schändliches Leben führte, zu strafen, wo nicht, werde der Rath selbst es thun; **dulden werde er ihn nicht länger.** Ja bei Gelegenheit einer Betmesse, mit der eine Prozession verbunden war, wurde sogar beschlossen: der ehrsame Rath, (welcher dabei zu erscheinen hatte), solle diesmal nicht wie sonst, **barfuß gehn,** sondern es werde jedes seiner Glieder statt dessen andre gute Werke thun, da mancher nicht auf bloßen Füßen gehen könne — **auch nichts daran gelegen sei.**

Unterdessen war fast unvermerkt die evangelische Parthei in der Stadt so weit erstarkt, daß sie schon darauf nicht mehr allzu besorgt zu achten hatte, wer an der Spitze der Stadt stehe. Wohl brachte die jährliche Rathswahl von da an wohl abwechselnd noch neben ihren Freunden auch ihre Feinde in die Ehrenämter: aber der Verlauf der Dinge wurde dadurch nicht mehr merklich geändert. Nicht

---

1) Es war des Kaisers Politik, die Lutheraner stets mit den Wiedertäufern in Einen Topf zu werfen, um sie desto eher dem allgemeinen Haß Preis zu geben.

wenig kam den evangelisch Gesinnten dabei die Haltung des Fürstenhauses zu Statten.

Herzog Johann hatte nicht nur seine Lieblingstochter, die Erstgeborene, Sibylle, dem sächsischen Churprinzen Johann Friedrich zur Ehe gegeben (1527) und dadurch eine bleibende Verbindung seiner Familie mit derjenigen des Schutzherrn Luthers geschlossen; er hatte auch zur Zeit der Verlobung schon erlaubt, daß des Bräutigams Hofprediger, Friedrich Myconius, öffentlich in den clevischen Landen predigte, mit Mönchen disputirte, und die herrschenden Vorurtheile gegen die Evangelischen zerstreute.[1]) Und was seitdem nur erlaubt gewesen, befahl sogar diejenige seiner Verordnungen, welche für das ganze Land festsetzte „daß, nachdem früher viel Mißbräuche durch die Ungeschicklichkeit der Prediger sich eingeschlichen, danach aber gar Leute unter dem Vorwand das Evangelium zu predigen nur Aufruhr geschürt hätten, ferner keine unchristliche Lehre oder Neuerung, vielmehr das Evangelium und Wort Gottes klar, ohne Schelten und Eigennutz gepredigt werden solle." (Düsseld. 18. Juli 1530). Dieser Befehl war freilich ein zweischneidig Schwert, da er in seiner Farblosigkeit und Dehnbarkeit je nach der Gesinnung derjenigen Behörden, die ihn erhielten, gedeutet und ausgeführt werden konnte; doch bestärkte er den Glauben wenigstens bei allen Partheien, daß es in der clevischen Kirche nicht so bleiben könne wie es bisher gewesen. Wollte ja dies Mandat nach seinem ausdrücklichen Wortlaut nur gelten, „bis eine allgemeine, oder wenigstens eine Reformation für das clevische Land vorgenommen würde" und trug somit das Seinige dazu bei, daß man sich unbefriedigt mit dem fühlte was da war, und gespannt und unruhig der Dinge harrte die da kommen sollten.

---

1) Ueber die Wichtigkeit dieser Thätigkeit Mycons, der fürstlichen Ehe &c. für das clevische Land und die daran sich schließende Verbindung Heresbachs mit Melanchthon s. außer m. Heresbach an der betr. Stelle bes. Bouterwek: die Ref. im Wupperthale. Elberfeld 1867.

5. Die Bewegung nimmt einen evangelischen Charakter an; Einfluß der Kirchenordnungen des Herzogs.

Die evangelische Lehre, wie sie durch Deutschland damals in Anschluß an Luther sich verbreitete, war bisher, wie wir sahen, in der Stadt Wesel nur ins Geheim und von Einzelnen angenommen, welche in der allgemeinen Verstimmung und Aufregung gegen die Geistlichkeit ihren Schutz gefunden hatten; jetzt aber beginnt auch die öffentliche evangelische Predigt. Wir hörten früher, daß geflüchtete Augustiner von Holland, die sich hier eingefunden, in den Häusern hin und her lehrten; das geschah nun bald, nachdem die Bürgerschaft zum großen Theil gewonnen war, auch von der Kanzel. Im Jahre 1530 vernahm die ganze Stadt in der Augustinerkirche diejenige Lehre, für welche im Jahre vorher der von so Vielen geliebte und beklagte Adolph Clarenbach sein Leben gelassen hatte. Durch den Glauben, hieß es, werden wir vor Gott gerecht, nicht durch unsre Werke, welche nur Früchte des Glaubens sind — nach der Schrift; nicht unsere eigene Kraft, sondern Gottes Gnade wirkt in uns das neue Leben — nach S. Augustin. Daneben wurde das Dogma vom Fegefeuer bestritten und dargethan, daß der Mensch nicht zu allen Ceremonien der Kirche verpflichtet sei; auch der Beweis mit großer Lebendigkeit geführt, daß die Heiligen nicht anzurufen seien, denn ihre Anrufung beweise sowohl, daß wir Gottes Barmherzigkeit nicht für genügend hielten um uns selig zu machen, als auch, daß die Mutter Christi und alle lieben heiligen Apostel und Märtyrer nicht wären selig geworden, indem ihrer Keiner je einen einzigen verstorbenen Heiligen angerufen habe. Fürstenberg verklagte zwar wegen solcher haarsträubenden Behauptungen den Prediger, der sie ausgesprochen hatte, vor dem Rath, aber der Angegriffene erbot sich, Jedermann zu beweisen, daß er nach Gottes Wort (und also nach des Herzogs Befehl) gepredigt habe. Die Bürgerschaft hielt es mit den Augustinern; der Rath, statt wie Fürstenberg noch hoffte, ihnen entgegen zu treten, bat diesen im Gegentheil (1530),[1]) er möge einen Kapellan anstellen, der „zur Verkündigung göttlicher Schrift neben der Administration der Sacramente in dieser traurigen Zeit geschickt wäre", erklärte ihn selbst damit zugleich für ungeschickt dazu und empfing deshalb nur die trotzige Antwort, welche des Mannes ganze Religion, so Sitten- wie Glaubenslehre, enthält: „Jeder solle so leben wie er sterben wolle, und zur Verwaltung der Sacramente sei leicht ein Priester geschickt genug." Wohl verklagte der Rath ihn beim Fürsten, daß er unter dem Vorwand Gottes Wort klar zu predigen, Meinungen in die Bürgerschaft ausgieße, welche dieser zu Aufruhr und Meuterei hätten Anlaß geben können, und bat: ihn zur Ruhe zu verweisen; aber auch Johanns Gewalt ging, wie beim Rath so beim Priester, in der stürmisch gewordenen Zeit über Bitten nicht weit hinaus, und seinem Befehlen und Drohen in Kirchensachen folgte zu Wesel damals der Eine so wenig als der Andere.

Wie tief die Lehre der Augustiner schon in den Leuten wurzelte, und wie Recht der Rath hatte, den geärgerten Fürstenberg in seinen unaufhörlichen Klagen über die Ketzereien, deren ihm viel zu viel, und über die Spenden bei den Anniversarien, deren ihm viel zu wenig wurden, immer nur zu beruhigen ohne etwas Durchgreifendes zu thun, bewies das Jahr 1532. Es war ein Bürger gestorben ohne das Sacrament empfangen zu haben. Seine Verwandten forderten, die Pfarrer aber verweigerten das ehrliche Begräbniß. Eine Untersuchung, im Beisein des fürstlichen Richters geführt, ergab, daß der Verstorbene, der zuletzt bei dem Lesemeister der Augustiner, Johann van

---

1) Im liber missivarum der Stadt Wesel: der Rath an den Fürsten, Freitag p. inv. crucis.

Zütphen gebeichtet, aber in seiner Parochialkirche communicirt hatte, dem Kapellan, welcher ihn in seiner Krankheit besuchte und zur Beichte mahnte, zugleich mit seiner Frau immer nur denselben Bescheid gegeben „alles auf Gottes Barmherzigkeit" oder „er sei ein sündiger Mensch und bereue seine Sünden." Die allgemeine Beichte hatte er nachgesprochen, der Ohrenbeichte sich geweigert. Alle Zeugen gaben ihm den Namen eines „guten Christenmenschen". Einer wußte: er habe im Ruf gestanden, lutherisch zu sein. Der Sterbende selbst hatte sich die Furcht, sein Leib möge in ungeweihten Boden kommen, mit dem Trost gebannt, die Erde sei des Herrn und „es sei gleich auf dem Kirchhof oder unter dem Galgen zu liegen." Wichtiger als diese Resultate des Todtengerichts war die Entdeckung, daß die Nachbarn des Verstorbenen ihn in seinem Vorsatz, nicht zu beichten, bestärkt hatten. Da schien denn etwas geschehen zu müssen. Der Todte ward unter Zuziehung der Diener der Stadt und des Richters fern vom Kirchhof eingescharrt. Dabei kam es begreiflicher Weise zum Scandal; die Rauferei fehlte nicht; es wurde mit Koth geworfen, geschrieen: der Pastor sei ein Dieb und Mörder und Gottes Barmherzigkeit sei überall! Dann ward die Leiche über Nacht von Freunden ausgegraben und auf dem Kirchhof bestattet, andern Tags aber wieder von da fortgeschafft. Eine fürstliche Entscheidung, die man erbeten, blieb aus, weil man am clevischen Hofe keine Zeit hatte, sich um Todte zu kümmern, da man nicht einmal mit den Lebenden fertig zu werden vermochte, und die Zeit ließ die kleinere Sache bald über größeren, die zu bewältigen waren, der Vergessenheit anheimfallen.

Nicht erfolglos hatten die Augustiner gegen Verehrung der Heiligen gepredigt: und während die Frommen sich dadurch zur Anbetung Gottes im Geist und in der Wahrheit führen ließen, konnte es nicht ausbleiben, daß rohere Gemüther sich auf ihre Weise, was sie gehört, zurecht legten. Rauch wird allezeit beim Feuer sein. So wurde ein Schuster vor den Rath geführt (1532), der an S. Jacobs und am Marientag öffentlich sein Handwerk betrieben hatte. Von Nachbarn darüber zur Rede gestellt, hatte er gesagt: S. Thomas wäre ein ungläubiger Bube und Maria unseres Herrgotts Schüsselwäscherin, — etwas Anderes könne er aus Beiden nicht machen. Was half es, daß ihm vom Rath die Buße auferlegt wurde, an einem Sonntage halbnackt, mit Ruthe und brennender Kerze um den Kirchhof zu gehn? daß man ihm befahl, sich künftig besserer Worte über die Heiligen zu bedienen? Damit war weder ihm noch dem armen Volk geholfen. Die fortgesetzte ungehinderte Predigt der Wahrheit würde die Geister frei gemacht haben, aber für sie schien in Wesel die Zeit noch nicht gekommen. Denn der Fürst hatte mehrere male öffentlich in seinen Gesetzen hoch und theuer versichert: Er selbst werde noch eine durchgreifende Reformation der Kirche vornehmen, wenn das deutsche Reich oder die Kirche es nicht thue; der Rath hatte in stetem Hader mit dem ersten Geistlichen der Stadt diesem seine Habsucht und aufrührerischen Sinn vorgeworfen; Sonntags wurde von den Augustinern gepredigt: in den Kirchen gehe es nicht recht zu, es tauge in Lehre und Leben da drüben nicht, je und dann wohl auch der Weg gewiesen, der grade aus zum Frieden führt; aber bei alle dem schwebte doch das Volk zwischen Thür und Angel, da ihm **bahnbrechende Männer fehlten, die, ihres Glaubens gewiß und froh, auch Andere mit Freudigkeit und Zuversicht hätten erfüllen können**. Es sollte die Heiligen nicht anrufen, und dennoch zwang der Rath es die Heiligentage zu feiern: **wer lehrte es sie recht ehren?** Es sollte glauben, daß allein Gott Sünden vergebe, und dennoch wurde, wer es mit diesem Glauben ernst nahm und darin starb, nicht unter Christen begraben. Wen wundert es, daß die erregten und nicht belehrten, zur Ungewißheit verurtheilten Leute, besonders aber die unter ihnen, welche in anderen Städten evangelisches Leben kennen gelernt hatten und es nun mit diesen zweifelhaften Weseler Verhältnissen verglichen, irre wurden? daß sie Maaß und Selbstbeherrschung in einer Zeit verloren, da, wie jeder sah, ein neues Leben erwachte, vor dem das alte plötzlich oder allmählig, aber immerhin jedenfalls, zusammenbrechen mußte? da die heilige Schrift auf der einen, die Scheiterhaufen auf der anderen Seite als letzte Instanz dastanden? Und dieser peinliche Zustand wurde dadurch nicht gebessert, daß der Fürst schnell nach einander seine zwei Kirchenordnungen (jene lange verheißenen!) erließ (11. Januar 1532 und 8. April 1533), von welchen die erstere mehr der katholischen, die zweite mehr der evangelischen Lehre und Kirche schmeichelte, — die aber beide hartnäckig darauf bestanden, daß im clevischen Lande eine Scheidung des Volkes in zwei kirchliche Gemeinschaften nie und nimmer werde geduldet werden.

Durch diese letzteren Kundgebungen des humanistischen Hofes war die schon bestehende Unzufriedenheit im ganzen Lande womöglich noch erhöht worden. Gesunde Gesetze besänftigen, schwankende und ungewisse aber vermehren nur die unheimliche Lage bewegter Gemüther. Die eine Parthei war wie die andere halb befriedigt, halb enttäuscht; jede hoffte für sich den endlichen Sieg, und die Städte wurden, statt durch diese Ordnungen im Religionswesen sich mehr uniformiren zu lassen, unter Berufung auf dieselben, je nachdem ihre Vertreter und Magistrate beschlossen, nur kräftiger noch als bisher zur katholischen oder zur evangelischen Kirche gehalten. So hatte denn auch Wesel nichts Anderes zu thun, als auf Grund dieser neuen Gesetze in dem fortzufahren, was es bisher gethan und hatte geschehen lassen.

Die einzige lehrhafte, wenn auch schwache Stütze der evangelischen Parthei der Stadt war damals noch das Augustinerkloster, und von hier gingen noch immer die Impulse aus. Nach der Frohnleichnamsprozession 1532 erwies sein Lesemeister Johann van Zütphen in einer Predigt aus der Schrift, daß das h. Abendmahl unter beiderlei Gestalt ausgetheilt werden müsse. Es konnte nicht fehlen, daß Fürstenberg wider ihn sich vernehmen ließ. Beider Manuscripte wurden eingefordert und dem Fürsten übersandt. Der Rath hielt dem Pastor vor, er möge seine meuterische Predigtart aufgeben; zugleich aber wurde auch der Lesemeister auf die fürstliche Ordnung (von 1532), die je nach der Hand die sie führte Peitsche oder Zügel war, verwiesen. Doch war es schwer, mit diesen bloßen Mahnungen und Drohungen auf die Dauer den Frieden in einer Zeit zu erhalten, da die ungeheure geistige Erregung, welche die Gewissensfrage „was muß ich thun, daß ich selig werde?" bewirkte, neben den besten Kräften auch die wildesten Elemente des Volkslebens entfesselt, den Abschaum an die Oberfläche geworfen hatte; da Irrlehrer und Abenteurer aller Art von Ort zu Ort zogen; Menschen, die an dem Evangelium mit keinem Faden hingen, des Evangeliums sich berühmten; Zuchtlose nach dem Geweihten griffen; die Sacramentirer das heilige Abendmahl des Herrn zur frommen Erinnerungsfeier, die Wiedertäufer die heilige Taufe zum äußeren Zeichen für die geschehene innere That der Bekehrung herabsetzten, den Pastor zum Prediger, die Kirche zur Sonntagsschule machten. Daß solche Geister auch in Wesel erschienen, zeigen die Thatsachen; es lag und lief auch hier wie allerwärts Alles bunt durcheinander, Gutes und Schlimmes, und wie überall offenbarte das Große und Spannende der Periode auch hier sich darin, daß jeder Einzelne mehr als vor- und nachher **gezwungen** wurde seine Seligkeit zu schaffen, zu forschen, zu prüfen, zu fragen. Ein Bürger verhöhnte, da ein Kapellan mit dem Sacrament zu einer Kranken ging **„das Göttchen, das die Pfaffen hätten"**, und erklärte dem Rath „er glaube nicht, daß Christi Leib und Blut im Abendmahl sei, denn Christus sitze zur Rechten des Vaters und komme nicht anders, denn nur in seiner Gnade — also nicht leiblich — herab." Doch besann er sich, als der Rath einen ungewöhnlichen Ernst an den Tag legte, und betheuerte: zu glauben, was die Kirche glaube. Ein Andrer sagte, als er das Sacrament über den Kirchhof tragen sah zu seinem Nachbar: „davon hält man in Lübeck und Hamburg nicht", und dieser antwortete „damit mögen sie wohl recht haben, denn Christus will nicht wohnen in Tempeln mit Menschenhänden gemacht, und läßt sich nicht tragen, wie ein Vogler einen Habicht auf der Hand trägt, denn S. Paulus sagt: **sie sind Tempel Gottes, in denen der Geist wohnen will.**" Ueber solche Vorgänge ward nun zwar stets gewissenhaft von Seiten der Stadt dem Fürsten berichtet; aber nie erfolgte von diesem eine klare, gewisse Weisung; und das einzige Resultat aller dieser vor dem Rath geführten Untersuchungen, welches zu Cleve erreicht wurde, war und blieb immer, daß **Kläger** und **Verklagter** zugleich auf die erlassene **Ordnung** des Herzogs verwiesen wurden, welche ja auch die ganze Geistlichkeit zu halten gelobt hätte (Dinstag nach Oculi 1532). Nur Einmal erhob sich die fürstliche Kanzlei über allgemeine Redensarten, indem sie die Stadt aufforderte, ihren heimlichen Prediger, der früher in Büderich sein Wesen gehabt habe, zu entlassen. Wahrscheinlich war Oemeken gemeint, und die Bürgerschaft konnte sich leicht von dem Verdacht, daß sie ihn beherberge, reinigen. Es geschah damals gewiß Manches **heimlich** in ihr: die evangelische Predigt der Augustiner aber war so öffentlich als sie sein konnte, und deshalb ganz unnöthig Winkelprediger zu beherbergen.[1]

Von dieser Zeit an füllen sich die Rathsprotokolle mehr und mehr mit Berichten über religiöse Streitigkeiten. So lockend es ist, die darin verhandelten, oft ergreifenden, oft komischen Dinge, welche in dem trocknen Kanzleistyle des protokollirenden Stadtschreibers Nichts von ihrer derben Ursprünglichkeit verloren haben, hier in bunter Mannigfaltigkeit vorzuführen: werden wir uns doch auf Mittheilung der Hauptsachen beschränken müssen. Nicht nur weil diese Einzelheiten immerhin doch nur ein un= vollkommenes Urtheil über die herrschenden Zustände ermög= lichen — denn nach solchen Händeln läßt sich so wenig eine Kirchengeschichte Wesels, als nach Prozeßacten des Reichskammer= gerichts eine Geschichte Deutschlands schreiben; — sondern beson= ders auch noch, weil dies Urtheil ein ungerechtes sein würde, indem der wichtigste und vorzüglichste Theil des kirchlichen und religiösen Lebens, diejenige Wirksamkeit desselben nämlich welche Herzen und Familien tröstend, segnend, weihend, treibend durch= zieht, in diesen Streitigkeiten nicht zur Anschauung zu bringen ist. Im Kleinen wie im Großen werden wir mehr und mehr uns bequemen müssen, einzusehen, daß Geschichte der Kirche noch lange nicht Geschichte des christlichen Lebens ist.

Die Zukunft der Evangelischen im clevischen Lande hing haupt= sächlich vom Benehmen ihrer Brüder in Wesel ab. Gelang es diesen auszuhalten und durchzukommen, so war die Metropole mächtig genug, auch sie gegen den Fürsten zu schützen, der nun einmal, von seinen Vertrauten mißleitet, darauf beharrte, das Kirchenwesen seines Landes nach wenig kirchlichen Prinzipien um= zuformen, und es um jeden Preis in seiner Hand zu behalten.

Um die Kirchenordnung (vom Jahr 1532), die nicht Fisch noch Fleisch war und alle Dinge gehen ließ wohin sie wollten, im Sinne des erasmischen Hofes ins Leben einzuführen, versuchte man es, dem Beispiele Sachsens nachahmend, mit einer Kirchen= visitation. Der Herzog ernannte die angesehensten seiner Räthe

---

[1] Das Edict vom Antonstag 1532 s. im Anhang der Schrift über Heresbach S. 246.

meist wider ihren Willen zu Visitatoren und entsandte sie in seine Länder, indem er ihnen als Richtschnur ihres Handelns seine beiden Kirchenordnungen, die zweite als „Declaration" der ersten, mitgab.

Man vermied fortwährend an diesem Hofe — gerade weil man so schwankend war — den Schein, als ob man mit Zeit und Umständen accordire; und nur daher ist es zu erklären, daß das Mandat von 1530 sich auf das von 1525, die Ordnung von 1532 sich auf das Mandat von 1530, und wieder die Ordnung (Declaration) von 1533 sich auf jene vorhergehende von 1532 bezieht. Der Fortschritt aber, der seitdem und namentlich durch diesen letzten Erlaß in der Freigebung des kirchlichen Lebens gemacht war, ist trotz dieser Verhüllung unverkennbar groß. Denn zwar wird auch noch durch die Declaration der gemeine Mann belehrt, daß er sich nicht selbst Pfarrer setzen könne, da nur der Bischof hiezu die Macht habe; wohl wird er gewarnt, nicht auf eigene Hand Gebrechen abzustellen: aber es wird von vornherein auch aller Unfehlbarkeit der Kirche zum Trotz eingestanden, daß allezeit in der Kirche v i e l Dinge gewesen, die allerdings lieber gebessert wären, die man aber um des Friedens willen übersehen und geduldet hätte; gefordert, daß statt der Legenden und Exempel der Heiligen auf der Kanzel die Predigt des E v a n g e l i u m s a l t e n u n d n e u e n T e s t a m e n t s getrieben werde, und der Pfarrer aller Tradition zum Spott ermahnt, die dunklen Stellen der h. Schrift gemäß den deutlichen zu erklären, die unbegreiflichen aber der Weisheit Gottes anheimzugeben, mit anderen Worten den Grundsatz der Protestanten anzuerkennen daß die h. Schrift sich selbst auslege. Daneben wird die Geistlichkeit ermahnt, sie solle dem Volk den Glauben an Gespenster nehmen und die unverständlichen Ceremonien der Kirche ihm erklären. E i n i g e L e h r e z u r S e l i g k e i t b l e i b e G o t t e s W o r t. Der Glaube sei kein leichtfertig Meinen, sondern begreife in sich: daß man e r s t l i c h A l l e s, w a s d i e h. S c h r i f t s a g e, f ü r g e w i ß u n d w a h r h a f t i g h a l t e, so wie zweitens, daß man deshalb ein f e s t e s l e b e n d i g e s V e r t r a u e n auf die Barmherzigkeit h a b e, welche Christus mildiglich uns erworben. Die Lehre von der Messe, worauf es für das öffentliche kirchliche Leben besonders ankam, hat die Declaration in die vom h. Abendmahl umgebildet, die

Privatbeichte aber nur als heilsam, nicht mehr als nothwendig zu behaupten gewagt.

Obwohl diese Ordnung (vom 8. April 1533), welche Heresbach im Auftrage des Herzogs eigens seinem Freunde Erasmus zu Freiburg hatte vorlegen müssen (und erst nachdem sie die Billigung dieses alternden Wunders der Welt empfangen, wagten die Erasmianer und Humanisten des Hofes ihre Veröffentlichung) weder den katholisch noch den evangelisch Gesinnten nachgeben wollte, so that sie im Grunde doch Beides. Unzweifelhaft konnte der Katholik, dieses Papier in der Hand, ganz und gar bleiben wie und was er war: und eben so gewiß durfte der Protestant seinerseits unter Berufung darauf seinen Gottesdienst wie sein Kirchenwesen neu ordnen und erneuern.[1]) Der alte Fürst, von Heresbach besonders bedient, hatte sie in der kühnen Hoffnung erlassen, seine Unterthanen möchten, wie aus seinen freundlichen Wild- und Waldgesetzen, so auch aus den Worten dieser seiner Kirchengesetze eine väterliche Stimme vernehmen. Er meinte, die Katholischen würden sich durch die evangelischen, die Evangelischen durch die katholischen Bestimmungen derselben besonders befriedigt fühlen, und das stille clevische Land werde in allgemeinem süßen Frieden über diese schwere Zeit des Zankes hinaus kommen. Er konnte so wenig als Heresbach sich zu dem Glauben bequemen, daß die Spannung der Katholiken und Evangelischen gegen einander von Dauer sein werde, erwartete vielmehr mit Sicherheit, daß sie sich bald versöhnen würden und gab deshalb Beiden Recht. Weil er aber so stand, war ihm auch nichts mehr verhaßt, als wenn irgendwo die eine Parthei sich benahm als gehöre das Reich ihr allein, wenn sie so sich einrichtete, daß die andere dabei ausgeschlossen wurde. Wo die Katholiken gegen die Evangelischen vorgingen, wehrte er es ihnen; wo wie zu Soest die Evangelischen sich ein Kirchenwesen schufen, das die Katholiken nicht in sich aufnehmen konnte, verfolgte er sie oder ließ es zu daß sie verfolgt wurden.

Noch ehe jene Declaration bekannt geworden war (8. April)

---

1) Die Ordnung von 1533 erschien der späteren brandenburgischen Regierung zu Cleve bei ihrer Sehnsucht nach Ruhe im Streit der drei Confessionen so wichtig, daß sie die Geistlichkeit noch am 20. Mai 1660 auf sie verwies! (v. Oven, Presbyterialverfaßung. Essen 1829. 46.)

erschienen die herzoglichen Kirchenvisitatoren in Wesel; ja hier begannen sie ihr Werk. Es galt dem Löwen in seine Höhle zu gehn, und Manche fürchteten, sie würden hier wie im ganzen Lande „das Licht des Evangeliums vollends auslöschen." (Samst. post circumcis. 1533.) So schlimm war es nun freilich nicht gemeint, ja es konnte gar nicht so gemeint sein. Denn zunächst war der Fürst gar nicht Willens, die Dinge etwa nur wieder auf den alten Fuß und Weg zu bringen, und auch die visitirenden Räthe selbst gar nicht so katholisch als ihr Ruf sie machte. Es waren Humanisten, Aufklärer, scheue Diplomaten, die nur mit Noth vom Fürsten dazu gebracht waren, diese mühsame, wenig versprechende Arbeit zu übernehmen; zum Theil Leute, die von den großen kirchlichen Fragen, um die es sich handelte, kaum einen Begriff hatten, zum Theil solche, die am liebsten um die Ruhe um jeden Preis zu retten dem Volk seine Ceremonien unversehrt gelassen hätten, damit sie selbst unbehindert in wonnigem Behagen weiter darüber denken und spotten könnten wie sie wollten. Die Besten von ihnen hielten, wie die meisten Glieder des Hofes, in der großen Bewegung ihrer Zeit die Sache allgemeiner Bildung, die Wissenschaft für interessirt: daß es eine Gewissensfrage sei, die in die Völker wie ein Blitz eingeschlagen war, ahnten sie kaum. Wenn das, was sich damals zu Wesel mit ihnen begab, nicht so ernst wäre als es ist, würde es lächerlich sein. Nach allerlei allgemeinen Vorverhandlungen, womit hier ihr Wagestück einen alten Rock mit einem Lappen von neuem Tuch zu flicken, eingeleitet ward, kam es zu Vorschlägen und Gegenvorschlägen. Der Rath der Stadt wußte was auf dem Spiel stand, wenn nicht ganz, so doch jedenfalls besser als die Räthe des Fürsten. Während diese vier ausgesucht milde Verhandlungspunkte vorlegten: 1. daß Competenzen und Accidentien der Pfarrer ohne Beschwerung des gemeinen Mannes gegeben, 2. einige geringe Vicarien zusammen gelegt werden sollten, um daraus geschickte Priester zu besolden, 3. daß man auf Regiment und Dotirung guter Schulen Bedacht nehmen, 4. die Hospitäler gut halten und die Almosen an Hausarme austheilen müsse[1]): begehrte der Rath wegen doppelt so vieler bissiger Punkte

---

1) Die Verhandlungen bes. im W. K. A. 6, 1. Auf 1. antwortete die

Bescheid und zwar über: 1. Vergebung der Sünden, 2. Anrufung der Heiligen, 3. beiderlei Gestalt im Abendmahl, 4. das Haupt der Kirche und seine Gewalt, 5. freien Willen und Halten der Gebote Gottes, 6. etliche Werke und Ceremonien, 7. Unterschied der Speisen und Fegfeuer, 8. etliche Mißbräuche. Er sollte mit den Hülsen abgespeist werden, forderte aber den Kern, und trieb dadurch die unsicheren Herren dermaßen in die Enge und erlangte so befriedigende Auskunft über Alles, daß er zum Dank nun auch ganz willig und gern endlich erklärte: sowohl an des Fürsten erster als auch zweiter Ordnung (die Declaration, welche ihnen übergeben wurde) sich halten zu wollen.

So hatte die Stadt erreicht, was die weitgehendsten Wünsche nur hatten begehren können. Die Ordnung schrieb in der Hauptsache vor: man solle Gottes Wort verkündigen. Daran hielt man fest. Die Zeiten waren damals, im deutschen Lande wenigstens und so weit Verständige es bewohnten, glücklich zu Ende, wo man alle möglichen Neuerungen, Thorheiten und Phantasien, sogar den Bauernaufstand, auf Rechnung der neuen Ketzer setzen, wo der Kaiser selbst — wie wir bereits hörten und wie er es namentlich in seinen Erblanden noch fortwährend that — die Wiedertäufer als Lutheraner ausrufen durfte und Glauben fand: denn im Augsburger Bekenntniß (1530) hatten die Evangelischen feierlich bezeugt was sie glaubten und was sie verwarfen. Dasselbe klärte nach rechts und links auf. Die Radicalen aller Art sahen sich dadurch enttäuscht, und zogen sich von einer Bewegung zurück, die nicht nach ihrem Geschmack war; die gerecht denkenden Katholiken wurden einer Sache günstiger gestimmt, welche so besonnen sich darstellen und mit so einfachen Waffen sich vertheidigen ließ; die Evangelischen selbst aber fühlten sich freier, da sie so viel schlechte Freunde verloren, und sich unter einander mehr als früher geeinigt sahen. Auch in Wesel galt dies Augsburger Bekenntniß. Freilich nicht

---

Stadt: die Armen seien ganz davon zu befreien; auf 2. soweit es die Bruderschaften und das jus patronatus betreffe, stehe es nicht in des Rathes Macht; 3. werde schon vom Rath betrieben; 4. er werde dafür sorgen. S. „Articuli etlyker gebrelen ind twybrechtiger meynungen belangendt den geloeve jnd kerkendienste", wo scharf und klar unter den angegebenen Rubriken die katholische und evangelische Lehre gegeneinander gestellt sind.

so, daß die Stadt öffentlich sich dazu verpflichtete, denn das litt der Fürst nicht; aber so doch, daß die Führer der Stadt, die Führer der evangelischen Parthei und die Einflußreichsten der Geistlichen darin ihren Glauben, den sie lehrten, bezeugt sahen, daraus lernten und sich daran hielten.

Weil die Declaration der Ordnung noch nicht öffentlich ausgegangen sei, ließ der Rath zwar zu, daß ein in der Wilibrordskirche verehrtes Kreuz, wie seit undenklichen Zeiten geschehen, noch einmal in einer Prozession umhergetragen wurde (1533), doch fühlte man mehr und mehr das Durchbringen der Augustinerlehre auch in Bezug auf den Cultus. In einem Bierhause fiel ungestraft die Behauptung, das Brod im Sacrament bleibe Brod; aber so ungöttlich schien auch wieder andrerseits Manchem das Benehmen des Raths in der Abstellung überflüssiger Ceremonien, daß Einer einem spielenden Knaben, der nach einem Crucifix schoß, zurief: er möge immerhin schießen, es werde noch dahin kommen, daß man aus den Kirchen Scheunen mache. Ja der plötzliche Tod des Lectors der Dominikaner preßte einem Andern die Klage und Anklage aus: das kommt von der Lutherei! Dem alten Fürstenberg muß man nachsagen, daß er das Feuer, das alle Irrlehre, wie er hoffte, zu Asche verbrennen würde, redlich geschürt und durch die Art, wie er seinen Standpunkt behauptete und vertheidigte, den Evangelischen nicht unwesentliche Dienste geleistet hat. Was er von der Predigt und der Lehre gehalten, hat er uns früher einmal offenbart. Wie und was er selbst gepredigt, erfahren wir um die Fastenzeit 1533. Reich und Arm war durch Beschluß der Bürgerschaft mit einer Consumtionssteuer belegt worden; er für sein Theil predigte dagegen, da er nach weltlichem und geistlichem Recht steuerfrei sei. Das Oel war theuer und Manche hatten sich Butterbriefe erkauft; er verbot in der Predigt den Genuß der Butter während der Fasten und bewies, daß das Oel diesmal besser als in hundert Jahren gerathen sei. So waren offenbar die Rollen vertauscht: auf dem Rathhause wurde davon gehandelt: wer Sünden vergeben könne, ob der Herr allein oder sonst noch jemand? wer das Haupt der Kirche sei, ob der Herr allein oder sonst noch jemand? wer anzurufen sei im Gebet, der Herr allein oder sonst noch jemand? wer uns gerecht mache, der Herr allein oder sonst noch jemand?

und auf der Wilibrordskanzel predigte man von Oel und Butter. Doch nicht nur davon. Die österliche Zeit brachte der Bürgerschaft eine neue Ueberraschung von Seiten ihres rührigen Pastors, welcher noch in den Fasten den von Köln verschriebenen und gern gewährten **Bannbrief über das Augustiner=kloster, über alle seine Insassen, den damaligen Lesemeister Johann van Zütphen an der Spitze,** der staunenden Gemeinde verlas.

Schreckte dieser Strahl auch die Ordensleute eben so wenig als eine Stadt, welche früher schon (1528) wenigstens einem einzelnen Gebannten die Hand über den Kopf gehalten und durchaus keinen Bann bei sich zu leiden beschlossen hatte: so war dem Rath nun ein Grund mehr gegeben den Fürsten, dessen beide Ordnungen doch gelten sollten, für sich anzurufen.[1]) Johann, eifersüchtig auf die Bewahrung seiner Hoheitsrechte, ließ denn auch nicht lange auf Antwort warten. Er erklärte die trotz seiner Kirchenordnung geschehene Verkündigung des Bannes für einen Eingriff in seine fürstliche „Hoheit", während Fürstenberg betheuerte: er werde auch ferner thun was seine kirchlichen Oberen ihm beföhlen, und sollte er darüber aus Wesel und dem clevischen Lande müssen. Diese Drohung klingt freilich höher als sie gemeint sein konnte; der alte Herr war überzeugt, daß die gute Stadt eben so wenig wie der leutselige Fürst und seine humanen Räthe ihm ein Haar krümmen würden. Er war überdies, von Krankheit gebeugt, so schwach geworden, daß er sogar einen Kapellan „vorausgesetzt, daß er seines Sinnes sei" als Gehülfen anzunehmen willig wurde und Verhandlungen deswegen einleitete. Selbst seinen Ausruf auf der Kanzel: „o Wesel, Wesel, wohin bist du gekommen! was an andern Orten verjagt ist und nicht taugt, das beherbergen wir hier!" nahm er zurück, indem er versprach, sich ähnlicher Worte künftig zu enthalten; und der Rath beschloß am Tag vor Frohnleichnam: **„morgen solle das ganze Augustinerkloster in der Prozession mitziehn, obwohl es gebannt sei."**

---

1) Das liber missivarum enthält das Schreiben der Stadt vom 6. Mai 1533, wonach das Poenalmandat des Offizials von Köln den Lector auch aus dem Erzstift verjagt wissen wollte.

Einen stärkeren Beweis dafür, daß auch hier eine alte Zeit ihrem Ende mit Riesenschritten zueile, konnte die Bürgerschaft nicht fordern.

Doch ging es dem Rath nicht so wie hier in allen Stücken nach Wunsch. Der Fürst hatte einen Gesandten (den bald darauf zum clevischen Kanzler erhobenen Heinrich Bars, genannt Olisleger) nach Köln geschickt, die Aufhebung jenes Bannes zu bewirken; Visitatoren erschienen plötzlich von Köln her im Kloster, und trotz der, der Stadt gegebenen, bündigen Versicherung der Lesemeister solle nicht „versendet" werden — war er fort, ehe man sichs versah. Wahrscheinlich um die Gegenleistung für diese unerwartete That nicht schuldig zu bleiben, verhandelten gleich darauf die Väter der Stadt über einen Dominicaner, der gegen die fürstliche Ordnung dem Volk gepredigt „er hätte aus tollen Menschen Teufel ausgetrieben", übergaben dem Richter einen Mann der den Wurm an Pferden und Menschen besprochen, und entzogen dem alten Kapellan Gerlich, der auf den Dörfern umher Menschen und Vieh trotz derselben Ordnung segnete und besprengte, seine Einkünfte, um ihn so auf die fühlbarste Weise an seine Pflicht zu erinnern (1533). Das Alles geschah, ohne daß aus der Bürgerschaft Eine Stimme sich für die davon Betroffenen erhob. Ja so weit war es „nach dieser Welt Lauf", wie der Stadtschreiber im Protokoll sagt, schon gekommen, daß, da voraussichtlich bei der nächsten Antoniusfeier (13. Juni 1534) nicht einmal so viel Geld einkommen würde als die Priester für das Absingen der Octaven erhalten mußten, der Beschluß gefaßt ward, diese Gesänge gänzlich zu unterlassen.[1]

Unterdessen predigte Fürstenberg, wenn auch mit sinkender Kraft, nach wie vor über „Exempel und Legenden der Heiligen", mitunter wohl auch über seine rückständigen Forderungen an die Stadt; that es selbst nachdem der Richter ihn im Namen des Fürsten darüber zur Rede gestellt; erschien auf eine herzogliche Citation nach Düsseldorf nicht, und wußte sich dennoch so sicher,

---

[1] Die Vorsicht ward durch den Erfolg gerechtfertigt; die Priester hatten sonst 24 Goldgulden empfangen; das Opfer trug aber nur 20 Goldgulden und 2 Hornsche Gulden ein.

daß er den fürstlichen Beamten aufforderte „er möge ihn nur verklagen, darum predige er doch was er wolle."

Was half es, daß der Rath dem neu ins Augustinerkloster gesetzten Lesemeister das Auslegen der Legenden auf seiner Kanzel verbot, und die Predigt „des Wortes Gottes" nach der Kirchenordnung forderte? Die Freiheit des Einzelnen war so groß und die Macht allgemeiner Gesetze so geringe, daß, wo die Macht nicht war auch das Recht zu fehlen schien: — wie für den Fürsten so für die Stadt, die Geistlichkeit, die Klöster und Alle. Es galt wenn irgendwo damals hier die Regel: mit Maaß befehlen, mit Maaß gehorchen.

Da begann, mitten in dieser großen Harmlosigkeit, ein Mann in die Geschicke Wesels einzugreifen, auf den man am wenigsten gerechnet hatte: jener kürzlich zum clevischen Kanzler ernannte Heinrich Bars, genannt Olisleger. Sein Vater, eines reichen Oelmüllers Sohn in Wesel, war in Folge einer Verwundung seines Knechtes, deren er im Jähzorn sich schuldig gemacht, von hier geflüchtet und zuletzt, durch Kaiser Maximilian I. begnadigt, Landrentmeister in Cleve geworden. Eine große Stiftung, die er in Wesel begründete (das Olisleger'sche Gasthaus), hatte das Unrecht, das er gethan, für ewige Zeiten der Vaterstadt gut zu machen gesucht. Der Sohn, mächtig durch seine Verbindung mit dem herzoglichen Hause (er hatte die Tochter eines unehelichen Kindes Johanns III. geheirathet), mächtiger noch durch seinen ungewöhnlichen Reichthum, wie durch große gelehrte Bildung (er war aus einer Professur der Rechte an der Kölner Universität an den Hof gerufen) und praktisches staatsmännisches Geschick, stand lange schon mit ihr in Verbindung und war ihr, wie sie ihm, für Freundlichkeiten und Dienstleistungen dankbar. Da er nun selbst ein warmer Anhänger der Augsburger Confession, und der evangelischen Lehre trotz seiner humanistischen Collegen im Rath des Fürsten von Herzen ergeben war, sandte er in dieser gefährlichen Zeit, da das Augustinerkloster nichts vermochte, ringsumher Wiedertäufer das Land beunruhigten, Fürstenberg „seine Schaafe" vor einem eingewanderten Provinzial Johann van Hünxe warnte, der als Sacramentirer aus dem Stift Münster vertrieben in diesen stillen Hafen geflohen war, auf des Rathes Bitten und Namens des Fürsten einen Kapellan, den man zur Probe hören und danach berufen möchte. Was aber den Bürgern an diesem unter so mächtiger Empfehlung erschienenen jungen Manne gefiel, mißfiel Fürstenberg. Er beklagte sich laut über ihn, hatte an ihm zu tadeln „daß er auf der Kanzel viele Stellen und Capitel aus der Bibel citire", und erklärte, als die Stadt darauf bestand ihn zu behalten: „er seinerseits werde nicht zugeben, daß er bleibe, und wenn der Fürst ihn dennoch hier anstelle, wissen was er zu thun habe."

Schwere Erfahrungen waren noch nöthig bis Fürst, Kanzler und Rath den Muth gewannen, einem evangelischen Geistlichen, gegen den man nur Löbliches als Tadel anzuführen wußte, trotz solchen Widerspruches beizustehn; diesmal mußte Olislegers Schützling unverrichteter Sache abziehen.

6. Die Wiedertäufer in Wesel.

Um diese Zeit brachen unerwartet über das clevische Land Gefahren herein, welche nicht nur das eben erwachte evangelische, sondern überhaupt alles kirchliche und staatliche Leben zu zertrümmern drohten. Die Wiedertäufer, bisher nur hier und da auftauchend und darum wenig beachtet, hatten die Evangelischen in dem benachbarten Münster niedergeworfen und sich in dieser Burg festgesetzt. Aus den clevischen Gebieten, wo sie durch Sendboten ihren Anhang sich geworben, zogen in ganzen Schaaren verführte Leute ihnen zu. In der von uns kaum genug verstandenen Aufregung der Zeit schien ja den Menschen Alles möglich; Göttliches und Menschliches vermengend und Alles verwirrend hofften die hier sich sammelten eine neue bessere Ordnung der staatlichen Dinge beginnen, die Gründung „des neuen Jerusalem" wagen zu können.

Wider den gemeinsamen Feind verbanden sich alle Partheien. Man fühlte bald, daß hier nicht etwa Katholizismus oder Protestantismus auf dem Spiel stehe, daß es sich vielmehr für Alle in gleicher Weise und für alle Partheien um Sein oder Nichtsein handle, daß der entfesselte Sturm, wenn er überhand nehme, den ganzen Ertrag der bisherigen Entwickelung in staatlichem und kirchlichem Leben von der Erde wegwischen werde. Die Häupter des Schmalkaldischen Bundes, Johann Friedrich von Sachsen der Schwiegersohn des clevischen Herzogs, und Philipp Landgraf von Hessen, der vertriebene Bischof von Münster und der den Evangelischen damals schon günstig gesinnte Erzbischof Hermann von Köln, der Herzog von Cleve, vereint, umzingelten und gewannen endlich die ausgehungerte Stadt (25. Juni 1535).

Wer hatte dies Elend verschuldet? fragten schon die Zeitgenossen. Die Humanisten vertheidigten sich gegen den Vorwurf, als ob die von Ihnen verbreitete Bildung das Volk übermüthig und die Religion verächtlich gemacht habe; die Evangelischen wiesen den anderen ab, daß ihre Angriffe auf Dinge, die, wenn nicht durch Gottes Wort und Befehl doch durch das Alter ehrwürdig geworden, den Pöbel verführt hätten, seine tolle Hand nach dem Heiligsten auszustrecken, und in ungeheurem Wahnwitz zu verderben woran von Jahrhunderten segnend und gesegnet gebaut worden sei. Die gleichzeitigen Berichterstatter über die Münstersche Sache, Geister geringeren Ranges, gehen ohne Unterschied darauf aus, die Wahrheit einer dieser Beschuldigungen oder auch beider zu erweisen; ein Einziger, der geistig bedeutend genug um ein umfassendes, und da er damals weder zu den Katholiken noch zu den Protestanten gehörte, unabhängig genug war ein unpartheiisches Urtheil darüber zu fällen, ein Zeitgenosse nicht nur sondern auch Rath und Vertrauter des clevischen Herzogs, und als solcher aufs Genaueste in jene Geschichte Münsters eingeweiht, Heresbach, hat seinem Freunde Erasmus darüber auf heißer That genauen Bericht gegeben und auf jene beiden Vorwürfe geantwortet. Wir müssen ihm für seine Auskunft um so dankbarer sein, als wir darin die Meinung seines Fürsten den er beherrschte, der clevischen Räthe deren bedeutendster er war, zu besitzen mit ziemlicher Sicherheit behaupten dürfen, und ihr späteres Verhalten gegen die Verirrten daraus verstehen und ehren lernen. „Die münsterschen Propheten, sagt er, waren ungelehrte Leute, aus dem rohen Pöbel, Schneider und Schuster, die keine Ahnung von den Wissenschaften hatten, welche doch der heilige Geist als die sichersten Mittel zum Verständniß der Heilslehre bezeichnet hat. Die Bürger von Münster hatten Anfangs gegen ihren Bischof die lautere Predigt des Evangeliums vertheidigt und die Stadt rüstete sich gegen ihn. So pflegts zu gehn. Weigern die Fürsten eine gerechte Reformation, so giebt sich das Volk ans Aendern. Alles wäre zu Münster gut gegangen, wenn nicht der Satan, was schön begonnen war, unterbrochen hätte. Irrlehrer aller Art flüchteten sich dahin. Unter dem Papstthum ist immer Alles ruhig, wie die Israeliten in Aegypten ruhig waren; sobald sie aber Aegypten verlassen hatten und Gottes

Kinder geworden waren, setzte der Satan ihnen zu und Tumult und Aufruhr brach unter ihnen aus. Gerade so stiftet er heute Secten und Aufruhr, da er die wahre Lehre von der Rechtfertigung und dem ursprünglichen Gebrauch der Sacramente aufkommen sieht. In hartem Kampf gewannen die Wiedertäufer über die Evangelischen die Oberhand. Viele, welche dem wahrhaft evangelischen Glauben anhingen, hatten die Stadt früher schon verlassen: unter ihnen Hermann Busch, der den Wiedertäufern mit großer Kühnheit von Anfang an widerstand."[1]) Nach dieser Darstellung schien dem maßgebenden Kreise des clevischen Landes die Hauptfrage jener Zeit nur die zu sein: was von Beiden man wolle, Reformation oder Revolution?

Heresbach hatte am Hofe leichtes Spiel, um sowohl den von Natur gutmüthigen, milden Fürsten, als auch die von erasmischen Ideen beeinflußten Räthe des Cabinets, da jenes Unwetter der Wiedertäuferei nahte, dafür zu gewinnen, daß nicht das Kind mit dem Bade ausgeschüttet würde. Der Kaiser hatte seine Edicte über die Wiedertäufer, nach spanischem Zuschnitt verfaßt, auch dem deutsch denkenden Herzog zugesandt. Aber es fiel Johann nicht ein, wie sie von ihm forderten, Verführer und Verführte nur zu köpfen und zu verbrennen. Er einigte sich mit dem benachbarten Erzbischof Hermann von Köln über ein gemeinsames menschlicheres und christlicheres Verfahren gegen die Wiedertäufer, welche ihnen, sei es auf ihrer Flucht von Münster in die Hände fallen, sei es aus ihren eigenen Bürgern zur Aburtheilung angezeigt werden möchten, und setzte es in seinen Landen durch, daß kein Einziger von ihnen als Wiedertäufer hingerichtet werden dürfe; 'nur in dem Falle, daß ihm Aufruhr, daß ihm offene Gewaltthat gegen die Obrigkeit nachgewiesen ward, sollte er sein Leben verwirkt haben. Und das

---

1) So schrieb er im Januar 1536; und fast ein Menschenalter später (1575) sagt er (in seinem Commentar zu den Psalmen): der Fürst der Finsterniß und die Wuth seiner Anhänger hat, durch das Licht des Evangeliums gereizt, und da er merkte daß es mit ihm zu Ende gehe, den traurigsten Zwiespalt erregt: die Wiedertäufer standen auf mit ihrem Traum vom neuen Jerusalem. — Die im Text citirte Stelle s. in Conr. Heresbachii historia factionis Monasteriensis recogn. Bouterwek. Elberf. 1866.

geschah zu einer Zeit, da — wie Heresbach sich ausdrückt — „in den Nachbarländern ohne Ausnahme jeder, welcher der lutherischen oder irgend einer anderen Lehre anhing, ohne Ausnahme zur Schlachtbank geschleppt wurde." Der Herzog hatte offenbar das doch vom Evangelium begriffen, daß sein Reich nur von dieser Welt sei.

Auf die ersten beunruhigenden Gerüchte hin, daß auch in Wesel, im Herzen des Landes, Wiedertäufer sich aufhielten, ja daß sie beabsichtigten mit Gewalt sich des Ortes zu bemächtigen, errichtete der Rath der Stadt eine ständige Wache von hundert Bürgern, bewachte sorgfältiger als sonst die Thore, gab den Bürgermeistern ausgedehntere Macht, und zog selbst verdächtige Bürger trotz ihrer Privilegien gefänglich ein (1534). Zu einer Geldsteuer für den Münsterschen Krieg war freilich Wesel nur schwer zu bringen gewesen, und noch August 1534 hielt der Kanzler Olisleger dem Stadtschreiber (dem späteren clevischen Landschreiber, Heresbachs Schwestersohn) Hermann Broiel vor: sie käme durch ihre geizige Weigerung gar noch in den Verdacht auf Münsters Seite zu stehn! Einer der von Münster ausgesandten Propheten, welche „die Wunder so daselbst sich begaben" verkündigen sollten, aber sämmtlich von den die Stadt cernirenden Truppen oder in den Nachbarorten abgefangen wurden, trug die Beweisstücke davon bei sich, daß in Wesel ein Heerd der Wiedertäuferei sich organisirte, von dem aus Hülfe und Zuzug dem bedrängten König in Münster gestellt werden sollte. Sobald der Herzog diese Kunde erhielt, begab er sich in sein Schloß nach Büderich, Wesel gegenüber, um in nächster Nähe selbst und nach seinem Sinn das Nöthige anzuordnen, die größte, reichste Stadt, die Perle seiner Lande zu retten, das drohende Unglück noch im Keime zu ersticken. Seine Räthe erschienen (18. Januar 1535), der Stadt ihre Hülfe gegen die in ihr sich aufhaltenden Rebellen anzubieten, damit an ihnen nach des Kaisers und des Fürsten Mandat (vom 12. December 1534) gehandelt würde. Der städtische Rath nahm nur diese herzogliche Verordnung an, bestritt dem Fürsten das Recht binnen Wesel zu gebieten, und erklärte, er hoffe mit den Wiedertäufern noch selbst fertig zu werden. Andern Tages ließ er den Stadtrentmeister Ott Bynck nebst vielen anderen als der Secte Verdächtigen gefangen nehmen, und der Prozeß gegen sie, von den fürstlichen Räthen und Richtern in Gemeinschaft mit den Deputirten des Rathes (an ihrer Spitze Wessel von Bert) geführt, begann während der Fürst selbst täglich in der Stadt erschien. Wenn der Rath forderte nur die Hartnäckigen sollten ernst gestraft, die aber sich belehren ließen auf Pönitenz befreit werden: so erstrebte er noch weniger als der Fürst von freien Stücken schon zu thun willig war; denn i h m kam es nur darauf an zu schonen wo noch zu schonen war, und nicht einmal die Hartnäckigen, nein nur die Aufrührer unter ihnen bedrohte er. Der über die Verletzung ihrer Privilegien murrenden Bürgerschaft nahm der Rath den Grund ihrer Unzufriedenheit wenigstens scheinbar, indem er den Gefangenen vor ihrem Verhör das Bürgerrecht absprach. Vergebens boten Byncks Verwandte 12,000 Goldgulden für seine Befreiung. Er wurde — und außer ihm noch neun andere — auf dem Markt von Wesel als Aufrührer hingerichtet (19. Februar und 13. April). Frauen waren unter den Getödteten n i c h t, und die Untersuchungen waren n i c h t p e i n l i c h geführt worden.[1] Der Wunsch der Bürgerschaft, der Fürst möge die Gefangenen belehren lassen, kam seinen eigenen Wünschen entgegen. Doch war hier wie in der ganzen Art, worin diese Tragödie behandelt wurde, Fürst und Rath der großer Masse ihrer Zeitgenossen zu weit voraus, als daß sie darin ihnen hätten gefallen können. Das Aeußerste glaubte die Stadt gethan zu haben, als sie den Beschluß faßte „die Gefangenen im Kerker zu verhören, da ihnen als Abtrünnigen vom christlichen Glauben ihre Privilegien nicht zu Gute kämen", weiter aber ließ sie sich nicht vom rechten Weg abdrängen Jedem das Seine zu geben und zu lassen, oder, wie es in ihren Rechtsbüchern heißt: dem Einen sein Recht zu thun und dem Andern kein Unrecht. Ein Bürger, dem noch nicht

---

[1] Vgl. Bouterwek, zur Wiedertäufer-Literatur (in der Zeitschrift des berg. Geschichtsvereins I), wodurch die Angaben früherer Berichterstatter über diese Weseler Zeit nach den Originaldocumenten berichtigt sind. — Die Anfrage an den Fürsten, ob er B. gegen 12,000 Goldgulden Bürgschaft auf freien Fuß setzen wolle, vom 13. Februar 1535, findet sich im liber missiv. im W. St. A.

genug Blut geflossen zu sein schien, als seiner mächtigen Mit=
bürger Bynck und Schlebusch Häupter gefallen waren, schrie
auf der Gasse: „meinen sie, nun sei Alles gut, nun die zwei todt
sind? es möchten wohl noch zweihundert sterben!" Man ließ
ihn schreien denn der Rath, durch Wessel von Bert geführt,
wußte das Recht und den besseren Theil der Bürgerschaft auf
seiner Seite. Der Fürst bewies bei all seiner Milde einen un=
gewöhnlichen Ernst. Man sah, daß er, vor den finstern Gewalten
entsetzt, die in dem neuen Zion des 26jährigen Königs Johann
von Leyden hausten, entschlossen war, die beste Stadt seiner
Lande und so sein ganzes Land vor einer ähnlichen Schreckens=
herrschaft sicher zu stellen. Die evangelische Parthei wußte es ihm
Dank, daß es durch seine Hülfe gelungen war, den Strom der
Wiedertäuferei, der alle wilden Wasser der Zeit in sich aufnahm
und Westphalen schon versandet hatte, von Wesel abzuhalten;
doch verlor sie dabei die Besinnung nicht. Wohl hatte der Rath
ihm in allen und alten Ehren, als er zuerst die Stadt
betrat (1. April), einen Ochsen, ein Fuder Wein und 36 Malter
Hafer geschenkt; doch ließ es Wessel von Bert ihm nicht
durchgehn, daß er seine Hand auf die Güter der Hingerichteten
legte und forderte sie für die Hinterbliebenen „kraft städtischer
Privilegien" zurück. Mit fester Hand führte dieser wahre Bürger=
meister die Zügel auch denen gegenüber, welche zur Rettung der
Sache Gottes einen Gegenstoß gegen die wiedertäuferische Verirrung
in der Weise geführt wissen wollten, daß dadurch Alles was
evangelisch hieß zugleich mit zertrümmert würde. Hatte ja nun
doch in den Augen der urtheilslosen Menge Fürstenberg Recht
bekommen, der seit Jahren gegen alle Ketzerei und Lutherei,
gegen ihre Beschützer die im Rath säßen, gegen die Ungläubigen
die das h. Sacrament schmähten, gegen die teuflische Lehre wie
sie die Fürsten von Sachsen und der Landgraf von Hessen in
ihren Landen hätten, gepredigt und geeifert und allerlei Unrath
vorhergesagt hatte! Die Nachbarn des hohen Klosters, die Be=
wohner der Mathenavorstadt, von je her auf seiner Seite, erhoben
sich für ihn. Die Erregung unter diesen Leuten war so groß,
daß sie sich schon bei Eröffnung des Prozesses gegen die Gefan=
genen (4. Februar) in der Wilibrordskirche — zu ihrem Glück
auf geweihtem Boden — zusammenrotteten, um Bestrafung der

Schuldigen zu fordern, indem sie, irre geleitet von denen die sie führten, vermutheten, diese Herren vom Rath würden in den Wiedertäufern ihre lutherischen Gesinnungsgenossen erkennen und sie ungestraft laufen lassen. Von Bert machte es damals kurz mit ihnen; er ließ ihnen nur Otto's III. Privilegium für die Stadt verlesen, das alle „böse Vereinigung der Bürger gegen den Rath unter einer Strafe von hundert Pfund leichter Pfennige, halb dem Fürsten und halb der Stadt zu zahlen", verbietet und zwang sie dadurch hinweg zu gehn. Als dann der Rath die ganze Bürgerschaft berufen hatte (3. April), sie zu befragen: ob man nicht den Fürsten bitten solle, die zum Tod Verurtheilten gänzlich zu begnadigen? und ein dahin zielender Beschluß durch „etliche Großmäuler von der Mathena" verhindert wurde, klagte der Bürgermeister dem Fürsten dies Benehmen, damit er wüßte mit wem er zu thun habe. Es konnte Johann nach solchen Vorgängen allerdings nicht entgehen, daß hier noch etwas auch von seiner Seite geschehen müsse. Er hielt das Wort für mächtiger als das Eisen und entsandte den von ihm hoch geehrten Franziskanerguardian Marcellus von Cleve in die Stadt, um an Fürstenbergs Stelle eine Zeit lang in der Wilibrordskirche das Volk zu belehren und zugleich der Gefangenen sich anzunehmen. Fürstenberg weigerte sich Anfangs ganz diesen Eindringling überhaupt auftreten zu lassen; und gestand ihm endlich nur eine Nachmittagspredigt, jedoch nicht in seiner, sondern in der Mathenakirche zu, indem er zugleich zu der wohlfeilen List griff, diese Anordnung nicht bekannt zu machen, damit möglichst Wenige ihn hören sollten. Da hielt es denn auch der Guardian für besser, die Kanzel nicht zu besteigen. Zu seinem Glück; denn etliche Weiber der Mathena hatten sich bereits mit Spinnrocken und Steinen versehn, um ihn zu vertreiben, wenn er sich dort blicken ließe. „Es trugen sich hier Dinge zu, berichtete in Folge dessen der Rath an den Hof, die es wünschenswerth machten, daß Marcellus einige Zeit sich von hier begebe."[1)]

[1)] Wörtlich nach den Protokollen und dem Berichte an den Fürsten vom Dinstag nach Palmarum 1535 im liber missiv. Marcellus war gesandt die Gefangenen „nach Gottes Wort" zu unterrichten, von ihrem Irrthum abzubringen und sie zu vermögen, Buße und Pönitenz anzunehmen. Er habe sich darin „ehrlich" gehalten, lautete das Zeugniß.

Diese Dinge aber machen es uns begreiflich, daß der ganze Haß der, einer Reformation feindlichen, Parthei in der Stadt, die in der Eroberung Münsters den Beweis dafür sah, daß man auch mit den Lutheranern fertig werden könne so man nur wolle, sich auf Wessel von Bert ablagerte. Die Klugen darunter hielten mit ihrer Meinung zwar zurück, und die Mächtigen hofften abwartend auf günstigere Zeiten: aber Brauseköpfe verriethen deutlich ihres Herzens Gelüsten. Das ließ der Bürgermeister zwar noch hingehn, daß ihm ein vor den Rath citirter Bürger ins Gesicht sagte „er halte es mit den Lutheranern und trage ihr Fähnlein" — denn es war die Wahrheit, wenn man unter den Lutheranern die Anhänger der Augsburgischen Confession und nicht, wie der Ankläger es that, auch die Wiedertäufer verstand. Aber dabei blieb es nicht. Ein Anderer aus der Vorstadt duzte ihn gar in öffentlicher Versammlung und sagte: er wolle seinen Fuß bei des Bürgermeisters Fuß setzen. In einem Bierhause wünschte ein ähnlich Gesinnter ihm die Pestilenz an den Hals, und rief ihn auf der Straße laut für einen langen Schelm, Dieb und Verräther aus[1]); ja diese beiden Letzteren wollten die Schmähungen, womit ihre Abendmahlslehre wohl von den Gegnern beladen ward, nicht unbezahlt hinnehmen, und verhießen „wenn sie doch

---

1) Schelten und Schimpfen lag, scheint es, damals in der Luft; wenigstens sind nicht einmal die Besten in jener scharfen Zeit ganz davon frei geblieben. Wesel hat sich auch in dieser Beziehung maaßvoll gehalten. Wie ging es doch in anderen Städten her! — Der Franziskanerguardian Gerwin Haverland behandelte die evangelischen Prediger von Soest in einem Liede — zu singen nach der Melodie Drei Blätter an einer Linde — folgender Maaßen: „Gods deynst sey versturen | mit falschen logen groeth, | um gelt, um gyfft, um gaven, | na wyven dat sey daven, | dey Seelen slaen sei doeth. | Tom ersten waterslangen, | synt sey genomet gwaebt | sey hebben mannyge namen, | sey konen nycht to samen | als uth wysen er bath. | ... Dar tho falsche brober — Deysse und Mordners — Dar tho des düvels moder — Wychlers und wulffe — Ock synt sey gulden kalsser — Des düvels leysse lynder — Verslöckt van den Christen — sey synt ock Priapisten" — u. s. w. (s. Vorwerk über dens. S. 13). — Das Abendmahl der Evangelischen nannte der Minorit Joh. Daventria lateinisch, und Joh. Host von Romberch deutsch (s. Heresb. hist. exc. p. 33) eine „Hundssuppe", „coena canina". — Ex abundantia cordis os loquitur.

einmal Blutsäufer heißen müßten, so sollten denn auch Etliche um ihre Hälse kommen." Die Wellen gingen so hoch, daß selbst der Kuhhirte der Vorstadt seines Reigens vergaß und ein Spottlied auf von Bert sang! Da erklärte dieser dem Rath in voller Sitzung: er halte sich seines Amtes für entbunden; legte die Schlüssel der Stadtthore auf den Tisch und betheuerte: sie nicht wieder an sich zu nehmen, wenn die Schuldigen nicht gestraft würden. Da galt es Biegen oder Brechen. War die Stimmung der Stadt für die Evangelischen, so konnte der Rath die Bestrafung nach den Privilegien wagen; war sie es nicht und er legte dennoch die Hand an sie, so entfesselte er Mächte, die ihn selbst in die Luft sprengen mußten. Sein Benehmen bewies, daß die Uebermacht der evangelischen Strömung nicht mehr zu bezweifeln war: die berufene Versammlung der wohlhabendsten Bürger der Stadtgemeinde stand wie Ein Mann für von Bert auf, die beiden letzterwähnten Rädelsführer wurden förmlich angeklagt, und da sie sich erkühnten beim Fürsten sich Schutz zu erbitten, alten Plebisciten gemäß aus dem Weichbild von Wesel verwiesen, also daß sie ferner nicht Feuer noch Rauch darin haben sollten.[1]

So hatte von Bert der Stadt die evangelische Bewegung trotz der Wiedertäuferei gerettet; ja es war ihr möglich geworden, von dieser, durch die Verläumdung der Unverständigen ihr Schuld gegebenen, Last befreit, nun selbstständiger als vorher ihr kirchliches Leben weiter zu entwickeln.[2]

---

[1] Der Prozeß zieht sich durch den ganzen Sommer; erst Anfangs 1536 ist er ganz zu Ende. Außer dem Protokoll enthält das liber plebiscitorum im W. R. A. 345. 347. No. 7 fol. 90 das Material der Verhandlungen. Da der Fürst in sie verflochten war, wurden die Schuldigen auch noch aus dem Fürstenthum Cleve verbannt.

[2] Die Zahl der Wiedertäufer in der Stadt war nicht unbedeutend. Trotz des kaiserlichen, aber in Folge des fürstlichen Mandats wurden die Reuigen von ihnen nur der Stadt verwiesen; so 1535 (R. P. 27) auf Einmal 26. Diejenigen, welche sich durch Marcellus und die später zu ihnen gesandten Stadtpfarrer nicht überzeugen lassen wollten, blieben im Gefängniß. — Noch 1537 (R. P. 10) beschloß der Rath, weil noch etliche eingezogen worden, auch diesmal (wie 1535) fürstliche Richter zu ihrem Verhör zuzulassen. Als 1539 Herzog Wilhelm gehuldigt ward, bat die Stadt für die damals noch gefangen Gehaltenen um Gnade.

7. Herzog Wilhelms Regierungsantritt; die Stadt nimmt unter Leitung des Predigers Jman Ortzen von Seeland das evangelische Bekenntniß an.

Bisher war sowohl die katholische als die evangelische Parthei in der Stadt ohne geistig hervorragende Führer gewesen. Fürstenberg hatte sich darauf beschränkt zu warnen, zu schelten, alten Besitz wie altes Recht so viel er konnte zu vertheidigen, und wenn es ihm zu arg wurde seine Gegner bannen zu lassen. Daß er damit die große Bewegung nicht beschwören konnte, mußte er oft erfahren. Er wußte seiner Parthei kein geistiges Leben zu bieten, das kräftig genug gewesen wäre dem der Protestanten zu widerstehn. Andrerseits aber fehlten auch diesen bis dahin Männer, welche so mächtig gewirkt hätten, daß von ihrem vollkommenen Siege jetzt schon die Rede sein könnte. Auf den Kanzeln der Hauptkirchen herrschte noch Fürstenberg und seine Parthei; das Augustinerkloster hatte bisher zwar die evangelische Lehre vertreten, aber sein Einfluß war durch den steten Wechsel der darin predigenden Mönche geschwächt, und endlich auch hier nach der Entführung des Lesemeisters Johanns van Zütphen die Verkündigung von der Rechtfertigung des Menschen vor Gott durch den Glauben verstummt. Von Bert konnte als Bürgermeister der Predigt nur die Wege bahnen, und das hatte er redlich gethan; er konnte den Fürsten um Geistliche bitten, die nach seiner Ordnung „Gottes Wort" predigen sollten, und auch daran hatte er es nicht fehlen lassen; weiter aber reichte doch seine Macht nicht. Kam deshalb jetzt den Evangelischen kein durchschlagender, eminent wirkender Geistlicher zu Hülfe, dauerte der bisherige Zustand fort: so drohte die Gefahr, daß die Stadt, obwohl ihre Bürgerschaft der mittelalterlichen Kirchengestaltung den Rücken gewendet hatte, in ärgerlichem und nutzlosem Streit mit denjenigen, welche sie beschützten, fruchtlos ihre Kräfte verzehrte.

Der Fürst war geneigt, ihr die lang ersehnte Hülfe in einem, dem alten Pfarrer der Wilibrordskirche zur Seite zu stellenden Kapellan zu gewähren; wir sahen ihn ja schon durch Olisleger diesen Versuch machen; aber der von Cleve Gesandte hatte Fürstenbergs Geschmack nicht entsprochen, die Bibel zu viel citirt und weichen müssen. Der clevische Kanzler, in den Wiedertäuferunruhen oft und lange in Wesel, hatte sich mit eigenen Augen davon überzeugen können wie es hier stand; und er war mit dem Willen und ausdrücklichen Versprechen geschieden, der Stadt einen Kapellan zu senden, wogegen diese sich willig erklärte, demselben eine Besoldung auszumachen. So stellte sich denn, im Namen des Fürsten und von dem Kanzler geschickt, im Frühling des Jahres 1536 Iman Ortzen dem Rathe vor. Fürstenberg bewilligte bei zunehmender Kränklichkeit seine Berufung, und ließ ihn am Charfreitag in der Wilibrordskirche seine Passionspredigten beginnen.[1]

Ein Mann, der zweimal (1536—1548, 1560—1571) so lange Zeit der Stadt gedient, und jedes Mal die Weiterentwickelung ihres evangelischen Kirchenwesens vorzugsweise gefördert wo nicht gar geleitet hat, verdient wohl, daß wir mit seinem Namen die Schilderung seiner Persönlichkeit gleich Anfangs verbinden.

Iman ist in dem Dorfe Oude Tonge (Tongensis) bei Zierickzee (Zirizaeus) in Seeland (Seelandus, be Zeeuw, Seelander)

---

[1] Anfangs war Iman ohne bestimmte Einnahme; erst der Vertrag Fürstenbergs mit der Stadt vom 8. Juni 1536 (W. R. A. 347, 7) überweist ihm, zunächst auf sechs Jahre, die Einkünfte des Pfarrers, welche dieser aus dem hohen Kloster bezog. Bis 1638 blieb er in der ungewissen Stellung eines Frühpredigers, von seinem Pfarrer abhängig; in diesem Jahre aber schloß die Stadt ihren Vertrag mit ihm und besoldete ihn, während er versprach: das Wort Gottes klar, lauter, rein und ohne menschliche Zusätze zu predigen und die Sacramente nach göttlicher Schrift auszutheilen gemäß der fürstlichen Ordnung (s. Imanni Capellaens annemongh im W. R. A. 3, 1. Dinstag nach Jubilate).

im Jahre 1505 geboren, der älteste Sohn eines Peter Ortzen (Ortzenius). Ein Muster jener fahrenden Schüler, welche damals so viele Unterrichtsanstalten als möglich besuchten und sich nicht glaubten genug gethan zu haben, wenn sie nicht alle erreichbaren Länder durchstreift hatten, war er in Middelburg, Haag, Delft und Deventer auf lateinischen Schulen, in Köln, Löwen, Alcala de Henares, Salamanca und Padua auf der Universität gewesen, hatte endlich sich nach Rom begeben und den Augustinern sich angeschlossen. Als Klosterbruder verweilte er nachweisbar zu Middelharnas in seiner Heimath, dann in Deventer, längere Zeit auch in Rendsburg. Endlich finden wir ihn im Augustinerkloster zu Köln (das zehn Jahre lang, 1523—1533, von evangelischer Bewegung durchzogen ist), wo er dem Kanzler Olisleger bekannt ward, und ließ sich von diesem erst in Sonsbeck, dann in Duisburg beschäftigen. Mit diesem höchsten Würdenträger des clevischen Landes stand er von da an dauernd im vertrautesten Verkehr, und dies Verhältniß gegenseitiger Zuneigung scheint nicht wenig dazu beigetragen zu haben, seine Einführung in Wesel möglich zu machen. Als er in dieser Stadt erschien stand er in der ersten Kraft des männlichen Alters. Daß er lateinisch und griechisch verstand erwartete man von dem Gelehrten; es mußte aber auffallen, daß er selbst des Hebräischen mächtig war, daran damals kaum hie und da Einer nippte. Auf seinen Reisen hatte er überdies die Kenntniß der italiänischen und spanischen Sprache sich erworben, und sprach außer seiner Muttersprache auch das Deutsche. Von Anfang an, so weit wir seine Predigt verfolgen können und bis an seinen Tod, hielt er in seiner Lehre sich, Melanchthon folgend, an das Augsburger Bekenntniß, so, wie dieser, sein Verfasser, es auslegte und verstand. Es war sein Symbol; ein anderes erkannte er nicht an. Luthers Ausführungen über das h. Abendmahl hielt er nie für etwas anderes als dessen theologische Privatmeinungen, welche die, durch ein Bekenntniß bezeugte, Kirchenlehre nicht angingen; und erwies sich namentlich später als entschlossenen Widersacher derjenigen Formeltheologie, welche nach Luthers Tod in der evangelischen Kirche als alleinseligmachend die Alleinherrschaft erstrebte und die Entwickelung derselben verkümmerte. Daß man diese Stellung einnehmen, daß man die Augsburger Confession halten und dabei zugleich (wie er es that) verheißen konnte, sich nach der fürstlichen Kirchenordnung zu richten, ist nicht zu bezweifeln, wenn wir bedenken daß beide in **Hauptpunkten** zusammentrafen; wie denn mehr als einmal damals dem clevischen Hofe bewiesen ward, daß seine Ordnung gar nicht zu halten sei, wenn man nicht auf dem Augsburger Bekenntniß stehe. Ueber die Controversen seiner Zeit war seine Lehre klar und gewiß. Vom Glauben und den Werken bezeugte er nach dem Wort des Herrn (Joh. 6, 29) „daß der Glaube das erste gute Werk sei, und aus ihm die andern kommen"; vom Abendmahl hielt er „daß darin wahrhaftig Leib und Blut des Herrn, die Art ihrer Gegenwart aber Geheimniß sei." [1]

---

[1] Den Beinamen Tongensis hat Rahlenbeck (ref. de Liège p. 81) irrig in Tongrensis verwandelt, und so Iman für die Stadt Tongern in Beschlag genommen. Ueber J. haben berichtet Gerdesius (hist. ref. Belg. 179. 954 und scrin. antiquar. tom I, p. 672, wo a Lasco's Brief an ihn von 1551 mitgetheilt wird; vgl. Joann. a Lasco Opera recens Kuyper. Amsterd. 1866.), 's Gravezande u. A. Das Weseler K. A. bewahrt Briefreste von ihm. Sein theologischer Standpunkt ist aus den zahlreichen Randglossen zu erkennen, welche er seinen Büchern (ebendaselbst) beigeschrieben hat. Ueber den Glauben sagt er (am Rand in Bullinger de origene erroris 9—11) non habebis deos alienos, uit dese erste Gebodt leeren wy dat men neven den enygen god gen han hem alleen hebben halden vnd ehren sal. Dann: sullen wy hem alleene dienen so moten wy hem grundtlike et veraciter cognoscere, want quomodo potest a nobis coli et amari quum illum ignoraremus? .. Deus est spiritus. Die hem will erkennen, syne ne selen, die moet hem geystelikerwys ergripen; sollen wy hem in desem sterfliken leven leyblikerwys sien, facie ad faciem, moriendum esset ... Dat eerste hoechste guet werck in desen geboden is der geloof in gob, want alle guet wercke moeten uyt bit guet comen sicut opera hominis vivi ex vita; et sicut corporis membra mortua sunt oblato capite, sic deficiente hoc opere fidei cetera opera privata capite sunt. Alle phareseyische, türkische, monchische wercke mag een sonder wet boen, dan dit gebott halden un dit werck doen doet nymandt dan een rechter christ met godes genade verlichtet. Deus tuus. So is ny nit genoech, datstu met den mondt my een Godt nomst, off dyn knie buykst off veel pater noster en andre beden doest, dan van Harten gelove, van Harten alle dyn thouersicht, vertrouwen en geloof op my setten, myn boven alle Creaturen coeli et terrae fruchten en lywen ex toto corde my anbeden spiritu, invocare me, mihi gloriam tribuere, gratias agere .. haec ergo opera primi praecepti sunt well de hoechste grotste wercke ex quibus fluunt cetera bona opera. Prohibetur adoratio statuarum. Dat is

Die ersten Jahre seiner Wirksamkeit scheinen in leidlichem Frieden mit seinem hinsiechenden alten Pfarrer vergangen zu sein; das Jahr 1539 aber zeigt schon das volle Zerwürfniß zwischen Beiden. Fürstenberg verklagte ihn damals beim kölner Bischof und verbot ihm die Kanzel. Das war des Kapellans einzige Anfechtung aber nicht, denn die Schüler halfen dem Meister nach Kräften. So streute ein Weib die Verleumdung aus, er habe mit einer Verwandten des Kanzlers Olisleger, seines Gönners, einer jungen Dame aus dem höchsten Adel des Landes, in unerlaubten Verhältniß gestanden, wurde aber auf Fürsprache des Beleidigten vom Rath der Stadt nur dazu verurtheilt, in der Kirche nach der Predigt laut zu bekennen, daß sie gelogen habe. Mag diese Sache an sich gering sein, uns muß sie wichtig erscheinen, da sie uns als eine Probe der in der Stadt damals herrschenden Verhältnisse gilt. **Denn wenn irgendwo eine Parthei zu diesem letzten Mittel greift, die Leiter der Gegenparthei der Unsittlichkeit zu beschuldigen: so ist das gewöhnlich ein Zeugniß davon, daß sie sich geschlagen fühlt.** Erst wenn die Steine verbraucht, greifen die Buben nach Koth.

Und die Parthei, welcher jene Lüge einen Dienst leisten sollte, war in der That geschlagen. Denn der alte Herzog Johann war gestorben (5. Februar 1539) und sein Tod hatte den Jung-

---

die growe burische affgoderie. So is noch een jnwendich geestelick affgoderie circum quam illa prior est res puerilis, in quo totus mundus est submersus: usurpatio alienorum sacrorum et rituum qui non habent verbum et praeceptum divinum. want god wil niet dat wy hem bienen sullen na onse erwalunge und goetdunken, hy wil gebient syn nae syn word vnd bevel. — In Heshusius Erklärung aus Gottes Wort ꝛc. hat er zu den Worten „wir sind bei der Augsburgischen Confession aus Gottes Gnaden bisher verblieben" geschrieben: beser meynung bin ic oic, herr Imanus, Prediger, derhalven doen sy my onrecht so my anderst naseggen. In desselben Responsio ad praejud. Melanchthonis bemerkt er an einer Stelle: „credo praesentiam domini nostri efficacem, modum autem ignoro; sed omnia committo potentiae filii dei nam ex parte cognoscimus et ex parte prophetamus. Haec perpetua mea fides et doctrina fuit, est et manebit, ab eo tempore quo assertor fui Augustanae confessionis in Wesalia ... Hoc Imanus Zelandus concionator testatur contra omnes suos aemulos et calumniatores."

Herzog **Wilhelm** auf den Thron gebracht, einen Mann, der von frühester Kindheit durch **Heresbach** in humanistischer frommer Weise erzogen und mit ihm, dem späteren geheimen Rath des Hofes, dem Freunde der herzoglichen Familie, in freundlichster Verbindung geblieben war. Das Land erwartete von ihm das Beste; die Evangelischen namentlich mehr wohl als er zu geben je geneigt gewesen ist. Wenn sie hofften, er werde die Lehre der Augsburger Confession ohne Weiteres frei lassen und mit fliegender Fahne zu den Protestanten übergehn: so lehrte sie die Erfahrung bald, daß sie sich darin verrechnet hatten. Denn der Fürst war nur gewillt, darin so weit nachzugeben, daß er freie Hand in Kirchensachen behielt, und strebte, wie sein Vater, vor allen Dingen dahin, sein Land **kirchlich gereinigt und geeinigt, nicht aber eine katholische und eine evangelische Kirche** neben einander darin zu sehen. Daß er zur Lehre der Evangelischen sich neigte war landkundig, und **Heresbach** wie seine Erziehung selbst waren dafür vollgültige Bürgen.

Die Huldigung des neuen Herrschers in der Stadt, welche noch im Todesjahre Johanns gefeiert wurde, steigerte die Hoffnung der Bürgerschaft für Durchführung der Augsburger Confession wenigstens an diesem Orte die fürstliche Erlaubniß zu erhalten. Am 12. Dezember ritt **Wilhelm** mit seinen „hochweisen Räthen" und Junkern, 200 Pferde hoch, in sie ein, von 1700 geharnischten Bürgern eingeholt. An der Weichbildgrenze wurde der Zug durch eine althergebrachte Ceremonie unterbrochen. Sobald nämlich der Fürst die städtische Feldmark überritten hatte, ließ der hinter ihm reitende Landdrost eine an den Sattelknopf seines Pferdes gebundene Leine fallen, welche von Allen, die der fürstlichen Gnade begehrten und die an dieser Stelle sich versammelt hatten, ergriffen und festgehalten wurde. Dies „Gnadenseil" tragend gelangten damals mit dem Drost 21 wegen Todtschlag oder andrer Verbrechen flüchtige Männer in das Stadtthor, um verhört, beschieden und meistens benadigt zu werden.[1]) Die ganze Feier

---

[1]) Die schöne Sitte hat noch unter den preußischen Landesherren, wenn die Huldigung der Stände in Cleve ihren Vertretern geschah, fortbestanden. Zuletzt finden wir sie bei der Huldigung des Königs **Friedrich Wilhelms II.**, welcher sich in Cleve bei der Huldigung durch den Justizminister von der

verrieth übrigens darin die neue Zeit, daß Wilhelm nicht wie seine Vorfahren in endlosen Schmausereien sich bewirthen und feiern ließ, sondern mehr im Bewußtsein der ihre Hoheit vermehrenden Fürsten jener Periode als Gastgeber der Stadt auftrat.[1]) Er nahm die hergebrachten Geschenke derselben, die Ochsen, den Wein, den Hafer zwar an, aber nicht ohne die Erklärung, er werde sich dafür dankbar zu erweisen wissen, und zog ihre Würdenträger zu seiner Tafel. Nach alter Sitte schwur er im Fenster des Rathhauses stehend vor der Bürgerschaft seinen Eid „die Stadt und ihre Bürger zu Wasser und zu Lande zu halten in all ihren Rechten, Privilegien und Gnaden bei seiner fürstlichen Ehre und Treue so wahr ihm Gott helfe und seine Heiligen", und die auf dem Markt versammelten Bürger gelobten Treue gegen Treue ihrem „gnädigen lieben Herrn". Die Leutseligkeit des jungen Fürsten, der, von Humanisten aller Art umschwärmt und gefeiert, einen Kanzler wie Olisleger um sich hatte welcher der Augsburger Confession anhing, einen Rath wie Heresbach als seinen besten Freund hielt, der doch unter dem Volk wie unter den Gelehrten seiner Zeit als ein Vorfechter der religiösen Ideen galt welche damals die europäischen Völker bewegten, ließ die Evangelischen von Wesel hoffen, es werde ihnen trotz des Fürsten Scheu vor entscheidenden Schritten gelingen. Sie gedachten ihre Stadt für den Niederrhein zu dem zu machen, was Straßburg für den Oberrhein war; und Heresbach schien damals nicht abgeneigt, es seinem Elsasser Freunde Johann Sturm nachzuthun.

Das Osterfest 1540 nahte heran. Wieder war es, wie immer in den letzten Jahren, gelungen, den alten Wessel von Bert kurz vorher zum Bürgermeister zu wählen. Die Zeit war günstiger als je. Eine Deputation der Bürgerschaft (Berndt Barenstege, Albert Holtmann, Albert Smithals, Heinrich Meuwten und Simon Schriber) übergab am Palmsonntag nach der Vesper den beiden Bürgermeistern auf öffentlichem Markte

---

Reck vertreten ließ, indem damals der Graf Wilh. Carl von Quadt-Huechtenbruck das schwarz und weiße Gnadenseil hielt.

1) Vgl. Bouterwek, drei Huldigungstage der Stadt Wesel, in der Zeitschrift des berg. Geschichtsvereins II. 124.

eine Bittschrift: es möchte das heilige Abendmahl nach der Einsetzung Christi[1]) und so wie ihnen das jetzt (von Iman) gelehrt würde, unter beiderlei Gestalt gereicht werden. Des andern Tags berieth der Rath darüber und fand, es liege kein Grund vor die Bitte abzuschlagen; da es aber nicht gerathen sei, sie ohne Wissen und Willen des Fürsten zu gewähren, des Fürsten, den man wie seine Freunde, wie seine Umgebung, der Sache freundlich gestimmt wußte: so wurden beide Bürgermeister nach Cleve entsendet, um sie ihm aufs beweglichste vorzutragen und seine Meinung zu vernehmen. Heresbach und der Kanzler empfingen die Gesandten, vermittelten ihre Angelegenheit, und brachten der Stadt des Fürsten günstige Eröffnung zu Wege: „er lasse das frei; er sei ein weltlicher Fürst und solches gehe die geistliche Obrigkeit an; er hätte darin nicht zu gebieten noch zu verbieten; wer darin recht berichtet wäre und es verstünde, möchte es (bat) auch unter beider Gestalt empfangen, wer es noch nicht verstünde oder es also zu empfangen nicht begehrte, möchte sich selbst prüfen und sein Gewissen untersuchen."[2])

---

1) Die Forderung war der Einstellung der Messe gleich und ging nicht nur auf Zulassung der Communion in Brod und Wein. Diese hatte in Wesel von Alters her, wenn auch nur so bestanden, daß über den Kelch, welchen das Volk erhielt, die Einsetzungsworte nicht gesprochen waren. S. z. B. die Rechnung der Mathenakirche 1434. Item van den wyn daer men die lude mede communicierde jn den hoichtyde toe paesschen van twe jaren gegeuen 3 m. 4 sch. u. s. w. u. s. w. 1521. Vp menseldach, paeßauenth jnd paeßdach gehailt bur den vollick toe communicyren 31 quart wyns a 20 haller, noch 12 quart a 22 haller u. s. w.; 1524. Item vp mendeldach paeschauent jnd paeßdach 41 quart wyns om dat vollick mede tho communiciren; jtem vp den h. pyngstdach 3 quarte wyns; jtem vp assumpcionis mariae 3 quarten wyns; jtem vp sonnendach post Simonis et Judae laeten halen 26 quarte wyns omb dat vollick mede tho communisciren, jnd was jn der tyt dat dat afflaet hyer was. jtem vp den h. Kersdach 12½ quart, jtem vp onser liever frouwen lychtmyss dach 3½ quart; u. s. w. Aehnlich in den Rechnungen der Wilibrordskirche. Z. B. noch 1531, wo wie früher der Wein zur Messe mit 8 Gulden, der van den gemeynen vollick tho communiciren hingegen mit 81 Gulden berechnet ist. — Nach städtischem Recht durften, die mit dem Rath zu thun hatten, höchstens in der Zahl von Sechs vor ihm erscheinen — nur deshalb unterblieb an jenem 21. März 1540, wie ausdrücklich erwähnt wird, die Massenpetition.

2) Die Antwort ist, so klar in ihrem eigentlichen Inhalt wie schwankend

Von Solchen, die es zu Wesel noch nicht verstanden hätten, hören wir nichts. Am Ostersonntag 1540 theilte Jman unter Assistenz des Kapellans Anton von Mecheln und eines Lesemeisters des Augustinerklosters, Gysbert von Neukirchen, das heilige Abendmahl in der Wilibrordskirche aus; die meisten Glieder des Rathes und 1500 Bürger nahmen daran Theil; der fürstliche Richter erklärte durch seine Mitfeier, daß sein Herr es billige.[1])

Wesel galt von dem Tage an auswärts als eine Stadt Augsburgischen Bekenntnisses.[2]) Sie war es freilich darum noch nicht, da der Fürst noch seines Vaters Ordnungen gehalten wissen wollte und stets selbst eine neue clevische Kirchenordnung in Aussicht stellte, deren Erlaß er damals nur aufschob um es nicht mit dem Kaiser zu verderben. Stand er doch mit demselben ohnehin schon schlecht genug, indem er das Herzogthum Geldern, das ihm als clevischen Herzog verkauft war, ja das ihm gehuldigt hatte, dem mächtigen Nebenbuhler, der es aus nichtigen Gründen nur

---

in ihren Worten. Die Petition lautete darauf „unter beider Gestalt das heilige Abendmahl zu empfangen"; die Antwort redet nur vom „Communiciren unter beider Gestalt". — In Betreff der fürstlichen Meinung ist daran zu erinnern, daß Luther 1527 entschied, den Schwachen im Glauben sei das Sacrament vorab unter Einer Gestalt (nur in Brod) zu reichen (de Wette, Briefe IV. S. 87). - Das Entscheidende blieb bei alle dem die Frage: ob Meßopfer, ob Abendmahl? Die gleich mitzutheilenden Inschriften reden deshalb nicht von der Feier der communio sub utraque, sondern der dominica coena, „vnnseres Herenn Nachtmaal".

1) Die Gedenktafel dieses Tages auf dem Rathhause sagt: Anno Salutis nostrae sesqui millesimo Quadragesimo celeberrimo die | Paschae sacrosancta illa Dominica Coena juxta Christi Redemptoris | nostri institutionem sub utraque specie Wesaliae primum est publice administrata. | Ergo uni trinoque Deo sit summa potestas | Omnibus et saeclis intemeratus honor. | In den jairn na Christi unseres Herenn gebuyrt duysent viffhundert | vnnd viertig op denn Heiligen Payschdach is vnnseres Herenn | Nachtmaal vnder beider gestalt te Wesell yrstmael angericht. | Gode dem Herenn sy loff vnnd preyss in ewicheit. Amen. In der Romanschreiberei der clevischen Geschichte ist selbst aus den saeclis dieser Inschrift sectis geworden. S. Fiedler, wef. Gymnas. Progr. v. 1848 S. 9.

2) S. den Brief Philipps von Hessen im Anhang.

beanspruchte um seine niederländischen Besitzungen dadurch abzurunden, vorenthielt.

Der Rath ging seinen eigenen Weg, auf dem damals Niemand ihm entgegen trat. Heresbach hatte ein Vertrauensverhältniß zwischen demselben und seinem Freunde Melanchthon zu Stande gebracht, und so weit war es schon gekommen, daß Rutgerus Pistor, der Sohn des städtischen Küsters, aus städtischen Mitteln in Wittenberg Theologie studirte weil Melanchthon — der hochgelehrte und weitberühmte, wie das Rathsprotokoll sagt — für ihn schriftlich sich beim Rath verwendet hatte. Auch wurde wenige Wochen nach jener ersten Abendmahlsfeier beschlossen (Dinst. nach Cantate): „Da die Prediger [1]) aus göttlicher Schrift bewiesen, daß man mit dem Umhertragen der Heiligenbilder Gott mehr eine Lästerung als eine Ehre anthue, so solle dasselbe ganz unterbleiben." Doch machte man am Antoniustag (13. Juni 1540) um der westphälischen Pilger („Westphelinge") willen, die an jenem Tage aus dem nahen Stift Münster fortwährend noch sich einzufinden pflegten, und auf seiner „Tracht" bestanden, mit dem verehrten Antoniusbild eine, und zwar die letzte Ausnahme. Im Uebrigen fuhr der Rath, wenn auch ohne Strafe und Gewaltthat, doch mit Worten kräftig durch. Einen Franziskanermönch, welcher (auf Jubilate) eine Predigt in der Mathenakirche gehalten davon der Rath vermeinte annehmen zu dürfen „er werde zu ihrer Vertheidigung nicht viel Redliches aus der Schrift beizubringen vermögen", forderte er deshalb auf, entweder die Stadt zu verlassen oder sich mit den Pfarrern zu unterreden. Er zog das erstere vor, weil er zum andern keine Erlaubniß seiner Oberen habe. Der Dominikanerprior wurde ermahnt nicht wieder Herrn Iman zu schelten und sich nach der fürstlichen Ordnung zu halten, die ihm gebiete Gottes Wort zu predigen.

Wieder erscholl damals die so oft schon gehörte Forderung

---

1) Die evangelischen Geistlichen heißen in den Protokollen jener Zeit vorzugsweise „Praedicanten", — ein Ehrenname, womit damals alle Pfarrer, nach dem vorzüglichsten Theil ihrer Amtsthätigkeit, der Predigt, genannt zu werden pflegten. S. Annalen des hist. Vereins für die Erzdiöcese Köln 1859. VII. 203.

einer öffentlichen Disputation. Da erschien Heresbach im Namen des Fürsten in der Stadt (15. Juli). Er untersagte dieselbe, die ja ohnehin unnütz sei da keine Richter ihr beiwohnen würden, verhieß wiederum, daß der Herzog der Religion wegen bald werde handeln lassen und bat, man möge die, welche dem Wort Gottes widerstrebten, zu Hofe anzeigen, damit ihretwegen, sofern sie nicht durch der Prediger Unterweisung in ihren Häusern zur Ruhe zu bringen wären, das Nöthige veranlaßt würde. Danach wurde auch Iman vorgefordert. Er redete vor dem Diplomaten frank und frei. Er sei, sagte er, hier angenommen, um Gottes Wort zu predigen und die heiligen Sacramente nach göttlicher Schrift zu verwalten. Dies, und nichts Anderes, habe er gethan. Das hätten nun aber Einige für Ketzerei ausgegeben, und darum habe er auf eine Disputation dringen müssen. Doch gab er dem Willen des Fürsten nach und verzichtete auf seine Forderung unter der Bedingung, daß er auf der Kanzel sagen dürfe, warum er sich zurückziehe.[1]) Wichtiger noch als die Beruhigung, welche Heresbach bei seinem Abschied den Bürgern durch die allgemeine Aussicht auf eine neue clevische Kirchenordnung hinterließ, war seine faßlichere Versicherung: er werde ihnen im Namen des Fürsten zu einem guten Kapellan auch an der zweiten, der Mathenakirche, verhelfen. Denn, gelang es auch hier einen Mann aufzustellen der wie Iman lehrte: so war zu hoffen, daß auch die Vorstadt, welche bisher allein sich gegen die evangelische Lehre gestemmt, noch für sie gewonnen würde.

---

1) Das Protokoll erwähnt früherer Disputationen zu Wesel (von welchen wir keine andere Kunde haben), wozu des Fürsten Consens nicht erforderlich gewesen.

8. Wesel führt trotz des fürstlichen Widerspruchs selbständig eine evangelische Reformation durch; Nicolaus Buscoducensis Rector, zuletzt Superintendent.

So sorgten zwei mächtige Freunde nach Kräften für die Stadt. Der Kanzler Olisleger hatte den jugendlich kräftigen, muthigen Iman gesandt und bisher beschützt; wenige Tage nach Heresbachs, des fürstlichen Rathes, Abreise erschien mit seinen Empfehlungsschreiben der zum Rector der lateinischen Schule und Kapellan der Mathenakirche empfohlene alte Nicolaus Busch (Claiß van dem Bosche, Nicolaus Buscoducensis). Was diesem Manne an jugendlicher Kraft fehlte, ersetzte er durch reifen Rath, besonnene Ruhe, gründliche, schulgerechte Gelehrsamkeit.

Busch war in den Niederlanden 1478 geboren. Als humanistischer Geistlicher, ausgezeichnet in der Kenntniß der lateinischen und griechischen Sprache, lehrte er zuerst an der Universität Löwen. Von dieser, gegen Luther von Anfang an so sehr eifernden Stadt, war er, da er sich den Evangelischen zuzuneigen begann, um dem Widerspruch zwischen Amt und Gesinnung auszuweichen nach Antwerpen gezogen, wo wir ihn als Rector einer lateinischen Schule finden. Ein genaues Freundschaftsverhältniß verband ihn damals mit Erasmus, dessen aus Anderlecht in Flandern an ihn geschriebener Brief (1520) beweist, ein wie seltenes Vertrauen dieser Vater der Humanisten ihm schenkte. Doch war Busch mit seiner geringen Wirksamkeit unzufrieden, und über die religiösen Verwirrungen, welche grade zu Antwerpen, in der alten deutschen Markgrafschaft, wo die lutherische

Richtung mit dem kaiserlichen Interesse so hart an einander gerieth, entstanden, niedergeschlagen. "Du sprachst mir, sagt Erasmus, neulich davon dein Lehramt niederzulegen. Ich kann das nicht billigen. Als braver Mann, der du bist, darf dich deine Stellung nicht verdrießen weil sie geringe scheint, sie muß dich vielmehr erfreuen, da du in ihr dem gemeinen Besten so viel nützen kannst. Du stößest dich an der Unruhe dieser Zeit. Wohlan, mache es wie ein guter Schiffer und segle mit dem Wind bis er sich gelegt hat!¹) Der Sturm wird ja nicht ewig dauern. Du bist nun einmal aufgetreten, und mußt die Rolle ausspielen, welche der Leiter des Schauspiels dir zugetheilt hat." Doch halfen diese Mahnungen, die leichter zu geben als zu erfüllen waren, nicht. Ihm war nun einmal die Stellung unerträglich geworden; er gab sie auf und stellte sich bei Erasmus in Basel ein, um sich bei ihm eine bescheidene Beschäftigung zu suchen. Hier lernte Heresbach auf einem Besuch, den er als Professor von Freiburg her machte (zwischen dem Sommer von 1521 und dem von 1522), ihn kennen. Da sich auch in Basel für ihn nichts Passendes gefunden, war er von hier zunächst nach Tournay (an eine Schola trilinguis; Hyperius war hier sein Schüler gewesen), darauf aber nach Bremen gezogen, um als Rector der neuen aus einem Dominikanerkloster gebildeten lateinischen Schule zu arbeiten (1528). Jedoch auch dies Amt mußte er nach einigen Jahren aufgeben, und lebte seitdem ohne Arbeit und in den dürftigsten Verhältnissen, bald in Wittenberg von Melanchthons Wohlthaten, bald wieder in Bremen von der Gunst glücklicherer Freunde. Melanchthon hielt ihn hoch, rühmte seine Geschicklichkeit in den alten Sprachen sowohl wie seine Tüchtigkeit für ein geistliches Amt, "commendirte ihn herrlich" dem Herzog von Cleve (1540), und sandte ihn an Heresbach, der sich seiner von Basel her erinnerte. Durch diesen kam er mit Empfehlungsbriefen an Wessel von Bert versehen nach Wesel. Der Rath fand Wohlgefallen an dem alten Herrn, der trotz seiner Gelehrsamkeit so bescheiden war, und für sich nichts als "die Kost" begehrte "da er zu alt sei um noch nach irdischen Gütern zu verlangen". Um schneller zum Ziele zu

---

1) Was bekanntlich der Rathgeber meisterlich verstand.

kommen, ließ man seine, von voraussichtlich langwierigen Verhandlungen mit dem hohen Kloster abhängige, Berufung als Kapellan fallen und nahm ihn sogleich als Rector der Schule an (Donnerstag nach Jacobi 1540), obgleich sich, wohl auf stillschweigende Uebereinkunft hin, seine Thätigkeit viel mehr der Ordnung des Kirchenwesens als der Schule zuwandte.[1]

Von dem Eintritt dieses Mannes an ist eine durchgreifende Aenderung in der Form des Gottesdienstes, im Cultus, zu spüren. Die Lehre hatte Iman seit einigen Jahren der Augsburgischen Confession gemäß geführt: nun begann die Umgestaltung des kirchlichen Lebens. Wohl um vor zu schnellem Vorgehn die Stadt zu mahnen, entbot der Fürst den ganzen Rath vor sich (20. Oct. 1540). Doch erschienen nur drei seiner Glieder, altem „Brauch" gemäß, und diese begehrten freimüthig

---

[1] Daß Busch aus den Niederlanden, also aus Herzogenbusch, war, steht durch einen Brief des Herzogs Wilhelm vom 11. Oct. 1548 fest (W. R. A. 6, 1.). In den Interimsverhandlungen heißt er stets von dem Busche. Ob er auch den Namen Boschendorf geführt habe, ist ungewiß. Erasmus Brief an ihn (Epp. XVII. 22.) trägt in den ältesten Ausgaben die vollständige Adresse: Nic. Busc. apud inclytam Antwerpiam ludi literarii moderatori. Aus Melanchthons Briefwechsel mit ihm sind vier Briefe erhalten. 1. Den ersten erhielt B. in Bremen 1539 (die fehlende Jahreszahl ist im Corpus Reff. V. p. 165. falsch ergänzt). 2. den zweiten hat M. zu Bonn geschrieben (18. Mai 1543), wo er sich mit Buzer bei Bischof Hermann zum Entwurf einer Reformationsordnung befand; er beklagt darin die Unruhe des geldrischen Kriegs und bittet ihn zu Buzer nach Bonn zu kommen um eine Stelle im Kölnischen anzunehmen (l. c. V. III). 3. Der dritte — ohne Datum — empfiehlt ihm einen Studenten Caspar von Lüttich (X. 5.). 4. Den vierten (10. Mai 1547) überbrachten ihm die beiden jungen Gelehrten Heinrich (von Bert) und Tileman (Heshusen), als nach der Mühlberger Schlacht die Wittenberger Universität sich aufzulösen begann. — Der am 2. Nov. 1540 im Rath zu Wesel verlesene Brief M.'s über B. ist nicht an den Rath, sondern an den Herzog geschrieben (l. c. III. 950.) vgl. Biblioth. Bremensis class. VII. p. 285. — B. ist nicht mit einem jüngeren Gleichnamigen zu verwechseln, der in Lasco's Leben eine Rolle spielt, und erst 25. Nov. 1540 als Student in Wittenberg eingetreten ist. S. Album Univ. Viteberg; Corpus Reff. X. p. 6. Gerdes. scrin. p. 651. und Lasco's Leben von Bartels. 1860. S. 33. Ueber B.'s Thätigkeit an der Weseler Schule vgl. Heidemann, Programme des Gymn. zu Wesel 1853. 1859.

genug solcher ungewöhnlichen Forderungen des Landesherrn künftig überhoben zu sein. Iman, welcher gleichfalls citirt war, hatte von der Stadt, die ihn darin vertreten zu wollen versprach, die Weisung erhalten, sich dem Fürsten nicht zu stellen. Die Verhandlung mit dem Hofe selbst war übrigens so gut wie die folgenden, welche um desselben Zweckes willen noch oft angestellt wurden, vollständig fruchtlos. Was der Rath wollte mußte er: — es war die Durchführung des evangelischen Bekenntnisses in Cultus, Schule, öffentlichem Leben; er wußte aber eben so gut daß der Fürst, der für seine eigenen Kirchenverfassungs= projecte schwärmte, dies Vorhaben bekämpfen würde, nicht weil er den Evangelischen überhaupt zuwider war (er war ihnen freundlich gesinnt), sondern weil er alle seine Macht aufbot · es nirgend in seinen Landen zu so durchgreifenden evangelischen Einrichtungen kommen zu lassen, daß dadurch die katholische Parthei, abgestoßen oder geärgert, ein Recht gefunden haben würde, auch ihrerseits die Dinge nach ihrem Sinn zu befestigen und zu erhärten.

Im Augustinerkloster starb um diese Zeit der Prior, welcher mit dem Rath in gutem Einvernehmen gelebt hatte. Wir erinnern uns der großen Dienste, welche diese Stiftung von Anfang an der evangelischen Parthei geleistet hatte. Ein Lesemeister nach dem andern hatte hier die freie Gnade Gottes gepredigt; und war es auch für kurze Zeit einmal einer bischöflichen Visitation gelungen, diesen Geist zu unterdrücken (1533), so war der verursachte Schaden reichlich schon dadurch ersetzt, daß der letzte uns bekannte Lector, Gysbert von Neukirchen, den Muth gehabt hatte, mit den Kapellanen der Wilibrordskirche Iman und Anton von Mecheln die Feier des ersten großen öffent= lichen Abendmahls zu leiten (1540). Das Kloster bot nunmehr beim Tode seines Vorstehers ein Abbild derjenigen Spaltung dar, welche durch die Stadt selber ging. Etliche seiner Insassen hielten es mit dem Rath, etliche waren gegen ihn. Jene wählten auf seine Bitten den eben genannten Kapellan Antonius Morenanus von Mecheln zu ihrem Prior, diese einen andern (27. Nov. 1540). Die Rathsparthei der Mönche behauptete: drei ihrer Gegner seien nach den Ordensstatuten un= fähig gewesen eine gültige Stimme abzugeben; der Subprior hatte die Sache an seine Oberen gebracht; es kam zu ärgerlichen Auftritten im Kloster, zur Prügelei. Vergebens suchte der Rath durch allgemeinen Schrecken den Frieden herzustellen, indem er sämmtlichen Brüdern nachwies, daß sie eine große Stiftung eines Weseler Bürgers nicht nach dem Stiftungsbrief verwaltet hätten, und Rechnungslage für die letzten fünf und zwanzig Jahre forderte.[1]

Solche Ereignisse waren nicht geeignet die Stadt zu beruhigen. Es wogte in ihr hin und her. In der Mathenakirche und einigen Stiften hielt man noch Messe, in der Hauptkirche das Abendmahl. Der Kapellan der Mathena versprach wohl der Stadt wie den Räthen des Herzogs, sich nach der fürstlichen Ordnung zu richten; aber er predigte schnurstracks wider sie und versuchte das Unrecht seiner Gegner zu erweisen. Auf der Kanzel jeder Kirche war immer grade das Gegentheil von demjenigen zu hören was auf der anderen zuletzt war behauptet worden.

Mitten in dieser Unruhe starb der alte Wessel von Bert (17. Januar 1541). Das Letzte, was wir von ihm wissen, ist eine Maßregel der entschiedensten Art: er hatte den Gesang des Salve regina „auf Christum verändert" den Schulmeistern und ihren Chorknaben zu singen befohlen. Sein Nachfolger führte das städtische Amt, welches sein Vorgänger so lange unerschrocken bekleidet hatte, in seinem Sinne fort, und so bestand denn auch der Rath auf dieser letzten Einrichtung des Verstorbenen. Mochten einige Priester widersprechen, und der städtische Zöllner alle die zu diesem neuen Gesang gerathen sammt denen die zum Abendmahl gegangen für Schelme ausgeben:[2] er blieb bei der einmal getroffenen Anordnung, „damit Gott seine Ehre und Maria ihre Ehre werde, grade so wie das Jedem zukomme" (8. März).

---

1) Otto von Wylach hatte 1460 (S. Joh.) dem Convent 3400 Goldgulden geschenkt, wofür derselbe jährlich u. A. 100 Armen neue Schuhe und 100 Anderen ein Weißbrod zu schenken versprach. S. die Urkunde in dem Codex des Klosters im W. R. A.

2) Er wurde zu einer Strafe von 150 Goldgulden (nach damaligen Preisen ebenso viele Malter Weizen!) „begnadigt", da er Trunkenheit vorschützte.

Während aber so die eigentliche Stadt immer entschiedener für die Sache der Reformation eintrat und sich danach einrichtete, sogar die Bruderschaften, bis dahin die treuen Pfleger der Geistlichen und Altäre, sich aufzulösen begannen (8. Febr. 1541), beharrte die Vorstadt in ihrer von dem Hochkloster genährten Opposition. Hier, in der Mathenakirche, in dem Kloster von dem sie abhing, dem Stift, das von den nachgeborenen Töchtern des höchsten Adels erfüllt war und deshalb beim Fürsten viel vermochte, fand jede Klage gegen den Rath williges Gehör und Unterstützung. Diesem wiederum war es darum zu thun auch hier endlich zur Herrschaft zu kommen, und die gottesdienstlichen Einrichtungen der Stadt zur Geltung zu bringen. Er bestand deshalb darauf, daß auch hier, in der Mathenakirche, endlich der fürstlichen Ordnung gemäß „Gottes Wort" gepredigt würde; und um so mehr, als die Kapellane, welche die Priorin predigen ließ, nicht nur durch ihre Predigten, sondern auch noch durch viele andere Dinge Anstoß gaben. Gezänk um vorenthaltene Revenüen, Berufungen und Entscheidungen des Fürsten mischten sich unabläßig in diesen Hader zwischen Priorin und Rath. Er wurde bisweilen so groß, daß Gesandten vom Hofe erscheinen mußten um eine nothdürftige Versöhnung zu versuchen. Bei einer solchen Gelegenheit bekam der fürstliche Drost vom Kapellan zu hören (1. Mai 1541): er werde eher Leib und Seele daran setzen als von seiner Kirche weichen; die Rathsdeputirten, welche zur Verhandlung erschienen, mußten es sich gefallen lassen daß die Priorin, Catharine von der Recke, die junge Schwester des clevischen Marschalls, ihnen „die Thüre vor der Nase zuschlug", und eine Unterredung, welche ihnen endlich der Prior gönnte, endete damit, daß dieser ihnen erklärte: sie hätten ihm nicht zu gebieten, und setze er seinen Hals daran, daß sein Kapellan weiter predigen solle „wobei er auf seinen Hals deutete und ihnen ein Schnippchen schlug." Den Beweis, daß ihm sein Leben so wenig gelte, blieb er freilich schuldig. Denn als wieder eine fürstliche Gesandtschaft auf dem Rathhause sich eingefunden hatte (13. Mai), von Deputationen bestürmt wurde, und die versammelte Bürgerschaft hinauf melden ließ „sie werde nicht auseinandergehn, bis sie Bescheid wüßte ob der Kapellan bleibe oder gehe" — beugte er sich am späten Abend unter den Beschluß der Räthe, den sie ihm im Namen des Landesherrn überbrachten: sein Kapellan solle „bei der Sonne" die Stadt verlassen, und an seiner Stelle ein anderer angenommen werden, der Gottes Wort recht predige und darauf von den Räthen examinirt sei. Demgemäß verpflichtete sich dann auch die Stadt ihrerseits wieder, in Freundschaft mit dem Kloster zu leben, und wo dasselbe etwa irre „das der Unerfahrenheit des Priors und der großen Jugend der Priorin zuzuschreiben." Erst auf die Kunde von diesem Vertrag hin verließen die Bürger den Markt.

In jener Unerfahrenheit leistete allerdings der Prior fortwährend Ungewöhnliches. Als der Rath sich mit ihm wegen des nun vertragsmäßig zu berufenden neuen Kapellans benehmen wollte und ihn zu sich entbieten ließ (5. Juli), weigerte er sich zu erscheinen und nannte die Glieder des Rathes „Buben und Bauern". Wir begreifen, daß das diesen doch zu viel und mehr denn nur eine Folge des Irrthums schien. Sie ließen die Pastorat der Mathena, welche der entlassene Kapellan bewohnt, abschließen; dieselbe, als der Prior trotzdem seine Hand darauf legte, wieder erbrechen, und führte jenen, uns aus der Priorwahl der Augustiner bekannten Kapellan Ghsbert von Neukirchen hinein, damit er fortan hier in der Kirche der Vorstadt „Gottes Wort verkünde, die Sacramente demgemäß austheile, die Unverständigen belehre und ihre Schwachheit tragen helfe" (Sept. 1541). Zugleich wurde dem Prior bedeutet: so er sich außerhalb seines Klosters betreffen lasse, werde man ihn ins städtische Gefängniß setzen. Dem Fürsten war dies wohl zu entschuldigende, aber den Adel des Landes tief verletzende, Benehmen der Stadt überaus peinlich. Dazu war sein Verhältniß zum Kaiser immer gespannter geworden, und er mußte fürchten seinen Zorn noch mehr zu reizen wenn er in die größte Stadt des Herzogthums so unbehelligt den Gottesdienst der protestirenden Stände einführen ließ. Daher erging vom Hofe her eine Mahnung zur Besonnenheit und Mäßigung nach der andern. Der Herzog beklagte sich durch seine Gesandten bitter über Imans Eigenmächtigkeit und des Rathes Trotz. Er lasse ja, betheuerte er, das Sacrament unter beider Gestalt zu, aber Iman habe auch die Elevation im Abendmahl ausgelassen und man stoße Alles mit einander über den Haufen. Er gehe damit um, eine neue Ordnung für alle seine Lande zu erlassen, die göttlich sein und deren Niemand sich zu beschweren haben werde. Ueberdies aber bestreite er Wesel das Recht, dem Prior die Stadt zu verbieten und Jemand in das Pfarrhaus der Vorstadt zu setzen. Der Rath wehrte sich so gut er konnte. Er vertheidigte Iman, daß er nicht vor dem Fürsten erschienen sei, da solche Citationen gegen der Stadt Privilegien verstießen; gab nach, daß die Elevation wieder hergestellt werde „falls es gefordert würde"; versicherte nicht zu wissen, daß zu Wesel etwas eingeführt worden, das gegen Gottes Wort oder des Fürsten Hoheit gehe, und meinte schließlich: wenn er innerhalb der Stadt nicht mehr Gebot und Verbot haben sollte, so würde schwer regieren sein, — übrigens aber könne er durch seine Privilegien beweisen, daß ihm das Eine wie das Andere zustehe.

So wurde nun in beiden Kirchen die evangelische Lehre in Anlehnung an die Augsburgische Confession gepredigt. Was das bedeutete, fühlte Niemand schmerzlicher als der Fürst. Nicht etwa nur ging auf diese Weise Wesel seinen Reformplanen verloren: sondern diese Plane selbst mußten unausführbar werden, wenn die Metropole seiner Lande ihnen ein so verständliches Halt gebot. Deshalb versuchte er, um die Stadt wieder in seine Gewalt zu bekommen, vom hohen Kloster das Patronatrecht beider Kirchen an sich zu bringen; eröffnete dies auch dem Rath, und gelobte ihm sobald er es habe, an Imans und Ghsberts Stellen Männer zu setzen, die Gottes Wort „recht" (das heißt im Sinne der clevischen Kirchenordnung) predigen würden. Doch mißlang damals noch der schlaue Plan; zu wichtig und zu werthvoll war noch das Recht nach dem er seine Hand ausstreckte, und das Kloster wies alle seine dringenden Vorstellungen ab.

Dieser Zwischenfall machte aber die Bürger um so zäher und vorsichtiger in der Behauptung ihrer Rechte. War es doch durch ihn an den Tag gekommen, daß der Fürst nur auf eine günstige Gelegenheit wartete, um sie dahin zu führen, wohin er wollte! Noch einmal fanden sich Gesandte des Hofes ein: (8. Nov. 1541) Heresbach, dessen Erscheinen stets die Wichtigkeit der Verhandlung signalisirt, und der Kanzler Olisleger, der an der Entschlossenheit der Stadt ein solches Wohlgefallen bezeugte, daß er ihr seine zwei silbernen Kannen, bisher zur Feier des Abendmahls nur geliehen, gegen den Silberwerth überließ. Unter nichtigem Vorwand entschuldigte sich der Rath mit den Gesandten und dem Prior nicht verhandeln zu können. Daß ihm dies ohne Weiteres durchging, daß die Glieder des fürstlichen Cabinets so sich abspeisen ließen, beweist mehr als alles andre, daß sie von **ihrem** Standpunkt aus keine Freudigkeit empfanden und keine Möglichkeit sahen, ihm das ernstlich zu verwehren oder zu bestreiten, was er that.

Ein Blick auf die Stadt am Schluß dieser Periode, etwa um die Hälfte des Jahres 1542, zeigt uns demnach den Gottesdienst, der evangelischen Lehre gemäß, so weit es irgend die elastischen Sätze der fürstlichen Ordnung erlaubten, durchgeführt. In beiden Kirchen war die Predigt evangelisch. Die Feier beider Sacramente wurde deutsch gehalten (Prot. vom 19. Decbr. 1542).[1]) In der Wilibrordskirche wurde regelmäßig an allen Festtagen das Abendmahl gefeiert. Noch wagte der Rath es nicht, auch in der Mathena es austheilen zu lassen, und verwies diejenigen Bürger der Vorstadt, welche ihn darum baten, an die Hauptkirche (20. Dec. 1542). Der ganze Gottesdienst war nicht nur der auch sonst in den evangelischen Gebieten unsres Vaterlandes übliche, in deutscher Sprache, mit wenigen lateinischen Responsorien, auch in den auf Christum veränderten übersetzten alten Kirchenliedern: sondern auch der deutsche Psalmengesang erscholl hier am ersten in der rheinischen Kirche (27. Juni 1542). Im Augustinerkloster war die Predigt evangelisch, auch in allem Uebrigen die hergebrachte Ordnung der Dinge wankend geworden; nur in den anderen Klöstern hatte sie sich erhalten, obwohl die Bürgerschaft von dem neugewählten Rath schon Reminiscere 1542 gefordert hatte dafür zu sorgen, daß auch in ihnen „die Lehre des göttlichen Wortes, welche Herr Iman halte, getrieben würde". Dahin war es noch nicht zu bringen gewesen, weil man nicht mit Gewalt vorgehen

---

1) Auf den Privat-Altären der Vicarien hörte die Bedienung der Messe allmählig dadurch auf, daß ihre Inhaber starben, und die Bruderschaften sich auflösten, indem sie ihr Vermögen der Armenpflege oder andern kirchlichen Zwecken, besonders aber der Besoldung der Pfarrer widmeten.

wollte, sondern Jedem seine Freiheit möglichst beließ; als aber der Lesemeister der Dominikaner die Feier des Nachtmahls, wie sie in der Stadtkirche geschah, als Ketzerei verrief, wurde ihm Predigt und Beichte verboten (24. Dec.). Das Schulwesen hatte in Busch einen Leiter gefunden, der milde aber mit großem Ernst, als Freund Melanchthons und in seinem Geiste wirkte und seiner Empfehlung Ehre machte.

Der Fürst wurde nicht müde unablässig seine Forderungen und Beschuldigungen zu erneuern. Auf dem Städtetag zu Cleve bekam die Stadt es wieder zu hören, daß nicht ihr sondern ihm allein das Recht zustehe, Geistliche auszuweisen; er bestand darauf die Neuerungen in den Kirchen seien abzustellen und Iman zur Verantwortung an den Hof zu senden. Dies Benehmen brachte endlich die Bürger auf. Oft genug hatten sie schriftlich und mündlich den Beweis führen lassen, daß des Fürsten Ordnung ausdrücklich alles nur auf Gottes Wort stelle und sie nur danach gehandelt hätten. Den Bericht ihrer Abgesandten konnten sie deshalb um so eher mit der einfachen Erklärung beantworten (10. Januar 1542) „sie wollten Leib, Gut und Blut für die Erhaltung ihrer Privilegien wagen" indem sie Imans Sache auszumachen dem Rath überließen. Hier lag sie in guten Händen; denn er war nicht gewillt, seinem Pfarrer Unrecht geschehen zu lassen, und erlaubte ihm erst nach Cleve (zu fruchtloser Verhandlung) zu gehn und „seine Lehre mit der göttlichen Schrift zu vertheidigen", nachdem der fürstliche Drost sich selbst als Geisel für ihn angeboten hatte (13. Januar 1542)!

Ein erneuter Versuch des zähen Hofes die Stadt aufzuhalten oder wenigstens ihre Reformation in ein engeres Bett zu leiten, schlug fehl wie alle früheren. Wieder erschien die fürstliche Gesandtschaft und forderte Abstellung der „ungebührlichen" Gesänge in den Kirchen und Absetzung Imans; sie erlangte wieder nur die Betheuerung: daß man sich keiner unerlaubten Neuerung bewußt sei, und eine schriftliche Entschuldigung des Geistlichen, welcher nach Fürstenbergs Tod das geistige Haupt, die eigentlich treibende Kraft der ganzen Stadt, und ihr Liebling zugleich war.

Der Rath ließ sich weder von oben noch von unten her zwingen. Nach wie vor wies er die Bettelmönche aus, welche begreiflicher Weise nicht nur des Bettels wegen den bedrohten Ort aufsuchten, „weil sie nach des Fürsten Ordnung ihre Klöster nicht verlassen dürften"; wies die fremden Mönche aus, welche zum Besuch in den Klöstern erschienen, um dann in den Kirchen derselben „wider die christliche Freiheit die zu Wesel gelte" zu predigen, und erklärte mit solchen Maßregeln unnachsichtlich fortfahren und nicht nachlassen zu wollen (Jacobstag 1542). Auch von den eigenen Bürgern ließ er sich nichts bieten. Die klösterliche Parthei in der Vorstadt hatte an Macht verloren, seitdem die dortige Kirche in seinen und seines Kapellans Händen sich befand; doch kam es noch zu allerlei Auftritten grade gegen diesen, welche zeigten, wie ärgerlich seine Predigt der sinkenden Parthei war. Böse Gerüchte aller Art wurden da laut und widerrufen; in der Kirche selbst waren die Waffen der hier geübten Ritterschaft auch nicht immer geistlich; es kam in ihr je und dann zu Thätlichkeiten, bei welchen einmal ein Weib mit dem Weihwedel drein schlug (16. Mai). Die Frohnleichnamsprozession war hier 1541 nur noch als „zum letzten Mal" erlaubt, das Umtragen der Monstranz gänzlich verboten worden (6. Juni 1542); folgenreicher aber war es, daß im Jahr 1542 trotz der „Westphalen" nicht nur das Umhertragen des wunderthätigen Antoniusbildes (die Tracht) unterblieb, sondern daß dasselbe am Antoniustage selbst (13. Juni) um allem Zwist ein Ende zu machen, von seiner Stelle in der Kapelle entfernt und den Augen der Leute entzogen wurde.

Des noch widerstrebenden geringeren Volkes hoffte man durch die Predigt Herr zu werden, und gab deshalb dem kränkelnden alten Gysbert in Evert von Utrecht einen kräftigen Gehülfen (25. Mai). Wohl ließ der Fürst dem Neuberufenen sofort die Predigt verbieten, schleuderte gegen ihn den Verdacht der Wiedertäuferei[1]), überhäufte den Rath mit Beschuldigungen, daß er die fürstliche Hoheit fortwährend verletze und kränke, erhielt aber von diesem nur das Versprechen: einen Monat lang zu warten; habe bis dahin der Hof keinen gesandt, der Gottes Wort „recht" lehre, so müsse man sich eben selbst helfen. Um aber auch den Schein

---

1) Ein Brief des Grafen von Renneberg erwies diese Beschuldigung als völlig grundlos. 12. September 1542.

des Trotzes zu vermeiden, bewilligte die Stadt gleichzeitig dem Landesherrn die Türkensteuer, gegen die sie sonst so gerne sich sperrte, und ließ ihm zwei silberne Humpen zum Ehrengeschenk anfertigen (6. Juni).

Da führte Herzog Wilhelm einen nach seiner Meinung **entscheidenden Schlag**. Er konnte es nicht verschmerzen, für seine Reformpläne auf Wesel verzichten zu sollen. Dazu nahm die Geldern'sche Verwickelung eine immer gefährlichere Gestalt an, und er mußte, für den Fall des ausbrechenden Krieges mit dem Kaiser, wissen, was er an der Stadt hatte. Alles war, so schien es, bisher mit ihr versucht, nur Eines noch nicht: durch **Wagen** zu gewinnen. Eine große Gesandtschaft fand sich unerwartet in Wesel ein, zu der auch **Heresbach** gehörte. Warum sie gekommen war konnte nicht zweifelhaft sein, da sie zwei Geistliche mit sich führte. Der vor sie berufene Rath erhielt die kurze Botschaft: da er Jman nicht **entlassen** habe, so werde der Fürst denselben jetzt **ausweisen**, und stelle ihm deshalb hiermit den Doctor der Theologie Albert Coninck, und den Pastor zu Wallersheim, Adam Vollenheim, als künftige Pfarrer der beiden Kirchen der Stadt vor, welche „was **göttlich** ist" predigen würden. Der Rath verlor seine Ruhe nicht. Er berichtete zunächst den beiden präsentirten Herren, was man bisher in Wesel für „göttlich" gehalten, und bat sie: sich einmal den Gottesdienst der Stadt einige Tage lang anzusehen; fänden sie darin etwas **Ungöttliches**, so möchten sie es nur anzeigen und man werde ihnen dann mit Gottes Wort zu vertheidigen wissen, was hier begonnen sei. Adam schwieg. Albert erwiderte: er sei willig den Leuten das h. Nachtmahl auszutheilen wie sie es begehrten, entweder nur in Brod oder in Brod und Wein. Zuzusehen, sich über die Lage der Dinge zu unterrichten, waren Beide willig, und damit war der erste Sturm abgeschlagen, Zeit gewonnen (22. August). Nach acht Tagen verhandelte der Rath mit den ihm von der landesherrlichen Besorgniß zugedachten Seelsorgern aufs neue. Sie waren offenbar auf das nicht gefaßt gewesen, was sie gefunden hatten. In aller Einfalt erklären sie „der Fürst habe ihnen nur **den** Bescheid gegeben: hier denjenigen, welche das Abendmahl unter beiderlei Gestalt begehrten, es nicht zu weigern; müßten aber gestehen: **solche**

Abendmahlsfeier wie hier hätten sie bisher auch nicht einmal gesehen; sie wollten deshalb nach Cleve zurück= reisen, um den Räthen zunächst Bericht zu erstatten und zugleich zu melden, welch guten Frieden und Eintracht sie hier gefunden, die sie doch unter so weiblicher Bürgerschaft nicht vermuthet hätten" (30. August). Erfreut über dies lobende, und in solchem Munde doppelt gewichtige, Zeugniß, zahlte der Rath ihre Verzehrung, schenkte ihnen den Ehrenwein und entließ sie. Als die fürstliche Gesandtschaft die Verhandlung fortzusetzen wieder kam (18. Sept.), kamen sie nicht mit zurück. Nochmals wurde viel geredet, aber nichts ausgerichtet. Heftiger beschuldigte der Fürst die Stadt, kürzer noch als sonst antwortete der Rath, daß nichts Unchrist= liches ihr nachgesagt werden könne; der Riß war da.

Eine Zeit lang ließ der mit diplomatischen Verhandlungen, Vor= bereitungen zum Kriege, mit Versöhnungsversuchen und Rüstun= gen beschäftigte Fürst die Stadt in Ruhe, und sie konnte deshalb in ihrer bisherigen Weise vorgehen. Es galt ihr, die Klöster in der Altstadt zu gewinnen. Vor dem Weihnachtsfest des Jahres 1542 sehen wir ihre Vorsteher vor ihn und die Stadtprediger beschieden (19. December) und gefragt: „warum sie das h. Abend= mahl, wie es hier gehalten werde, für Teufelei ausgäben, und ob sie dem, was die Prediger lehrten, widersprechen könnten?" Die Augustiner antworten — wir erwarten es nicht anders — diese Lehre sei recht. Die andern haben alle nur die Eine Erwiderung: „sie seien nicht genugsam gelehrt, das zu bejahen oder zu ver= neinen", und erhalten die Weisung: „so möchten sie sich auch billig solchen Lästerns vor den einzelnen Menschen enthalten, keine Beichte der Bürger ohne Erlaubniß der Pfarrer hören, auch ihre Sacramentsspendung lediglich auf die Insassen ihrer Klöster be= schränken, widrigenfalls ihnen hiermit der Stadt Schutz und Schirm aufgesagt sei."

Weder durch plötzliche Ueberrumpelung durch den Landes= herrn, noch durch Gewaltthat des Volkes, sondern allmählig, in großer Besonnenheit, dem Charakter der Niederrheinländer ent= sprechend, hat sich die Reformation in Wesel vollzogen. Bisher ist uns kein Exceß vorgekommen. Weder haben hier Anfangs, als die katholische Parthei die mächtige war, die Scheiterhaufen ge= raucht, noch ist später, als dieselbe ohnmächtig wurde, in der

Leidenschaft des Fanatismus gegen sie verfahren. Tiefer als anderswo waren hier die Leute davon durchdrungen, daß Unrecht seinen eigenen Herrn schlägt, daß alle Dinge auf dem Gebiet des geistigen Lebens viel mehr sich machen müssen als gemacht werden können.

Doch kam es gerade zu der Zeit, von der wir reden, zu einem kleinen Bildersturm, freilich von ganz ungefährlicher Art. Um Weihnachten 1542 nämlich trugen die Vorstädter aus beiden Kirchen Heilige und Ornamente hinweg, verbargen sie in ihren Häusern, und richteten sich so einen geheimen Dienst nach ihrer Weise ein. Dies gewiß nicht gesetzliche Verfahren trieb nun den alten Kapellan Gysbert zu einer ebenso ungesetzlichen That. Er habe vermerkt — sagt er selbst — daß ein Jeder sich Bilder aus den Kirchen hole, in die Häuser setze und dort „affgoderye dairvor" thue; und da von dem früher so hochverehrten Antoniusbild ein Gleiches zu besorgen gewesen, habe er sich mit Etlichen veranlaßt gesehen, dasselbe aus der Kapelle fortzuholen; es sei nun verbrannt [1]." Wohl betheuerte er: „nicht aus Verachtung des Raths, sondern aus Zuneigung zu ihm gehandelt zu haben" (Freitag nach Weihn.); „der ehrsame Rath aber trug dennoch deß kein Gefallen."

In den Klöstern wurde der Gottesdienst, so weit es ging, noch in hergebrachter Weise gehalten. War ihnen auch die Seelsorge an den Bürgern verboten, so blieb doch Jedem unverwehrt, ihre Kirchen zu besuchen.

Hierauf bezogen sich die Forderungen der Bürgerschaft beim Rathswahltag 1542. Sie begehrte, daß, da die Pfarrer die Messe verwürfen, die Klöster aber sie hielten, diesen der Beweis ihrer Lehre aus Gottes Wort abgefordert werden müsse. So wurde er denn vom Rath ihnen abgefordert; aber statt ihn zu erbringen, ließen sie vielmehr erklären „sie seien dazu nicht geschickt" (Mittwoch nach Jub. 1543); worauf denn der Rath sich für berechtigt hielt ihnen zu gebieten: wenn es so stehe, dann die Messe wenigstens so lange ruhen zu lassen, bis jemand ihres

---

[1] Es hatte auf der unzugänglichen alten Orgel der kleinen Kapelle gestanden, der Verehrung des Volkes seit jenem mitgetheilten Rathsbeschluß entzogen.

Ordens sie als göttlich und recht erwiesen habe. Statt diesen Beweis anzutreten nannte der Prior der Augustiner sie eine Verwüstung und Abgötterei, und begann in seinem Kloster das Abendmahl zu halten [1]) (3. April).

Als so auch in den städtischen Klöstern keine Messe mehr gelesen wurde, verzogen sich diejenigen Bürger, welche an ihr festhielten, in das Kirchlein des hohen Klosters. Ihnen dieselbe zu verbieten hatte der Rath weder Recht noch Macht. Er wagte deshalb auch nur den Befehl, daß sie hier „bei verschlossenen Thüren" zu halten sei. Aber darum kümmerte die junge Oberin sich wenig. Sie berief sich Anfangs auf ihren Anhang bei Hofe, auf ihren Bruder, den Marschall, der ihr gesagt „sie solle Alles beim Alten lassen"; wiederholte, was der Rath schon oft hatte hören müssen, daß er ihr nichts zu gebieten habe (Anfang März), verhieß aber, als der Hof selbst durch das Kriegsgetümmel machtlos geworden war (Juli), und sie seinen starken Schutz entbehrte, zu gehorchen.

Damit schien der Rath am Ziele seiner Arbeit zu stehn. Der evangelische Cultus war in der Stadt, soweit es öffentliche Cultusstätten gab, herrschend; weiter konnte er nicht und wollte er nicht. Er schonte den Schmuck der Kirchen, soweit die abergläubigen Vorstädter ihn nicht geraubt hatten; bestätigte mehrfach die üblichen, nur aus der lateinischen in die deutsche Sprache übersetzten gottesdienstlichen Ordnungen, forderte „Vesper, Metten und andere göttliche Gesänge und Ceremonien." Und damit, in den Kirchen und auch sonst, nicht Verschiedenes die Gemüther verirre, beschloß er das fertige Werk durch Ernennung des alten Rectors Busch zum Superintendenten über die Schulen, die Prediger und Hülfsgeistlichen, damit er „gutes christliches Regiment halte und überall ausrichte was dazu gehöre, also daß der Rath und er zusammenhielten, und er nicht von hier zöge, es wäre denn auf jährige Kündigungsfrist und um redlicher Ursache willen" (23. Juni 1543). [2])

---

1) Das Kloster selbst zerfiel. Am 23. October 1543 ernannte die Stadt zwei Geistliche als Verwalter der Klostergüter. Später erholte es sich (nachdem es die Kirche aufgegeben hatte) wieder. 1632 flüchteten die letzten Mönche eines Convertiten wegen, wie die Dominicanerchronik von Wesel sagt, aus der Stadt.

2) Ihm wurden die bischöflichen Geschäfte (u. A. auch die Ehesachen) übertragen.

Vom Unterricht in der Schule wurde er entbunden und ihm dagegen nur aufgelegt, in der Klosterkirche der Augustiner oder wo sonst der Rath ihn fordere, **Gottes Wort und den Katechismus** zu predigen so oft ihn gelüste und sein christlich Gemüth ihn dazu bewege.

Anton von Mecheln, der frühere Lesemeister der Augustiner, und bisheriger Kapellan wurde (nach Gysberts Tode) als **Pfarrer der Mathena-**, **Iman** als **Pfarrer der Wilibrordskirche** anerkannt und die übrigen Geistlichen ihnen **untergeordnet**.

Außer den bereits fungirenden Kapellänen und den meist alten Vicaren erhielt jener noch Evert von Utrecht, dieser den Johann Bullich zum Prediger und Gehülfen.

9. Bischof Hermanns von Köln Reformation; die Geldrische Fehde und der Vertrag zu Venlo.

Der damalige Bischof von Köln, Hermann von Wied, der dem Kaiser, welchem er nicht traute, nie zu Willen, und dem päpstlichen Stuhle immer fremd gewesen war [1]), ein edler Greis, dem bis heute seine Gegner nichts Böses haben anhängen können, war seit Jahren mit dem Gedanken, seiner Kirche durch den Erlaß einer Reformationsordnung zu helfen, beschäftigt. Zuerst versuchte er ihre Aufstellung in Gemeinschaft mit der mächtigen Geistlichkeit seines Landes, nachdem er zuvor durch seinen Vertrauten, Johannes Gropper, mit Heresbach und anderen herzoglichen Räthen zu Neuß und Köln hatte handeln lassen, damit der clevische Fürst die zu erwartenden kirchlichen Gesetze von vorn herein auch für seine herzoglichen Lande, welche größtentheils zur Kölner Diöcese gehörten, als gültig anerkenne und ihre Durchführung erlaube. Gropper, zum Theil für seines Herren Pläne gewonnen, aber mehr gewillt in Worten als in den Sachen nachzugeben, um so, wie er hoffte, Allen zu genügen, setzte beim Bischof die Berufung eines Provinzialconzils (Ostern 1536) zu Köln durch, brachte hier die, den herzoglichen Räthen zwar vorgelegten aber von ihnen beanstandeten, Vorschläge ein, und sah dieselben mit denjenigen Aenderungen, welche man hier für nöthig befand um auch den letzten Schein von Concessionen an die Evangelischen daraus zu vertilgen, zu Beschlüssen erhoben.

---

1) Depesche des Legaten an den Cardinal Farnese. Speier 23. Febr. 1542. bei Laemmer, monum. Vatic. (auch die vom 21. Mai 1540 ist zu vgl.).

Der alte Bischof traute der Sache nicht; sie war anders ausgefallen, als er gedacht hatte. Er hoffte vom Geist dieser Canones nichts, und nur mit Noth erhielt man von ihm (erst 1538) die Erlaubniß ihrer Veröffentlichung. Was jedoch die Hauptsache war: für die herzoglichen Gebiete bestanden diese Schlüsse nur auf dem Papier, waren sie ohne alle Bedeutung. Auf Cleve hatte es bei ihrer Aufstellung und Schärfung das Concil besonders abgesehen, denn hier allein war im Bereich der alten Erzdiöcese das Ansehn der katholischen Kirche fühlbar erschüttert: aber beharrlich verweigerte der Herzog die von der herrschenden Parthei in Köln geforderte Erlaubniß, sein Land durch eine bischöfliche Visitationscommission besuchen und jene Bestimmungen ins Leben einführen zu lassen.

Nachdem die Verhandlungen, welche die Versöhnung der Katholiken und Protestanten auf dem Regensburger Reichstag versucht hatten, gescheitert waren (1541), und der Reichstagsabschied, da noch kein Generalconzil in Aussicht gestellt werden konnte, den Prälaten auflegte, selbst eine christliche Reformation der Kirche vorzunehmen: begann der Bischof, diesem Beschluß gemäß, auf eigene Hand eine Reformation im Sinne der Augsburger Confession. Er hatte, allmählig den Evangelischen zugeneigt, zu Regensburg Martin Butzer kennen gelernt, der damals der Straßburger Kirche diente, einen Mann, der ihm durch seine Gewandtheit und Nachgiebigkeit besonders geeignet schien, an einem neuen Reformationsentwurfe zu arbeiten, welcher den schwierigen Verhältnissen des kölner Erzstifts gerecht werden sollte.[1] Er entbot ihn deshalb zu sich nach Bonn und besprach sich mit ihm. Der kölnische Landtag, alle Stände (Domkapitel, Grafen, Ritter und Städte), ermunterten den Bischof, als er ihnen seinen Plan mittheilte (zu Bonn, 11. März 1542) einhellig und dankbar, doch vorzugehn „auf daß Eine christliche Religion im Stift angerichtet werde und jeder wisse, wie er sich darin zu verhalten habe." Damit hatte

---

[1] Ueber diese ganze Episode der rheinischen Kirchengeschichte vgl. außer m. Schrift über Heresbach von S. 91 an: Ennen, Geschichte der Reformation im Bereiche der alten Erzdiöcese Köln. Köln. 1849, und Deckers, Hermann von Wied. Köln 1840.

selbst das Domkapitel die Arbeit von 1536 fallen lassen und der Fürst konnte sein Werk beginnen. Er befahl deshalb seinen vertrautesten (evangelisch gesinnten) Gelehrten einen lateinischen Reformationsentwurf zu verfertigen, und übergab denselben (1. Sept. 1542) etlichen Stiftsgeistlichen in Köln mit der Bitte ihn „im Herrn zu erwägen, und so sie ihn in der h. Schrift begründet fänden, durch Kapitel, Klerus und Universität weiter prüfen zu lassen." Als er von hier, weil er mißfiel, nicht zurückkam, berief der Bischof Butzer zum zweiten Mal zu sich (Decbr. 1542), ließ ihn in Bonn, andere evangelische Pfarrer in Brühl, Andernach, Sinzig, Linz, München=Gladbach, Kempen und anderen Orten des Stifts predigen; erlebte an Gropper, der seit dem Regensburger Tag mit Butzer ein enges Bündniß geschlossen und sich auf die Seite der Evangelischen gestellt hatte, einen plötzlichen Umschlag, der denselben an die Spitze seiner erbittertsten Feinde führte, und antwortete auf den „Gegenentwurf" der Gelehrten (vom 9. Januar), da auf einem neuen Landtag (15. März 1543) die Geistlichkeit keine Deputirten zur Berathschlagung über eine Reformation ernennen wollte, die übrigen drei Stände aber die Sache ganz in seine Hand legten, durch einen neuen deutschen evangelischen Reformationsentwurf — die sogenannte Kölner oder Bischof Hermanns Reformation — welchen er durch Butzer und den, auf eine Zeit lang vom sächsischen Churfürsten ihm überlassenen, Melanchthon[1]) hatte aufstellen und dem Kapitel übersenden lassen.[2]) Drei Stände hielten von da zu ihrem Bischof, und auch ein Theil des vierten, des Kapitels, stimmte ihm zu. Auf dem folgenden Landtag zu Bonn (22. Juli 1543) kam es zu heftigen Verhandlungen. Die Hermann widerstrebenden Glieder des Kapitels waren zu Nichts zu bringen; weil sie unter der Hand schon die Zusicherung hatten, daß der Kaiser ihre Sache zu führen bereit sei. An ihn wandten sie sich

---

1) Melanchthon war vom 9. Mai bis 28. Juli 1543 am Rhein.
2) Von Gottes genaden vnser Hermans Ertzbischoffs .. bedencken, worauff ein Christliche, inn dem wort Gottes gegrünte Reformation .. an=zurichten seye. Bonn. 1543. 154 Bll. fol. Diese erste Auflage war nicht für die Oeffentlichkeit bestimmt; erst die zweite, ebendaselbst 1544 im November erschienene, ist für den buchhändlerischen Betrieb hergestellt worden.

nun auch öffentlich, und Karl nahm ihre Berufung als die „des Kapitels" an. Seine Briefe führten eine drohende Sprache gegen den Bischof, und was er im Schilde führte ließ er dadurch merken, daß er Hermanns Gesandte nicht einmal vor sich ließ.

Die Kölner Verwickelung gedachte er mit der Geldrischen Sache zugleich durchs Schwert zu beendigen.

Herzog Wilhelm von Cleve hatte, überzeugt von seinem guten Recht, Geldern, wie wir hörten, bisher behauptet, und den Kaiser persönlich und auf Reichstagen zu überzeugen gesucht, daß dem clevischen Hause wie durch alte Ansprüche so auch durch gültigen Kauf das Land gehöre. Karl mochte aber davon nichts wissen; er wollte nun einmal die schöne Provinz seinen Erblanden zufügen, und diese eine schöne Möglichkeit wog für seine Entschlüsse schwerer als alle herzoglichen Rechtsdeductionen. Von der Furcht überwältigt zu werden gedrängt, war deshalb der Herzog ein Bündniß das ihm der französische König Franz antrug, eingegangen, und hatte dessen Nichte Johanna d'Albret in Chatelherault geheirathet (14. Juni 1541). Seine noch zu jugendliche, erst zwölfjährige, Gemahlin blieb vorab in Frankreich zurück.

So war der Krieg unvermeiblich geworden. Die ersten Unternehmungen französischer und clevischer Truppen gegen die Kaiserlichen welche Geldern besetzen wollten, hatten einen so glücklichen Erfolg, daß die kaiserliche Statthalterin der Niederlande froh war, im Namen des Kaisers mit dem Herzog einen Waffenstillstand abschließen zu können. Als Karl, von seinem unglücklichen Zug nach Algier zurückgekehrt, die Lage der Dinge erfuhr, konnte er nicht einen Augenblick darüber zweifelhaft sein, was er zu thun habe. Ihm galt es, Bischof und Herzog unschädlich zu machen. Er handelte dabei mehr im Interesse seiner Hausmacht als des Reiches. Sagte er doch selbst „er könne das Aufleben der Ketzerei in der Nähe seiner Erblande nicht zugeben." So rückte er mit einer schnell geworbenen Armee von Speier den Rhein herab. Das deutsche Volk sah durch seinen eigenen Kaiser einen deutschen Reichsfürsten mit Spaniern bedrängt, trotzdem die Wahlcapitulation ihm verbot fremde Truppen auf deutsche Erde zu bringen. Zu Bonn, der Residenz Hermanns, hielt er Heerschau. Seine „Herren Soldaten" (sonores soldados) benahmen sich schon hier wie in Feindesland. Vor ihrem Nahen flüchteten die evangelischen Prediger aus den kölnischen Städten in welche der Bischof sie geführt, da sie wußten welches Loos ihnen bevorstehe wenn sie in ihre Hände fielen. Zu sorglos hatte der Herzog seinem Kaiser vertraut. Denn da der Reichstag seinetwegen beschlossen hatte „sofern er die Untersuchung seiner Sache durch ein zu ernennendes Gericht zugebe, habe er nichts Arges zu versehen"; er sich aber zu dieser Untersuchung ganz willig erklärt hatte, vermeinte er wenigstens vor einem Ueberfall desselben sicher zu sein: und nun rückte er ihm so plötzlich auf den Hals! Dazu kam, daß der König von Frankreich, der den Herzog hauptsächlich nur zu dem Bunde verlockt hatte um dem Kaiser Verlegenheiten zu bereiten, und wo möglich den Krieg der deutschen Reichsfürsten gegen ihn anzufachen, zwar viele lärmende Aufforderungen an die protestantischen Stände dem Herzog zu helfen in dem sie alle bedroht seien, aber nur wenige und schlecht geführte Truppen gesandt hatte. Mit geringer Mühe und kleinen Opfern erdrückte deshalb der Kaiser die schwachen Fähnlein des Herzogs wie die größeren französischen Abtheilungen, wo er auf sie traf, stürmte Düren, zwang Wilhelm, dessen Mutter vor Gram starb, vor ihm im Heerlager kniefällig um Gnade zu bitten, und den Friedensvertrag von Venlo zu vollziehn (7. Sept. 1543), welchen Cardinal Granvella aufgesetzt hatte. Der Besiegte verlor Geldern, und mußte versprechen „in Religionssachen in seinen Landen keine Aenderung vorzunehmen oder zuzugeben."

Der greise Bischof Hermann, vom Papst gebannt, vom Kaiser längst Preis gegeben und entsetzt, mußte sehen wie das Haupt des deutschen Reiches eigenmächtig in Köln eingriff, und den, seinem alten Herrn treu anhangenden, Landtag zwang den bisherigen Coadjutor, den jungen Adolph von Schaumburg, als Landesherrn anzuerkennen.¹)

---

1) Bischof Hermann zog sich in die Wiedschen Stammlande zurück, starb zu Altwied 15. August 1552 und ward in der Kirche zu Niederbiber begraben. Dem Pfarrer von Wied, der ihm in seiner letzten Krankheit beistand, bekannte er, damit er es nach seinem Tode Jedem, der es begehre, offenbaren könne: „er habe in seiner bischöflichen Regierung eine lange Zeit

So lange war Wesel an den allgemeinen Stürmen der Zeit glücklich vorbei gekommen. Bauernkrieg und Türkennoth hatten hier keinen sonderlichen Eindruck gemacht; selbst die münsterische Wiedertäuferei hatte nach der Größe und Nähe der Gefahr verhältnißmäßig wenig Blut und Geld gefordert; nun auf einmal riß die gelbrische Fehde und der Sturz des Erzbischofs die Stadt in Mitleidenschaft mit den größeren Geschicken des Vaterlandes. Als die erste Nachricht von dem siegreichen Vordringen des Kaisers in das Herzogthum dem ehrsamen Rath bekannt wurde, und er zugleich schon hörte, daß sein geliebter Fürst demüthig um Frieden bittend zu Karl hatte ziehen müssen, schrieb er in sein Protokoll „**Gott gebe zum Heil der Seelen und zu Nutz des Landes.**"

Nach des Rathes Sinn ist freilich der Bittgang Wilhelms nach Venlo weder für das Eine noch für das Andere etwas nütze gewesen. Mit Einem Schlag, wie über Nacht, trat an die Stelle des milden fürstlichen Regiments die starke spanische Hand des Kaisers, und wie sie eingriff machte sich mehr und mehr fühlbar. Zunächst zwar hatte der Fürst zu viel damit zu thun die Zerrüttung im Innern des Landes zu heben, die nach jeder Niederlage sich einstellt, als daß er der inneren Verhältnisse Wesels hätte gedenken können. Das Land half die fast unerschwinglichen Schulden des Krieges tragen. Alle Städte beschwerten sich mit Beisteuern bis zum Aeußersten „da sie den Fürsten in der Noth

---

nicht anders gedacht denn ein Bischof solle nur ein weltlicher Herr sein, der mit der Pracht und den Geschäften dieser Welt umzugehen habe; daß das Amt eines Bischofs sei Lehren, Predigen, seine Kirche mit gesunder Lehre aus dem Wort Gottes versorgen, das sei ihm lange Jahre unbewußt gewesen. Er habe mit seiner Kölner Klerisei oft berathen, wie die schrecklichen Mißbräuche in der Kirche ausgerottet werden möchten; es sei auch eine Reformation aufgestellt, aber nicht nach rechter Lehre und Gottes Wort, sondern größtentheils aus Menschenlehre zusammengesetzt. Nachdem aber Gott seinen Geist reichlicher gegeben, habe er in seinen alten Tagen ein einfältiges Bedenken einer christlichen Reformation durch etliche gottesfürchtige Männer stellen und drucken lassen, und auf sie als auf sein Bekenntniß und auf die Augsburgische Confession wolle er leben und sterben." S. Wahrhaftiger vnd beständiger bericht von dem .. ende .. des Herrn Hermans, Ertzbischouen .. durch J. Alstorffen. s. l. e. a.

nicht verlassen wollten;" geborgt wurde hin und her wo nur Geld zu haben war; die Klöster und Stiftungen mußten ihre Kleinodien hergeben; Reichthümer und Kunstschätze, woran Jahrhunderte gesammelt und sich erfreut, warf ein vierzehntägiger unseliger Krieg in den Alles gleich machenden Tiegel.[1]) So führte denn der Rath auch eine Zeitlang ungehindert noch seine Angelegenheiten wie bisher in der Ordnung und Leitung der Kirche fort. Er berief seinen und der Bürger Liebling Iman auf sechs neue Jahre zum Pfarrer (2. Febr. 1544), entließ zu Pfingsten 1544 den Kapellan Ebert von Utrecht auf seine Bitte, und ernannte an seiner Statt den Magister Thomas van der Straten, genannt Plateanus (auch Meßmeker), einen geborenen Weselaner der in Wittenberg studirt hatte, mit Melanchthon und Buggenhagen befreundet war, und zur Zeit seiner Berufung bereits seit drei Jahren in Lemgo als Pfarrer wirkte (15. Febr. 1544).[2])

Aber die Niederlage, welche der Fürst bei Venlo erlitten, ermuthigte, indem sie die Evangelischen beugte, die Reste der katholischen Parthei in der Stadt, und im Augustinerkloster richteten die wenigen noch darin wohnenden Brüder sich wieder auf die Messe ein. Sie konnten sich leicht darüber trösten daß der Rath es ihnen verwies, da sie wußten daß der Fürst bald auf kaiserlichen Befehl sie schützen werde. Ein Vicar las in seinem eigenen Hause die Messe, communicirte die, welche sich herzu fanden, wurde aber aus der Stadt verwiesen sammt demjenigen, welcher ihn dem Rath angezeigt hatte und dann es nicht gethan haben wollte. Das hohe Kloster öffnete wieder bei der Feier der Messe seine Kirchenthür (11. Decbr. 1543). Es mußte wissen, daß der ihm ohnehin schon verhaßte Rath den Fürsten während des Kriegs, in der Furcht die Kaiserlichen möchten sich in dem alterthümlichen Gebäude festsetzen und von da aus die Stadt belästigen, gebeten hatte es niederreißen zu dürfen, und nur die Furcht des Herzogs es mit dem Adel zu verderben seinen Untergang verhindert hatte.

---

[1]) W. R. P. 1543. 8. Juni, 11. Juli, 1. August.
[2]) Sein wirklicher Eintritt in das Amt zu Wesel hat erst etwas später stattgefunden.

Das ganze nächste Jahr (1544) verging der Stadt in der doppelten und schweren Arbeit: der reorganisirten und so zu Ostern 1544 eröffneten lateinischen Schule [1]) die passenden Lehrkräfte, dann aber auch der Kirche zur Besoldung der Pfarrer Geld zu verschaffen. Die Umgestaltung der großen Bildungsanstalt nach evangelischen Grundsätzen zeugte in dieser Zeit, so schnell nach dem Tractat von Venlo, von einem Muth, den der Kaiser nur als Trotz verstehen konnte, und bekundete aller Welt, daß man die rechte Hülfe im drohenden Elend anderswo als bei Roß und Reiter zu suchen gewillt sei.[2]) Ungefährlicher waren des Rathes Bemühungen für die äußere Festigung der Kirche. Anfangs dachte er daran die 100 Goldgulden dazu zu verwenden, welche die Juden für ihr „Beiwohnungsrecht" jährlich zu zahlen hatten; ließ aber bald diesen Plan fallen, besonders auch weil der Fürst (im erasmischen Judenhaß von seiner humanistischen Umgebung bestärkt) dieselben als „Lästerer Christi und Spötter seines Abendmahls" aus der Stadt zu vertreiben befahl. Ein würdigerer Weg zum Ziele zu gelangen eröffnete sich darin, daß die noch bestehenden Bruderschaften, welche bisher die Sorge für ihre Vicare und Altäre allein getragen hatten, ihre nicht unbedeutenden Güter und Besitzungen der Stadt für Schulzwecke zum Geschenk anboten.

---

1) Es wurde seit 1545 sogar Hebräisch in ihr getrieben. Mag. Joh. Morseus übernahm es hebraice und graece (auch Nic. Busch trug diebus festis das Lucasevangelium graece vor) zu lehren.

2) Die damalige Arbeit des Raths für die Schule hat in Heidemanns Weseler Gymnasialprogrammen eine erschöpfende und belehrende Bearbeitung gefunden. Das kaiserliche Decret (Brüssel 7. März 1544), welches alle Niederländer, die ihre Kinder auf die Weseler Schule schicken würden, als Ketzer zu bestrafen befiehlt (s. Repertorium der Hollandsche Plakkaeten p. 52.), hat Sardemann in seinem Aufsatz über Rector Brant zu Wesel (Zeitschrift des berg. Gesch. B. IV. 115.) wieder abdrucken lassen, welcher auch über die allmählige Befestigung des reformirten Bekenntnisses der Stadt die sorgfältigsten Untersuchungen und Mittheilungen beibringt.

10. Einwanderung der Walonen und Bildung ihrer französisch redenden Fremdengemeinde zu Wesel.

Der Fürst war durch die damals eingeleitete Scheidung seiner in Frankreich geschlossenen Ehe und das daran sich knüpfende Project einer Heirath mit Maria, der Tochter des römischen Königs Ferdinand, von dem Kaiser noch mehr abhängig geworden, als er es schon durch den Venloer Vertrag war, und Wesels Stellung in Religionssachen dem Landesherrn gegenüber schon schwierig genug. Daß Ferdinand, so gut wie sein Bruder der Kaiser, den Herzog drängen würden, von seinen eigenen Reformplänen abzulassen, für seine evangelischen Anfechtungen und Anwandlungen Buße zu thun, und in Wesel und wo sonst noch in den clevischen Landen die evangelische Lehre Wurzeln geschlagen hatte, sie auszurotten, lag auf der Hand. Beide konnten nicht anders aus Politik wie aus Ueberzeugung. Zeigte doch der Kaiser in seinen benachbarten Erblanden, die er für sein Eigenthum hielt, die seines unmittelbaren Einflusses sich zu erfreuen und ebenso sehr zu beklagen hatten, daß ihm die grausamsten Mittel erlaubt schienen, wenn nur dadurch die Protestanten vom Erdboden vertilgt würden. Hier galt vom Tage des Erlasses an jenes berüchtigte Wormser Edict, welches, einseitig von ihm, dem Kaiser, für das ganze Reich erlassen, Luther einen Teufel in Menschengestalt schalt und all seinen Anhängern (und wen rechnete man nicht dazu!) mit Tod und Confiscation des Vermögens drohte.[1]) Schon 1521 hatte Karl in Franz van der

---

1) Die Stände hatten nicht einmal einen gemäßigteren Entwurf desselben gut geheißen; der Nuntius Aleander verfaßte das schnöde Edict. Vgl. das archivalische Material bei: Steitz, die Mel. Herbergen. Frankfurt 1861.

Hulſt ſeinen geliebten Niederländern einen Generalinquiſitator gegeben; 1535 erſchien jenes (1550 nochmals publicirte) „nicht mit Dinte, ſondern mit Blut geſchriebene" Placat, welches alle Ketzer, hartnäckige wie reuige, zu Tode brachte, wenn auch mit der Milderung, daß es die widerrufenden Männer zur Enthauptung, die widerrufenden Frauen aber dazu begnadigte lebendig be= graben zu werden. Er hatte ſo trefflich vorgearbeitet, daß ſpäter ſein Sohn Philipp nur dieſe alten väterlichen Beſtimmungen zu erneuern brauchte, als er ſeinen Vernichtungskrieg gegen ſeine evangeliſchen Unterthanen begann. Bei ſolcher Geſinnung des Kaiſers mußte Weſel erwarten, daß nun von Cleve gar bald die Verſuche ausgehen würden, die Stadt auf dem von ihr betretenen Wege gewaltſam zurückzuhalten: als unerwartet ein neues Fer= ment in die Bürgerſchaft eindrang, das, ſtatt ſie ſtille zu ſtellen, ſie noch weiter voranzutreiben beſtimmt war.

Der Ruf der Grauſamkeit, womit in den geſegneten, und mit dem Herzogthum durch lebhaften Handel wie durch tauſend dadurch veranlaßte Ebebündniſſe und Verwandtſchaften verbunde= nen, Niederlanden die Evangeliſchen verfolgt wurden, war ſtadt= und landkundig, und hatte in Weſel ſolches Entſetzen erregt, daß der Rath für nöthig gehalten hatte, auch die Pfarrer zu mahnen ihrer Stimmung Gewalt anzuthun, und ſich des Scheltens der Potentaten und des Kaiſers zu enthalten (25. Januar 1545). Veranlaſſung genug hatten ſie dazu, denn auch die lebendigen und glaubwürdigſten Zeugen von dem, was in der Nachbarſchaft geſchah, erſchienen allmählig in der Stadt in flüchtigen Walonen. Ein Glück, daß der Herzog an Heresbach, dem er unbedingt vertraute und noch unbedingt folgte, einen Mann hatte, der ihn hoffen lehren konnte, und ihn davon abhielt nichts Weiteres als des Kaiſers demüthiger Vaſall zu ſein. Der Fürſt mußte ſich überreden laſſen, daß ins kaiſerliche Lager übergehen einem Bruch mit ſeiner ganzen Vergangenheit, ja einem Verrath an ſeiner Ueberzeugung gleich komme. Er mußte es um ſo mehr, als der Kaiſer ihn zuweilen fühlen ließ, daß er ihn nur ſo hoch achte als er der kaiſerlichen Hauspolitik von Nutzen ſchien. Dazu kam, daß ſeine Schweſter die muthige, fromme Gemahlin Johann Friedrichs von Sachſen war, die Evangeliſchen verfolgen alſo geradezu den Glauben eines geliebten Familiengliedes antaſten hieß, das er eben um dieses Glaubens und der Aufrichtigkeit des Lebens willen zu verehren allen Grund hatte. Und wenn er die Dinge ohne Vorurtheil ansah: wer war die nächste Ursache, daß der Kaiser in den Niederlanden so schrecklich auftrat? Niemand anders, als er, der Herzog selbst, der als „schlechter Nachbar" — wie Granvella ihn dem Kaiser denuncirte — die dortige Bewegung gegen die herrschende Kirche durch sein eigenes Beispiel ermuntert und angefeuert hatte. Er hatte demnach den überall hin flüchtenden Niederländern so zu sagen eine Schuld abzutragen.

Die Evangelischen zu Wesel erkannten in den Walonen ihre Brüder und nahmen sie als solche willig auf (Anfangs 1545). Es konnte ihnen zwar nicht entgehen, daß diese französisch redenden, meist aus dem Bisthum Lüttich stammenden, Fremdlinge in manchen äußerlichen Dingen nicht mit ihnen stimmten. Sie hatten eben die von der französisch redenden Schweiz her zu ihnen gelangten reformatorischen Ideen in sich aufgenommen, und ertrugen in der Kirche nicht, wie es in Wesel geschah, möglichst Alles was nicht geradezu gegen Gottes klares Wort ging, sondern verwarfen Alles was sich nicht durch ein bestimmtes Gotteswort legitimiren konnte. Einig aber waren sie mit ihnen in dem Glauben an des Heilandes allgenugsame Gnade und des Menschen übergroßes Elend, einig darin, daß sie im Sacramente den Herrn sich gegenwärtig wußten.

Der Rath aber hatte Rücksichten zu nehmen. Es mußte ruchbar werden, daß er sie aufgenommen; und da man im Cabinet zu Cleve mit dem Vorwurf der Wiedertäuferei bereits sehr freigebig um sich warf, um damit Alles Mißliebige an den Pranger zu stellen, unter jenes grausame Reichsgesetz gegen die Wiedertäufer zu bringen, und so zum Schweigen oder zur Auswanderung zu zwingen: wurde der Superintendent Busch beauftragt, die förmliche Ansiedelung der Einwanderer davon abhängig zu machen, daß sie ein Bekenntniß ihres Glaubens ablegten, welches sie und die Stadt vor den zu erwartenden Verläumdungen bei Hofe sicher stelle. Am einfachsten würde es gewesen sein, sie in Melanchthons Sinn auf das Augsburger Bekenntniß zu verpflichten, das nicht nur seinem Inhalte nach damals dem Glauben der Stadt entsprach, sondern auch in seinen Aeußerungen gegen die Wiedertäufer ganz unzweideutig ist. Aber man hätte dadurch den Fürsten gereizt, den man schonen wollte, von dem man wußte, daß er auf der einmal erlassenen väterlichen schwankenden Reformationsordnung bestand, daß er nur ruhigere Zeit abwartete um sein Werk gerade da wieder aufzunehmen, wo er es, durch den Vertrag zu Venlo gezwungen, hatte fallen lassen müssen. Busch verhandelte mit den Walonen und entwarf ihnen ein Bekenntniß. Es sollte einen doppelten Zweck erfüllen. Es hatte zunächst die Uebereinstimmung mit derjenigen Lehre, welcher Wesel folgte, darzuthun, dann aber auch um des Kaisers und des Herzogs willen alle Wiedertäuferei zu verwerfen. Es kann somit als des Superintendenten und auch als der Weseler Kirche Bekenntniß jener Zeit gelten. Und was bekennt es? Zuerst seine Uebereinstimmung mit den altkirchlichen Symbolen, dem Apostolischen, Nicänischen und Athanasianischen; dann daß die Taufe auch an den Kindern zu geschehen habe und geschehe zur Vergebung der Sünden; daß das Abendmahl unter beiderlei Gestalt auszutheilen und daß darin wahrhaftig sei und gegeben werde Leib und Blut Christi unter oder in der Gestalt des Brodes und Weines; "endlich" (nach Verwerfung anderer wiedertäuferischen Lehren) heißt es "glauben wir, daß wir gerettet werden allein vermittelst des Glaubens durch die Barmherzigkeit Gottes um der Liebe Christi willen ohne unser eigen Verdienst."[1]

Achtundvierzig Männer und achtzehn Frauen unterschrieben dies Bekenntniß, nachdem es ihnen von Busch erklärt und zugleich ernstlich vorgehalten war: so Jemand später anders im Glauben sich finden ließe, solle er Schutz und Schirm verloren haben und gebührende Strafe empfangen (4. Februar 1545).

Niemand ahnte damals, daß auf diesem armen Haufen von Tuchwebern, auf der aus ihnen sich bildenden Flüchtlingsgemeinde,

---

[1] Janssen, de nederl. hervormden in Kleefsland etc. im Achief voor Kerkel. geschiedenis van Kist en Royaards. Leiden. 1834. V, p. 423, hat das Bekenntniß, welches deutsch übertragen in den Stromata 1787. I. 170. und bei v. Steinen S. 168. sich findet, nach einer späteren lückenhaften Copie mitgetheilt; Rahlenbeck (Liége, p. 262), ihm eine falsche Jahreszahl gegeben; Göbel (Geschichte des christl. Lebens, I. 405), es abgekürzt. Es ist hier nach der Originalfassung im Anhang mitgetheilt.

die Zukunft der evangelischen Kirche von Wesel, ja der evangelischen Kirche des Niederrheins beruhe.

Der Herzog sah voraus, daß die Fremden zu Wesel, so wenig wie in den andern Orten seines Landes (wohin sie gleichfalls sich gewendet hatten) zur Beruhigung seiner Unterthanen helfen würden. Menschen, die Verwandte und Freunde um des Wortes Gottes willen in den Flammen hatten endigen sehn, die um des Gewissens willen, um ihres Glaubens leben und sterben zu können, Haus und Hof verlassen zum Theil dem Richtschwert nur mit Noth entronnen, konnten sie auf Wünsche und Meinungen der Menschen kein großes Gewicht legen, nach Lob oder Tadel der Großen nicht viel fragen; wohl aber mußten sie mit der Macht, welche eine unerschütterliche Ueberzeugung auf Alle übt, wie ein Sauerteig in den, gegen die Niederlande gehalten noch immer idyllischen, Verhältnissen seines Volkes wirken.

Ueber Rathsverhandlungen, Decrete, Briefe, Drohungen, Verweisungen aus dem städtischen Gebiete und Geldbußen hinaus hatte man zu Wesel bisher im kirchlichen Streit, wenns ans Strafen ging, sich nicht verstiegen. Wie mußten seine Bürger Leute verehren, deren Jeder ein Opfer seines Glaubens war; wie großen Einfluß mußte schon ihre bloße Anwesenheit ausüben, und wie geneigt mußte die Bürgerschaft sein, das, was sie selbst im Glauben hatte und war, nach demjenigen zu messen, was diese Fremden besaßen und was die schwere Probe bestanden. Sie wußte zwar wohl, was sie wollte; aber was sie wollte war jedenfalls nicht das was der Fürst wünschte, nicht sein mit allen Partheien accordirender christlicher Humanismus. Schon im Frühling 1545 mahnte Wilhelm selbst auf dem Landtag den Gesandten von Wesel: „sie möchten zusehn, daß keine bösen Secten unter den Walonen wären" und erinnerte ihn, als derselbe stolz und zuversichtlich antwortete „sie hätten ihr gutes Bekenntniß gethan", an das Böse so in Münster geschehn[1]). Der Fürst,

---

[1]) Eine Copie des Walonenbekenntnisses enthält die gleichzeitige Notiz „den verordneten Stedefrieden Cleue vnd Marcke (d. h. den Deputirten der Städte auf dem Ständetag) bynnen Essen verlesen vnnd bairna copien gegeuen vp palmauent anno 45." Am 10. April 45 entlockten die fürstlichen Räthe der Stadt die Namen der Aufgenommenen, indem sie vorgaben „im Jülicher Land seien einige Walonen gefangen die der Libertiner-secte(!) anhingen,

allem Scharfen, Entschiedenen abgeneigt, fürchtetete das Feuer des religiösen Lebens der Einwanderer; die Stadt freute sich desselben, und überwies ihnen, nachdem Busch die Rechtgläubigkeit auch ihres Pfarrers Louis, der sich bei ihnen eingestellt, anerkannt hatte, die verlassene Augustinerkirche, um darin „Gottes Wort rein und lauter" sich verkündigen zu lassen.

So fanden die Reformirten in einer evangelischen Stadt Deutschlands zuerst Heerd und Altar, so gewann die reformirte Lehre ihre erste Kirche am Niederrhein.

---

und sie wollten nun zusehen, ob dieselben die nach Wesel Geflüchteten kennten"; doch gab man ihnen dieselben nur vorbehaltlich der Stadt Privilegien. — Wesel richtete den fleißigen Leuten sofort die nöthigen Werkstätten für ihre Weberei ein (Kalander u. s. w.), und die früher hier so bedeutende, später aber herunter gekommene Tuchfabrication entwickelte eine außerordentliche Blüthe. — Der Zuzug der Walonen in die Stadt dauerte zwar fort; es lag aber im Interesse des Rathes wie der Gäste nicht viel Redens davon zu machen; daher in den Verhandlungen mit ihnen nie ihre Zahl genannt wird.

11. Das Interim und seine Folgen.

Wenn der Kaiser durch eigenhändiges Schreiben den Herzog aufforderte dem Venloer Versprechen die That folgen zu lassen, und seine Städte Wesel und Soest „zu hindern, die alte Religion zu beschweren und die Klöster zu bedrängen", und dieses kaiserliche Begehren in Wesel kund gethan wurde (22. April 1546) — freilich nur um wieder die alte Entschuldigung hervorzurufen, es sei nichts geschehen was gegen Gottes Wort gehe —: so konnte es die Verständigen unter den Bürgern nur stutzig machen, daß auch ihre Stadt bereits Gegenstand der kaiserlichen Wachsamkeit geworden war, und mußte ihnen die Ueberzeugung aufdrängen, jener unselige Vertrag werde noch einmal schwer auf sie drücken, wenn der Herrscher Deutschlands fortführe, denselben ihrem Fürsten für einzelne Fälle nach den Regeln seiner kaiserlichen Wünsche auszulegen. Eine Zuschrift des Landgrafen Philipp von Hessen an Wesel (5. Mai 1546), welche offenbar von der Befürchtung nahender Gefahren eingegeben war, und sie mahnte „sich keineswegs von der einmal erkannten Wahrheit abschrecken zu lassen" und zu bedenken „daß es in dieser kurzen Zeit heut leben und morgen sterben heiße, weshalb das Ewige dem Zeitlichen vorzuziehen sei", war nicht geeignet ihre Besorgniß zu mildern, und konnte sie auch die Mittheilung wahrlich nicht erleichtern, welche unverhofft den Städtefreunden und Rittern zu Cleve gemacht wurde (17. Juli 1546): der Herzog sei nach Regensburg zu seiner Vermählung mit der Tochter des römischen Königs gezogen. Wohl hatte der Kaiser, wie diese Reise bewies, Wort gehalten; er hatte dem jungen Fürsten, um ihm die Schmach von Venlo zu versüßen, damals im Bilde verheißen „er wolle ihm nicht ein Vetter, sondern ein Vater sein": — er war über sein Versprechen hinausgegangen, indem er ihn in Wirklichkeit nun zu seinem Neffen machte. Aber diese Heirath überlieferte — darüber konnte kein Zweifel sein — Herzog Wilhelm ganz und gar den Ränken des in tausend Plane fortwährend verwickelten kaiserlichen Hofes, und kettete ihn, ob willig ob widerwillig, an die kaiserliche und spanische Partei. Durch sie wurde Kaiser Karl, welcher im Ringen des deutschen Volks nach Lösung ungeheurer Probleme nur den elenden Versuch sah die Sache der Libertät durch die Lutherei zu färben, sein Onkel; der spätere Kaiser Ferdinand, der keiner Sache so gram war, als einem Gespenst das er Lutherthum nannte, sein Schwiegervater; der mit jeder Waffe und um jeden Preis die Evangelischen bekämpfende Herzog von Baiern sein Schwager; Feindschaft gegen die schmalkaldischen Bundesgenossen seine Pflicht; die Last der habsburgischen Hauspolitik seine gewichtigste Mitgift. Auch im stillen clevischen Lande begannen deshalb die Parteien sich schärfer zu sondern; sie fühlten sofort und wie instinctmäßig jetzt werde es Zeit sich vorzusehn.

Die bisher in Wesel verkündigte evangelische Lehre hatte sich allmählig, wie die Geistlichkeit welche sie trieb, wie wir sahen an das Augsburger Bekenntniß angelehnt, darin ihren Ausdruck gesehen, und so war es möglich gewesen, daß die Walonen freundliche Aufnahme fanden, weil die reformirte Lehre, welche sie führten, in allen Grundwahrheiten mit der dieses Bekenntnisses stimmte.

Oft hatte die Stadt es als einen Mangel und als einen Druck zugleich empfunden, daß der Fürst ihr nicht erlaubte, sich öffentlich zum Augsburger Bekenntniß zu halten, sie vielmehr zwang, mit jenen lahmen Kirchenordnungen seines Vaters sich zu begnügen, aus welchen Alle Alles machen konnten. Und doch ist auch das providentiell gewesen. Denn wäre Wesel frühe eine Stadt Augsburgischen Bekenntnisses geworden: so würde sie mit dem damals schon unter den Anhängern dieses Bekenntnisses ausgebrochenen Streit über das Abendmahl nicht verschont geblieben sein. Die beiden Parteien, die der sogenannten Melanchthonianer, der Anhänger des Bekenntnisses, und die der eigentlichen Lutheraner (Gnesiolutheraner), die diesen Namen sich dadurch zu verdienen suchten daß sie Luthers Meinung vom Abendmahl angenommen und weiter gebildet hatten, würden in Wesel, wie überall auf einander gestoßen sein: und wer möchte glauben, daß mitten in solchen Kämpfen die Bürgerschaft noch die Einfalt gehabt hätte, den Walonen eine gastliche Stätte zu gönnen?¹)

Was den protestantischen Fürsten vorhergesagt war, als sie sich weigerten dem wegen Geldern vom Kaiser angegriffenen Herzog von Cleve beizustehen, „es werde ihnen gerade wie ihm ergehen," traf wirklich ein. Karl hatte, sobald seine auswärtigen Verwickelungen nothdürftig geschlichtet waren und er die Hülfe des deutschen Reiches entbehren zu können glaubte, der Ordnung der deutschen Kirchensachen seine ganze Kraft zugewandt. Seine eigentliche Meinung über die religiöse Bewegung hatte er nie verhehlt; man kannte sie überall: „wer mir die Messe nimmt, nimmt mir mein Herz;" nun endlich schien die Zeit gekommen ihr Geltung zu verschaffen, da er sie mit dem Schwerte verhandeln konnte. Moritz von Sachsen besorgte ihm durch seinen Verrath Glück und Sieg. Das Heer der evangelischen Stände wurde bei Mühlberg überrumpelt und geschlagen (24. April 1547), die beiden Häupter des Schmalkaldischen Bundes, Landgraf Philipp von Hessen und Johann Friedrich Kurfürst von Sachsen, des clevischen Herzogs Schwager, fielen in die Hände des über Erwarten glücklichen Kaisers, der sie zu „einigem" oder „ewigem" Gefängniß, wie es ihm beliebte, mit sich fortführte. Moritz erhielt zum Lohn Kurland und Kurwürde. Den auf dem Reichstag zu Augsburg versammelten Ständen des deutschen Reichs befahl Karl jene Verordnung an, wonach bis zu den gemeingültigen Beschlüssen eines allgemeinen Concils die Kirchensachen in Deutschland gerichtet werden sollten (15. Mai 1548) — das sogenannte Interim²), welches ursprünglich als Richtschnur für beide Par=

---

1) Gelang es doch etlichen lutherischen Rathsgliedern trotzdem noch ihre Collegen mit der Einfachheit dieses fremden Gottesdienstes so zu schrecken, daß nach einigen Jahren (20. Mai 1547) dem damaligen Walonenpfarrer eine Zeitlang Predigt und Sacrament verboten wurde.

2) Hat den Schalk hinter ihm — sagten damals die Protestanten.

theien gemeint, trotz etlicher beschönigender Bestimmungen darauf hinauslief: daß in der Praxis den Katholiken was sie wollten, gewährt, den Protestanten was ihnen am Theuersten war, genommen wurde.

Wesel hatte bereits früher, wie wir wissen, des Kaisers besondere Aufmerksamkeit erregt. Er wußte, daß die Stadt „eine Universität und ein Gymnasium" im Sinne der Evangelischen, der Ketzer, wie er sie nannte, neu gestaltet, und hatte von seinem Besuch die Niederländer durch besonderen Erlaß abgeschreckt (1544); wußte, daß sie die Klöster bedränge, eigenen Gottesdienst sich eingerichtet habe. Es konnte ihm, der auf Alles achtete was seine Erblande betraf, nicht verborgen geblieben sein, daß sie sogar seinen eigenen, vor ihm geflüchteten Unterthanen eine Herberge bereitete. Daß der Herzog die mächtige Stadt allein nicht werde so bändigen können, wie er es begehrte, bewies die Vergangenheit sonnenklar. Deshalb ging er eben so gewaltthätig wie er den Freund und früheren Verbündeten des Herzogs, Erzbischof Hermann von Köln behandelt hatte, indem er ohne seiner zu achten mit dem Landtag des Erzbisthums verhandelte, auch hier in den Landen seines Vetters von Cleve vor. Er erließ ohne Weiteres nicht an den regierenden Fürsten, sondern direct an dessen Stadt Wesel eine eigenhändig unterschriebene Aufforderung (Augsburg, 30. Mai 1548): sein Interim anzunehmen[1]). Damit war, wie er es wollte, der Keil in die evangelische Parthei des ganzen Landes getrieben. Nebenher gab sich sein Mandat noch, um auch den Herzog zu ängstigen und ihm gegenüber mürbe zu machen, den Anschein, als meine es Wesel sei keine herzogliche, sondern eine Reichsstadt. „Das Interim, sagt es, sei nur in zwei Punkten wider die wahre christliche Lehre, — darin nämlich, daß es die Austheilung des Abendmahls unter beiderlei Gestalt und die Priesterehe noch nachlasse; der Kaiser aber versehe sich zur Stadt, daß sie gar nicht gemeint sei, die Sache des Interims noch in ferneres Bedenken zu ziehen oder denen, die solches sich unterstehen würden, sich anzuschließen[2]),

---

1) Im W. K. A. 6, 1.
2) Und hatte sich doch kurz vorher über das unkatholische Benehmen der Stadt beschwert.

vielmehr demselben gehorsam und treu nachkommen würde; begehre deshalb, daß sie in 15 Tagen demselben mit Fleiß und Ernst nachzukommen schriftlich anzeigen möge, damit er wisse, weß er sich von ihr zu getrösten und wie er sich danach zu richten habe." Was er bezweckte war damit handgreiflich vor Augen gelegt. Weigerte man ihm den Gehorsam so mußte man auf das Schlimmste gefaßt sein, und erwarten, er werde, so wenig bei Wesel wie bei den anderen Städten, welche den Muth hatten sein Interim „in Bedenken zu ziehn", es daran fehlen lassen das Glück von Mühlberg auszubeuten.

Die mit diesem Vorgehn des Kaisers für die Stadt beginnenden Nothzeiten fanden in ihr glücklicher Weise die rechten Männer. Der Sohn jenes alten langjährigen Bürgermeisters Wessel von Bert, ein zu Wittenberg unter Luthers und Melanchthons persönlichem Einfluß gebildeter und der Augsburger Confession eifrig anhangender Mann, Heinrich von Bert und sein gleichgesinnter Schwager Diedrich Groen, waren am Wahltag des schweren Interimsjahres 1548 zu Bürgermeistern erkoren. Die Stadt hatte sich in ihnen nicht verrechnet, wie wir leicht aus der Behandlung der vorliegenden schwierigen Aufgabe entnehmen. Von Bert zog zunächst zum Fürsten mit dem Begehren: da Wesel keine Reichsstadt sondern ihm unterworfen sei, so möge er sie in Betreff des kaiserlichen Begehrens vertheidigen. Der Herzog, nicht gewillt eine Gelegenheit sich entschlüpfen zu lassen, bei der er Wesel ganz in die Hände zu bekommen hoffte, erwiderte (22. Juni): „allerdings hätten seine Vorfahren die Stadt gegen des Reiches Contributionen gnädig vertheidigt; weil die Bürger aber die Veränderung in Religionssachen wider seinen Befehl angefangen, so schicke es sich nicht, sie auch darin zu vertreten. Der Kaiser fahre hierin scharf fort, und sei deshalb seine gnädige Meinung: Wesel möge dem Kaiser und ihm schreiben, sie sei nicht Reichsstadt und bereit in der Religion und allen anderen Dingen ihrem Herzog willigen Gehorsam zu leisten." Die Schlinge war schlau gelegt; die humanistischen Räthe, welche den Fürsten leiteten, verstanden sich offenbar besser auf Diplomatie, als auf Behandlung von Kirchensachen, womit es ihnen bisher wenig hatte glücken wollen; doch ging der auch wohlberathene Weseler Rath nicht hinein. Sein Brief an den Kaiser erklärte so kurz als möglich: „die Stadt hätte der Majestät Schreiben aufs unterthänigste empfangen und bitte Sie in Antwort zu vernehmen, daß sie keine Reichsstadt sondern dem clevischen Herzog unterworfen, ihm auch in allen Sachen Gehorsam zu leisten willig sei." Mit demselben Versprechen mußte auch der Herzog sich genügen lassen (24. Juni): ein höheres war nicht zu erpressen. Die Sache stand ja auch immerhin günstiger für die Stadt, als für ihn. Denn hatte er den Muth nicht, die verwandtschaftliche Hülfe des Kaisers zur Erdrückung der evangelischen Gemeinde Wesels abzuwehren: so mußte ihn doch die Furcht die beste seiner Besitzungen zu verlieren, dazu bringen, sich ihrer gegen ihn anzunehmen; besonders noch, da die Weseler Gesandten klug genug ihn daran erinnerten, daß die Frage, ob die Stadt sein oder des Reichs sei, schon früher einmal, und nicht nur bei Gelegenheit von Reichssteuern, in einer seinem Hause höchst unangenehmen Weise vor dem Reichskammergericht behandelt worden war.[1]) Sie überließen ihm getrost Alles: ihm lag noch viel mehr daran sie vor dem Kaiser zu schirmen, als ihr selbst.

Das Interim hatte unterdessen die Zerrüttung der evangelischen Kirche in Deutschland begonnen. Da sich Verfolgung erhob um des Wortes willen, ärgerten sich Viele daran. Ganze Gemeinden, die unter der Leitung ihrer gläubigen Fürsten zur Reformation übergetreten waren, traten von ihr ebenso wieder zurück als sie anders geleitet wurden. Während die treusten der Pfarrer in die Verbannung ziehen mußten, blieben alle Miethlinge. Melanchthon versuchte nach der Weitherzigkeit, die ihm nun einmal eigen war, um Größeres zu retten, das Interim der sächsischen Kirche anzupassen, und entfesselte damit einen Sturm des Widerspruchs gegen seine Lehre und seine Person. Die, wie sie nun sich nannten, ächten Lutheraner, den Zeit- und Streitgenossen Luthers gegenüber ein jüngeres, ein neues Geschlecht,

---

1) Im Jahr 1522 hatte ein Bürger (Kramp) wider eine Strafe des Weseler Raths beim Kammergericht Schutz gesucht und dies hatte die Stadt zu schwerer Strafe verurtheilt, während zugleich der Kaiser sie als verwante des ryds auf 180 Gulden Beitrag zur Erhaltung des Gerichts einschätzte. Damals hatte der Herzog den Nachweis erbracht, daß die Stadt ihm gehöre, und jener Kläger verlor sein Bürgerrecht, s. liber plebiscitorum c. 347. 7. fol. 53. im W. R. A.; die betr. W. R. Pr. ic.

und in Wahrheit Neulutheraner, fanden sich von gemeinsamer Noth gedrängt zusammen, von Magdeburg aus gestützt, und Flazius Illyricus organisirte ihren Bund gegen Melanchthon, den sie als Abgefallenen verschrieen, dem sie nachsagten er habe das trojanische Pferd in die Kirche geführt. Ein Streit entbrannte, der Vieles verbrannte was als feuerfest gegolten hatte.

Kein deutscher Fürst war durch das Interim elender gemacht worden als der Herzog von Cleve. Die beiden gefangen gehaltenen Fürsten wußten doch woran sie waren, und nahmen ihr Gefängniß aus Gottes Hand und um der Ehre Christi willen an; die übrigen protestantischen Fürsten hatten des Kaisers Zorn zu erfahren, und litten wie Männer was nicht zu ändern war; die katholischen sahen freudig erstaunt, wie, da er gewaltsam zugreifend sein Interim den eingeschüchterten Protestanten aufjochte, schon Aufgegebenes wieder gewonnen wurde. Wilhelm von Cleve war rathlos. Durch seine Gemahlin an das kaiserliche Haus gefesselt, hing doch sein Herz an seiner frommen Schwester Sibylle, die die Gefangenschaft ihres Gemahls mit einer ihrem Geschlecht sonst versagten Kraft ertrug; seine humanistische Richtung hatte ihn von Kindesbeinen an der katholischen Kirche entfremdet, mit der Schrift und der apostolischen Kirche bekannt gemacht, aber der evangelischen traute er noch nicht; er konnte, so wenig wie seine Räthe, von der Hoffnung lassen, es werde noch einmal gelingen, in seinem Lande zunächst und endlich auch überall wohin der Streit gedrungen, evangelische und katholische Lehre wieder zu Einer Kirchengemeinschaft zusammenzuschließen und wollte darum so wenig nach Rechts als nach Links vorgehn. Er glaubte sich zum müßigen Abwarten, zu einer Ruhe verurtheilt, die keiner entschlossenen That fähig war. Was zunächst die Stadt Wesel betrifft, so trat er zwar für sie dem Kaiser gegenüber (schon aus Eigennutz wie wir sahen) wirklich auf; andrerseits aber suchte er sich vor diesem wieder dadurch sicher zu stellen, daß er, soweit es seinen eigenen Reformplanen zusagte, in Religionssachen gegen sie vorging und dadurch sich als gefügigen Anhänger des Interims zu legitimiren suchte.

Die besonnene Glaubensfestigkeit Wesels rettete für den Niederrhein damals, was von evangelischem Leben in so schwerer Zeit zu retten war.

Als ihre Gesandten, von einem eigens der Kirchensachen wegen berufenen Landtag zurückgekehrt, die einzelnen Forderungen des Interim, welche dort besprochen waren, dem Rath vorstellten (21. August), überzeugte man sich hier, daß nur Eines übrig bleibe: sich nämlich dem Herzog unter möglichst glimpflichen Bedingungen zu ergeben. Denn widerstand jetzt die Stadt ihrem Landesherrn, oder reizte sie auch ihn gar: so lud sie sich den nahen Kaiser auf den Hals, was das Schlimmste war; forderte sie von dem Herzog etwas, das ihm selbst mißfiel, so konnte sie sicher sein, daß er sich nicht dem Unmuth des Kaisers aussetzen würde um ihr zu Willen zu sein. Gewann man sich aber die Gunst des Herzogs, stimmte man ihn sich freundlich, so war wenigstens im allgemeinen Schiffbruch alles das noch zu bergen, was seinen fürstlichen Reformideen entsprach und er selbst um ihretwillen zu bewahren suchen mußte. Etwas schien auch hier besser als Nichts. „Er wisse nicht, — berichtete deshalb der Rath an den Hof — daß er — nächst Gott — Einem größeren Gehorsam schulde, als seinem Landesfürsten, der Gott Lob zu gnädig sei, als daß er jemanden vom wahren Glauben verdrängen oder die Gewissen beschweren wollte. Deshalb würden die Bürger Wesels gehorsam annehmen, was er in äußerlichen Ceremonien anordnen wolle, überzeugt, er werde zugeben, daß Gottes Wort ferner klar gepredigt und danach das Abendmahl in beiderlei Gestalt wenigstens in Einer der Stadtkirchen ausgetheilt, auch die Priesterehe erlaubt werde." Er forderte damit dasjenige, was der Wortlaut des Interim (freilich wider die wahre christliche Lehre, wie wir den Kaiser behaupten hörten) zuließ.

Auf diesen Bericht, dem auch die versammelten Bürger ihre Zustimmung gegeben hatten, antwortete der Fürst gnädig. Noch nie hatte die trotzige Stadt eine so demüthige Sprache geführt. Er meinte es gut mit seinen Unterthanen, und war zu edel gesinnt und erzogen, um sie entgelten zu lassen, daß sie ihm gegenüber während seiner Bedrängniß durch den Geldrischen Krieg auf ihre Macht wohl zu sehr gepocht hatte; doch konnte er es sich nicht versagen, sie wenigstens daran zu erinnern „wie sie in Zeiten, da er in anderweiten Beschwernissen gewesen, vielerhand Neuerungen und Muthwillen vorgenommen, und wiewohl er so oft sie gnädig vermahnt, ja ernstlich befohlen, davon abzulassen, bis zur Stunde in ihrem Ungehorsam verharrt, wenn er auch allzeit lieber Milde als Ernst gegen sie gebraucht." Mehr aber als mit solchen Vorstellungen traf er den Nagel auf den Kopf mit seiner Frage „ob es nicht besser sei von ihm als vom Kaiser gestraft zu werden?" Gewiß war es besser, und darum hatte es ja die Stadt erwählt! Die geschehenen Uebergriffe versprach er gnädig zu übersehen, forderte aber von vornherein die Entlassung der Prediger, vor allen Imans, Antons von Mecheln und Thomas Plateans, „damit er nicht dem Kaiser als mit der Stadt colludirend erscheine"; danach aber auch die Annahme anderer, die er ihnen geben werde, und stellte eine Gesandtschaft für weitere Verhandlungen in Aussicht.

Die darauf in seinem Namen erschienenen Räthe stimmten in ihren Forderungen an den Rath der Stadt einen hohen Ton an. Der erste Tag (7. September) verging in Besprechungen über die bisher üblich gewesene Feier des Abendmahls, welche sie nicht ferner zugeben wollten, worauf aber die Stadt beharrlich bestand. Der zweite brachte die Frage nicht von der Stelle. Da erinnerten die Diplomaten daran, daß der Kaiser in nächster Nähe, daß er gestern in Cöln eingezogen und der Herzog bei ihm sei! Gewiß ein triftiger Grund, den Rath lenksam zu machen. Dennoch wirkte er nicht so durchschlagend wie man wünschte, und die mit vielem Pomp begonnene Sache schien resultatlos in den Sand verlaufen zu sollen. Denn die Stadt ging von den Knechten zum Herrn, und wandte sich, während die Verhandlungen fortdauerten, an den Fürsten, um von ihm zu erhalten was seine Commissare weigerten. Sie erklärte ihm dabei, „sie wolle — unter dem Wunsch Deus dirigat omnia ad bonum — das Interim annehmen, habe ihre Prediger entlassen[1]), die beiden vom Fürsten ihr unterdeß von den Gesandten zugeführten angenommen, die deutschen Gesänge abgestellt, lasse die Taufe

---

[1]) Iman schrieb von sich „in exilium relegatus propter sanam Christi doctrinam mense Sept. tyrannide Interimistarum et Papistarum", indem er damit deutlich zu verstehen gibt, daß, wenns nach seinem Sinn gegangen wäre, die Stadt sich an Magdeburg und dessen Opposition angeschlossen hätte.

mit Exorcismus und Oel und in Latein verrichten — nur daß
die Pathen deß deutsch berichtet würden, was da geschehe — lasse
die Eucharistie Jedem, der sie nur unter Einer Gestalt begehre,
also austheilen, die Messe wieder wie vor Alters singen. Der
Bürger wegen, welche das h. Abendmahl um ihres Gewissens
willen nicht unter Einer, sondern nur in beider Gestalt empfangen wollten, hoffe sie günstigen Bescheid vom Fürsten, da ja auch
das Interim dawider nicht sei." [1]) Am dritten Tag der pein-
lichen Verhandlungen wurden dann die Räthe daran gemahnt,
wie der Fürst selbst auf dem letzten Landtag das Abendmahl
unter beiderlei Gestalt seinem Lande in Aussicht gestellt, auch das
Interim es erlaube, und man erhielt von ihnen wenigstens die Zusage: auch sie wollten den Fürsten bitten, er möge den Kaiser um
die Erlaubniß dazu angehn; da aber die beiden fürstlichen Pfarrer es nur unter Einer Gestalt austheilen würden, so möchte der
Rath sich einen geweihten, aber unverheiratheten, Priester dazu
berufen, auch vorläufig durch einen der nicht entsetzten Kapellane
es den Kranken in dieser Form reichen lassen. [2])

Doch war der Hauptschlag, über den sie zu verfügen hatten,
noch zurück; sie hatten damit bis zuletzt gewartet. Er wurde in der
Forderung geführt: den Superintendenten zu entlassen.
Bestürzt machte die Stadt auf sein hohes Alter, seine Gelehrsamkeit,
seine Frömmigkeit aufmerksam, und erreichte wenigstens Aufschub;
nebenher aber brachte man auch den Räthen bei, daß schon jetzt
einer ihrer beiden mitgebrachten neuen Pfarrer allerlei vornehme,
was mit der heiligen Schrift nicht stimme.

Eine vollkommene Wiederherstellung des vorreformatorischen
katholischen Cultus kam in Wesel schon deshalb nicht zu Stande,
weil der Fürst selbst sie nicht wollte. Er blieb bei den „Ordnungen"
seines Vaters, bei seinen eigenen weit aussehenden Reformprojecten

---

1) Die betreffenden Verhandlungen im W. K. A. 6, 1.

2) Die Stadtrechnung von 1551 beweist, daß Gysbert es so den
Alten und Kranken gab. Wir haben diesen Gysbert Luchtemeker
van Nykerken (bei Mörs) zuerst als Lector der Augustiner gefunden; seit 1541
war er Kapellan an der Mathena; geistig so wenig hervorragend, daß selbst
in dieser Zeit der Gegenreformation über ihn hinweg gesehen wurde, starb er
unbehelligt 1553 zu Wesel.

und Kirchenordnungsphantasien, die Alles, was die Welt bisher von Kirchenordnungen und Bekenntnissen besaß, weit überholen sollten, womit er Land und Leute noch zu beglücken gedachte, und konnte es deshalb nicht zugeben, daß man irgendwo über die bisherigen kirchlichen Gesetze seines Landes hinausging. So waren denn schon dadurch auch den beiden neuen Priestern, Arndt van Wassenberg, Canonicus in Düsseldorf, und Godfried van Kinderen (Godofredus Puerorum) bei ihrer Gegenreformation die Hände gebunden, und sollten es nach des Fürsten Meinung sein. Außerdem aber waren sie auch durch eigene Gesinnung verhindert, scharf gegen ihre neuen Heerden vorzugehn. Der Erstere, vom clevischen Kanzler empfohlen (was uns schon eine Bürgschaft für große Weitherzigkeit ist), war ein trockner Humanist, der die Fragen, um die man im Interim sich stritt, für Kinderspiel hielt das der Weise verachte; von dem Zweiten wissen wir, daß er bald zur Lehre welche in Wesel galt in manchen Punkten neigte, übrigens aber als eine Wetterfahne sich erwies, die nach der Hofluft sich drehte.

Der Fürst hatte nur darauf zu sehn, daß er selbst sich zunächst vor dem Kaiser sicher stellte, und forderte den Wechsel in den leitenden Persönlichkeiten zumeist darum, weil er dadurch die wirkliche Einführung des Interim in Wesel seinem kaiserlichen Herrn schlagend zu beweisen gedachte. Doch blieben der geistigen Kräfte, welche die Bürger bei ihren erworbenen Gütern des Glaubens zu schützen vermochten, trotz der erfahrenen Verluste noch manche. Wohl war der öffentliche Gottesdienst geändert: aber Kranken und Alten wurde das Abendmahl in den Häusern wie bisher durch den Kapellan Ghysbert gespendet; und war dieser alt und gebrechlich, so stand eine jugendliche Kraft in Thomas Platean zu Gebot, der zwar aus dem öffentlichen Kirchendienst, nicht aber aus der Stadt verdrängt werden konnte, deren Bürger er war, darin er seine Verwandten hatte, der in geheimen Versammlungen die Gesinnungsgenossen stärkte. Außerdem dauerten auch die verborgenen Zusammenkünfte der Walonen fort, die Schlimmeres erlebt hatten als was hier sich begab, und dieser Vexationen kaum achteten. So sehen wir denn auch den Rath der Stadt nach wenigen Wochen schon in einer Abwehr neuer Anklagen des Hofes seine Bitte, das Abendmahl in einer städtischen Kirche feiern und ihren Superintendenten, wenn nicht als Geistlichen, so doch als Lehrer, behalten zu dürfen, erneuen (7. October) und sich über die ungeschickten neuen Prediger beklagen. Seine Zuschrift war so männlich gestellt, daß der Herzog erklärte (11. October), er habe sich einer bescheideneren Sprache versehn, und wegen ihres Superintendenten daran erinnerte „daß der Kaiser, als er bei ihm (8. Sept.) in Köln gewesen, in eigner Person nachdrücklich gefordert habe, grade diesen Mann und die Schulmeister zu entsenden; bliebe er, so werde das der Stadt und ihm sehr übel aufgenommen, möchte aber auch wohl dem Superintendenten sehr gefährlich werden — da der Kaiser ihn als seinen geborenen Unterthan reclamiren würde." Das war so klar gesprochen und bezeugte so unverhohlen, wie sorgsam der Kaiser die Ketzerschulen im Auge behielt, daß der Rath sich gar nicht mehr bedenken durfte; er entließ den hochgeachteten kränkelnden Greis, der arm wie er in Wesel eingezogen war hinauszog, um aufs Neue Arbeit und Brod zu suchen.[1]) Der entlassene Anton von Mecheln begab sich nach Ostfriesland in den Schutz der Gräfin von Jever;[2]) Iman zog zu den Diethmarsen; Evert von Utrecht, der bisher in Wesel geblieben war, zur Gräfin von Renneberg und Palsterkamp ins Osnabrücker Gebiet.[3]) Es hatten somit die weichen müssen, welche aus den kaiserlichen Niederlanden, aus Herzogenbusch, Mecheln, Ziericksee, Utrecht gebürtig waren. Der große Karl, in dessen Reich die Sonne nicht unterging, war groß auch darin, daß er stets wußte was er wollte und mit eisernem Willen seine Ziele verfolgte; es mußte ihn kränken, daß im Lande eines Vetters seine Unterthanen Zuflucht fanden, es beschäftigte ihn, er achtete auf Alles, er wußte sogar von dem alten Schulmeister Busch.

Auf Thomas Platean lag in dieser Zeit die schwerste

---

1) Er fand vorläufig ein Unterkommen bei dem Grafen Christoph von Oldenburg in Bremen, dessen Tischgenosse er ward, darauf eine Stelle in Blankenborg. (Hamelm. opp. 783. 1017.) 1556 war er nicht mehr unter den Lebenden (T. Hesh. Hardenbergio bei Gerdes. scrin. II 701. „N. B. felicis memoriae").

2) Hamelm. p. 1017.

3) Daß er mit dieser Familie auch vor seiner Wirksamkeit in Wesel in Verbindung gestanden, ist oben (1542) erwähnt.

Arbeit. Er hatte nach der Augsburgischen Confession zu lehren ohne Kirche, die Sacramente zu verwalten ohne Altar. Er war nicht nur dieser Confession von Herzen zugethan: er gehörte zu denjenigen, welche, wenn auch noch in freundlichen Beziehungen zu Melanchthon, es ihm doch nicht vergeben und vergessen konnten, daß er bei Gelegenheit des Interim im „Erdulden dessen was man tragen und im Ersehnen dessen was man erstreben müsse" zu weit gegangen, und trug die Lehre vom Abendmahl nicht in Abhängigkeit von Luther nur, sondern in derjenigen Form vor, zu welcher sie in den meisten Gebieten des deutschen Protestantismus sich damals entwickelt hatte. Neben ihm stand Lubbertus Florinus (Flörken) aus Lemgo, zwar nicht in einem geistlichen Amt, aber doch für die Kirche als Rector der hohen Schule wirksam. Er war früher in Wismar, längere Zeit in Wittenberg, und endlich in Soest gewesen, von wo er seit kurzem (1545) als Conrector übergesiedelt war. Damit, daß der Rath den bisherigen Rector Johannes Lithobius (Steinweg) in den interimistischen Verhandlungen entließ, that er nicht nur dem Fürsten, sondern auch sich selbst einen Dienst, weil die Schule unter seiner Leitung nicht hatte aufkommen wollen;[1]) ja er ermöglichte es, je größer auch hiedurch die Zahl der Entlassungen wurde die dem Kaiser berichtet werden konnte, Florin zu behalten und als Rector in seine Stelle zu setzen.

Florin stand mit Platean auf demselben Glaubenspunkte, für Luther streitend, Melanchthon mißtrauend, obwohl noch von dem Zauber seiner liebenswürdigen Persönlichkeit und der Macht seines lehrhaften frommen Denkens gefesselt. Doch hatten Beide schon den Mann kennen gelernt, welcher sie lehren sollte, auch davon sich frei zu machen: Tileman Heshusen. Eine Empfehlung Melanchthons an Busch in der Hand hatte derselbe ein Jahr vor dem Interimssturm (10. Mai 1547) zugleich mit seinem Freund und Studiengenossen, dem jungen Arzt Heinrich von Bert, dem Sohne des früheren und Neffen des damaligen Bürgermeisters von Wesel, in der Stadt seiner Väter sich zu kurzem Besuche eingefunden.[2])

---

1) S. Heidemann a. a. O. 1859. S. 30.
2) Corp. Reff. VI. p. 537.

Heshusen war als der Sproß einer uralten, verarmten Familie Wesels am 3. November 1527 geboren. In der Schule seiner Vaterstadt gebildet, ging er nach Antwerpen, um in diesem deutschen Venedig die Kaufmannschaft zu erlernen. Mitten in einer Arbeit, die diesem Leben zu dienen am meisten bestimmt ist, und während die Anhänger Luthers mehr als anderswo in seiner Nähe verfolgt wurden, erwachte in ihm die Sehnsucht nach einem andern Leben, und zugleich die Lust zur Theologie, zur Lehre derer, die um ihres Glaubens willen freudig in den Tod gingen. So erschien er in Wittenberg (April 1546), zog Melanchthons Aufmerksamkeit auf sich, wurde von ihm geleitet und unterstützt, und erweckte ihm die Hoffnung einer großen Zukunft.[1]) In Wesel blieb er 1547 nur so lange als er brauchte um sich auf die gelehrte Wanderschaft zu fremden Akademien zu rüsten, zu der sein Wissensdurst ihn trieb.

Wenn auch der Fürst das Interim nicht so weit als es dem Kaiser, sondern nur soweit als es ihm zusagte, einführen wollte, so schien doch auch dies schon den Bürgern viel zu viel. Es waren deshalb, wie wir hörten, den ersten fürstlichen Befehlen gleich schon die Hörner und Zähne ab- und ausgebrochen, und die private evangelische Communion gerettet; trotzdem aber konnte die Bürgerschaft den Verlust ihrer Kirchen nicht verschmerzen. Noch im Einführungsjahr des Interim drängte die Gemeinde den Rath: die öffentliche Feier des Abendmahls zu begehren (11. Novbr.). Des Fürsten Antwort war die Forderung einer Steuer in seiner Geldnoth. Da beschloß die geärgerte Gemeinde, der Rath solle zu Hofe schreiben: „man müsse vor Allem Gottes Reich suchen, darum verlange sie mindestens Eine Kirche mit reiner Lehre und Abendmahl", und nur des Raths Versprechen, der Herzog werde beides gewiß um Weihnachten erlauben, öffnete den städtischen Seckel (27. Nov. 1548).

Aber das Weihnachtsfest brachte statt einer fürstlichen Freundlichkeit neue schwere Befehle. Kurz zuvor war die Stadt durch die Nachricht beunruhigt, der neue Kölner Bischof, Hermanns

---

1) Die Familie van Heshusen kommt in Weseler Acten seit 1441 vor. W. K. A. 26. 1. H. war damals nicht der einzige Gelehrte in ihr. S. die Kölner Matrikel. 1490. 26. Nov. Gherardus heshuf de Wesalia ad artes iurav.

Nachfolger, Adolph von Schaumburg, habe nachträglich drei Bettage wegen des kaiserlichen Sieges über die Protestanten bei Mühlberg und wegen des Concils von Trident ausgeschrieben. Auch die Weseler sollten somit hinterher noch ihrem Gott dafür danken, daß ihre Freunde geschlagen und gefangen seien, und ihre Todfeinde triumphirt hätten. Das war denn doch zu stark. Als deshalb des Fürsten Gesandte erschienen, um anzuzeigen was Alles "des lieblichen Interims" wegen theils noch einzuführen theils noch abzuschaffen sei, stießen sie auf starren Widerstand. Der Rath meinte viel zu viel sei hier schon eingeführt und viel zu viel schon abgeschafft, und die Verhandlungen gingen in Rauch auf.[1)]

Hinterher freilich mochte es ihn gereuen, daß er des Fürsten Stellvertreter so ganz unverrichteter Sache hatte abziehen lassen, und er konnte sich überdies denken, daß dies Benehmen nur neue Plackereien nach sich ziehen würde. So lenkte er ein, und erließ, um auf das Drängen des Fürsten doch etwas zu thun, wie zur Festbescheerung, am Weihnachtsabend den Befehl "Niemand solle sich gegen die Geistlichen setzen oder zänkisch mit ihnen disputiren bei schwerer Strafe und fürstlicher Ungnade". Damit war der Weg gebahnt, worauf der vom Fürsten gesandte Hauptpfarrer Wassenberg in seiner Festpredigt endlich seine ganze Meinung vollständig sicher darlegen zu können glaubte. Er nahm deshalb statt der Geburtsgeschichte des Heilandes jene Stelle des Apostels zum Text (Philipper 4, 5) welche zur Sanftmuth vermahnt, brachte sie sogar griechisch auf die Kanzel, und suchte die Leute für das Interim zu werben.

Der humane Mann hatte nur Frieden zu bieten in einer Stadt, die lange schon an Salz und Frieden gewohnt war. Als Gegengabe für alle die neuen Dinge, welche die Gemeinde von ihm zu hören bekommen hatte, fand sich andern Tages in seinem Hause ein Brief vor, der ihm unter die Thür her geschoben war, unterschrieben "Frau Christiana, des Herrn Jesu unverlassene Wittwe!" Es war ein Erguß christlichen Unmuths, der die Unsicherheit des Humanisten geißelte, ihm zeigte, wie jämmerlich und gottlos seine Mahnung zum Frieden um

---

1) Der Amtmann van Buyren erschien mit des Fürsten Credenzbrief d. d. Benzaburg 11. Dec.; sein Secretair Lindemann d. d. Syborg 20. Dec.

jeden Preis sei, und ihm in der Zeit des Accordirens und Flickens die großen Wahrheiten ins Gewissen schrieb, an welchen weder Erasmus noch ein Erasmianer, deren er einer war, die über ihre Sünde erschreckten und nach Gottes Gnade verlangenden Gewissen vorbei bringen könnte. „Ihr habt — heißt es — in eurer letzten Predigt gefordert, der Christ solle nicht halsstarrig oder zänkisch sein, darum nicht auf den rechten Gebrauch der Sacramente drängen, sondern sie so nehmen wie man sie ihm austheile, Taufe und Nachtmahl, gleichviel ob Christus sie so eingesetzt habe oder nicht. Das geht mir aber doch meinem Heiland zu nah. Denn, lieber Herr, sollte ich an einen Herrn glauben und ihn für Gott halten, dessen Befehl und Wort man drehn und biegen darf: so würde ich ja eines jeden frommen Mannes Reden lieber für wahr halten als seinen Befehl. Ja ich möchte lieber zu den Juden gehören, die doch noch ein Wort Gottes haben, oder zu den Türken, die ihres Mahomets Befehl hochhalten. Für was haltet ihr Christus? — Für Gott? — Ihr sagt: ja. Ist er der, als den er sich selbst bezeichnet, dem alle Gewalt gegeben ist? Ihr sagt: ja. Darf man denn Gottes Einsetzung ändern? Ihr müßt sagen: nein. Wie wagt ihr denn, von Gottes Wort zu reden, als wärs des Pfaffen von Kalenberg, Markolfus, oder eines andern Buben Wort? Auch kennt ihr den Brauch des Rechtes, davon auch S. Paulus redet (Galater 3, 15), daß man zu eines Menschen Testament, wenn es durch seinen Tod bekräftigt ist, nichts zu- noch abthun darf. Und ihr nehmet von des Herrn Christi letztem Testament ab, setzet zu, verändert es, wie es euch beliebt, und wollt noch recht daran gethan haben und lehrt das einfältige arme Volk euch zu glauben! Ziemt es sich nicht, daß ein Knecht, ein Christ, seines Herrn Christi Befehl ausrichte? Ihr müßt sagen: ja. Warum wollt ihr denn geändert haben? Sein Befehl steht ja da platt heraus. Wollte er das Nachtmahl nicht so, wie da steht, gehalten haben: warum hat er es denn so eingesetzt und befohlen? O man versteht euch, wenn ihr von guten Werken lehrt und verbietet das rechte gute Werk, nämlich Gott gehorsam zu sein (1. Könige 15)! Christus sagt: Niemand könne zweien Herren dienen. Ihr sagt man könne es doch, man könne sich wohl ein wenig nach der Decke strecken. Aber haltet ihr es denn wirklich mit Zweien? Ach nein, mit Einem nur. Denn Christus sagt „Alle" sollen so gut aus dem Kelche trinken (Matth. 26, 27) wie von dem Brode essen; ihr lehrt man solle von seinem Befehl abtreten. — Ihr sagt, S. Paulus lehre (Phil. 4, 5) „eure Lindigkeit lasset kund sein allen Menschen." Ist wahr. Aber habt ihr auch wohl Dialecticam recht gelernt, davon mein Sohn sagt er lerne sie in der Schule, und sagt qui bene distinguit bene docet? Paulus redet hier nicht von der Lindigkeit oder Geschicklichkeit Gottes Wort zu biegen, sondern er lehrt, daß ein Christ mit dem andern liebreich umgehen soll. Wie kommt ihr doch dazu, das griechische Wort epieikes — wie ihr es nanntet — auf Christi Befehl vom Abendmahl zu beziehn? Das heißt man doch der Schrift Gewalt anthun, ja den heiligen Geist lästern, der ihr Urheber ist. Ihr werdet das selbst wohl einsehn, wenn ihr den Text betrachtet und noch Menschenvernunft habt... Was hat Pauli Sanftmuth mit dem Verbot des rechten Gebrauchs der Sacramente zu schaffen? Pfui der Schande, ja der Lästerung Gottes und seines Wortes! Ist denn keine Furcht mehr in den Menschen? Meint ihr, wir wären Gänse oder Mäuse? Freilich, ihr möchtet es, denn so könntet ihr uns weiß machen was ihr wollt! Ihr verbietet uns zu zanken und zu disputiren. Recht so —, damit ihr uns beschwätzen könntet ein Wolf sei ein Schaaf und der Teufel unser Herrgott. Bedenket doch, lieber Herr, wenn ihr die Leute nun überredet habt des Herrn Christi Befehl zu verachten, ja dagegen zu handeln: wie können sie dieses Herrn sich getrösten, wenn sie einmal von hinnen fahren sollen? Ja was wird euch selbst begegnen in eurer Todesstunde? Wie werdet ihr können in die Hände dessen euren Geist befehlen, dessen Gebot zu übertreten ihr die Leute gelehrt habt? Wo wollt ihr bleiben, so der Herr ihre Seelen von eurer Hand fordert? Aus derselben Kunst kam auch daß ihr sagtet „man sehe wohl, was aus diesen halsstarrigen Köpfen Gutes komme; Münster und die Schweiz bewiesen es sattsam." O der lügenhaften Exempel! Denn wenn ihr den Unterschied des Münsterischen und Zwinglischen Glaubens nicht begreift, seid ihr nicht werth auf den Predigtstuhl zu kommen. Begreift ihr ihn aber und mengt doch beide durch einander, so seid ihr ein Verführer. Denn was die Wiedertäufer meinten, ist klar am Tage; die

Irrlehre der Schweizer ist auch allbekannt. Was geht das Alles aber Menschen an, die demüthig dem Befehl Jesu nachkommen wollen? Warum unterscheidet ihr nicht Aufrührer, Muthwillige, Fromme? Pfui der Kunst, für Buben geeignet aber nicht für große Prälaten und Kirchenlehrer. Hinter die Schweine mit eurer Weisheit! — Dies habe ich nicht verschweigen können. Ich hoffe ihr nehmt es an. Wo nicht, so werdet ihr eurem Gericht nicht entrinnen, ihr mögt so schnell laufen wie ihr wollt!.. Auch ist es zu grob, daß ihr sagt: „der Glaube allein mache nicht gerecht, sondern die Werke müßten dabei sein." Mir scheint ihr habt noch gar nicht begriffen, um was es sich da eigentlich handelt. Die Frage ist ja gar nicht: ob man Gutes thun müsse? denn das weiß jeder Mensch von selbst wohl, da wir zum Thun des Guten geschaffen sind. Die Frage ist die: ob ein Mensch mit seinen guten Werken die Gnade Gottes, Vergebung der Sünde und ewiges Leben erlangen könne oder nicht? Die Frage ist: weß sich ein armes Gewissen trösten und worauf es sich verlassen soll, auf seine Werke oder auf Gottes Gnade? In diesem Stücke nun sind wir gelehrt: Gottes Gnade werde uns in Christo angeboten, und wer an Ihn glaube erhalte sie ohne Zuthun der Werke. So lehrt uns Paulus, Johannes der Täufer, Christus selber. Und ziehen wir darum den Schluß mit Paulus: Si ex operibus non est ex gratia: hätten wir können mit unsern Werken etwas ausrichten, um Gottes Gnade zu erlangen, so wäre Christus vergeblich gestorben. Ist aber Christus für unsre Sünde gestorben — wie die Schrift bezeugt — so können wir ja nicht unsre Sünde durch unsre Werke austilgen. Habt ihr denn in der Schule keine Dialektik gelernt, so hättet ihr doch von S. Paulus folgendes Argument wenigstens lernen können: „wenn aus dem Gesetze Gottes käme die Gerechtigkeit, so ist euch Christus nichts nütze." Darum lehret uns etwas Gewisses. Sollen wir auf Christus unser Vertrauen setzen, so dürfen wir uns nicht zugleich auf Werke verlassen. Gott befohlen; er leite und weide uns mit seinem Wort; er regiere und lehre euch zu unser aller Seligkeit und seines Namens Heiligung. Amen."[1]

Dies Schreiben zeigt die Stimmung der Stadt. Die Fragen,

---

1) Wassenberg übergab den Brief dem Rath am 28. Dezember.

um die es sich für sie handelte, waren nicht mehr Interimsfragen über Festtage und Ceremonien: ihr gings um den **Grund des Glaubens**, und davon ließ sie sich durch Befehle des Herzogs und erasmische Belehrungen nicht verdrängen.

Wiederum bat sie deshalb, als das Osterfest 1549 heran= nahte, den Fürsten, zu dieser Zeit wenigstens das **Abendmahl nach „des Herrn Einsetzung" öffentlich feiern zu dürfen**. „Du bist ja, redet sie ihn an, unser gnädiger, natür= licher angeborener Landesfürst und Herr; wir wissen ja nächst Gott nirgend anders Trost zu suchen als bei Dir: **so tröste doch unsre gedrückten Gewissen**" (Montag vor Ostern). Die Bitte langte in Cleve an als **Heresbach** schon auf dem Wege nach Wesel war, um mit der Stadt aufs neue zu ver= handeln. Er erschien mit wenig Trost. Sein Fürst und Freund redete fast nur von der Angst vor dem jetzt übermächtigen Kaiser. Sie schien ihn damals ganz zu beherrschen und das letzte Motiv all seiner Handlungen werden zu wollen. Der Stadt wurde vorgestellt, wie der Herzog fortwährend und „bis zum Ueberdruß" beim Kaiser um das Abendmahl in beider Gestalt gebeten, aber keine andre Antwort erhalten habe als: der Kaiser werde sich darüber zuvor mit dem Papst einigen. Desgleichen wurde sie darauf aufmerksam gemacht, wie scharf sie deshalb beobachtet würde, ob es nicht in ihr zum Streit komme, damit man sie schwer strafen könne; der Rath möge deshalb die heim= lichen Versammlungen nicht leiden, fremde Prediger nicht ein= lassen, die Spötter des Sacraments strafen, keine Bücher gegen das Interim verkaufen lassen, die von auswärts einziehenden Fremden nicht beherbergen, die Lehrer, welche das Interim nicht angenommen hätten noch annehmen wollten, hinausthun (12. April). Auf diese Ausflüchte und Weisungen brachte **Heresbach**, welcher der Stadt und ihrem Gottesdienst mehr geneigt als zuwider war, dem Fürsten die beschämende Antwort zurück: „man habe wegen des Abendmahls günstigeren Bescheid erwartet; die Stadt wisse, daß sie Feinde habe, doch sei sie unschuldig; es herrsche Friede in ihr; von fremden Predigern wisse sie nichts Sonderliches; man möge den nennen der das Sacrament geschmäht, so werde man ihn strafen, „und so benn jetzt keine andre Vertröstung vorhanden und doch in den Sacramenten und Ord=

nungen Gottes kein Mensch, weder hohen noch niederen Standes, irgend eine Aenderung machen dürfe, und das Nachtmahl von dem Herrn Jesus selbst unter beiderlei Gestalt eingesetzt und so auch in der apostolischen wahren alten Kirche stets gefeiert worden: so bitte die Stadt wiederholt ihr zu erlauben, was göttlich und recht sei.[1]

Nur für eine kurze Zeit schaffte dieser männliche Bescheid den Bürgern Ruhe. Offenbar aber hatte der Vertraute des Hofes diesmal seinen bösen Auftrag noch zu sehr zu Gunsten der bedrängten Stadt, zu viel im eigenen und daher zu wenig im Sinne seines von Menschenfurcht getriebenen Herrn ausgeführt: denn eine neue Gesandtschaft, welcher er nicht angehörte, machte vor Ostern 1551 die alten Forderungen wieder geltend. Sie war freilich nicht glücklicher als Heresbach, und mußte, ohne das Mindeste gewonnen zu haben, nach Cleve zurückkehren.[2]

So gingen die Interimsjahre vorüber! Wenn der Herzog handgreifliche Aenderungen im Cultus und in den leitenden Persönlichkeiten erstrebt hatte, so war es ihm damit zum Theil gelungen; und er konnte immerhin — es war seine Sache — was er darin erreicht hatte, seinem Oheim als die Zeichen einer bußfertigen Annahme des Interims berichten: in der Hauptsache aber, in der Lehre, hatte er gar nichts erreicht. Die beiden Männer, welche er in die Stadt gesendet hatte, um die Versöhnung des clevischen Humanismus mit interimistischem Christenthum als die Blüthe alles Geisteslebens anzupreisen, waren bald auf nichtssagenden Phrasen ertappt und an dem ernsten

---

1) Die beiden Schreiben des Fürsten an die Stadt, so wie die Instruction für Heresbach, sind im Anhang meiner Schrift über Heresbach mitgetheilt. — Am 30. April 1549 bat Wesel den Gesandten Carl Harst und am 25. Mai ihn und Heresbach, doch den beim Kaiser erschienenen päpstlichen Legaten zur Vergönnung des Abendmahls zu bestimmen. Sie befanden sich damals in Brüssel. S. Heresbachs Tagebuch: ult. Apr. accessitus Clivis ad legationem brabanticam Bruxellas legatione ad Caes. et filium et ducem Alvae. H. blieb bis 25. Juni aus.

2) 15. März; die Gesandten waren Franz von Loe, Joh. van Bueren und der clevische Probst Johann Louwermann, ein Vertreter der spanischen Interessen.

Sinn religiöser Menschen zu Schanden geworden. Das Abendmahl hatte sich in die städtischen Siechenhäuser, in die Häuser der Sterbenden, Kranken und Alten geflüchtet, zu denen die Freunde sich gesellten so oft seine Feier stattfand. Die evangelische Lehre wurde in den Schulen getrieben, in Conventikeln ausgelegt. Verjagte fremde Pfarrer kamen und gingen, den Geist der Opposition anfachend. Die Bürgerschaft besuchte die Messe nicht; als stete Klage des Fürsten kehrt bei allen Verhandlungen diejenige über ihre Verachtung wieder. Wenn sie beginnen sollte war mehrere Male nach einander der Canon aus dem Missal ausgerissen. Die Schulmeister, statt bei den öffentlichen Gottesdiensten, wo sie pflichtmäßig zu erscheinen hatten, ihre Schüler in den lateinischen Gesängen zu leiten, ließen die liebe Jugend allerlei Verwirrung mit den ihr bekannteren deutschen Gesängen anrichten. Bei der Taufe kam es vor, daß wenn der Priester die Teufelaustreibung begann, die Pathen spotteten.

In dieser schwülen Luft nahm die Spannung gegen den sonst so geliebten Landesfürsten täglich zu. Man fühlte, daß er seit seiner Heirath nicht mehr Herr im eigenen Hause und Lande sei, daß nicht mehr der freundliche, milde clevische Herzog, sondern der König von Spanien und der Kaiser von Deutschland in der alten Schwanenburg zu gebieten hatten. Als 1540 die Stadt das Abendmahl gemäß der Augsburger Confession feiern wollte, hatte Herzog Wilhelm es frei gestellt, und alle Verantwortung dafür von sich abgelehnt da er als **weltlicher Fürst darin nicht zu gebieten habe; und nun gebot er unausgesetzt darin!** Sein Vater, er selbst, seine Räthe, Heresbach an der Spitze, hatten früher mündlich und schriftlich erwiesen, wie Vieles in der Kirche, in Lehre und Leben beschwerlich, dürre, erstorben und verwest, der Erneuerung von innen heraus bedürfe; nun schwiegen solche Stimmen als ob Alles unverbesserlich gut und in der Kirche nie ein anderer Hauch zu spüren gewesen sei als der des heiligen Geistes.

12. Der Augsburger Religionsfriede; Bildung der neulutherischen Parthei der Hesshusianer.

Unter denjenigen, welche nach dem Siege bei Mühlberg das Interim — wie der Kaiser sich den Weselanern gegenüber ausdrückte — „in Bedenken zu ziehen sich unterstanden" ging die freie Stadt Magdeburg voran, und verdiente sich die Acht des geknechteten Reiches vollauf. Sie wurde der Sammelpunkt der eifrigsten Anhänger der Reformation, geflüchteter Professoren und Pfarrer, die hier hundert Pressen in Bewegung setzten, und durch Pamphlete und Flugschriften aller Art das Feuer des Widerstandes anbliesen, wo noch in Deutschland ein Funken zu finden war: die rettende Burg des deutschen Protestantismus. Melanchthon hatte sich, der Uebermacht des Kaisers weichend, und in seinem scheuen Gewissen vor der „ordentlichen Obrigkeit" gebunden, dazu verstanden, daß das Interim eigens für die sächsische Kirche zugestutzt werde; er hatte damit anerkannt, daß demnächst die noch protestirenden Stände das Conzil von Trident besuchen müßten, um — setzten Viele hinzu — hier zum Aufgeben ihres Protestes gezwungen zu werden. Er schien einem Schiffbrüchigen ähnlich, der im unerwarteten Sturm wo nicht Alles, so doch das Beste verloren zu haben meint. Gegen ihn sammelte Flazius alle Kräfte die sich ihm darboten, begann gegen den „Wittenberger Jupiter" der zugegeben was offenbar gegen Gottes Wort sei, zu donnern, erinnerte ihn daß das Zaudern des Feldherrn viel schlimmer sei als die Flucht der gemeinen Soldaten, und setzte endlich, da er überzeugt zu sein glaubte, der ganze Interimssturm wäre durch ein starres

„Nein" Melanchthons zu beschwören gewesen, die Aufgabe seines Lebens darin, den Einfluß dieses „kleinen Nachfolgers des großen Luther" in der evangelischen Kirche zu vernichten, auszurotten.

Churfürst Moritz von Sachsen „der Mameluck" erhielt vom allzu sicheren und darum sorglosen Kaiser den Auftrag die trotzige sächsische Stadt zu bezwingen, und dadurch Gelegenheit, noch schlauer als sein Herr, der ihn fortwährend dadurch aufs tiefste verletzte, daß er seinen gefangenen Schwiegervater Philipp von Hessen nicht losgab, ohne Aufsehen eine große Truppenmasse zu sammeln. Er besetzte damit Magdeburg als Freund (9. Nov. 1551), gewann dann, wie um einen ersten Verrath durch einen zweiten zu sühnen, in plötzlicher Wendung Augsburg (3. April), erschien vor Innspruck (20. Mai), schlug die kaiserlichen Truppen bei Füssen. Zwar ließ er den Kaiser nach Villach in Kärnthen entkommen weil er keinen Käfig für solch einen Vogel habe, zwang ihn aber zu dem Vertrag von Passau (31. Juni 1552), welcher die gefangenen Fürsten befreite, und, durch den darauf folgenden Religionsfrieden zu Augsburg (5. Febr. — 25. Septbr. 1555) bestätigt, den Protestanten freie Religionsübung gewährte. Das Interim war hin; das Conzil hatte sich, als Moritz ihm näher kam, aufgelöst, und seiner Beschickung waren die Protestanten überhoben. Das deutsche Reich hatte nun nicht mehr nur Eine Kirche „sichtbar wie das Königreich Frankreich und die Republik Venedig" und neben ihr Secten und Juden: es mußte sich dazu erheben an Eine Kirche zu glauben, und zwei gleichberechtigte christliche Confessionen in sich zu dulden. Die Thatsachen hatten gegen Melanchthon, und für diejenigen entschieden, welche Widerstand gegen das kaiserliche Schwert bis auf die letzten Tropfen Dinte und Blut gepredigt hatten.

Die ungeheuren Ereignisse zitterten in Wesel nach wie in der ganzen evangelischen Welt.

Bei jeder Gelegenheit hatte die Stadt als ihr Panier die Forderung der öffentlichen Feier des Abendmahls nach des Herrn Einsetzung erhoben. Dies sich wiedergewinnen, und den Anfechtungen des Kaisers und ihres gedemüthigten Fürsten widerstehn, war ihr gleichbedeutend gewesen; jetzt schien es ihr der feste Punkt, von dem aus alles Verlorene wieder gewonnen werden könne und müsse. Der Herzog hatte um der kaiserlichen Ungnade willen sie stets ungnädig beschieden, so oft sie auch darauf zu sprechen gekommen war. Als nun aber Moritz von Sachsen rüstete, und das nahende Unwetter den Himmel röthete, machte endlich der lang verhaltene Groll der Bürger sich Luft. Noch ehe der neue Feind des Kaisers Magdeburg verlassen hatte, und als noch Niemand wissen konnte wie der eiserne Würfel fallen würde, kam es bei der Rathswahl in der Wilibrordskirche zu entscheidender That. „Leider, erklärten die Vertreter der Bürger (4. März 1552), seien sie des Nachtmahls **beraubt** und es stürbe über allem Gedulden der Eine vor, der Andre nach; gebe der Fürst es ihnen **nicht wieder, so sei Gott mehr zu gehorchen als den Menschen, und sie würden dann leiden was auch daraus komme**". In ihrer Ueberzeugung, daß sie schon zu lange, was keine Obrigkeit wehren dürfe, sich hätten wehren lassen, wurden sie nur bestärkt, als der vom Fürsten ihnen aufgedrängte Pfarrer Gottfried in der Kirche, noch bei der Wahl selbst darüber befragt, bekannte: „die Austheilung desselben unter beider Gestalt sei recht, er könne sie nicht bestreiten und werde sie selbst vornehmen, wenn nur der Fürst sie erlaube." Diese Erklärung formulirte die ganze berufene Bürgerschaft einstimmig, als bald darauf die Zeiten noch günstiger wurden (Montag nach Palms.), genauer in der Forderung „der Rath möge (ohne Rücksicht auf den Fürsten) für einen guten Prediger sorgen, der ihnen des Herrn Mahl beim bevorstehenden Fest in Brod und Wein reiche — sie sei bereit darüber zu leiden, was Gott beliebe." Trotz dieses Drängens aber ging der Rath nur langsam voran. Er hätte zugreifen können; er that es nicht. Er war besonnen in bösen Tagen gewesen, er blieb es in guten. Zunächst berief er die ganze Geistlichkeit der Stadt aus Kirchen und Klöstern und forderte sie auf, sich zu erklären: „**ob sie aus der Schrift darthun könnten, daß die Feier unter beider Gestalt unrecht sei?**" — und erhielt die gemeinsame Antwort: „sie könnten Nichts dawider aufbringen, begehrten auch, weit entfernt sie zu schelten, mit der ganzen Stadt nur in Frieden zu leben". Aber selbst dann noch wurde kein Abendmahl gefeiert. Die Passionszeit ging ohne dasselbe und bei leeren Kirchen vorüber; nochmals **erbat man vom Fürsten, was man nehmen** konnte, aber nur gezwungen nehmen wollte; und erst als von Cleve immer derselbe alte Bescheid nach eines nun doch geschlagenen Kaisers Sinn erfolgte, wagte man endlich den Beschluß (27. April) „um Pfingsten die Feier zu begehn." Aber auch Pfingsten verging ohne sie, da immer noch aufs neue und immer vergeblich die dringende Bitte an den Fürsten wiederholt wurde. Nichts kann einen deutlicheren Beweis davon geben, wie unsäglich schwer man sich entschloß, etwas ohne ihn auch nur wieder einzurichten, das man vor Jahren (1540) mit ihm begonnen hatte. Ja man getraute sich nicht einmal eine der städtischen Kirchen für die erneute Feier ins Auge zu fassen; man begnügte sich mit dem Kirchlein des Martinsconvents, gab seinen Insassen Brief und Siegel darüber, daß sie standhaft dagegen sich gewehrt hätten, ihnen also nichts Uebles daraus erwachsen könne, und zog so sieben Wochen nach Pfingsten mit dem evangelischen Gottesdienst darin ein (28. Juli 1552). Der alte Kapellan Gysbert und Platean ließen sich willig finden die erste Feier zu leiten, und wie vor Jahren erscholl wieder das Nachtmahlslied, jetzt zugleich als Triumphlied „Jesus Christus unser Heiland, der von uns den Gottes Zorn wandt, durch das bittre Leiden sein half er uns aus der Hölle Pein."

Die Krankheit und der bald erfolgte Tod Gysberts zwangen den Rath, sich nach einem Manne umzusehn, der besonnen und friedliebend, doch auch, wenn es nöthig wäre trotz des Fürsten, den Muth hätte, die so betretene Bahn weiter zu gehn. Platean fehlte die Kraft, und die Last welche zu tragen war erforderte starke Schultern. Wohl war er als ein geborener Bürger nicht ohne Einfluß: aber eine schwache Stimme und wunderliche Art zu sprechen, da er seit seinem Wittenberger Aufenthalt das gewohnte Niederdeutsch mit sächsischen Wörtern verunzierte, riethen dazu von ihm abzusehn. Er besaß so wenig das allgemeine Vertrauen, daß man ihm sogar, während man ihn, nun wieder ungehindert, öffentlich ein geistliches Amt verwalten ließ, einen Gehülfen in Hermann Stein (Petrcius) zur Seite stellte (17. Juli 1553). [1]

---

[1] Platean hatte schon zu Lemgo durch seinen Dialekt Anstoß gegeben (s. Clemen, Einführung der Reformation in Lemgo), und zu Wesel

An der vom Kaiser geächteten Schule stand noch einer seiner Unterthanen, der letzte jener „Schulmeister", deren Verjagung er damals vom Herzog gefordert, den man aber glücklich durch die Interimszeit gerettet hatte: Heinrich van Bommel — aus Bommel in Gelderland (Bomel, Bomelius). Er hatte zuerst in Herzogenbusch als Priester gearbeitet, war von hier nach Moers (daher auch wohl van Moirß genannt) geflohn, kurz vor der unglücklichen Geldrischen Fehde in Wesel eingetroffen und als Lehrer (1542) angestellt worden. Später zum Conrector befördert, war ihm die Seelsorge der Siechenhäuser mit übergeben, und er hatte in ihnen das Abendmahl wie Gysbert unter beiderlei Gestalt ausgetheilt. Den also lange Erprobten berief der Rath zum städtischen Prediger (7. Febr. 1553).

Der Fürst verharrte in der Unschlüssigkeit, wozu er, nachdem er einmal seine Stellung mitten inne zwischen Kaiser und Protestanten genommen, sich selbst verdammt hatte. Ohne den Muth selbstthätig vorzugehn, gedachte er vorerst den Verlauf der Dinge abzuwarten. Damit war nun aber die Stadt nicht zufrieden, die, da sie einmal wieder das Abendmahl in alter lieber Weise gefeiert, auch nach den alten lieben Räumen für ihre Gottesdienste sich sehnte. Der Rath, von der Bürgerschaft aufgefordert, er solle ihr die Kirchen zu Predigt und Sacrament wieder schaffen, da beide aus ihrem Gelde gebaut ihr gehörten (27. Febr.), unfähig ihrem Drängen auf die Dauer zu widerstehn, zerhieb den Knoten, den er bei der vollständigen Unthätigkeit des Hofes nicht lösen konnte, und öffnete ihr die ehrwürdigen Hallen der Mathenakirche (19. August 1553), indem er sich in Cleve so gut es ging damit entschuldigte, daß die Conventskirche zu klein für die Gemeinde sei, jene aber fortwährend, von Niemanden besucht, leer gestanden habe.

---

forderte man bei der Rathswahl von 1547 bereits, daß auf der Mathena ein Prediger „von guter Sprache" angestellt werde. — Woher Stein kam ist ungewiß. Ein Heinrich Stein (Petreius) heirathete als Rector zu Frankfurt Flazius Wittwe (1577) und starb, im Frankfurter Erbsündestreit entlassen (1580) als Wolfenbütteler Rath 1615. S. Fl. Illyricus von Preger 1859. II. 527. — Von unserm H. St. sagt die Verhandlung: die Gemeinde „verstehe seine Sprache", was um Pl's. willen ein Haupterforderniß war.

Fast zugleich mit dieser äußerlichen Umgestaltung der Dinge, worin die Spuren des Interims verwischt und die früheren Zustände wieder hergestellt wurden, begann in den kirchlichen Kreisen Wesels ein **innerer** Umschwung.

Wir haben den Mann bereits genannt, unter dessen Leitung er sich vollzog: Tileman Heshusen. Zwanzigjährig war er zuerst wieder in Wesel erschienen, als er, von Wittenberg zur Zeit des drohenden Interims ausgewandert, seine mühsame Studienreise auf die Universitäten Englands und Frankreichs begann (1547). Von derselben zurückgekehrt wandte er sich zunächst nochmals nach Wesel. Das innigste Verhältniß bildete sich zu seinen hiesigen Freunden Platean, Florin, Heinrich von Bert, die alle in dem feurigen, von Gedanken und Worten allzeit übersprudelnden „Streittheologen der Lutherskirche" ihr geistliches heimathliches Haupt verehrten, und dem sie, da er sie Alle an Kraft und Geist so weit überragte, rückhaltslos sich hingaben. Dies Verhältniß wurde noch inniger, ihr Bündniß enger, nachdem er mit einer Tochter des Einen von ihnen, seines Wittenberger Studiengenossen von Bert, sich verlobt und sie dann als Lector in Wittenberg zur Ehe genommen hatte (1553). Er war dadurch zugleich der Schwager eines Mannes geworden, der jetzt schon auf die städtischen Angelegenheiten den größten Einfluß hatte und sie später ganz in seine Hand bekam: des humanistisch gebildeten Juristen Diedrich Groen. Wohl eiferte er damals schon für reine Lehre, worunter er die Luthers, nicht diejenige verstand, welche, an die Augsburger Confession sich anschließend, aus der Zusammenwirkung aller evangelischen deutschen Länder sich entwickelt hatte. Noch meinte er Melanchthon, dem er zum größten Dank verpflichtet war da er von seinen Wohlthaten gezehrt und viele Jahre an seinem Tisch gegessen hatte, stimme mit Luther überein, betonte wohl beiläufig seine Vorliebe für den Letzteren, hielt aber in Ehrfurcht an sich.[1] Im Grunde

---

1) Des alten Wessel von Bert Kinder waren: Heshusens Schulgenoß Heinrich, der 1547 seine Studien vollendet hat; Johann von Bert, Mediziner, der schon 1542 als Schüler ein Stipendium und 1553 die Kosten seiner Promotion von der Stadt erhielt; Wessel v. B. der 1557 in Wittenberg war; endlich die beiden an Groen und Heshusen verheiratheten Töchter.

gehörte er schon zu der Parthei, welche Matthias Flazius führte.

Während Luther seine eigenthümliche Abendmahlslehre ausbildete, entfernte sich Melanchthon von derselben. Wenn Luther, der eine wirkliche, auch lokale, Verbindung des Leibes und Blutes Christi mit Brod und Wein glaubte, unmuthig sagen konnte „lieber solle man sich mit der Lehre der Brodverwandlung befreunden, als mit der der Schweizer, welchen die Gegenwart Christi nur in der Andacht des Gläubigen möglich scheine" (15. Juni 1543)[1]: so war ihm, grade als er das sagte, Melanchthon ein Stein des Anstoßes geworden, weil dieser mit Butzer im Reformationsentwurf des Kölner Bischofs Hermann seine Zustimmung zur Abendmahlslehre der süddeutschen reformirten Gebiete erklärt hatte. Je mehr der immer auch noch lernende „Lehrer Deutschlands" sich überzeugte „daß die ganze alte Kirche nicht so wie Luther vom Abendmahl geredet habe" (6. Sept. 1543), und sah, daß die Schweiz (im Consensus Tigurinus) sich von dem Irrthum Zwingli's (wonach die Gegenwart des Herrn beim Sacrament nur in der Andacht des Feiernden statthaben sollte) losgemacht hatte; je mehr er mit Calvin in diesem Mysterium eine Selbstmittheilung des Herrn an die Seinen zu sehn sich gewöhnte: desto mehr suchte er nach einer Lehrformel, in welcher, wenn auch nicht der Theologie so doch dem Glauben Aller genug gethan wäre, welche feststellte und behauptete daß der Herr sich hier mittheile und das Wie freigäbe. Sein Streben ging auch hier dahin, die beiden großen Hälften der Reformation, die sächsische und schweizerische, die ursprünglich doch in den „Centraldogmen" eins gewesen waren[2], wieder zusammenzuschließen, damit die Vorzüge jeder einen der andern zu Gute kämen und sie in gemeinsamer Kraft die damals schon drohenden Gefahren siegend überstehen könnten. In diesem Sinne

---

1) Dieser Zug in Luther ward der Keim, woraus, indem man durchaus Calvin zu den Zwinglianern warf, unter der Pflege seiner Nachbeter jene berühmte Pflanze Polycarp Leysers aufging: Ob, wie und warumb man lieber mit den Papisten gemeinschafft haben solle denn mit den Calvinisten. Leipzig 1620.

2) Vgl. die classische Schrift von A. Schweizer, die Centraldogmen u. s. w. 1854.

hatte er die Stelle des von ihm aufgesetzten Augsburger Bekenntnisses von 1530, welche vom Abendmahl handelt und die davon „anders Lehrenden" verwirft, geändert und den sogenannten Reformirten möglich gemacht sich damit auch in diesem Punkte einverstanden zu erklären (1540). Luther hatte diese Aenderung nicht nur geduldet wie alle Anderen (man kannte damals den starren Begriff von einem Bekenntnißbuch, welcher unsrer Zeit geläufig ist, nicht), er hatte sogar, mit Calvins Lehre beschäftigt, an seinem Lebensende bekannt: es sei im Streit um das Nachtmahl zu viel geschehn.[1]) Nicht nur die evangelischen Stände hatten diese geänderte Confession angenommen (Worms 28. Nov. 1540): sie wurde auch vom Fürstenconvent zu Naumburg (1561) als „die Augsburger Confession" anerkannt. Wenn nun Flazius und seine Partheigenossen Melanchthon seit dem Interim bekämpften, wenn es ihnen darauf ankam seine Macht zu brechen: so bot sich ihnen ungesucht der Streit über das Abendmahl als bestes Mittel zu ihrem Zwecke dar. Hier griffen sie ein, erneuten die alte Fehde, warfen Bücher unters Volk, in denen sie bewiesen wie er seine Meinung hierüber geändert, zum Verräther an der lutherischen Lehre, zum Genossen der Irrlehrer und Zwingler geworden sei. Geärgert durch sein ihnen unverständliches Benehmen, gefangen von der übermächtigen Persönlichkeit Luthers, in welchem sie den Christen ohne Furcht und den Deutschen ohne Tadel verehrten, empfanden sie einen wahren Abscheu vor Leuten, die ihr Bekenntniß durch Unterhandlungen zu schwächen, ihren Patriotismus durch die Pflege einer französischen Lehre zu beflecken schienen. Vergebens bewies Calvin, daß er Zwingli's Lehre nie geführt, vielmehr immer geglaubt habe, daß der Herr sich uns zur Speise des ewigen Lebens wahrhaft und wirklich gebe, daß er mit der Augsburger Confession stimme, Luthers Privatmeinungen aber die Kirche nicht angingen. In unglaublicher Heftigkeit wurde ein Hader geführt, welcher eben so wie eine

---

1) Nachdem Kohlmann (Ref. K. Ztg. 1853) und Stähelin (in s. Leben Calvins) die viel besprochene Sache kürzlich behandelt, hat zuletzt auch ein so ruhiger Forscher wie Kluckhohn (in s. Briefen Friedrichs III.) zugeben müssen, daß sie sich nach den Gesetzen historischer Forschung nicht bezweifeln lasse.

theologische auch eine politische Seite hatte, und deshalb die Gemüther um so tiefer verbitterte. Wittenberg, an seiner Spitze **Melanchthon**, war die Universität der den Erben Moritzens zugetheilten Länder; Jena hingegen, zu dessen erstem Rector **Flazius** ernannt wurde, die neue Hochschule in den Landen der Söhne des durch die Mühlberger Schlacht um seines Protestantismus willen gedemüthigten Fürsten. Die Rivalität der beiden Herrscherhäuser und ihrer Anhänger hat wahrlich ihr gutes Theil dazu beigetragen, die Lehrer beider Hochschulen zu Rivalen zu stempeln.

Noch charakterisirt **Heshusens** eigene Unsicherheit für die nächsten Jahre auch seine Parthei in Wesel. Wenn er mit **Flazius** die Art der Wittenberger verwarf, die, „stumme Hunde, statt wider den Papst zu donnern, ihn krauten wie ein schnurrendes Kätzchen"; wenn er gegen die Irrlehren schrieb und schrie, und versicherte „den Scorpion niedertreten zu wollen, wo immer er ihn finde": so fehlte doch all seinem Treiben deshalb die rechte Spitze, weil er sich noch nicht getraute den Namen zu nennen, den **Flazius** auf jeder Seite seiner Bücher schmähte: **Melanchthon**. Er wagte es noch nicht, weil er nicht glauben konnte, nicht glauben wollte, daß derselbe nicht nur in der Interimszeit zu weich gewesen, sondern später auch an der Lutherlehre zum Abtrünnigen geworden sei.

So galt auch vorab bei den Freunden in Wesel noch die Autorität **Melanchthons**, obwohl sie schon gegen das was er trieb und wollte zu Felde zogen.

Bereits 1552 sind sie für die rechte Lehre thätig. **Heshusens** Schwager **Diedrich Groen**, damals Bürgermeister, sein Amtsgenosse, die Geistlichen **Bomel** und **Platean**, der Rector **Florin** verhandeln damals mit einem calvinischen (d. h. melanchthonischen) Lehrer (**Cronius**) in geheimer Sitzung (19. Dezb.)[1]. Vergebens bewies **Bomel** ihm, daß unter Brod und Wein wahrer Leib und Blut Christi „ausgetheilt" werde — nach dem Wortlaut der Augsburger Confession von 1530 —: er blieb bei seiner „diversen" Ansicht. Die Bitte an ihn, er möge sich unter Gottes Wort gefangen geben und mit den Anderen einerlei

---

1) W. K. A. 6, 1.

Meinung werden nach der Augsburger Confeſſion, wurde durch die freilich eigenmächtige aber nicht leere Drohung kräftiger gemacht, er werde ſonſt Weſel verlaſſen müſſen.

In dieſer Verhandlung haben wir ſchon das Programm für das ſpätere Vorgehen der Parthei: Gottes Wort iſt gleich der ſogenannten „unveränderten" Confeſſion von 1530, ein anderes Bekenntniß gibt es nicht, geheimes Partheitreiben tritt an die Stelle offener allgemeiner Verhandlungen, an die Stelle des Rechts die Gewalt.

Es iſt das erſte Mal, daß wir aus dem Mund einer Weſeler Obrigkeit das Wort „Augsburger Confeſſion" hören; und gleich hier ſchon iſt dies Wort die Bezeichnung eines Bekenntniſſes, das Alle die vom Abendmahl nicht denken wie Luther verwirft, und ſomit ſeinen eigenen Verfaſſer, Melanchthon, angreift. In öffentlichen Acten freilich wagte man das Stichwort noch nicht, namentlich dem Fürſten gegenüber, der fortwährend davon Nichts hören mochte. Vorläufig galt es daher zu einem Uebergangsbekenntniß ſich zu bequemen; beſonders da der Pfarrer Stein „ſeinen Muth zu bezwingen" zwar verheißen hatte, aber mit ſeinem Collegen Platean, dem eifrigſten Partheigänger Heshuſens, fortwährend ſich rieb. Als ſolches bot ſich jener Reformationsentwurf (die Reformation) Biſchof Hermanns (von 1543) dar, der, von Melanchthon und Bußer verfaßt, wenigſtens den ſtreitenden Partheien, welche auf ſie verwieſen wurden (27. October 1553 zuerſt), die Macht nahm, auf des Herzogs alte Ordnung (von 1533) ſich zu berufen und zu lehren was ſie wollten [1]). Außer dem Pfarrer ſehn wir aber auch ſchon Gemeindeglieder von dem Rath, wegen ihres mit dem ſeinigen nicht ſtimmenden Bekenntniſſes vom Abendmahl, angegriffen, und drei Frauen müſſen ihm verſprechen ſich um weiteren Unterricht an die Geiſtlichen zu wenden (30. Oct.).

Weil die Parthei Heshuſens ſo klar wußte was ſie wollte, erreichte ſie es ſo bald. Ein Mann von ſo großer Gelehrſamkeit und Bildung wie Groen konnte als Bürgermeiſter von den meiſten der Geiſtlichen und Lehrer, denen er mehr als ebenbürtig

---

1) Die Liturgie dieſer Ordnung iſt in Weſel von dieſer Zeit an in Gebrauch geblieben, bis ſie von der Pfälziſchen verdrängt wird (1581).

war, unterstützt, und auf seinen mächtigen Familienanhang bauend, unbesorgt voran gehn so weit er wollte, und er that es. Es galt der Augsburger Confession, so wie er und seine Genossen sie sich von Heshusen hatten auslegen lassen, zum Sieg zu verhelfen. Der erste Schlag, den der kluge Groen führte, traf die Walonen, den kleinsten, aber durch seine Energie mächtigen und durch steten Zuzug sich erneuernden Haufen seiner Gegner. Sie sollten wenigstens neben ihrem alten Bekenntniß (von 1544), das allerdings in manchen Punkten mehr ausdrückte was sie nicht wollten als was sie wollten, ihre Zustimmung zur „Ausburger Confession" geben, damit sie nicht, wenn die Bürger allmählig zu Heshusianern gemacht wurden, durch einfachen Cultus und einfache Lehre von ihnen getrennt, die Erinnerung an vergangene bessere Zeiten erweckten; ja es wurde ihnen vorgehalten, daß sie einzig nach dieser Confession künftig sich würden richten müssen. Vergebens übergaben sie ein neues ausführliches Bekenntniß dem Rath und baten, sie doch dabei bleiben zu lassen (3. October 1553). Sie betheuerten hier, „daß sie, die armen Fremdlinge, der Bürger Hausgenossen im Glauben seien und Einen Herrn mit ihnen anbeteten: Jesum; bezeugten, daß wir im Abendmahl durch den Glauben Alles empfangen, was die Zeichen vergegenwärtigen, Leib und Blut;" aber sie kamen damit nicht durch und mußten endlich geloben, die „Augsburger Confession und ihre Apologie als der wahren Lehre gemäß zu unterschreiben"[1]. Der Beschluß der ganzen Bürgerschaft „bei Gottes Wort und der Augsburger Confession verbleiben zu wollen" schien ein kühnes Werk zu krönen (9. Mai 1554), wiewohl offenbar die Masse der Beschließenden gar nicht gewußt hat, was sie that, als sie ihn faßte. Aber die Parthei, — eben weil sie dies war — theilte das Geschick aller Partheien: sie verlor zu schnell das Gleichgewicht, und griff blindlings zu allen Mitteln, um zu erreichen,

---

[1] Diesem in der Noth erpreßten Versprechen ist die That nie gefolgt. W. K. A. 7, 1. Ueber ihr Bekenntniß, welches so mild als möglich den — wenn man will — melanchthonischen Standpunkt vertritt (Weseler Archiv 7, 1) s. den Anhang. (Die mit den Walonen damals geführten Verhandlungen schlossen sich an ein im Archiv enthaltenes Schriftstück an: Allen den so vur fremde Walen ingekomen vurgehalden die nafolgende Puncten u. s. w.)

wofür sie sich fanatisirt hatte; sie vergaß zu ihrem Schaden, daß wir immer nur so viel arbeiten dürfen als die erlaubten Mittel erlauben.

Es war unrecht, daß man die Bürger, als man von der „Augsburger Confession" mit ihnen zu verhandeln begann, nicht darüber belehrte, daß es zwei Recensionen dieser Confession gab: eine von 1530, deren Annahme die mit ihnen lebenden und zum Theil schon mit ihnen verwachsenen Walonen beschwerte — des Rathes Liebling, und eine andere von 1540, die wie jene von Ständen und Fürsten angenommen denjenigen Glauben und diejenigen kirchlichen Einrichtungen beschützte, welche von Anfang an und bisher bei ihnen üblich gewesen waren — des Rathes verstoßenes Kind. Wäre es nach solcher Aufklärung zur Abstimmung gekommen, so kann uns nicht zweifelhaft sein, welchen Beschluß die Bürger gefaßt hätten! Aber auch die Form der ihnen in den Mund gelegten Erklärung „sie würden bei dieser Confession verbleiben" entsprach der früheren würdigeren und wahrhaftigeren Art die Dinge zu behandeln nicht. Denn bisher war dieselbe ja gar nicht angenommen, und dem Fürsten und aller Welt gegenüber gab es deshalb noch kein anderes wirkliches Recht, worauf man sich (wie auch bisher geschehn) hätte berufen können, als „Gottes Wort", und kein anderes formelles als die fürstliche „Ordnung" von 1533.

Während so der Umschwung in den Weltverhältnissen zu Wesel nicht der evangelischen Kirche, sondern zunächst nur derjenigen neulutherischen Fraction in ihr zu Gute kam, welche die alleinseligmachende Lehre zu besitzen meinte, wurde der Stadt auch von andrer Seite her Leid bereitet. Der Fürst, durch den Passauer Vertrag seinen Unterthanen gegenüber von den drückenden religiösen Bestimmungen des Vertrags von Venlo erlöst, suchte die unerwartet erhaltene Freiheit für seine eigenen Reformprojecte auszubeuten, warf sich auf die Durchführung seiner alten Edicte, und die arme Stadt mußte wieder lange Zeit sich durch fürstliche Beglückungsversuche quälen lassen. Ob in ihr das lutherische oder reformirte Bekenntniß siegen würde, kümmerte den Herzog wenig: denn so fromm er war, so wenig kirchlich war er; er wollte damals im Grunde keines von beiden, nur daß er das letztere noch weniger als das erste billigte, weil es sich schärfer mit der katholischen Lehre auseinander gesetzt hatte, und also weniger Hoffnung ließ, er werde da wo es gelte mit seiner irgend wann noch einmal zu erlassenden Kirchenordnung durchbringen, welche den beiden Richtungen, der katholischen wie der evangelischen, genügen, beiden zugleich in Einer glücklichen Kirche das Bette graben sollte.

Nach langen Klagen und Beschuldigungen aller Art forderte er die Entlassung des ersten Geistlichen, Bomels, des Leiters des Knabenchors in der noch von dem Interimspriester Gottfried bedienten Wilibrordskirche, eines fremden Lehrers, Andreas Trail. Gegen Bomel machte er geltend: er sei nicht ordentlich (d. h. nicht durch den Fürsten) berufen, vor achtzehn Jahren schon der clevischen Lande verwiesen, und wage Neuerungen bei Auslegung der zehn Gebote, ja habe sie also drucken lassen. Der letzte Grund war ihm der triftigste. Bomel hatte nämlich den Katechismus Luthers, wonach er unterwies, zu Wesel herausgegeben, und dies offene Zeugniß daß Wesel von der fürstlichen Ordnung gelassen (welche eine salzlose Erklärung der zehn Gebote, wonach die Kinder unterrichtet werden sollten, enthielt), wohl auch jene kund gewordenen Erklärungen der Bürgerschaft zu Gunsten der Augsburger Confession erschreckten ihn. Er wollte und blieb dabei es solle auch fürder Grau in Grau gemalt werden, und jede klare bestimmte Lehrform oder Anordnung reizte ihn.

Die Stadt betheuerte ihm vergebens, daß Bomel früher gar nicht in diesen Landen gewesen, bereits seit 32 Jahren geweiht, zur Zeit der Noth und deshalb nur durch die Stadt berufen sei; er „ermahne den gemeinen Mann in seinen Sermonen so treulich für den Fürsten zu beten und sei seiner deutlichen Sprache wegen beliebt." Die „Druckschrift" — so drückt sie sich euphemistisch aus — sei ohne des Rathes Willen erschienen.[1])

---

[1]) Bomel hatte ehe er nach Wesel ging eine „deutsche Theologie" drucken lassen, darin er, wie er später sagt, seinen Glauben deutlich dargelegt hatte; sie ward in Wesel 1553 durch Dirk van der Straten nachgedruckt. Der von ihm herausgegebene Katechismus (oder „die fünf Stücke des K.") ist der kleine Katechismus Luthers (wieder deutsch). Wahrscheinlich war er ohne Nennung des Namens Luthers auf dem Titel gedruckt.

Trail war beschulbigt er tauge als Lehrer nicht einmal für den „gemeinen Mann" wie viel weniger für „die unbefleckte Jugend!" Auch das gab die Stadt nicht zu, konnte vielmehr den Fürsten daran erinnern, daß derselbe bereits elf Jahre im Herzogthum, Anfangs als Erzieher bei des Fürsten eigenen Räthen, dann in Bocholt thätig gewesen und wegen seiner Geschicklichkeit vor einem Jahre nach Wesel berufen sei. Nur Eine Sünde, deren er angeklagt worden, konnte man ihm nicht abnehmen: die, daß er in England geboren war. Bei alledem hielt die Stadt den Mann nicht für so unentbehrlich, daß sie auch noch um seinetwillen den Fürsten gegen sich hätte aufbringen sollen, und übertrug die Leitung des Gesanges einem Anderen, mit welchem der Priester sich zufrieden erklärte. Von Bomel erklärte sie aber in aller Entschiedenheit nicht lassen zu wollen, und zwar weil sie fühlte, daß seine Entfernung der Zertrümmerung ihrer Kirche gleich gekommen wäre, und sich erinnerte, daß man mit den veralteten schielenden kirchlichen Bestimmungen des Fürsten sich nicht mehr begnügen könne, „da die Zeit nun viel anders geworden als da sie gegeben seien."

„Ich merke, schrieb der Herzog, daß ihr unsre Warnungen in den Wind schlagt und Anderen mehr zu Willen seid, welche vielleicht meinen, daß sie den Geist Gottes besser hätten als wir Layen, und die Macht besäßen Gottes Wort nach ihrem Muthwillen zu drehn wie sie wollen. Verlaufenen Menschen glaubt ihr, und eurer ordentlichen Obrigkeit, die so gnädig für euch sorgt, glaubt ihr nicht. Aufrührer sind sie! Wir wollen ja, daß euch Gottes Wort rein und lauter verkündet werde. Von diesen

---

Es war nöthig ihn in Wesel käuflich für die Jugend zu haben, nachdem einmal der Würfel für die Einführung der Augsburger Confession gefallen war. Das Rathsglied Herm. Bongert hatte mit Bomel den Druck bei Joist Lambrechts besorgt. Daß der Katechismus nicht ein Werk Bomels war, ergiebt sich daraus, daß er sich später für seinen Glauben nicht auf ihn, sondern nur auf jene Theologie beruft. (W. R. P. 1554. 9. Jan.). In Betreff der Auslegung der Gebote in der fürstl. K.-Ordnung s. m. Heresbach. — Von Bomels übriger Thätigkeit wissen wir nur, daß er noch lamentationes Petri seu novum Esdram herausgegeben (nicht auch bellum trajectinum; vgl. Jöchers Lexikon gegen den irrig berichteten Hamelmann) hat, welche auch Hartzheims Bibl. colon. kennt.

Gesellen aber können wir nichts anderes annehmen, als daß sie euch verführen, mögen sie sich so heilig und schön stellen wie sie wollen. Wir könnten noch mehr davon sagen; aber ihr glaubt ja doch nicht uns die wir euer Wohl, sondern denen die euren Untergang befördern; . . aus Stadt und Land mit ihnen! . ." (10. 25. März, 21. April 1554).

So zornig konnte der sonst fast leidenschaftslose Herr werden, wenn er in seiner Lieblingsthätigkeit gestört wurde. Wie er die mächtige Stadt Soest zur Zeit des Interim härter behandelt hatte als sein ganzes übriges Land, weil sie die Augsburger Confession angenommen: so schien er nun auch in Wesel nicht eher ruhen zu wollen, als bis er seinen allgemeinen kirchlichen Projecten hier wieder eine Stätte bereitet hätte.

13. Einwanderung der Reste der Londoner Fremdengemeinde und der Engländer; Anfänge des confessionellen Abendmahlstreites.

Wo in den mächtigsten außerdeutschen Ländern der dahin verwehte Same der Reformation keimte, versuchte man ihn niederzutreten. Die Großen schienen vor Deutschlands Beispiel zurückzuschrecken, und die hier erkämpften Resultate sowohl der ungeheuren Geistesarbeit welche darauf verwandt, als auch der nationalen Zerrüttung die mit ihr verbunden war, nicht werth zu halten. Vor den mehr als heidnischen Verfolgungen, wodurch der Kaiser seine am meisten gefährdeten Erblande von dem, was er für Ketzerei hielt, zu säubern versuchte, haben wir die vielen Geistlichen die uns schon in Wesel allein begegnet sind, endlich die Walonen flüchten sehn. Wie er so verstanden auch die Herrscher Frankreichs ihre „Lutheraner" trefflich zu verfolgen, und die königlichen Beamten stellten den alten Glauben in der Provence so gründlich wieder her, daß ganze Ortschaften der Waldenser, welche in den Calvinisten ihre Brüder begrüßt, in Feuer aufgingen.[1] Die Lage der französischen Protestanten verschlimmerte sich noch, als dem eitlen König Franz, Heinrich II. gefolgt war (1547). Man sagte ihm nach, daß der Cardinal Carl von Lothringen, das zweite Haupt der Guisen, sein Gewissen im Aermel habe; sein Herz aber besaß nicht sein Volk, nicht seine Gemahlin Catharina von Medicis, sondern Diana von Poitiers. Frühe schon gefiel es ihm, sich für den Glauben zu ereifern und Gott einen Dienst durch Hinrichtungen zu thun; aber als gar

---

1) Das Genauere s. bei Weber, der Calvinismus. Heidelberg 1886.

sein Edict von Chateaubriand (1552) „Wucherer und Ketzer" dem gewöhnlichen Richter entzog und ihre Güter dem König verfallen erklärte, hieß es für alle Protestanten die durch ihren Besitz seinen Geiz zu reizen vermochten: rette sich wer kann. An das Elend ihrer Gesinnungsgenossen in Spanien und Italien braucht nur erinnert zu werden; sie erlagen in beiden Ländern dem Feuer.[1])

So kam es, daß, als England beim Tode Heinrichs VIII. aus der Reihe der sie verfolgenden Staaten ausschied (1547), Flüchtlinge aus halb Europa: Franzosen, französisch redende Walonen, Niederländer, Italiäner, Spanier, unter ihnen Männer der höchsten Stände und der größten Bildung, Geistliche und Gelehrte, sich während der kurzen milden Regierung Eduards VI. in London zusammenfanden, von dem jugendlichen Könige einen Freibrief zur Stiftung einer Fremdengemeinde, unter der Leitung von vier Pfarrern und dem berühmten polnischen Edelmann Johannes a Lasco, Calvins Freunde, als Superintendenten, erhielten (24. Juli 1550), und in verschiedenen Sprachen demselben Herrn in denselben Cultusformen dienten. Lasco gab ihnen sowohl ein Glaubensbekenntniß, als auch eine Kirchenordnung, „die erste, umfassende der reformirten Kirche calvinischen Bekenntnisses", welche sie nicht nur in geschlossener Einheit in der Weltstadt unter den vielen Tausenden anders Denkender zusammenhielt, sondern auch den Segen einer sich nach Gottes Wort leitenden und durch ernste Zucht sich reinigenden Gemeinde so sehr kennen lehrte, daß sie später überall, wohin sie verschlagen wurden, für diese Gemeindeverfassung gewirkt und geworben haben.[2])

---

1) Gesch. der Reformation in Italien von Thomas M'Crie. Leipzig 1829. und desselben Gesch. der Ref. in Spanien. das. 1835. Letztere Uebersetzung ist durch die neue Ausgabe des englischen Originals (1861) antiquirt. Auch Alfonso de Castro's Geschichte der spanischen Protestanten ist deutsch zugänglich geworden (Frankfurt 1861). Ueber die humanistischen Streite und Vorbereitungen der Reformationsideen in Spanien und Erasmus Beziehungen zu diesem Land hat Böhmer in s. Franzisca Hernandez rc. Leipz. 1866. unerwartete Aufschlüsse gegeben.

2) Die Forma ac ratio tota ecclesiastici ministerii in peregrinorum, potiss. Germanorum Ecclesia. Lond. 1550. bei Richter,

Die Thronbesteigung der blutigen Maria Tudor (6. Juli 1553) war nicht nur für diese Fremdengemeinde, sondern auch für viele protestantische Engländer, die wegen ihrer hervorragenden Stellung die besondere Aufmerksamkeit ihrer katholischen Königin zu befürchten hatten, das Signal zur Flucht. Je mehr sie wähnte die Schuld des Protestantismus durch das Blut der Abtrünnigen von ihrem Volke abwaschen zu können, desto häufiger wurde die Auswanderung, und, nach deren Verbot die Flucht. Auch ihr Befehl „daß bei jeder Hinrichtung eines Ketzers eine gute und gottselige Predigt sollte gehalten werden" machte den Protestanten den Feuertod nicht annehmlicher. Verfolgt in der einen Stadt zogen sie in eine andre. Von heimlichen Gesinnungsgenossen begünstigt entkamen sie auf tausend Wegen aus England, schlichen sich durch die gefährlichen kaiserlichen Niederlande, und zerstreuten sich durch Norddeutschland, das Rheinland, die Schweiz. Der erste Zug der Fremdengemeinde, welcher auf zwei Schiffen nach Dänemark (17. Sept. 1553) sich wendete, landete auf dem Festland als eben der schon erwähnte Abendmahlsstreit, von dem Calvin sagte „der Satan habe ihn angestiftet und Gott ihn zur Demüthigung seiner Knechte erlaubt" aufflammte. Von dem dänischen Hofprediger hörte deshalb Lasco sich und die Seinen in der Predigt (zu Kolding) als Ketzer bezeichnen „welcher Ende sei die Verdammniß". Dieses Hofmannes College hatte gar für sie nur die Weisung: „fort müßt ihr, Ketzer seid ihr, der König kann eher die Papisten im Lande dulden als euch", und las ihnen als guter Lutheraner Luthers Travestie des ersten Psalms vor „wohl dem der nicht wandelt im Rath der Sacramentirer, noch tritt auf den Weg der Zwinglianer, noch sitzet da die Züricher sitzen." In Noth und Kälte gingen sie davon; Lasco nach Emden, die Uebrigen

---

Kirchenordnungen II. 99. Das Glaubensbekenntniß ist 1551 lateinisch und holländisch in London erschienen und in beiden Sprachen kürzlich wieder zugänglich geworden, jenes von Bincke in Utrecht, dieses von Kuyper entdeckt. Alle früheren Arbeiten über a Lasco sind, so weit sie seine Werke angehen, jetzt schon durch die Ausgabe derselben von Kuyper (J. a Lasco opera. Amstelod. 1866) unbrauchbar geworden; die über sein Leben werden hoffentlich überflüssig werden, wenn derselbe die versprochene vita veröffentlichen wird.

(18. Decbr.) nach Rostock, Wismar, Lübeck, — überall verjagt „wohin sie ihre todtmüden Füße setzten"; nach Hamburg, in das Feld **Joachim Westphals**, eines der eifrigsten und auch unbesonnensten Gegner der melanchthonischen und calvinischen Schule, eines Mannes, der bereits so weit gekommen war, die Widerlegung der Sacramentirer durchs Schwert als die triftigere derjenigen durch Gründe vorzuziehn; endlich nach Emden, wo sie sich niederlassen durften, da die Herrscherfamilie Lasco und seinem Glaubensleben befreundet war.[1]) Von den später aus London aufgebrochenen Gliedern der Gemeinde wandte sich eine größere Zahl dem Rheine zu; ein Rest stellte sich unter **Valerand Poullain** (Valerandus Pullanus, Flandrus) in Frankfurt, ein anderer in **Wesel** ein. Man nannte sie hier ihrer letzten Heimath wegen „**Engländer**", obwohl die wenigsten von ihnen Schotten oder Engländer, die meisten **Franzosen** und **Walonen** waren.

Durch die Berührung mit ihnen wurde das in der hiesigen walonischen Gemeinde bereits vorhandene calvinische oder (so weit es die Abendmahlslehre betrifft, auf welche es hier ja allein ankommt) evangelische, melanchthonische Element grade in einem Zeitpunkt mächtig gestärkt, als es Gefahr lief überwältigt zu werden. Denn die Flüchtlinge brachten, sofern sie mit England zusammenhingen, die reformirte Bekenntnißschrift ihrer damaligen englischen Kirche, **Eduards VI. 42 Artikel**, und so fern sie zu Lasco in Beziehung gestanden hatten, das Bekenntniß ihrer Londoner Gemeinde mit.[2])

Die freudige, fromme Aufnahme, welche früher die Walonen als verjagte Brüder gefunden hatten, ward diesen „Engländern" in Wesel nicht zu Theil. Wäre von dem durch **Westphal, Flazius, Heshusen** und ihre Genossen erregten Sturm die ganze Bürgerschaft schon ergriffen gewesen: man würde den

---

1) Die Wismarer Theologen sagten ihnen: der Teufel hat euch Schelme hergeführt, den Frieden unsrer Kirche zu zerstören. Die Lübecker brachten ihnen das Elend des englischen Königreichs auf den Kopf als Strafe Gottes dafür, daß sie dort das Abendmahl so unehrlich gehalten hätten.

2) Nach jenen Artikeln giebt es nur einen geistigen Genuß im h. Abendmahl, und Christi Leib wird darum von den Ungläubigen nicht empfangen.

Heimathlosen mit demselben Hohn die Thüre gewiesen haben, den sie in Husum, in Lübeck, in Hamburg und anderswo gefunden hatten. Glücklicher Weise aber waren die Dinge zu Wesel noch im Werden, die neulutherische Lehre als das Rettungsmittel der evangelischen Welt erst im geheimen Besitz einer Parthei. Diese freilich konnte in den Exulanten nicht Fleisch von ihrem Fleisch erkennen, weil sie nicht denselben Buchstaben der Lehre führten. Und wer weiß, ob es ihr nicht gelungen wäre, sie wie die Walonen einzuschüchtern, und zu Zugeständnissen in Betreff der unveränderten Augsburger Confession zu nöthigen, wenn die Fremden nicht gleich Anfangs schon einen Mann unter sich gehabt hätten, der solchen Zumuthungen entgegenzutreten das Geschick besaß.

Nachdem die ersten flüchtigen Häuflein meistens weiter gezogen waren, ließ sich unter dem Schutz der alten ansässigen Walonen eine größere Anzahl in Wesel bleibend nieder, unter ihnen François de la Rivière, Perucel (maistre François le clerc, Perucellius), der französisch redende Pfarrer, welcher neben einem holländisch redenden (Deloenus) von Lasco eine Zeit lang in London zurückgelassen war, um die Trümmer der dortigen Fremdengemeinde, so lange die Zeit es noch erlaubte, zu versorgen. Er war zu Tournay geboren, Franziskaner in einem Minoritenkloster zu Paris gewesen, von dort als Hausgeistlicher — wie es scheint — zu der in die Schweiz geflüchteten, mit Calvin innig befreundeten, Familie de Falais (1547), und so in des Reformators Bekanntschaft gekommen. Calvins Urtheil über den zufahrenden, heftigen Mann war Anfangs keineswegs günstig,[1] indem er ihm ein vorsichtigeres, wahrhaftigeres Benehmen wünschte und von Gottes Gnade erwartete, sie werde ihn noch zum Dienst an der Gemeinde geschickt machen. Wohl hatte er später durch Aufrichtigkeit des Wandels seine frühere Unsicherheit in Vergessenheit gebracht: aber seine Heftigkeit, und eine geringe Schärfe dogmatischer Ueberzeugung hat Calvin noch lange (1563) Noth gemacht: Mängel, welche endlich ein seltener Muth und rastlose Arbeitskraft vergessen ließen. Während der heftigsten Verfolgungen der Evangelischen in Frankreich war

---

[1] Lettres, ed. Bonnet I. 231. vom 23. Nov. 1547.

er immer auf den bedrohtesten Punkten unter ihnen erschienen, hatte eine Anzahl von ihnen aus Artois und der Picardie nach London geführt, und wirkte hier als einer der vier Pfarrer, die unter Lasco standen „gelehrt und beredt."[1]) Kurz nach Lasco zog er mit einem Theil seiner Gemeinde davon und über Antwerpen nach Wesel.[2])

---

[1]) Epist. a Lasc. d. d. Lond. 7. Jan. 1551.

[2]) Die Meinung Rahlenbecks, er habe damals in Antwerpen das reformirte Dogma dem lutherischen gegenüber gestärkt, wird weder durch die Vorgeschichte dieser Gemeinde wahrscheinlich, noch durch Lehnemanns treffliche Arbeit über sie (Nachricht von der luth. Kirche in Antorff. Frankfurt 1725.) glaublich gemacht. Auch scheint die Zeit dafür zu fehlen, da Peruzel bei Lasco's Abgang von London noch dort bleibt (17. Sept. 1553) und schon im Sommer 1554 in Wesel ist. —

Peruzel hat das Unglück einen Doppelgänger zu besitzen. So viel ich sehe hat Haag (la France protestante) zuerst ihn mit Jean le Maçon, Sieur de la Rivière, Sohn des kön. Procurators zu Angers verwechselt, der, gegen seines Vaters Willen nach Genf geflüchtet, von hier zum ersten Pfarrer der Protestanten in Paris berufen (Sept. 1555) und der eigentliche Gründer dieser Gemeinde so wie durch sie aller reformirten Gemeindeinstitutionen Frankreichs wurde. (S. v. Polenz, Gesch. I. 434.) Dieser Pariser, nicht der Weseler war, 1562 aus Paris verdrängt, auf der Synode zu Ferté-sous-Jouarre, Pfarrer des Prinzen Condé, und ist zu Angers 1572 erschlagen. (S. Coquerel, hist. de l'égl. réformée de Paris. Paris 1862. 169. 178.) Die alte Nachricht: der Weseler sei auf dem Gespräch zu Poissy (1561) zugegen gewesen, gewinnt durch einen erst kürzlich bekannt gewordenen Brief Beza's an Wahrscheinlichkeit. (Solus ego hic sum cum Riverio. Ex S. Germano. Decb. 14. 1561. cf. Kist. archief, 20. p. 98.). Die Besitzung la Rivière bei Rouen ist noch 1572 von Protestanten bewohnt gewesen, die damals dem hochgeehrten milden Freunde Wilhelms von Oranien, Pierre l'Oisseleur — Villerius —, dem Verfasser der Mahnschrift an Reformirte und Lutheraner zur Union (ratio concordiae inter ecclesias reformatas) eine Zufluchtsstätte boten. S. Gerdes. scrin. antiq. III. 392. — Peruzel war 13. März 1554 noch nicht in Wesel, denn ein Brief Calvins von diesem Tage an die Brüder in W. gedenkt seiner noch nicht; 6 Cal. Sept. 1554. erst wünscht er ihm Gottes Geist zur Verwaltung seines eben angetretenen Amtes. — Vgl. wegen P's. Freunde Opuscules latines de François de Bourgogne seigneur de Fallais p. Hoffmann. Bruxelles. Heussner. Bes. auch Les bannis du duc d'Albe à Cologne p. Rahlenbeck. Brux. p. 14.

Das Erscheinen der Engländer brachte hier große Rührigkeit in die Heshusianer. Die Walonen waren durch ihr altes Bekenntniß noch gesichert, und ließ man die Dinge ruhig gehen, so konnte es nicht ausbleiben, daß die neuen Fremdlinge sich mit denselben, denen sie zum Theil sogar der Nationalität, Alle aber dem Glauben nach verwandt waren, verbanden und eine bedenkliche Opposition gegen die lutherische Agitationsparthei bildeten. Auf ihre Rechnung setzen wir deshalb, gewiß nicht mit Unrecht, den Beschluß der Bürgerschaft (19. Febr. 1554), der wohl unter dem ersten Eindruck des Einzugs der Flüchtigen durchgesetzt ist, „die Ankommenden möchten ihres Handels und Wandels wegen wohl befragt werden; so sie angäben, sie seien um des Wortes Gottes willen hierhin gekommen, so sollten sie sich beim gemeinen Gebet und Spendung der Sacramente in der Gemeinde (nicht aber bei den Walonen!) einfinden." So wollte es der Rath — der von der neulutherischen Parthei beherrscht wurde seitdem die Bürgermeisterwahl Jahr für Jahr auf Groen fiel —; die Bürger hatten keinen Grund es zu wollen.

Diesem Beschluß gemäß, der ihre Verbindung mit den Walonen verhindern und sie in Predigt und Sacrament der übrigen Bürgerschaft gleich stellen sollte, wurde bald in Groens Händen zum Zwangsmittel wider sie, und er verbot ihnen auch das Predigen in den Häusern (3. April), obwohl die armen Leute von der Predigt der Stadtpfarrer nicht ein Wort verstehen konnten. Und während die Obrigkeit innerhalb ihrer Ringmauern so selbstgewiß vorging, wußte sie doch, daß sie ihr Benehmen nicht einmal vor dem eigenen Fürsten würde verantworten können, der in Beziehung auf die Fremden von je her durch das Mitleiden sich hatte bestimmen lassen. Deshalb wagte auch Groen nicht Alles mit ihnen, was er nach seinem damaligen Eifer wohl wünschte. Wenn Einer so wußte Er, daß der Fürst ihm das Schwert, welches er gegen sie zu führen gedachte, die Augsburger Confession, nicht zugestand. Ein Beschluß der Bürger (9. Mai) „man möge auf dem bevorstehenden Landtag vor allem Gottes Wort suchen, denn dabei und bei der Augsburger Confession gedächten sie zu verbleiben", kam zwar dem Rath erwünscht, um ihn als Hausmittel nach Bedarf anzuwenden; als es aber galt, den Gesandten auf jenen Tag zu instruiren, hatte man doch das Herz nicht, dies Bekenntniß öffentlich zu nennen, sondern ließ sich damit genügen ihm die Weisung mitzugeben: er solle sich auf die alten Kirchenordnungspläne des Herzogs nicht einlassen und statt ihrer christliche Lehre nach Gottes Wort und die Sacramente nach Christi Einsetzung fordern; — der Augsburger Confession, mit der man doch innerhalb der Ringmauern Wesels so treffend um sich schlug, gedachte sein Mandat auch nicht mit einer Silbe. Der Landbote brachte freilich schlechte Vertröstung nach Hause. Der Fürst hatte „seinen geliebten Unterthanen" (29. Mai), die ihn an den Passauer Vertrag und sein altes Versprechen wegen der Religion endlich Bescheid zu geben erinnert, immer noch von Kaiserfurcht und Gottesfurcht zugleich beherrscht, eröffnen lassen „daß er nicht gegen sie, sondern lediglich zu seiner eigenen Sicherheit bei den großen Unruhen im Reich unter dem gnädigen Wohlgefallen des Kaisers sich mit den Fürsten von Trier, Metz, Baiern und Würtemberg verbündet habe"; und erlaubte sich nebenher den Weseler Gesandten „vor den Engländern zu warnen, die als Praedicanten und anders einzögen."

Wir werden unsre Achtung einem Herzogthum nicht versagen können, das eine solche ermüdende Schaukelpolitik seines Landesherrn ohne Murren nicht nur, sondern auch ohne im Leben des Volks und der Kirche krank zu werden, so lange hat ertragen können. Daß übrigens jener Bund nichts weiter als eine leere Drohung war, dem Fürsten im Wiener Cabinet an die Hand gegeben, fühlte das ganze Land, und man beachtete ja beantwortete sie nicht einmal, da man wohl wußte, daß all diese dunkeln Andeutungen und Heimlichkeiten nur auf ängstliche Gemüther berechnet waren.

Wir kennen die Macht der Partheiworte. Sind sie einmal da, so fesseln sie einigend Alle die daran hangen. Das ausgegebene Stichwort der Chorführer „Augsburger Confession" gewann auch allmählig für die Weseler Bürger die Bedeutung eines Zauberworts, womit sie alle ihre Hoffnungen und Bedürfnisse auszusprechen meinten. Noch im Jahr des Einzugs der Engländer hatte die Stadt den Freimuth, ihre Forderung beim Fürsten, so wie es ihre factischen und rechtlichen Zustände erheischten, in den Satz zu fassen: „er möge die neue für sein

Land von schriftkundigen Männern zu entwerfende Kirchenordnung nach **Gottes Wort** aufrichten lassen, damit die Gewissen nicht beschwert würden" (7. Juni): aber schon zu Ostern des folgenden Jahres hieß es in demselben Gedankenzug: „Niemand dürfe über **Gottes Wort** hinaus und wider die **Augsburger Confession** beschwert werden" (1. April 1555).

In je engere Formeln ein religiöses Leben eingeschlossen wird, desto mehr Dinge giebt es gegen die es Opposition zu machen hat. Die Leitung der Stadt war in Händen, die sie sicherem Verderben entgegen führten. Denn einmal für diese Confession erhitzt, und doch unfähig ihr durch Waffen des Geistes durchgreifende Geltung unter den Bürgern zu verschaffen, schreckte die Parthei schon vor der Forderung nicht mehr zurück, die sie bei der Bürgerschaftsversammlung durchbrachte: „besonders die Fremden, aber auch die Einwohner der Stadt (!) welche wegen ihres Glaubens verdächtig seien, möchten examinirt und so sie eines bösen Glaubens befunden würden, ausgewiesen werden." Der Rath nahm diese schmähliche Zumuthung einer Inquisition an; er war schon so blind, nicht mehr zu sehn, daß er damit ein Princip billigte, wogegen er seit Jahren unablässig gekämpft hatte; daß er nicht nur die Gewissensfreiheit, sondern auch die bürgerliche Freiheit, die er in besseren Zeiten selbst Wiedertäufern hatte zu Gut kommen lassen, tödtlich verletzte.

Aber war es nicht der ganzen Kirche gegangen wie ihm? Als sie die von den Heiden verfolgte war hatte ein Tertullian zu Gunsten seiner Mitchristen gesagt: es gehöre zum Menschenrecht und zur natürlichen Freiheit eines Jeden, denjenigen Glauben welchen er habe auszuüben, da des Einen Religion dem Andern nicht schade noch nütze; hatte daran erinnert, daß der Glaube nicht aufgezwungen, sondern nur freiwillig angenommen werden könne. Damals betheuerte ein Lactanz, der christliche Cicero: Gewalt thue es nicht, da die Religion nicht aufgenöthigt werden könne, und nur das Wort, nicht aber die Geißel den Willen biege.[1] Aber als die Glaubens- und Märtyrerzeit vorüber und vergessen war, scheute man sich in der Christenheit nicht mit einem bildlich gesprochenen Wort des Herrn ungeheuren Irrthum

---

[1] Tert. ad Scapulam c. 2. Lact. inst. div. 5, 20.

zu schmücken, und Zwangsmaßregeln gegen Ungläubige anzupreisen, weil geschrieben stehe: nöthiget sie hereinzukommen!

Sobald man die Wahrheit nicht nur hat und zugleich sucht, sondern nur hat, tritt die Glaubensformel an die Stelle des Glaubens und dann ist eben dies Nöthigen da. Auch der Weseler Rath meinte nun das Mittel zu besitzen, der neulutherischen Fassung der Dogmen den Sieg zu verschaffen, und sorglos grub er die Quelle ab, die ihn selbst bisher getränkt hatte. Auch die Hast, womit er zugriff, verräth den irrenden Sinn; die Todten reiten schnell. Nach wenigen Wochen schon faßte er den Beschluß (9. April): „die Prediger sollten diejenigen angeben, welche sie im Punkt des Abendmahls oder der Wiedertaufe für verdächtig hielten." So war er beim ersten entscheidenden Schritt schon da, wo andre Verfolger der Melanchthonianer und Reformirten erst beim letzten ankamen, indem er sie mit Menschen auf Eine Linie stellte, welche seit den Münsterschen Greueln mit dem Abscheu Aller beladen waren. Heshusens Schüler übertrafen hier ihren eigenen Meister, weil sie ohne von seiner inneren Gewissensnoth getrieben zu sein sich hatten zur Partheistellung verführen lassen. Er selbst kam viel später, erst als Bischof von Samland, dazu „seine lieben Preußen" vor der Gemeinschaft mit Calvinisten zu warnen als vor einer Sünde, gegen die Mord und Ehebruch nur Spiel seien.

Die Inquisition begann. Eine schon früher vermahnte Frau wurde förmlich vom Rath in Gegenwart dreier Prediger verhört (2. August 1555). Es ward ihr nicht nur auferlegt, da sie über das Abendmahl „übel denkend", also nicht heshusisch befunden ward, sich von den Stadtpfarrern eines Besseren berichten zu lassen: sondern auch noch der Weg zu den Pfarrern der beiden Fremdengemeinden verlegt, da sie „anderen geheimen Unterrichts" sich enthalten sollte. Für den Fall ihrer Unverbesserlichkeit drohte man ihr mit der höchsten Strafe, der Ausweisung. Doch boten nicht alle Inquirirten ein so gefügiges Material für religiöse Experimente dar wie dieses Weib, und gleich der Beginn des h. Amtes erinnerte den Rath deutlich daran, daß die Bürgerschaft noch nicht an Gespenster glaubte. Von zwei mit ihr zugleich vorgeforderten Bürgern erklärte der Eine kurz und rund: er habe sich des

Abendmahls bei den Stadtpfarrern nicht aus böser Absicht enthalten, weshalb aber sagte er nicht; der Andere weigerte sich seinen Glauben zu bekennen und versicherte die Herren, er wisse selbst was er zu glauben habe.

Das war der nicht viel versprechende Anfang einer neuen Zeit. Es ekelt uns an, so in verjüngtem Maaßstabe Staat und Kirche zur Austreibung der Ketzer verbündet zu sehen; wir erkennen zugleich aber, wie nahe Wesel daran war, was im Geiste angefangen war im Fleisch zu vollenden. „Innerhalb drei Wochen — so lautete bald der allgemeine Befehl des eifernden Raths — sollen Alle, Bürger und Fremde, die sich der „Augsburger Confession" im Sacrament und sonst nicht gemäß halten, durch die Prediger sich eines Besseren belehren lassen, und, sofern sie nicht davon abstehen, alsdann in drei Tagen aus der Stadt weichen; jeder Büger aber soll die Verdächtigen angeben" (11. August 1555). Zugleich wurde den Engländern die eigene Communion, von der sie nicht hatten lassen wollen, in der kleinen Kirche der Walonen untersagt; ein eigener Pfarrer (es war ein Franzose) zur Lehre und Predigt nur zugestanden falls die Stadtpfarrer seine Lehre (was man aber für unmöglich hielt) der Augsburger Confession gemäß befänden; und sie wie die Walonen wiederholt gemahnt, die Sacramente von den Stadtpfarrern sich reichen zu lassen und mit eigener Predigt sich zu begnügen (20. Nov.)[1]

Wäre Calvin nicht durch Peruzel von der Lage der „englischen" Flüchtlinge, die sein höchstes Interesse erregten, unterrichtet gewesen, und hätte Er nicht mit sicherer Hand hier eingegriffen, so würden beide Gemeinden von der neulutherischen Fluth weggeschwemmt worden sein.

Möge es erlaubt sein, hier einen Augenblick inne zu halten, um unsere Aufmerksamkeit einer dieser geflüchteten Familien zuzuwenden.

Als Maria Tudor bei ihrer Erhebung auf den englischen Thron die junge Johanna Gray, welche für wenige Tage ihr die Krone streitig gemacht, aus dem Wege räumen ließ, traf ihr

---

1) Die Augustinerkirche wie die h. Geistkapelle dienten als gottesdienstliche Lokale der beiden Gemeinden; bald haben sie die eine, bald die andere, bald beide.

Haß zugleich ihre Verwandten, die Glieder der Familie Suffolk.
Zu ihnen gehörte Catharine, welche als junge Wittwe des
Herzogs von Suffolk, Carl Brandon, einen englischen Edelmann
Richard Bertie geheirathet hatte (1545), und Beide suchten
deshalb ihr Heil in der Flucht. Unter dem Vorwande ein
Geldgeschäft abwickeln zu müssen, erhielt Bertie Erlaubniß nach
Holland zu reisen, und sie entkamen glücklich über den Canal, um,
in der Tracht des Landes, wie so viele ihrer Volksgenossen, das
Gebiet des menschenfreundlichen Herzogs von Cleve aufzusuchen.
Unter fremdem Namen lebte das dem mächtigen Königshause
verwandte Paar in dem clevischen Städtchen Xanten so lange
unerkannt und unbelästigt, bis eine goldene Kette die sie zum
Verkauf brachten, die Leute aufmerksamer machte, und der ehrsame Rath des damals noch durchaus katholischen und von einem
mächtigen Capitel abhängigen Ortes sich anschickte, sie als „in
der Religion verdächtig" zu ergreifen. Damit war ihr Weg gewiesen: — der nach Wesel. Ein zweijähriges Kind auf dem Arme
zog Bertie in eisiger Kälte dieser „Herberge der Frommen" zu;
hinter ihm her seine Gemahlin, welche die letzten Herrlichkeiten
eines Edelmannes, Mantel und Degen trug (Febr. 1554). Aber
keine Thür wollte sich in der großen Stadt dem „verlaufenen
Landsknecht und seinem Gesindel" aufthun, an so viele er auch
anklopfte. Am Abend endlich ließ sich Bertie, durch lateinisch
redende Scholaren, mit welchen er sich nothdürftig verständigte,
ins erste beste Walonenhaus führen, fand hier Peruzel, dem
er in England viel Gutes hatte erweisen können, und so zugleich
ein gastliches Dach. In dieser Zeit der Verbannung wurde den
Flüchtlingen ein Sohn geboren — der spätere General jenes
englischen, von Königin Elisabeth der holländischen Republik
zu Hülfe gesandten, Heeres — welcher [1]) von Pfarrer Bomel die
h. Taufe und darin den Namen Peregrin erhielt, um die
Erinnerung an seine Geburt auf fremder Erde ihm zu bewahren.
Aber auch von Wesel mußten sie hinweg. Denn Bertie's Aufenthalt war seiner Königin verrathen worden, und er erfuhr, daß
der englische Gesandte schon abgereist sei um auf dem Wege

---

[1]) Nach jenem Rathsbeschluß, wonach die Fremden ihre Sacramente
von den städtischen Pfarrern empfangen mußten.

irgendwohin zufällig Wesel zu berühren. Inzwischen sollte Herzog Erich von Braunschweig, der nützliche Partheigänger der Krone Spanien, welcher grade wieder eine Schaar Miethssoldaten durchs Clevische führte, eben so zufällig wie der Gesandte hier erscheinen und Beide die Familie aufheben. Noch einmal rettete sie die Flucht. Zuerst vom Pfalzgrafen von Zweibrücken in Bergzabern aufgenommen, kamen sie endlich (April 1557) zu König Sigismund von Polen, den Lasco für sie interessirt hatte. Bei ihm konnten sie Maria's Tod abwarten, der auch ihnen Vaterland und Freiheit wiedergab [1]).

---

1) Der Weselaner Peregrin, durch königliches Patent vom 2. August 1559 als Engländer naturalisirt, ward 1588 Oberbefehlshaber des engl. Heeres an Leicesters Stelle (Strada, decas II. lib. X. p. 688 der Ausgabe von 1648). Als solcher zwang er Alexander von Parma, die Belagerung von Bergen aufzugeben. Er starb 1601 als Gouverneur von Berwick. Der Gedenkstein (früher wohl in der Mathena- — propylaeum — wo auch die Taufe Statt fand, jetzt) in der Wilibrordskirche in Wesel, ist 1680 von dem englischen Gesandten beim deutschen Reiche, Carl Bertie, erneut, wie die Inschrift angiebt und die Acten bezeugen. Die Nachricht von der Taufe (14. Oct.) hat Bomel dem Rathsprotokoll vom 20. Nov. eigenhändig beigeschrieben. Die Familie blüht bis heute in England. Dem am 22. Februar 1865 verstorbenen erblichen Großkämmerer Englands, Lord Willoughby d'Eresby, ist sein 1821 geborener Sohn Alberic gefolgt.

Die Geschichte Peregrins in den Dorth'schen Manusc. im Düsseldorfer Archiv, XVI, Nr. 37. ist am ausführlichsten von A. de Corput, goddelycke vierschaw, Utrecht 1659, dann von Bärsch, Annalen des hist. Vereins für den Niederrhein. 1859. 7. behandelt.

14. Die Flüchtlinge von Calvin berathen; eine neue Fremdengemeinde bildet sich neben der walonischen aus französisch und englisch redenden Protestanten.

Calvin hatte auf die englischen Kirchenangelegenheiten unter Eduard VI. sowohl durch seinen persönlichen Einfluß auf diesen selbst, als auch durch seine Freunde, die er im Lande besaß, mächtig gewirkt. Als deshalb die evangelische Bewegung durch Maria Tudor grausam erdrückt wurde, fühlte Er vor Allen sich mit betroffen, und nicht nur die nun beginnende kirchliche Umgestaltung und gewaltsame Rückbildung des mächtigen Königreiches, sondern auch das Geschick der Flüchtlinge forderte seine höchste Theilnahme heraus. Da er für die erste Zeit Großes nicht zu thun vermochte, that er das Kleine was ihm möglich war mit um so größerem Ernst, und diente den Einzelnen, so lange den Massen zu dienen ihm versagt war.

Es wurde ihm bekannt, daß einer der versprengten Haufen seiner Glaubensgenossen sich in Wesel festgesetzt hatte. Nachdem er längere Zeit nur gezögert an sie zu schreiben weil er schon Andere, näher Wohnende, beschäftigt wußte die eben erst Angekommenen zu berathen, vernahm er, daß sie durch die uns schon bekannten Beschlüsse der Heshusianer (welche sie für den Empfang der Sacramente in die städtischen Kirchen verwiesen) bedrängt würden. Da konnte er es nicht lassen sie zu ermahnen. „Zuerst — sagt er — danke ich unserm guten Gott daß er euch, nachdem ihr euer Geburtsland um des Zeugnisses seines Wortes willen verlassen, einen Zufluchtsort gegeben hat, wo ihr ihm in reinem Gewissen dienen könnt; ja wo er euch wie in ein kleines Nest versammelt hat, damit Einer des Andern Trost werde. Vor Allem aber danke ich ihm für die Beständigkeit die er euch verliehen, daß ihr den Verlust eurer Güter erduldet und an den Lohn im Himmel denkt; daß ihr es nicht beklagt vor der Welt zu Nicht geworden zu sein, weil es geschehen ist um die Ehre Dessen zu mehren, der von uns nur geehrt sein will um seiner Ehre uns theilhaftig zu machen. Ihr seid verfolgt um des Namens Jesu willen; so bedenket denn daß die Ehre sein Zeichen und seine Kleidung tragen zu dürfen, euch um so mehr die Pflicht auflegt ihn durch euer ganzes Leben zu verherrlichen. Denn ihr begreift leicht daß, so man euch nicht wandeln sieht wie es wahren Gläubigen zusteht, das Aergerniß und eure Schuld vor Gott doppelt groß sein würde. So seid denn den Andern ein Vorbild, damit man Gott über euch preise. Thut dem Sohne Gottes die Schmach nicht an, daß er durch eure Fehler entehrt werde, wo ihr noch dazu unter einem fremden Volke lebt, das sich an euren Fehlern um so mehr stoßen würde. Vermeidet gerade deshalb auch das kleinste Aergerniß. Der Herr befiehlt uns Einigkeit und Eintracht: so sorgt denn dafür, daß sie bei euch sei, indem ihr euch einander tragt, Keiner auf seinem Sinn besteht, sondern seinem Nächsten nachgiebt. Das beste Mittel in Einigkeit mit einander zu leben, sowohl in der Lehre als sonst, ist fleißig die Predigt zu hören. Wie in der Schlacht Alle um das Banner sich sammeln, damit sie dem Feinde widerstehen können: so hat der Herr gewollt, daß sein Wort ein Banner sei, um das wir uns schaaren. Zerstreute Schaafe gehören dem Wolf; es giebt nur Ein Mittel sie zu retten: daß sie zu einer Heerde sich sammeln unter der Hand des Hirten. Wohl haben wir Alle den Einigen Hirten, Christus; aber wir wissen, daß er auch die Diener seines Worts gegeben um sein Amt auszurichten, und daß er diese Ordnung für die Erhaltung seiner Kirche eingesetzt hat. Haltet es darum für eine besondere Gnade, daß er euch die Predigt seines Wortes geben will. Laßt uns doch nicht weiser sein wollen als Gott, indem wir meinen es gebe außer dem Weg, welchen er angeordnet hat, noch einen andern um in Christo zu wachsen. Habt ihr irgend ein Bedenken in der Lehre, so wendet

euch an den, welcher euch als Pastor wird gesetzt werden. Es
führt zum Elend, wenn die Menschen in der Schrift nur das
suchen, was ihrem irrenden Geschmack zusagt, — und der Herr
läßt diejenigen, welche es thun, in absurde Träumereien verfallen,
wovon ihr Beispiele genug um euch her habt, da die Länder
in eurer Nachbarschaft davon mehr angesteckt sind als andre. Um
in Zukunft allen Gefahren begegnen und Irrende zurückführen
zu können, wäre es gut, daß ihr eine Kirchenzucht einführen
wolltet. Sind wir früher unter der unglücklichen Tyrannei des
Papstes gewesen: so ist es jetzt nöthig, daß wir uns unter das
Joch Christi begeben, und dadurch anerkennen, daß die Freiheit
welche er uns giebt keine zügellose Willkür ist, vielmehr uns in
seinem Gehorsam bewahren will. Eine bescheidene Gemeindezucht
würde nicht nur die Verschiedenheit der Meinungen unter euch
heilen, sondern auch Aergernisse verdrängen. In meiner Mahnung euch im Namen Gottes zur Predigt zu versammeln ist
diejenige zur Feier der Sacramente bereits eingeschlossen. Dieselben sind ja nicht überflüssig, sondern um unsrer Schwachheit
willen nothwendig. Wir sind nicht so geistlich wie Engel des
Paradieses, die der sichtbaren Zeichen entbehren könnten. Haltet
Taufe und Abendmahl hoch. Obgleich die Taufe, die wir
Einmal empfangen haben, ein stetes Zeichen der Gottesgnade ist,
welche uns zu ihren Kindern annahm: so hat doch der Herr,
indem er das Abendmahl als eine Bestärkung davon einsetzte,
bezeugt, daß das erste Sacrament ohne das zweite nicht aus-
reicht. Da ihr nun Gelegenheit habt das Abendmahl zu empfangen, so hütet euch Gottes Gnade abzuweisen statt sie zu gebrauchen. Bedenkt wie ihr danach geseufzt habt zur Zeit da ihr
in Babel saßet; bedenkt wie ungeheuer groß die Zahl derer
hüben und drüben ist, die es beklagen, daß sie es nicht haben
können! Ich höre, daß ihr euch bis jetzt am Genuß des Abendmahls habt durch die Ceremonien verhindern lassen, welche man
euch hat auflegen wollen, um euch derjenigen allgemeinen Form,
wonach dasselbe in der Stadt gefeiert wird, anzupassen. Da
bekenne ich nun allerdings, daß ich dafür halte, je weniger Ceremonien desto besser, — denn die Erfahrung lehrt, wie leicht sie
zum Aberglauben führen; wir müssen uns aber, wenns nicht
anders sein kann, dadurch nicht von der Hauptsache abbringen

laſſen. Jene Dinge, um die es ſich handelt, ſind doch ſo wichtig nicht, daß ſie uns vom Abendmahl treiben könnten. Wir müſſen immer nach dem Beſten ſtreben, und ſorgen, daß wir es wo möglich erhalten. Iſt es uns aber unmöglich, dies Ziel zu erreichen, ſo ſollen wir wohl etliche Unvollkommenheiten tragen, vorausgeſetzt, daß ſie nichts Gottloſes oder dem Wort Gottes Widerſprechendes an ſich haben. Läge auch nur der Schein des Götzendienſtes darauf, ſo müßten wir ihnen ja bis auf den Tod widerſtehn. Weil aber die Lehre (in Weſel) geſund und rein iſt, und die Ceremonien doch nur den äußern Anſtand angehn, müſſen wir ſie viel eher tragen als großen Streit darüber anfangen." [1])

Es iſt eben Calvin, der hier ſchreibt; jede Zeile bezeugt es. Er wußte, was es mit einem Gemeindeleben von Flüchtlingen, deren jeder ein ganzer Mann, ein Charakter war, auf ſich hatte: daher die Mahnung zur Eintracht. Er wußte aber eben ſo gut daß ſie, bei aller ausgeprägten Individualität, bei aller Glaubensfeſtigkeit, worin Viele von ihnen, und beſonders die Engländer, Glanz, Heimath und Vaterland verlaſſen hatten, um in der Fremde Thränenbrod zu eſſen, grade weil ſie ſo beſtimmt und klar ihres Weges zu gehen gewohnt waren, vereinzelt Gefahr laufen würden ſich zu verirren: daher ſeine Mahnung zur Bildung einer Gemeinde. Um des Herrn Wort ſollen ſie ſich ſchaaren, eine Kirchenzucht aufrichten, damit ſie, darin geeinigt, ſtark genug wären der Welt zu widerſtehn. Wenn etwas in dem Briefe, ſo iſt grade dieſe Weiſung charakteriſtiſch. Stets hat Calvin es betheuert, daß die Zucht den Sehnen vergleichbar ſei welche die Glieder des Körpers verbinden,[2]) und mit Recht

---

1) Der Herausgeber der franzöſiſchen Briefe Calvins hat, von der irrigen (aber bisher gewöhnlichen) Vorausſetzung ausgehend: die Stadt Frankfurt habe durch ihre Fürſprache das Geſchick der Flüchtlinge in Weſel erleichtert (davon ſpäter), ſich verleiten laſſen, die fehlende Jahreszahl des ihm vorliegenden Autographs dieſes Briefes durch „1560" zu ergänzen. (Bonnet, lettres de J. C. Paris 1854. II. p. 353.) Der ganze Inhalt des Briefes führt uns nun aber in die allererſten Zeiten der kleinen Weſeler Gemeinde, und vor Peruzels Erſcheinen bei ihr. Da der zweite, folgende Brief Calvins nach Weſel am 13. März 1554 geſchrieben iſt, ſo fällt dieſer erſte etwa in das Ende 1553 oder in den Anfang von 1554.

2) Bekannt iſt in dieſer Beziehung ſein Satz: la discipline est dans

ist auch er überzeugt davon, daß eine Zahl von Christen ohne Zucht mehr einem zufällig sich bildenden und lösenden Haufen als einer Gemeinde des Herrn gleicht; aber was sagte es doch, sogar dieser Handvoll Leute den Muth und die Kraft zuzutrauen, ja ihr zur Pflicht zu machen, als eine sich selbst leitende und darum auch sich beschränkende Gemeinde in einer fremden, mächtigen Stadt aufzutreten, sich also zusammenzufassen und zu verfassen nach des Herrn Wort, um nicht unter den Massen zu zerfließen, sondern als Hort gesünder Lehre und rechten Lebens die zu ihr gehörten zu segnen, und die draußen standen zur Nacheiferung zu reizen! Und wenn auf dieser Seite so viel gefordert wurde, wenn der Sporn, welchen Calvin hier einsetzte, so scharf war: wie weiß er sie doch auch zugleich an die zügelnde Liebe zu mahnen, welche Alles verträgt und hofft so lange es nicht gegen das Gewissen geht; mit freier Predigt und eigener Zucht soll die kleine sich bildende Gemeinde sich begnügen, und mit der Bürgerschaft die Sacramente in der städtischen Kirche empfangen wie die Obrigkeit es forderte. Erfüllte sich Calvins Hoffnung, daß auch diese, von den geistig freieren Gästen allmählig belehrt, die Ceremonien als Nebensachen erkannte, so war der Friede gesichert. Nun war aber der Rath, wie wir wissen, auf die abschüssige Bahn gerathen, welche ihn dazu brachte — wie Heshusen einmal sich ausdrückt — zu glauben, daß bisweilen die Wahrheit im Pünktlein über dem J stecke.

Von einer Neigung der Walonen noch der Augsburger Confession und ihrer Apologie, in der Weise wie der Rath sie verstand ausgelegt, sich zu unterwerfen, ist keine Rede mehr; sie fühlten sich durch die Schwestergemeinde der Engländer in ihrem alten Glaubensleben gestärkt und getrieben. Beide aber überzeugten sich bald, daß es bei ihrer Ceremonienfrage sich nicht nur, wie der fernstehende Calvin meinte, um Nebensachen handle: vielmehr es darauf ankomme, dem zu weit greifenden Rath hier gleich zu widerstehn, um nicht Eines nach dem Andern sich nehmen zu lassen.

---

l'église ce que sont dans un corps les nerfs (nicht Nerven, sondern Sehnen; auch in der altholländischen Sprache ist Nerv und Sehne identisch, zenuw), qui en unissent les membres.

Vielleicht noch ehe die Engländer zahlreicher erschienen, jedenfalls aber noch bevor sie zu einer Gemeinde zusammengeschlossen waren, hatten sich die Walonen in ihrer Bedrängniß wegen der Ceremonien beim Abendmahl an ihre Freunde um Rath gewendet, und erhielten Zuschriften und Gutachten voll Weisung und Trost von der Gemeinde zu Genf (13. März 1554), von derjenigen zu Lausanne (April), endlich von Emden.[1])

Calvin mahnte auch jetzt zur Gebuld, zur Verträglichkeit. „Was die Form des Gebrauchs der Sacramente betrifft, sagt das Genfer Presbyterium, so sind eure Bedenken nicht ohne Grund, da es nichts Besseres giebt als sich an die reine Einfachheit, welche der Herr uns gegeben hat, zu halten. Seine Einsetzung und die damit übereinstimmende Art, wie die Apostel sie feierten, muß uns die einzige Richtschnur sein. Aber eure Stellung ist eine andre als die der Pfarrer der Stadt und der ganzen dortigen Bürgerschaft. Thäten die Pfarrer ihre Pflicht, so würden sie dafür sorgen, daß alles Ueberflüssige von der Feier entfernt würde, da es ja doch nicht zur Erbauung dient, wohl aber die Klarheit des Evangeliums verdunkelt. Auch die Obrigkeit sollte darauf Acht haben. Ihr ist es als unverzeihlicher Fehler anzurechnen, daß sie unnütze Dinge beibehält, die nichts als Ueberbleibsel päpst-

---

[1]) Das Genfer Gutachten (von Calvin ꝛc.) ist nach Teschenmachers Materialien zuerst in einer deutschen Uebersetzung, die sich im W. R. A. vorfand, durch v. Steinen (Ref. Historie S. 162) bekannt gemacht, und hat, wohl durch einen Druckfehler um volle fünf Jahre nachdatirt, Alle aufs Glatteis geführt, die es besprochen haben (Sardemann a. a. O. S. 68). Bonnet (lettres I. 418) theilte zuerst richtigen Text und Datum mit. — Den Lausanner Brief sandten die Weseler nach Emden, und erhielten (von Lasco, P. du Val und Joh. Utenhoven 6. Julii 1554) ein ausführliches lateinisches Gutachten, welches dem von Lausanne, weiterführend und motivirend, beitrat. (Ad ecclesiam Vesaliensem in J. a Lasco opera. ed. cit. 1866 II. 703.) Zugleich mit diesem Briefe sandte Lasco einige Exemplare seiner Confessio de communione Christi. Weiteres über diese Sache ist in der vita Lasco's von Kuyper zu erwarten.

Wir haben uns übrigens den Vorgang wohl so zu denken, daß beide Gemeinden, die walonische wie die sogenannte englische (die der Masse nach aus französisch Redenden wie jene bestand), die erhaltenen Rathschläge, welche Beide angingen, sich gegenseitig mitgetheilt haben, wie sie denn auch später gemeinsam operirten.

licher Irrthümer sind, deren Andenken sogar auszurotten so viel wir können unsre Pflicht ist. Da ihr aber nur ein einzelnes Glied der dortigen Stadtgemeinde bildet, so dürft ihr nicht nur, sondern ihr müßt sogar solche Schwächen tragen, die zu ändern nicht eure Sache ist. Brennende Kerzen und Hostien im Abendmahl sind allerdings keine gleichgültigen Dinge; aber man muß sich ihrem Gebrauche fügen wenn er einmal besteht, und man die Pflicht zu reformiren nicht hat.[1]) Wollte man hier in Genf, wo wir eine reine Kirche haben, solche Ceremonien (von Seiten des Magistrats) einführen: so würden wir nach der Stellung, in die Gott uns gesetzt, gezwungen sein bis aufs Aeußerste uns zu widersetzen. Kämen wir aber an einen Ort, wo eine verschiedene Form herrscht, so würde Keiner von uns sich an einer Kerze oder einem Meßkleide also stoßen, daß er sich deshalb vom Leib der Kirche trennen und auf das Abendmahl verzichten wollte. Ihr müßt die nicht ärgern, welche noch in solcher Schwachheit stecken, als verwürfet ihr sie um eines so kleinen Anlasses willen. Dazu würde es uns großen Schmerz bereiten, wenn die französische (presbyteriale) Gemeinde, welche dort errichtet werden kann, zertrümmert würde, weil ihr euch nicht einigen Ceremonien hättet accomodiren wollen, die das Wesen des Glaubens durchaus nicht angehn! Wahr ist, daß ihr mit allen guten Mitteln versuchen müßt, die größtmögliche Einfalt zu bewahren; und wird es deshalb gut sein in bescheidener Weise die Herren des Rathes zu bitten, euch nicht in Allem und überall zu ihren Sitten zu zwingen. Aber dieser bloße Unterschied in den Ceremonien darf euch nicht dahin führen, die Gelegenheit Preis zu geben, in Wesel eine eigene Gemeinde zu haben. Hauptsache ist daß ihr am Bekenntniß eures Glaubens haltet, und in der Lehre völlig bleibt. Ihr müßt den Streit fliehen, und nicht nur bescheiden sein, sondern auch erklären: daß eure Absicht nicht sei die Kraft der Sacramente herabzusetzen, vielmehr die geistigen Gaben zu verherrlichen, welche Gott uns in ihnen darbietet. Aber wenn ihr also bekennen werdet, daß wir im Abendmahl wahrhaftig **theilhaftig gemacht werden des Leibes und Blutes Christi, und daß unsre Seelen damit gespeist wer-**

---

1) Diese **Pflicht** hatte, nach seiner Meinung, der Rath der Stadt.

ben: so sehet wohl zu die Irrthümer auszuschließen, womit möglicher Weise Einige dort behaftet sein könnten (!). Wenigstens verschweiget nicht, was Gott uns davon zu erkennen gegeben hat, wenn ihr darüber Auskunft geben sollt." [1])

Nachdem Engländer und Walonen also schon in bester Weise bedient waren, erschien bei den französisch redenden englischen Flüchtlingen der ihnen bestimmte Peruzel (Sommer 1654). Sofort waren die bis dahin Vereinzelten gesammelt, Kirchenzucht eingerichtet, die Predigt begonnen, und standen nunmehr zwei Fremdengemeinden in der Stadt neben einander: diese, und die alte der Walonen, welche, durch den Einfluß der fortwährend zu- und durchwandernden Volksgenossen bestimmt, gleichfalls eine Kirchenzucht hielt.[2]) Peruzel hatte Calvin um einen Empfehlungsbrief an seine neue Gemeinde gebeten, um, darauf gestützt, das wie er wußte durch den Ceremonienstreit erschwerte Amt zu führen. Statt dessen erhielt er nur ein Schreiben, worin Calvin sich auf seinen ersten, den englischen Flüchtlingen gegebenen, Rath bezog. „In Betreff der überflüssigen Ceremonien, bittet er nochmals, bemühe dich zu zeigen, daß du sie mehr trägst als billigst. Was ich darüber denke habe ich [3]) der Gemeinde, als ich an dich noch nicht dachte, schon offen gesagt. Wem mein Rath nicht gefällt, bei dem wird auch mein Ansehn dir nichts helfen; bei den Andern aber wird jenes Zeugniß mehr gelten als ein Privatschreiben an dich, welches den Verdacht erwecken könnte, es sei um Gunst und

---

1) Der erste, oben mitgetheilte, Brief Calvins trägt bei Bonnet eine Ueberschrift (an die französische Gemeinde zu Wesel) die wohl nicht richtig sein kann, da er an Solche sich wendet, welche noch keine Gemeinde bilden. Die Ueberschrift des zweiten: aux frères de Wesel mag ächt sein. Dieser zweite scheint nicht auf den ersten zurückzugehn; der l'ung de nos frères am Schluß wenigstens kann nicht Calvin sein, da der erste Brief nicht an deux de vostre compaignie, sondern an eine größere Zahl Leute gerichtet ist.

2) Schon in ihrer einfachen Confession vom 3. October 1553 hatten sie bekannt: eine Gemeinde müsse haben rechte Lehre, rechtes Sacrament und Kirchenzucht.

3) Also nicht der Brief des Genfer Presbyteriums, sondern der erste ist gemeint; die früher Vereinzelten durfte er jetzt Gemeinde nennen.

Bittens willen erschlichen. Zwei Dinge haft du im Auge zu behalten. Du mußt dir von Ceremonien nicht mehr aufbürden lassen, als die Erbauung der Gemeinde zuläßt, und du mit reinem Gewissen annehmen kannst. Ich hoffe es wird sich vom Magistrat und den Pfarrern doch ohne Streit Etwas erreichen lassen; du selbst wirst aber aus unmittelbarer Anschauung besser beurtheilen können was nütze ist; deshalb mag ich nichts vorschreiben." [1]

[1] 6. Cal. Sept. 1554; in der Hanauer Ausgabe der lateinischen Briefe p. 336.

15. Streit der neulutherischen Parthei mit den Fremden.

Wenn schon die armen Walonen auf die kirchliche Entwickelung der Stadt einen nicht zu verkennenden Eindruck gemacht hatten, und deshalb ihre Gemeinde den Neulutheranern ein Dorn im Auge war: was sollen wir von der Wirksamkeit einer zweiten sagen, die, in derselben Lehreigenthümlichkeit und Cultus noch schärfer ausgeprägt, nicht Weber nur, sondern meistens Leute der höchsten Stände umfaßte?[1]) Hatten jene ersten Niederländer, in naiver Einfalt, als sie erschienen nur Predigt des göttlichen Wortes in schmuckloser Kapelle und das Abendmahl ohne die üblichen Ceremonien gewünscht, — Dinge, welche sie in ihrem Vaterland nicht hatten erhalten können; hatten sie später, durch neu aufgenommene Landsleute bestimmt, eine presbyteriale Ordnung ihrer Gemeinde ausgebildet: so hatten diese aus England erschienenen Fremden, namentlich so weit sie Franzosen und Glieder der Londoner Gemeinde Lasco's waren, eine eigene genau firirte Gottesdienstordnung bereits viele Jahre gehabt, und konnten es nicht über sich gewinnen, Dinge wieder anzunehmen, deren sie längst sich begeben hatten.

Calvin dachte sich die Weseler Verhältnisse offenbar einfacher und glatter als sie in Wirklichkeit waren. Er scheint kaum geahnt zu haben, daß auch hier die Neulutheraner Boden ge-

---

1) Unter den Engländern in Wesel befanden sich Scory, Bischof von Chichester, Thomas Joung, der spätere Erzbischof von York, John Rough, bald darauf Märtyrer; eine Zeitlang predigte ihnen auch Coverdale, bis er nach Bergzabern ging. S. Strype, eccles. memorials. III. 1. 233.

wonnen hatten, denn sonst würde er anders und zwar so wie er
pflegte über sie geredet haben. Aber die Fremden in Wesel erkannten klarer, worum es sich handelte. Sie konnten sich ihrer
Brüder erinnern, die Westphal in Hamburg verhöhnt statt
geduldet, und sahn ein gleiches Geschick für sich in Wesel voraus
wenn hier diejenige Parthei siegte, mit der sie zu thun hatten.

So konnten weder die Walonen noch Peruzel und die
Seinen sich in die von Calvin angerathene Nachgiebigkeit finden,
ließen vielmehr nicht ab, den Rath mit der Bitte zu bestürmen:
er möge ihnen außer der Predigt doch auch die Feier des Abendmahls in der ihnen überlassenen Kapelle nach ihrer gewohnten
Weise vergönnen. Es dauerte lange, ehe sie nur Hoffnung für
die Gewährung derselben fassen konnten. Zuerst mußten sie
die öffentliche Meinung, die Meinung und das Herz der Bürger
für sich gewinnen; zuerst den Beweis erbringen, daß die Form
ihres Gottesdienstes die reinere und darum ihre Bitte gerechtfertigt sei. Es gelang ihnen. Die Bewohner der Stadt hatten
das in jener Zeit seltene Glück: selbst prüfen, und an Cultus
und Wandel der verschiedenen Confessionsgenossen abnehmen zu
können, auf welcher Seite das Mehr oder Minder von Wahrheit
liege. Im hohen Kloster wurde die Messe gelesen, in der Wilibrordskirche fungirten die Pfarrer des Raths, in den Kapellen
lehrten Walonen, Franzosen und auch die Engländer welche ihre
Priester mit sich führten.

Bei den damaligen Verhandlungen der, wenn es darauf
ankam, nun stets gemeinsam auftretenden Fremden mit der Stadt
sehen wir meistens die Walonen den Vorrang behaupten. Sie
waren nicht nur am längsten ansässig, sondern auch ihre Stellung
und Gemeinde war durch ältere Verträge anerkannt und gesichert.
Zu Anfang des Jahres 1556 (9. Januar) schien ihnen die Zeit
günstig genug noch einmal das oft Erbetene zu erbitten, und der
Walonenpfarrer suchte um selbstständiges Abendmahl in seiner
Kapelle nach. Er hatte sich aber verrechnet. Der Rath dachte über
ihn anders als die Bürger, und nachdem derselbe sich mit seinen
städtischen Pfarrern besprochen, erfolgte ein ungünstiger Bescheid.
„Sei ihnen — so hieß es — das Röcklein der Pfarrer und die
Kerzen zuwider, und behaupteten sie daß man nicht mit Hostien
sondern mit Brod das Nachtmahl feiern müsse, so seien das Alles

nicht Dinge, die zum Sacrament nothwendig gehörten, auch nicht gottlos; als Fremde hätten sie sich zu fügen; was frei sei könne man thun und lassen je nach Gelegenheit, so nur die brüderliche Liebe darin gesucht und die christliche Einigkeit gehalten würde." Doch war die Rücksicht, welche man auf die vielen den Fremden günstig Gesinnten in der Stadt nehmen zu müssen glaubte, schon so groß, daß nachgegeben wurde „denjenigen Walonen, welche gar kein Deutsch verstünden, die Vermahnung aufs Abendmahl durch ihren Pfarrer thun zu lassen." Ja wie freundlich gesinnt eine Anzahl der Räthe bereits den Fremden geworden war, entnehmen wir daraus, daß spätere Sitzungen aufs neue die Frage behandelten: ob man nicht trotz der Stadtprediger die Kerzen und Röcklein in den Stadtkirchen abschaffen solle? Noch siegten zwar ihre Beschützer; aber doch nur so, daß den Walonen auch das noch über die Vorschläge der Stadtprediger hinaus zugestanden wurde: „ihr Pfarrer dürfe auch seinen Gemeindegliedern, die kein Deutsch verstünden, falls sie in Todesnoth lägen, das Abendmahl reichen, sonst (dies wohl zum Trost für die durch solche Nachgiebigkeit Verletzten) solle er durchaus der Augsburger Confession gemäß lehren." Diese letztere Bestimmung wegen der Lehre erneute auch die Stadtgemeinde bei der neuen Rathswahl (1556) und forderte nochmals Jeden, der damit nicht zufrieden sei, auf, hinwegzuziehen „da man ihn hier lieber los sei."

Als nun aber auch die zweite Fremdengemeinde, die der „Engländer"[1] ihre Verhandlungen begann, und wie die der Walonen allerlei Zugeständnisse verlangte, erhielt sie zur Antwort: daß es doch wohl besser sei, wenn die Stadt dem Fürsten gegenüber nicht auch noch um ihretwillen eine neue Gefahr auf sich nehme; man gönne ihnen ja alles Gute und hospitalitatis causa sei ihnen schon so viel nachgesehn und zugegeben. (5. Mai 1556.) Es war wirklich so wie der Rath sagte. Namentlich die

---

[1] Das heißt also die neue Gemeinde derjenigen Franzosen, welche zur Londoner Fremdengemeinde gehört hatten und jetzt von Peruzel bedient wurden, und der aus den ersten Leuten des Landes bestehenden Engländer, welche ihre geflüchteten Bischöfe bei sich hatten und sich von ihnen nach Eduards VI. Reformation den heimathlichen Gottesdienst halten ließen.

geborenen Engländer hatten in der Weise ihrer Nation nicht erst lange vorher gefragt was etwa erlaubt sein möchte, damit man ihnen nicht wehre was sie zu thun gedächten: sondern gethan was ihnen recht schien, bis Einer kommen würde, der es ihnen zu wehren die Macht hätte. Sie hatten sich eben ganz nach ihren Wünschen kirchlich eingerichtet so gut es ging, und durch eine Deputation (bei welcher drei Prediger sich befanden) dem überraschten Rath vorgestellt: „sie theilten hier monatlich das Abendmahl nach der Institution ihres Königs Eduardus VI. aus, doch würden sie das unterlassen, so er es nicht wolle." Der Rath erklärte damals, er wolle es allerdings nicht, fordere vielmehr von ihnen, daß sie sich nach der Augsburger Confession, und im Cultus nach der städtischen Weise richteten; bezeugte aber zugleich seine Hochachtung vor solcher ihm selbst mangelnden Entschlossenheit dadurch, daß er ihnen sogar einen Vorzug vor den Walonen einräumte, und erlaubte, daß sie künftig statt in die Stadtkirche zum Empfang des Abendmahls sich zu begeben, es sich durch einen Stadtpfarrer in **ihrer Kapelle** austheilen und denselben durch einen **ihrer Pfarrer** unterstützen lassen dürften. Auch sollten sie den Kranken das Abendmahl **durch ihre Geistlichen** (nur in Gegenwart eines Stadtpfarrers) geben lassen, und Predigt und Ermahnung in den Häusern ihnen unverwehrt sein (7. August). Gewiß eine eigenthümliche Anwendung derjenigen Weisung, welche er noch kürzlich von der durch Heshusens Freunde erregten Bürgerschaft erhalten hatte (4. Juni), „daß Niemand auch von Engländern und Walonen hier geduldet werden solle, der sich nicht allewege der (unveränderten) Augsburger Confession gemäß halte, da sie seit 26 Jahren nicht gründlich widerlegt sei."

Wichtiger als dieser heftige Beschluß einer leicht zu erregenden Volksversammlung sind uns die Berathungen des schärfer sehenden Rathes, dessen Benehmen schon jetzt deutlich verräth, daß nicht nur, wie wir oben bereits bemerkten unter seinen eigenen Gliedern, sondern daß sogar bei den **Stadtgeistlichen** hie und da eine Neigung zur Lehre der Fremden vorhanden war. Weshalb hätte er wohl sonst damals sich veranlaßt gesehn, grade diesen so ernstlich einzubinden **die Augsburger Confession lauter und recht zu lehren** (4. Juni)? Wenn er ihrer wie

bisher noch ganz sicher gewesen wäre, war diese Mahnung un=
nöthig. Und weshalb wohl hätte er sie so nachdrücklich aufge=
fordert, Alle auf Einerlei Weise die Ceremonien zu halten, so
nämlich wie „Bischof Hermanns Reformation" sie vorschrieb
(21. August), wenn sie noch wie früher für dieses Buch Alle be=
geistert gewesen wären? Ja weshalb legte er ihnen allen dreien
auf (25. August), denselben Katechismus zu brauchen und die
Gebote wie von Alters her gebräuchlich — nämlich in der
lutherischen Weise — zu zählen, wenn nicht eine Vorliebe für
reformirte Katechismen und Lehren sich bei ihnen gezeigt hätte?[1])
Derjenige, auf welchen diese allgemeinen Weisungen vornämlich
sich bezogen, war, wie wir sehen werden, der Pfarrer Bomel.

Die jüngere, sogenannte englische, Gemeinde hatte durch jene
nachgiebigen Rathsbeschlüsse zwar die ältere, walonische, überflügelt,
indem der englisch redenden Abtheilung derselben größere Rechte
als dieser zugestanden waren; dennoch begnügte sie sich auch damit
nicht einmal. Es handelte sich für alle Fremden darum, dem
zweifelhaften Zustand, worin sie staken, da ihnen bei jeder Ge=
legenheit die Augsburger Confession als Vor= und Schreckbild
zugleich citirt wurde, um ihres christlichen Gewissens willen ein
Ende zu machen. Sie mußten, wovon sie überzeugt waren,
darthun, daß ihre Lehre, obwohl nicht die dieser
Augsburger Confession, doch ihr nicht entgegen,
sondern ihr gemäß sei. Es war für sie würdig, nachdem
sie größerem Leid und Leiden die Stirn geboten, und um großer
Herren willen Gut und Ehren geopfert damit sie ihren Glauben
retteten, nicht von so kleinen Tyrannen sich peinigen zu lassen und
an ihrem Glauben Schaden zu nehmen. „Unsre Verfolger, hatte
Einer von ihnen gesagt als sie sich auf die Flucht begaben, be=
mühten sich es dahin zu bringen, daß Gottes armes verjagtes
Volk vor Hunger seine eigenen Finger essen sollte: aber der
gnädige Herr hat uns nicht um unsrer Sünden willen gestraft,

---

1) Auch der Beschluß: die einzelnen Gebote sollten nur ganz kurz, nicht
nach dem ausführlichen Text („die species so dairby hangen fallen to laiten")
dem Volk „das so viel nicht behalten kann" vorgetragen werden, weist auf
eine Opposition gegen reformirte Lehrart. An den Heidelberger Katechis=
mus zu denken ist unmöglich, da er erst 1563 erschien.

sondern uns geehrt, indem er uns würdigte sein Kreuz zu tragen:"¹) es war ihnen also zu viel zugemuthet, das was sie in so großem Elend erhalten hatten einer städtischen Laune zu opfern. Entweder erhielten sie volle Freiheit ihres Glaubens zu leben und zu sterben, oder sie setzten ihren Wanderstab weiter; eine andere Wahl kannten sie nicht. Peruzel mit seinen Franzosen und Londoner Walonen war zuerst bereit Eins oder das Andere mit Entschiedenheit zu verlangen, und übergab deshalb dem Rath ein Bekenntniß seines Glaubens mit der Bitte: es Melanchthon zur Beurtheilung übersenden, und von seiner Entscheidung ihr Bleiben oder Gehen abhängig machen zu dürfen (8. Oct. 1556). Der Verfasser der Augsburger Confession, auch wenn es nicht Melanchthon gewesen wäre, mußte ja wohl am Ersten wissen, ob dasselbe ihr gemäß sei oder nicht. Der englische Pfarrer bat und erhielt in diesen Verhandlungen für sich und den englisch redenden Theil der neuen Fremdengemeinde einen Monat Bedenkzeit, und versprach ebenfalls wegen seiner Lehre von den Sacramenten an Melanchthon zu schreiben und dessen Meinung zu hören.²)

---

1) Aehnlich ein Geusenlied:
Sy hadden ons ghepast te brenghen in noodt
als Slachtschaeplens die men doodt
met Thrannye beus:
Dus roepen wy, — want't Godt verdroodt —
vive, vive le geus!

2) Am 4. Juni wird als Pfarrer der Walonen Joan Handtoy genannt; am 8. October heißt Peruzel so. Es ist begreiflich und wahrscheinlich, daß die beiden Gemeinden, der Mehrzahl nach aus französisch redenden Leuten bestehend, sich gegenseitig so aushalfen, und auch ihre Glieder in solcher Brüderlichkeit unter einander lebten, daß sie in einander zu fließen schienen, und es für auswärts Stehende zu Zeiten schwer zu bestimmen gewesen sein wird, welcher der eine oder andere der vielen Geistlichen, die sie unter sich hatten, diente. Gewiß ist, daß Peruzel sonst als Diener der aus England eingewanderten Gemeinde auftritt. Daß er aber nur den französisch redenden Gliedern derselben hat predigen können und im Uebrigen englisch redenden Pfarrern die Arbeit an ihr hat überlassen müssen, liegt in der Natur der Sache.
Ein Bruchstück wenigstens jenes ersten Bekenntnisses Peruzels ist uns in einer Rechtfertigung von Bomel erhalten (W. R. A. 6, 1). „In

Melanchthon war als Freund Heresbachs, wie wir wissen, mit der Stadt in Verkehr gekommen. Seiner Empfehlung verdankte sie den alten nun entlassenen Superintendenten Busch; viele der jetzt in ihren Aemtern angestellten Bürger Wesels hatten unter seiner Leitung und Hülfe in Wittenberg ihre Studien gemacht; für manche von ihnen hatte er den Seckel der Stadt für Stipendien zu öffnen gewußt. Wo bisher sein Name hier genannt war, war es nur in Ehren geschehen. Was konnte billiger scheinen, als daß Peruzel das Geschick der Fremdengemeinden nicht auf das Wort seines Freundes, Calvins, sondern auf des Freundes der Stadt, Melanchthons, stellte? Und doch war diese Berufung der Parthei, die nach Alleinherrschaft strebte, so peinlich als möglich. Ihre Autoritäten waren bereits Melanchthons erbitterte Feinde, aber sie konnte nichts dawider sagen so lange Heshusen selbst, in der Lehre längst mit Melanchthons Gegnern einig, nicht gegen ihn auch persönlich aufgetreten war und sich von ihm gelöst hatte. Der Rath wußte also keinen Grund der Fremden Bitte abzuschlagen, und mußte sie wohl gewähren.

Peruzel handelte mit rücksichtsloser Wahrheit. Am nächsten Rathstag (15. Oct. 1556) überreichte er dem Rath sein an Melanchthon gerichtetes offenes Schreiben, welches den so hoch gefeierten, und damals schon von Vielen arg geschmähten Mann zum Schiedsrichter aufruft. Es war ihm darum zu thun, seinem Richter völlige Klarheit über die Streitpunkte zu verschaffen, und er hatte es deshalb auf ihre Darlegung durch den Rath und die denselben treibenden Pfarrer Platean und Stein nicht ankommen lassen wollen. „Wir glauben — schreibt er — daß das h. Abendmahl eine Handlung, die nur während der Feier Sacrament, Pfand und Zeugniß der göttlichen Gnade ist, uns

---

coena domini duo sunt ministri: concionator seu minister ecclesiae et spiritus sanctus. Duo dantur: panis et vinum, corpus et sanguis Christi. Duo sunt qui accipiunt: corpus et anima; corpus a ministro ecclesiae accipit panem et vinum, anima vero per ministerium spiritus sancti accipit vere verum corpus et sanguinem Christi in vitam aeternam. Schärfer konnte nicht wohl das reformirte Auseinanderhalten von sacramentum und res sacramenti dargelegt werden.

an die Verheißung Gottes und die ganze Erlösung erinnert, und
daß die Wohlthaten des Evangeliums denjenigen zukommen welche
es feiern; daß es ein Zeichen ist, dadurch Gott seine Gemeinde
von anderen unterscheidet; daß es das Gedächtniß der Wohlthaten
Christi fördert und bewahrt, uns stärkt in dem Glauben daß
diese Wohlthaten uns zu Gut kommen, und er mit uns den
Bund gemacht hat „bleibet in mir und ich in euch. Wir glauben,
daß die welche das Sacrament feiern wahren Leib und Blut
Christi empfangen, **geistlich nicht mündlich**. Steht geschrieben
„unsre Seelen würden durch Fleisch und Blut Christi genährt":
so verstehen wir das so, daß nicht eine Mittheilung der Substanz
des Leibes Christi stattfindet; sondern so, daß die Seelen durch die
Wirksamkeit des h. Geistes Leben schöpfen aus dem Einmal für
uns geopferten Fleisch und Blut. Christum, so weit er Mensch
ist, schließen wir nicht in Brod und Wein ein, sondern schauen
ihn im Glauben an als den der im Himmel ist. . . . Wir verdammen übrigens die, welche anders vom h. Abendmahl denken
so wenig, daß wir sie vielmehr für unsre Brüder halten; daß
wir wünschen, dieser Streit, welcher den Fortgang des Evangeliums gehindert und die Ursache großen Elendes der Kirche geworden, wäre nie entstanden. Da aber der Rath von mir ein
unumwundenes Bekenntniß gefordert hat, wollte ich auch Nichts
verhehlen um mein Gewissen nicht zu verletzen."

„Auch über die Taufe und die Ceremonien besteht hier Uneinig-
keit. Denn bei der Taufe läßt man uns nur das Wort; die
Handlung selbst aber verrichtet der deutsche Pfarrer. Zwar beschwert
mich das nicht sonderlich, aber ich kanns nicht billigen."

„Eben so behaupten wir, Gottes Verheißungen gelten den
Nachkommen Abrahams, wir seien Abrahams Kinder, man dürfe
also wegen der Kinder der „Heiligen", welche ungetauft sterben,
getrost sein. Die hiesigen Pfarrer aber sagen sie gingen verloren [1]."

---

[1] Auch das war neulutherisch. Noch Frühling 1545 sagten die
Wittenberger: die Christenkinder, welche vor der Taufe stürben, verdammten
sie nicht; und Luther hatte dazu nur die eigenhändige Glosse gemacht „doch
daß ernstlich für sie gebetet werde." S. Buchholz, Kaiser Ferdinand V.
S. 49. — Es empörte Heshusen, daß die Heidelberger „die Kinder der

"Auch haben sie beim Abendmahl viele Ceremonien beibehalten, zu deren Beobachtung wir billiger Weise nicht genöthigt werden können, da wir sie niemals gehabt haben, unsre Gemeindeglieder meistens schwach und unfähig sind sich darüber hinweg zu setzen, dadurch geärgert werden, unsre Gegner selbst aber sie für unwichtig ausgeben" [1]).

Diesen Brief sandte, wahrscheinlich zugleich mit Peruzels größerem Glaubensbekenntniß (vom 8. October), der Rath an Melanchthon, indem er vier Goldstücke als kleines Zeichen seiner Dankbarkeit für große geleistete Dienste beilegte.

---

gläubigen Eltern des göttlichen Zorns von Mutterleib an ledig zählen", und er schrieb diesen Irrthum später auf Rechnung des — Pelagianismus des Heidelberger Katechismus.

1) S. den Anhang.

16. Melanchthon tritt vergebens für die Flüchtlinge auf; ein Theil derselben wird gezwungen die Stadt zu verlassen.

Der Standpunkt, welchen Peruzel in seinem Bekenntniß einnimmt, ist nicht der der meisten Reformirten, nicht der Calvins, und von dem ursprünglich Zürich'schen in so fern nicht unterschieden, als er das Hauptgewicht des Abendmahls in das andächtige Gemüth des Feiernden, auf die Seite des Empfangenden verlegt.

In welcher Weise die im städtischen Rath bisher herrschende neulutherische Parthei Melanchthons Antwort abgefaßt wünschte, ist uns aus ihrem bisherigen Benehmen klar. Noch mehr aber entnehmen wir es aus der Art, wie sie die ganze Berufung Peruzels auf Melanchthon behandelte. Denn das Geleitschreiben zu demselben berichtete dem Nichts ahnenden Gelehrten: „daß Wesel zwar mit Gottes Wort gnädig versehen sei, aber viele Irrgeister (!) einschlichen, welchen man mit wahrem Grund der heiligen Schrift begegnen müsse, und sei es darum nöthig einen Superintendenten anzunehmen. Da er nun bei Männiglichem berühmt sei, daß er Alles was göttlich sei befördre: so möge er doch sich nach dem Doctor Mörlin in Braunschweig umthun, um ihnen denselben zu diesem Amt zu verschaffen; oder wenn der es nicht annehmen wolle, ihn wenigstens bestimmen auf ein oder auch nur auf ein halbes Jahr nach Wesel zu kommen. Nicht nur sei die Stadt bereit ihn anständig zu besolden und seine Reisekosten ihm zu vergüten, sondern daneben auch geneigt sich der Augsburger

Confession in Austheilung der Sacramente und Kirchenordnung gemäß zu halten. Nachdem sich auch ein Prediger der Walonen, welche man zu Wesel als um Gottes Willen Vertriebne aufgenommen, Namens Franziscus (Peruzel), auf ihn seines Glaubens und Bekenntnisses halber berufen: so sei ihr freundlich Begehren seine Meinung und sein Urtheil darüber ihnen mitzutheilen." (19. Oct. 1556.) Die Hauptsache war also nach diesem Schreiben die Berufung eines an die Spitze der Geistlichkeit zu stellenden Superintendenten; die Confession der Fremden, über die geurtheilt werden mußte, läuft nur als Kleinigkeit nebenher. In der Wirklichkeit freilich war es umgekehrt. Wozu sein Urtheil dienen, was es bewirken sollte wenn er jenes Bekenntniß nicht billigte, war wohl nicht einmal angedeutet: aber Melanchthon konnte aus der Aeußerung über die „Irrgeister", und wenn er sah wie damals im ganzen deutschen Land den „Walonen" mitgespielt wurde, unschwer errathen, daß, wenn er jetzt nicht sonnenklar antwortete, sein Name dazu mißbraucht werden könnte einen Gewaltstreich gegen sie zu rechtfertigen. In demjenigen Theile, der die Fremdensache behandelt, ist der Brief des Raths klug, ja schlau angelegt. Die dominirenden Glieder desselben waren nun einmal dafür gewonnen, sich für die unveränderte Augsburger Confession zu begeistern, hatten in den Flazianern und ihren Anhängern die Säulen, in den zum Dogma der Reformirten neigenden Lehrern die Verwüster der Kirche sich zeigen lassen, und es begriffen, daß sie somit die Fremden nicht länger würden bei sich leiden können.

Die Stellung Melanchthons zur Sache mußte dem unter den Rathsgliedern sitzenden von Bert ebenso wie dem eigentlichen Hetzer, dem Pfarrer Herman Stein, bekannt sein. Fühlten doch Beide damals nur noch durch Heshusens bescheidene Zurückhaltung sich gehindert, gegen die Wittenberger loszubrechen, und ersehnten den Augenblick wo sie es könnten! Es war ihnen wie allen Eingeweihten verdrießlich genug, daß der Praeceptor Germaniae über ihre Stadt zu Gericht sitzen sollte, da sie viel lieber Flazius, Westphal oder Heshusen dazu erwählt hätten; damit er ihnen aber die Sache nicht gar verderbe, und unzweifelhaft wisse wie man in Wesel gesinnt sei, stellten sie obenan in ihrem Schreiben die Bitte ihnen grade diesen

Superintendenten zu verschaffen, diesen Joachim Mörlin. Urtheile man wie man will; gewiß ist, daß, wer Melanchthon ernstlich nachrühmte „er fördre was göttlich sei," „er werde deshalb trotz der auf ihm liegenden Arbeitslast aus christlicher Liebe einen Rath geben," wer ihn seinen „vielgünstigen Herrn und Freund" in Wahrheit nannte: nicht zugleich in Mörlin einen Retter der großen Stadt sehen konnte, welcher in einem „halben Jahr" darin aufzuräumen im Stande sei. War doch Mörlin grade in der Abendmahlslehre, um die es hier sich handelte, einer der berühmtesten und berüchtigtsten Gegner Melanchthons. Zwar forderte er von dem Genossen Luthers nicht, wie Flazius es that, er solle wegen seiner Interimssachen mit David das liebe Peccavi singen, schüttelte ihn nicht wie dieser als den Verwirrer Israels: bewies aber schon drei Monate nach dem Weseler Brief (bei der Coswicker Handlung) trotz des von ihm beklagten Starrsinns der Flazianer, daß er ihr und nicht Melanchthons Genosse sei. Wohl bekannte er, daß er sammt all seinen Freunden nicht einen richtigen Schluß machen könnten, so sie es nicht von Philippus gelernt hätten; zugleich aber betheuerte er, damit Gelehrte und Bauern wissen konnten was er wollte: „es sei sein Ruhm, in Luthers Lehre ganz und gar versoffen zu sein", und redete den Altmeister von Wittenberg an „wenns kommt ad locum de coena domini, da lobe dich der Teufel, Philippe, ich nimmermehr!" [1])

Das war das öffentliche Handeln des Weseler Raths, der im besten Zuge war, durch seine Treiber dem Fanatismus zur Beute zu werden; betrachten wir nun das geheime.

Der Parthei, welche das Schwert in Händen hatte, mußte

---

1) Die Zeit reifte bald seinen Fanatismus. Auch er lachte zuletzt des Donnerns des Wittenberger Jupiters, und seine Freude über die Vertreibung des reformirten Pfarrers Hardenberg aus Bremen (8. Februar 1561), wozu er sein Bestes gethan, ward ihm nur dadurch getrübt, daß der Bürgermeister Daniel van Büren im Amte blieb. „Gott wehre und bekehre den im Rathstuhl oder stürze ihn um Seines Namens Ehre willen! Amen." sagte und schrieb er (s. die Glossen über Bürens Bekenntniß, handschriftlich im Weseler K. A. 3, 1). Ueber Mel.'s Stellung zu Mörlin vgl. Mel. epp. im Corpus Reformatorum IX. col. 961; über die Coswicker Handlung s. Preger, Flazius Illyricus II. 82.

es, so bald sie sich ernüchterte, klar werden, daß jener Brief, dem sie die Billigung des ganzen Rathes verschafft hatte, am Ende das Gegentheil von dem wirken möchte was er sollte. Er sollte Melanchthon ein den Fremden ungünstiges Urtheil entloden: darum war von den vielerlei irrigen Geistern die Rede die sich einschlichen, die zu bekämpfen sie eines Superintendenten bedürften, — und nach diesem Vordersatz bat der Nachsatz um sein Gutachten über das Walonenbekenntniß. Das war einem Verständigen freilich verständlich genug. Nun aber waren sie in ihrem Zeugenmuth weiter gegangen: sie hatten ihm das Stichwort ihrer Parthei ins Gesicht geworfen, indem sie ihm gegenüber (!) sich auf die „Augsburger Confession" beriefen; ja sie hatten sich ganz offenbar verlaufen, und ihres Herzens Gedanken zu offen dargelegt, indem sie in Mörlins Namen einen rettenden Stern begrüßten. Es gereute sie des Guten zu viel gethan zu haben. Auf den Agitator Stein, der sie wohl in diese Sackgasse geführt, fiel ihr ganzer Unmuth. Bomel war ihnen in der Lehre unzuverlässig. Da wurde Platean ins Vertrauen gezogen. Er mußte sich unter dem Vorwande nach Lemgo (in seine frühere Gemeinde) verreisen zu wollen, von dem Rath Urlaub geben lassen, erhielt ihn, und zugleich durch öffentlichen Beschluß desselben Raths den bittenden Auftrag: bei dieser Gelegenheit „auf der Stadt Kosten weiter bis Braunschweig zu ziehen und sich Mörlins wegen zu erkundigen" (31. October 1556).

Was er in seiner alten Heimath sollte ist leicht gesagt. Diese Stadt war die Heimath des Weseler Rectors Lubbert Florinus, und auf diesen führen die Fäden zurück, welche Wesel mit dem (durch den Grafen Bernhard) dem damaligen Lutherthum zugeführten Lemgo verbanden. Hier wirkte Hermann Hamelmann, der vielgeschäftige, überaus schlagfertige Verfechter der neulutherischen Dogmen, als Pfarrer an der Marienkirche, allemal gern bereit, wo Gefahr drohte, mit Rath und That — wie sich bewiesen hat auch in Wesel, einzutreten. Zwanzig Schriften gegen die Reformirten sind Denkmale davon, wie sehr er es verstand, in diesen Zeiten wilder Händel mit noch gröberer Münze zu zahlen als die war, welche er empfing. Für sich selbst nur befriedigt, wenn er das letzte Wort gegen die Calviner und

Melanchthonianer, diese „Sacramentsverfälscher", diese Anhänger „jener gottlosen Schrift, welche man den Züricher Consensus nennt", diese Menschen, deren „Betrug und Hinterlist" für ihn erwiesen war, behielt, rieth er doch der weniger wortgewandten Welt, keine Disputationen mit ihnen anzustellen, sondern sie einfach für Ketzer zu achten¹). Die Parthei konnte hoffen, Platean werde bei ihm trefflichen Rath finden, seine Gesinnungsgenossen aus den Schlingen, worin sie theils durch Peruzels Berufung auf Melanchthon gerathen waren, theils sich selbst gewunden hatten, zu befreien, da ja einem Hamelmann die Verpflanzung des Braunschweiger Partheihauptes Mörlin nach Wesel als rettende That erscheinen mußte. Und was — fragen wir nach drei Jahrhunderten — was würde geschehen sein, wenn dieser starre Gegner Melanchthons in die noch unfertigen, fließenden Zustände des Niederrheins wirklich eingetreten wäre?

Aber der Weg des Abgesandten mußte nach dem Plan der Parthei und des Rathes Beschluß über Wittenberg nach Braunschweig gehn. Wurde Melanchthon nicht gegen die Fremden und für Mörlin eingenommen, so schien ihr noch immer Alles verloren. Denn noch galt der Name des großen milden Mannes in der Bürgerschaft; noch war das Wort „unveränderte" Augsburger Confession, das Stichwort für seine Feinde, den Bürgern gegenüber nicht genannt worden. Er mußte gewonnen oder doch mindestens besänftigt werden.

Deshalb berief der Bürgermeister Groen diejenige kleine

---

1) S. Leuckfelds historia Hamelmanni. Quedlinburg 1720. Im Leben H's. von Rauschenbusch (Schwelm 1830) S. 59 sind ungenaue Angaben nach der Schrift von Clemen (Einführung der Reformation zu Lemgo. 1847) zu berichtigen. — Die zu Wittenberg 1539 gebilligte Lippische Kirchenordnung (wieder zugänglich gemacht durch Richter, K.-Ordnungen II. S. 489), auf welche H. berufen ist, gab ihm nicht besonderen Grund als Hüter der Flazianischen Lehre sich für die Graffschaft aufzuwerfen. Sagte ihm doch der Artikel vom Abendmahl hier „dat herte gelovet, dat so warlich inwendich de Christen im geist und geloven dorch dat lyff und bloith Christi gespiset werden, als uthwendich unse lyff etten und drinken erholdth" —, und was half es, daß H. dieser Worte Inhalt lakonisch angiebt: „de substantia sacramenti altaris quis sit?" cf. Hamelw. opera edd. Wasserbach, p. 812.

Fraction des Collegiums (nur acht von seinen vierundzwanzig Gliedern), welche bis dahin mit ihm das Heil der Stadt in Heshusens, seines Schwagers, Theologie gesucht hatte, zu einer nächtlichen Sitzung in sein Haus: seinen Amtsgenossen (den zweiten Bürgermeister), und sechs Glieder des Rathes.[1]) Das Geheimprotokoll, welches hier geführt wurde, verpflichtete sie auf ihren Eid die Verhandlung geheim zu halten. Es wurde ein Brief an Melanchthon, den Platean mitnehmen sollte, aufgesetzt. „Wiewohl wir — das ist sein kurzer Inhalt — am 19. October um einen Superintendenten (Mörlin wird nicht genannt) auch von dem Bekenntniß Etlicher (n. b.) vom h. Nachtmahl geschrieben, und nicht zweifeln, du werdest was du darin für christlich und recht hältst nicht vorenthalten: so möchte doch wie wir denken ein mündlicher Bericht dabei ganz nützlich sein, und haben wir deshalb den Meister Thomas, der auch mit den Anderen (n. b.) öfter sich unterredet hat, zu dir abgefertigt, und bitten ihn an unsrer Statt anzuhören und seinen Mittheilungen zu glauben." (1. Nov.)[2])

Es lag kein Grund vor ein Geheimniß daraus zu machen, daß Platean seine Reise nach Braunschweig über Wittenberg machen werde, da er schon als Melanchthons früherer Schüler sich dahin gezogen fühlen konnte; daß er aber als Sendling der Parthei dahin gehe, wußten nur die Eingeweihten. Deshalb konnte es geschehen, daß der französische Edelmann Hubert Languet, ein genauer Freund Melanchthons wie Calvins, der Geld und Geist dadurch für das Reich Gottes verwerthete, daß er seine versprengten Volksgenossen besuchte und aufrichtete, damals zufällig zu diesem Zweck in Wesel anwesend, arglos dem reisenden Pfarrer einen Brief an Melanchthon mitgab![3])

---

1) Ein gutes Theil der damaligen Erregung ist wohl dadurch zu erklären, daß Heshusen selbst 1556 eine Zeitlang in Wesel war. S. Gerdes. II. 701. Auch 1559 beim Tode seiner Mutter war er in der Stadt. S. u.

2) Das Original dieses Protokolles, einst im Besitz des fleißigen Urkundensammlers A. v. Dorth, hat mir vorgelegen, und ist danach die im Anhang mitgetheilte Copie angefertigt. — Der Paß, welchen der sorgsam beschützte Platean erhielt, befindet sich im W. K. A. 6, 1.

3) Ueber Languet vgl. die ausführlichen Mittheilungen in Krato von Krafftheim von Gilles. Frankfurt 1860.

So nahm Platean zwei Schriftstücke, deren eines gerade das Gegentheil des andern war, mit sich auf die gefährliche Fahrt, woran so große Hoffnungen und Befürchtungen sich knüpften.

Während also die Sache der französisch redenden Fremdlinge auf die Feder Melanchthons gestellt war, lief die den Engländern bewilligte Bedenkzeit (von vier Wochen) zu Ende, und sie erschienen aufs neue vor dem Rath (10. Nov. 1556). Aber nicht den fernen Melanchthon (wovon sie früher gesprochen), sondern die gegenwärtigen Glieder des Rathes selbst riefen sie männlich und fest um Entscheidung in dem schwebenden Streit an. Pflegt ja die nachhaltige Kraft, welche ihrem Volk als solchem eigen ist, auch seine zerstreuten Glieder nicht zu verlassen. Die Noth, aus der sie kamen und der sie entgegen sahen, machte die bisher so Wortkargen beredt. Zunächst „priesen sie Gottes Erbarmung und des Rathes Freundlichkeit, der sie, die aus Vaterland und Besitz Verjagten aufgenommen." Weil sie Glauben hatten verzagten sie nicht „vielmehr — sagen sie — rühmen wir uns in Verbannung und Anfechtung, denn wir suchen was droben ist und ertragen den Raub unsrer Güter mit Freuden. Alle Schätze der Welt machen ja das Gewissen nicht stille, sondern nur die Verheißung der Gnade Gottes." Nachdem sie dann ihre reformirte Abendmahlslehre klar vorgetragen, bitten sie, weit entfernt mit ihrer gegen die Walonen schon so bevorzugten Stellung zufrieden zu sein: man möchte ihnen wieder wie zu Anfang erlauben, das Sacrament sich durch ihre eigenen Geistlichen austheilen zu lassen; indem sie in feiner Wendung darauf aufmerksam machen, wie hart es sei gerade ihnen, der Kirche unter dem Kreuz, den Unglücklichen, die es am meisten bedürften, es zu verwehren. „Unsre Lehre, betheuern sie wie früher, ist lediglich die, welche unser König Eduard VI. durch seine Geistlichen uns gegeben, die aus dem reinsten Quell, der heiligen Schrift, geschöpft, auch mit dem Blut sehr vieler Märtyrer in England bestärkt und besiegelt ist." Der Rath nahm das Bekenntniß ihres Volkes in einem Druckexemplar[1]) nebst ihrem Geleitschreiben an, erklärte beides zwar durchsehn zu lassen, aber doch hier ferner

---

1) Das Geleitschreiben, womit sie die 42 Artikel Eduards VI. überreichten, ist im Anhang mitgetheilt.

nur gestatten zu wollen, was der Augsburger Confession gemäß sei „da hier nicht Alles gelten könne, was in England erlaubt sei."

Melanchthon ließ nicht lange auf Antwort warten. Wohl hatte der Rath in jenem ersten, in aller Form, unter dem Siegel der Stadt, und öffentlich an ihn erlassenen Schreiben zwei nicht zusammengehörige Fragen zusammengeknüpft: er aber antwortete auf jede derselben in besonderer Schrift; auf die erste wegen eines Superintendenten deutsch, denn sie betraf eine häusliche Sache; auf die zweite wegen der Fremden in lateinischer Auseinandersetzung: denn was er hier berühren mußte war eine Angelegenheit von prinzipieller Bedeutung, welche nicht nur Wesel, vielmehr die ganze evangelische Welt anging und wofür er dieser sich verantwortlich wußte. Er durchschaute das Spiel, welches mit ihm und seinem Namen getrieben werden sollte, aber seine Wahrhaftigkeit und Einfalt zerriß das künstlich ihm gestellte Netz.

Wegen der Fremden sagte er zuerst seine Meinung (13. Nov.). Das ihretwegen gestellte lateinische Gutachten begleitete er mit einigen deutschen Zeilen an den Rath, indem er alle Heimlichkeiten bei Seite schob, sich geradezu auf die mündliche Botschaft Plateans als des „städtischen Gesandten" bezog, und behauptete, daß er auch trotz der Mittheilungen dieses Mannes „die eigentliche Lage der Stadt nicht gründlich habe erfahren können." Auf Peruzels Glaubensbekenntniß ging er gar nicht ein, antwortete ihm auch nicht einmal; wußte er doch, daß es sich darum gar nicht handelte. Ihn interessirte nur der Kern der Nuß, die Frage: ob die Eingewanderten in Wesel zu dulden seien oder nicht? Und indem er auf sein beiliegendes Gutachten verweist, mahnt er den Rath schon von vorn herein auch in seiner Zuschrift: „er solle bedenken, daß diese armen fremden Leute aus Barmherzigkeit angenommen, und es sehr erbärmlich wäre, sie nun wieder zu verjagen. Dazu sei auch Aussicht, etliche Fürsten würden eine Versammlung von Gelehrten berufen, um über diese und andre Sachen zu handeln, weshalb man mit ihnen Geduld haben möchte." Wegen eines Superintendenten hatte er auch einen ganz bestimmten Rath. Schonend nennt sein diese Frage behandelnder zweiter Brief (vom 18. Nov.) den Namen

Mörlins nicht; er deutet nur darauf hin, daß es doch besser sei, Jemanden auf die Dauer zu gewinnen als auf kurze Zeit, wodurch ihrer Kirche wohl nur noch mehr Unruhe erwachsen möchte. Deshalb schlage er ihnen Justus Menius zu diesem Amte vor¹), einen Mann, der gottesfürchtig, gelehrt, verständig, in der Lehre rein und beständig, zum Frieden der Stadt werde sein Amt ausrichten können²).

Wir greifen begierig nach dem wichtigeren Gutachten. Was sagt es uns?

Zunächst fühlen wir seiner Sprache an, wie es Melanchthon bewegt hat, daß ein Streit, der ganze Gebiete der evangelischen Kirche schon zerrüttet, auch an die äußersten Grenzen der deutschen Reformation getragen werden sollte, und sehen es trotzdem den Versuch machen, ohne Leidenschaft und so gelinde als möglich zu reden³).

1) Menius, Gesinnungsgenosse und Verwandter Melanchthons, hatte den neuen Gehorsam des Bekehrten einmal als nothwendiges Merkmal der wirklichen Rechtfertigung behauptet, unterschrieb aber (1558) zu Eisenach gern, daß der Glaube durchweg und allein gerecht mache und starb 1558 in Leipzig. Flazius hatte ihn von Gotha weggebracht. Die von Wesel aus fast nur zum Schein später mit ihm angeknüpften Verhandlungen waren so wenig ernst gemeint, daß er nicht einmal auf sie antwortete. Seine Begabung ein Kirchenwesen zu ordnen, hatte er in der K.-Ordnung des Herzogs von Sachsen (1539) schon bewiesen. S. Richter, K.-Ordnungen I. 307.

2) Beide bisher ungedruckte Briefe vom 13. und 18. Nov. (welche aus der früher lutherischen Gemeinde in Wesel ins Archiv der evangelischen gekommen) sind im Anhang meiner Schrift über Heresbach mitgetheilt. Das lateinische Bedenken steht, an einigen Stellen unrichtig ins Deutsche übersetzt, zuerst bei v. Steinen (S. 157), danach (falsch datirt) bei Berg, S. 151; lateinisch mit falschem Datum im Corpus Reformatorum VIII. 908, aber so fehlerhaft, daß seine erneute Mittheilung im Anhang meiner genannten Schrift nöthig war. Wegen der großen Hoffnung, die Mel. damals hegte: die Fürsten würden einen Gelehrtenconvent berufen, s. s. Brief an Languet vom 15. Juli 1556 und den an den Senat von Frankfurt vom 13. Juli 1556. Ja er schrieb in demselben Jahre ein Bedenken de synodo in Germania habenda. — Das Bedenken, welches er den Frankfurtern gab, und wodurch er den dortigen Flüchtlingen freie Religionsübung bewirkt hat, ist im Corp. Reff. IX. S. 179. mitgetheilt.

3) Exulibus Gallicis et Anglicis doleo meam interessionem lenissime scriptam non profuisse apud Fesulanos schrieb er später an Languet (29. März 1557). Epp. IX. 121.

Er weist auf Frankfurt hin, eine Stadt, welche den walonischen und englischen Flüchtlingen nicht nur Herberge geboten, sondern auch eigenen Gottesdienst erlaubt habe. Dann heißt es, „Wesel würde ruhiger sein, wenn es eben so handelte. Die Fremden verjagen ist viel zu hart. Man macht drei Ursachen für ihre Vertreibung geltend. Die erste ist: daß sie sich an den Abendmahlsceremonien stoßen. Das ist allerdings kleinlich und unziemlich; aber nachdem man ihnen ihre eigene Predigt erlaubt hat, könnte man ihnen auch zugeben ihr Abendmahl für sich zu feiern. Die andre: daß sie die Kindertaufe verwerfen. Thäten sie das, so wären sie durchaus nicht zu dulden; aber ich achte daß sie dieselbe billigen, und daß die welche etwa ungebührlich davon geredet haben, sich leicht werden belehren lassen. Die dritte ist ihre Meinung vom h. Abendmahl. Aber von der Gegenwart des Leibes Jesu reden auch bei den Unsern die Einen strenger als die Andern. Dieser Streit ist noch nicht geschlichtet und so darf man die armen Leute nicht verjagen. Luther hat die Straßburger und Augsburger anerkannt als sie zugaben, daß im Genuße des Abendmahls Christus wesentlich und wirksam sei — und alle Disputationen wurden damals bei Seite geschoben.[1]) Freilich muß bekannt werden, das Abendmahl sei nicht nur ein „Zeichen" des Bundes oder unsrer Gemeinschaft ohne Gegenwart und Wirksamkeit des Sohnes Gottes; aber unser (Augsburger) Bekenntniß verwirft die Anbetung des Brodes, und ich habe stets betont, daß es außer dem Gebrauch des Sacraments kein Sacrament gebe. Mit dem Apostel sage ich: das Brod ist die Gemeinschaft des Leibes Christi. Ich hoffe der Herzog von Cleve sowohl wie die Stadt Wesel werden den Flüchtigen das einmal erwiesene Erbarmen nicht entziehn und ihnen, bis eine Versammlung der Gelehrten über die fraglichen Dinge entschieden haben wird, ein eigenes Predigtamt zugestehn."

So erhob für die Heimathlosen der bedeutendste und mil-

---

1) Vgl. die Wittenberger Concordia (zuletzt abgedruckt in Nitzsch, Urkundenbuch der ev. Union 1853. S. 60.) — Mel. selbst hatte damals den Vergleich auf die Formel gebracht corpus Christi cum pane et vino vere et substantialiter adesse.

deste der noch lebenden großen Anhänger und Träger der Reformation seine Stimme. Wir rechnen es ihm um so höher an, als er Peruzels Meinungen schwerlich sich hat zu eigen machen können; — scheint doch grade die Stelle seines Briefes, welche die Meinung vom Abendmahl als einem bloßen „Zeichen" verwirft, gegen diesen gerichtet; — aber es war ihm darum zu thun, nicht die Sache selbst um eines schwachen Fürsprechers willen Preis zu geben [1]).

Kehren wir von dem großen Manne zu den kleinen Leuten zurück. Daß sein Gutachten eben sowohl wie sein kurzes deutsches Geleitschreiben der Parthei, welche damals heimlich zusammen gekommen war, allen Boden unter den Füßen wegzog, liegt auf der Hand. Aber nicht nur die Liebe, auch der Eifer ist blind. Die am Ruder saßen meinten nun einmal, daß die Fremden auf die Dauer die Bürgerschaft in die Verdammniß führten; sie kannten deshalb vorab nur Ein Ziel: sie auszutreiben. Daher sahen sie mit sehenden Augen nicht. So wie Melanchthon geschrieben hatte, sollte und durfte er nun einmal nicht geschrieben haben! Wie es möglich gewesen ist, daß in diesen Strudel auch die besonnenen Elemente des Rathes (ob wirklich, ob scheinbar nur?) hineingerissen sind (acht, ein Drittel nur von seinen Gliedern zählten zu den Extremsten), wird uns wohl ein Räthsel bleiben; wir wissen aber, daß, als es nun doch endlich zur Vorlage des Schriftstücks kommen mußte, derselbe, wie bei allen wichtigen Dingen in Gegenwart der Vertrauensmänner der Bürgerschaft (27. Nov.), mit den vorgeforderten Deputirten der Walonen und Engländer wörtlich also verhandelte: „daß sie hier nicht anders zugelassen seien als unter der Bedingung sich der Augsburger Confession und in Austheilung der Sacramente den Ceremonien der Kirche von Wesel gemäß zu halten; daß man aber in der englischen Confession (den 42 Artikeln) Anderes befinde; daß ferner Peruzel, der Walonen Prediger, seine Confession (sonderlich vom Abendmahl) übergeben und sich ihretwegen auf Me-

---

[1]) Auffallend ist, daß er schon hier das Paulinische Wort von dem die Gemeinschaft mit dem Leibe Christi vermittelnden Brode so stark betont, dasjenige, in welchem er bekanntlich seit dem Frankfurter Rezeß das Friedenswort für die streitenden Partheien gefunden zu haben meinte.

lanchthon berufen habe, dieser sie aber Nicht approbire — wie aus seinem vorgelesenen Gutachten, darin er sich auf seine übrigen Schriften berufe,[1] erhelle; und ist deshalb — so schließt das Protokoll — nochmals mit Ernst Engländern wie Walonen angesagt: wer nicht der Stadt Ceremonien brauchen, sich nicht christlich bekehren und sich nach der Augsburger Confession richten wolle, solle bis Ostern hinwegziehn."

Wie mag er es nur angefangen haben, Melanchthons Gutachten so vorzulesen und so auszulegen, daß es das Gegentheil von dem sagte, was es doch sagt? daß es zum Grund der Verjagung der Fremden werden konnte, während es um Erbarmen für sie fleht?

Vergebens bat Peruzel, der unter den Deputirten war, um eine Abschrift dieses verhängnißvollen Wittenberger Gutachtens: man verweigerte sie.

Er hat den genaueren Hergang der Rathsverhandlung selbst an Calvin berichtet.

Ihm und einem Engländer (Tribernus) las man drei aus dem Zusammenhang gerissene Stellen des Schreibens, — so erzählt er — einen über das Abendmahl, einen über die Taufe, einen über die Ceremonien vor, und hoffte sie überzeugt zu haben, daß sie darauf hin nicht bleiben könnten. Statt dessen erklärten sie aber, daß das, was Melanchthon da äußere, ihrer Lehre durchaus nicht widerspreche. Da hieß man sie abtreten. Wieder hereingerufen eröffnete ihnen Groen: „da aus eurer Confession erhellt, daß ihr in der Abendmahlslehre ganz und gar von uns abweicht, so wollen wir uns weder durch Melanchthons noch durch irgend eines Menschen Ansehn bestimmen lassen. Wir wundern uns über eure Hartnäckigkeit, daß ihr anders darüber zu denken wagt, als so viele heilige und gelehrte Männer. Wollt ihr nicht unterschreiben, daß im Brod enthalten sei Christi Leib und wir ihn im Abendmahl mit dem Munde empfangen, so zieht bis zum 1. März

---

[1] An einer Stelle des Gutachtens heißt es: de summa rei extant mea scripta; — „wegen des Streitpunkts selbst, vom h. Abendmahl, verweise ich auf meine Schriften."

von bannen." Diesem Befehl — setzt Peruzel hinzu — hängte er dann noch die Mahnung an: „daß wir Alle der Stadt für ihre große Freundlichkeit danken sollten, da man uns ja, wenn man thun wollte was Rechtens wäre, **Hab und Gut nehmen und noch obendrein strafen könnte.**" [1])

Und das sollte Melanchthon ihnen zu Weg gebracht, so schlecht sollte er sich für sie verwendet haben! Die Flüchtlinge konnten es nicht glauben. Zwar fiel es auf, daß er dem bei ihnen verweilenden Languet durch Platean keine Antwort auf den, von diesem mitgenommenen, Brief gesandt hatte; und man kannte seine Liebe zum Frieden, seine Neigung, wenn er gedrängt wurde, bis an die äußerste Grenze zurückzugehn. . . . Aber doch hatte auch der Rath wieder eine Abschrift jenes Gutachtens geweigert. . . . Es dauerte nicht lange und sie wurden gewiß, daß, was hier geschehen, wie zuletzt auch Groen andeutete, nicht **wegen**, sondern **trotz Melanchthons** geschehen war, und „Engländer wie Walonen" überzeugten sich durch ihre Correspondenz mit Wittenberg, daß zwar Melanchthon nicht zu ihrer Vertreibung gerathen, die städtische Obrigkeit aber entschlossen sei, dieselbe durchzusetzen. Damit stimmte die Anweisung, welche die Stadtpfarrer erhielten: auf der Kanzel „die rechte Ursache der Ausweisung der Fremden anzugeben, und gelegentlich mit anzuzeigen, daß im Abendmahl mit und **unter dem Brode** und Weine ausgetheilt werde wahrer Leib und Blut unseres Herrn Jesu Christi." (9. December.)

Der Rath hatte in diesem Eifer gegen die „Engländer" alle Fremden in der Stadt mit Einem Maaß gemessen. Trotz aller Versicherungen, trotz des Fürsten, der selbst einmal den Walonen nachgesagt hatte „er könne sie wohl leiden," trotz des mißdeuteten und verworfenen Gutachtens Melanchthons, waren die französisch Redenden in das Geschick der englisch Redenden hineingezogen. Die gemeinsame Noth trieb sie deshalb Alle mehr noch zusammen. Languets weiser Rathschlag: nunmehr ganz gemeinsame Sache zu machen und alle kleineren Differenzen zu vergessen, um den bösen Sturm mit vereinten Kräften zu bestehn, brachte es dahin, daß

---

[1]) S. den Brief an Calvin d. d. Cal. Febr. 1557 in Calvini epistolae ed. Hanoviae. 1597. p. 426.

vorab die zuletzt aus London Eingewanderten (Engländer und Franzosen) durch ihre Pfarrer ein gemeinsames lateinisches Bekenntniß des Glaubens zu ihrer Rechtfertigung, und mit der Bitte um ferneren Schutz, sowohl dem Rath, wie den städtischen Predigern übersandten. (16. Februar 1557.) Die alte Walonengemeinde ließ man an diesem Unternehmen kluger Weise sich nicht betheiligen, damit sie, die durch Brief und Siegel seit Jahren geschützt war, wenn der Versuch mißglückte, nicht mit ins Verderben gerissen würde, während, wenn er gelang, sie ja leicht des neuen Segens theilhaftig gemacht werden konnte.

Die Hoffnung der Petenten war nicht grade groß; man fühlt ihrer Sprache an, daß sie auf das Schlimmste sich vorzubereiten begannen. Ihren ehrlichen Christennamen unbefleckt aus dieser Anfechtung, aus dieser Verschlingung von irrendem Eifer und Frömmigkeit, in die weite Welt hinauszubringen, scheint fast das einzige Ziel, das sie bekennend erreichen wollen. „Redlich, sagen sie, ist es, wenn man Etwas weiß, das Anderen nützen kann, es zu sagen; christlich, auch die geschmähte Wahrheit bescheiden aber ernst zu vertheidigen. Da wir also uns gestehen müssen, daß wir Vielen nützen, und die Schmähungen unruhiger Menschen leicht abwehren können wenn wir unsre Meinung vom Abendmahl unumwunden bekennen: so halten wir es für Pflicht, mit der Hülfe Jesu es zu thun. Deutet, wir bitten euch, unser Streben zum Besten, wenn wir Allen nützen, Niemanden schaden wollen; wenn wir nicht wieder schelten, sondern Schmähungen zu zerstreuen versuchen. Wir glauben also vom Abendmahl: es sei diejenige göttlich eingesetzte Handlung, in welcher uns Christus, durch uns vorgestellte, irdische und sichtbare Dinge, zu den himmlischen und unsichtbaren emporzieht. Er richtet ein geistliches Mahl zu; bezeugt, daß er das lebendig machende Brod sei, wodurch unsre Seelen zur Unsterblichkeit gespeist werden. Indem er uns also Brod und Wein zu essen und zu trinken vorsetzt, bestätigt und versiegelt er uns seine Verheißung und Gemeinschaft, bildet uns seine himmlischen Gaben ab, stellt sie uns sinnlich dar, gibt sich selbst uns geistlich, nicht aber mündlich zu genießen; und zwar nicht durch Mittheilung seiner Substanz, sondern so, daß wir durch Wirkung des h. Geistes mit seinem Fleisch gespeist und durch sein Blut getränkt, sowohl zur wahren Frömmigkeit, als auch zur Unsterblichkeit erneut werden. Sichtbar sammelt er uns dabei auch zu Einem Leib, ruft uns seinen Tod ins Gedächtniß, erneuert uns endlich zum Dank gegen ihn und zur Verherrlichung seines Namens. Mit frommer Scheu, behaupten wir, müsse man dieser heiligen Handlung sich nahn, da in ihr das Zeugniß der wunderbaren Gemeinschaft Jesu mit denen, die das Mahl empfangen, gegeben wird, und seine Verheißung in das Sacrament eingeschlossen ist, er wolle die Kirche erhalten, indem uns der Auftrag geworden ist, des Herrn Tod zu verkündigen, bis daß er kommt. Wir glauben ferner, das Abendmahl sei ein Bekenntniß, wodurch wir zeigen welcher Lehrart wir huldigen und welcher Gemeinschaft wir uns anschließen, wie es auch ferner ein Band unsres Wohlwollens unter einander ist. Wir glauben auch, daß, wer es empfängt, bekehrt sein und darin die Befestigung seines Glaubens suchen müsse; so jedoch, daß wir nicht meinen, Jemand, der es genießt, habe schon deßwegen Vergebung der Sünden. Das ist unsre Meinung." Danach geht das Bekenntniß zur Bestreitung der bei der Lehre vom Abendmahl zu bekämpfenden Irrlehren über; widerlegt ohne harte Ausfälle die katholische Lehre von der Brodverwandlung, die altlutherische, daß der Leib Christi sei in mit und unter dem Brod, und kommt so auf die neulutherische, der man in Wesel zu huldigen begonnen hatte, von der Allenthalbenheit (Ubiquität) des Leibes Christi, Schrift, Väter und Kirchenlehrer wider sie aufrufend. Am Schluß wendet es sich mahnend an die Vertreter der Stadt. "Wenn, sagt es, diese neue, und um das rechte Wort zu gebrauchen, gefährliche Lehre von der Ubiquität des Leibes Jesu seine Menschheit zu nichte macht, der Einfalt der Schrift Gewalt anthut, unsern Glauben erschüttert — wie wir bewiesen haben: — so wenden wir uns an euch und bitten und beschwören euch, da doch das, was wir vorgetragen, unumstößlich ist, durchweg mit Gottes Wort stimmt, keine abenteuerliche Neuerung enthält, der Augsburger Confession, wenn man nur ihre Worte recht versteht, nicht widerspricht: daß wir dann auch von dem Vorwurf der Schwärmerei, des Hochmuths, der Anmaßung, der Unruhe frei gesprochen werden, und Einige von uns, die aus ihren eignen Mitteln nicht leben und also nur mit großer Beschwerniß von hier ziehn können, in eurer Stadt, wie bisher, wohnen dürfen. Wo nicht, so bitten wir nur darum, daß eure Pfarrer auf dies unser Bekenntniß redliche Antwort geben und unsere Beweise, so sie können, mit guten Gründen widerlegen. Denn wir sind weder so hartnäckig, daß wir der offenbaren Wahrheit widerstreben, noch so schlecht, daß wir Gottes Wahrheit für nichts und wieder nichts verachten, noch so stolz, daß wir gelehrter und verständiger Leute Mahnungen in den Wind schlagen. Wir hoffen, daß Alles, was wir vorgetragen, begründet, und nach Analogie des Glaubens, wie Paulus sagt, erwiesen ist. Sollten aber die Euren etwas darin vermissen, oder aussetzen, so sind wir bereit, schriftlich und mündlich Bescheid zu geben. Wir halten freilich schriftliche Verhandlung für ruhiger und für uns sicherer. Denn wir wissen, welch unwahre Gerüchte über uns vielleicht durch Solche ausgesprengt werden, welche uns nie gehört noch kennen gelernt haben. **Unsre Schriften werden immer bezeugen, sowohl was wir denken, als wie wir uns in diesem Handel betragen haben.** Was euch gut scheint, werden wir gerne thun. Wir sind so weit entfernt, durch dies Bekenntniß das Abendmahl derjenigen zu verdammen, welche über die Gegenwart des Leibes Jesu anders denken, als wir, daß wir sie vielmehr als Brüder anerkennen und von Herzen und inständig beten, es möge ihnen täglich das Licht der göttlichen Wahrheit heller aufgehn. Der Herr Jesus, dessen Sache es gilt, möge euch Allen heiligen Geist reichlich verleihn, und euch lange kräftig und unversehrt bewahren."[1]

Die Stadtpfarrer ließen kein Wort der Erwiderung vernehmen, und so hatte der Rath zweifachen Grund, schon beim nächsten Rathstag ohne Weiteres zu erklären: daß er bei seinem früheren Beschlusse beharre. (23. Febr.) Er beharrte aber nicht nur dabei: er führte ihn nun auch wirklich durch. Selbst die Presse wurde überwacht, damit sie nicht im Interesse der Fremden arbeite, und ein neuer Buchdrucker (Symon v. Steinberch) erhielt die Erlaubniß zur Niederlassung nur nachdem er versichert hatte, selbst der Augsburger Confession zugethan zu sein und ohne Wissen des Raths Nichts drucken zu wollen. Die Gährung gegen die Fremden griff um so mehr um sich, je weniger die geringen Leute begriffen weshalb sie weichen müßten, und je ungeheuerlicher sie deshalb

---

[1] Das merkwürdige Actenstück ist im Anhang mitgetheilt.

sich ihre Schuld ausmalten. Der Stadtpfarrer Bomel wurde von einem Gemeindegliede darauf angefaßt, daß er es mit ihnen halte. Die Rathswahl (15. März 1557) ließ Groen an der Spitze der Stadt, während die Bürger Anstellung eines Superintendenten und Untersuchung des auch unter den eigenen Pfarrern, wie man hörte, ausgebrochenen Streites begehrte, unter der Weisung „der Rath möge den schuldigen Theil aus der Stadt thun."

So ging die den Fremden gesteckte Frist zu Ende. Die „Engländer"[1]) erschienen bei Groen (29. März), bedankten sich für die Herberge und alle Ehren, die sie hier genossen, und erklärten, für das Alles sich noch erkenntlich zu zeigen, namentlich wenn sie wieder in ihr Vaterland zurückkehren würden[2]). Dann verließen sie die Stadt und zerstreuten sich durchs Rheinland. Ein großer Theil wandte sich nach Frankfurt am Main, Peruzel nachfolgend, der bereits (am 1. Februar) vorübergehend dort gewesen war um Herberge zu bestellen, und von nun an Kraft und Thätigkeit zwischen der großen Frankfurter Fremdengemeinde, die ihn zum Pfarrer erkoren, und dem in Wesel noch zurückgebliebenen Haufen von Walonen, welcher nur allmählig in die alte Walonengemeinde überging, hin- und herreisend theilte. „Das war das Ende unsres

---

1) Das heißt zunächst alle englisch redenden Flüchtlinge, danach auch die aus London gekommenen Franzosen (während diejenigen von ihnen, welche Walonen und Niederländer und zugleich arme Leute waren, sich der alten Weseler Walonengemeinde anzuschließen begannen).

2) Sie freilich nicht, aber ihre Nachkommen haben es der Stadt gedankt, daß sie einmal ihre Vorfahren in guter Zeit beherbergt und wohl gehalten, und es ihr nicht gedacht, daß sie in der Aufwallung unlautern Eifers einer Parthei sie vertrieben hatte. Als die Hülfstruppen, welche Elisabeth der holländischen Republik hielt, 1590 in der Nähe der neutralen Stadt von den Spaniern hart bedrängt wurden, nahmen die Bürger von Wesel, wo seitdem ein andrer Geist herrschend geworden war, ihre Verwundeten und Flüchtenden auf, und hatten dafür Kriegsnoth und schändliche Brandschatzung der Spanier zu leiden. Damals erbat die ref. Gemeinde, nachdem so die böse Schuld reichlich gesühnt war, von den englischen Glaubensgenossen auch unter Berufung auf die alte Zeit Hülfe und erhielt sie. (1591, 6. Mai, kamen 125 Pfund an.) Ueber spätere Verbindungen mit England und Hülfsleistungen von dort berichten das Rathsprot. vom 2. September 1611, das Presbyter. prot. vom 30. März 1618 rc.

Streites in Wesel, sagt er, über den ich ganz andere Hoffnungen hegte!"¹)

Calvin hatte gemeint, "Peruzel werde in Wesel die Sache zum Siege führen, für welche er bisher gestritten, obwohl ihm und seiner kleinen Heerde durch Gewalt und Tyrannei Verbannung gedroht ward"; denn er setzte voraus "man werde die Brüder trotzdem wenigstens dort wohnen lassen" und war gewiß, "daß die Wahrheit, welche man in der Abendmahlslehre habe unterdrücken wollen, noch triumphiren werde", weil er es für unmöglich hielt, daß man sie vertreibe. Auch Er hatte sich getäuscht.²)

Melanchthon war betrübt über diese Härte, die abzuwenden er vergebens sich bemüht hatte. "Ich beklage es, schrieb er Languet, der ihm berichtete was geschehen war, daß meine Fürsprache für die französischen und englischen Exulanten, die doch so linde abgefaßt war, bei den Weselanern nichts ausgerichtet hat; du weißt, welch ein Regiment die Parthei führt, welche ihnen besonders entgegen ist, und daß die nüchternen Leute dasselbe nur um des allgemeinen Friedens willen mit Seufzen ertragen; aber Gott wird ihrer Gelübde und Thränen gedenken!"³)

Vorerst hatten Alle sich geirrt und Groen allein hatte Recht behalten. Freilich war sein Sieg theurer erfochten als es im ersten Augenblicke schien.

Daß Platean damals im Auftrag des Raths über Wittenberg hatte reisen sollen, war zwar der ganzen Bürgerschaft, — auch dem Theil derselben, welcher das neulutherische Regiment

---

1) S. f. Brief Epp. Calvini ed. cit. p. 426. d. d. 4. Cal. Febr. 1557. "Ich eile nach Wesel, um so viel ich kann, den dortigen unglücklichen Ueberbleibseln der Gemeinde (es waren die Armen) zu helfen, denn die ihnen vergönnte Frist geht zu Ende."

2) Lettres II. p. 114. d. d. 27. Decbr. 1556. Da mir das Buch "Frankfurter Religionsverhandlungen" nicht zugänglich war, habe ich leider die darin (I. 235) enthaltene Historia de Wesaliensis ecclesiae dissipatione von Fr. Riverius nicht benutzen können.

3) Epp. IX. 121. vom 29. März 1557. Vgl. VII. 1058; VIII. 798; IX, 145. 284. — Ueber den ganzen Streit ist auch der Bericht des genau unterrichteten Ursinus an Crato zu vergl. bei Sudhoff, Ursin, 1857. S. 487.

nur „mit Seufzen" ertrug — bekannt. Von jener geheimen Sitzung der Rathsparthei aber konnte sie eben so wenig als davon etwas wissen, daß Melanchthons Gutachten nicht wider, sondern für die Flüchtlinge lautete. Dennoch klärte sich auch hier allmählig das Dunkel durch Languets häufige Nachrichten aus Wittenberg wie durch den Bescheid, welchen einige Bürger selbst sich an der Quelle holten, auf. Allerhand Gerüchte über Plateans Sendung begannen die Stadt zu durchkreuzen. Es hieß, er habe nicht nach seinem Auftrag gehandelt. Eine deutsche Spottschrift auf ihn ging von Hand zu Hand. Der Rath, oder denn der ihn leitende Groen, mußte eintreten und ihm verheißen ihn zu schützen, weil ihm das als der Stadt Abgesandten begegne; citirte auch etliche Bürger, verhörte sie, überzeugte sich aber bald, daß es besser sei „den schlafenden Hund nicht zu wecken", und — schwieg. Der Student der Medicin, Wessel von Bert, ein Bruder jenes zur Parthei und zum Rath gehörenden Heinrich von Bert, damals noch von Melanchthons Freundlichkeit gefesselt, und auch sein dankbarer Tischgenosse, schrieb dem ihm befreundeten Platean über allerlei frommen Unfug, der kund geworden sei.[1]) „Languet, meldet er, hat hierhin (nach Wittenberg) berichtet, du hättest hier Melanchthons Famulus mit einem ungarischen Dukaten bestochen, damit er dir erlaubte, seinen (Languets) Brief, den er an Melanchthon von Frankfurt her geschrieben, zu copiren: und nun liefest du mit der Copie in Wesel herum; ja, Languet habe dir in Wesel einen Brief an Melanchthon mitgegeben, aber du hättest ihn — unterschlagen![2]) Auch sagt man hier in Wittenberg dir nach, du hättest den Brief, welchen Dr. Mager dir von hier an Peruzel mitgegeben, ebenso wie denjenigen, welchen du von Melanchthon an den Magistrat von Braunschweig (Mörlins wegen) mitnahmst, — geöffnet und Mörlin beide zu lesen gegeben! Ich habe, so viel ich konnte, dich vertheidigt, aber mir wird nicht leicht geglaubt." „Ausnehmend" gefällt es dabei diesem jugendlichen Berichterstatter, daß der Rath von Wesel die Fremden verjagt hat. „Es gab", sagt der werdende Arzt in der Sprache seiner Kunst „kein

---

1) S. s. Brief im W. K. A. 3, 1. vom 27. Februar 1557.
2) Vgl. Peruzels oben citirten Brief an Calvin.

besseres Heilmittel wider diese Krankheit." „Uebrigens — weiß er noch — hat Peruzel in seinem Brief an Dr. Mager sich beklagt, daß der Rath ihm eine Abschrift des Gutachtens Melanchthons verweigert habe. Er schreibt: er werde verjagt, weil er nicht zugebe, daß das Sacrament mit dem Munde empfangen werde. Verhält es sich so, so lobe ich es; denn mit dem ganzen Leibe, mit allen Organen des Leibes und der Seele wird Christi Leib empfangen!"

Diese Gerüchte, diese Zeichen des Unmuthes, bewirkten bei den heftigsten Beförderern der Vertreibung aller Fremden die Furcht, es möchte noch alles, was sie heimlich getrieben, entdeckt werden; und so geschah es, daß der Rath für den Augenblick die noch zurückgebliebenen französisch redenden Flüchtlinge — Walonen und Franzosen — nicht weiter beunruhigte. Denn es war leicht einzusehn: ließ man den Streit durch fortgesetzte Härte gegen dieselben noch weiter fressen, so mußte wenigstens auch Melanchthons Gutachten ganz ans Licht; und wer stand dann für die Bürger, wenn sie schwarz auf weiß es in der Hand hatten, daß der Rath sie belogen hatte?

Die Parthei konnte überdies ja auch mit dem schon errungenen Erfolg zufrieden sein; die alte walonische Gemeinde hatte durch den Abzug der Engländer und den Haupttheil der französischen Gemeinde genug eingebüßt, und hinweg waren die, deren Macht, Reichthum, Bildung und Kühnheit der Bürgerschaft den gefährlichsten Anlaß boten mit ihrer Lehre sich zu befreunden.

17. Einfluß der Weseler Bedrängniß auf das Geschick der Fremdengemeinden zu Frankfurt.

Die Urgeschichte der kirchlichen Reformation Frankfurts ähnelt derjenigen der übrigen rheinischen Orte, da auch in dieser Kaiserstadt die Opposition gelehrter Kreise dem Humanismus, dieser einer evangelischen, nicht lutherischen, Predigt die Bahn brach. Hier hatte der Barfüßer Thomas Murner seine Narrenbeschwörung geschrieben (1512); darauf der Erasmianer Wilhelm Nesenus (1520), von dem großen Roterdamer selbst empfohlen, als Lehrer der „Junkernschule" gearbeitet; Luther auf seiner Reise nach und von Worms gastliche Aufnahme gefunden (14. 27. April 1521). Gleich der erste evangelische Pfarrer, Hartmann Ibach (1522), war so wenig lutherisch gesinnt, daß, als er in der Lahn verunglückte, ein Lutheraner (Erasmus Alberus) seinen Tod mit den nicht freundlichen Worten meldete: „zu Marpurg ersaufft ein Sacramentsschänder in seinem eignen Blut." Der gelehrte Pädagoge Jacob Micyllus[1]), dessen Wirksamkeit als Rector des Gymnasiums das werdende Geschlecht bestimmte, war auch nichts weniger als ein Lutheraner, und Dionys Melander (Schwarzmann) predigte gar (seit 1525) was er von seinem Freunde Zwingli gelernt hatte.

Wohl versuchte der Pfarrer Cellarius von Wittenberg (1529) eine lutherische Nachtmahlsliturgie einzuführen, scheiterte aber damit am Widerstand seiner Collegen; ihre „Ordnung" siegte, nachdem der Magistrat sie noch um etliche Ceremonien ärmer gemacht hatte, und die erste Regung des Lutherthums

---

1) S. s. Biographie von J. Classen. Frankfurt, 1858.

endigte mit ihres Urhebers Entlassung [1]). Was damals in Frankfurt gelehrt worden ist, war weit und breit so wenig zweifelhaft, daß Luther den Pfarrern Irrthum im Sacrament vorwarf [2]); und ihre Vertheidigung (1. März 1533) beweist mehr noch als die Anklage, daß sie es allerdings mit ihm nicht gehalten haben.

So konnte es geschehn, daß, als der zweite Versuch, die Wittenberger Cultusformen einzubürgern, durch den von Luther empfohlenen Pfarrer Matthias Ritter gemacht wurde, kein Anderer als — Capito von Straßburg zur Schlichtung des Streites gerufen ward. Seine ganz reformirten Forderungen und Einrichtungen hielten wohl nicht aus, kosteten aber doch dem Zwinglianer Melander das Amt.

Luther war hier das Empfehlen leid geworden; er wollte Niemanden mehr nennen, sondern warnte nur vor jungen Leuten, die das Gelbe noch nicht vom Schnabel gestoßen hätten (23. Nov. 1535). Die Pfarrer sagten dem Senat: sie seien gewitzigt, möchten nicht „daß jetzt statt eines Schwarzmannes gar ein Mohr käme" und erbaten sich den Lutheraner Cruciger sammt dem Reformirten Hedio zu Collegen. Dennoch kam der Mohr, der Zänker Nicolas Maurus, und gleich nach ihm Mylius, Capito's Schüler, und Geltner, ein Anhänger Luthers. Den unter dieser bunten Predigerschaar entbrannten Streit über die Lehre schlichtete der von Straßburg herbeigerufene Butzer in der „Frankfurter Concordie" (9. Dec. 1542), und in Betreff der Ceremonien stifteten die von Bischof Hermann aus Bonn zurückkehrenden Melanchthon und Pistor durch die „Vergleichung" dauernden Frieden (7. August 1543).

Erst nach Luthers Tod, und mit dem Amtsantritt Hartmann Beyers, eines Bürgersohnes, beginnt der Umschlag. Ihn, der Westphals und Flazius Freund zugleich war, kümmerte es wenig, daß seine Vaterstadt, die ihn zum Pfarrer berief, der Wittenberger Concordie (wir würden sagen der Union) beigetreten war (29. Mai 1536), und was sich nicht als lutherisch legitimiren konnte, war ihm wie den Neulutheranern allen, zu

---

[1] S. Richter, K.-Ordnungen I. S. 140.
[2] Bei Walch XVII. 2435; von de Wette nicht mitgetheilt.

welchen er zählte, entweder „Belial" oder „Alcoran" [1]). Eine
gewisse Milde des Sinnes gegen Andersdenkende, die ihm Anfangs eigen war, verlor er sobald er mit ihnen unerwartet in
der väterlichen Reichsstadt persönlich zu thun bekam, und seiner
nachhaltigen Kraft [2]), die mit seltenem Geschick auch Familien-
beziehungen und Stadtkunde zu benutzen verstand, gelang es,
wenn auch nur allmählig, seinen Ueberzeugungen Bahn zu
brechen.

Die Vertreibung der „Engländer" aus Wesel sollte auch
noch in Frankfurt ihre bitteren Früchte tragen.

Hier hatten viele vor Maria Tudor geflüchtete Glieder
der Londoner Fremdengemeinden und Engländer längst und leicht
ein gastliches Dach gefunden, da sie in ihren des Handels wegen
schon ansässigen Landsleuten gleich eine starke Stütze antrafen
(1554), und Valerand Poullain vertrat mit großer Gewandtheit die gemeinsame Sache aller dieser Eingewanderten als
„Fürsteher und Superintendent" bei dem wohlwollenden Rath.
Er erbat sich bei ihrem ersten Erscheinen von ihm, da sie „der
Religion der Frankfurter aber nicht ihrer Sprache seien", eine
eigene Kirche zum Gottesdienst (15. März 1554), und fand ein
so geneigtes Gehör, daß man daran dachte ihnen die Katharinen-
Pfarrkirche, an welcher Beyer stand, für die Morgenstunden
zu überlassen. Doch gelang es damit dem Rath nicht; Beyer
widersetzte sich, weil er „den Schein nicht auf sich laden wollte,
als seien diese Leute seine lieben Brüder", und die Fremden erhielten nur die geringere Klosterkirche zu den weißen Frauen
(18. März) [3]). Hier feierten sie ihre Gottesdienste französisch,
niederländisch und englisch, wie sie weiland in England gethan,
indem Lasco und Micronius ihren Cultus nach der Londoner
Kirchenordnung einrichteten, ja auch eine Zeitlang selbst prak-

---

1) Ueber seine confessionelle Stellung f. u.; Flazius starb von ihm
getröstet. S. Flazius von Preger. 1859.

2) Er hat selbst den milden Theobald Thamer nach langem
Kampf unschädlich gemacht. S. dessen Leben von A. Neander.

3) A Lasco: est ingens Dei beneficium quod hic tam faven-
tem magistratum habeamus. 19. Sept. 1555. Kuyper (Lasc. opp. I.
praef. 111) urbs iis concesserat ecclesiam albae virginis (leg. alba-
rum virginum; es sind die Weißfrauen oder Reuerinnen gemeint).

tisch aushalfen. Später beriefen die Niederländer ihren Landsmann **Peter Dathen** (Winter 1555), der unter ihnen früher in der Fremdengemeinde zu London als Pfarrer thätig gewesen war, nach Lasco's Abzug noch unter ihren Resten daselbst ausgehalten hatte, endlich aber auch wie die Anderen alle sein Heil in der Flucht zu suchen gezwungen worden war[1].

Dathen war, als er in Frankfurt erschien, erst vierundzwanzig Jahre alt. Und welch ein Leben lag schon hinter ihm! In Flandern geboren (zu Mont-Cassel) hatte er neunzehnjährig sich den Carmelitermönchen angeschlossen, war um seiner feurigen Predigten willen, in welchen er immer offener für die Reformation auftrat, von Courtray verdrängt, und durch den neuen Erlaß des grausamen Mandats Kaiser Karls V. gegen die sogenannten Ketzer (1550) bewogen worden, das Ordensgewand abzulegen, um als Buchdruckergeselle seinen Unterhalt zu erwerben. Danach beriefen ihn seine nach London geflüchteten Landsleute als Prediger der Fremdengemeinde dahin (1553); er harrte bei ihrer

---

[1] Frühere (und noch neuere) Darstellungen der Geschichte der Fremdengemeinden zu F. bestehen vor den Thatsachen nicht mehr, welche durch zwei gleich treffliche Schriften ans Licht gebracht sind: 1. Der lutherische Prädicant H. Beyer von Steitz; Franff. 1852. 2. Die niederländischen und die franz. Gemeinden von Scharff. Frankf. 1862 (im Archiv für Geschichte). Beide Arbeiten ergänzen das sorgfältig aber schwerfällig geschriebene Buch von Ritter: Evangel. Denkmahl der Stadt Frankfurt. 1726. — Die leider noch kürzlich gehörte Beschuldigung: Poullain habe sich in die Kirche Frankfurts eingeschlichen, ist dadurch widerlegt, daß er schon 1554 sowohl Kirchenordnung als auch Bekenntniß seiner Gemeinde herausgab. (Seine liturgia, der Genfer nachgebildet, ist von Richter II. 149, die Confession deutsch zu Frankfurt 1843 wieder herausgegeben. — Vgl. Withof, Vertheidigung, wie es mit B. Polanus zugegangen. Duisburg 1753. fol. — Von Seiten der Engländer ist zu vgl.: A brieff discourse off the troubles begonnes at Franckford anno dni 1554. Abowte the Booke of common prayer and Ceremonies etc. 1575. 8. Diese Quellenschrift, von dem Gemeindeglied Will. Wittingham verfaßt, ist 1846 zu London (J. Petheram. 71. Chancery Lane) neu wieder aufgelegt worden.

Auch die Forma ac ratio tota eccles. ministerii in peregrinorum ecclesia instituta Londini 1550. auctore J. a Lasco. kam zu Frankfurt 1555 zuerst heraus. (Niederländisch ist sie „buyten London" 1554, deutsch zu Heidelberg 1565 gedruckt.)

Auflösung mit den Resten derselben auch nach Lasco's Abgang so lange es ging aus, und scheint erst im Laufe des Jahres 1554 den Continent erreicht zu haben. Martin Micron (Klein), sein früherer Londoner College, brachte ihn in das Frankfurter Amt, wo er mit einer scheinbar unverwüstlichen, von glühendem Muth aufs höchste gespannten Kraft vor seinen Volksgenossen seine Thätigkeit als begeisternder Kanzelredner begann[1]).

Kaum war er da, so sah sich auch Beyers Freund, Joachim Westphal, veranlaßt, ungefragt (es war so seine Art, da er sich für den Nothhelfer aller Welt ansah) dem Frankfurter Rath seine gute Meinung zu offenbaren. Er hatte früher bereits die englischen Flüchtlinge als „Märtyrer des Teufels" verschrieen; jetzt schrieb er der Stadt: „so jemand der Obrigkeit anzeigte es wären Brenner in der Stadt oder Vergifter, so Wasser und Weide verunreinigten, außer der Stadt aber Räuber und Mörder, der thäte ein löblich Werk und verdiente wohl wegen seiner Treue ein löbliches Trinkgeld. Als verhoffe ich demnach, es sei lobenswerth, daß die von mir angezeigt werden, die ein viel ärgeres Feuer und Brand anstecken, mit Gift die Brunnen und heilsame Weide der gesunden Lehre verderben, rauben und stehlen uns das Wort Gottes, die ewigen Güter, und verderben die Seelen."[2])

---

1) „De minister met den rosten baert", barbarossa. Vgl. Simplex et fidelis narratio de instituta .. peregrinorum in Anglia ecclesia per J. Utenhovium Gandavum. Bas. 1560. — Dathens: Kurtze vnd wahrhafftige Erzelung welcher maßen den frantz. vnd niderländ... verjagten Christen in Frankfurt die predig .. verstattet vnd .. nachmals verbotten worden ist. Heidelberg. — History of the Dutch refugees by Benj. Weiss. published by Blackwood. London 1854. — Datheni vita, scr. ter Haar. Trajecti 1858. — Ueber D. selbst s. s. Bekenntnisse bei 's Gravesande, twehond. gedachtenis. Middelburg 1769.

2) Beyer est intimus Westphalo. Corp. Reff. IX. 483. (in einem Briefe Languets). Westphal verstand die Darstellung der Nachtmahlslehre der Reformirten so wenig wie alle seine Partheigenossen. Ihre Erklärungen schienen ihm wie Kraut und Rüben durcheinander zu liegen. In diesem Sinn verfaßte er das Buch Farrago etc. und ließ es 1552 mit dem falschen Druckort Magdeburg zu Frankfurt erscheinen. S. Epist. Calvini ed. cit. p. 412. — Wir billigen Westphal, sagte Beyer, weil er mit der Frankfurter Concordie stimmt! Die Bezeichnung der um des

Zu der durch solche Schürer erregten öffentlichen Mißgunst gegen die Fremdengemeinden gesellte sich ein bedenklicher Streit unter ihnen selbst, der, von der englischen ausgegangen, die beiden anderen mit ergriff. Jene nämlich pflegte die von Poullain entworfene, der Londoner Lasco'schen nachgebildete Gottesdienstordnung zu gebrauchen. Dagegen stellten sich nun diejenigen Engländer, welche als strenge Anhänger der Staatskirche herübergeflüchtet waren, und forderten die Ceremonien ihres Königs Eduards VI. John Knox stand auf Seiten der Lasco'schen Parthei, nachdem er in Genf Calvins Schüler geworden war, trat für sie auf, kämpfte für sie, mußte aber das Feld räumen, weil er vom Kaiser unter Anspielungen auf Nero geredet habe (1556)[1]. Calvin selbst erschien in der Stadt (August 1556), aber auch seine Vermittlung schlug nicht durch, und eine Zeitlang zweifelte selbst der von Wesel berufene Peruzel am Wiederaufkommen der „auf den Tod verwundeten" Ge-

---

evangelischen Glaubens willen Getödteten und Verbannten als „Märtyrer des Teufels" acceptirte dankbar Florimond de Raemond in s. histoire de la naissance de l'hérésie. — Beza fragt (de coena domini) Westphal: wie er sich unterstehen könne, die Blutzeugen nach ihrem Tode noch zu verhöhnen, welche sich für Christi Namen in die Flammen begeben, da er doch noch den Beweis zu erbringen habe, daß er sich für ihn nur den Finger wolle verbrennen lassen!

[1] Er ging wieder nach Genf, dessen Lehre und Cultusform er später nach Schottland gebracht und geltend gemacht hat — „Die in Frankfurt und Genf sich aufhaltenden Engländer fielen ab (von den 42 Artikeln) zu den Einrichtungen Calvins; die nach England zurückkehrenden brachten ihr Gift mit, und der Jammer ward groß als unsre gute Dido (Elisabeth) die Theologen des Festlands begünstigte." Apologia pro eccl. angl. edd. Scriverius. Lond. 1672. — Knox' Gegner übersandten dem Frankfurter Senat eine Blüthenlese aus seinen Schriften, in welcher sich u. A. folgende Aeußerungen über gekrönte Häupter finden: „Wenn Maria (die englische Königin) und ihre Räthe vor diesen Tagen zur Hölle geschickt wären, so würde ihre Grausamkeit der Welt nicht so offenbar geworden sein." Ferner — das Englische des Reformators ist drastischer als jede Uebersetzung —: Jesabell never erected halfe so manie gallowes in all Israel, as mischeevoos Marie hath done within London alone. Den Kaiser betreffend heißt es: Mariage ought not to be contracted with those that are mainteaners of idolatrie, suche as the emperour, who is no

meinde ¹). Doch hatte er zu schwarz gesehn, denn, nachdem die eigentlichen Führer der Partheien ihren kirchlichen Aemtern hatten entsagen müssen, kehrte der Friede wieder und zugleich mit ihm der **Sieg Lasco'scher Ordnungen** ²).

Wenn Beyer und die von ihm dominirte Stadtgeistlichkeit wirklich Anhänger der Frankfurter Concordie Butzers waren, so wäre der Friede auch mit der städtischen Kirche leicht zu stiften gewesen, da der Lehrgehalt der Concordie dem Bekenntniß der Fremden nicht zuwider lief, und nur in den Ceremonien Verschiedenheit bestand. Jener Streit der Flazianer, in der sächsischen Kirche urwüchsig, da jede der Persönlichkeiten um die es sich dabei handelte, und unter deren unmittelbarer Leitung die Neubelebung der Kirche sich vollzogen, ihre Schule im Lande hatte ³), welcher nebenher sogar eine politische Färbung durch die Concurrenz der beiden sächsischen Herrscherhäuser angenommen und deshalb um so erbitterter geführt wurde, hatte in den Rheinlanden keine Berechtigung. Hierhin konnte er nur

---

esse enemie to Christ than was Nero. — Daß Knox in Frankfurt auf der Kanzel von Karl als von einem Nero geredet habe, ist Partheilüge.

1) Bonnet, lettres II. S. 114. vgl. Peruc. an Calvin 4 Cal. Febr. 1557; über C's. Stellung zur Gemeinde: lettres II. 81. 87. 95. 259. u. a. wie denn überhaupt auch hier die Bonnet'sche Briefsammlung die bisher bekannten lateinischen Schreiben ergänzt.

2) Lasco's Purgatio (Opp. I. 243) ward 21. Oct. 1556 dem Rath der Stadt übersandt, als ihr Verfasser selbst schon abgereist war. Den Lutheranern gegenüber hat er hier den Beweis geführt, daß die Fremden mit der Augsburger Confession stimmten. Westphal antwortete 1557, und beschuldigte ihn in seiner Responsio, daß er die Augsburger Confession in Anglicanismum transformire.

3) Von der Bedeutung, welche Luthers Namen in den sächsischen Gebieten genoß, hat das Rheinland gar keinen Begriff gehabt. Derselbe Amsdorf, der die sächsische Kirche nach der Mühlberger Schlacht „wider das schöne und liebliche Interim" vertrat, stellte Luther und den Apostel Paulus auf Eine Linie (s. deff. Daß die Propositio — wegen der Werke — eine rechte, wahre, christliche Propositio sei, durch die heiligen Paulum und Lutherum gepredigt. 1559). Auch Brenz hatte es 1551 (31. Jan.) so weit wenigstens gebracht, daß er schreiben konnte: cum sanctissimo patre nostro L. constituimus consentientem confessionem. (S. Schweckendieck über A. Hardenberg. Emden 1859.) — Die Verehrung Melanchthons in den ihm huldigenden Kreisen war in Sachsen fast eben so maßlos.

künstlich verschleppt werden und wollte daher auch Anfangs nirgends gedeihen. Freunde Heshusens pfropften ihn der Weseler, Freunde Westphals der Frankfurter Kirche ein, und in diesen beiden Städten fallen nicht, wie in Sachsen, die von ihren Pfarrern bis auf den Grund aufgewühlten Massen und Gemeinden entscheidend in die Wagschaale, sondern nur eine in den Magistraten künstlich gewonnene Parthei, die keinen Boden im Volke hat, bemächtigt sich der Lage. Selbst die stets von den deutschen Kanzeln zu Frankfurt unter die Menge geworfenen Beschuldigungen und Klagen über die listigen, wankelmüthigen Fremden brachten die Leute gegen dieselben — die, des Deutschen unkundig, sich nicht einmal wehren konnten, — nicht recht in Zug. Einen schwachen Angriff machten nur die Zünfte, indem sie sich über Beeinträchtigung durch sie beklagten: aber es war nicht ihr Gewissen, das sich bedrängt fühlte, sondern ihr Beutel; und selbst Beyers boshafte Schmähung „beim Abendmahl der Fremden säßen die Communicanten um einen Tisch, auf dem Brod und Wein stehe, äßen also und tränken gleich als wenns eine Zeche wäre", erregte — der Stadt Frankfurt seis zu Lob und Ehren nachgesagt — keinen Tumult (27. Febr. 1556). Der Senator Glauburg vor Allen vertrat den armen Haufen beim Rath, und ließ sich gern von Calvin beweisen „daß diese Fremdengemeinde in ihren Streitigkeiten hundertmal schon zu Grunde gegangen sein würde, wenn nicht Gott sie wunderbar gerettet hätte" (24. Juni 1556).

Plötzlich wandte sich das Blatt: die Flüchtlinge von Wesel erschienen mit dem Bescheid, daß man sie von dort vertrieben habe. Mehr als alle Bittschriften und Beschuldigungen Beyers wirkte, was in der clevischen Stadt geschehen war.

So wichtig nahm sogleich die Frankfurter Obrigkeit die Sache und mußte sie so nehmen, daß sie einen geschworenen Boten nach Wesel sandte (10. Juni 1557), und den Rath bat, ihr „die Ursachen anzugeben, weshalb diese Leute, deren so viele bei ihnen einwanderten, verjagt seien, damit man sich gegen sie nach Gebühr verhalten könne" [1]: Hätte der Rath von Wesel so klar geantwortet wie wir es wünschen müssen; hätte er gesagt,

---

[1] Die betreffende Correspondenz im Wes. K. A. 6, 1.

daß es ihm um den Triumph des neulutherischen Dogma zu thun sei, und er deshalb ausstoße was damit nicht stimme: so würde die hier mit Gewalt erdrückte Streitfrage in Frankfurt zum vollen Austrag haben kommen müssen. Weil aber die Groen'sche Parthei ihre Macht nur durch stets neue Compromisse mit den übrigen, ihr nicht gleichgesinnten aber von ihr benutzten, Rathsgliedern, und der nur theilweise ihr zustimmenden Bürgerschaft aufrecht erhalten konnte, und von der Länge der Zeit erwartete was der Augenblick noch versagte: so fiel auch die Antwort über die Fremden so aus, daß sie mit der unläugbaren Thatsache, welche den Frankfurtern in der Auswanderung der früheren Gäste vor Augen lag, nicht stimmte, den Verdacht erweckte daß sie mehr vom Mitleid als von der Wahrheit eingegeben sei, und deshalb das Mißtrauen gegen die Fremden nur steigerte. „Er wisse nicht anders — sagt der Rath von Wesel — als daß die Fremdlinge christlich und gütlich zu Wesel geduldet würden; wolle aber nicht unvermeldet lassen, daß denselben, als sie in die Stadt aufgenommen worden, nachgegeben sei, eigene Prediger in ihrer Sprache zu halten, unter der Bedingung, daß sie die Sacramente in den Stadtkirchen empfingen. Sie hätten aber nur die h. Taufe dort gehalten, zum Nachtmahl aber nur wenig oder gar nicht sich eingefunden, und also vermerken lassen (was auch aus ihrem kürzlich übergebenen Bekenntniß erweislich), daß sie mit der Stadt, so der **Augsburger Confession** gemäß glaube, nicht einig seien"; und schließt wörtlich „**da wir nun für uns selbst Spaltung, und von Seiten unsres Fürsten Ungnade befürchteten, haben wir sie freundlich ermahnt** (!) **fortzuziehn; im Fall sie aber sich zu unsrer Kirche halten** wollten, ihnen freigestellt zu bleiben, indem wir zugleich verhofften, die noch fortwährend Zuziehenden würden sich der Lage der Stadt gemäß verhalten." (16. Juni.) Der Fürsprache **Melanchthons** wurde in dieser unwahren Darstellung mit keinem Worte gedacht.

Der Frankfurter Senat, durch diese Antwort um nichts klüger geworden, wohl aber besorgt gemacht: ob es recht sei Leute zu dulden, welche andre Städte so „freundlich" zum „Fortziehn ermahnten" daß sie sich bei erster Gelegenheit hinweg begaben, betrat denselben Weg welchen Wesel gegangen war, und wandte sich an — Melanchthon! Wohl hatte er seine Meinung früher schon gesagt (1. August 1555), an demselben Tage der Stadt für die Beherbergung der Fremden dankend an welchem Calvin ihr aus demselben Grunde seine Evangelienharmonie widmete: aber die Zeit schien eine andere geworden zu sein, und Wesels Vorgehen und Vorgang, Westphals und Beyers Beschuldigung, daß die Fremden staats- und stadtgefährliche Irrthümer hegten, zu bekräftigen. Des Wittenbergers Bedenken lief bald ein. Es erhebt sich in alter versöhnlicher Weise für diese unglücklichen Verjagten, und führt aus, daß sie nur zu vertreiben sein würden, wenn sie Irrlehren anhingen: sie hätten aber mit den Frankfurtern dieselbe Lehre, ausgenommen den Punkt vom h. Abendmahl. „Darum, sagt er, ist mein Rath und Bitte, daß man sie nicht vertreibe; habe auch dasselbe gerathen und gebeten bei den Herren von Wesel. Denn es ist christlich, Niemanden ohne vorherigen Bericht ins Elend zu stoßen. Uebrigens ist klar, daß die Lehre vom Abendmahl einer ernstlichen Besprechung bedarf. Denn die Unseren führen dunkle und unverständliche Reden darüber, und es ist Noth, daß die Obrigkeiten es dahin bringen, daß eine gemeinsame Lehre darüber aufgestellt werde. Schon arbeiten einige Fürsten daran, daß eine Berathung von Fürsten und Gelehrten darüber zu Stande komme. Bis dahin bitte ich um Gottes Willen: der Rath wolle mit ihnen so lange Geduld haben, bis sie auch gehört sind. Ich hege die Hoffnung, daß eine Einigung zu Stand komme. Zänker und unruhige Köpfe wird es zwar immer geben, aber auch gottesfürchtige Menschen gibt es." (13. Juli 1557.)[1]

---

[1] Corp. Reff. X. 179. Melanchthon erkannte damit an, daß es bei den Fremden an solchen Köpfen nicht gefehlt hat. Auch Calvin redete von Leuten durae cervicis. Das Aergerniß, welches sie gegeben, war so groß, daß die Synode der Walonen in Teur (1563) bestimmte, keinen aus Frankfurt Kommenden als Gemeindeglied anzunehmen, wenn er nicht zuvor gelobte, allem Streit sich zu entschlagen. Neben den Cultusfragen war auch die über die Kirchenzucht in F. zur Sprache gekommen, und der Arzt Beltius und eine franz. Uebersetzung der „deutschen Theologie" (ein Buch, dem Calvin „die Einfachheit des Evangeliums" absprach), leisteten das Ihrige um die Verwirrung zu vermehren.

Nur für kurze Zeit brachte dies freundliche Wort des großen Mannes das Pochen auf den Buchstaben der neuen Lehre zum Schweigen. Ueber Wittenberger und Frankfurter Concordie[1]) ging Beyer, indem er an die Stelle des reformirten Ambach-schen Catechismus den lutherischen einführte (1557), eben so hinweg, wie sein Gesinnungsgenosse am Niederrhein, Groen, über seines Fürsten humanistische Edicte, die Augsburger Confession und die Buzerische Reformation des Bischofs Hermann. Als daher der Präceptor Deutschlands vom Religionsgespräch zu Worms heimkehrte, wo die neulutherischen Jenenser sich Canisius dadurch verpflichtet hatten, daß sie Melanchthon vorwarfen er sei von der Augsburger Confession abgefallen, und deshalb in kein Gespräch mit ihm hatten willigen wollen, so er nicht zuvor alle Lehre, die ihr nicht gemäß wäre, auch seine eigne, verdamme; wo die Zerklüftung der Protestanten so schmählich dargelegt worden war, daß ihre Feinde den verlorenen Muth wieder fanden: — verweilte er bei bewährten Freunden eine ganze Woche ausruhend in Frankfurt (seit 8. December 1557). Eber von Wittenberg, Pistor von Nidda — sein alter Genosse von Bonn her —, Camerarius, sein Schwiegersohn Peucer, Hubert Languet fanden sich hier mit ihm zusammen[2]). Er war vom Alter, Arbeit, den erlittenen Schmähungen, der Betrübniß über einen Streit welcher die Kirche zu zerrütten drohte, so gebeugt, daß er nur langsam die alte Heiterkeit wiederfand. In seines Gastfreundes, des Senators Claus Brommen Haus traf er Beyer beim Mittagsmahl. Er bat ihn, doch endlich um des Herrn willen seinen Haß gegen diese armen und um Christi willen verjagten und flüchtigen Leute abzulegen; "wer — sagte er — durch ihre Leiden nicht gerührt wird, verdient nicht den Namen eines

---

1) Es ist lehrreich die betreffenden Stellen beider Documente mit den Frankfurter Bekenntnissen der Fremden zu vergleichen. Die Confession von Poullain sagt: es geschehe im Abendmahl durch Austheilung von Brod und Wein eine Mittheilung des Leibes und Blutes Christi zur Nahrung des ewigen Lebens; die Liturgie hat die Worte: wir werden seines Leibes und Blutes theilhaftig, damit wir den Herrn so besitzen, daß er in uns und wir in ihm leben.

2) Letzterem verdanken wir den Bericht über diese Tage. Corp. Reff. IX. 483.

Menschen, geschweige denn eines Christen." Als Beyer entgegnete: daß er und die Seinen nicht aus Haß, sondern einzig um der Lehreinheit in den Kirchen willen gegen die Fremden stritten, fuhr Melanchthon heraus „es habe immer in der Kirche Menschen gegeben, die mit solchem Gaukelspiel den Einfältigen Wind vormachten, um ihr rachsüchtiges Gemüth und ihren Haß gegen Gott und Menschen zu verdecken!"

Diese harte Anklage „vor einem ganzen Tisch voll Leut" brachte Beyer, wie zu erwarten war, nur noch mehr auf. Flugschriften und Predigten unterhielten das Feuer; die Erregung der Bürger, bisher geringe, zog immer weitere Kreise; die Hoffnung, die Fremden auf die Dauer zu retten, schwand den besser Gesinnten mehr und mehr. Weil aber hier der Brief Melanchthons wenigstens der Bürgerschaft bekannt ward — und nicht wie in Wesel vor ihr versteckt wurde — weil der Rath sich dauernd mit ihm in Verbindung erhielt: wandte sein großer Name, der die Massen beruhigte, lange das Unheil ab. Dazu kam, daß die Engländer, fernerer Quälereien durch den Tod Maria's und die Thronbesteigung ihrer jungfräulichen Königin Elisabeth überhoben, in ihre Heimath ziehen konnten (23. März 1559)[1]), bei welcher Gelegenheit auch die Fremdengemeinde der Niederländer in London wieder auflebte[2]).

---

[1]) Noch Mel's. letzter Brief an den Rath (9. Mai 1559) — bei Claßen, Programm. Frankfurt 1860 — bittet: nicht unnöthig Gezänk erregen zu lassen. Was ihm unnöthig schien, schien Andern höchst nöthig zur Seligkeit. — Die scheidenden Engländer hinterließen dankbar der Stadt einen silbernen, vergoldeten Ehrenpokal, den Frankfurt noch heute aufbewahrt.

[2]) Eine Anzahl Niederländer — nur zum Theil Glieder der früheren Gemeinde — erschien, von Adrian Haemstede geleitet, zu London, und ihre Presse (Merten Wendel) begann den Druck von Katechismen, Psalmen u. s. w. (s. 1559). Bald fand sich auch Joh. Utenhoven zu ihnen, das gerettete Patent Eduards VI. in der Hand. Aber Elisabeth hatte Scheu eine Kirche in der Kirche wieder zuzulassen, und die Ankömmlinge waren genöthigt Grindal, den milden Bischof von London, als ihren „Superintendenten" (den das Patent forderte) zu erwählen, um nur ihr altes Kirchengebäude wieder erhalten und ihren Gottesdienst beginnen zu können. S. John Strype, annals of the reformation. Oxford 1824. I. 1. p. 150 - 175; memorials of the church. Oxford 1822. III. 1. 233. 404. — Auf der Synode von Wesel 1568 (s. u.) kommen Algoet und Rycwart als ministri apud Norwicenses vor, und unter den Gliedern der Generalsynode

Bei der Kunde von **Melanchthons** Tod begannen auch in Frankfurt die wilden Wasser durchzubrechen und rissen bald den Rath mit sich weg. Vergebens waren **Dathens** Bitten, Disputationen und Flugschriften; er schloß den Walonen ihre Kirche (18. März 1561) und „führte ihren Pfarrer (**Philipp**) ins Gefängniß, während er eine Ehebrecherin daraus entließ." Wie Pilatus, sagte man, handelte er, der auch Barrabas losgab und Christum verurtheilte. Diesem ersten Schlag folgte schnell der zweite, noch schwerere: am 22. April ward beiden Gemeinden, der walonischen und niederländischen, jeder öffentliche Gottesdienst verboten. Die durch solche Erfahrungen zur Verzweiflung getrieben wurden, suchten ihre alte Heimath wieder auf, wo sie meistens auf dem Scheiterhaufen endeten. „**Himmel und Erde rufe ich zu Zeugen an**, sagte Calvin, **denn ich rede die klar erkannte Wahrheit, daß die Wuth, womit gegen die meisten Märtyrer Christi verfahren ist, und das Feuer welches sie verbrannt hat, am meisten durch die Stimmung derjenigen angefacht worden ist, welche gegen sie als Sacramentsschänder zu schreien für den höchsten Gottesdienst hielten.**"[1]

---

von Middelborg 1581 figuriren sowohl Deputirte der „walsche" als auch der „vlaemsche" kerde in Engeland (Lestailler und Wingius).

1) Adv. Westph. op. sec. in Calv. Opp. ed. Genev. 1617. VII. 769. Damit ist **Dathens** kurze Erzählung zu vgl. Die armen Glieder beider Gemeinden blieben in geringer Zahl in Frankfurt zurück, da sie als Weber u. s. w. sogar in bindenden Contracten standen. Seitdem Alba in den Niederlanden hauste, wuchs die Masse der Niederländer durch neue Flüchtlinge bis auf 1300 an, die sich in Scheunen zum Gebet versammelten (unter ihnen **Rupert de Neuville aus Antwerpen**); aus ihnen entstand die Frankfurter **deutsch-reformirte** Gemeinde. — Die Walonen zogen unter **Dathens** Führung in die Pfalz, erhielten von **Friedrich III.** ein früheres Augustinerkloster mit seinen Aeckern (13. Juni 1562) und begründeten damit die Stadt Frankenthal. Was von denselben in Frankfurt gerettet war, erhielt nach langer kümmerlicher Existenz bei Aufhebung des Edicts von Nantes Zuzug aus Frankreich und erwuchs zur **französisch-reformirten** Gemeinde.

Ein merkwürdiger Brief **Calvins** an die in Frankfurt Zurückgebliebenen (27. October 1562) ist nur in späterer Schreibart gerettet (bei Ritter, ev. Denkmal S. 315); dem fleißigen Sammler der französischen Briefe **Calvins**, Bonnet, ist er ganz entgangen und auch in den lateinischen Briefsammlungen findet er sich bis jetzt nicht.

18. Der Versuch die neulutherische Lehre in Wesel zur Herrschaft zu bringen wird verhindert.

Nicht nur das eigene Interesse machte, wie wir sahen, die Häupter der neulutherischen Parthei in Wesel nach dem Abzug der „Engländer" vorsichtiger und gemäßigter: sie waren auch durch das gewonnene Resultat ihrer Agitation wenigstens zum Theil befriedigt. Konnten sie darin doch immerhin eine Abschlagszahlung auf ihre Forderung der Alleinherrschaft erblicken, und vorab die noch übrigen Fremden gewähren lassen, deren äußere Lebensstellung zu geringe, und deren von der ihrigen abweichende Glaubensfassung damals zu wenig von bedeutenden Leitern vertreten war, als daß sie nicht hätten hoffen können, auch mit ihnen noch einmal zu gelegener Zeit fertig zu werden. Dazu wird es immerhin wenn nicht beschämend (Fanatismus kennt keine Scham), so doch zurückhaltend gewirkt haben, daß Frankfurt seine Fremden trotz Beyers stürmischer Forderungen, Melanchthons Mahnungen so lange er lebte nachgebend, ruhig gewähren ließ.[1])

Heshusens Anhänger, von ihm fortwährend brieflich dirigirt, zuweilen bei persönlicher Anwesenheit angefeuert, allemal aber ihm gehorsam, hatten überdies vorerst noch viel näher liegende Hindernisse ihrer Pläne zu beseitigen. Von den da=

---

1) Die vorhin besprochene Correspondenz Wesels mit Frankfurt liefert den Beweis, wie man sich drehte und wand, um wenigstens draußen im Reich dafür angesehen zu werden, etwas nicht gethan zu haben, was man doch gethan hatte.

maligen Pfarrern waren zwei dem Rathe verantwortlich, weil er sie berufen und bisher besoldet hatte: Stein und Bomel. Stein haben wir als blinden Vertheidiger der Flazianischen Dogmen und scharfen Gegner aller Fremden bereits genannt. Er hatte nicht wenig zu der Verstimmung in den unteren Klassen beigetragen, welcher die Engländer zum Opfer fielen, indem er auf der Kanzel über sie als „lasterhafte Sacramentsverächter klagte, die wie Wölfe in seine Heerde eingebrochen seien." [1] Bomel war ein treuer Anhänger der Augsburger Confession, alten Glaubens und alten Schlages. Seitdem er sein Amt in Wesel führte hatte er sich gern auf dies Bekenntniß für seine Lehre, auf Bischof Hermanns Reformation für die Ordnung seines Gottesdienstes verweisen lassen, an beiden festgehalten und zugleich friedlich, wie er war, mit den Eingewanderten aller Nationen in Mitleid und Liebe verkehrt. Zwingli's Meinung vom Sacrament verwarf er, eben so sehr aber diejenige Luthers — welcher auch er nur die Bedeutung einer Privatmeinung in der lutherischen Kirche zuerkannte — wonach in (dies schien ihm dabei die Hauptsache) mit und unter dem Brod Christi Leib im Nachtmahl empfangen wird. Dem Treiben der Heshusianer ward er um so mehr gram, je mehr er die Art ihres Eifers in der Nähe zu beobachten Gelegenheit hatte, und bestritt sie wie die ganze Sucht seiner Zeit, die Art der Gegenwart des Herrn im Abendmahl erschöpfend in menschliche Worte zu fangen. Was der Glaubende am und im Abendmahl habe, war ihm die Hauptfrage: und er glaubte, wie Viele, daß ihre ernste Beantwortung dem Streit über das Wie seine Bitterkeit nehmen würde. Als seine Sünden in dem Hader, worin er darüber verwickelt worden ist, giebt er selbst zwei von uns ihm gern verziehene Dinge an: seine Meinung nicht immer scharf genug behauptet und die Fremden nicht hart genug bekämpft zu haben.

Während nämlich der Rath eben damit umging, die Eingewanderten zu verdrängen und ihren Gemeinden das Schwert über dem Haupte schwebte, trat einer der Walonen, Alberts

---

[1] Peruzel schilt ihn deshalb sehr und sagt er wisse nicht, was an ihm größer sei, seine Rohheit oder seine Unverschämtheit.

van Rienen, ein Schmied, in eigenthümlicher Art den Beweis an, daß ihnen damit Unrecht geschehe, behauptend daß Bomel selbst ihre Lehre billige und namentlich mit Peruzels Bekenntniß einverstanden sei (19. Oct. 1556). Nichts konnte dem Rath verdrießlicher sein als so sich die Waffen aus der Hand winden zu sehn, womit er eben streiten wollte. Er verhörte einige Glieder der walonischen Gemeinde, und ihre theilweise eigenhändig aufgeschriebenen Aussagen offenbaren uns die ganze Leidenschaftlichkeit, womit für und wider gestritten wurde. „Die Wahrheit schämt sich nicht" schrieb Alberts unter sein mühsam zu Stande gebrachtes Schriftstück, welches die Uebereinstimmung Bomels mit ihnen erhärten sollte, als dieser sie geleugnet hatte. Der Rath wandte all seine Kraft gegen seinen Pfarrer, überzeugt, daß er nicht die Fremden bedrohn und zugleich die, welche eben so dachten wie sie, aus städtischem Gelde besolden konnte. Des Verhörens war kein Ende; selbst eine Frau (Martha van Antwerpen) wurde über Privatgespräche des Stadtpfarrers vernommen. Zur Verantwortung gezogen antwortete Bomel auf Alles, selbst auf „das unbeständige unwahre Weiberzeugniß"; er wurde nicht müde in jede Beschuldigung einzugehn, sie zu entkräften, und man liest seine Vertheidigungen um so lieber, da sie ohne Scheltworte abgefaßt sind; man merkt es ihm an, daß er von keiner der beiden Partheien etwas will und darum beiden gleich frei gegenüber steht. Mit der Augsburger Confession begegnete er nicht nur den Fremden, sondern auch der die Stadt eben beherrschenden Parthei, und wies die Anhänger der neulutherischen Dogmen auf die Widersprüche hin, in die sie bei ihrer Lehre sich verwickelten, auf den Streit, in dem ihre Chorführer selbst schon unter einander lägen.[1]) Die Augsburger Confession in

---

[1]) Ihm wird es außerdem nicht unbekannt gewesen sein, daß Heshusen die Ubiquität nie so strenge gelehrt wissen wollte (später sagte er sich ganz von ihr los), wie dies Brentz und Andreä thaten, daß auch Hamelmann dieselbe hartnäckig verwarf (Gerd. scrin. IV. 704). — In seiner Schrift an von Bert sagt Heshusen: „Euklids Logik, wonach ein Leib nicht zugleich kann an vielen Orten sein, z. B. der Leib Calvini nur in Genf, nicht auch in Heidelberg, gilt nichts, und Christi Leib kann an vielen Orten sein. Ubiquitisten aber sind wir (die Neulutheraner) nicht; wir sagen nicht daß die Menschheit Christi an allen Orten sei, sondern glauben nur,

der Hand ging er mit Luther bis zur Wittenberger Concordie, und blieb fest darauf stehn, es sei genug zu glauben und zu lehren, daß man im Abendmahl empfange was Christi Worte zusagen. "Was wollt ihr denn? — fragte er die Schöffen im Rathstuhl, welche nun auch über ihn wie über die Fremden sich zu Gericht setzten — ich bleibe dabei: giebt ein Sacrament nicht, was es bedeutet, so ist es eben keins. Aber Christi Leib ist nicht im Brod; denn weder wird das Brod in den Leib noch der Leib in das Brod verwandelt, wie das Eberhard Schnepf, Joachim Westphal und Brenz selber zugeben müssen. Wenn man mir nachsagt, daß ich Zwingli, daß ich die Züricher Lehrer gerühmt und meine Brüder genannt habe, so leugne ich das, christlich verstanden, nicht. Denn ich halte nicht nur die zu Zürich, sondern alle gläubigen Christen, auch die in der Türkei, für meine Brüder, wenn sie eine Gabe und Gnade von Gott empfangen haben zum Bau seines Hauses, selbst so sie noch irgend einen Irrthum oder Mißverstand führen, wenn sie nur und allein hangen an dem einigen Haupte, an Christus. Sonst dürften wir die allerheiligsten Lehrer der Kirche nicht für unsre Brüder halten, denn fast alle haben in irgend einem Punkte geirrt, wie Doctor Pomeranus in seinem Commentar über den Propheten Jonas klar bewiesen hat. Sagt man mir aber nach, daß ich den Zürichern in der Lehre von des Herrn Abendmahl recht gegeben habe, so irrt man. Ich habe ihnen recht gegeben in alle dem, darin sie, nicht nach meiner, sondern nach vieler frommen Lehrer Meinung, recht haben; wo sie aber — sie sind ja Menschen! — irren, da

---

daß Christus, obwohl sein Leib im Himmel ist, ihn doch an vielen Orten austheilen kann." Auch 1559 sagte er: "wir (die Parthei) sagen nicht, daß die Menschheit Christi an allen Orten sei und alles erfülle, wie seine Gottheit; dürfen uns die Calvinisten also nicht Ubiquitistas heißen mit ihrem Schandmaul." Später fielen ihm die Schuppen allmählig von den Augen; er sah, daß die Parthei doch das Alles behauptete, wogegen er sie vertheidigt hatte, unterschrieb noch die Concordienformel mit ihrem est ubique "geblendet von Liebe zum Frieden, da er gemeint, es heiße Christus herrsche überall", ihre Apologie aber nicht mehr. Also geblendet in Betreff eines Lehrpunktes, der den Kern des Systems bildete.

habe ich ihnen nie zugestimmt... In zwei Dingen habe ich gefehlt. Zuerst darin, daß ich meine Meinung von der leiblichen Gegenwart des Herrn im Abendmahl vielleicht nicht scharf und klar genug ausgesprochen — woraus dann die anders Gesinnten sich die Meinung bildeten, ich stünde auf ihrer Seite. Denn aus derselben Blume, woraus die Biene Honig holt, saugt die Spinne Gift; es ist aber nicht der Blume, sondern der Spinne Schuld. Zum Andern habe ich vielleicht auch aus Liebe zum Frieden ihre Meinung nicht so hart bekämpft wie es sich wohl gebührte. Was ich darin gesündigt habe, will ich gerne vor Gott und Menschen bekennen... Ich habe aber den Züricher Lehrern recht geben müssen: zum ersten darin, daß sie sammt allen christlichen Lehrern, alten und neuen, die grobe päpstliche Transsubstantiation, daß das Brod in den Leib Christi verwandelt werde, verwerfen. Zum Andern darin, daß sie lehren, das natürliche und wesentliche Fleisch und Blut Christi sei nicht gegenwärtig in oder bei dem Brod und Wein, wie darin beschlossen, oder daran angeheftet. Zum dritten darin, daß sie lehren, im Nachtmahl werden nicht allein Brod und Wein als bloße Zeichen genossen, sondern daß mit Brod und Wein Leib und Blut Christi wahrhaftig ausgetheilt und empfangen wird. Das aber ist ihr Irrthum, worin ich nicht mit ihnen stimme: daß sie lehren, Leib und Blut Christi werde im Abendmahl nicht wesentlich, sondern sacramentlich oder figürlich empfangen." [1]

---

[1] Hier geht es Bomel wie jenem großen Geschlecht, das auch heute noch nicht ausgestorben ist, dem wesentlich und geistig im Widerspruch stehn, dem daher endlich geistig nur figürlich heißt. Er kann sich den geistigen Genuß des Consensus Tigurinus, den er bestreitet, nur als eine Einbildung, als eine That erhöhter Andacht denken. Und doch hat die reformirte Kirche, namentlich so weit sie mit Deutschland in Beziehung gekommen ist, von Anfang an, indem sie Leib und Blut als Umschreibung und Beschreibung der ganzen Person Christi auffaßte, nicht aufgehört zu betheuern, daß auf Seiten des Communicanten wirklich ein Empfangen, auf Seiten des Herrn wirklich eine Selbstmittheilung stattfinde. — Die erste Basler Conf. von 1532 Art. 7. „wir glauben, daß Christus die Speise der Seelen sei" ꝛc.; die erste helvet. Conf. von 1536 Art. 22. „der Herr giebt im Abendmahl seinen Leib und sein Blut, das heißt sich selbst"; die zweite von 1566 Art. 21. „Christus selbst ist die Hauptsache im Abendmahl"; der Consensus Tigurinus von 1549 „wir empfangen Christum"; der Genfer

„Mein Glaube ist allezeit gewesen und noch heute: daß wir mit unsrer Vernunft nicht erforschen sollen, wie hier empfangen, gegessen und getrunken wird, sondern unsern Verstand gefangen geben müssen unter den Gehorsam des Wortes und Befehles des Sohnes Gottes, der da spricht: nehmet, esset, das ist mein Leib. Und so bin ich zweifellos gewiß, daß wir hier dasjenige wahrhaftig essen und trinken, was Christus durch die Kraft seines allmächtigen Wortes hier zu essen und zu trinken gebietet... Irre ich wo, so will ich mich gern unterrichten lassen... In dem Abendmahl sind zu merken zwei Dinge: ein irdisches und ein himmlisches. Das irdische ist das sichtbare Element, Brod und Wein, welches unverändert das bleibt was es ist. Das himmlische ist wahrer Leib und Blut Christi, welches mit dem Brod und Wein den Gläubigen gegeben wird. Darum reden die Lehrer der Kirche von einer himmlischen Speise, weil dadurch nicht unsere Leiber, sondern **unsere Seelen** gespeiset werden zum ewigen Leben... Wie aber mit dem sichtbaren Elemente der Leib Christi von uns gegessen und sein Blut getrunken wird, sollen wir nicht mit subtiler aristotelischer Kunst erforschen, sondern in diesem Geheimniß menschliche Vernunft, Witz und alle spitzfindigen Disputationen ruhen lassen... Ich habe meinen Glauben vom Abendmahl seit der Zeit der Herr mich mit der wahren Erkenntniß seines Evangeliums erleuchtet hat, nicht geändert bis auf den heutigen Tag! Welche Meinung ich davon hatte, schon **ehe ich nach Wesel gekommen**, weiset klar mein Büchlein, genannt die **Summa der deutschen Theologie**, vor ungefähr dreißig Jahren gedruckt und vor wenig Jahren auch hier in Wesel durch **Dirck van der Straiten** nachgedruckt. Welche Meinung ich davon, **so lange ich in Wesel wohne**, gehabt und behalten habe, bezeugen offenbar so manche Gespräche, die ich hier und an anderen Orten mit den Wiedertäufern, auch mit Gefahr Leibes und Lebens gehalten, wie

---

Katechismus: „**Christus ist im Abendmahl den unsre Seelen gleichsam als ihre eigentliche Speise verzehren**"; das niederl. Bekenntniß von 1561 Art. 35. „das Abendmahl ist ein geistliches Mahl, in welchem Christus uns **seiner selbst theilhaftig macht**.. wir genießen Christi natürlichen eigenen Leib und sein eigenes Blut, obwohl das **Wie über unsern Verstand geht**" u. s. w.

das am besten bewußt war dem Bürgermeister Wessel von Bert (löblichen und seligen Gedächtnisses), wie auch, daß die Wiedertäufer und Sectengeister mir gedroht und ins Angesicht gesagt, daß sie mit ihren Füßen noch in mein Blut treten wollten. Ich bitte deshalb durch die Liebe und Barmherzigkeit Gottes diese Sache mit christlichem Auge anzusehn und sie so zu richten, wie es gut und Gott wohlgefällig ist."[1]

Auf solche Erklärungen hin konnte Groens Parthei wenig vornehmen; denn was Bomel sagte, war weder mit der Augsburger Confession noch mit Bischof Hermanns Reformation zu widerlegen, auf welche sie doch bisher sich berufen hatte. Daß aber der Pfarrer ihr Mann nicht gewesen, folgern wir schon aus seiner Behauptung, daß die eigentliche Nachtmahlsspeise geistlich und nicht mündlich empfangen werde; mehr aber noch aus seinem anerkennenden Urtheil über dieselben Schweizer, an welchen Heshusen kein gutes Haar ließ. Sie mußte ihn, wohl oder übel, gewähren lassen, und günstigere Zeiten erwarten um ihn sich vom Halse zu schaffen.

Von den Geistlichen, welche der clevische Herzog zur Zeit des Interim seiner lieben Stadt Wesel aufgebürdet hatte, war der bedeutendere, Wassenberg, längst nicht mehr da. Er hatte gesehen, daß seines Bleibens in einer Bürgerschaft nicht sei, die geradezu das Gegentheil von Allem wollte was er that, und sich deßhalb geräuschlos auf seine Canonicatstelle in Düsseldorf zurückgezogen. Der Andere, Gottfried van Kinderen, war noch vorhanden. Seine Gottesdienste besuchte zwar Niemand, aber nach des Fürsten Willen war er noch immer der Pastor der Wilibrordskirche, der erste Pastor der Stadt. Durch sein Wort zu wirken hatte er nie versucht; als aber allmählig seine Werke anfingen großen Anstoß zu erregen, und der Herzog selbst von seinem Schützling gestehen mußte „er habe an seinem Leben ganz und gar kein Gefallen", forderten die Bürger den Rath auf mit ihm nach Gebühr zu verfahren. Was das hieß wußte der Bedrohte, und zog es deßhalb vor, dem Ungewitter auszuweichen und die Stadt zu verlassen (März 1558).

---

[1] Vertheidigung vom 9. Dec. 1556, 5. Febr. 1557. W. K. A. 6, 1.

Die Besetzung der dadurch erledigten wichtigen Stelle gehörte dem Hochkloster. Es war aber ohnmächtig geworden, und nur noch von einigen Fräulein besetzt die fünf gerade sein ließen und um den alten Zank mit der Stadt sich wenig kümmerten. So hoffte der Rath, er werde jetzt ohne Weiteres die Berufung des Hauptpastors vornehmen können. Aber noch wirkte am clevischen Hofe in voller Anerkennung und Billigung der Mann, welcher seinen Herzog dafür begeistert hatte, unbekümmert um katholisches und evangelisches Kirchenwesen seine clevische Landeskirche in gleicher Ferne von den Reformatoren wie vom Tridentiner Concil zu halten, sie mitten hindurch zu steuern, und so in allem Tumult religiöser Partheien dem christlichen Humanismus eine Stätte zu retten, von wo aus später, wenn die Geister sich beruhigt hätten, für weitere Kreise die Erneuerung der Kirche zugleich mit der des ganzen Staates in Versöhnung des religiösen und wissenschaftlichen Lebens ausgehen könnte: — Heresbach. Ein Doctor der Rechte konnte er seinem Herzog den rechtlichen Weg zeigen, worauf es ihm gelingen mußte für immer sich der Kirchenleitung dieser ungefügigen Stadt zu bemächtigen, sie selbst für seine Plane zu erhalten. Schon als Gottfrieds Entsetzung drohte war er deshalb zu Verhandlungen auf dem Platze, und der Herzog erkaufte von dem Kloster das Patronatrecht um hundert Thaler (17. Dezb. 1557). Damit war der Rath überlistet. Vergebens bewies und betheuerte er, daß die Pfarrgebäude und die Kirche, um die es sich handelte, aus der Tasche der Bürgerschaft gebaut seien; vergebens erbat er sich sein „Kirchenrecht"; der Fürst ließ auf alle Verhandlungen immer nur denselben Bescheid ergehn: er werde den rechten Mann für die Stelle zu finden wissen [1]).

---

1) Als Wilhelm um in der Interimszeit Wesel zu zwingen, in Gemeinschaft mit dem Kloster jenen Gotfried der Stadt als Pastor an S. Wilibrord präsentirte, forderte und erhielt dasselbe noch Brief und Siegel darüber (30. April 1549) daß diese Präsentation des Fürsten dem Recht des Klosters nicht hinderlich sein solle (s. Urk. im W. R. A. 144 Nr. 7). Die Verkaufsurkunde „des Patronatsrechts der Stadt Wesel" vom 17. Dez. 157, so wie die Quittung über geschehene Zahlung der Kaufsumme s. im Anhang dieser Schrift. Da ein Verwaltungsrecht weder durch Gewalt erworben, noch ein ausgeübtes durch Verjährung zum rechtlichen Besitz werden kann, so scheint der spätere Weseler Rath ohne den eigentlichen Rechtstitel, welcher den clevischen

Wer der Erwählte des Hofes sein möchte war zwar nicht ruchbar, aber die von Cleve her bisher geübten Beglückungsversuche machten die Stadt besorgt. Vor Allen war der äußersten Parthei im Rath diese Wendung der Dinge unangenehm, da sie annehmen mußte, der Hoftheologe werde, weit entfernt Lutheraner oder Heshusianer zu sein, bei seinen Entschließungen noch gar die gefürchtete Mittelstellung der clevischen Kirchenordnung zwischen Katholiken und Evangelischen nehmen. So kam es zu einer That die darauf berechnet war, von vorn herein dem fürstlichen Vorgehn die Spitze abzubrechen, indem der Rath alles Ernstes — die Anstellung eines städtischen Superintendenten „der wahren Religion" einleitete (23. März 1558). Groen war für dieses Amt Einer an die Hand gethan, dessen neulutherische Gesinnung über allen Zweifel erhaben war: der Magister Rütger Becker (Pistor), eines Weseler Küsters Sohn. Der junge Mann hatte aus städtischen Stipendien in Wittenberg studirt, war mit den damals tonangebenden Kreisen der Stadt befreundet, hielt Melanchthons Lehre für Zwinglianismus, und hatte gleich als „diese Franzosen und Engländer" nach Wesel strömten, nichts Gutes prophezeit „weil sie immer ganze Frachtwagen voll verschiedener Meinungen mitbrächten". Doch war das Wagestück seiner Berufung, die Furcht den Fürsten ungebührlich aufzubringen, die Schwierigkeit ihm eine ehrliche Besoldung auszumachen, zu groß als daß der Beschluß hätte zur Ausführung kommen können [1]).

In dieser neuen Noth gedachte man Melanchthons wieder. Hatte er ja bewiesen, daß er der Stadt nicht zürnte, obwohl sie die Engländer ausgewiesen, indem er ihr noch kürzlich einen

---

Fürsten zukam, sein sogen. Patronatsrecht geübt zu haben. Der Erbe dieser Fürsten, der preußische König, aber hat durch Bestätigung der Unionsurkunde der ev. Gemeinde Wesel (16. Dez. 1817) darauf verzichtet, indem er ihr die freie Pfarrwahl gab (Unionsurkunde § 8).

1) vgl. Corp. Ref. IV. 1062. — R. prot. Dinst. n. Inv. 1542. — R. A. 3, 1, wo ein Brief von ihm Platean glücklich preist, daß er um Christi Willen Schmach leide. Er konnte sich später nicht darin finden, daß die Stadt das heshusische Bekenntniß von sich that „die Wahrheit, an der sie kaum genippt, wie im Ekel wieder ausbrach." vgl. Ztschr. für berg. Geschichte. Bonn 1865. II. S. 49.

Prediger empfohlen hatte ¹). So griff der Rath nach der ersten Gelegenheit mit ihm wieder anzuknüpfen um auf seine Freundschaft, auf seine Gunst, in der er beim Hof und bei Heresbach stand, sich berufen zu dürfen. Wenn noch Einer helfen konnte, schien er es zu sein. Es kam erwünscht, daß der städtische Rector Florin dem Rath das Manuscript seiner Streitschrift gegen Mathias Bredenbach von Kirspe, den Rector der benachbarten Gymnasiums zu Emmerich, dedicirte. Des viel gelesenen Nachbarn Widerlegung, der mit seiner katholischen Schule der geächteten Weseler eine bedenkliche Concurrenz machte, interessirte Wesel aufs höchste. Denn Bredenbach hatte die zweite Auflage seines „Vorschlags zum Frieden in dem herrschenden Religionsstreit" dem clevischen Herzog zu widmen die Kühnheit gehabt, und ihm hier Dinge gesagt, die bisher im clevischen Lande und an diesem Hofe, dem Paradies der Humanisten, neu waren. Denn nicht nur empfahl er die katholische Lehre, von deren Richtigkeit er durchdrungen war; nein, ihn graute förmlich vor diesem Luther, dem Urheber ungeheuren Elends, und sein drastischer Vorschlag zum Frieden läuft darauf hinaus: jeder solle sich selbst bessern, Bischöfe und Fürsten die lutherische Lehre einmüthig verdammen und abschaffen, ihre Anhänger wo möglich von dieser Pest heilen, den Unheilbaren aber wie Aussätzigen verbieten unter den Gesunden zu leben, danach die „leider zu zahlreichen und enormen" kirchlichen Mißstände „so viel als möglich" verbessern und Gott bitten, er möge ein Conzil schenken das Alles „aufs Beste" zurecht bringe. Der Rathschlag war gewiß einfach, mehrmals schon gegeben, auch seine Ausführung anderswo schon versucht, aber freilich nicht mit dem gewünschten Erfolg, da der Geist sich nun einmal nicht todtschlagen läßt, sondern weht wohin er will. Das Buch Bredenbachs würde somit nur langweilig gewesen sein, weil es doch nur noch einmal sagte was seine Gesinnungsgenossen schon hundertmal vorgebracht hatten, wenn es nicht durch die maaßlosen und unerhörten Angriffe auf die Person Luthers gewürzt gewesen wäre. Er erzählte hier

---

1) Er erschien am 28. Mai 1557. Melanchthons Empfehlungsbrief ist verloren, der Ueberbringer selbst (Christoph) unbekannt. Man hatte ihn mit einem Viaticum von 20 Thalern und weitaussehenden Hoffnungen ziehen lassen.

gutes Muthes, Glauben fordernd für das was Er glaubte, mit Angabe von Tag und Datum: daß ein zu Tournay am 20. Juli 1527 lebendig verbrannter Lutheraner nach seinem Tode seinen Mitgefangenen ganz glühend erschienen sei, und sie gewarnt habe, damit sie nicht auch umkämen. „Möge Luther in der Hölle brennen in Ewigkeit" ist des Schulrectors höchster Wunsch wie seine freudigste Gewißheit: „oder soll ich etwa — fragt er — noch daran zweifeln, daß ein solcher Schänder des Heiligthums, ein Mensch, der in so enormen Sacrilegien gestorben ist, in der Hölle sitze um die Strafe für seine Sacrilegien zu empfangen? Und soll ich das etwa meinen Brüdern nicht anzeigen, damit sie sich vor seiner sacrilegischen Lehre hüten, auf daß sie nicht auch kommen an denselben Ort der Qual?" [1]

Melanchthon, welcher seinen Freund Heresbach schon bei Gelegenheit des Gesprächs zu Worms, wo er ihn sah (1558), gebeten hatte, er möge doch durch den Herzog von Cleve „dem Bredenbach sein schändlich und unchristlich Schreiben verbieten lassen", fand Florins Buch gut, christlich, zu lesen nützlich, nicht mit Schmähworten verunreinigt, und versprach es mit seiner Vorrede in Wittenberg drucken zu lassen (31. Januar 1559). Es war aber nicht nöthig, daß der Fürst dem Rector das Schreiben

---

[1] Diese wie Bredenbach selbst meint „etwas herbe" Schreibart hatte sogar seine sonst nicht grade zart fühlenden Freunde verletzt, die in dem Zuviel das Zuwenig erkannten. Deshalb erließ er eine Apologie für seinen Styl und Angriff; trat den Nachweis an, daß Luther „dieser Lasterknecht durch und durch, kein Stück des apostolischen Bekenntnisses, kein Sacrament geglaubt, keine Liebe noch Duldung gekannt, den heiligen Geist gelästert habe — ideoque ardere apud inferos." cf. De dissidiis .. qua ratione uideantur posse componi sententia M. Br. Kerspensis. Coloniae. 1557; eine „meisterhafte Versöhnungsschrift" sagt in verdientem Humor Deberich, Annalen der Stadt Emmerich. 1867. S. 399. Apologia de eo quod quibusdam visus est .. acerbius in M. Lutherum scripsisse. Col. ap. Cholinum. 1557. Ein Nachdruck beider Schriften: Antverpiae 1558. Erst die zweite von B. besorgte Ausgabe enthält die Vorrede an den Fürsten Wilhelm von Cleve, in der er behauptet, daß nur die falsche Meinung über Luther bisher die Bekehrung der Lutheraner gehindert habe Sein Buch sucht deshalb die oben angedeutete richtige zu verbreiten.

verbot; es verbot ihm ein Anderer, da er bald darauf starb (19. Juli 1559)¹).

---

1) Mel's. Brief im Anhang zu m. Schrift über Heresbach. Vgl. Clar. viri M. Bredenb. epitaphium graecum .. per H. Vranium Ressensem — am Schluß der dritten Ausgabe der B.'schen Schriften (Colon. 1560). — B. war 1499 geb. und hat der Schule in E. 34 Jahre lang (9 als Rector) gedient. — Außer den genannten Büchern ist von ihm erhalten: Introductiuncula in graecas literas etc. Colon. J. Gymnicus. 1543. (16 Blätter.) — Gegen B. trat der Canzler Jacob Andreae in Tübingen auf im Hyperaspistes prolegomenum J. Brentii in apol. confessionis ducis Wirtemb. contra Bredenbachium et Hosium. Francof. 1558. Er starb, mit einer Gegenschrift gegen Andreae beschäftigt, welche sein Sohn Tileman B. in Löwen vollendete (Antihyperaspistes pro vera componendorum eccles. dissidiorum ratione. Colon. 1568), der im Zorn den Vater vielleicht noch übertraf (s. s. Libellus de sacrilegorum vindictis et poenis .. latinitate donatus per J. B. Colon. 1565). — Ueber Vater und Sohn s. die Zeitschrift für berg. Gesch. II. S. 50. — Der Druck des Florin'schen Buchs unterblieb, da außer Andreae noch Henr. Pilaeus aus Minden und Thomas Naogeorgius gegen B. aufgetreten waren.

19. Der Chorrock bringt zwei Pfarrer, einen Anhänger und einen Gegner der Heshusianer, um ihr Amt.

Durch die Erlebnisse mit Bomel war die Streitfrage, um die es sich eigentlich bei der Lehre der Engländer gehandelt, die ihnen ihre Vertreibung zu Wege gebracht hatte, zur Kenntniß größerer Kreise gekommen, und zwar nicht zum Vortheil der Neulutheraner. Viel Leidenschaft schwand, als man sich klar machen mußte: was denn eigentlich die Flüchtlinge behaupteten, und was man selber zu glauben bereit sei? Die Gemüther beruhigten sich — wie immer — da sie prüften; die Bürgerschaft begann ihrer Treiber überdrüssig zu werden. In zwei auf einander folgenden Rathsjahren (1558 und 1559) wurde Groen nicht zum ersten Bürgermeister gewählt; erst das dritte (1560) brachte den, der Stadt wegen seiner großen Befähigung in der Verwaltung Unentbehrlichen, wieder dahin, wo er mit den Fremden nach Gefallen schalten und walten konnte.

Unter den jungen Geistlichen, welche vorübergehend in der Predigt aushalfen und meistens nach kurzem Dienst entlassen wurden, erwarb einer sich das Vertrauen der Bürger in besonderer Weise, brachte es deshalb zu einer bleibenden Stellung, und spielte in der späteren Ueberleitung der Stadt zum reformirten Bekenntniß eine große Rolle: Johannes Heitfeld, genannt Pabst, aus Wipperfürth. Als der Rath ihn, den wegen zu schnellen Vorgehens auf dem Weg der Reformen vom Amt zu Dortmund (1557) Verdrängten, zum Frühprediger und Seelsorger der Krankenhäuser berief (17. Januar 1559), war er ein anhänglicher

Schüler Melanchthons, gewandt im Wort, in seinen Formen geschmeidig, ein Feind der Halbheit wie der Uebertreibung.[1]

So standen als „Prediger" an den städtischen Kirchen: dieser Melanchthonianer Heitfeld, Heshusens Freunde Thomas Platean und Hermann Stein, und der Anhänger der Augsburger Confession, Heinrich Bomel, als ein Eingriff des Fürsten neue Verwirrung erregte.

Wenige Wochen nach Heitfelds Berufung nämlich erschien Heresbach, von einem zweiten Hofrath begleitet, um als neuen Pastor der Wilibrordskirche den bisherigen Hofprediger des Herzogs in seinem Namen dem Rath zu präsentiren, und in die Einkünfte der Stelle einweisen zu lassen (18. Febr. 1559). Nicolaus Rollius war der Mann nach dem Herzen Wilhelms. Er hatte bisher alle gewünschten und gewohnten kirchlichen Ceremonien beibehalten, das Abendmahl jedem, wie er es wollte, seinem Herzog in Beiderlei Gestalt, Anderen in Einer gereicht, und es mit dem ganzen Hof und seinem Anhang versucht weder katholisch noch evangelisch zu sein. Heresbach führte freundlich zwar die Verhandlung, wich aber nicht von seinem und seines Herrn Standpunkt, indem er das allgemeine Etwas von Religion, welches bisher am Hofe gegolten hatte, auch in Wesel einzubürgern versuchte. Er versicherte dabei: der Pastor werde das Wort Gottes „lauter, rein und pur" lehren, die Sacramente nach Gottes Befehl austheilen, und mit Leben, Lehre und Wandel ein gutes Beispiel geben. Der Rath seinerseits nannte zwar in dieser offiziellen Verhandlung die Augsburger Confession noch nicht; erklärte aber, daß Er die Worte „nach Gottes Befehl" nicht anders verstehen könne, als daß das Abendmahl nur in Beiderlei Gestalt gereicht werden solle, denn so fordere es eben dieser Befehl Gottes. Es wurde von Seiten der Räthe zugegeben, „daß Rollius allerdings den Auftrag habe, es also zu verwalten: sein Kapellan aber es den Schwachen, welche es begehrten,

---

[1] Sudhoff (Olevian und Ursin, Elberfeld 1857) ist bei der Darstellung der Erdrückung der evang. Gemeinde zu Trier auf die Gesinnungsgenossen Olevians unter den Geistlichen daselbst leider nicht eingegangen, und ist es deshalb unmöglich, die alte Nachricht zu prüfen, welche Heitfeld auch zum Helfer desselben in Trier macht.

nur in der Gestalt des Brodes zu reichen befugt sein solle; auch würden die Sänger nach altem Brauch singen." Diese neue Eröffnung machte den Rath bedenklich. Er berieth sich deshalb mit den Vertrauensmännern der Stadt und gab dann erst die Antwort: "er nehme den Pastor an in der Hoffnung, derselbe werde sich nach der Zusage halten. Von der Berufung eines Kapellans aber möge der Fürst absehn, da eine Spaltung unvermeidlich sei, wenn an demselben Altar durch einerlei Geistliche das Abendmahl auf zweierlei Weise ausgetheilt werde; Ohrenbeichte könne nach wie vor den Klöstern verbleiben; das Singen nach altem Brauch sei wohl Anspielung auf die Messe: da aber der Pastor nicht diese, sondern das Abendmahl zu verwalten habe, versehe man sich, er werde sich darin den anderen Städten Augsburgischer Confession gemäß halten, und werde man dafür schon Sänger bekommen." Diese Vorschläge nahmen die Gesandten zu weiterem Bericht an sich und Rollius wurde förmlich berufen.

Der Rath empfing ihn mit gutem Muth, und die ersten Verhandlungen mit ihm lieferten den Beweis, daß Er, der am Hofe mit Menschen umzugehen gelernt hatte, am wenigsten die Stadt verletzen oder verwirren wolle. Zwar erwies er sich in dem Abendmahlsstreit bald als Freund der damals noch, trotz aller Anfechtungen, tonangebenden heimathlichen Richtung des ganzen evangelischen Rheinlandes; betheuerte, "daß er weder auf Luthers noch auf Calvins Worte schwöre, da Beiden etwas Menschliches begegnet sei; daß er aber schwöre auf die Worte seines Herrn, den er im Abendmahl wahrhaftig gegenwärtig wisse"[1]; aber Groen begriff, daß es darauf ankomme, auf Kleineres zu verzichten, um Größeres nicht Preis zu geben, und suchte mit ihm in ein gutes Vernehmen zu kommen. Stand ja nun hinter dem ersten Pastor nicht mehr ein ohnmächtiges Kloster, sondern der mächtige Landesfürst!

So kam es denn zu einer freilich bedeutungslosen Berufung eines Kapellans, den Rollius sich, um der Form und der fürstlichen Laune zu genügen, annehmen mußte. Die Stadt ließ sie

---

1) W. R. A. 8, 1. Brief v. Februar 1565.

sich gern gefallen, da der Pastor in der Hauptsache ganz auf ihre Seite trat und die Austheilung des Abendmahls in Brod allein unterließ. Zwar forderte der Hof wiederholt von Rollius, er solle es darin nach dem Belieben der Communicanten halten (22. Febr. 5. März 1559), und verwies es ihm hart, daß er, statt seinem Herzog, einem Magistrat zu gehorchen beginne (10. März): er aber hatte sich überzeugt, daß er nicht anders könne, da er nicht, wie sein Vorgänger, in leerer Kirche den Wänden predigen wollte. Nur in Einem Punkt bestand er darauf, daß der Rath ihm und dem Fürsten nachgebe. Herzog Wilhelm hielt nämlich als Humanist die Vereinfachung des Cultus für ein unnöthiges Aergerniß eines sinnlichen Volkes; um so mehr, als ihn seine Geschichtskenntniß darüber belehrte, wie empfindsam die Menschen gerade auf diesem Gebiete für die kleinste Abweichung sind, während sie oft von den größten Lehränderungen, die sich unter ihren Händen vollziehn, keine Ahnung haben. Die österliche Zeit nahte heran. Zum ersten Male seit dem Interim sollte wieder in der Wilibrordskirche das Abendmahl gefeiert werden. Rollius war vom Hofe angewiesen, es nicht ohne Anlegung des Chorrocks[1]) zu verwalten, und er wollte ihm darin um so weniger entgegen sein, als er selbst meinte, sein Fürst habe hier das Rechte getroffen. Er forderte Hülfe für die Osterzeit bei Spendung des Sacramentes, wozu voraussichtlich das Volk massenweise heran strömen würde. Der Rath beschied die vier von ihm berufenen Pfarrer vor sich. Er mußte ihre Bereitwilligkeit erlangen gleichfalls im Chorrock dem Pastor helfen zu wollen, so es nöthig würde, da dieser sonst gezwungen gewesen wäre, sich seines Kapellans zu bedienen, welcher das Abendmahl nur unter der Gestalt des Brodes zu reichen berufen war! In geheimer Sitzung erschienen sie vor ihm. Heitfeld ließ sich bereden, das bei Aufhebung des Interim zu Wesel abgeschaffte Kleid anzulegen; auch Platean ward allmählig willig; Stein weigerte

---

1) Es handelte sich um die „Casseel", casula, das eigentliche Meßgewand. Ich habe den Ausdruck Chorrock als den damals in Deutschland gewöhnlichen beibehalten. S. Flazius, wider den Evangelisten des heiligen Chorrocks, Dr. Major. Basel 1552. — Gallus, Bericht auf den Bericht etlicher Prediger in Meißen, ob sie lieber weichen, denn den Chorrock anziehen sollen. Magdeburg 1550, u. s. w.

sich; ebenso Bomel, welcher trotz der Drohung, „so sie sich dem Rath nicht willig finden ließen, hätten sie es nur zu sagen, es koste sie nur Ein Wort, man werde sich zu helfen wissen," ruhig erklärte: niemals ein Kleid wieder anzuziehen, zu dessen Abschaffung er einmal geholfen (Tag vor Palmsonntag). So kam es dazu, daß in der Wilibrordskirche dieselbe Feier mit dem Chorrock begangen wurde, welche in der Mathenakirche ohne denselben Statt fand. Dabei konnte es nicht bleiben. Der Fürst bestand auf seinem Sinn, indem er Gleichheit der Ceremonien in den Kirchen forderte und Rollius auch; die beiden Pfarrer ebenso hartnäckig auf dem ihrigen. Wieder gab es geheime Sitzungen und Verhandlungen. Die Lehrer der hohen Schule wurden zu Hülfe gerufen; Florin behauptete, das Kleid sei ein gleichgültig Ding (adiaphorisch), das man ohne Beschwerung seines Gewissens anlegen könne und „allegirte allerlei schöne heilige Schrift"; aber es half nichts und so folgte die Entlassung. Bomel zog davon, „dem Rath für alle seine Wohlthaten dankend"; Stein entfernte sich schweigend vom Rathssaal (3. Nov. 1559).[1]

---

[1] Stein ging nach Soest. Bomel ward von dem Amtmann Freiherrn von Cloud in Friemersheim bei Crefeld als Pfarrer angestellt (1560). Die Grafschaft Moers hatte damals noch nicht den reformirten Charakter, welchen die spätere oranische Herrschaft ihr gab. Bomel hat bei Aufstellung der von Graf Hermann von Moers und Neuenaar erlassenen Kirchenordnung mitgewirkt. (S. Altgelt, Grafen von Moers. 1845. S. 96.) Er starb als Pfarrer zu Duisburg 29. Sept. 1570. — Ein Peter von Brimersheim kommt als Pastor zu S. Jacob in Lübeck und Flazianer 1561 vor. S. Heppe, deutsch. Protest. I. S. 417.

20. Der durch das Interim verdrängte Pfarrer Iman wird zurückgerufen; trotz seiner gelingt den Heshusianern die Auffstellung eines städtischen Bekenntnisses. (Confessio Wesaliensis.) 1561.

In Stein war der unbeugsame Feind der Fremden, in Bomel aber der treue Anhänger der Augsburger Confession hingegangen, der auf langen guten Dienst, erlittene Schmach, auf seine Freundschaft mit den ersten Beförderern der Reformation hinweisen konnte, und darum eine große Macht auf die öffentliche Meinung ausübte. Was die Groen'sche Parthei in Stein verlor, das gewann sie reichlich dadurch wieder, daß in seinem Collegen der beredtste Gegner ihrer Plane beseitigt wurde.

Es kam nun darauf an, zunächst wenigstens Einen neuen Pfarrer zu gewinnen. Aber wen sollte man berufen? Vor Neulingen fürchtete Groen sich mit Recht, und ein bedeutender Mann der Parthei war nicht zu haben, da ein solcher sich den Chorrock nicht hätte gefallen lassen. Da öffnete sich unverhofft ein Ausweg.

Iman von Seeland, jener zur Zeit des Interims entsetzte Liebling der Bürgerschaft, ließ seine Dienste wieder anbieten. Er hatte nach seiner Vertreibung auf der von Halligen umgebenen Insel Föhr, im Westen von Schleswig, unter den Friesen eine Pfarre (zu S. Nicolas) gefunden (1550).[1] Doch hatte ihm

---

[1] Zufällig gedachte seiner damals in einem Gespräch mit Lasco zu London Adolph Oliſleger, der Sohn des clevischen Kanzlers. Erfreut vernahm Lasco von diesem Gliede einer mit Iman so befreundeten Familie von dem Verbannten, und benutzte die erste Gelegenheit, ihm seinen Katechismus zu senden und ihn zu fragen: ob er willig sei, sich an die deutsche Frembengemeinde in London berufen zu lassen? (30. April 1551.)

diese Stelle nicht behagt, da nicht nur der Amtmann der Insel die Pfarrländereien auf viele Jahre verpachtet und die Pacht für sich eingestrichen hatte, sondern auch seine Friesen „roh, ungebildet, leichtfertig, ohne Erkenntniß Gottes" ihm zu viel zu schaffen machten. Er war deshalb nach einigen Jahren aus einer Thätigkeit geschieden, für die er nicht paßte, und nach kurzem Aufenthalt in seiner Heimath, zu Delve an der Eider, wo er auch gleich nach seiner Weseler Zeit sich kurz aufgehalten, in ein Amt eingetreten. Im grausamen Kampf Adolphs von Holstein gegen die Dithmarsen von hier nach Heide (26. Mai 1559), und als auch dieser Ort in Flammen aufging, nach Stade (29. Juni) verschlagen, besuchte er rath- und broblos seine alten Freunde in Wesel (auf fünf Wochen), fand die frühere Zuneigung wieder, gewann ganz besonders Groens Vertrauen, und folgte nach Bomels Entlassung von Stade aus dem ehrenvollen Ruf als Pfarrer der Mathenakirche. Den Chorrock ließ er sich gefallen; die Heshusianer hofften, er werde wegen des Bekenntnisses mit sich handeln lassen; seine große Gelehrsamkeit, seine Bewährung im Exil, die wohlbekannte Treue im Amt, Alles sprach zu seinen Gunsten und erweckte die Hoffnung, er werde auch seinen Genossen Rollius mehr und mehr von fürstlichen Vorurtheilen und Halbheiten los machen. Nun war ihm aber bei seiner Anwesenheit in Wesel auch nicht entgangen, worauf es die Heshusianer anlegten. Zwar hatte er vor Jahren an Heshusen, als seinen alten und hochgeehrten Freund, geschrieben (1. August 1551) und um eine Stelle gebeten; wie tief aber der Gegensatz war, worin er jetzt zu ihm stand, offenbarte ihm ein Brief desselben, der gerade damals von Heidelberg in Wesel einlief und in zügellosen Ausdrücken über Friedrich III. sich erging, der, von Zwinglern verleitet, nur noch wolle lehren lassen, „mit" dem Brode werde Christi Leib gegeben. War doch gerade diese verketzerte Lehre auch die seine![1] Deshalb erklärte er bei seinem Eintritt in Wesel,

---

[1] Heshusen hatte an seine kranke Schwiegermutter (Anna v. Bert) einen Trostbrief gesandt (11. September 1559) und darin auch Imans gedacht, von dessen Anwesenheit er gehört hatte. „Wollet Hr. Imand freundlich grüßen, wo er noch do ist." — Iman hat der Butzerschen Schrift de justificatione die Bemerkung beigeschrieben, daß er der Augsb. Conf. anhange und ihr gemäß das „Mit" glaube. — Ueber Olisfegers englische

nicht gewillt in das Amt sich einzuschleichen, und um von vorn herein alle verfängliche Zumuthungen abzuschneiden, ausdrücklich: „weil er sonst und jetzt sich der Augsburger Confession (er meinte die, welche Melanchthon annahm) gemäß verhalten und auch ferner mit Gottes Gnade verhalten wolle, so werde er, wenn der Rath irgend etwas gegen sie (so fein war sein Spürsinn!) vornähme, nicht bleiben." Mit diesem klaren Wort leistete er den Handschlag (13. Februar 1560). Was er versprach, hat er treulich gethan.¹)

Dieser Berufung Imans folgte die Wahl Groens zum ersten Bürgermeister auf dem Fuße nach (12. März 1560), und der Einfluß dieses entschlossenen Mannes ist sofort zu bemerken. Schon nach vierzehn Tagen kündigte der Rathsbeschluß, es sollten „in der Stadt die Sacramente (wie früher oft schon bestimmt war) nach der Reformation des Bischofs Hermann verwaltet werden", allen Forderungen eines Hofes den Krieg an, der nicht aufhörte, Rollius zu belästigen. Der Fürst selbst ließ sich herbei, dem Hauptpastor die Anlegung der Festgewänder anzubefehlen, „da sie uns erinnerten in welchen Kleidern Christus für uns gelitten" (3. October 1559), und die Räthe stimmten in allen Cultusfragen so sehr mit ihrem Herrn, daß Rollius klagen konnte: „dadurch, daß ich der evangelischen Lehre, welche schon vor mir in den Weseler Kirchen gelehrt worden, nicht entgegen trat, verdarb ich es mit den Räthen, welche mich im Namen des Fürsten hierhin gestellt hatten."²)

Die Wiederwahl Groens im folgenden Jahre (März 1561)

Beziehungen vgl. den Brief des Dr. Wotton (1555) in den State papers. London 1861, p. 200. — Imans Brief an Hesh. ist im Anhang mitgetheilt.

1) Aus den vielen Notizen, womit seine zum Theil noch im W. R A. vorhandenen Bücher beschrieben sind, mögen noch folgende seine Lehre deutlich machen. — Reiicimus omnes abusus in sacramento. Haec nostra fides: quod in ordinatione domini de coena ipse warhafftichlich, vnd wesentlich tegenwordich sy, vnd mit brot vnd wyn vns christen syn lyff vnd bluit tho eten vnd drinken gebe, applicirt vns sich selffs vnd syn verheyssung. Paulus: panis quem frangimus est communicatio corporis Christi; dat kan niet anders verstaen werden dan: dat broot is dat, darmet gemeynschap des lyves Christi medegedeilt wert.

2) S. Brief v. 9. Febr. 1563 im C. A. 3, 1.

brachte auch seine Freunde in größerer Anzahl wieder ans Ruder und ermöglichte es ihm, den Lieblingsgedanken seines Schwagers **Heshusen — Vertreibung der Fremden als der Gegner der reinen Nachtmahlslehre —** wieder aufzunehmen. Der vor Jahren gefaßte, aber in Vergessenheit gerathene Beschluß, daß die **Franzosen und Walonen** ihre Uebereinstimmung mit dem Augsburger Bekenntniß nachweisen sollten, wurde zunächst auf alle zu ihnen neu Einwandernden angewandt; und als in Folge dessen einige eben eingezogene Walonen ihre eigene Confession einlieferten, dieselbe aber das prüfende Feuer der neulutherischen Räthe nicht aushielt, hatte er die erwünschte Gelegenheit darauf zu bringen, daß **eine eigene, für Alle gültige Confession** gestellt würde, die den Glauben der **Stadt** klar darthäte und welcher alle Fremden durch Unterschrift sich anzuschließen hätten (21. October). Die **Augsburger Confession** selbst als das Symbol der Stadt anzuerkennen, **ihre Unterschrift zu verlangen,** genügte dem Anhänger eines Heshusen nicht, der dies Reichsbekenntniß längst „einen polnischen Schnürstiefel" genannt hatte der Jedem passe, „einen weiten Mantel, hinter dem sich Christus und der Teufel gar bequem verbergen könnten." Dazu hatte Heshusen eben damals seiner lieben Vaterstadt bewiesen, wie Noth es ihr thue, endlich reine Bahn zu machen. Ihrem Rath widmete er sein Buch „von der Gegenwart des Leibes Christi im Abendmahl" (1561), beklagte sich darin nicht ohne Seitenliche, daß die Obrigkeit ihre Ruhe über des Herrn Ehre setze und durch menschliche Befehle die Pastoren in der Uebung der Schlüsselgewalt, ja in der Lehre verhindere; zeigte, wie die Augsburger Confession jetzund der Deckmantel sei, unter dem man die Lehre Calvins einschwärze, der Gott zum Teufel mache; erwies, daß den Calvinisten Christus eine in den Himmel gesperrte machtlose Bestie sei: „Narren sind sie mit ihrer Physik; einen physischen Gott haben sie und quälen die Mysterien Gottes nach den Prinzipien des Aristoteles; mit ihnen Eins zu werden gibt es nur Ein Mittel — daß sie Gott die Ehre geben und glauben was wir glauben[1]). Groen ließ es sich nicht nehmen, der zu diesem Zweck sogleich

---

1) De praesentia corporis Christi in coena. 1561. Da ich das Buch selbst nicht habe erhalten können, citire ich nach **Willens** (Heshusius. 1860. S. 62).

ernannten Commission vorzusitzen. Mit zehn Rathsdeputirten und fünf Geistlichen gab er sich an die lockende Arbeit, ein Bekenntniß zu formuliren, das Wesels Luft reinigen, seiner Kirche für immer den allerreinsten Glauben sichern, und ein Netz um sie her spannen sollte, durch dessen enge Maschen nie ein sogenannter Zwinglianer schlüpfen könnte. Schon am 23. October legte er es vor — im Worte mild, hart in der Sache.[1]) Die bei Berathung seines Wortlauts (der sich an das alte Walonenbekenntniß von 1545 anschloß), namentlich von den Geistlichen erhobenen, Bedenken hatten zwar die schroffsten Formeln der Neulutheraner meist ausgemerzt: doch waren noch immer genug davon übrig geblieben, um damit anders Denkende zu bedrängen; der Widerspruch aber, welchen namentlich Iman und Heitfeld gegen das ganze Werk erhoben, war durch Majoritätsbeschluß der Commission abgewiesen worden: so unprotestantisch als möglich sollte der „mindere Theil" sich bei der Ueberzeugung der „Mehrheit" beruhigen.

Ein einziger Tag hatte dem Eiferer genügt, um über das Geschick der Kirche seiner Vaterstadt, der größten Stadt seines Vaterlandes, wie er hoffte, für ewige Zeiten zu entscheiden.

Als am Morgen des 29. October 1561 die Rathsglocke läutete, Rath und Vertrauensmänner der Gemeinde zur Sitzung in das Rathhaus sich begaben und hier ein sauber geschriebenes Pergament unterzeichneten, ahnten die Bürger nicht, daß jetzt ihr Glaube gemacht wurde und über ihre Seligkeit der Würfel fiel.

Wohl standen die Einflußreichsten der städtischen Vertreter auf Seiten dieses, besonders in den Bestimmungen über das Abendmahl neulutherischen, Weseler Bekenntnisses, und die Bürgermeister, Schöffen und Räthe (ihrer vierundzwanzig), Groen Allen voran, konnten der Mehrzahl nach, die sechs Lehrer der hohen Schule aber, von ihrem Rector Florin geleitet, ohne Ausnahme mit Herz und Hand unterschreiben: „daß Judas im Abendmahl die Substanz des wahren und wesentlichen Leibes Christi, den er von der reinen Jungfrau Maria empfangen, „mit" dem Brode zur Verdammniß empfangen habe, und noch jetzt die Bösen denselben also empfangen, daß hier kein bloß geistliches Empfangen Statt finde und Christus auch nach seiner Menschheit

---

1) S. den Anhang.

im Abendmahl gegenwärtig sei." Auch Platean, Rollius und sein Kapellan (Steph. Cossius) unterschrieben bedingungslos; die aber von den Geistlichen, welche weiter sahen, und trotz ihrer geretteten reformirten Formel „Mit"[1]) die Verwerfung der Reformirten scheuten, nahmen sich in Acht. Iman hatte sich bei seiner Berufung nicht umsonst schon gesichert; nun setzte er hinter seine Unterschrift die Clausel: „aber nicht weiter, denn nach Gottes Wort und der Augsburgischen Confession sammt Hermanns Reformation"; Heitfeld unterschrieb sie: „so weit sie mit Gottes Wort übereinstimme, dem mit Recht alle Confessionen unterworfen werden"; selbst ein Hülfsgeistlicher (Reiner Haller) schränkte ihre Billigung durch die Worte ein: „in der Weise, wie sie mir vom Rath vorgelegt worden ist" — ein Vorbehalt, bei dem sich alles Mögliche denken ließ.

Wenn also gerade die, welche nach dem neuen Bekenntniß lehren sollten, nicht einmal damit übereinstimmten, der Eine es für eine Thorheit der Menschen hielt, der Andere als eine Last nur es trug: so war es eigentlich schon verloren, noch ehe es sich recht ans Tageslicht gewagt hatte; und das, was bald darauf in Wesel sich zutrug, wird uns den triftigsten Beweis dafür liefern, wie wenig jemals die Theologie dem Glauben auf die Dauer Gewalt anzuthun vermag.

---

1) Eine Formel, die, ernstlich gemeint, die bisherige Lehre Wesels deshalb richtig bezeichnet, weil sie der hier gültigen (Melanchthonischen, Butzerischen) Reformation des Bischofs Hermann entspricht.

21. Streit mit den Walonen über die Annahme des Weseler Bekenntnisses.

Groen sah nicht, daß sein Werk, wie das Traumbild des Königs von Babel, auf thönernen Füßen stand. Entschlossen und muthig wie er war, von dem Geist seiner Zeit und seines Schwagers, welcher richtige Formel und reine Lehre verwechselte, getrieben, kam es ihm zunächst darauf an, die Widersacher der neuen Wahrheit zum Schweigen zu bringen.

Für die Bürgerschaft hatte der ehrsame Rath die Confession unterschrieben; jetzt galt es die Fremden dazu zu bringen, es zu thun, um die Lehreinheit für die ganze Stadt zu retten. Zunächst wurden die Walonen vorgefordert. Ihre Verhandlung mit Groen war kurz, da sie sich der Unterschrift geradezu weigerten (17. Februar 1562); aber so groß war die Parthei, welche für die Fremden schon einstand, so weit war Wesel selbst ihrer Lehre befreundet, daß der Rath nicht wagte, Strenge gegen sie zu gebrauchen. Sein Leiter, zu klug, um Alles auf Einen Wurf zu setzen, fürchtete die Bürgerschaft, welche, der Masse nach, hinter Iman stand, in Bewegung zu bringen, blieb zwar bei seiner Forderung der Unterschrift der Confession stehn, entließ aber — Andern zum Exempel — den städtischen Geistlichen, welcher offen und ganz sich von ihr lossagte (Rollius Kapellan), den Chorrock nicht ferner anlegen, keine brennenden Kerzen beim Abendmahl dulden und das Brod nach reformirtem Brauch gebrochen wissen wollte. Doch wirkte die Predigt der, den Fremden mehr als dieser Confession geneigten, übrigen Geistlichen, daß die neue Rathswahl zwar Groen an seiner Stelle ließ, die Zahl seiner Freunde im Rath aber fühlbar lichtete (März 1562) und sogar bei erneuter Weigerung der Fremden sich zur Confession zu bekennen den Beschluß ermöglichte: dieselbe den Geistlichen zu übergeben, „damit sie dieselbe reiflich erwägen und was nöthig ändern und klarer ausdrücken möchten" (12. Juni 1562).

Damit war ihr Urtheil gesprochen, und weder ihre Billigung durch den aus der lutherischen Gemeinde zu Antwerpen eingewanderten Philipp von Wesenbeck (1. Juli), noch die späteren oft bedrohlichen Verhandlungen mit den Fremden, welche fortwährend betheuerten, nicht aus Frevel sich der Unterschrift zu entziehn sondern nur weil sie, obwohl in ihrer Meinung mit dem Rathe einig, sich durch etliche Bestimmungen derselben beschwert fühlten, schienen ihr wieder aufhelfen zu können.[1]

Doch ruhten die Heshusianer nicht. Um die ins Stocken gerathene Sache wieder in Fluß zu bringen, wandten sie sich an ihre auswärtigen gelehrten Freunde, und lobende Gutachten anerkannter lutherischer Größen sollten dem Rath die frühere Entschlossenheit wiedergeben. Einen gefährlicheren Weg hätten sie nicht betreten können; denn nichts war den Fremden leichter, als Autorität mit Autorität zu bekämpfen, und dadurch selbst die Vertreter der Stadt in einem ermüdenden Studium der Controverspunkte sich geneigter zu machen.

Zuerst übergaben sie dem zögernden Rath das Gutachten der Straßburger Theologen, welchem sie ein belobendes Schreiben eines Speyerer Pfarrers — Ringelstein — beigefügt hatten.

---

1) Die Confession hat v. Steinen fehlerhaft und mit irre führenden Bemerkungen mitgetheilt. Der im Anhang gegebene Abdruck ist nach dem Original gemacht; zahlreiche lateinische und deutsche Abschriften finden sich außerdem im W. K. A. Ein daselbst erhaltenes Papierexemplar ist den fremden Einziehenden vorgelegt worden. Vor dem 1. Juli 62 haben nur vier von ihnen unterschrieben (Lutheraner gab es auch unter ihnen); dem Namen Wesenbecks (1. Juli) folgen noch eine Zahl französischer Lutheraner und anderer aus luth. Gebieten (Ginderich, Bielefeld) eingezogener Deutschen. Da der V. Cornelys erst 3. November unterschrieben hat, so folgt, daß Groen, trotz jenes Beschlusses vom 12. Juni, das Document den Fremden gegenüber gebrauchte um an ihnen sein Ziel zu erreichen.

Straßburg nahm früher, durch Butzer geleitet, eine vermittelnde Stellung zu den beiden Hauptrichtungen der evangelischen Kirche ein. Zu Augsburg übergab es (1530) die Tetrapolitana und blieb lange Zeit, unter dem Einfluß Johann Sturms, des Rectors der Akademie, Melanchthon treu. Aber nachdem Butzer hinweg war, hatte Heshusens Anhänger, der Schwabe Johann Marbach, im Bund mit allmählig herangezogenen auswärtigen Pfarrern erst Butzers Andenken untergraben; dann eine französische Fremdengemeinde verdrängt der einmal Calvin selbst vorgestanden; darauf Sturm als ein „verschlagen und verborgen ingenium" bekämpft; endlich als dieser bei seines Freundes Melanchthons Tod eine Art akademischer Todtenfeier veranstaltete, in Erwiderung darauf die erste Schmähschrift Heshusens gegen Melanchthon zum Druck befördert [1]), und während das Blutbad von Vassy die Reformirten des benachbarten Frankreich zu verderben suchte, die lutherischen Kanzeln der alten deutschen Reichsstadt zum Kampf gegen die melanchthonischen Katheder der Akademie aufgerufen. Es gelang ihm, diese Metropole, wo nach Languets witzigem Wort „der Magistrat das Volk mehr dadurch regierte daß er ihm gehorchte, als daß er ihm befahl", dem neuen Lutherthum zu gewinnen. Das Gutachten, welches er mit seinen Collegen über die Weseler Confession abgab (18. October 1562), ist nur eine Lobrede auf sie. So ganz und gar, sagt es, sei dieselbe aus der h. Schrift geschöpft, daß an ihr nur Silben ändern schon von Gottes Wort abfallen hieße. Auch in Straßburg lehre man, daß im Abendmahl mit dem Brod die wahre Substanz des Leibes Christi Allen, Guten wie Bösen, gegeben werde: und wird deshalb die Obrigkeit der niederrheinischen Stadt versichert „sie thue ein heilig Werk, so sie steif darauf bestehe, daß alle Bürger sich mit Hand und Mund [2]) ihr gemäß halten müßten", auch daran die Bitte angeschlossen: „Gott wolle in der babylonischen Verwirrung

---

1) Responsio ad praejudicium Melanchthonis de controversia in coena domini. — Vgl. La vie de Jean Sturm par Ch. Schmidt. Strassbourg 1855. — Der Antheil der Straßburger an der Reformation in Churpfalz von dems. Straßb. 1856.

2) Nicht mit dem Herzen?

dieser Zeit in den Herren von Wesel sein angefangen Werk vollenden, damit sie Ihm allein dienten und dem Teufel und all seinen Secten widerstünden!"

So redeten Heshusens Freunde. Ihre Weseler Genossen hatten offenbar an die rechte Thür geklopft. Aber auch die Walonen zögerten nun nicht länger, grade wie sie aus dem Vollen zu schöpfen indem sie sich nach Heidelberg wandten, und auch den Marburger Professor Hyperius um sein Zeugniß baten: eine Universität gegen eine Stadtgeistlichkeit, einen Professor gegen einen unbekannten Pfarrer ins Feld führend.

Die Heidelberger Universitätsglieder und Pfarrer, unter welchen die Verfasser des Heidelberger Katechismus sich befanden, urtheilten über die vorliegenden Fragen nicht anders als ihr bald darauf erschienener Katechismus es that. „Wir — erklären sie — könnten jenes Bekenntniß ohne Gewissensverletzung nicht annehmen, denn es stellt Sätze auf, welche schwerlich mit Gottes Wort und der Augsburger Confession in Einklang stehn." Schon bei der Lehre von der Taufe tadeln sie „daß Gottes Gnade zu sehr an das äußerliche Zeichen gebunden sei", um dann bei der Lehre vom Abendmahl ihre größten Bedenken zu äußern. Es könne nicht so sein, sagen sie, wie die Confession behaupte, daß Christi Leib daselbst auch von Unwürdigen empfangen werde; denn der Heiland sage ohne alle Ausnahme: wer sein Fleisch esse, der habe auch das ewige Leben; und Paulus kenne nicht einen unwürdigen Genuß des Leibes Christi, sondern nur des Brodes. So lehre auch Augustin, und die Apologie der Augsburger Confession nenne das Abendmahl Ungläubiger nicht einen unnützen Genuß des Leibes, sondern eine unnütze Ceremonie. Danach suchen sie den von der Weseler Confession verworfenen geistlichen Genuß Christi als den einzigen welchen die Schrift kenne, zu erweisen; bestreiten die Ubiquität des Leibes Jesu als gegen Schrift und Glauben verstoßend; fordern, daß das Wort „Sacramentirer" gelöscht und statt seiner gesetzt werden möge „Verächter der Sacramente" — weil bisher mit jenem Wort auch wohl Solche gescholten seien, die keinen Irrthum vom Sacrament gehegt, — sprechen die Hoffnung aus der Rath werde auf ihr demüthiges Bitten diese Punkte ändern, mahnen die Fremden die Schmach Christi für größeren Reichthum zu halten denn alle Schätze der Welt, und wünschen ihnen, daß Gott ihnen die Herzen derer zuneigen möge, welche sie betrübten (12. Dec. 1562).

Nicht minder entschieden trat Andreas Hyperius für sie ein. Sein Wort fiel um so gewichtiger in die Wagschale, als er die zweite Universität vertrat, welche sich vernehmen ließ. Weithin bekannt als Freund der Augsburger Confession wie als Gegner der Zwinglianer, in Richtung und Begabung vielfach als Nachfolger Melanchthons gepriesen, sprach er recht eigentlich die Gesinnung aus, welche im Rheinland damals, wenn auch schon nicht mehr die alleinherrschende, so doch noch die herrschende war. Sein Gutachten (23. Dec. 1562) beklagt die Sucht seiner Zeit, überflüssige Fragen demjenigen vorzuziehen was zur Erbauung dient, und räth den Fremden entschieden von der Annahme der Confession ab. In Betreff des Nachtmahls, sagt er, sei es zu beweinen, daß die Dinge, in welchen man seinen Glauben, nicht aber seinen Scharfsinn zu üben habe, mit allerlei Spitzfindigkeiten und dunkeln Redensarten beschwert würden, Unvorsichtige zu fangen und dauernden Zweifeln zu opfern. Wahrlich nicht zu verachten seien die maaßvollen Auslegungen, welche die besten und gelehrtesten Männer davon gegeben, wenn sie auch Zänkern nicht genügten; und wir betrögen nur uns selbst, wenn wir von so hohen Dingen mit passenderen Worten vermeinten reden zu können als die Schrift. Ehe diese neuen Reden, welche man jetzt vom Sacrament führe, aufgekommen, seien die evangelischen Kirchen einig gewesen; sobald man aber damit angefangen, sei allenthalben Alles zerrüttet worden. Schon gleich das Wort „Gestalt" des Brodes, welches die Weseler Confession brauche, sei eben so wenig schriftgemäß wie das „Substanz" des Leibes. Viel nützer als die Frage, wie der Herr im Abendmahl sei? wäre die: wie wir im Abendmahl sein sollen? Den geistlichen Genuß verwerfen, heiße geradezu die Leute vom Geist ins Fleisch ziehn. Die Ubiquitätslehre versetze die Herzen nur in Bekümmerniß und Verwirrung. Von Unterschrift der Confession könne also gar nicht, davon aber müsse die Rede sein, daß sie Alles aufzubieten hätten, den Rath zu ihrer Aenderung zu bewegen, und unterdeß im Gebet aushielten sowohl für die, welche ihnen wohl wollten, als für die, welche ihnen zuwider wären.¹)

Diese bedeutsamen Zeugnisse zu entkräften machte die Groen'sche Parthei neue Anstrengungen, um so mehr als sie fühlte, wie tief dieselben bei der Bürgerschaft eingeschlagen hatten. Der Rath wurde dahin gebracht, Johann Brenz in Stuttgart und Paul Eber in Wittenberg anzugehn; das eifrige Rathsglied, der Stadtarzt Johann von Bert aber, zugleich Groens und Heshusens Schwager, rief nebenher auf eigene Hand auch diesen Letzteren selbst zu Hülfe, indem er ihm die beiden gefährlichen Schriftstücke von Heidelberg und Marburg übersandte. Außerdem wurden von anderen Partheigenossen Alle in Bewegung gesetzt, die man für zuverlässig in der Lehre halten und erreichen konnte.

Ehe wir aber die Stimmen vernehmen, welche nun aufs Neue zu Gunsten der Confession sich erhoben, müssen wir eines Ereignisses erwähnen, das uns erklärt, warum dieselben noch weniger Gehör fanden als wir erwarten.

Heshusen hatte von seinen Freunden über die Weseler Verhältnisse stets genauen Bescheid erhalten; war er doch von fern her seit Jahren der eigentliche Leiter der ganzen Tragödie, die hier spielte. Er wußte, daß es mit der Confession nicht vorangehe um einiger städtischen Pfarrer willen, deren Macht untergraben werden mußte wenn sie siegen sollte, und war zu helfen bereit. Einem Manne wie er, dem eine so überschüssige Kraft zur Verfügung stand, konnte es gleichgültig sein, wo er den Hebel einsetzte: er war gewohnt, daß doch jedenfalls Alles vor ihm aus den Fugen ging. So erschien denn plötzlich seine kleine Schrift „vom Exorcismus in der h. Taufe", einem seiner Schwäger gewidmet²), in welcher er den Zankapfel vom Zaun bricht, ungefragt betheuert, daß zwischen ihm und den

---

1) Mit Chyträus stand J. v. Bert in Briefwechsel; s. K. A. 3, 1 (vom 1. Sept. 1562); doch ist mit dem hier genannten Stella nicht, wie wohl geschehen, an Heshusen. sondern an Tileman Stella (Stern) aus Siegen zu denken. Corp. Reff. IX. 1025.

2) De exorcismo in actione baptismi epist., scr. ad adfinem suum Dr. Wernherum a Bert, Wesaliensem. Magdeb. 4. Maji 1562. u. ö. Den Exorcismus hatte Rollius gleich bei seinem Eintritt abgeschafft.

Weseler Pfarrern Verschiedenheit der Meinung bestehe und die Ceremonie der „Austreibung des bösen Geistes" aus dem Kinde vor der Taufe vertheidigt, obwohl sie in vielen durchaus lutherischen Gegenden nicht geübt ward — lediglich weil die Weselaner sie nicht übten. „Tief, betheuert er, betrübt mich die Anfechtung der Weseler Kirche. Der Exorcismus ist besonders von Wiedertäufern und Calvinisten (!) heftig angegriffen und endlich aus ihren Kirchen (!) ausgeschlossen. Da nämlich beide, so Wiedertäufer wie Calvinisten (!), die Kinder der Gläubigen für heilig halten auch ohne Taufe: so mißfällt ihnen der Exorcismus, wodurch wir bekennen, daß die noch nicht getauften Kinder, dem Fluch unterworfen, unter der Macht des Satans stehn. Es handelt sich also bei dieser Frage um die Macht der Kindertaufe und die Erbsünde — zwei Dinge, die wir uns nicht nehmen (!) lassen dürfen, wenn wir nicht dem Unsinn der Wiedertäufer verfallen und die Lehre von der Rechtfertigung verlieren wollen... Ein unheiliger Eifer erregt diesen Streit in Wesel, und ich will, daß du dies mein Schreiben Anderen, namentlich den Pfarrern, mittheilst, die, wenn sie keine Sophisten sind, sich werden überzeugen lassen, daß es mit Calvin und Beza Nichts ist." Iman fühlte, wie sehr ihm dieser Stich galt, ihm, der nur bedingungsweise die Confession unterschrieben hatte. Er brachte deshalb die Sache auf die Kanzel (October 1562), legte seinen Standpunkt dar, griff Heshusen an, und betheuerte „nicht zu wissen, ob der Exorcismus bei der Taufe vom Teufel oder von Menschen erfunden sei." Es half nicht, daß der Rath ihm und seinen Collegen einband die Ceremonie für ein unschädliches „Mittelding" zu halten, und nach Belieben sie fortzulassen oder zu brauchen: die Bürger begannen zu spüren, woher der Wind wehe, und Heshusen trat nur um so heftiger auf.[1]

---

[1] Die Pfarrer waren für die Administration der Sacramente, wie wir wissen, auf Bischof Hermanns Reformation verwiesen. Dieselbe trennt aber absichtlich den Exorcismus von der Taufhandlung und verlegt ihn auf den Tag vorher. Nicht einmal die Hamelmann'sche (!) Agende für Antwerpen (1566) hat den Exorcismus. — Heshusen bestand darauf (nach Luthers Taufbüchlein) das Kind bei der Taufe dreimal anzuhauchen und zu sagen: far aus du unreiner geist — exi ab eo immunde spiritus.

In der so vorbereiteten Stadt langten nun um Ostern die neuen Schutzschriften für ihre gefährdete Confession an.

Heshusens Brief beschränkt sich auf wenige Zeilen, denn er appellirt nicht an Gründe, sondern an die Leidenschaft (10. März 1563). Ihn hat die Confession seiner Vaterstadt **erquickt**, weil sie von allen Irrthümern frei sei: und es erfüllt ihn dabei nur mit Schmerz, sehen zu müssen, daß **Fanatiker**, die unter Calvins Fahnen dienen, ja nicht einmal das **Zwingli'sche Gift** verabscheuen, von seinen Mitbürgern so viel Beachtung genießen, daß man sich ihretwegen noch um der Religion willen Bedenken erregen läßt; da doch die Confession grade weil sie den Calvinisten (**Boquin, Hyperius**), welche sie ihrer Irrthümer überführt, mißfällt, um so standhafter **vertheidigt** werden müsse! Er lebe aber der Zuversicht — sagt er — der Rath werde **sich durch keines Menschen Ansehn**, geschweige denn durch der Calvinisten Verleumdungen von der einmal bekannten Wahrheit abbringen lassen... Die **Widerlegung** der Heidelberger und Marburger Wortklauber habe er **Chemnitz** überlassen.¹)

Dies widerlegende **Braunschweiger Gutachten** (8. März 1563) hält die Confession in allen Artikeln für richtig, der reinen Schriftlehre, wie sie im Augsburger Bekenntniß und seiner Apologie verfaßt, gemäß, ganz damit stimmend, und bittet den Rath fest dabei zu bleiben. Er solle sich nicht die Taufe zur gleichgültigen Sache machen lassen, vielmehr dem Herrn glauben, der sie als zur Seligkeit nöthig hinstelle; an das Grübeln etlicher **Schwätzer** sich nicht kehren, die nichts glauben könnten, was sie nicht zuvor in allen Winkeln auszgezirkelt und unserm Herrgott vor der Hand abgemessen hätten. Ganz besonders und genau sei die rechte Lehre im Punkt vom Nachtmahl getroffen und wider die **Sacramentsschwärmer** vertheidigt, welche ja auch Eber noch kürzlich widerlegt habe. Bleibe der Rath bei seiner Confession, so habe er den fröhlichen Trost, er werde vor diesen **Schwärmern und anderen Rotten** sicher sein: er möge sich deßhalb nicht von ihr abreden lassen, **da sie wider alle**

---

1) Er hatte auch von J. Wigand ein Gutachten erbeten und übersandt, welches verloren gegangen ist.

Pforten der Hölle bis in Ewigkeit sicher werde stehen bleiben. Auch sie, sagen die Unterschreiber, trügen zu den Fremden herzliches Mitleiden: meinten aber, daß ihnen von ihren Irrthümern helfen die höchste Barmherzigkeit wäre, die man ihnen erweisen könnte. Nähmen dieselben die Confession nicht an und würde der Unkrautsaame weiter in der Stadt ausgebreitet: so möge der Rath bedenken, was für eine grausame Barmherzigkeit das sei — um Fremden irdische Ruhe zu schaffen, die eigenen Bürger und Nachkommen ewigem Verderben zu opfern!

Daß Mörlin, jener einst in Wesel zum Superintendenten Gewünschte, so reden konnte, wundert uns nicht: aber warum müssen wir neben seinem Namen auch den gefeierten eines Martin Chemnitz unter diesem Schriftstück finden?

Johann Brenz, der die Annahme einer Allenthalbenheit — Ubiquität — des Leibes Jesu, als den Unterbau der Lehre vom mündlichen und lokalen Genuß des Leibes Christi im Brod ohne Brodverwandlung, eigentlich in Gang gebracht und endlich zum Sieg geführt hat, begrüßt freudig im Weseler Bekenntniß diese liebe neue Wahrheit (6. März 1563). Ist nur sie, die Ubiquität, erst festgestellt, so findet sich nach seiner Meinung alles Andere von selbst; denn „diese Lehre ist vor Jahren und jetzt aus Grund der Schrift dermaßen gewaltig ausgeführt worden, daß ihre Widersacher nur mit menschlichen Vernunftgründen dawider streiten können."

Paul Einhorn aus Nördlingen, ein Heidelberger Professor, welcher sein Amt aufgab als Friedrich III. die Universität mit reformirten Lehrern zu besetzen begann, und damals in Worms lebte, erklärte einfach seine Zustimmung zum Bekenntniß (28. März 1563)[1]. Johann Pistor von Nidda, Melanchthons Leidensgefährte bei seinen beiden großen rheinischen Unglücksfällen (sowohl der Kölner Reformation von 1543 als dem Wormser Gespräch von 1557), billigt, da (wie er annimmt) die

---

1) Ueber die Sache selbst vgl. die lehrreiche Schrift Kluckhohns: Wie ist Kurfürst Friedrich III. Calvinist geworden? München 1866; über Einhorn, dessen Nachfolger Tremellio ward, s. Hautz, die Universität Heidelberg II., Vierordt, Gesch. der ev. K. 1847. I. 463.

Weseler Kirche sich zum Augsburger Bekenntniß halte, nicht nur ihre sechs aufgestellten neuen Artikel, sondern überhaupt alle, welche in jenem Bekenntniß enthalten seien (7. April 1563). Er war offenbar über den Kern der Frage nicht unterrichtet.

Die Frankfurter Pfarrer wußten besser, worum es sich handelte, besonders ihr Führer Hartmann Beyer. Er hatte die Fremden in seiner Stadt stille gemacht und gönnte Wesel einen gleichen Triumph. „Ohne Bekenntniß — sagt ihr Gutachten — hat man vor Sectirern nicht Frieden noch Ruhe, da sie auch unter sich selbst uneins sind, wie wir in Frankfurt erfahren, wo der Rath ihnen nicht nur wegen ihres Streits mit uns, sondern wegen ihres eigenen Gezänks die Kirche zugeschlossen hat." Auf weitere Ausführungen verzichten sie mit Recht: hatten sie ja in diesen wenigen Worten handgreiflich Alles gesagt, was die niederrheinischen Partheigenossen zu hören wünschten (8. März 1563). Die Pfarrer von Worms finden naiver als alle Anderen in der Confession nur eine weitere Erklärung etlicher Artikel der Augsburger, und loben den Rath „höchlich, weil er seine Liebe zu den verjagten Christen durch die Fürsorge, daß seine eigene Kirche nicht turbirt werde, mäßige" (27. März 1563) [1]).

Wichtiger als diese Lobeserhebungen und aus Unkenntniß der Sachlage zu erklärenden Zustimmungen wirkte das, vom Rath erbetene, eingehende Schreiben des Stadtpfarrers in Wittenberg,

---

[1]) Das „Klagelied der vertriebenen Christen" im Geusenliederbuch sagt, solche Glaubensgenossen charakterisirend:

Daer hebben sy, die ons souden vereeren,
ons Broeders zyn in leuen ende leeren,
spotlick met ons ghehandelt, soo men siet:
haer steben mochten wy bewoonen niet,
haer straten sonder ghetyf niet betreden,
om dat wy niet en volchden hare zeben.

Als Sacramentsschenders sy ons verbreuen,
Als Beeldestormers, ende daer beneuen
Als die God beroofden zyn eere groot,
om dat wy hem int hout ofte in broot
Niet konden binden, maar liever gheloouen
dat Christus sit ter rechter handt hier boouen.

Paul Ebers, des Nachfolgers Luthers im Amt, Melanchthons im Streben nach Versöhnung der habernden Partheien unter den Evangelischen. Rollius hatte ihn vorher unterrichtet und ihm mit großer Offenheit die Zustände Wesels geschildert[1]) und so konnte er gradezu auf das eingehn, was eigentlich Noth that (Sonnab. n. Inv. 1563). Er ist erfreut, daß die fremden Bekenner der Wahrheit in Wesel Zuflucht gefunden, und es betrübt ihn, daß einige von ihnen statt den schuldigen Dank zu erzeigen, Irrthümern anhangen. Die Confession findet er der Augsburger fast in allen Stücken gemäß. Im Abendmahl seien ja allerdings Brod und Wein nicht ledige Deutzeichen des im Himmel wohnenden Leibes Christi; doch solle man davon bedächtig und nicht in neuen ungewöhnlichen Worten reden, wie die grade hier so hart geschärfte Weseler Confession thue. Bekenntnisse seien überhaupt da, um von Vielen gebilligt zu werden, deshalb dürfe man sie nicht mit den allerschärfsten, und noch dazu verdächtigen Worten spannen. „Sonderlich aber ist mit denen Mitleiden und Geduld zu haben, welche vor großem Hunger und Durst nach der reinen Lehre Leib und Leben in Gefahr gesetzt, und, da sie der gräulichen Marter und Mord der Verfolger haben entfliehen wollen, ihre Güter, Verwandten, Ehre, gute Tage und allerlei zeitliche Wohlfahrt verlassen müssen, ohnehin schon das liebe Kreuz vielfach in solchem Elend unter fremden Menschen zu tragen haben, und nun noch armseliger sein

---

1) Von der großen Geheimcorrespondenz über die Confession ist nur dieser Eine Brief des Rollius (9. Februar) erhalten (W. K. A. 3, 1). Er hebt besonders hervor, daß der Streit durch die neuen, dem Augsburger Bekenntniß fremden Worte erregt sei; sagt, daß er die Confession „ohne viel Beschwer" zwar unterschrieben, aber lieber gesehen hätte, daß der Rath sich nur auf das Augsburger Bekenntniß (wie auch 1557) berufen hätte. — Ebers Stellung zur Sache verliert (trotz Heshusens oben mitgetheilten Lobes) alles Befremdende, wenn wir uns erinnern, daß er Hardenbergs Freund war, dessen Meinung vom Abendmahl preisen konnte, stets den Frankfurter Receß gehalten, und nie am Ueberfluß scharfen Distinguirens gelitten hat. S. Gerdes l. c. II. 706. 712. 722. vgl. Studien und Kritiken 1867. I. S. 89. und P. Eber v. Sixt. Heidelberg 1848.

würden, wenn sie ohne Erbarmen von einem Ort an den anderen sollten vertrieben werden, wodurch manche Schwache, weil ihnen das Kreuz zu bitter scheine, in Verzweiflung oder in Abfall von der reinen Lehre gerathen möchten. Darum meine ich, nachdem ihr nun einmal Barmherzigkeit an den armen Bekennern Jesu Christi erzeigt und sie aufgenommen, solltet ihr mit ihnen Geduld haben, sie mit eurer Confession verschonen, und zufrieden sein, wenn sie geloben bei der Augsburger zu bleiben. Nur wer schädliche Irrthümer ausstreut, die Gemeinde beunruhigt und das Predigtamt verdächtigt, möge mit Ernst behandelt werden."[1])

Durch diese Gutachten hatten die Rathsherren sich durchzuarbeiten; und wenn auch Jeder von ihnen nur das daraus nehmen konnte, was er davon verstand: so mußten sie nun doch alle sich eine eigene Meinung bilden. Daß sie, der Parthei nachgebend, mit den „neuen" Worten der Confession einen solchen Lärm erregen würden, hatten sich die Meisten wohl nicht träumen lassen. Schon als der Bürgermeister an Brenz und Eber schrieb, mußte er im Namen der Mehrheit versichern „der Rath entnehme aus dem Heidelberger und Marburger Schreiben, daß aus seiner Confession mehr gedeutet worden als er damit gemeint habe." (1. Febr. 1563). Wie aber stand es nun erst? Der Eine der Befragten bat für die Fremden als für Märtyrer; der Andere pries es als ein rechtes Samariterwerk, sie zuerst von ihren Irrlehren zu heilen; die Einen verwarfen die „neuen" Wörte als unbiblische, verdächtige: während

---

1) Die (fast alle im Original erhaltenen) Gutachten bewahrt das W. R. A. 2, 1. — Teschenmacher hat einige in seiner repetitio brevis, von Steinen in s. Reformationsgeschichte alle mitgetheilt, freilich so fehlerhaft, daß ein erneuter Abdruck hier gegeben sein würde, wenn nicht ihre Weitläufigkeit davon abgerathen hätte. Um wenigstens die gröbsten sinnentstellenden Fehler v. Steinens zu nennen, so muß S. 179. 8. statt einhellig ein heilig, S. 185. 12. und 14. statt daß nehmen nennen, 186. 19. statt wie ja, 212. 8. statt leichtlich leiblich, 237. 7. statt zeigen zwingen gelesen, und S. 198 dem zuerst Unterschriebenen sein Name Joachimus Mörlin wiedergegeben werden.

die Anderen überzeugt waren, die Confession werde wider alle Pforten der Hölle in Ewigkeit sicher stehen bleiben, und in ihrem Sinne der Stadtarzt von Bert über sein Exemplar derselben schrieb „befestige in uns Herr, was du in uns gewirkt hast; stehe auf Herr in deinem Zorn und erhebe dich gegen die Wuth der Lügner!" [1])

Den Fremden war es in dieser Bedrängniß bisweilen erschienen, als ob sie würden nachgeben müssen. Es fragte sich für sie nur, ob sie es könnten? Aber schon ehe der große Zug lutherischer Gutachten in Wesel einflog, hatten sie diejenige Weisung erhalten, welche ihr weiteres Verhalten unabänderlich bestimmte.

Peruzel war wieder unter ihnen erschienen. Er hatte mit Calvin über diese Confession, „die eigentlich gar keine sei", correspondirt, und ihm zuletzt davon geredet: ob es nicht am Ende doch möglich wäre, sie anzunehmen? Da erhob sich Calvin in dem Ernst, welchen er allemal dann am herbsten zeigte, wenn diplomatische Verschleierungen die Gewissen zu beirren drohten. „Wenn ihr, schrieb er ihm, in der Confession nichts seht, was wider Gottes Wort geht: so kann ich nur annehmen, daß Furcht eure Augen verblendet hat. Sie verdammt ja Diejenigen, welche glauben, daß die Kinder der Gläubigen von Geburt an geheiligt sind; sie sagt, Judas habe im Abendmahl eben so wohl des Herrn Leib empfangen als Petrus; behauptet, Christus sei seiner menschlichen Natur nach an allen Orten wie es ihm gefalle: — als ob die Einheit seiner Person in der Vermischung seiner göttlichen und menschlichen Natur bestünde! Ihr sagt, es sei eigentlich gar kein Bekenntniß: — aber das ist nur eine Ausflucht; Gott ist kein Sophist. Nennt, was in der Confession steht, wie ihr es wollt, fest steht: ihr sollt beschwören, daß es euer Glaube sei. Meint der Weseler Rath es gut, so darf er keine unerlaubten Mittel brauchen. Darum bitten wir euch: wacht auf! Diese Confession billigen heißt Gottes Wahrheit verleugnen, und die muß uns doch lieber sein als ein sicherer Zufluchtsort, lieber als das Leben!" Nach dieser Mahnung giebt

---

[1]) S. J. v. Bert's — wie spätere Glossen ihn nennen des Panuflasten und Synuflasten — Abschrift der Conf. und seine Auslassungen im W. R. A. 2, 1.

er ihnen die Veränderungen an, welche mit ihr vorzunehmen wären, ehe sie ihre Unterschrift dazu geben könnten, und fordert, daß, wo das Augsburger Bekenntniß genannt würde, es ausdrücklich heißen müsse „das erklärte", das von 1540, und schließt: „Wenn denn die Rathsherren von Wesel es so gut mit euch meinen, wie ihr schreibt, so werden sie auch zufrieden sein, wenn ihr ihnen erklärt: ihr hättet euch den Tadel nicht zuziehen mögen, sie durch Spitzfindigkeiten, List und Ausflüchte zu mißbrauchen. Was die Geistlichen angeht, so sehen wir leider daß sie euch Netze gestellt haben, um euch in die Träumerei von der Ubiquität des Leibes Christi zu verstricken. Darum seid auf eurer Hut! Und weil ihr bedürft, daß Gott euch kräftige: so bitten wir ihn, er möge euch in solche Weisheit führen und mit so unbezwinglicher Festigkeit stärken, daß ihr von seinem reinen Wort den Menschen zu gefallen in keinerlei Weise weichet, und also euch in seinem heiligen Schutz halten." [1])

Nun wußte Peruzel was er zu thun hatte. Nachdem die Wolke der Gutachten am Weseler Himmel verzogen war, auch die Rathsglieder Monate lang die Zeit gehabt hatten, sich in sie zu vertiefen und bei ihrer Prüfung sich zu verwirren und zu belehren, je nachdem sie wollten: wandte er sich, um alles Mißverständniß unmöglich zu machen französisch und deutsch zugleich, an sie (7. Sept. 1563). „Er höre, sagt er, man habe seinen Namen unter die Confession geschrieben, da ihrer doch in denjenigen Verhandlungen, welche er bisher mit dem Rath geführt, nicht einmal Erwähnung geschehen sei,[2]) und lege sie deshalb in einer neuen Fassung so, umgeändert, vor, wie sie seinem und der Fremden Glauben entspreche und sie dieselbe zu unterschreiben bereit seien."

Die Aenderungen, welche er im Namen der Walonen und des Restes seiner früheren französischen Gemeinde vorgenommen,

---

1) 1. Januar 1563; bei Bonnet, lettres. Paris 1854. II. 484.

2) Sein Name ist wirklich (wohl zur größeren Ehre Gottes) in ziemlich gelungener Nachbildung seiner Schriftzüge (François le clerc) unter das Papierexemplar der Confession (K. A. 3, 1. S. 5 desselben, Zeile 3) geschrieben und später von ehrlicherer Hand durchgestrichen. Danach ist Rahlenbeck (Liège p. 82) zu berichtigen.

beschränken sich auf diejenigen, welche Calvin angegeben hatte. Sie beseitigen die neulutherischen Dogmen namentlich in der Lehre von Taufe und Abendmahl, und führen so jenen Auftrag, den der Rath seinen städtischen Pfarrern gegeben hatte „das Unklare in ihr deutlich zu setzen", freilich in anderer Art als er es gemeint hatte, aus.[1])

Die Tage der Confession waren gezählt.

---

1) Das franz. Exemplar im R. A. 7, 1, das lateinische (im Anhang mitgetheilte) 6, 1.

22. Das Haupt der gegen die Walonen thätigen Rathsparthei fällt von ihr ab; der in der Stadt erschienene Heshusen wird vertrieben, das Weseler Bekenntniß aufgegeben.

Derselbe Heshusen, welcher der geistige Urheber der Confession war, wurde ihr Verderber.

Wir haben ihn in seiner Vaterstadt zuerst wirksam gefunden, zur Zeit da er Diedrich Groens Schwägerin zur Frau nahm und seinem Einfluß, den er als bedeutender Mann bereits auf die dortigen Freunde und Partheigenossen besaß, noch denjenigen hinzufügte, welchen die große von Bert'sche Familie in Wesel ausübte. Nicht lange Zeit verging und es saßen drei seiner Schwäger im Rathstuhl: der Bürgermeister Groen, Heinrich von Bert und der Stadtarzt Johann von Bert.

Er hatte, zum Doctor der Theologie promovirt (17. Mai 1553), bald nach seiner Heirath die Stelle eines Superintendenten zu Goslar angetreten: ward ihrer aber entsetzt, als er die Laster der Herren in der Schöffenbank scharf und schonungslos angriff. Vorübergehend nahm er dann wieder zu Melanchthon seine Zuflucht, sah die Freunde in Wesel, und fand eine kurze Thätigkeit in Rostock (1556); aber die kühne Weise, womit er auch hier die „Gewalt des Pfarrherrn" in der Sittenzucht geltend machen wollte, bereitete ihm das zweite Exil (1557). Noch einmal sprach er in Melanchthons armes, gastliches Haus ein, und der große Wittenberger empfahl den jugendlichen streitbaren Helden,

weil er seinem Vaterlande das Beste gönnte, bei seiner letzten
Anwesenheit in Süddeutschland dem Pfalzgrafen Ottheinrich
als einen Generalissimus der Geistlichen der Pfalz (1558). In
diese hohe Würde trat der ungestüme Feuermann zu Heidelberg
ein, zugleich Professor einer Facultät, in welcher Leute der ver=
schiedensten Art und Richtung ihre Lehrform mit Melanch=
thons Autorität und Namen schmückten. Bisher hatte er gegen
Fehler des Lebens gestritten: hier begann er den Streit für
die rechte Lehre. Gegen Flazius, die illyrische Schlange,
hatte Melanchthon ihn nie zu stellen vermocht; jetzt wandte
er sich demselben offen zu, und seine heftige Opposition gegen
die Heidelberger „Calvinisten" machte den alten Lehrer bedenklich.
Während er von hier aus (Sommer 1559) seine sterbende Schwie=
germutter in Wesel besuchte, ließ sich sein Diacon Wilhelm
Klebitz, den er für einen Zwinglianer hielt, zum Baccalaureus
promoviren, und erntete dafür schließlich den Bann des zurück=
gekehrten Generalissimus, der ihn auf der Kanzel als Ketzer dem
Teufel übergab. Vergebens mahnte damals Melanchthon den
Stürmer. „Auf seinen bescheidenen Brief antwortete er nicht einmal,
vergaß die empfangenen Wohlthaten, wies den Rath, sich zu mäßigen,
ab, und warf sich der Parthei in die Arme, deren Segel der Wind der
Volksgunst blähte."[1] Beide, der Banner wie der Gebannte, trieben
es in ihrem nun beginnenden Zank so arg, daß Friedrich III. den
einen wie den anderen entsetzte. So ging Heshusen in sein
drittes Exil. Damals erst begann er allmählig sich von Me=
lanchthon zu lösen, an den bisher die Dankbarkeit ihn gefesselt
gehalten. Wie Flazius, dem er sich ergeben, sah auch Er nun
in ihm denjenigen, der durch unzeitige Milde die Kirche verwirre,
und sie durch seine Sehnsucht nach Einigung der streitenden Par=
theien um die reine Lehre betrüge. Melanchthons Tod, mehr
aber noch sein nach seinem Tode bekannt gewordenes Gutachten
(vom 1. Nov. 1559), welches dem Kurfürsten Friedrich III.
rieth, den Nachtmahlsstreit, den die Evangelischen seines Landes
unter sich führten, dadurch zu beendigen, daß das Apostelwort
„das Brod ist die Gemeinschaft des Leibes Christi" zur Spende=
formel beim Sacrament gemacht würde, führte Heshusen gradezu

---

1) Worte Mel.'s; Corp. Reff. IV. 943.

in das Lager seiner erbittertsten, persönlichen Feinde, und zerschnitt auch den letzten Faden, womit er noch an seinem Namen gehangen hatte. Schon seine Widerlegung dieses Gutachtens scheute es nicht, des Cardinals Hosius' Worte über Melanchthon anzuführen „dieser Elende sei von Stufe zu Stufe gesunken und endlich — Calvinist geworden." Mit Calvin in Streit, der ihn als einen rasenden Rabulisten behandelte, dessen Ruhm in seiner Abgeschmacktheit bestehe; mit Klebitz (er nannte ihn Kleinwitz); mit Beza (er nannte ihn Bestia); mit den süddeutschen Reformirten, die ihn und seine Genossen als Fleischfresser und Blutsäufer verhöhnten, nun endlich auch mit dem Schatten Melanchthons, fand er als Superintendent in Magdeburg neue Arbeit, nachdem er noch nebenher (Mai 1561) den Domprediger Albert Hardenberg in Bremen „diesen Doctor Nachteul, Lotterbuben und Rottgesellen, der es offen mit den Schweizern gehalten" aus dem Amt verdrängt hatte. Der Rector der Magdeburger Stadtschule, Sack, welcher erzürnt über diesen seinen neuen geistlichen Herrn betheuerte, lieber mit dem geschmähten Melanchthon zum Teufel fahren als mit Flazius und seines Gleichen selig werden zu wollen, empfand es als „Lügensack" schwer, was es hieß, mit ihm anbinden. Die Anziehungskraft, welche er auf die jungen Theologen übte, die das reine Lutherthum im Wittenbergischen Sachsen für verrathen hielten, führte sie unter seine Flügel und in die vom Interim her getreue Stadt; und so groß wurde durch dieselben auch unter den Bürgern sein Anhang, daß, als die niedersächsischen Kreisstände das Schelten auf ihren Kanzeln (nach damaligen Zuständen gleich dem Streit gegen das Andenken Melanchthons) verboten und Heshusen den Gehorsam weigerte „um dem Teufel nicht auf die Beine zu helfen", der seines Amtes Entsetzte und ins vierte Exil Verjagte unter einer Bedeckung von fünfhundert Bewaffneten aus der Stadt geführt werden mußte (Oct. 1562). „So ward ein Mann mit ganz reiner Lehre, der die Wahrheit gepredigt, grausam aus dem Thore gethan." Er flüchtete zu Chemnitz, zu Mörlin nach Braunschweig. Hier erfuhr er brieflich die Bedrängniß, worin die Weseler Confession, seine Confession, durch Iman, Rollius und den schon schwankenden Heitfeld gerathen war, und konnte sich's nicht versagen, mit ihnen eine erste Abrechnung zu halten, indem er jene oben erwähnte Schrift vom Exorcismus gegen sie erließ; erlangte, wie wir hörten, von der ganzen Braunschweiger Stadtgeistlichkeit jenes Gutachten für die Confession und sandte es mit seinem eignen nach Wesel. Da die gewünschte Wirkung dieser scharfen Heilmittel nicht erfolgte, und er ohnehin müßig am Markte stand, machte er sich selbst mit Weib und Kind auf den Weg in seine Vaterstadt um zu stärken was sterben wollte (Sommer 1563). Chemnitz' und der Braunschweiger Kirche Gebet geleitete ihn: er möge einem Diamanten im Feuer gleichen. In Wesel angekommen, kümmerte er sich Anfangs um die hiesigen Sachen nicht; sie waren doch verwickelter als er sie sich gedacht haben mochte. Dabei drückte ihn häusliches Leid, und er war literarisch viel beschäftigt. Zunächst hatte er noch mit den Magdeburgern zu thun, gegen die er seine Rechtfertigung schrieb; dann erschreckte ihn das Erscheinen des Heidelberger Katechismus, der gleich in vielen Exemplaren seinen Weg nach Wesel fand. Das kleine Buch forderte seinen ganzen Eifer heraus, da es, mehr noch als früher das Augsburger Bekenntniß in den sächsischen Reformationsgebieten es gethan, durch die einmüthige Billigung, welche es bei den deutschen Reformirten fand, ihre bisher vereinsamten Kreise verband, so daß sie plötzlich einiger erschienen als die in ihre zwei Lager, der Wittenberger und Jenenser, getrennten Lutheraner. Es zeugt für seinen hellen Blick, daß er es so ganz vorzugsweise zum Stichblatt seiner Polemik nahm.[1]) Seine Leidenschaftlichkeit steigerte sich mit der Zunahme der reformirten Einflüsse in Deutschland, welche ihm seine nächste Umgebung selbst zu bezeugen schien. „Kein Friede", hieß es ihm nun „zwischen uns, dem Papst und dem Alcoran" —; der Alcoran war die Kirche der Reformirten. Es galt nun die rechte Lehre um jeden Preis. „Wo er einen Scorpion fände, wollte er ihn zertreten."

---

1) Ueber seine treue Warnung vor dem Heidelberger Katechismus s. m. Schrift: Der heid. Katech. in s. urspr. Gestalt. Bonn 1864. S. 141 und De Heid. Catech. v. Doedes. Utrecht 1867 p. 142. — Maaßlos sind seine Beschuldigungen des Volkslehrbuchs. Vermessene Theologen haben es — sagt er — gemacht, die immer etwas Neues erspinziren; es lehre, daß die Taufe jedem Wasserbad gleich sei, stimme den Pelagianern zu u. s. w.

Irrthum und Irrlehrer verfluchen gehörte ihm nothwendig zur „priesterlichen Würde des Christen." „Verkleben hilft nicht, aber Verdammen hilft." So stand er in seiner Vaterstadt, bewundert von der einen Parthei als kühner Glaubenszeuge der Niemanden scheute, der in der Kirche, von der Kanzel, dem Kurfürsten von der Pfalz ins Gesicht hatte rufen können „du willst mir das Maul zubinden?" — ein Schrecken der anderen. Wäre ihm, wie er es erstrebte, gelungen, sich hier zum Selbstherrscher aufzuwerfen: so war es um die Fremden, so war es um alle Melanchthonianer im Clevischen Herzogthum geschehn.

Es kam aber anders als Alle erwarteten. Groen, bisher sein williges Werkzeug, der übermächtige Leiter seiner Parthei, ja ihre eigentliche Seele, erschrack vor ihm da er ihn in dieser Stimmung fand. Er verstand seinen grenzenlosen Zorn gegen Melanchthon nicht.[1]) Es kam zwischen Beiden endlich zur Auseinandersetzung. Heshusen vermeldete seinem Schwager „stattliche Ursachen" warum er so denke wie er dachte. „So lange Melanchthon, sagte er, mir in der heilsamen Lehre voranging, folgte ich ihm als meinem Lehrer, liebte ich ihn als meinen Wohlthäter; jetzt übergebe ich ihn so gut dem Gerichte Gottes wie einen Boquin und Diller, die mich mit teuflischer Bosheit von Vatermördern aus Heidelberg in die Verbannung trieben!" Groen war dadurch nicht beruhigt. Er konnte seinen Schwager um seiner Theologie willen nicht von der Pflicht menschlicher Dankbarkeit absolviren, und sagte ihm endlich ins Gesicht: „er habe sich zu ihm einer solchen Undankbarkeit nicht versehn. Seit der Zeit er gegen Melanchthon geschrieben, der ihm doch allen väterlichen Willen und Wohlthat erzeigt, habe er gegen ihn kein gut Herz mehr tragen können." Heshusen blieb nur übrig, zu betheuern: „er habe es um des Gewissens willen thun müssen, und es schmerze ihn, den eigenen Schwager mit dem schändlichen Calvinismo befleckt zu sehn."[2])

---

1) Groen war mit Melanchthon bis zuletzt in Verkehr und Briefwechsel geblieben (s. Epp. Mel.) und hatte ihm noch 1556 seinen Sohn zum Studium nach Wittenberg geschickt (s. Album ac. Vit. Lips. 1841. p. 320).

2) Auch Hamelmann weiß genau um diese ihm höchst verdrießliche Wendung der Weseler Sache (s. Opp. p. 1019, wo das verdructe Wort in

Damit hatte die Confession, Heshusens Liebling, den Todesstoß erhalten; ihr bisheriger Schutzherr im Rath gab sie auf; die neuen Dogmen schienen ihm keine genügende Entschädigung für den sittlichen Verfall ihrer Bekenner zu sein. Ja nachdem Groen einmal die Augen über die Früchte eines Eifers aufgegangen waren, der Gottes Gebote auflöst um der Zusätze willen: erhob er sich eben so entschieden wider ihn als er früher für ihn gestanden hatte; und die Bürgerschaft fand bald den Standpunkt wieder, den sie nur zum Theil und nur widerwillig verlassen hatte, nachdem auch ihr eine ethische Frage unerwartet über die theologische Licht verbreitet hatte. Nicht mehr Tileman Heshusen, hieß es bald in der Stadt, — nein Tollemann Geckhusen!

So waren die Dinge schwierig genug geworden, um den Löwen aus der Höhle zu treiben, ihm selbst, dem bewährten Fechter, den Kampf annehmbar zu machen. Nach etlichen Plänkeleien brach er denn auch wirklich mit der Erklärung hervor: er könne von Rollius und Heitfeld (Jman betrachtete er als „kindischen Alten" und ließ ihn ganz aus dem Spiel) [1]) das Abendmahl nicht empfangen", und zwang dadurch den Rath, ihm unter Uebersendung des üblichen Ehrenweins um eine Darlegung der Irrthümer Beider anzugehn. Sie erfolgte sogleich (26. Juni 1564) [2]).

Bekannt ist, sagt Heshusen hier, daß Rollius nicht dazu

Groenius zu verbessern ist) und beweist auch an dieser Stelle, wie gut seine Berichterstatter ihn bedient haben. In neuerer Zeit haben sich Viele über des alten Chronisten „Befangenheit und Unzuverlässigkeit" beklagt. Man weiß warum. Schon Brosius (Annales p. 77) sang ihn an: Wahrlich der Schöpse Land entsprangest du, wie es uns klärlich, | Hamelmanne, dein Werk und auch dein Name bezeugt.

1) In Heshusens Erklärung aus Gottes Wort der Herren Theologen u. s. w. schrieb Jman damals zu der Stelle „wir sind bei der Augsburger Confession geblieben": „deser meynung bin ick oick, Herr Jmanus Prediger, derhalven doen sy my onrecht so my anders naseggen. Anno 64 gescreuen op martini als doctor Heshusius ist verreyst."

2) Bericht auß waß ursachen ich, Tileman Heshusius, den R. Rollium vnd J. Pabst nicht kan vor rechte Lehrer erkennen. 5 Bogen Manuscript im W. K. A. 3, 1:

zu bringen gewesen ist, Calvins Irrthümer zu verwerfen und seine Gemeinde vor dem Gift desselben zu warnen, obwohl er weiß, daß seine Schriften hier großen Schaden stiften. Ein Seelsorger ist von Amts wegen schuldig, die Ketzer, die in einer Gemeinde Schaden thun, mit Namen[1]) öffentlich zu verwerfen und zu verdammen. Der treue Hirte muß seine Schäflein vor den Wölfen warnen; wer recht lehren will zuvor die Ketzer und Schwätzer anzeigen, denen er das Maul zu stopfen gedenkt, sonst versteht ihn Niemand. Es gibt viel Verführer und Lästerer in diesen letzten Zeiten, sonderlich aber sind es die Calvinisten, die Gottes Gemeinde verwirren. So kann mirs gar nicht fehlen: entweder muß Rollius dem Calvin zuständig sein, oder als Epicuräer aus Furcht vor der Menschen Ungunst sein Bekenntniß nicht thun wollen. Und dies Argument ist mir so gewiß und stark, daß ich in Gottes Wort bei mir beschlossen habe: es sei denn, daß beide Pfarrer auf der Kanzel mit klaren Worten Calvin und seine Anhänger etliche Mal verwerfen, will noch kann ich sie nicht für rechte Lehrer, auch nicht für meine Brüder erkennen."[2]) „Der Rath weiß, welch verführerischer, irriger Calvinscher Katechismus zu Heidelberg ausgegangen, auch hier vielfältig verkauft und dem Rollius, sobald er in die Welt geboren, zugeschickt ist. Er hat die Kirche nicht davor gewarnt, obwohl ich ihn etliche Mal dazu vermahnt habe, wofür er am jüngsten Tage schwere Rechenschaft wird geben müssen.[3]) Heitfeld hat gepredigt, daß Christi Leib im Abendmahl nicht fleischlich noch leiblich gegessen werde, und als ich ihn eines Vesseren berichten wollen — seinen Irrthum halsstarrig vertheidigt! Der Rath, der davon wußte, hat keinen Ernst gebraucht, mich nicht vorbeschieden, um mich zu hören; ich lasse es ihn vor dem Richtstuhl göttlicher Majestät verantworten. Ein ander

---

1) Sein Freund Wesenbeck wollte: mit Namen und Zunamen.
2) Auch Andreä wollte Beza zu Mömpelgart nicht die dextra fraternitatis, sondern nur humanitatis geben.
3) Aus diesen Anklagen entwickelte sich später die Fabel, Rollius habe nach dem Heidelberger Katechismus gelehrt, ja ihn in Wesel eingeführt.

Mal hat er viel von den Märtyrern in Frankreich und von den Fremden hier gepredigt, daß man sie nicht vertreiben solle — sagte, was man ihnen Schuld gebe sei mehr ein Mißverständniß, als ein Irrthum; will also die Calvinisten und die, so es mit der Augsburger Confession halten, die doch so weit aus einander sind wie der Aufgang vom Niedergang der Sonne — vereinigen! Ja, er sagte: die, so die Fremden verdammen, gäben dem Antichristen zu Rom und den papistischen Tyrannen in Frankreich das Schwert in die Faust, um die Christen zu morden; will also den Herrn Lutherum, der die Zwinglianer verdammt hat und die so seinen Fußstapfen folgen, beschuldigen, als wären sie Mörder der Christen und als müßte die calvinische Rotte die wahre Kirche Christi sein! Ich habe keinen Zweifel, er müsse ein Calvinist und Schwärmer und sein Bruder Rollius mit derselben Jauche begossen sein. Der Sohn Gottes wolle allen Rottengeistern wehren und uns bei seinem heiligen Wort erhalten."

Dem Rath war solch eine Sprache neu; es war nicht die eines Gastes, sondern eines Richters. Heshusens Schwager, der Stadtarzt von Bert, aber fand sie ganz und gar in der Ordnung: „Jeder Handwerker, argumentirte er, darf über Dinge seines Handwerks ein Urtheil abgeben; der Schuster über den Schuh, der Schneider über den Rock; auch einen schlechten Schuster tadeln und Andere warnen, daß sie nicht bei Diesem oder Jenem Schuhe machen lassen; Doctor Heshusen ist von Profession Theologe, also kommt es ihm zu, über die Lehre zu urtheilen."[1]

Mitten in dem durch dieses Schriftstück angefachten Streit starb Heshusens Frau (Juli 1564). Sie hatte ihn in der schweren Zeit zu trösten gewußt, und er konnte sich ihres seligen Todes getrösten.[2] Zum Leichenbegängniß war nach städtischer Sitte der erste der Pfarrer, Rollius, von den Verwandten geladen. Als Heshusen dies hörte, schrieb er ihm sogleich.

„Ich wünsche dir vom Sohne Gottes wahre Bekehrung. Ich höre, daß du zum Begräbniß meiner Frau gerufen bist ... will aber, daß du vom Leichenbegängniß fern bleibst ... Niemand

---

1) W. R. A. 3, 1. — vgl. Hamelm. a. a. O. 1019, 1020.
2) Postilla II. 42.

soll meinen, ich stimmte mit dir überein. So lange du nicht öffentlich und mit Namen auf der Kanzel die Irrthümer Calvins vom Abendmahl ꝛc. verdammst, halte ich dich für einen, der seiner Secte anhängt, oder für einen, der mit beiden Religionen seinen Spott treibt. Ueber meinen Schmerz, das Bekenntniß der Entschlafenen, meinen Trost, schreibe ich dir kein Wort: denn ich halte dich für einen Menschen, welchem an alle dem nichts gelegen ist ... Für den Fall, daß du nicht gegen den h. Geist sündigst (ich fürchte es freilich), bitte ich Gott, er möge dich erleuchten mit seinem Geist und mit der Wahrheit."

Ein unchristlicher, lästerlicher Brief, sagte der Weseler Rath vor dreihundert Jahren; und auch wir stehen heute vor dem räthselhaften Manne still, der im Eifer für die reine Lehre, ein Exulant, früher hoch geehrt, nun nicht anerkannt, verarmt und von Noth gedrängt, am Sarge seiner Frau solch eine Sprache führt. Man fühlt auch diesen hastigen Zeilen es ab: er glaubt nicht anders handeln zu dürfen um Gott wohlgefällig zu sein. Und er konnte von diesem Eifer nicht lassen; bis an sein Ende hat er so geredet und so gekämpft, und im Angesicht des Todes noch sagen können, „ich bin in meinem Herzen gewiß, es treu mit der Gemeinde Gottes gemeint zu haben: das jüngste Gericht offenbare meine Unschuld!"

Ohne Sang und Klang wurde die Tochter des alten Wessel von Bert, auch eine Exulantin, in die heimische Erde gebettet.

Da Groen, der immer wieder zum Bürgermeister Erkorene, ihm den Weg in den Rath seiner Vaterstadt verlegte, wandte Heshusen den Nachbarstädten seine Fürsorge zu. Er sah die Evangelischen in Rees und Essen im Gedränge; das war Grund genug sich um sie zu kümmern, und so widmete er ihren Magistraten sein Buch über den Unterschied der evangelischen und katholischen Lehre.[1]) Dadurch erweckte er sich aber unerwartet einen neuen

---

1) Kurtzer Unterscheidt zwischen christlicher Lehre, zu der sich die katholische Kirche, und derjenigen, zu welcher sich die päbstlichen antichristlichen Rotten bekennen. Eisleben, 1564. Der Druckort ist fingirt und das Buch in Wesel gedruckt. S. W. K. A. 3, 3. Brief des Fürsten vom 30. Mai 1564. — Auch das Einschleichen der Calvinisten unter dem Schein der Augsburger Confession ist hier in gewohnter Weise besprochen. Ich habe die Schrift leider nicht erlangen können.

Gegner an dem clevischen Fürsten selbst. Herzog Wilhelm hatte nämlich mit Staunen aus dieser Schrift ersehn, wie viele Ketzereien den Sterblichen möglich seien; zugleich aber sich daran geärgert, daß ihr Verfasser die Essener (des Fürsten Schirmverwandten) in ihrer Opposition gegen den Katholicismus bestärkte, während der Kaiser vom clevischen Hofe forderte „dieselben zu vermahnen, von ihren Neuerungen abzustehn"; daß er die Reeser (seine Unterthanen) trieb voran zu machen, während der Hof „ihnen so viel gestattet zu haben meinte, daß sie sich nicht beschweren könnten" (30. Mai). Wilhelm wies deshalb alles Ernstes den Weseler Rath an: „den Schreiber vorzubescheiden und ihm sein Reizen und ehrenrühriges Schreiben zu verbieten." Es geschah. Natürlich führte nun Heshusen den Nachweis der vollkommenen Christlichkeit seines Buches und sandte ihn an den Fürsten.

So ungewöhnlich dies Alles auch war, wäre es ihm doch noch ohne besondere Folgen hingegangen. Denn wenn auch der, von Groen geleitete, Rath nicht für ihn auftrat, so hatte der Fürst nur gerade so viel Macht über ihn, als der Rath demselben von der seinigen überließ. Aber der an Tumult gewöhnte Mann fühlte sich in Wesel beengt. Wie hier war es ihm noch nirgends gegangen. Ueberall noch in der weiten Welt hatte es gedonnert wenn er seine Blitze schleuderte: nur hier, gerade in seinem Vaterlande schlug es ihm fehl. Er verstand es nicht, daß der Lehrstreit, welchem er seine Kraft gewidmet, deshalb hier nicht um sich greifen wollte, weil er hier nicht urwüchsig war, weil noch der Boden fehlte, worauf seine Schlagworte keimen konnten. Nicht durch Machtsprüche, sondern langsam und sauerteigartig hatte sich ja der evangelische Glaube an diesem Orte durchgesetzt, und Heshusens Exile (er nannte sich gern einen Exulanten und unterschrieb sogar als Exul Christi) hatten da geradezu Nichts zu bedeuten, wo Tausend Menschen lebten, die nicht vor drohenden Magistraten deutscher Städte, sondern vor den Blutbefehlen des mächtigsten Kaisers, des spanischen Königs, vor den Flammen der Inquisitoren und den Beilen der Henker zu Exulanten geworden waren.

In diesem unbehaglichen Gefühl und da ihm seine nöthigsten Lebensbedürfnisse, Streit und Erfolg, fehlten, ließ er sich zu dem

Verſuch verleiten, ſich durch einen kühnen Handſtreich zum Herrn der ſchwankenden Verhältniſſe zu machen, und den Keil in die ſtädtiſche Kirche zu ſchlagen, indem er in einem Privathauſe den Geſinnungsgenoſſen predigte und den ſtädtiſchen Pfarrer **Platean** dazu brachte, ihnen dabei das Abendmahl auszutheilen.

Damit war der Riß geſchehn. **Groen** widerſtand ihm mannhaft und ſchlug ihm, um ihn zu überzeugen, daß die Bürgerſchaft ihn wie ſein Treiben herzlich leid ſei, endlich vor: „er wolle die Rathsglocke läuten und die Familienväter der ganzen Stadt verſammeln laſſen, ſo werde er ſehen, wie ſie ſtimmen würden." Dagegen ſuchte **Heshuſen** die Entſcheidung vor ein anderes ihm günſtigeres Forum zu ziehn, indem er den Pfarrern ein Colloquium anbot. Dieſe weigerten ſich, „da er zugleich Parthei und Richter ſein wollte; ſie übrigens auch nicht einſähen, was ihm daran liegen könne, mit Leuten zu disputiren, von denen, wie er geſagt, der Eine (**Rollius**) eben dem Papſtthum, der Andere (**Heitfeld**) eben der Schule entlaufen ſei." Da forderte der Fürſt ſeine Ausweiſung (25. Juli), weil er ſeinen Pfarrer einen Sectirer ſchelte. „Er verunglimpft ja in ſeiner mir geſandten verdammten Schmähſchrift die Menſchen, ſagt das Mandat, nicht nur trotz weltlicher Geſetze, ſondern auch trotz göttlicher Gebote, und will ſeine Religion den Unſern aufdrängen, als wäre das Chriſtenthum an ihn allein gebunden: obwohl ich meine, der chriſtliche Glaube in meinem Fürſtenthum wäre älter benn er. Wäre er doch geblieben, wo er war!.. Außerdem geſteht er ja, die heimliche Abendmahlsfeier veranſtaltet zu haben." Nachdem der Rath vergebens ſich abgemüht hatte, ihn zu überzeugen, daß er gefehlt, gab er ihm anheim, ſich an den Fürſten ſelbſt zu wenden. Er folgte dieſem Vorſchlag, indem er ſich über „ſein viel Exil und Kreuz" beklagte und ſich getröſtete, „**in allen Stücken Recht zu haben.**" Die Bürgerſchaft aber forderte, ſeinem Unweſen ein Ende zu machen, warf der ſtädtiſchen Obrigkeit vor, ſeine Sache viel zu gelinde geführt zu haben und beſtand auf der Beſtrafung aller Theilnehmer jener Privatcommunion (12. Sept.). So konnte der Rath ihn bitten, „**ſich ſelbſt zu richten**" und forderte ihn endlich, als auch das nichts fruchtete, auf, hinweg zu ziehn.

Seine verwaisten Kinder ließ er den Freunden in Wesel zurück und ging nach Frankfurt (11. November 1564).¹) Er hatte noch einen weiten Weg zu machen bis er als Professor in Helmstädt, sterbend sich verklagen konnte „die Sünder nicht härter gestraft und die Rottengeister nicht eifriger widerlegt zu haben." (26. Sept. 1588.)²)

Mit seinem Weggang sank der Werth der Weseler Confession zu einem antiquarischen herab. Sie blieb in den Händen der Pfarrer, ward je und dann noch zur Sprache gebracht, wohl auch wieder vorgenommen, von Freunden vertheidigt, von Gegnern bestritten, endlich (14. Januar 1567) den Pfarrern für immer als Reliquie überlassen.

So war die Stadt ihrer naturgemäßen freien religiösen Entwickelung wieder gegeben, welche auch sogleich an dem Punkte wieder anfing, wo sie gehemmt worden war, indem sie das der lutherischen und reformirten Lehrweise Gemeinsame betonte, als Bekenntniß das Augsburger· in derjenigen Form, worin es die protestantischen Stände seit 1540 anerkannt hatten, als Grund-

---

1) Ein Verläumder von der Parthei hatte den Kanzler Olisleger in die Sache gezogen und behauptet, derselbe sei dem Heshusen „trefflich gram geworden", weil dieser ihn wegen Unkeuschheitssünden gestraft hätte. Daher kam es, daß der Hof so ungewöhnlich heftig gegen ihn auftrat. — Einer seiner Freunde hat das Verfahren gegen ihn als das Sturmläuten mit drei Glocken (Rathsglocke — von Groen; Kirchenglocke — von Rollius; Hofglocke — vom Kanzler gezogen), in einer beißenden Satire hergenommen; als die drei zusammen geschlagen, sagt er, hätten die Bürger das Crucifige geschrieen. S. das Manuscript im W. K. A.

2) Ueber H. F. Hofman, T. H., der recht lehrende Lutheraner. Leipzig, 1743. Nachdem H. lange von den Einen als Klopffechter, von den Anderen als Kirchenvater (zuletzt noch von K. von Helmolt, T. H. und seine 7 Exilia. Leipzig, 1859) behandelt, auch von einem Pfarrherren unsrer Tage sein Buch „Vom Amt und Gewalt der Pfarrherren" dem jetzigen zaghaften Geschlecht der Pfarrer vorgehalten worden (Leipzig, 1854): hat C. A. Willéns ihn in seiner Monographie (T. H., Leipzig, 1860) dahin gestellt, wohin er gehört: unter die Streittheologen der Lutherskirche. Für die Berührungen H's. mit Wesel bot das W. K. A. überreiches handschriftliches Material. Auch sein lebensgroßes Bildniß besitzt die Weseler Gemeinde. — Eine literar. Behandlung der Druckschriften des merkwürdigen Mannes fehlt — leider — heute noch.

lage des Gottesdienstes aber die unirte Reformation des Bischofs Hermann von Köln wieder anerkannte. Die Bedrängung der Fremden ging damit von selbst ihrem Ende zu. Aber auch von draußen her ließen sich mächtige Stimmen zu ihren Gunsten vernehmen. Um ihrer Gegner willen, deren etliche ja noch im Rath saßen, wandte sich der Erbhofmeister des clevischen Landes, der in der Umgebung des Herzogs weilende Diedrich von Wilich, Herr zu Diersfort, an die Stadt. „Verjagt sie nicht — mahnte er — um tiefgründiger, unbegreiflicher Artikel willen, die Eure Ehrsamkeiten vielleicht selber aufs Gründlichste nicht verstehn; ihr würdet darin nicht christlich handeln, da jeder Christ verpflichtet ist, des Andern Schwachheit zu tragen, und so ihr es thätet ihre Thränen wider euch zu Gott schreien würden." [1]) Kräftiger noch als dieser Hofmann redete der große Leibarzt des Herzogs, Johann Weyer, der erste Bekämpfer der Hexengerichte und Ketzerverbrennungen. Er trat in demselben Jahr öffentlich für Groen und die Fremden zugleich auf. „Der Weseler Rath (schrieb er) leidet, daß ein Dominikaner den Exorcismus über eine Kuh spricht und zu ihrer Heilung ein Stückchen von der Stola auf ihrer Weide vergräbt, während er — wunderbar genug — sich sperrt einigen frommen, jedenfalls doch von frommem Eifer getriebenen, Leuten das Gastrecht zuzugestehn, weil sie sich beschwert fühlen, eine Bekenntnißformel zu unterschreiben; und ist dabei, wie in allen ähnlichen Dingen die Mäßigung und Meinung meines lieben Freundes, des Bürgermeisters Groen, zu loben, der den guten Ruf, deß er sich erfreut, wegen seiner ungewöhnlichen Gelehrsamkeit, Frömmigkeit, Klugheit und Humanität reichlich verdient." [2])

Daß dieser gute Ruf Jahre lang in Gefahr schwebte sich in einen unverdienten zu verwandeln, haben wir gesehn.

---

1) Brief vom 5. Mai 1564. K. A. 3, 1. Beide Söhne des Edelmannes, Vinzenz und Philipp, hatten unter Melanchthon studirt. (Album acad. Viteb. Maio 1553.)

2) S. Weyer in der Ausgabe seines Buchs De praestigiis daemonum etc. von 1564. V. 22. Von ihm habe ich in meiner Schrift über Heresbach ausführlicher berichtet.

23. Entlassung der Anhänger Heshusens; die Uebereinstimmung der städtischen mit der walonischen Gemeinde in der Lehre bahnt sich an.

Nachdem der Große bezwungen war konnte man mit den Kleinen leicht fertig werden.

Es half der geschlagenen Parthei nicht, daß sie den durch Colporteure und Sendungen auswärtiger Freunde in der Stadt verbreiteten reformirten Büchern mit einer schon von Heshusen benutzten eigenen Presse entgegen trat. Die Menge schroff lutherischer Schriften, welche in seltener Rührigkeit von ihr ausging, war kaum ein sandiger Damm gegen das lebendige Zeugniß der Fremden, ihrer und der ihnen geneigten Prediger der Stadt.[1]) Nur über drei bedeutendere Leute hatten Heshusens Anhänger nach Groens Abfall noch zu verfügen: den Rector Florin, den Pfarrer Platean und den Stadtarzt Johann von Bert; aber alle drei, nur im Eifer nicht im Talent ihrem Meister ähnlich, ließen sich durch ihn auf einen Weg führen, der sie bald, einen nach dem andern, um Amt und Macht brachte.

---

1) In niederländischer Sprache erschienen (bei Hans de Braecker) u. A. die Augsburger Confession (natürlich der Text von 1530) und Luthers Katechismus (1558), Brenz' Katechismus (1559), Osianders Katechismus (Kinder-Predigten) 1567, Heshus' Bekenntniß vom A. Mahl (1563), Chemnitz Lehre davon (1563), viel einzelne Schriften von Luther u. s. w. Vgl. Sardemann, Zeitschrift für Berg. Gesch. II. S. 362. Den dort angeführten Schriften ist hinzuzufügen: Geheele Souter des Koenigl. Propheten Dauids .. gemeeret met veel Lossanghen ende Liedekens voor de Christenen van de Augsb. Geloofsbelydeins. 1567. (Vgl. Archief v. Kist en Roy. V. 112.)

Zur Zeit, da sie noch das Heft allein in Händen hielten, war aus Antwerpen ein Notar, **Philipp van Wesenbeck**, eingewandert und hatte, weil er zur lutherischen Gemeinde Antwerpens gehört, die Weseler Confession sofort unterschrieben (1. Juli 1562). Durch das Glück, berühmte Brüder zu haben, ließ sich der eitle, hochfahrende Mann verführen, auch eine Rolle in der Welt spielen zu wollen, obwohl ihm die Fähigkeit dazu abging. Sein älterer Bruder **Jacob** war damals Stadtpensionair in Antwerpen, hochangesehn, ein Freund **Wilhelms** von Oranien und auf Seiten des Volks gegen die Bedränger seiner Freiheiten. Der andere, **Matthäus**, hatte die Universität Löwen seiner Studien wegen verlassen, war in Jena (der Erste) zum Doctor des Rechtes promovirt (1558), von hier aber nach Wittenberg gegangen, weil die Neulutheraner ihn als Anhänger **Melanchthons** vom Taufstein wiesen und er als Gebannter unter Ungebannten nicht leben mochte, — eine Zierde seiner Wissenschaft.[1] **Philipp** schloß

---

[1] Die Confusion in Betreff der Familienglieder in neueren Schriften ist dadurch maßlos geworden, daß der Vater der Brüder, **Peter**, mit seinem Sohn desselben Namens verwechselt, aus **Matthäus** aber ein **Matthäus** und ein **Matthias** gemacht ist. — **Jacob** wurde später von Alba verbannt (sein Verbrechen: chargé davoir en secrète intelligence avec les députez ministres et consistoriaulx tant calvinistes que martinistes et mal sentu de sa foy et de la messe; seine Strafe: Son Excellence bannyt ledict adjourné perpétuellement et confisque tous et quelconques des biens. 14. may 1568), ging nach Dillenburg, Cleve u. s. w. und half hier bei der Organisation des Einfalls Oraniens in die Niederlande. Seine mémoires hat **Rahlenbeck** herausgegeben. (Bruxelles 1859.) — Der Bann, den die Jenenser Pfarrer, von **Flazius** gereizt, über **Matthäus** verhängten, trug denselben bittere Früchte, indem der Herzog, solcher „Gewalt der Pfarrherren" überdrüssig, ihnen das Bannrecht nahm und — das erste Consistorium errichtete (1561), worin er von den übrigen Fürsten schnelle und freudige Nachahmung fand! Als dieser gelehrte Bearbeiter **Papinians** und Commentator der Pandecten, in Wittenberg gestorben und zu Häupten **Luthers** begraben war, sprengte **Pol. Leyser** aus, er habe sich vor dem Tod noch von **Melanchthons** Irrlehre belehrt, und veranlaßte dadurch einen heftigen Schriftenwechsel (1589). Vgl. Andr. Rauchbar orat. de vita M. W. Witeberg. 1586. — Verantwortung der Schrift, so P. Leyser wider W's. Erben ausgegossen hat, durch Seb. Goblerum o. O. u. J. — Diese Apologie der Erben W's. ist in einem Exemplar der Bibl. zu Strängnäs in Schweden, f. Bibl. Strengnesensis ed. Aminson. 1863. p. 37. Ueber

sich in Wesel der Parthei an, welcher sein Bruder in Wittenberg
mißtraute weil sie zu viel „Kirche und reine Lehre" im Munde
führe, begeisterte sich für Heshusen und gab sein Haus zu
der oben erwähnten geheimen Predigt und Abendmahlsfeier her.
Die Händel, in welche Heshusen dadurch gerieth, reizten dessen
neuen Freund nur noch mehr zum Widerspruch gegen den Rath.
Es war schon Sitte der Partheigenossen geworden, ihre Kinder
nur noch von Platean taufen zu lassen, auch wenn sie gar
nicht in seiner (Mathena=) Parochie wohnten; und sie hatten noch
enger sich ihm angeschlossen, seitdem er, der Weisung des Parthei=
hauptes gehorsam, auf seiner Kanzel den Heidelberger Katechismus
angriff. Als nun aber das Vorgehn der Stadt gegen einen Mäch=
tigeren als er war, denselben bedenklich machte, nahm Wesenbeck
es auf sich, zu thun, was eigentlich seines Amtes gewesen wäre
und griff Rollius an. Er übersandte ihm ohne Weiteres (das
Zufahren hatte er von Heshusen gelernt) eine lange, crasse
Auslegung der Weseler Confession, welche er, da er Bürger ge=
worden, unterschrieben, so wie Er sie verstehe: und forderte ziem=
lich kategorisch von ihm Billigung oder Verwerfung derselben
(19. October 1564). „Erhalte ich — hieß es — keine Ant=
wort: so bringt mich die hohe Noth mich von dir gänzlich abzu=
sondern, kein Sacrament mehr von dir zu empfangen, dich nicht
mehr als meinen Seelsorger anzuerkennen." Rollius antwor=
tete ihm auf der Stelle so versöhnlich als möglich, und so weit=
herzig wie es seine Art war. „Stets habe ich nach dem Augs=
burger Bekenntniß gelehrt, sagt er, und warst du ja früher mit
mir zufrieden. Mein Fürst, seine Räthe, der Rath der Stadt,
ihre Vertrauensmänner sind mit meiner Lehre zufrieden und so
wirst du es auch sein können. Nicht Ich habe mich geändert,
sondern Du. Willst du wie früher mit mir reden, so bin ich
dazu in aller Liebe bereit; ich wünsche dir und allen Menschen
alles Gute." Aber auf ein Gespräch wollte Wesenbeck sich
nicht einlassen, da er sich vorher sagen konnte, daß er darin sei=

---

seine Familienverhältnisse redet M. W. in der Vorrede seines Pandecten-Com-
mentars (ed. Amstelod. 1665), sowie im Eingang seines Buchs Paratitla
in pandectas. Basil. 1566. — Peter, sein Bruder schrieb eine oratio de
Waldensibus. 1585.

nem Gegner unterliegen würde; er hielt es für ersprießlicher, desselben Tages noch einmal von seinem Gegner zu fordern: die übersandte Darlegung entweder zu verwerfen oder anzuerkennen, schwarz auf weiß, wie er das von Gottes und Rechts wegen zu thun schuldig sei. „Fürst, Rath — schließt er so witzig als wahr — Vertrauensleute und Superintendenten können mir mein Gewissen nicht ersetzen: darum bleibe ich bei meiner Forderung bis zum jüngsten Gericht."

So allgemein diese Auseinandersetzung klang, so speziell doch war sie gemeint: ihr Verfasser wollte sich nur darüber Gewißheit verschaffen, ob er sein neugeborenes Kind Rollius dürfe zur Taufe bringen oder nicht. Da dieser die geforderten Garantieen der Rechtgläubigkeit nicht geben wollte, Plateau aber der Muth gesunken war, holte er sich, um das Kind nicht einer ketzerischen Taufe zu opfern, aus dem nahen Dorfe Mehr einen Pfarrer seiner Farbe herbei (Derrick Noeteman) und ließ es durch diesen in seinem Hause taufen (4. Nov. 1564). Von Bert vertrat dabei Pathenstelle.[1]

Die Stimmung der Bürgerschaft wurde durch diesen Vorgang aufs Aeußerste gereizt. Wenn Heshusen versucht hatte, durch eine Privatcommunion eines Stadtpfarrers die Gemeinde zu sprengen, so konnte man sich geneigt fühlen, an dem großen und hochgeehrten Bürgerssohn Nachsicht zu üben; daß aber ein namenloser Eingewanderter durch einen fremden Pfarrer die Taufe verwalten ließ und so die ganze städtische Kirche für unrein erklärte, ging ihr zu weit. Von Bert ward zur Verantwortung aufgefordert, die leider schwach genug ausfiel (24. November). Er behauptete: er sei als Arzt zum kranken Kinde gerufen, die Taufe sei eine Nothtaufe gewesen, er habe des Verbotes (welches bestimmte, daß niemand sein Kind von einem anderen, als dem berechtigten Pfarrer taufen lasse) nicht gedacht; dasselbe

---

[1] Mehr war das Kirchdorf, worin Heresbachs Landgut und gewöhnlicher Wohnsitz, Lorwart lag Daher erklärt es sich, daß Noeteman bald davon zog, indem H. mit extremen Leuten am wenigsten fertig zu werden wußte. Er ging nach Antwerpen an die lutherische Gemeinde, nachdem seine Weseler Freunde ihm bezeugt (6. Oct. 1566), daß er in seinem Predigtamt zu M. die Augsb. Conf. mit Verwerfung aller Gegenlehre fromm vorgetragen. Düsseldorfer Archiv, von Dort'sche Schr. 16. 9.

finde aber auch auf Ihn keine Anwendung, da er das Kind nicht zur Taufe gebracht sondern nur gehalten habe." Der Rath verstand diese Sprache nicht und nahm ihm sein städtisches Amt (19. Febr. 1565). Wesenbeck gab, als die Reihe an ihn kam, eine andere Darstellung des Wagestücks (5. Dezbr. 1564). Er habe — bekannte er — nur aus Eifer für reine Lehre und um sein Bekenntniß zu beweisen, gehandelt; Rollius sei ein Calvinist, halte es mit den eingewanderten Calvinisten, wolle sie nicht verdammen, behaupte, die Weseler Confession sei nicht ohne Irrthümer. „Ich habe meine Güter noch in Antwerpen. So nun dort bekannt würde, daß ich meinen durch ganz Deutschland, Niederland und hier weit lautbaren und kundigen reinen Glauben und Bekenntniß dadurch verletzt, daß ich mich den hierhin Geflüchteten gleich gehalten, so möchte man dort Beschlag auf meine Habe legen." Die Sache eile nicht. „Hat man fremden Calvinischen Zeit gegönnt sich mit Hyperius und Calvin zu berathen, ob sie des Rathes Confession annehmen könnten: so wird mir, dem Bürger, der sie unterschrieben hat, doch auch wohl Zeit gelassen werden, mich bei Mörlin, Brenz u. s. w. zu erkundigen ob ich gegen die h. Schrift gehandelt habe. Wie große Einigkeit, Freiheit, Nutz, Profit und Privilegien die Calvinische Lehre übrigens in anderen Städten mitgebracht — wisse ja der Rath selbst." Die Antwort auf diese Eingabe war das Gesuch des fürstlichen Richters an die Schöffen: seinem Herzog das Haus Wesenbecks, worin das Aergerniß geschehen und alle Kirchenordnung und Gewohnheit verachtet sei, als Eigenthum zuzusprechen (15. Febr.). Ehe er diesem Begehren willfahrte, forderte der Rath den Verklagten noch einmal vor sich (19. Febr.). Wesenbeck verhieß anderen Tags seine Vertheidigung schriftlich einzugeben, hielt es aber für gerathener zu entweichen. Er ging nach Köln, ließ hier Luthers Postille für seine Antwerpener Freunde drucken, mußte aber erleben, daß die ganze Auflage dem dortigen Magistrat in die Hände fiel. Außerdem berichtete die Stadt Köln der Statthalterin Margarethe den Vorfall und ward von ihr gebeten, diese Bücher, „die nur Ketzereien verbreiteten, zum Dienst Gottes, zum Dienst Ihrer Majestät und zum Heil des Landes zu verbrennen", unter der Zusage, „bei vorkommender Gelegenheit gleichen Dienst leisten zu wollen." Schon ehe dies Feuergericht gehalten ward, hatte Wesenbeck sammt seinem Drucker sich aus dem Kölner Staube gemacht.¹)

Zum Märtyrer für seine Sache war er nicht geboren; er hatte, statt ihr zu helfen, ihr in Wesel nur einen Stoß versetzt, und seine eitlen Angriffe brachten den Spottnamen der Calvinisten so sehr zu Ehren, daß, als Rollius und Heitfeld damit bezeichnet wurden, der Rath sich nur noch erbot, die Schuldigen zu bestrafen „im Falle sie dadurch geschmäht zu sein vermeinten." (23. Januar 1565.)

Diejenigen Partheigenossen, welche ihrer Meinung gewisser waren als dieser Antwerpener, hatten seinen Uebermuth zu büßen. Der Pfarrer Platean fiel zuerst in die Grube, welche er Anderen hatte graben helfen. Obwohl ein „Stadtkind" und von Vielen geschützt, machte er sich durch sein Auftreten seit Heshusens Abschied viele Feinde. Genau nach seines Freundes Vorschrift verwarf er in heftigen Controverspredigten mit Vor- und Zunamen die ganze Reihe derjenigen, welche dieser auf die Ketzerliste gesetzt hatte und provocirte dadurch seine Entlassung. „Seine schwache Stimme" gab den willkommenen Vorwand, ihn von der Kanzel und aus dem städtischen Gehalt zu verdrängen. (19. Febr. 1565.) Der Rector Lubbert Florin, früher ein Liebling des Raths, mit Ehrenbezeugungen und Geldgeschenken gestützt als es galt durch ihn das neulutherische Dogma zur Geltung zu bringen, seit dem Aufgeben der Weseler Confession aber mißtrauisch angesehn, weil er daran nicht nur festhielt, sondern entschlossener als früher für sie in die Schranken trat (schon beim Wahltag 1564 forderte die Bürgerschaft seine Entlassung), erhielt seinen Abschied, „weil man seiner nicht mehr bedürfe" (Michael. 1566). Seine Anhänger konnten ihm bezeugen als er die undankbare Stadt verließ: daß er in seinen 21 Dienstjahren „nicht nur Schulkinder und Amtsgenossen, sondern auch einen Jeden ganz treulich vor den jetzt schwebenden Irrthümern der Calvinischen gewarnt und scheu gemacht, dagegen der unveränderten Augsburger und der

---

1) Auf Verwendung Christophs von Würtemberg wurde ihm sein mit Beschlag belegtes Haus in Wesel zurückgegeben. Das fürstliche Mandat vom 13. März 1565 im W. K. A. 3, 1.

damit stimmenden Weseler Confession unnachlässig nachgelebt habe."[1])

Aber auch die Reihen der Wortführer für die Fremden wurden gelichtet. In demselben Jahre starben der Bürgermeister Groen und Pfarrer Rollius (28. November 1565) an der grausamen Plage der Pestilenz; — „und hat also (sagt Hamelmann, durch dies Gottesgericht zufrieden gestellt) Hesthusen noch den Untergang seiner Feinde gesehn." Doch brachten diese Todesfälle keinen Umschwung in der geistigen Stimmung der Stadt hervor. Denn die Zeiten der Harmlosigkeit waren vorüber, nicht mehr wechselte die Farbe der Bürgerschaft mit dem Wechsel ihres Raths, und die Meinung Aller war, in langem Streit, für die Fremden und ihre Lehrform bereits so sehr gewonnen, daß Gewaltthaten und Ueberraschungen von oben her bei der allgemeinen Wachsamkeit unmöglich geworden waren. Dazu kam, daß der Nachfolger des Rollius mehr noch als er es gethan, die Frembengemeinden begünstigte.

Dieser vom Fürsten selbst der Stadt gegebene Hauptpastor Gerhard Vels (Veltius) aus Amersfort war eine Zeitlang des kölnischen Bischofs Anton von Schaumburg (des zweiten Nachfolgers Hermanns von Wied) Hofkapellan gewesen, und „nachdem er ihm die Augen zugethan", beim clevischen Hofe in gleicher Eigenschaft angestellt worden (14. Juni 1558). Hier hatte er, vom Herzog Wilhelm dazu ermuntert, was er bei dem früh verstorbenen Bischof gelernt hatte, ins Leben geführt und den evangelischen Cultus in Aufnahme gebracht. Er galt eine Zeitlang so sehr als Beförderer der Reformversuche, welche an diesem Hofe in immer neuen und immer. mißlingenden Ansätzen gemacht wurden, daß des Fürsten Schwiegervater, Kaiser Ferdinand, dreimal seine Entlassung begehrte.

---

1) Siehe die Zeugnisse für ihn im Anhang. Er ging nach Soest, wo er einmal früher schon gewesen; aber schon nach zwei Jahren finden wir auch ihn in der luther. Gemeinde zu Antwerpen. Vgl. Leuckfeld, historia Spangenbergensis. Quedlinburg, 1712, wo die lutherische Gemeinde in einem Brief an Chemnitz (13. Mai 1580) den durch Flazius, Hamelmann u. s. w. in sie eingeschwärzten Streit über die Erbsünde als den Grund ihrer Zerrüttung beklagt und Florin lobt, der früher Heshusii und Dr. Olearii (des Sohnes des Kanzlers?) Präceptor gewesen.

Aus dem Katholicismus hervorgegangen, erst bei einem, wie es hieß katholischen, Erzbischof, dann bei einem, wie es hieß protestantischen, Herzog in Dienst, vertrat er die am Rheine zur Zeit, da er in Wesel eintrat, immer noch vorherrschende religiöse Richtung, welche mit möglichster Hervorhebung der heiligen Schrift über die Confessionen unbewußt die Einigung der getrennten Evangelischen betrieb. „In der Kirche Gottes, sagte er, sei es nicht recht, Partheien zu bilden. Paulus verbiete sich nach ihm, nach Kephas oder Apollo zu nennen, und Luther, daß man nicht solle lutherisch sein, indem deren Keiner für uns gestorben; es müsse uns genügen Christen zu sein und zu heißen."[1)]

Daran mußte ja freilich die Stadt Wesel sich auch genügen lassen. Wie sie um des Fürsten willen lange gezwungen gewesen war, sich vom Augsburger Bekenntniß öffentlich ferne zu halten: so war es nun die Rücksicht auf ihn und seine stets verheißene, noch immer nicht erschienene, aber doch vorbereitete durchgreifende Reformationsordnung, welche sie veranlaßte, nicht nachdrücklich jetzt Bischof Hermanns Reformation und später den Heidelberger Katechismus als ihre Bekenntnißbücher zu nennen, da sie ihnen schon anhing.

---

1) Vgl. Zeitschrift für Berg. Gesch. III. 369. — W. R. P. 1572. 9. Dezember.

24. Sieg der Hesshusianer in Essen; hier stärken sich die Reste der Weseler Parthei.

Ein lebhafter Handel hatte seit Jahrhunderten die beiden Städte Wesel und Essen verbunden, und ihre Bürger waren durch Heirathen in den bedeutendsten Familien vielfach einander verwandt. Auch ihre politischen Interessen fielen häufig zusammen, nachdem die Herzoge von Cleve die Schirmherrschaft über das, durch Kaiser Otto's I. Tochter Adelheid zu Macht und Glanz erhobene, gefürstete Benedictinerinnenstift Essen von den Grafen von der Mark ererbt hatten.[1]

Die evangelische Lehre fand in das reiche Fürstenthum erst spät und in sehr unscheinlicher Weise Eingang. Ihr erster Predigtstuhl war ein Webstuhl, bei dem der Weber Georg Tuber seine evangelischen Lieder unter seine Freunde verbreitete, und dem Heil, das „aus lauter Güt' und Gnaden" uns zu Theil wird, Verehrer gewann.[2] Im Weihnachtsgottesdienst der Ger-

---

[1] Mooyers Verzeichniß der deutschen Bischöfe. Minden 1854. Funde, Gesch. des Fürstenth. Essen. Elberf. 1851. Die Urkunden bei Lacomblet. — Essens Kirchengeschichte erhält durch die Weseler Acten neues, vielleicht hie und da auch unerwünschtes, Licht. Vgl. Bährens, Gesch. der luth. Gem. in Essen. 1813. Wächtler, Gesch. der ev. Gemeinde zu Essen. 1863.

[2] Luther selbst dichtete seine Lieder „das h. Evangelium zu treiben und in Schwang zu bringen". Die Zeugnisse über die mächtige Wirkung derselben (ohnehin aus der Reformationsgeschichte Magdeburgs übrig bekannt), welche seine Feinde abgelegt haben, s. bei v. Oven a. a. O. S. 3. Das

trudskirche 1561 unterbrach die Gemeinde die übliche lateinische Feier durch den Gesang eines deutschen Lutherliedes, und der Magistrat führte hier bald darauf deutsche Gesänge und Psalmen ein (19. Jan. 1562). Umsonst protestirte die Aebtissin gegen diese Selbsthülfe; die Bürger forderten (Ostern 1562) vom Pfarrer das Abendmahl in beiderlei Gestalt unter Drohung und Tumult: und die Stadt wandte sich an ihren Schirmherrn den clevischen Herzog Wilhelm (1. Juli 1562) mit der Bitte, ihr **reine Lehre und Abendmahl** zu gestatten, während **Irmgard von Diepholz** ihn zugleich um Schutz des Bestehenden anrief.

Der clevische Hof strebte damals immer noch, wie wir wissen, dahin, in gutmüthiger und beschränkter Zuversicht die religiösen Fragen der erregten Zeit durch humanistische Concessionen zu beschwichtigen, mit seiner Landeskirche mitten zwischen Papst und Luther durchzusegeln, und dadurch Gelegenheit zu bekommen, sie endlich also ordnen zu können, daß Katholiken und Protestanten darin als Brüder lieblich bei einander wohnen könnten. Da ihm, und allen ihn leitenden Persönlichkeiten, mehr oder minder in dem entbrannten Streit die Leidenschaft die vornehmste Rolle zu spielen schien, versuchte er es nach altem Schöffenspruch „dem Einen Recht zu thun und dem Andern kein Unrecht" und pries die Zeit als seinen besten Bundesgenossen. Damit genügte er freilich den Essenern nicht, welche geärgert durch seine halben und räthselhaften Entscheidungen, sich kurz und rund von ihm abwandten, und den **Herzog Wolfgang Wilhelm von Zweibrüden** um einen Prediger baten. Sie machten damit ihre **kirchliche Sache, ohne es zu wollen, zu einer politischen.** Denn während der Zweibrücker sich freute, so leichten Kaufs die Freundschaft einer mächtigen, mit dem clevischen Lande nur lose erst zusammenhangenden Stadt zu gewinnen: erschrack der Clevische Schirmherr, und fühlte sich bewogen, die Aebtissin in ihren Stifts-

---

Stärkste wider sie hat **Caspar Ulenberg** in der Vorrede zu seinen Psalmen Davids (Köln 1582) vorgebracht. In den Niederlanden wurde den Inquisitoren der Gesang der Psalmen (Souterliederkens) ein untrügliches Kennzeichen evangelischer Gesinnung.

interessen der Bürgerschaft gegenüber mehr zu schützen als er es sonst gethan haben würde.

Der von Wolfgang gesandte Pfarrer, Heinrich Barenbroch, erst Pastor in Köln, danach und bisher in Castellaun (Heinrich Kempensis, von Kempen), welcher beim Antritt seines Amts in der Stadtkirche (2. Mai 1563) sogleich das Abendmahl in beiderlei Gestalt austheilte, mußte sich durch die nun über und wider ihn anlangenden Mandate des Clevischen Herzogs überzeugen, wie sehr er, der Fremde, demselben ein Dorn im Auge sei. Wilhelm konnte es der Stadt nicht vergeben, daß sie ihm das zu Leid gethan, und ihm nicht vergessen, daß er sich hatte senden lassen. Langsam in allen übrigen Dingen, war er heftig, wenn man ihm an seine „Landeshoheit" rührte, die zu erweitern sein wie aller Fürsten jener Zeit eifrigstes Streben war. Barenbroch mußte endlich vor seinem Drängen weichen (17. Mai 1563), der frühere Pfarrer nahm von der Gertrudskirche wieder Besitz, und suchte, der clevischen Vermittelungspolitik gemäß, seine Gegner dadurch zu beruhigen, daß er einen evangelischen Gehülfen Johann Plückbart, annahm.

Dieser Mittelweg aber befriedigte nur für kurze Zeit. Barenbroch, von den Bürgern stets ersehnt und oft erbeten, trat wieder ein (Anfang 1564), und führte die bei seiner ersten Anwesenheit begonnenen kirchlichen Einrichtungen energisch weiter. Er kam aus einem Lande, darin den seit Flazius entstandenen neulutherischen Dogmen kein Eingang war verstattet worden. Die „Kirchenordnung", auf welche er sich dort hatte verpflichten lassen, und die er in der Stadt zur Annahme und Geltung brachte, war, weit entfernt den späteren Melanchthon zu bekämpfen, von diesem selbst verfaßt; ja sie forderte: daß die Lehre der Kirche nach der Augsburger Confession (von 1540), den Schmalkaldischen Artikeln und dem Lehrbuch Melanchthons (loci) sich richte! [1]) Sein Einfluß auf die Bürgerschaft

---

1) Was dem bescheidenen Melanchthon nicht gefiel. Der durchweg melanchthonische Charakter dieser K.-Ordnung drückte zwar die durchschnittliche Richtung auch der späteren lutherischen Kirche am Rhein genau aus, aber der Cultus den sie vorschrieb war zu einfach und ihrer Verfassung fehlten die Syno-

war bald so unbegrenzt, daß sie Alles verehrte was er that, Niemand ihr so gelehrt, so fromm, so beredt erschien als er, und der Magistrat ihm gegenüber ohnmächtig wurde.

So war jeder der drei Partheien in der Stadt ihr Weg klar gewiesen. Die Bürgerschaft drängte zur Durchführung der Melanchthonischen Reform der Kirche, die nach dem Abhängigkeitsverhältniß, worin der Magistrat zur Aebtissin stand, auch politische Folgen haben mußte; das Stift rief den katholischen Kaiser und den Kölner Erzbischof zugleich um Hülfe an; der Clevische Fürst endlich hoffte, indem er sich zum Schiedsrichter der Streitenden aufwarf, für sich den Löwenantheil davon zu tragen. Nach seiner Art suchte er in gütlicher Verhandlung Allen sich und seine halb erasmischen Kircheneinrichtungen annehmbar zu machen, und verharrte darin, obwohl die freie Stadt frank und frei ihm erklärte „sie werde von der einmal angenommenen Religion nicht lassen" (18. Nov. 1563), und dem Kaiser betheuerte „sie könne, was sie gethan, mit den Bestimmungen des Augsburger Religionsfriedens von 1555 vertheidigen". Zwei Conferenzen der Abgesandten des Kaisers, des Herzogs und der Stadt in der herzoglichen Residenz zu Düsseldorf (7. Dec. 1563, 12. Jan. 1564) waren deshalb erfolglos. Als aber die Commission in Essen selbst erschien (23. März 1564)[1]), gelang ihr die zweite Vertreibung des Zweibrücker Pfarrers dadurch, daß der kaiserliche (und bischöfliche) Gesandte mit dem eifersüchtigen Vertreter des Herzogs, welchem die Wahrung seines Schirmrechts über alle Kirchenfragen ging, gemeinsame Sache gegen ihn machte. Ein Aufruhr (11. März) wider die Magistratsglieder vermochte die Entfernung Barenbrochs nur aufzuhalten, nicht rückgängig zu machen; und die Stadt erhielt, als er nach Castellaun zurückgegangen, von dem clevischen Herzog zwei Prediger,

---

ben, weshalb trotz Wolfgang Wilhelms Empfehlung (1612) nur ihr Gesangbuch hier durchdrang. S. „Kirchenordnung, Wie es mit der Christlichen leer etc. In Vnser Wolffgangs v. G. G. Pfaltzgrauens .. Fürstenthumb gehalten werden soll. Anno 1557." u. d.

1) W. R. A. 3, 3: bes. des Fürsten Schreiben vom 30. Mai.

die nach dem Maaß der uns bekannten, in Cleve für gesund geltenden Lehre gemessen, Gnade vor seinen Augen gefunden hatten: Marcus Hortensius aus Utrecht und Caspar Isselborch aus Köln [1]), durch die Aebtissin aber eine Ladung vor das kaiserliche Kammergericht, welche einen hundertjährigen Prozeß über ihre Reichsunmittelbarkeit eingeleitet hat.

Die beiden neuen Pfarrer waren Bekannte des Weseler Pastors Rollius und Er hatte beim Fürsten ihre Absendung vermittelt. Auch mit dem Weseler Heitfeld standen sie in Beziehung, und die confessionelle Färbung Essens glich derjenigen von Wesel so sehr, daß Heitfeld Monate lang hier zur Aushülfe wirken konnte. Essen war damals eben so wenig Flazianisch — oder wie man damals sagte „der Augsburger Confession zugethan" — als Wesel; beide gehörten noch der allgemeinen deutsch-reformirten, der melanchthonischen Richtung an.

Da brach auch in dieser Stadt der Streit der Neu-Lutheraner mit den Pfarrern aus; es spielte dasselbe Spiel, das uns in Wesel begegnet ist, freilich mit anderer Schlußscene: denn die Parthei, welche in Wesel unterlegen war, errang hier den Sieg.

Heshusen besaß auch in Essen begeisterte Freunde. Jenes Buch, welches er dem Magistrat von Essen zugeschrieben, die „verdammte Schmähschrift" — wie der Herzog sie nannte — über den Unterschied der evangelischen und katholischen Religion, hatte die Zahl seiner Anhänger im Stift nicht nur vermehrt: sondern es hatte auch seine Anwesenheit in Wesel die wahlverwandten Elemente beider Städte in enge Verbindung gebracht und der Stadtarzt von Bert übertrug hin- und herreisend die Weseler Bewegung hierhin.

Die Aebtissin warf, als sie vom Kaiser eine Untersuchungscommission begehrte (6. Jan. 1564) der Stadt vor: „da ihr Vornehmen der Augsburger Confession nicht gemäß sei, könne sie sich auf den Religionsfrieden nicht berufen." Damit war der Bürgerschaft verrathen was sie zu thun habe, um ihren Willen zu behalten und sicher zu sein: — sie hatte eben nur den Nachweis

---

1) Isselborch war, seitdem er Köln verlassen hatte und bis hierhin, an der Gemeinde zu Düsseldorf thätig gewesen.

ihrer Uebereinstimmung mit dieser Confession anzutreten. Noch war die Perfidie der Behauptung, es seien nur die Lutheraner durch den Augsburger Frieden anerkannt, nicht öffentlich an den Pranger gestellt, weil sie erst zu wühlen anfing: und der Schrecken der Evangelischen, im heiligen deutschen Reich rechtlos zu werden, wenn man vom Buchstaben der 1530 dem Reich übergebenen Confession lasse, hat damals nicht nur in Essen seine nothreifen Früchte getragen. Plötzlich klangen hier alle Ecken vom „Augsburger Bekenntniß". Man wollte damit den „Rechtsboden" gewinnen. Daß es der Glaubensboden der Stadt nicht war, ist gewiß. In den Verhandlungen mit jener Commission (welche nur noch 14 katholische Hausväter in der Stadt fand), berief sich der Magistrat darauf, daß seine Reformation auf der pfälzischen Kirchenordnung (jener durch Barenbroch aus Castellaun eingeführten) beruhe, also (!) auf der Augsburger Confession.[1]) Die Stadt war und wollte mit andern Worten melanchthonisch sein und bleiben. Daß es „Calvinisten" in ihr gebe, konnten nur Heshusianer behaupten. Sie thaten es freilich mit gewohnter Rücksichtslosigkeit, und um so erfolgreicher, als sie sich erboten, der Stadt zu erweisen, daß sie immer sicherer vor Kaiser, Erzbischof, Aebtissin und Herzog werde, je mehr sie sich von jener philippistischen Ordnung ab und der unveränderten Augsburger Confession zuwende.

Rollius hatte in Wesel gesiegt; darum war der erste, welchen die Heshusianer in Essen sich zum Opfer ersahn: sein Freund Marcus Hortensius. Im Abendmahlszank der Neulutheraner mit den Melanchthonianern sah auch dieser Mann nicht wie Jene einen Streit des lichten Himmels mit der finstern Hölle, sondern ein nutzloses Verzehren der Kräfte um Nebenfragen zu beantworten nachdem man in der Hauptfrage einig geworden. Schon nach einjähriger Wirksamkeit drückte man ihn als „Calvinisten" aus dem Amt. Er zahlte damit seinen Zoll der grassirenden Verachtung der Melanchthonianer, die man ja, wo man ihrer mächtig werden konnte, unter diesem Partheinamen

---

1) Die 11 sogen. Predigerartikel sind nicht damals schon, sondern erst 1572 entstanden; s. u.

verjagte. Wie wenig er, der überhaupt kein Vertheidiger eines strengen Systems war, denselben verdiente, beweist uns sein Brief an Rollius, worin er seine Freude kund giebt „daß die Essener Kirche auf dem Eckstein Christus so fest stehe, der Same des Evangeliums keime, und die Bürgerschaft ihm vertraue." „Was macht — fragt er seinen Freund über Heshusen — das hämische Krokodil, der Hanswurst, der fleischfressende Höllenhund, der Alles aufbietet dich zu verderben? Wie wundere ich mich über diesen Brausekopf. Er versucht seine Vaterstadt mit seiner Lehre zu verherrlichen, wird sie aber grade durch sein Gezänk in Verachtung bringen. Christlich ist es doch nicht, so viel Lärm um des Kaisers Bart zu machen. Diese leeren Wortgezänke erzeugen in der Kirche die größten Zerwürfnisse. Dies Unkraut unter dem Weizen kommt vom Teufel, denn Gott ist ein Gott des Friedens. Die Essener Bürger sind dir außerordentlich dankbar, daß du mich hierhin gesandt hast, weil sie meinen, ich sei dem Barenbroch ähnlich, dessen Lehre ich übrigens nicht durchweg billige." Und was — denken wir — billigt er daran nicht? War sie ihm, dem „Calvinisten", etwa zu lutherisch? Keineswegs! Sie war ihm zu calvinistisch. Denn Barenbroch hatte an Stelle der Privatbeichte die in den reformirten Kirchen übliche allgemeine Beichte eingeführt; und grade dies hielt Hortensius für eine Lockerung der Zucht, und hierüber lag er mit den Anhängern des Castellauner Pfarrers in fortwährendem Kampf. Der Brief schließt mit einer Bitte um Uebersendung eines Commentars von Calvin und von Brenz, „denn solcher Sturmböcke — sagt der Schreiber — bedürfe er, um Babels Mauern zu brechen." [1]

---

[1] Der Brief ist aus dem W. K. A. im Anhang mitgetheilt. — Man fragt sich nach seiner Durchlesung unwillkürlich: wer verdiente denn den „Verdacht des Calvinismus" eher: der Castellauner Pfarrer, welcher die Privatbeichte abschafft, oder der Clevische, der sie wieder einführen will und den Ubiquitisten Brenz so gut wie Calvin zu Hülfe ruft? — Daß es damals keinen eigentlichen Streit in Essen gab, beweist der Brief zur Genüge. — Die unter dem Einfluß der Reformirten entwickelte luth. Gemeinde zu Antwerpen hatte nie Privatbeichte, und empfand es übel, daß Holsteiner Pfarrer dieselbe bei ihr einrichten wollten. S. Leuckfeld, historia Spangenb. a. b. O.

Die Entlassung des Hortensius gelang den durch von Bert in Wesel bedienten Heshusianern im Magistrat. Daß aber die Bürgerschaft ganz anders gesinnt war, konnte dieser sich daraus entnehmen, daß die gewaltthätige Absetzung einen Sturm in der Stadt hervorrief, der erst beschwichtigt wurde, als der Herzog persönlich erschien und den Magistrat mit seiner Autorität schützte.

An seine Stelle trat ein Partheigenosse, ja ein Freund Wilhelms von Oranien, der frühere Karthäuser Kaspar Koolhaes. Dieser Mann hatte es als Pfarrer zu Deventer erreicht, daß, während ringsumher in Geldern und Oberyssel die Bilderstürmer für kurze Zeit die Oberhand gewannen (1556), in seiner Stadt kein Bild angerührt und der katholische Cultus nicht beschwert wurde. Er kämpfte für des Oraniers Ueberzeugung „die Religion müsse den Menschen angepriesen, nicht angezwungen werden", hat später die Zulassung zum Abendmahl in der reformirten Kirche Hollands selbst für Solche gefordert, welche durch die Lehre der Kindertaufe sich beschwert fühlten, oder die Prädestinationslehre nicht annähmen, oder die lutherische Abendmahlslehre hielten, oder die Kirchenzucht verwürfen, und dadurch seine eigene Ausschließung vom Abendmahl sich zugezogen. Damals kam er von Deventer nach Essen (6. Mai 1567) mitten aus den Erschütterungen seines Vaterlandes unter Alba.[1]) Nicht lange und der Magistrat überzeugte sich, daß er, wenn auch dem Willen der Bürger, so doch nicht seinen Wünschen entspreche; forderte deshalb sein Glaubensbekenntniß, hatte aber den Muth nicht, darauf hin gegen ihn grades Wegs, wie er es bisher gewohnt war, vorzugehn, sondern wartete erst die Urtheile zweier Universitäten — Leipzig und Wittenberg — ab, ehe er ihn, einen Gelehrten, der bei Eröffnung der Leydener Universität als Professor der Theologie zu fungiren vermochte, entsetzte (1570) und ihn zwang, sich in der Pfalz Freunde und Brod zu suchen.

Sonst galt die Privatbeichte als besonderes Merkmal des ächten Lutherthums. S. W. K. A. 3, 1. das Gutachten vom 20. Nov. 1566, die K.-Ordnungen jener Zeit u. s. w.

1) Brandt, gesch. der ref. I. 366. 567. — H. C. Rogge, Caspar Janszoon Coolhaes de voorlooper van Arminius en de Remonstranten. Amsterdam 1856.

Was Wittenberg gerathen habe, wissen wir nicht; Leipzig aber machte die Gesinnungsgenossen im Essener Schöffenstuhl auf den geeigneten Helfer in ihrer Verlegenheit aufmerksam: einen Freund Heshusens, den Flazianer **Hermann Hamelmann**. Wir sind ihm früher bereits in Lemgo begegnet. Nachdem er diese Gemeinde mit seinem grobkörnigen Brod gespeist, war er als Inspector des Pädagogiums nach Gandersheim gegangen (1569), zugleich Canonicus jenes Stiftes, worin einst die edle **Hroswitha** den Kaiser Otto in lateinischen Dramen gefeiert[1]; hatte aber mit dem Herzog von Braunschweig schon Streit über seine Privilegien bekommen, ehe er noch festen Fuß im Lande gefaßt, und stand, nicht entlassen aber auch nicht besoldet, damals grade unthätig da. Für das Amt eines „Superintendenten" bestimmt (sein Name war zu bedeutend, als daß man ihm in den kleinen Verhältnissen ein passendes anbieten konnte) erschien er in Essen, wie es hieß „um Irrthümern, welche die damaligen Prediger eingeführt, abzuhelfen", in Wirklichkeit aber, um dem heshusischen Magistrat gegen Pfarrer und Bürgerschaft zum Triumph zu verhelfen. Koolhaes ging davon[2] — er war der Mann nicht, der sich durch Hamelmanns Gründe belehren ließ — „nachdem er (wie Jenes Freunde sagen und dadurch ein neues Zeugniß für die eigentliche Stimmung der Bürger ablegen) vorher das Volk wider die Obrigkeit gereizt und der Herzog von Cleve diese Commotion habe niederlegen müssen; worauf dann der zweite Pfarrer, **Isselborch**, den Pöbel gegen Hamelmann also aufgewiegelt hätte, daß dieser, wiewohl der Magistrat ihn gerne gehalten, die Stadt zu verlassen beschlossen,

---

1) Oder that es C. Celtes? vgl. Aschbach, Sitzungsber. der kais. Akademie. Bd. 56, 1. (Mai 1867).

2) An der Weseler Synode 1568 (s. u.) hat er sich betheiligt, und ihr Protokoll in seinem Namen unterschreiben lassen. — Später war er in Gorkum. Mit Oranien sagte er dat de religie moet aengeraden niet aengedrongen worden, wollte die Bestätigung der Presbyterien durch die Magistrate, bestritt die Autonomie der Synoden (er sei Einmal Mönch gewesen und habe die Kutte getragen, zum zweiten Mal lasse er sich nicht unter menschliche Ordnungen fangen) und ward das Opfer dieser ächt Oranischen Ansichten. Die Synode von Middelburg 1581 schloß ihn aus.

sobald andre, rechte Prediger gewonnen sein würden." Daß es sich wirklich so und nicht anders zugetragen, haben die mit den Essenern verbündeten Weseler Heshusianer ihrem Freunde Hamelmann in besonderer Schrift, ihm zu gut und „dem Teufel und seinen Sacramentsdieben den Calvinisten zuwider", ausdrücklich bezeugt (25. Oct. 1571). [1])

Anfangs hatte Isselborch sich jeder Verhandlung mit Hamelmann geweigert. Er konnte wissen, daß mit einem Manne nicht zu disputiren war, der die ganze Christenheit nur in zwei Partheien: Flazianer und Nicht-Flazianer eintheilte, und in einem eigenen Buche gegen die Melanchthonianer „das Wüthen der Sacramentsschänder" behandelt hatte. Die Stelle der Disputationen vertraten aufgeregte Versammlungen der Bürger [2]), welche fühlen mochten, womit ihr Magistrat sie beglücken wollte. Als es endlich in der höchsten Spannung der Magistrats- und Volksparthei dennoch zwischen sämmtlichen Stadtpfarrern und Hamelmann zu einer öffentlichen Unterredung kam, schlug das glimmende Feuer in helle Flammen aus. Natürlich hatte in den Augen seiner Partheigenossen Jeder gesiegt, und ein Schriftenwechsel, der sich an dies Kampfspiel anschloß, hielt die Leidenschaften rege. [3])

Hamelmann verweilte so lange auf der gefährdeten Stelle, bis die Berufung eines weniger als er bekannten und darum auch weniger „gehaßten" Flazianers gesichert war. Der Magistrat erwirkte es beim clevischen Herzog, sich Maximilian Mörlin, den jüngeren Bruder des berühmten Gegners Me-

---

1) S. das Zeugniß u. s. w. im Anhang.

2) Wächtler S. 23. — Ein Bürger griff den Rath an und gelobte 100 Thaler zu geben, wenn die reine Lehre in der Gertrudiskirche wieder gelehrt würde.

3) Leuckfeld (historia Hamelmanni. Quedlinb. 1720 p. 102) weiß, daß H. berufen sei, mit den ref. Predigern Casp. Isselborch, Hermann Fronen und Joh. Flassemacker zu colloquiren. H. meldete seinen Sieg in der „Kurtzen Anzeigung was sich etlicher Religionssachen halber vor dem Rathe der Stadt Essen besprochen haben H. H. und C. Isselburg" die leider seit Jahren verschwunden ist. Isselburg gab seinen „Bericht" dagegen 1574, „darinnen er H. ziemlich hart angreiffet, dergleichen auch dieser halben von anderen geschicht" v. Missive einiger Studenten an H. p. 139.

lanchthons, welcher sich eben als nassauischer Generalsuperintendent in Siegen unmöglich gemacht hatte, zum städtischen „Superintendenten" berufen zu dürfen (Herbst 1572)¹), und bald (4. Juni 1572) konnte der entlassene Stadtarzt von Wesel, Johann von Bert, welcher zugleich mit dem Essener Bürgermeister die Fäden der dortigen Bewegung in der Hand hielt, seinem Schwager und Partheihaupte Heshusen den schwer errungenen Sieg ihrer Parthei im gefürsteten Stift melden. „Hamelmann, sagt er, hat den Isselborch des Calvinismus (d. h. also des melanchthonischen Sinnes) überführt und widerlegt, doch mag er wegen des Hasses der vom Calvinismus angesteckten Bürgerschaft (!) nicht dort bleiben."²) Aber so wenig traute auch er selbst dem Frieden, daß er fast gleichzeitig (21. Juni) den Essener Freunden schrieb: „sie möchten nun Acht geben, daß der Teufel nicht wieder käme und das Letzte ärger würde als das Erste." Dafür war freilich gesorgt. Denn der Clevische Herzog, glücklich die mächtige Stadt religiös berathen zu dürfen, führte, was ihrem Magistrat nicht hatte gelingen wollen, mit diesem verbündet hastig durch, verbot Isselborch die Ausübung seines Amtes,³) verwies ihn aus seinem Gebiet, und hoffte so an diesem gefügigeren Ort die Clevische blasse

---

1) Er ist der jüngere und kleinere Bruder Joachims, 1516 in Wittenberg geboren, seit 1544 Hofprediger in Coburg. Er schrieb wider Osiander und fiel 1569 in Ungnade. Am 30. Oct. ist er aus Siegen fortgegangen, blieb in Essen bis 1574, und ward dann als eifriger Beförderer der Concordienformel in seine Heimath zurückgerufen. Sein Leben hat zum ersten Mal Steubing (dem jedoch der Ruf nach Essen unbekannt geblieben) behandelt. S. s. Biogr. Nachrichten aus dem 16. Jahrh. Gießen 1790.

2) S. s. seinen Brief im Anhang.

3) Er fand eine neue Stellung in Bremen, dem Sitz der Melanchthonianer; „wodurch seine Irrlehre noch mehr bewiesen ward" sagten seine Feinde; und starb hier 10. Mai 1578. Alb. Hardenbergs Exemplar der Kölnischen Reformation von 1543, welches er Hermann Cluver geschenkt (jetzt in der Bonner Bibliothek), ist später einem Bremer Lutheraner in die Hände gefallen, welcher (nach Abfassung der Conc.-Formel) der beiden Vorbesitzer Noten hie und da glossirt hat. So schreibt er (87 B.), wo von Zulassung der Nothtaufe die Rede ist: Wath snatteren die Caluinistischen Swermer hyrjegen als Casparus Isselburch mit synen Tratatlin vnd der wy dachlichs mher hoeren motthen als dat fr... so eyn gedoft kynt heft

Hofkirche zu etabliren, deren sich Wesel so hartnäckig erwehrt hatte.

Da erst, in letzter Stunde, traten die **Bürger**, die gemeinsame Gefahr erkennend, auf die Seite des Magistrats über, ließen allmählig den Widerstand gegen ihn fallen, um ihm freie Hand gegen den Fürsten zu schaffen, und ein Compromiß zwischen Melanchthonianern und Heshusianern kam zu Stande, welcher der Kirche von Essen für die nächste Zeit ihren Charakter gegeben hat. Der alte Liebling des Volkes, Barenbroch von Castellaun, wurde für wenige Monate wieder berufen. Er konnte beiden Partheien genehm sein, und da ihn ein rückhaltloses Vertrauen der Bürger empfing, war Niemand als Friedensstifter geeigneter (13. August 1572). Ein mit ihm zugleich berufener Heshusianer, Johann Eisenbunt, machte sich seine Amtsführung dadurch, daß er sie mit Schmähungen des Weseler Pfarrers Heitfeld eröffnete, unmöglich: Hamelmann aber und Barenbroch verabredeten gemeinsam mit dem Magistrat die elf sogenannten „Predigerartikel", in welchen zwar Hamelmann die Verdammung Melanchthons, worauf es ihm stets vor Allem ankam, nicht durchgesetzt hat, die aber dem Wiederaufleben der nun „reformirt" genannten Lehre in Essen so lange den Riegel vorschoben, als daselbst (wie es auch vor der Reformation gewesen) die Kinder einen ererbten Glauben darum für wahr hielten, weil die Väter ihn gehabt hatten (1573).

Bisher hatte in Essen die Augsburger Confession gegolten, so weit sie in die Pfalz=Zweibrückische Kirchenordnung übernommen war. Die Elf Artikel stellen dagegen als Norm für die Lehre „Augsburger Confession, ihre Apologie, Schmalkaldner Artikel und Luthers Katechismus" auf. Trotzdem aber haben sie auch das Fortbestehn der einmal eingeführten Kirchenordnung anerkennen müssen, das Aufkommen des Bonner Gesangbuchs in Essen nicht verhindern, und so wenigstens im Schatz der Lieder das Andenken an Melanchthon und Butzer hier nicht vertilgen können. Unevangelisch verwerfen sie Tollköpfe und Gotteskinder in Einem Athem: „die falsche Lehr Zwinglii, Oecolampadii,

---

widdergedoft, W. . . nycht hefft wyllen auer sulch gedoft kynth den segen en spreken, hec et huiusmodi feruntur impune.

Carlstadii, Calvini und andrer Rotten und Schwarmgeister"; fordern von den Pfarrern deren Argumente mit allem Fleiß zu widerlegen; und trösten sie hamelmannisch auf den Fall, daß ihnen darüber von „einigen Bürgern" Leid oder Schmähung zugefügt würde, nicht mit des Herrn Exempel, sondern mit der Strafe, welche der Magistrat ihren Widersachern auflegen werde. Ja der Eifer gegen reformirtes Wesen reißt sie so weit hin, daß sie schließlich jedem Bürger „laut des h. römischen Reichs Ordnung" freistellen: Entweder nach diesen ihren Vorschriften, Oder als Katholik zu leben, — also in jene Schmähung der bittersten Feinde der Reformirten auslaufen, daß trotz des Augsburger Reichstags von 1566, und trotz alle dem was danach noch geschehen, die Reformirten „nicht in den Friedensstand begriffen", sondern so rechtlos wie die Wiedertäufer, wie die Vögel des Himmels seien. Kein anderes Bekenntniß Deutschlands hat sich so weit verirrt: und die rheinische Kirche muß sich Angesichts einer solchen Thatsache, wenn auch beschämt, damit zu trösten suchen, daß diese Elf Artikel nicht einem ihrer Kinder, sondern einem Ausländer ihr Dasein verdanken.[1]

Zwar entfernte man auch Mörlin, und der Magistrat ließ sich vergebens mahnen, nochmals einen bedeutenderen Partheimann an die Spitze der Stadtgeistlichkeit zu stellen: aber die Glieder der Parthei in Wesel verstanden es, allmählig die Stadt so zu stimmen, daß die „Reformirten", eingeschüchtert durch gelegentliche Absetzung der ihnen geneigten Pfarrer und Bürgermeister, ihre Erbauung sich in geheimen Versammlungen auf den Bauernhöfen benachbarter Weiler suchen mußten. Das ge-

---

[1] Ueber das bis 1810 in Essen gebrauchte Bonner Gesangbuch s. v. Oven, die Gesangbücher ꝛc. Düsseldorf 1843 S. 9. Wackernagel, Bibliographie zur Geschichte des Kirchenliedes. S. 282. — Welche erwünschte Verwirrung entsteht, wenn die Elf Artikel ins Jahr 1563 zurückdatirt werden (Essener K. O. von 1664 tit. III.) bedarf keines Beweises. Nicht weniger mißleitet die Behauptung „sie seien der Pfälz. Kirchenordnung entlehnt." Ihren Text s. bei Wächtler S. 171. — Die Kirchenordnung der „ohngeänderten" Augsb. Conf. Gemeinde in Essen von 1664 schweigt die frühere Geltung der Pfälzer Kirchenordnung einfach todt. Die neue von 1691 hat die Tradition der Essener Väter, die Predigerartikel seien schon 1563 vereinbart, zur Ehre Gottes weiter geleitet.

schah während die Frauen der in Wesel unterlegenen „lutherischen" Parthei allemal nach Essen flüchteten, um hier ihre Entbindung abzuwarten, und ihre Kinder nicht durch eine Weseler Taufe beflecken zu lassen, während die Männer hier zum Oster-Abendmahl sich einfanden, um nicht in Wesel aus ihrer Pfarrer Hand Brod der Calviner statt den Leib des Herrn zu empfangen.¹)

---

1) Cavete, mahnte Hamelmann die Weseler Genossen, ne ab illis eucharistiam vobis porrigi patiamini! Daß er von der Essener Episode wenig erbaut gewesen, ist begreiflich. Wie seinem Freund Heshusen mißlang auch ihm im stilleren Westen das religiöse Sturmlaufen. Beide waren bisher an Kirchen gewöhnt, die von ihren Obrigkeiten, an Obrigkeiten, die von ihren Theologen regiert wurden: hier erst stießen sie auf eine werdende Volkskirche. — H. hat in seiner Reformationsgeschichte von Niedersachsen und Westphalen (1586) kein Wort für die des gefürsteten Stifts, während kleinere Territorien sorgsam behandelt sind.

25. Abfall der Niederlande; die unionistischen und confessionellen Bestrebungen namentlich in Antwerpen; Flucht der Niederländer nach Wesel.

Um diese Zeit stieg die Verfolgung der Evangelischen in den Niederlanden so hoch, daß es den Anschein gewann, die dortigen Gewalthaber huldigten einer Religion die Menschenopfer forderte.

Die verschiedenen Territorien, woraus diese Lande bestanden — vier Herzogthümer, sieben Grafschaften, fünf Herrschaften, wozu als siebenzehnter aber mächtigster Kleinstaat das Markgrafenthum des deutschen Reichs, Antwerpen, kam[1]) — von einem reichen, gebildeten Volk bewohnt, bei dem die Reformation frühe Eingang gefunden, sollten für den spanischen König zu Einem Königreich verschmolzen und so lenksamer und für seine Krone zugleich ergiebiger gemacht werden. Der oberste Gerichtshof von Mecheln war errichtet um das bunte Feld im Recht, die Inquisition, um es in kirchlichen Dingen zu uniformiren. Auf diesem kleinen, zum Theil dem Meer durch Eindämmung

---

1) Antwerpen, von vielen Deutschen bewohnt, bot den ersten Boden für die Ausbreitung der Reformationsideen in den Niederlanden dar. Ueber die Glieder des hiesigen Augustinerklosters, welche so frühe ihren evangelischen Glauben mit dem Tode besiegelten s. o. 3. Abschn. S. 24. — Schon im Sommer 1521 erhielt Albrecht Dürer hier Luthers babylonisches Gefängniß zum Geschenk, und wandte sich auf fremder Erde der deutschen Reformation zu. Er widerstand damals den Lockungen der Seestadt, die ihn unter den glänzendsten Anerbietungen zu fesseln suchte, während sein liebes Nürnberg mit ihm kargte. S. v. Eye, Leben Dürers. Nördlingen 1860.

abgerungenen Flecken Erde war jener lange blutige Kampf entbrannt, aus dem die neueren Ideen des europäischen Volks- und Staatslebens, von einer Handvoll Menschen gegen eine Weltmacht vertheidigt, endlich siegreich hervorgegangen sind.

König Philipp von Spanien, der, in geheimem Bund mit dem französischen König, die Vernichtung der Evangelischen zur Aufgabe seines Lebens gemacht hatte, entschlossen „lieber hundert Leben zu verlieren, so er sie hätte, als eine Veränderung in der Religion zu dulden" [1]), hatte, als er aus den Niederlanden nach Madrid zurückging (26. Aug. 1559) seines Vaters, des Kaisers, uneheliche Tochter, Margarethe von Parma, als Statthalterin in Brüssel zurückgelassen, weil sie als geborene Niederländerin, — ihre Mutter war eine van der Genst aus Oudenaarde, — ihm am geeignetsten schien, das Volk über sein Geschick zu beruhigen, und als Frau am längsten wegen der Grausamkeiten, welche sie auszuüben bekam, auf Nachsicht rechnen konnte. Als Präsident des geheimen Rathes stand ihr der fürstlich reiche Viglius zur Seite [2]), ein Mann, der, aus friesischer Bauernfamilie entsprungen, bisher Professor zu Ingolstadt und Gesandter von Fürsten gewesen war, und es in seltener Weise verstand sich fröhlich und Andere elend zu machen. Ueberzeugt von der Nothwendigkeit, das katholische System, so wie es das Mittelalter in Kirche und Staat ausgebildet hatte, aufrecht zu halten, schien demselben die rohe Gewalt das einzige Mittel damit zum Ziele zu kommen und er bekannte offen: „wenn man die Ketzerei nicht mehr mit dem Tode strafen könne, dann — actum est de religione catholica" [3]). Die Macht der Wahrheit, welche im Christenthum ist, blieb ihm so gänzlich verborgen, daß ihm die Lehre von der Gewissensfreiheit als die gefährlichste aller

---

1) „Nicht der Ruin der Niederlande, nicht der Ruin seiner übrigen Staaten, schrieb er 12. August 1566, solle ihn hindern die Pflicht eines christlichen Herrschers zu üben, er wolle kein Herr über Ketzer sein."

2) Das Leben des B. van Zuichem ist oft behandelt; wichtiger als seine Bearbeiter aber sind für uns die Zeugnisse Margarethens über ihn in ihren Briefen an Philipp (bei Gachard) und seine jüngst erschienenen eigenen Aufzeichnungen. Mémoires de Viglius et d'Hopperus par Alph. Wauters. Brux. (in der Memoirensammlung). Vgl. auch Spicileg. X. p. 4.

3) Groen archives I. 370.

Meinungen erschien: weil er wähnte, wenn man sie proklamirte, würden die Menschen sofort wieder sich Hausgötzen machen (lares lemuresque) und nur wenige noch der Heerde Christi folgen. Eine Zeitlang setzte mit und neben ihm seines Königs Plane dessen Vertrauter, der Cardinal Granvella, in einer Weise durch, welche selbst die Statthalterin zittern und seine Abberufung nöthig gemacht hat (1564). Ein Kenner der Geschäfte wie Wenige, weil er, um sie dahin zu wenden wohin er wollte, in seinen Planen mehr auf die Schlechtigkeit als auf die Tugend der Menschen seine Rechnung stellte, schien diesem Großwürdenträger Alles zu gelingen.[1]) Ausländische Offiziere und deutsche Söldner stützten die Fremdherrschaft. Die geheime Maschine der Inquisition, welche, durch unbarmherzige Ausländer bedient, Tausende von unsichtbaren Händen in geschäftiger Bewegung hielt, die heiligsten Bande durch Belohnung der Angeber zerriß, den Sohn zum Zeugen wider den Vater zuließ und als die todeswürdigsten Verbrecher schon Bibelleser und Psalmensinger in die Flammen warf, verbreitete allmählig ein solches Entsetzen, daß Vielen der Werth des Lebens auf Nichts herabsank; daß sie meinten, gleich Einmal gefoltert zu verbrennen sei jederzeit besser, als Jahre lang in dieser Aussicht umherzugehn und endlich doch der Marterbank und dem Scheiterhaufen anheim zu fallen.[2])

Gegen dieses Regiment der Fremdlinge, welches in dem „heiligen Amt" seine fühlbarste Spitze besaß, erhob sich endlich der Bund der Adelichen. Bei der Hochzeit des Sohnes der Statthalterin, Alexanders von Parma, zu Brüssel (11. Novbr. 1565) ließ einer derselben, Philipp von Marnix, Herr von S. Aldegonde, den in Genf gebildeten Prediger der

---

1) Nur in Einem Mann irrte er sich: in Oranien. Noch in seinem Brief aus Rom vom 24. Sept. 1568 (bei Gachard L Bb.) tröstet er Philipp: „Ich fürchte Nichts von dem Unternehmen Oraniens. Unter seinem ganzen Anhang sehe ich keinen Kopf, der fähig wäre eine so große Sache glücklich zu führen, und er selbst ist noch unfähiger als sie Alle."

2) Schon ehe Alba ins Land kam, waren 50,000 Opfer der Placate vom „heiligen Amte" umgebracht. Groen, II. 22. — Ich will beweisen, sagt der kühle Wesenbeck in seinen Memoiren (p. 65), daß ein großer Theil meiner Landsleute deshalb sich der neuen Lehre hingab, weil sie sahen, daß ihre Bekenner dafür leiden konnten.

heimlichen Hugenottengemeinde, Franz Junius von Antwerpen, vor etwa zwanzig gleichgesinnten Hochzeitsgästen in einem Privatlokale predigen, und vereinigte sie danach zur ersten Verabredung über gemeinsame Schritte zur Aufhebung der Inquisition. Die eigentliche Urkunde des Compromisses, der Anfangs ein politischer, kein religiöser Bund war, und erst 1566 zu Stande kam, zählte bald 2000 Unterschriften so wohl von heimlichen Reformirten als auch von Katholiken. Als seine Häupter die Berufung der Generalstaaten von der Statthalterin erbaten (5. April 1566) aber damit nicht durchdrangen, zerstreuten sie sich — die Geusen — durch die Provinzen. Die Bewegung erhielt erst dann eine religiöse Färbung, als die reformirt Gesinnten von ihnen im Laufe des Sommers im ganzen Lande in der Nähe aller großen Städte von ihren mehrentheils aus Frankreich, alle aber aus Calvins Schule stammenden, Geistlichen die sogenannten Feldpredigten unter Gottes freiem Himmel halten ließen, um dadurch der Obrigkeit den augenscheinlichen Beweis zu liefern, daß sie keine Parthei seien, vielmehr das ganze Volk auf Seiten der Adeligen stehe. Da wurde selbst Viglius bedenklich, und Margarethe ließ eine Moderatie ihrer bisherigen Placate (Moorderatie nannten sie die Spötter) ausarbeiten, welche zur Beruhigung des erregten Volkes die Protestanten vom Scheiterhaufen zum Strange begnadigte.

Sobald diese Wendung im Geschicke seines Volkes eingetreten war und wenigstens die Möglichkeit vorhanden schien, eine evangelische Kirche darin zu begründen, hatte der kühnste seiner verbannten Geistlichen, der uns von Frankfurt her bekannte Peter Dathen seinen Abschied von der Flüchtlingsgemeinde in Frankenthal genommen[1]), und erschien in der Heimath, um in Antwerpen, Brüssel, Gent, Brügge zu predigen und die heimlichen zerstreuten Gemeinden durch Einrichtung von Synoden zu verbinden.

An zwei Männern besonders sollten damals die spanischen Unternehmungen zerschellen: Marnix und Wilhelm von Oranien.

„Marnix war einer der hervorragendsten Menschen seiner Zeit. Er war von altem Adel, was er mit einer Masse ge-

---

[1]) Ueber seine Aufnahme in der Pfalz wird später ausführlicher zu berichten sein.

schichtlicher und heraldischer Urkunden bewies, als eine possenhafte Flugschrift ihm unter anderen Uebelthaten auch die vorwarf: von bürgerlichem Blute zu sein. Selbst wenn es sich so verhielte, sagt er, daß ich ohne Adel der Geburt wäre, ich wäre darum doch nicht mehr oder weniger denn ein tugendhafter und redlicher Mann, und kein Mensch kann mir vorwerfen wider Ehre und Pflicht gehandelt zu haben. Welche Thorheit, sich der Ritterlichkeit Anderer zu rühmen, wie viele Adelige thun, die selbst keine Spur von Adel in ihrer Seele und kein Korn Weisheit in ihrem Gehirn haben und ihrem Vaterland vollständig nutzlos sind. Und doch giebt es solche Leute, die sich für fähig halten, die Geschäfte eines ganzen Landes zu regieren, blos weil ihre Ahnen Großes geleistet haben, während sie selbst von Jugend auf nichts gelernt haben als zu tanzen und wie Wetterhähne ihre Köpfe zu bewegen so gut wie ihre Fersen. Freilich hatte Marnix andere Dinge gelernt als diese. Er war einer der vielseitigen Männer, die an die Patrioten des Alterthums erinnern. Er war ein Dichter voll Feuer und Phantasie; als prosaischer Schriftsteller hat keiner seiner Zeitgenossen seinen Stil übertroffen; als Diplomat hat sich Oranien später in den schwierigsten und wichtigsten Unterhandlungen auf seinem Tact und seinem Gefühl vollkommen ausgeruht; als Redner hat er bei vielen großen öffentlichen Gelegenheiten die Aufmerksamkeit Europas mit seinen gewaltigen Worten gefesselt; manch schwer gewonnenes Schlachtfeld sollte noch Zeugniß geben von seinem kühnen Soldatenmuth; als Theologe war er so bewandert in der Begründung und Vertheidigung seines Glaubens, daß er einmal, mehr als ebenbürtig, einer Bank voll Bischöfe entgegen trat und sie auf ihrem eigenen Felde schlug. Seine Bildung endlich war eine so vollendete, daß er nicht nur die klassischen und etliche neuere Sprachen mit Leichtigkeit schrieb und sprach: er hat auch die Psalmen Davids seinem Volk zum täglichen Gebrauch in die Muttersprache übersetzt, und wurde gegen Ende seines Lebens von den Generalstaaten der Republik gebeten, die ganze heilige Schrift zu übersetzen — ein Werk, das sein Tod verhinderte.[1] Ein leiden-

---

[1] Die Nationalsynode von Dordrecht 1578 beschloß, die Bibel aus dem Urtext neu zu übersetzen, zugleich aber: Cavendum autem erit ne uni

schaftlicher Feind der Inquisition und aller Mißbräuche der alten Kirche, ein glühender Vertheidiger der bürgerlichen Freiheit, war er doch nicht frei von dem tyrannischen [1]) Geist der Calvinisten. Die erhabenen Höhen, zu denen die Seele des großen Gründers der Republik sich emporschwingen sollte, hat er nie erreicht. Ihm schien der gewaltige Grundsatz völliger religiöser Freiheit für alle Gewissen gottlos. Seine Devise Repos ailleurs ist rührend schön, wenn man bedenkt, welch ruheloses, arbeit= und mühevolles Leben, voll verzehrender Aufregungen, zu führen er bestimmt war." [2])

Wilhelm von Oranien, der Erbburggraf des deutschen Antwerpen, früher des Kaisers Vertrauter, ist ohne es zu wollen das Haupt der Bewegung und der Gründer der nieder= ländischen Republik geworden: einer jener seltenen Menschen, die nicht wissen wie groß sie sind, und erst durch die Ereig= nisse, in die sie verflochten werden, genöthigt werden, ihre un= gemessene Kraft zu entfalten. Er war noch Glied der katholischen Kirche, als seine Freunde längst den Hugenotten anhingen. [3])

---

alicui hoc munus demandetur; delecti vero sunt D. S. Allegondus et D. Dathenus qui idoneos viros ad hoc prestandum inveniant. Die Staaten, weniger scrupulös, beauftragten 1594 Marnix allein.

1) Die niederländischen Reformirten jener Zeit wollten, wie bis dahin die Katholischen, nur Eine, nur ihre Kirche im Lande dulden.

2) Motley, the rise of the dutch republic. I. ch. 6. — Von Marnix' Werken sind hier zu nennen: Het boeck der Psalmen Davids. wt de Hebreische spraecke in Nederduytschen dichte ouerghesett (zuerst 1580). Le tableau des differends de la religion. 4 Bände; neu gedruckt zu Brüssel 1858, namentlich in der Einleitung charakteristisch für den Verfasser, der den Nachweis, daß der Spott in christlicher Polemik erlaubt sei, aus Elias' Beispiel führt, der auch die Baalspfaffen verhöhnt habe. Seine Ecrits politiques et historiques hat Lacroix herausgegeben (Bruxelles 1860). De byencorff der H. roomsche Kerke (zuerst 1569) unzählige Mal, zuletzt noch 1858 in Brüssel erschienen, ein Buch, das in Joh. Fischarts Bearbeitung zu einem Meisterwerk der deutschen Literatur geworden ist (Binenkorb deß Heyl. Römischen Imenschwarms, Christlingen. 1579. durch Jesuwalt Pickhart.) Eine Einleitung der Marnix'schen Werke hat Edg. Quinet gegeben in s. Révolution religieuse au 16. siècle. Bruxelles 1857.

3) Margaretha schreibt 15. Febr. 1565: er habe seinen Sohn in Breda taufen lassen und es sei katholisch dabei zugegangen. Gachard, Correspondance de Philippe II. 1848. I.

Ein Edelmann wie die meisten damals waren, vornehmer zwar als sie und wohl auch verschwenderischer, sonst aber nicht besonders aus ihnen hervortretend, sprach er dem Papst selbst (1561)¹) den Wunsch aus: es möchte sein Fürstenthum Orange von der Pest der Ketzer gereinigt werden. Während Anna von Sachsen, die Tochter Moritzens, seine Braut, in Dresden weilte, besuchte er in den Niederlanden die Messe, beobachtete die kirchlichen Fasten, verbot zu Breda die Winkelpredigten der Reformirten, und beseitigte das Bedenken „ob es denn seiner Gemahlin erlaubt sein werde, ihre lutherische Bibel zu lesen" mit der Entgegnung: er wolle sie mit solcher melancholischen Lectüre nicht bemühn, sondern ihr „anstatt der heiligen Schrift den Amadis von Gallien und dergleichen kurzweilige Bücher, die de amore handelten, zu lesen geben."²) Als die Wogen der Volksbewegung schon hoch durchs ganze Land rollten, betheuerte er noch im Staatsrath (1564) ein guter Katholik zu sein und bleiben zu wollen, und hatte wegen Philipp nur zu bemerken, wie sehr es ihn schmerze, daß derselbe die Seelen der Menschen zu beherrschen und ihnen ihre Freiheit in Sachen des Gewissens und der Religion zu nehmen strebe; ja noch im folgenden Jahr schlug die Statthalterin, welche ihn sorgfältig beobachten ließ, alle Zweifel seiner Rechtgläubigkeit bei Philipp siegreich nieder. Es währte lange bis er erkannte, daß sein Volk, dem er dienen, dem er die Freiheit erhalten wollte indem er seine verbrieften und beschworenen Freiheiten schirmte (Je maintiendrai), die Befähigung seines unbeugsamen, zähen Widerstandes allein aus seiner Religion schöpfte; und nur allmählig führte ihn der Tod von Tausenden Blutzeugen, welche er bewundern mußte, zur Erkenntniß Dessen,

---

1) Groen, archives etc. I. 72.

2) Fuchsschwänzen kann ich nicht — sagte der Großvater der Braut, der alte Landgraf Philipp von Hessen — er ist ein Papist; 'und erinnerte Alle, die diese Heirath beförderten, an Gottes Richterstuhl. Jene glatte Ausflucht Oraniens glossirte er aber dadurch, daß er zu bedenken gab: ob nicht, so der Abt die Würfel in der Tasche trage, damit bewiesen werde, daß im Convent das Spielen erlaubt sei? — Zur Aufklärung der religiösen Stellung Oraniens hat die kürzlich erfolgte Publication seines Ehevertrags (den Motley noch nicht kannte) aus dem Dresdener Archiv einen wesentlichen Beitrag geliefert.

der für die Seinen allem Tode die Macht genommen hat. Es gefiel ihm nicht, daß frühe schon die Erhebung einen religiösen Charakter annahm, während er ihr die politische Seite zu erhalten suchte; es war ihm unbequem, daß die nördlichen Provinzen, auf die er zuletzt beschränkt wurde, sich der reformirten Kirche zugewandt hatten.[1]) Von Anfang an bestrebte er sich, sie den Lutheranern günstig zu stimmen; ja er versuchte praktisch eine Einigung der Reformirten mit der einzigen lebensfähigen in den Niederlanden vorhandenen lutherischen Gemeinde der deutschen Stadt Antwerpen. „Ich bin, sagte er damals, der calvinischen Lehre nicht zugethan. Daß aber' dies Land um des Unterschieds willen, der zwischen der Lehre Calvins und der Augsburger Confession besteht, ins Blutbad gerathen soll, scheint mir auch weder recht noch christlich." (5. Nov. 1566.) Er hoffte dadurch, daß die niederländischen Reformirten sich mit den Lutheranern als in der Lehre einig erkannten und erklärten, würden die Evangelischen Deutschlands in ihnen ihre Brüder erkennen; und ehe er damals das Land für kurze Zeit verließ, um mit bewaffneter Hand wieder zu erscheinen, mahnte er seine Reformirten: „ich erinnere euch an das, was Dathen in der Synode euch gesagt, was ich hundertmal euch gesagt habe: der Unterschied zwischen eurem Glauben und dem der Martinisten ist zu geringfügig, als daß ihr darin einen Grund finden könntet, getrennt von ihnen zu leben. **Kommt ihr dazu, euch zu verständigen, so gebe ich mich der Hoffnung hin, es werde mir gelingen, euch mit Hülfe der deutschen Fürsten aus eurer Verlegenheit zu retten.**"

Wilhelm zum bloß politischen Genie herabzusetzen, wird wohl so lange ein vergebener Versuch bleiben, als die Worte nicht aus den Geschichtsbüchern getilgt sind, welche er ausrief da die Kugel seines Mörders ihn durchbohrte: „Gott erbarme dich über mich und mein armes Volk!"[2]) Gewiß ist aber, daß

---

1) Am 1. Sept. 1566 schreibt er: es ist zum Erbarmen, daß der Calvinismus so weit einreißt und die Augsburger Confession überwächst; in all diesen Landen sind nur zwei lutherische Kirchen und zwar zu Antwerpen. (Sie gehörten noch dazu Einer Gemeinde.)

2) Auch sein Freund Marnix ehrte vor Allem in ihm den frommen Christen und läßt ihn im Prinzenlied (Wilhelmus van Nassaue) sagen:

er die Stellung der Kirche zum Staat anders als alle seine Zeitgenossen aufgefaßt hat. Während die niederländischen Calvinisten das Mittelalter darin noch nicht überwunden hatten, daß sie, grade so wie es bisher gewesen war, nur Einer Religion im Staat freie Uebung zugestehen wollten: reifte in ihm der moderne Gedanke der Toleranz. Er sprach ihn schon aus in demselben Jahre (1566), da König Philipp seinen pyrenäischen Ketzern, den christlichen Moristos, ihre eigene Sprache und Tracht untersagte, und die Spanier einen Kampf begannen, worin sie eine Million Bürger aus dem Lande trieben „wie David die Philister", um alles Fluches ledig nun statt der Brombeeren Myrthen wachsen zu sehen; [1]) und während derselbe König seinen

---

„Mein Schild und mein Vertrauen | Bist du o Gott und Herr! ' Auf Dich nur will ich bauen | Verlaß mich nimmermehr! | Daß ich nur fromm verbleibe, ' Dein Knecht zu jeder Stund, | Die Tyrannei vertreibe | Die mir mein Herz verwund't." — Groen van Prinsterer hat kürzlich an folgende Scene erinnert. Als Wilhelm dem niedergebeugten (abreuvé de chagrin par l'ingratitude des hommes) Marnix sagte: Souffrons qu'on marche sur nous, Aldegonde! pourvû que nous puissions aider l'Eglise de Dieu! antwortete dieser Puis, Monseigneur, que vous êtes résolu à cela, à Dieu ne plaise que j'en parle plus: emploiés moi partout où il vous plaira, und fügt hinzu: Et là dessus je m'emploiai en tous ses commandements, aiant ce seul but de la conservation des Eglises de Dieu. Seinen Gegnern erschien er schon zu seiner Lebenszeit als Ausbund der Gottlosigkeit, und die Universität von Löwen gab das Edict Philipps (vom 15. März 1580) gleich nachdem es erlassen war, in ‚die Volkssprache übersetzt, unter dem Titel heraus: Edict tegen Wilhelm van Nassau als bederver vant geheel christenryk, waerby een yegelyck geauthoriseert wordt van hem uyter werelt te helpen, met loon voor den geenen die des boen. Aber auch in unsern Tagen erscheint er Manchen nicht als Held sondern als Taugenichts, und statt eines politischen Genies ein politischer Dummkopf. Der Widerwille H. Leo's gegen ihn ist so groß, daß Ph. Wackernagel (Lieder der niederl. Reformirten. Frankfurt 1867. Vorr. 9) demselben nachsagt: „er mache dem Gründer der Republik sogar Gaben Gottes zum Vorwurf, die Jeder für eine Zierde halte", ja dem berühmten Geschichtsschreiber zutraut, „daß es ihm eine Freude gemacht haben würde, erzählen zu können: Oranien sei zugleich mit Egmont und Hoorn auf dem Markt von Brüssel hingerichtet worden."

1) Prescott, history of Philipp. Band III. S. 140. Buckle, Gesch. der Civilisation. 1860. II. 50.

niederländischen Ketzern neue Blutbefehle ersann, handelte Wilhelm schon zu Antwerpen für die Begründung eines Staates, in dem alle christlichen Gemeinschaften vollkommen frei sich neben einander bewegen sollten. Den Spaniern gegenüber vertrat er die Evangelischen; den Calvinisten widerstand er mit Lutheranern und Katholiken verbündet zu Antwerpen; die Baptisten nahm er gegen Alle in Schutz, und zeigte denen, welche dieselben wegen der Eidesweigerung für staatsgefährlich hielten: „daß sie dadurch ja dem Papste Recht gäben, der uns auch zu einem Gottesdienst zwingen wolle, welcher gegen unser Gewissen gehe." Er war sich vollkommen klar darüber, daß man den Kirchen als solchen gar keinen Einfluß auf den Staat zugestehen müsse. Seinem Freunde Marnix, dem eifrigen Förderer der reformirten Synoden und der durch Presbyterien von den Einzelgemeinden zu übenden (allerdings damals sehr herben und in ihren Strafen nicht immer geistlichen) Kirchenzucht, warf er vor, daß er auf dem besten Wege sei, einen neuen Gewissenszwang aufzurichten;[1]) bestand darauf, daß alle Zucht lediglich den staatlichen Organen, den Magistraten, zukomme, und wurde deshalb in der Hitze der Opposition von Peter Dathen einmal als „Mensch ohne Gott und Religion" bezeichnet.[2]) „Der Staat, sagte Oranien, darf Nichts zulassen, was nicht dem allgemeinen Besten dient": und wie wenig er deshalb gewillt war, die in den Niederlanden später fast einzig mächtige reformirte Kirche, ohne Beschränkung durch diesen Satz arbeiten zu lassen, hat der eiserne Widerstand bewiesen, welchen er allen Beschlüssen der ersten reformirten Synoden entgegensetzte (1574, 1578).

Nachdem erst die ungeheure Noth der Zeit die Fähigkeiten seines Geistes in Fluß gebracht und er dauernd festen Fuß im Lande gefaßt hatte, beherrschte er wortkarg alle Redner, auch die auf den Kanzeln und in den Synoden; entflammte er, obwohl selbst stille, Alle, weil sie Alle in ihm ihren Retter verehrten; besaß er das Geheimniß, auch die schwierigsten Verhältnisse so zu behandeln, daß man glaubte, er fühle nur in der Anspannung aller Kräfte sich wohl.

---

1) Brandt I. 588.
2) Auf der Kanzel zu Gent 1578.

Als Philipp entschlossen war, dem sich in jenen Feldpredigten durchs ganze Land und in der Erbauung evangelischer Kirchen zu Antwerpen öffentlich darstellenden Protestantismus ein schnelles Ende zu bereiten, und diesen Entschluß durch Alba's Sendung in die Niederlande unzweifelhaft bekundete, legte Oranien seine Aemter nieder, verließ Antwerpen, und zog über Cleve zu seinen Verwandten nach Dillenburg (11. April 1567). Alba rückte mit 13,000 Mann ein — „darunter viel unnützes Volk und eine erstaunliche Masse Weiber".[1]) Als er, in Brüssel eingezogen, der Statthalterin seine Vollmachten übergeben hatte, welche sie zum Schatten machten, sah sie ein, daß ihre Zeit zu Ende sei, und wich von ihrer hohen Stelle sich getröstend „wenn auch der König ihr nicht danke, doch gethan zu haben, was sie Gott, der Welt und sich selber schuldig gewesen". Es begann dann eine Schreckensherrschaft, über die Kaiser Maximilian sagte: „mag Franzose und Spanier thun nach ihrem Wohlgefallen: — einst werden sie doch Gott dem gerechten Richter Rechenschaft geben müssen." [2])

Vor dem Gerücht schon, daß der gefürchtete spanische Herzog komme, verschwanden Alle, welche der Schreck nicht lähmte, und die so unglücklich waren reich zu sein, mit der Bildung evangelischer Gemeinden sich befaßt, oder gar zu ihren Presbyterien und Synoden gehört zu haben. Diese Flucht war freilich nur als eine so massenhafte etwas Neues, sonst nur ein Moment eines schon länger dauernden Prozesses.[3]) Denn von dem Tage an, da die Statthalterin erklärt hatte: „der König werde schwerlich die durch ihren Accord (25. August 1566) in der ersten Noth den Protestanten gewährte Religionsfreiheit [4]) genehmigen (26. Aug.), hatte schon die Auswanderung Derjenigen begonnen, welchen

---

1) Bericht eines Spaniers; bei Gachard, I. v. 17. Aug. 1567.
2) An Lazarus von Schwendi bei Brant. I. S. 584.
3)   Veel liever beedlen buiten 't land,
        Dan hier gehangen of verbrand.
Nederl. geschiedzangeu I. 331. bei Hooyer, Oude Kerkordeningen. 56.
4) Sie hatte „freie Predigt" zugegeben. Als sie später den Protestanten Taufe, Abendmahl u. s. w. nicht bewilligt zu haben versicherte, bewies ihr Oranien que l'une est conjoincte avecq l'aultre.

damit die letzte Hoffnung schwand, endlich nach so viel Blutvergießen in diesen Landen ihren evangelischen Glauben unangefochten üben zu können, namentlich der hier ansässigen reichen deutschen Kaufmannsfamilien der Hansestädte. Je drohender aber die nicht einmal groß genug gedachte Gefahr wurde, und je näher Alba, der Vollstrecker des königlichen Zorns, kam, desto größer wurde die Zahl der Entweichenden. In hellen Haufen zogen nun auch die Niederländer davon, nach Frankreich, England, Deutschland, — ganz besonders an den Rhein, in die großen Handelsplätze wo sie ihre Freunde fanden, in das clevische Herzogthum wohin Oranien selbst ihnen den Weg wies, da er auf seiner Flucht zuerst bei seinem Freunde Herzog Wilhelm von Cleve längeren Halt gemacht hatte.[1]) Der Haß des deutschen Volkes gegen die Spanier kam ihnen im deutschen Land überall zu Statten. Außer Cleve stand ihnen das Gebiet von Kurköln, Münster, Ostfriesland offen; die Fürsten schonten, die Einwohner schützten sie wohin sie kamen. Den häufigen Forderungen Alba's, die von ihm namentlich bezeichneten, und bis auf den einzelnen Mann ausgekundschafteten, Häupter der Flüchtlinge ihm auszuliefern, wollte damals keine deutsche Stadt, kein deutscher Fürst Folge geben. Wohl hatte das heilige Köln die Reformation seines Erzbischofs niedergeschlagen: aber eine große Schaar von Flüchtlingen, die ihre geheimen Hausgottesdienste hielten, unter ihnen Glieder des höchsten Adels, ja Oraniens Gemahlin, Egmonts Wittwe und Hoorns Mutter, lebte innerhalb seiner Mauern, von einem günstig gesinnten Bürgermeister und der Volksstimmung gegen spanische Sympathieen der niederen Geistlichkeit geschützt.

Zu vielen Hunderten wanderten sie gleich damals auch in Wesel ein. Die Stadt mußte für sie eine besondere Anziehungskraft haben. Zunächst waren ja die Niederländer noch nicht gewillt, sich für etwas anderes als für einen Stamm des deutschen Volkes zu halten, welchem sie durch Geist und Blut,

---

1) Gachard I. 546. Brief v. 17. Juni 1567. Ueber den allgemeinen Haß, womit damals das ganze Volk die Spanier empfing, vgl. die Worte des Franziskaners Ghery a. a. O. 568, auch v. Meeteren u. A.

Sprache und Geschichte noch ganz angehörten; das übrige Deutschland war ihnen nicht Ausland, sondern immer noch Vaterland, eine clevische Stadt also eine heimathliche. Dazu lag Wesel nahe an den Niederlanden, und die Muthigsten und Hoffenden unter ihnen konnten denken, von hier aus, wenn die Stunde der Rettung schlüge, schnell zur Hülfe bei der Hand zu sein. Sie gehörte einem Herzog, welcher Oranien genau befreundet war, und, obwohl durch seine Verwandtschaft mit dem Kaiserhause gehindert, damals wenigstens noch ganz dessen kühnen Entwürfen beistimmte. Sie bot aber außerdem was keine andere Stadt des Auslandes bieten konnte: — eine niederländische, eine walonische Kirche, und die flüchtigen Adeligen, Gelehrten, Geistlichen und Kaufleute, welche sich hierhin wandten, fanden eine alte französisch redende Gemeinde ihrer eigenen Volksgenossen vor, die nicht nur ungehindert ihren Gottesdienst hielt, die nicht nur ihnen in der Fremde bieten konnte, was sie in der Heimath als das theuerste Gut bisher vergebens erstrebt hatten: sondern die auch in Wesel selbst, nach den eben mit den Heßhusianern geführten Kämpfen, hoch angesehen war, ja die Evangelischen der Stadt bereits für ihre Lehrform gewonnen hatte.

Schade, daß die Aengstlichkeit unserer Väter und die allerdings berechtigte Scheu, den Flüchtlingen durch öffentliche Acte Verlegenheiten zu bereiten, die damalige städtische Obrigkeit bewogen hat, in ihren Verhandlungen nur im äußersten Nothfall der Einwanderer zu gedenken. Der Weseler Rath folgte darin dem Herzog, welcher sie auch nicht sah und Nichts von ihnen wußte, obgleich sie in allen Städten seines Landes sich niedergelassen hatten und ihre „Kirchen unter dem Kreuz" begründeten. Dadurch ist es uns aber schwer gemacht, uns einen vollständig befriedigenden Begriff von dem bürgerlichen und kirchlichen Leben derselben zu bilden.¹)

---

1) Selbst die vorhandenen Nachrichten sind oft nicht zu verwerthen, da Städte und Personen in ihnen Geheimnamen führen. Wesel hieß eine Zeitlang Kopenhagen. — Selbst der, den übrigen Emigranten so unähnliche Dirk Voldertszoon Coornhert, Stadtsecretair von Haarlem, Oraniens Freund, Vorfechter seines Toleranzprinzips und Bekämpfer des bei den Reformirten festgehaltenen „dwanghs in den conscientien" suchte das Clevische

Zunächst wissen wir, daß der Hauptstrom der Einwanderung in Wesel aus Antwerpen kam. Beide Städte standen schon durch den Handel und die daraus entsprungenen persönlichen Berührungen und Verbindungen sich nahe. Sahen wir doch Heshusen zur Erlernung der Kaufmannschaft in eine befreundete Familie Antwerpens gehn, und auch der Bürgermeister Groen hatte hier seine Beziehungen; er war Studiengenosse und Freund Caspars Schets, des Barons von Grobbendonk, jenes Antwerpener Börsenkönigs, auf dessen Bankett (Dec. 1563) die Adeligen zur Verhöhnung des Granvella'schen Prunks sich verabredeten, ihre Dienerschaft nur noch in grober grauer Kleidung, und mit einem Wappen erscheinen zu lassen, wovon Niemand sagen konnte, ob es einen Cardinalshut oder eine Narrenkappe vorstellte [1]). Wesel führte eine Zeitlang den Namen Klein-Antwerpen. Deshalb „Klein-Antwerpen" bei den Kirchlichen mit Recht, weil, wie wir noch sehen werden, die hiesigen Flüchtlinge die kirchliche Verfassungsfrage, welche zu Antwerpen, im geistigen Mittelpunkt der damaligen reformirten Niederlande verhandelt aber nicht zu Ende geführt worden war, wieder aufnahmen: aber auch bei den Unkirchlichen deshalb nicht mit Unrecht, weil ihr commerzieller Geist, den Handel und den Verdienst der Weseler Firmen, welchen sie während der Verbannung sich anschlossen, mächtig emportrieb. [2])

---

auf und wohnte zu Xanten und Emmerich als Kupferstecher. S. f. vita von ten Brink. Traject. 1860.

1) Schets war als Generalschatzmeister des Landes auch König Philipps Finanzagent, „mittelmäßig gelehrt, ein erschrecklicher Dichter, ein intriganter Politiker, ein feiler Geldmann." Er starb, als eben der Prozeß wegen Bestechlichkeit gegen ihn erhoben war, weil er dem englischen Gesandten die Geheimnisse der spanischen Politik verrathen (9. Nov. 1580). Auf der Kölner Friedensverhandlung vertrat er sein Land. Das Wes. K. A. bewahrt einen Brief von ihm an Groen (Antv. 5. Maj. 61.), worin er für ein übersandtes Buch dankt, aber ihm zu bedenken giebt non esse hic tutum quosvis libellos vel legero vel domi servare; principis strictissimo edicto iubemur non admittere in nostris bibliothecis nisi approbatos a nostris theologis libros. (So forderte wirklich das Edict vom 25. Sept. 1550.)

2) Die Vorstadt (Faubourg) St. Germain zu Paris hieß Klein-Genf

Nur Wenige von ihnen sind uns dem Namen nach bekannt. Ihre erste, von der Noth ihnen ausgepreßte, schriftliche Eingabe an den Rath der Stadt (v. 12. Novbr. 1567) trägt vorsichtig genug gar keine Unterschriften. „Wir — sagen sie darin — von der Nation des Königs Philipp zu Spanien aus den burgundischen Niederlanden um Bekenntniß des wahren göttlichen Wortes exilirend, haben hier, nachdem wir, die wir gegen unsern König nichts Uebles begangen sondern nur Christum und sein göttliches Wort gesucht, und deshalb Haus, Hof und Alles verlassen, mildiglich Schutz erlangt, in einer Stadt, welche seit Jahren allen frommen verjagten aufrichtigen Christen Asyl gewährt. Da wir nun aber hören, daß der Herzog von Parma vom clevischen Herzog die Zusage erhalten haben soll uns zu fangen und ihm auszuliefern, so bitten wir: nicht ohne speciellen Grund der Anklage gegen uns vorzugehn. Denn obwohl wir keine Ursache haben uns unsrer Vertheidigung zu scheuen, sind wir doch gewiß, daß dort Alles nur zu unserm Verderben ausschlägt; indem die spanischen Bräuche uns zimbliger massenn kundich sind."[1])

Daß später, als Oranien seinen Einfall in die Niederlande von Deutschland her vorbereitete, die clevische Stadt ein Stützpunkt und Vorort seiner Unternehmungen gewesen, ist nach den gleichzeitigen Berichten nicht zu bezweifeln. Zu Nymwegen fiel den Spaniern im Jahre 1572 ein Fuhrmann in die Hände, welcher eine Karre mit Tuchballen führte, worin 200 Arquebusen nebst Pulver versteckt waren, und gefoltert bekannte daß er von Wesel komme.[2]) Aber auch schon aus dem Anfang der Einwanderung wissen wir wenigstens von zwei Männern, welche bei ihren versprengten Brüdern zu Wesel als Prediger gewirkt, und ihre hier gereifte Hoffnung, den Verfolgten in der Heimath dienen zu können, mit dem Leben haben bezahlen müssen: Corneille de Lezenne aus Cauvain bei Tournay, der in Lüttich, und Charles le Bran

---

(Petite Genève). Hier wohnten die Protestanten und die erste Synode (1559) ward hier gehalten.

1) W. R. A. 3, 1.

2) Gachard II. 257, Alba's Brief vom 24. Mai. — Wesel gehörte zu den wegen ihrer Waffenschmiede berühmten Orten vgl. State papers etc. London 1861. I. Depesche des engl. Gesandten zu Antwerpen v. 1. Mai 1558.

aus la Motte bei Aire, der bei Huy gefangen genommen wurde Beide endigten, vom bischöflichen Gericht verurtheilt, auf dem Markte zu Lüttich am Galgen (12. Nov. 1568).[1])

Wir haben Oranien seine reformirten Landsleute an das erinnern hören, was Dathen ihnen in der Synode gesagt: „daß es darauf ankomme sich mit den Lutheranern zu verständigen." Es wird nöthig sein auf diesen Punkt genauer einzugehn.

Die Frage nach der Union der in Deutschland, seit dem Uebertritt Friedrichs III in der Pfalz[2]) auf den Tod sich befehdenden Lutheraner und Reformirten, hatte für die Niederlande nur sehr geringe Bedeutung, weil es hier, außer der lutherischen Gemeinde zu Antwerpen, nur versprengte Lutheraner gab. Ueberdies war der Einfluß dieser Gemeinde auf das, ganz von reformirten Regungen durchzogene und beherrschte, Land noch schwächer als er sonst gewesen sein würde, weil dieselbe, unter der Wirksamkeit derjenigen deutschen lutherischen Pfarrer gesammelt, welche den meist sächsischen lutherischen Landsknechten unter Lazarus von Schwendi dienten[3]), vorwiegend auch nur

---

1) Das Urtheil des Ersteren: condamnons destre conduict au marchié illec à gibet, y estant destre pendu et estranglé jusques la mort sensuyve; über beide s. Rahlenbeck, Liége, p. 305.

2) Kluckhohn, Wie ist Friedrich III. Calvinist geworden? München 1866.

3) Daß gemeine Soldaten zur Schmach des deutschen wie des evangelischen Namens sich willig finden ließen, die Herzen der Reformirten auf fremder Erde zu durchbohren, ist aus der Leidenschaft jener Periode wenigstens noch zu erklären; daß auch deutsche lutherische Fürsten bereit waren Hand und Schwert zu diesem Zweck dem spanischen König um Geld zu verkaufen, wird für immer schmählich sein. Friedrich III. von der Pfalz warnte den lutherischen Herzog Erich von Braunschweig, dessen Reiterschaaren Alba so treffliche Dienste geleistet haben, ehe er auszog. Es half ihm nicht; er erhielt als Antwort nur den kurzen Bescheid: „er lasse sich nicht gegen die Augsburger Confession brauchen, sondern nur gegen die teuflische und längst verdammte Secte der Sacramentsschwärmer". (23. Oct. 1566.) Friedrich wiederholte (freilich umsonst) seine Mahnung und bat ihn, „da die, ihm übersandte Confession der Niederländer der Augsburger Confession nicht entgegen, obwohl von ihnen vom h. Abendmahl etwas anders denn in den anderen reformirten Kirchen geredet werden möge, sich nicht an Gott zu vergreifen und sein Gewissen nicht mit einem nagenden Wurm zu be-

unter den ausländischen, deuschen Kaufleuten und Handwerkern ihre Glieder zählte. Dazu kam, daß sie, um der mit ihr verbrüderten Soldaten willen, von der Statthalterin möglichst geschont, für die nationale Seite der um sie her beginnenden und sie wenig interessirenden Erhebung kein Verständniß hatte. Oranien glaubte ohne Hülfe Deutschlands nicht durchkommen zu können; und da es ihm zunächst darauf ankam, die politische Seite des Aufstands gegen die spanische Bedrückung zu sichern: so lag ihm Alles daran, eine Glaubenseinigung seiner Volksgenossen mit den Lutheranern zu Stande zu bringen um dadurch die lutherischen Reichsstände für ihre Befreiung zu interessiren.[1]) Deshalb sehn wir ihn sowohl wie seinen Bruder Ludwig von Nassau für die Union wirken.[2]) Leicht war diese Arbeit

---

schweren (14. Nov. 1566)." Er schlug auch der Statthalterin ihre Bitte: auf deutschem Boden Truppen gegen ihre rebellischen Unterthanen (vgl. Joh. 19, 12) werben zu dürfen, ab, und ging die ihm befreundeten Fürsten darum an dasselbe zu thun: denn er wußte, daß, wenn „diese bedrängten Christen, für die er auf dem Reichstag (1566) als für seine Mitglieder intercedirt, also unterdrückt würden, er ihr unschuldiges Blut auf sich lade". Kluckhohn, Briefe Friedrichs. I. S. 705. 708. 714.

1) Seinem Scharfblicke konnte nicht verborgen sein, daß sein Volk, wenn es nicht durch ein dem Lutherthum freundliches Bekenntniß die Stände gewänne, es von diesen eher Feindschaft als Freundschaft zu befahren habe. — Im Heere Karls IX. von Frankreich, das in der Schlacht von Moncontour einen Coligny und seine Hugenotten erdrückte (3. Oct.1569), fochten deutsche lutherische Hülfstruppen unter der Führung ihrer deutschen lutherischen Fürsten, welche so gewiß waren mit der Vernichtung dieser Reformirten ein gottgefälliges Werk zu thun, daß sie (Markgraf Philibert von Baden und die Rheingrafen Johann Philipp und Friedrich Graf von Westerburg) in offenem Manifest über diesen Brudermord sich rechtfertigten, und sich rühmten dem französischen König gegen seine rebellischen Unterthanen geholfen zu haben, gegen „die neuen Christen der falschen und abscheulichen Secte Calvins". Bei Cimber et Danjou, archives curieuses de l'histoire de France I. tome XI. p. 107.

2) Wilhelm war so glücklich das lateinische Originalexemplar der Augsburger Confession, welches Kaiser Karl seinem Onkel Heinrich von Nassau zu Augsburg geschenkt hatte, wieder aufzufinden (zu Breda). „Schicke es ja nicht an den Pfalzgrafen (Friedrich III.) — mahnt ihn Ludwig am 11. Novbr. 1563 — denn in der Pfalz sind Alle Calvinisten und sie möchten etwas darin ändern!" s. Groen, supplem. p. 19*. Wer wird

nicht. „Unsre Lutheraner — schrieb Ludwig an den Landgrafen von Hessen — lassen nicht genug in der Volkssprache drucken, und unter zehn ihrer Prediger (welche Ludwig ins Land gelockt hatte) ist kaum Einer der unsere Volkssprache spricht (sie waren ja Ausländer): er möge doch von Deutschland einen gewandten lutherischen Theologen herüber senden „denn wir haben unter den Confessionisten (Anhängern der Augsburger Confession) nicht viel geschickte Leute, und die Calvinisten laufen uns sowohl mit der Masse ihrer Schriften als mit der Geschicklichkeit ihrer Leute ganz und gar den Rang ab."[1]) Die Reformirten waren nicht nur von selbst zur Einigung geneigt, sondern wir sehen auch, daß ihnen dieselbe von den, in steter Berührung und Austausch mit ihnen lebenden, Antwerpener Lutheranern sehr leicht gemacht wurde. Deshalb schlug Wilhelm von Oranien vor: die Wittenberger Concordie von 1536, worüber doch auch die Süddeutschen mit den Wittenbergern einig geworden waren[2]), als niederländische Eintrachtsformel anzunehmen; wandte sich dieserhalb an den hochgeehrten Guy de Bres in Sedan, theilte sie ihm mit, und erlebte die Freude, daß derselbe noch ehe er selbst wieder in Antwerpen erscheinen konnte, sie brieflich seinen Gesinnungsgenossen zur Annahme empfahl, glücklich, daß durch sie eine Vereinigung, eine Union, möglich sei „obwohl die Concordie allerdings auf den ersten Blick etwas hart scheine." Dieser ermunternden Stimme gegenüber ließen sich freilich abmahnende hören, die es nicht begriffen, warum zu dem damals schon allgemeinen gültigen „Niederländischen Bekenntniß" noch irgend ein anderes angenommen oder gebilligt werden sollte. Auch Beza hatte nicht sobald von dem Plane vernommen, als er auch in der Furcht, noch die Augsburger Confession und den ganzen deutschen Zank über ihre Auslegung und Veränderung in die Niederlande verpflanzt zu sehn, zornig seinen Freunden schrieb: „laßt euch nicht statt des Evangeliums diese Confession auflügen!" (24. Aug. 1566 an Taffin). Es fanden häufige Berathungen über diese Angelegenheit statt, an deren Ausgang

---

so glücklich sein das interessante Schriftstück in unsern Tagen nochmals aufzufinden?

1) Groen II. 243. 402.
2) S. oben Melanchthons Urtheil über sie S. 189.

eine Zeitlang das Geschick der Kirche und des ganzen Landes zu hängen schien: bis endlich vom 20. August 1566 an zu Antwerpen eine Synode von 1500 Deputirten, freiwilligen Theilnehmern, Geistlichen und Gelehrten, aus den Reformirten des ganzen Landes und den Lutheranern von Antwerpen, unter dem vorwiegenden Einfluß von Dathen und Marnix abgehalten wurde und das Werk der Versöhnung beschloß. Von der Wittenberger Concordie ward hier zwar eben so wie von der Augsburger Confession abgesehn, und Oraniens Plan zu dessen großem Leidwesen aufgegeben: dennoch aber bekannten alle Deputirten in voller Einmüthigkeit durch eine gemeinsame Bittschrift an den spanischen König (27. October 1566) „sie begehrten zu leben und zu sterben nach der Lehre der Propheten und Apostel, wie dieselbe verfaßt sei im Alten und Neuen Testament und kürzlich begriffen in den Artikeln des apostolischen Glaubens und in den Beschlüssen der vier ersten Concilien (aus diesen Quellen war ja auch nach ihrer Ueberzeugung ihr „Glaubensbekenntniß" geschöpft): und unterwürfen sich vorläufig demjenigen, was durch gemeinsame Verabredung der evangelischen Kirchen von Deutschland, Frankreich und England für gut gefunden würde."

Aber auch hier sollte die Einigung von Brüdern nicht dauern, — so wenig als in Deutschland, wo sie, so oft versucht, eben so oft auch in der Geburt schon erstickt wurde. Dieselben, in Deutschland heimischen, Mächte, welche die Engländer in Wesel, welche die Fremdengemeinden in Frankfurt unter die Füße bekommen hatten, stellten sich bald in der deutschen Markgrafschaft Antwerpen ein. Es war für unser Volk eine Zeit, da die Leute, alter Fleischtöpfe Aegyptens sich erinnernd, vermeinten, der Glaube sei ohne stricte Glaubensformeln nicht fähig die Welt zu überwinden, und deshalb die Verwechslung von Lehre und Glauben, die Verkümmerung der Reformation in vollem Zuge; eine Zeit, von der ein fürstlicher Augenzeuge betrübt bekundet „die brüderliche Liebe sei bei den Theologis dermaßen erkaltet und ir teuflischer stolz dermaßen gewaxen, daß, ehe sie vel minimum apicem von ihren opinionibus abwichen, sie ehr gantze königreiche ließen unbergehn."[1]

---

[1] Wilhelm von Hessen an Ludwig von Nassau, 17. Aug. 1565.

Viglius sah zu seinem Schrecken das Werk einer kirchlichen Union vollständig werden. Was Oranien ersehnte, mußte er verhindern. Er war nicht umsonst Doctor der Theologie und Probst von S. Bavo, und sein Scharfblick hatte die verwundbare Stelle der Evangelischen erspäht. Er sah in den Lutheranern von Antwerpen, welche zur Union sich verstanden hatten, der Masse nach nur „melanchthonisirte" Leute; wußte aber zu seinem Trost, daß es auch in der lutherischen Gemeinde dieser Stadt eine kleine Parthei der Flazianer, der Neulutheraner gab. Sie stärken und die Union brechen war Eins und Dasselbe. Er brachte diese Stärkung zu Stande. Es gelang ihm nämlich, diese Fraction der Gemeinde zu bestimmen, sich in Deutschland für ihr gefährdetes lutherisches Bekenntniß nach Hülfe umzusehn. Ihr Nothschrei, an die Freunde des Flazius, die Grafen von Mansfeld gerichtet, fand die willigste Aufnahme; ein Theologenkreuzzug wurde ins Werk gesetzt, und plötzlich erschienen in Antwerpen um ihren Brüdern „gegen Secten und Rotten zu helfen" sieben deutsche lutherische Prediger, unter ihnen die bekannten Eiferer Cyriacus Spangenberg[1]) und Hermann Hamelmann. (Novbr. 1566.) An ihrer Spitze stand kein Anderer als — Flazius, auf dessen Wort sie alle schwuren.[2])

---

1) Einen Blick in damalige deutsche Verhältnisse gewährt das Urtheil, welches der berühmte Jacob Andreae über diese Männer gefällt hat. Wenige Wochen nach Flazius Tod schrieb er: „aus der Zahl der Schelme ist mein, vielmehr des Teufels, Illyricus. Ich zweifle nicht, daß er jetzt mit allen Teufeln das Nachtbrod verzehrt, falls sie zu Hause sind, und nicht bei seinen Gehülfen, Spangenberg und den Übrigen, zu thun haben." (Leutfeld, S. 68.) — Der „Schandpoete" Johann Major machte es noch ärger. Während Flazius lebte nannte er ihn einen Esel von so grober Art, daß er den Herrn Jesus, wenn er am Palmsonntag auf ihm geritten, abgeworfen hätte; und als er todt war versificirte er: den die Hölle so lange ersehnt, nun hat sie ihn endlich! Nur Einen kannte Major, der ihm noch verhaßter war — Beza. Weil er aber an Flazius alle seine Scheltworte verbraucht hatte, konnte er nur sagen: der sei noch schlimmer als Flazius.

2) S. Ypey en Dermout geschiedenis etc. II. 108. womit der Brief der Statthalterin bei Gachard I. 492. zu vergl. — Die von den Mitgliedern der Expedition (außer den drei genannten Vorst, Wolff, Hartmann; Isbrandus Ball aus Frankfurt, ein geborner Friese, fiel m. A. den Reformirten zu, und stand 1586. als verbi dei minister zu Ley-

Nachdem dieser unversöhnliche Feind Melanchthons und noch mehr der Calvinisten, mit der ihm eigenen durchbrechen-

---

den) zur Rettung der gesunden Lehre verfaßten Bücher sind: 1) Confessio ministrorum I. Chr. in eccles. Antverpiensi quae Aug. Confessioni assentitur. 1567. Deutsch: Bekendtnus derer kirchen binnen Antorff so der waren augsp. Conf. zugethan. Sampt einer vorrhede M. Cyriac. Spangenberg. 1567. 2) Agenda. Christliche Kirchenordnung der Gem. Gottes so in A. der waren, bnuerselschten augsp. Conf. zugethan. Schmallalden 1567. 3) Ministrorum I. Christi in eccl. Antv. quae aug. conf. adsentitur adhortatio ad poenitentiam etc. ad suos auditores. 1566. 4) Defensio confessionis ministrorum I. Chr. etc. contra Iodoci Tiletani sophismata. Basil. 1567. (Auch holländisch: Korte verantwoordinghe ꝛc.) — Hamelmann schrieb ein Itinerarium doctorum nostrorum versus Antwerpiam (s. Opp. p. 1021) als Theil seiner Historia renati ev. Antverpiae (s. s. Leben v. Leuffeld p. 176 an zwei Stellen) die leider verloren ist, so daß wir uns für seine Auffassung der Reise auf Spangenbergs deutsche Vorrede des Bekenntnisses beschränkt sehn. — Wer rief sie? Ham. sagt „etliche der Lutheraner" (Leuff. S. 94); Spangenb. widerlegt die Anklage, sie seien ohne Beruf gegangen, durch die Angabe: sie hätten es gethan „auf der frommen Christen Begehren in Antwerpen, welches Lorenz von der Heyden übermacht (über ihn s. Gerdes. histor. motuum etc. 1757. p. 12) und durch Mittheilung der von den sieben Mansfelder Grafen ihnen (1. Novbr.) gegebenen Instruction" (nicht Vocation), aus der erhellt, daß die Petition in Antwerpen von Hochdeutschen und Osterlingen ausgegangen, die gebornen Antwerpener Lutheraner aber sich daran nicht betheiligt haben. Casp. Ulenberg sagt (Gesch. der luth. Ref. 1837. II. 353) „die Lutheraner" hätten gerufen, und sie seien „wie Geier" herangeflogen. Jodoc. Rabenstein gab seine Confutatio confessionis quae nuper edita est a ministris qui in ecclesiam Antv. irrepserunt et aug. conf. se assentiri confitentur 1567. (Reste der seltenen Schrift, die Hamelmann zugleich mit einer Streitschrift des Bischofs von Roermonde in einer „kurzen Verantwortung" widerlegt hat, finden sich in Marnix byencorf). Der seltsame Zug ging über Goch, wo er das zugesagte freie Geleit der Stadt Antwerpen abwartete (der Bürgerm. v. Straelen war Lutheraner), nach A., und kehrte eben so zurück. (Ihre: Antwordt op sommighe christelyke vraghen, Goch 20. Nov. 1566, sind handschr. im W. R. A. 3. 1.) — Flazius ist der Urheber der Confessio, welche vergebens so thut als wäre sie von den luth. Pfarrern Antwerpens als eigene Herzensmeinung abgefaßt, und von den fremden Kreuzfahrern nur approbirt! Man spürt seine Feder überall — wo er die Melanchthonianer bekämpft und die Menschen als des Teufels Leibeigene darstellt, oder die Synergisten bekriegt, von welchen die Brabanter Pfarrer so wenig wußten als von ihren Gegenfüßlern. Spanden Kraft, die den Reformirten durch langen Umgang günstig gestimmten Antwerpener lutherischen Pfarrer alle gezwungen hatte auf seine Seite überzutreten, schrieb er für sie ein Bekenntniß, welches Namens ihrer Gemeinde den Reformirten des ganzen Landes den Frieden aufkündigte. Es kehrte gegen sie alle Spitzen die ihm zu Gebote standen, die er erprobt hatte, auch die des Hasses hervor; behauptete in maaßloser Uebertreibung „durch die Sünde sei das Bild Gottes im Menschen in das Bild des Teufels verwandelt und das ganze menschliche Geschlecht dieses Höllenfürsten leibeigen geworden"; schilderte die Ubiquität des Leibes Christi in den grellsten Farben, und warf ihnen die Aenderung des Augsburger Bekenntnisses (das sie, wie wir wissen, gar nicht einmal angenommen hatten) als eine Fälschung ins Gesicht. Zugleich erbot er sich in feierlicher Verhandlung mit ihren Pfarrern zu disputiren. Diese weigerten sich. Daß sie es nicht aus Mangel an Gelehrsamkeit thaten, wußte er (sie hatten einen Franciscus Junius, Peter Boquin und Dathen unter sich)[1]. Daß sie es aus Muthlosigkeit gethan wagte selbst Er nicht zu behaupten. Er hatte Recht, da die meisten von ihnen später im Flammentode bewiesen haben, daß sie nicht einmal den Tod, viel weniger Flazius, fürchteten. Ihre Antwort auf sein Anerbieten war eine Bitte um Eintracht

---

genberg gesteht: Flazius habe daran mit gearbeitet; aber wen ließ Flazius wohl mit-arbeiten?! Es ist lächerlich, ihn in der, der eignen Angabe nach von 6 Antwerpener Pfarrern verfaßten, Confession einmal ganz aus der Rolle fallen zu sehn. Während sie in vollem Zuge gegen die Sacramentirer wettert, vergißt sie, daß sechs obscure Leute sie geschrieben haben sollen, und es entschlüpft ihr die Phrase: dieselben hätten früher getrotzt auf Joh. 6., „davon wir ihnen neulich in einer Vermahnschrift geantwortet haben!" -- (er dachte an seine demonstrationes 30 praesentiae corp. Christi etc. Ursellis 1565).

Die Mansfelder Pfarrer haben wie im äußersten Westen so auch im Osten damals Melanchthons Autorität bekämpft, und 1567 sehen wir sie sich in den Streit der Danziger über das Abendmahl einmischen. Siehe Schnaase, Gesch. der R. Danzigs. 1862. 53.

1) Die Inquisition nennt unter den Verdächtigen zu Antwerpen (f Rahlenbeck, Anvers. 262) Pierre, envoyé par le Palatin (Dathen), und Petrus Bogainus, apostat carmelite (Boquin). — Die Liste der 52 zu Antwerpen Hingerichteten S. 250.

und Freundschaft.¹) Was konnte auch wohl eine Disputation mit einem Manne helfen, der in seiner Antwerpner Confession behauptet: der Calvinisten Nachtmahl sei durch mehr als ein Sacrilegium zerrissen, und stürze unzählige Seelen in den Abgrund der Hölle? „Ja es ist, sagt er, einer gemeinen Zeche nicht ungleich.²) In ihren Erzkirchenräubereien stehlen sie die Worte: „das ist mein Leib" aus dem Abendmahl, wie das Licht

---

1) Epistre et amiable remonstrance d'un ministre de notre redempteur (Ant. Corano) aux pasteurs de l'eglise flamengue d'Anvers lesquelz se nomment de la confession d'Augsbourg les exhortant a concorde et amitié avec les aultres ministres de l'evangile 2. Jan. 1567. Anvers. — „Luther, Melanchthon und andere ihrer Genossen sind wahre Diener Gottes gewesen, aber Menschen, und also der Unkenntniß vieler Dinge unterworfen. Götter gibt es nun einmal nicht auf Erden. Luther hat selbst oft gesagt: er sei mehr gekommen das Reich des Antichrists zu stürzen als Christi Reich zu bauen. Wenn denn andre Männer von Gottes Geist getrieben ihm widerstanden haben (wie damals Paulus dem Petrus): sollen wir trotzdem für alle Zeiten auf seine Autorität sehn? Uns soll Peter Peter und Martin Martin bleiben, das heißt: Menschen, die irren können. Wir unsrerseits nehmen die Wahrheit an, wenn sie uns auch durch geringere Leute als Zwingli und Oecolampad geboten wird; denn sie haben auch mehr den Antichrist bekämpfen müssen als in Andacht dem Worte Gottes nachdenken können. Das sage ich um zu zeigen wie wenig wir Abgötter aus ihnen machen. Christus hat als Kennzeichen seiner Jünger nicht die Augsburger Confession oder Calvins Katechismus, sondern die Liebe unter einander bezeichnet. Wie blind sind wir, daß wir uns über die Einsetzungsworte des Sacraments des Friedens zanken, und dabei den Frieden selbst brechen; untersuchen, ob auch die Unwürdigen den Leib Christi empfangen und uns darüber zu solchen machen, die ihn nicht empfangen. Alle Lutheraner berufen sich auf die Augsburgische Confession und lehren doch verschieden. Und wer hat wohl ihren Verfasser bevollmächtigt, die zu verdammen, die eine Schriftstelle anders verstehen als er? Laßt uns die Erbauung der Gemeinde Jesu suchen, nicht unsern Ruhm, und die Menschen zu Christus führen, nicht aber zum Bekenntniß Luthers oder Calvins."
2) Eine solche Meinung hatte der verbitterte Mann sich in Antwerpen von dem Gemeindeleben gebildet. Wir empfangen freilich andere Eindrücke davon, und zwar besonders die eines dort herrschenden Glaubens, der in der Liebe mächtig war, wenn wir nur — Anderes zu geschweigen — jene „Liebekens der Cameristen der Violieren" daselbst lesen, oder den verdrängten Pfarrer Georg Silvanus in seinem Abschiedsgruße an die Gemeinde sagen hören:

aus dem Leuchter, wie den Edelstein aus dem Ringe; sagen bei Darreichung des Brodes Worte, die man zu jeder Speise sprechen könnte: nehmet, esset und gedenket des Herrn, der für euch gelitten hat, — wie ja auch vor Zeiten die Begharden und Beghinen vor ihren Mahlzeiten gesagt haben: Ich will nieder sitzen und essen, Unsers Herrn Leiden nicht vergessen; Sein Kreuz ist mein Tisch, Sein' Nägel mein Fisch, Sein Leib mein Speis, Sein Blut mein Trank, Herr ich sag Dir Lob und Dank!" Was er wollte, gelang ihm auch ohne gelehrten Zweikampf vollkommen. Denn nachdem er die öffentliche Meinung Deutschlands, die bis dahin den Niederländern nicht ungünstig gewesen, durch seine Pamphlete umgestimmt hatte: verwandten sich die lutherischen Reichsstände bei Margaretha nur für diejenigen ihrer Unterthanen „so sich zur reinen Lehre der Augsburgischen Confession bekannten." [1]).

Als die Statthalterin in der Angst vor Philipps Zorn ihre den Reformirten zugesagten Freiheiten widerrrief (1. Febr. 1567), die reformirten neugebauten Kirchen niedergerissen und aus ihren Balken Galgen gemacht wurden, zogen, obwohl man den Lutheranern die Stätte ihres Gottesdienstes vorläufig noch beließ, [2]) die letzten der fremden Theologen davon.

Oorlof, Bruydt Christi! Adieu, Lelle soet!
Adieu, wy moeten scheyden.
Oorlof, o lieflycke Ghemeynte goet,
Den tydt moeten wy verbeyden,
   Tot bat ons Godt by een versaemt,
Adieu, groen Kercke, hooch besaemt,
Godt sal v noch eens verbreyden! ...

Ick roepe tot V in besen grooten noot,
en bidde voor all myne Schapen,
Die van ben Godtloosen lyden aenstoot,
na welden sy hongerich gapen;
   Verlost ons Heer! 'tis meer ban tyt!
van der Wolven tanden ons bevryt,
grypt selve in be Handt die Wapen!

1) Polenz II. 65.
2) Eine Anfangs ihnen zugestandene alte Kirche. Man schonte die Gemeinde so viel es die Selbstsucht forderte. Denn einmal befand sich in ihr die Blüthe der deutschen Kaufmannschaft, deren Auswanderung man zu ver-

Sie standen bereits auf der Liste der Verdächtigen der Inquisition: Flazius obenan, und auf derselben Liste mit dem Schöffen Rubens, des großen Malers Vater. Spangenberg, auf seiner Rückreise in Köln gefragt, wie es zu Antwerpen stehe? antwortete: Christus hänge dort wieder zwischen zwei Schächern, dem römischen und dem calvinischen. Die Geärgerten unter den Niederländern sagten ihnen nach: „die Ubiquitisten machen sich überall aus dem Staube, wo das Verbrennen anfängt"; die Nüchternen aber gaben ihnen das Zeugniß „viele Dinge verwirrt zu haben." Jedenfalls hatten sie eines Viglius Erwartungen vollkommen entsprochen..[1])

Oranien suchte, wiewohl es ihm bisher damit so schlecht gegangen, während er im Auslande sich aufhielt, unausgesetzt für seinen Lieblingsplan der Union zu wirken und seine Landsleute dahin zu bringen, sich mit den deutschen Lutheranern zu verbinden.[2]) Den auf deutsches Gebiet Geflüchteten war es aber trotzdem nicht zu verargen, wenn sie, nach den betrübenden Erfahrungen, welche sie in der Heimath gemacht, sich nicht dafür begeistern konnten, sondern vorläufig ganz ohne Rücksicht auf die Lutheraner die Begründung eines eigenen nationalen Kirchenwesens ins Auge faßten. Namentlich verstehen wir, warum diejenigen von ihnen, welche in Wesel sich aufhielten, keine Neigung verspürten, wieder an diese Frage zu rühren, oder sich mit den dortigen Ueberbleibseln der Heshusianer einzulassen, die mit Flazius und Hamelmann correspondirten, während die Masse der Bürgerschaft den Exulanten mit offenen Armen entgegen kam und in ihnen wieder, wie

---

hindern suchte, zum andern aber waren ja auch die Söldner der Statthalterin deutsche Lutheraner. Die letzteren hatten im Hause ihres Obersten ihre Kapelle. s. Gachard I. Brief der Herzogin vom 1. Juni 1567.

1) Rahlenbeck S. 262. Flazius war am 24. Febr. noch in Antwerpen (vergl. Vorrede der Clavis I. Bd.), am 5. März in Frankfurt (s. Preger, M. Flazius II. 293.) Die drei Mansfelder waren schon früher gegangen.

2) Die Schrift seines Hofpredigers Petrus Villerius (L'Oisseleur) Brevis et dilucida declaratio qua ratione controversiae quae nunc sunt inter ecclesias reformatae religionis componi et finiri possint 1579. ist von Gerdes (scrin. ant. IV. I. p. 391.) wieder herausgegeben.

zwanzig Jahre vorher in den Walonen, Zeugen der Wahrheit begrüßte.

Damit daß diese Flüchtlinge das Leben gerettet, in hundert Orten unter mitleidigen Magistraten auch eine geheime Uebung ihres Glaubens gefunden,[1]) in Wesel sogar im Anschluß an ihre hier früher schon angesiedelten Landsleute Kirche und niederländischen Gottesdienst errichtet hatten, konnten sie sich noch nicht beruhigen. Je mehr sie für sich besaßen, desto mehr gedachten sie derer, welche nicht so glücklich gewesen waren wie sie noch vor dem Sturm zu entkommen. Die täglich aus dem Schreckensregiment Alba's anlangenden, fortwährend sich überbietenden, Nachrichten über den Druck, welcher ihre an der Flucht gehinderten Volksgenossen betroffen hatte, reisten in ihren von Vaterlandsliebe glühenden Seelen den Plan für deren Befreiung.

Der evangelischen Strömung in ihrem Volke war die Nothwehr desselben gegen die Gewaltthätigkeit Spaniens vorausgegangen: jetzt liefen beide in einander, und die Frage nach seiner Rettung war dadurch eine politische und religiöse zugleich geworden. Der im Fanatismus verwilderte Joachim Westphal hatte gut spotten und den Lutheranern in Antwerpen ihre reformirten Mitbürger anschwärzen, indem er daran erinnerte „unser Herr habe seiner Gemeinde wohl die Himmelreichsschlüssel, nicht aber die Stadtschlüssel gegeben"[2]): denn Er wie diese Lutheraner waren Fremde; die Niederländer aber konnten sich nun einmal, als Kinder des Landes, nicht davon überzeugen, daß sie sich in dieser ihrer Heimath mit dem Asylrecht zu begnügen hätten. Ja, noch mehr: grade weil sie in ihren synodalen Kircheneinrichtungen die Lehre von der Schlüsselgewalt möglichst zur Geltung bringen wollten, war es ihnen durchaus nicht gleichgültig, ob Oranien oder Alba das Land beherrsche; und derselbe Westphal hat denn ja auch in seiner

---

1) In den kleinen clevischen Städten bewegten sie sich so ungehindert, daß sie darin sogar Buchdruckerpressen, die sie stets für ihre mächtigsten Bundesgenossen hielten, aufstellen konnten (Rees, Emmerich ꝛc.); vgl. den klassischen Catalogus v. Fred. Muller. Amsterdam 1857. 2. Reg. —
2) „An die Christen zu Antwerpen." (29. April 1567) Manuscript im W. K. A. 3, 1.

Heimath bekanntlich so viel er konnte, redlich dazu beigetragen, daß Solche den Stadtschlüssel bekämen, von denen er meinte, sie würden das Stadtthor am besten verwahren.¹)

Während Oranien in seiner Weise im Ausland Freunde, Verbündete, Geld und Macht sammelte, um, wenn der Tag käme „der Sache seines Volkes nicht zu fehlen", brach sich in den, zu Wesel und in den Nachbarstädten des clevischen Landes Aufgenommenen, die Ueberzeugung Bahn: es sei nöthig, die im Vaterlande und draußen zerstreuten, gedrückten Reformirten in einen kirchlichen Organismus zusammen zu fassen und ihre Mitarbeit dafür zu gewinnen, daß ihnen Allen ein Mittelpunkt, eine Centralbehörde gleichsam geschaffen würde, damit, was schon errungen war, nicht unterginge, vielmehr zunächst in der schweren Zeit selbst die Schwachen durch das Gefühl ihrer Zusammengehörigkeit mit Vielen, über welche dieselben Leiden hergingen, bewahrt und gestärkt würden, ja auch wenn eine bessere Zeit käme und die freie Predigt wieder erlaubt würde, gleich Alle mit voller Kraft, nicht vereinzelt sondern geordnet und vereint, wirken könnten. Nicht was sie zu hoffen oder zu fürchten, nur was sie zu thun hätten, kümmerte sie; und das Ziel, welches sie so für die Kirchen ihres Volkes „unter dem Kreuz" erstrebten, war: nach dem Vorbild der best reformirten Kirchen die **Selbstregierung der Einzelgemeinden durch Presbyterien, und ihre bleibende Zusammenfassung und Gesammtleitung durch Synoden.**

Aus diesem Streben ist jene vorberathende Versammlung

---

1) Der Vorwurf, daß die Reformirten ihre Reformation von staatlichen Fragen nicht rein gehalten, trifft nicht sie, sondern die mittelalterliche Kirche, gegen welche sie protestirten und die sich dazu verstanden hatte „die innere Seite des Staates" zu sein. Es ist wahr, daß der französische König, um seine Protestanten zu vernichten ihnen nicht ihre Confession de foy, sondern zunächst die Festung la Rochelle nahm; aber die deutsche Augsburger Confession hat auch einem Reichstag übergeben werden müssen, die Schlacht von Mühlberg bezeichnet die Niederlage des deutschen Protestantismus, und das Gefecht von Füssen sein Wiederaufleben. — Staat und christliche Kirche haben bis jetzt noch nie und nirgend zu einander gestanden wie der Taikun zum Mikado in Japan.

von einflußreichen Flüchtlingen, ist jener, unter dem Namen der „Weseler Synode" bekannte, Convent zu Wesel hervorgegangen¹).

---

1) Den mißverständlichen, aber jetzt gewöhnlichen, Namen der Synode hat ihr erster Bearbeiter eingeführt: Adr. 's Gravezande (Twee honderdjarige Gedachtenis van het eerste Synode der nederlandsche Kerken onder het Kruis u. s. w. Middelburg. 1769). — Zum zweiten Mal ist dieselbe ausführlich behandelt von Janssen, de nederlandsche Hervormden in Kleefsland, vooral te Wezel in de 16. eeuw. (in: Kist en Rogaards, Archief voor kerkelyke geschiedenis. Leiden. 1834. V. bl. 309—460). Die lat. Verhandlungen des Convents sind von Janssen, danach von Richter (Die evang. Kirchenordnungen. Weimar. 1846. II. 310) vollständig, von Jacobson (Urkundensammlung für die evang. Kirche von Rheinland und Westfalen. Königsberg 1844. S. 45) im Auszuge mitgetheilt. Holländisch finden sie sich u. A. in dem vortrefflichen Buche: Oude Kerkordeningen der Nederlandsche Hervormde gemeenten. door Hooyer. Zalt-Bommel. 1865. Das Genauere darüber s. im ersten Anhang.

26. Befestigung des reformirten Bekenntnisses; Begründung der presbyterialen Kirchenverfassung zu Wesel und am Niederrhein durch die Weseler Synode.

Die Schaar der Flüchtlinge in Wesel, gleich Anfangs schon bedeutend, war fortwährend gewachsen seitdem die Auswanderung große Gebiete der Niederlande entvölkerte, ja fast die ganze dortige evangelische Kirche, nach Zehntausenden zählend, sich im Auslande befand[1]. Aber nicht nur ihre Masse, nicht nur die günstigen Bedingungen, unter welchen sie hier lebten, veranlaßte sie, grade diese Stadt zum Vorort ihrer Unternehmung zu erwählen: mehr noch mußte der Umstand für dieselbe entscheiden, daß hier, in dem natürlichen Mittelpunkt der Länder, worin die Verjagten sich niedergelassen, ihre Vertreter am leichtesten sich versammeln konnten.

Es würde eine fruchtlose Mühe sein, jetzt noch zu untersuchen, wer den Plan zu dieser am 3. November 1568 begonnenen Zusammenkunft[2] zuerst entwarf, oder wer seine Ausfüh-

---

[1] Un monde des Brabantinois et Walons passe à Emden, paovres et riches, schreibt ein königl. Beamter (van Mepsche) am 5. Mai 1567, und es stieg die Zahl der Flüchtigen in dieser Stadt bis auf 6000. Daß die damalige städtische Obrigkeit von Wesel ein Interesse hatte, alle genaueren Angaben über ihre Gäste zu vermeiden, und wir deshalb nur auf Vermuthungen über ihre Zahl angewiesen sind, ist bereits erwähnt.

[2] Das Datum — 3. Novb. — bezieht sich, wie stets bei den niederländischen Synoden (z. B. Synode generael gehouden te Middelberg 1581, den 30. May en daer nae.), auf ihren Anfang, wie auch die Uebersetzung ihres lat. Protokolles erklärend sagt: gehouden te Wesel den 3. Nov. ende vervolgens.

rung zumeist bewirkte, da die Rücksicht auf ihre Sicherheit allen ihren Theilnehmern gemeinsam war, und wir deshalb von diesen Vorbereitungen gar keine Kunde haben. Wurde doch der Convent selbst so geheim gehalten, daß auch in der Stadt Wesel nur die Eingeweihten darum wußten, die Obrigkeit aber keine Ahnung davon hatte, was sich in ihren Mauern zutrug. Wir müssen uns deshalb bescheiden, die Arbeit des Conventes, also seine Beschlüsse, so zu nehmen, wie sie auf uns gekommen sind.

Wie Viele sich zur Verhandlung eingefunden hatten, wissen wir nicht. Die Reinschrift des Conventprotokolles, welche uns gerettet ist, enthält die Unterschriften von zwei und sechzig Pfarrern, Edelleuten, Bürgern und Gemeindeältesten (zum Theil den bedeutendsten **Leitern der heimathlichen kirchlichen Bewegung**), und es genügt, an sie nur kurz zu erinnern, um uns zu überzeugen, daß ihr Zusammensein nicht ohne bedeutenden Erfolg verlaufen konnte.

Peter Dathen hat die Verhandlung zuerst unterschrieben, und wird deshalb gewöhnlich für den Präsidenten der Conferenz gehalten: obwohl dafür, daß er es wirklich gewesen, nichts weiter als eben diese Thatsache angeführt werden kann. Nachdem er Frankfurt gezwungener Weise verlassen, und, von Churfürst Friedrich III. von der Pfalz begünstigt, einen Rest seiner Fremdengemeinde in den früheren Klöstern Frankenthal und Schönau im Odenwald angesiedelt hatte[1]), war er mit aller Kraft dafür thä-

---

[1]) Der Fleiß der neuen Ansiedler (welcher aus beiden Klöstern Städte gemacht hat) erwarb ihnen früh schon einen solchen Wohlstand, daß die alten Unterthanen Friedrichs durch diese neuen zu Grunde gerichtet zu werden fürchteten. Die „Briefe Friedrichs des Frommen" (ges. von Kluckhohn, Braunschweig 1868, I. Band 1559—1566) haben auch über diese Angst vor den „Brobendern" interessante Details beigebracht. Aber außer der Furcht der Pfälzer erregte Friedrich durch seine Hospitalität auch den Unwillen der lutherischen Fürsten. Laut der Capitulation vom 13. Juni 1562 erließ er den zuerst Einwandernden „bei ihrer Aufnahme in den Pfälzischen Unterthanenverband jede besondere Abgabe", während die Nachkommenden 4 Gulden Einzugsgeld zu entrichten hatten. Christoph von Würtemberg warf ihm vor (8. März 1563), daß diese Niederländer („welche Deppich machen und andre Handwerk gebrauchen"), allerlei Secten anhingen. Friedrichs Gemahlin hat die Pfälzer Kirche bei Johann Friedrich d. M. von Sachsen vor dem Gerücht vertheidigt: man halte da das Nachtmal also, daß man einen

tig gewesen, die niederländischen, französischen und deutschen reformirten Kirchengebiete einander zu nähern und wo möglich zu gemeinsamem Handeln zu bringen; ja, in diesem Gedanken ihrer Einigung fand er von da an die Aufgabe seines Lebens. Erst wenige Jahre (1563) war der Heidelberger Katechismus, den Friedrich III. mit besonderer Vorliebe wie mit Recht seinen Katechismus nannte, und die Pfälzer Kirchenordnung, welche als die erste einen deutschen Gottesdienst nach reformirten Grundsätzen einrichtete, erschienen. Dathen, obwohl von seinem Fürsten häufig zu Gesandtschaften benutzt, und durch die Sorge für seine Gemeinde im fremden Lande ohnehin genügend beschäftigt, hatte doch keine Ruhe, bis er den Katechismus in niederländischer Uebersetzung, und die liturgischen Theile der Kirchenordnung in freier niederländischer Bearbeitung, als die besonnensten Darlegun=

Kuchen auf einen Tisch lege, dann 12 sich zum Prediger an den Tisch setzen, da essen und trinken, danach andere 12 nachfolgen u. s. w. (bekanntlich die von Lasco in London eingeführte Form), und konnte sich nur denken, es sei das etwa „in dem Kloster Franctal oder Schonaye" geschehn, denn „die hat mein schatz den verjagten kristen eingegeben, die haben ire aigen brediganten." Sie stellt dabei freilich nicht in Abrede, daß — offenbar unter den Einflüssen der Einwanderer, vielleicht gar durch einen der aufgenommenen und angestellten fremden Pfarrer — einmal „auf einem Dorf einer angefangen" das Abendmahl also zu halten; aber — sagt sie – „bin ichs inen worden, habs meim schatz gesagt, der hats alsbald abgeschaft." (15. April 1563.) — Daß Friedrich, Egmonts Schwager, nicht nur über die Zustände der Niederlande fortwährend genau unterrichtet war, und mit aufrichtiger Theilnahme sie verfolgte, ja durch Dathen eine gewisse Verbindung mit denselben unterhielt, ist bekannt. Das Kluckhohn'sche Werk belehrt uns, daß der Kurfürst es dabei nicht hat bewenden lassen, sondern ihr schweres Loos zu erleichtern nach Kräften bemüht gewesen ist. Schon 22. August 1564 schreibt er: „Ich hab eynen Diener im Niderlandt (Dathen?), der schreybt mir, das die persecution dermassen angehe, das heutigstags etliche Dörffer leer stehen, da man und weyb sammt ihren kindern das landt raumen. Der liebe Gott woll sie und alle betrübte hertzen trösten." Vertrauend übersandten die „Kirchendiener in Brabant, Holland, Flandern, Zeeland, Artoys und Hennegau" ihm eine Bittschrift (Ende 1565): er möge mit andern deutschen Fürsten den König von Spanien bitten, die spanische Inquisition und daraus erwachsende Persekution nicht einzuführen (S. 621). Was Friedrich für sie gethan, wissen wir, und auch, daß die niederländischen Kirchen sich bei ihm für seine Unterstützung bedankt haben (4. Dezember 1566. S. 730).

gen des reformirten Standpunktes, seinem Vaterlande anbieten konnte (1566); ja, er ließ sich, wie er selber sagt, in unglaublicher Eile „wie eine unzeitige Geburt", auch noch eine Uebersetzung der Psalmen (nach Marot's und Beza's französischer Umdichtung) in die Sprache seines Volkes abpressen, indem er demselben durch diese Arbeiten auf Jahrhunderte die Form seines Gottesdienstes fixirte und seine Lehre bestimmte.¹) Wir haben ihn bereits in Antwerpen beim Beginn der dortigen freien Predigt auftauchen sehn (1566). Als er in Wesel zum Convent erschien, war sein Name, wie in der Heimath so in der Fremde, den Volksgenossen bereits allbekannt. Seine Auffassung des Verhältnisses von Staat und Kirche unterschied sich noch weniger als die seines Freundes Marnix von derjenigen, welche im katholischen Mittelalter gegolten hatte. Wie dieses das Heil darin sah, daß nur Eine Kirche, die katholische, im Staat bestehe, so konnte Er sich nicht überwinden, eine andere als die reformirte darin zuzulassen: und ärgerte sich deshalb an dem Oranier, dessen Toleranzidee er schon damals als baare Schwäche zu bekämpfen begann, um sie endlich als Gottlosigkeit zu verrufen. Noch zehn

---

1) Catechismus ofte Onderwysinghe in de Christelycke leere... Metgaders der Christelicken Kerken Ceremonien ende Gebeden. In Nederlantsche sprake overgheset. Door Petrum Dathenum. Gedruct 1566. — In dieser Form erlangte der Heid. Katechismus den Werth eines symbolischen Buches der niederl. Kirche. S. Borsius über Bekenntniß und Katechismus bei Kist en Royaards, archief IX. p. 296. — Dathens Uebersetzung überflügelte eine schon 1563 erschienene holländische so schnell, daß sie 1566 in mindestens drei, 1567 in vier Auflagen u. s. w. erschien. S. Doedes, de Heidelb. Catechismus etc. Utrecht 1867. S. 90. — Die Psalmen (Les pseaumes mis en rime françoise par Clemens Marot et Theodore de Beze) übersetzte Dathen, „weil wir in Lehre und Ceremonien mit der französischen Kirche einig sind, und deshalb auch im Gesang der Psalmen mit ihr einig sein müssen." Sie erschienen fast zugleich mit dem Katechismus (De Psalmen Davids wt den fransoischen dichte in nederlantschen ouergeset door P. Dath.), und sind in der niederländischen Kirche erst 1773 durch die neuere, jetzt gebräuchliche Uebersetzung verdrängt worden. Ueber die ältesten Ausgaben ist Doedes a. a O. und Wackernagel, Bibliographie zur Geschichte des deutschen K.liedes. Frankfurt 1855, besonders aber dessen: Lieder der niederl. Reformirten, ebendas. 1867 zu vergleichen.

Jahre dauerte es, bis er als der heftigste Gegner Wilhelms durch ihn ins Gefängniß gerieth, zugleich an diesem Wendepunkt des Lebens erkannte, daß nicht stürmende Gewalt, sondern Leiden das Reich Gottes erbaue, und wie ein Johann Crato von Krafftheim und Boerhave, nachdem er dem Tempel gedient, der Heilkunde sich zuwandte. Zur Zeit des Convents huldigte er zwar noch jener kirchenpolitischen Ueberzeugung und Arbeit, deren Einseitigkeit ihm später erst aufging; sie hat aber auf die lediglich kirchlichen Verhandlungen, die zu Wesel gepflogen wurden, keinen durchgreifenden Einfluß üben können.

Neben ihm ragt unter den Conventsgliedern der uns schon genugsam bekannte Philipp Marnix, Herr von S. Aldegonde hervor.[1]) Er war nicht der einzige namhafte Edelmann, welcher sich eingestellt hatte; noch zwei Andere der Unterschreiber sind als solche zu bezeichnen, die des höchsten Ansehns genossen: der Jurist Junker Peter de Rycke, früher Aeltester der Gemeinde zu Gent, und den Drängern seines Volkes so verhaßt, daß er schon vor Alba's Erscheinen in Brüssel durch die spanischen Behörden verbannt wurde, ein Mann, welchen Reichthum, Gelehrsamkeit und Muth seinen Feinden gefährlich machten; und der später als eifriger Oranier und erster Edler von Seeland dem befreiten Vaterlande noch die wichtigsten Dienste leisten sollte[2]), — und Wilhelm Zuylen van Nyevelt, der mächtige und reiche Herr von Bergambacht und Aertsberge, der lieber mit dem Volk Gottes Schmach leiden, als die zeitliche Ergötzung der Sünde haben wollte; früher, als Drossart von Cuylenburg, im Kampf mit den Bilderstürmern zu Asperen, später durch Oranien als Gesandter am Hofe Elisabeths beschäftigt, damals als armer Buchbindergeselle zu Emmerich nothdürftig sich ernährend, der Sohn jenes gefeierten Dichters, dessen Psalmenüber-

---

1) Er hatte wohl von Emden her, wohin er zuerst geflüchtet war, in Wesel sich eingefunden. S. s. Brief aus Köln vom 11. Juni 1569 bei Meiners, Ostfr. Kirchengeschichte I. 424.

2) Ueber ihn s. te Water, hist. der herv. Kerke te Gont. Utrecht 1756, wo sein Leben im Anhang besonders behandelt ist. Während die übrigen Conventsglieder, so viel wir wissen, von überall her nach Wesel gekommen sind, ist es gewiß, daß de Rycke seinen bleibenden Wohnsitz hier hatte.

setzung die davidischen Gesänge in den Niederlanden in Volks=
lieder verwandelt hatte¹).

Diesen Männern, deren Jeder eine für sein Volk bedeutsame
Geschichte erlebt oder noch zu erleben hatte, reiht sich der Pre=
diger Hermann Modet, genannt de Stryder, als eben=
bürtig an, da auch er in die Geschicke seines Landes bahnbrechend
eingegriffen hat. Er war aus Zwolle gebürtig, bis 1557 Domi=
nicar und Professor der Theologie an der Kölner Universität ge=
wesen²), und stand zu Gent als die Edelleute ihr verhängniß=
volles Bündniß schlossen. Ihr begeisterter Anhänger und beredter
Wortführer, hatte er sich durch Jan van Wingen (der zu=
gleich mit ihm auf dem Weseler Convent erschien) bestimmen lassen,
das Wagestück zu versuchen und eine Predigt auf einer Wiese bei
Gent zu halten (14. Juni 1566). Da es damit über Erwarten
gelang, war das Mittel gefunden, nicht nur den Spaniern zu
beweisen, daß das Volk mit dem Adel einig sei, sondern auch
wirksam die Bewegung fortzupflanzen, indem sich dieselbe reli=
giös färbte. Wurden doch wenige Tage nach jenem ersten Ver=
such schon Feldpredigten im ganzen Lande unter unglaublicher
Theilnahme des Volks, oft vor 15,000 Menschen, veranstaltet.

---

1) Wie die deutschen Kirchenlieder die lutherische Bewegung in Deutsch=
land trugen und fortpflanzten, so haben die Ryevelt'schen Psalmen die
evangelischen Ideen in den Niederlanden eine Zeitlang volksthümlich gemacht.
Seine Uebersetzung (aus der Vulgata) ist auf die beliebtesten Volksmelo=
dieen der Zeitgenossen eingerichtet, und wurde so populär, daß, wenn Ver=
urtheilte auf dem Scheiterhaufen einen Psalm daraus anstimmten, das
ganze Volk einfiel; weshalb noch Margaretha befahl, jedem Hinzu=
richtenden einen Knebel in den Mund zu legen, wenn ihm nicht schon wegen be=
sonderer Lästerung zuvor die Zunge ausgeschnitten wurde. Die erste Aus=
gabe der R.schen Psalmen erschien 1540 zu Antwerpen, mit sechsjährigem Pri=
vilegium Karls V., und ist in diesem Jahre noch sechsmal, später unzählige
Mal gedruckt. (Souter-Liedekens. Ghemaect ter eren Godts, op alle
die Psalmen van Dauid. tot stichtinge van allen Christen Menschen.
Antwerpen, by Simon Cock. 1540.) Das Genauere s. bei Wacker=
nagel, Lieder der nbl. Reformirten. 1867. — Ryevelt der Vater starb
1543. Vgl. Hooft, Ned. historien 7. 277. Auf die bisher geläufige Ver=
wechslung des Sohnes mit dem gleichnamigen Vater hat zuerst Hooyer
(Kerkord. p. 27) aufmerksam gemacht.

2) So berichtet Rahlenbeck, les bannis du duc d'Albe à Cologne.

Mobet selbst begeisterte von da an unter ungeheuerm Beifall zahllose Schaaren in Antwerpen, Zierickzee und Utrecht; die Statthalterin überzeugte sich, daß die gewöhnlichen Mittel, welche sie bisher zur Aufrechthaltung der spanischen Macht angewandt, nicht mehr ausreichten: und ihr und ihres Anhangs ganzer Haß richtete sich gegen diesen unscheinlichen und bisher so ohnmächtigen Schwarzrock, der den allergefährlichsten Funken in die entzündbare Masse geworfen hatte.[1]) Aus Antwerpen, wo er zuletzt wirkte, nach Norwich geflohn, um einer Frembengemeinde zu dienen, hatte ihn hier der Ruf nach Wesel getroffen, und gerne folgte er ihm.

Diese Männer leiteten die Weseler Versammlung, indem sie dieselbe in diejenigen Ideen herein zu ziehen verstanden, welche sie mit eben so großem Geschick wie Muth lebenslang vertreten haben.

Die mit ihnen verhandelnden Freunde, von welchen Einige durch ihr späteres Geschick unser Interesse erregen, Viele uns unbekannt sind, gingen, wenn nicht mit denselben hervorstechenden Gaben, so doch, wie die That, die Verhandlung welche hier zu Stand kam, beweist, mit gleicher Hingebung, und wie wir vermuthen mit gleicher Selbstverleugnung an ihr Werk[2]). Nur wenige Jahre zuvor (1562) hatten diejenigen Schichten und Partheigenossen, welchen sie angehörten, auch in ihrem Namen (wahrscheinlich auch unter ihrer persönlichen Betheiligung), dem Könige Philipp von Spanien in ergreifender Weise den Standpunkt

---

1) Ueber den maßlosen Eindruck, welchen diese Feldpredigten auf die Spanier machte, vgl. Mémoires de Pontus Payen. Bruxelles 1861. p. 208, den Bericht Boonens an die Statthalterin (aus Maastricht vom 9. Sept. 1566) u. s. w. Ueber Mobet vgl. Brandt 304, te Water a. a. O. Er opponirte von Anfang an heftig den Wiedertäufern (f. s. Grondich bericht van de eerste beghinselen der Wederdoopschen sechten.), und vertheidigte die ref. Abendmahlslehre (Een corte tafelende gantsch grondich Bericht van het Heylighe Nachtmael. Ghedruckt 1579); auch eine Vertheidigung seiner eigenen Wirksamkeit hat er geschrieben. Charlotte von Bourbon nannte ihn geärgert Immobet, als ihr Gemahl, der Prinz von Oranien, ihn später zu seinem Hofprediger machte.

2) Was über die einzelnen Glieder der Synode hat beigebracht werden können s. in den Anmerkungen zu den Synodalverhandlungen im ersten Anhange dieser Schrift.

klar zu machen gesucht, den sie um ihres Gewissens willen seiner Politik gegenüber einnahmen. „Wir danken unserm Gott — hieß es damals, — daß das Blut unsrer Brüder um der Sache Jesu und des Zeugnisses der Wahrheit willen vergossen, gen Himmel schreit. Die Verbannungen, Gefängnisse, Marterstühle, Landesverweisungen, Peinigungen und andere unzählige Bedrückungen beweisen klar, daß unser Begehr und Sinn nicht fleischlich sind, weil wir ja nach dem Fleisch viel bequemer leben könnten wenn wir unsre Lehre Preis gäben. Aber weil wir die Furcht Gottes vor Augen haben, und vor der Drohung Christi erschrocken sind, welcher sagt, daß er uns vor seinem Vater verleugnen will, wenn wir ihn vor den Menschen verleugnen: darum bieten wir unsre Rücken den Geißeln, unsre Zungen den Messern, unsern Mund den Knebeln, unsern ganzen Leib den Flammen dar, — wissend, daß wer Christo nachfolgen will, sein Kreuz auf sich nehmen und sich selbst verleugnen muß; und nur ein Verrückter und Verblendeter kann meinen, daß Menschen, welche ihr Vaterland, Freunde und Verwandte verlassen um in Frieden und Ruhe zu leben, darauf ausgehen, dem Könige seine Krone zu nehmen; daß diejenigen etwas Schlechtes gegen ihn vornehmen, welche um eines Evangeliums willen sterben, darin geschrieben steht: gebt dem Kaiser was des Kaisers ist, und Gott was Gottes ist. Wir stellen Leib und Gut dem Könige zur Verfügung, und bitten demüthig, uns zu erlauben, Gott zu geben was er fordert, und was wir ihm nicht verweigern können, weil er uns um einen theuern Preis zu seinem Eigenthum gemacht und erworben hat." [1])

Die gefährliche Zeit, da sie auf Verabredung in Wesel sich einfanden um die Zukunft ihres Volks zu verhandeln, mußte nach menschlichem Urtheil ihrem Unternehmen so ungünstig als möglich erscheinen, denn das Schwert schwebte so zu sagen über ihren Häuptern. [2]) Alba's Uebermacht hatte die nieder-

---

1) Sendschreiben an Philipp vor der Belydenisse des gheloofs von 1562; vortrefflich aufs neue herausgegeben von van der Linde. Nymwegen. 1864.
2) Unter ähnlichen, vielleicht noch schwereren, Umständen versammelte sich die erste französische Synode zu Paris (25. Mai 1559). „Ce fut au fau-

rheinischen deutschen Fürsten, in deren Gebieten Flüchtige saßen, wo nicht furchtsam gemacht, so doch gründlich davon überzeugt, daß sie gegen ihn nicht aufkommen könnten, und deshalb seinen Zorn nicht reizen dürften. Ludwig von Nassau war mit schnell gesammelten Haufen in Groningen eingefallen „Wiedergewinnen oder Sterben" auf seiner Fahne, „Freiheit des Vaterlandes und des Gewissens" auf seinem Wappen, und schnell nach seinem Siege bei Heiligerlee (23. Mai 1568), der schon mit dem Tode seines Bruders Adolph erkauft ward, bei Gemmingen an der Ems (21. Juli) von den spanischen Truppen aufs Haupt geschlagen; Wilhelm von Oranien hatte vergebens vom Rhein her sich Vortheile zu erwerben gesucht, und, zurückgedrängt, erschöpft die französische Grenze aufsuchen müssen, um sich und die Reste seines Heeres gewisser Vernichtung zu entziehn. Aber grade diese dunkle Zeit reizte Diejenigen zum Handeln, welche in der Heimath wie in der Verbannung gelernt hatten ihre Hoffnung nicht auf Menschen zu setzen, welchen mit der Gefahr der Muth wuchs, welche nach altem Wort darin, daß die Knechtschaft ihrer Frohnvögte sich verdoppelte, das sichere Anzeichen dafür hatten, Moses sei vor der Thür.

Sie wollten der Kirche ihres Landes dienen indem sie ihr den Weg zu ihrer Sammlung, Ordnung und Rettung bahnten. Ueber die Lehre hatten sie nicht zu reden noch zu rathen: dieselbe war ja bereits mit großer Einmüthigkeit im Vaterlande aufgestellt, von Synoden bekannt, festgehalten, vor der Welt wie vor König und Kaiser bezeugt worden[1]); auch konnte jener von

---

bourg St. Germain sans que les autorités civiles ou ecclésiastiques en aient eu le moindre supçon. Ce fut pour ainsi dire entre les bûchers à peine éteints de bien des martyrs et ceux qu'on dressait pour d'autres victimes. Il n'y a pas le moindre doute que, si le synode avait été surpris, tous ses membres auraient péri dans les flammes. etc. Coquerel, histoire de l'église ref. de Paris. 1862. p. 30.

1) v. Toorenbergen, Eene bladzyde uit de geschiedenis der Nederlandsche Geloofsbelydenis. 's Gravenhage. 1861. Darin: Confession de foy, Faicte d'vn commun accord par les fideles qui conuersent ès pays bas. 1561. Belydenisse des gheloofs. Ghemaeckt met een ghemeyn accoort door de gheloouighe, die in de Neder-

der Politik eingegebene Wunsch Wilhelms von Oranien, die deutschen Lutheraner durch irgend einen Beschluß sich günstig zu stimmen, für Leute keine Bedeutung haben, welche bei aller Liebe zum Frieden und zur Versöhnung doch als die nächste und jetzt einzige Pflicht erkannt hatten: das eigene Haus bestmöglichst zu berathen. So blieb ihnen denn nur die Aufgabe übrig, zu bestimmen, wie die daheim und draußen Zerstreuten und in der Lehre Geeinigten auch im kirchlichen und gläubigen Leben, unabhängig von der sie verfolgenden Obrigkeit, zu vereinigen seien: und ihre Verhandlung trägt als ersten Ansatz zur Lösung derselben das Apostelwort an der Stirn (1 Cor. 14, 40) ordine et decenter! War die Frage, wie der Mensch zum Heil in Christo gelange, nach der gemeinsamen Ueberzeugung aller Protestanten allein auf Grund der heiligen Schrift zu beantworten gewesen; so mußte die andere, wie die Kirche als die Gemeinschaft der Christen am besten sich ordne und baue, von selbst in diejenige auslaufen: welches die schriftmäßige Verfassung der Kirche sei? Davon aber, daß diese Frage nicht eine untergeordnete Formfrage ist, waren sie so überzeugt, als wir davon überzeugt sind, daß die Frage nach dem Leibe des Menschen nicht nur eine Formfrage ist.

Freilich war sie in großen Gebieten der evangelischen Kirche unterschätzt worden, und die Strafe dafür nicht ausgeblieben. Soweit die lutherische Strömung in Deutschland reichte, hatte man die mannichfach angestellten Versuche, an die Spitze der Provinzialkirchen Synoden zu stellen, damals bereits aufgegeben, nachdem diese selbst, denen der Boden organisirter Gemeinden, worauf sie hätten gedeihen können, denen der Unterbau also auf dem sie sich hätten gründen müssen, fehlte, zu disputirenden Pfarrerconferenzen eingeschrumpft waren. Die Weiterentwickelung der Gemeinden selbst aber war gleichzeitig durch das Sturmlaufen der neulutherischen „Pfarrherren" zum plötzlichen Stillstand gebracht, als ihre Fürsten sich durch sie gerne zwingen ließen, mit der ihnen von Anfang an zugemutheten landesbischöflichen Gewalt Ernst zu machen, ihre fürstlichen Consistorien zu errichten (1561),

---

landen ouer al verstroyt zyn. 1562. Libellus supplex ad Phil. regem; Oratio ad Maximilianum Imp. (1566).

diesen die Behandlung der eigentlichen Lebensfragen der Kirche zu übertragen, und so die Gemeinden zu Parochien herabzusetzen, und verkümmern zu lassen.

Aber auch in denjenigen Gebieten, welche mit der niederländischen Kirche in reformirter Lehre einig waren, hatten sich verschiedene Auffassungen über die schriftgemäße Ordnung der Gemeinden und Kirchen geltend gemacht, deren gewissenhafte Prüfung dem großen Unternehmen des Convents, die Grundzüge einer Verfassung der niederländischen Kirche zu entwerfen, vorher gehen mußte, und auch wirklich vorhergegangen ist.[1]) Lasco, Dathen's und der bedeutendsten Mitglieder des Convents verehrter Freund, hatte als oberster Geistlicher von Ostfriesland (1544) zwar das Presbyterium für die Regierung der Einzelgemeinde, die Synode für die der Gesammtgemeinde eingesetzt: aber das Amt des „Superintendenten" welches er führte erinnerte an das bischöfliche (Episcopi ministerio fungens); und wenn er auch Anfangs in Friesland sich durch dasselbe in seiner Thätigkeit mehr gehindert als gefördert sehn und es deshalb niedergelegt hatte: so war es doch in die Einrichtungen seiner Londoner Fremdengemeinden (1550) nicht nur wieder aufgenommen, sondern sogar ausdrücklich auf Gottes Wort gestellt worden. „Dieser Dienst eines Superintendenten oder Aufsehers — hieß es hier — ist eine göttliche Ordnung, von Christo eingesetzt, da er Petro die anderen Brüder im Glauben zu stärken befahl; nicht daß er ihm Gewalt über sie gegeben, sondern so, daß er durch eine gewisse Ordnung der Sorge des Einen für den Andern die gleiche Macht aller Apostel mit Petro aufrecht erhielte — wie auch Cyprianus lehrt."[2]) Konnte so einerseits die Autorität Lasco's, dieses

---

1) visum fuit haec subsequentia, de quibus apud optime reformatas ecclesias consultatum est, ordine proponere sagt das Protokoll.

2) Das Diplom Eduards VI. für die Fremdengemeinden Lasco's vom 4. Juli 1550 (s. Opera II, 279.) nennt als ihre Geistlichen: Superintendens et ministri; eine bischöfliche Gewalt des Ersteren ist darin aber nicht ausgesagt. Lasco's Forma ac ratio (II. 51. vgl. Richters K.O.O. II. 99) sagt zu Anfang auch nur: Superintendens est hoc duntaxat nomine aliis (ministris) superior, quod plus laboris ac cu-

berühmten und geliebten Urhebers der „ersten umfassenden presbyterialen Kirchenordnung", dessen Fremdengemeinden lange den reformirten festländischen in ihren Einrichtungen als Muster galten, eine Vereinigung der bischöflichen Verfassung mit presbyterialen Elementen empfehlenswerth machen: so fehlte es andrerseits auch nicht an gewichtigen Stimmen unter den Reformirten, welche sogar die Landesherren als Inhaber dieser bischöflichen Gewalt anpriesen. Erinnern wir uns nur derjenigen schweizerischen und reichsstädtischen Gebiete, welche unter Zwingli's Einfluß sich kirchlich neu geordnet hatten: so war doch hier mit dem Züricher Consensus wohl die Genfer Lehre, nicht aber auch die dortige Kirchenverfassung siegreich geworden; vielmehr galt bei ihnen durchweg das Strafamt der christlichen Obrigkeit als genügender Ersatz aller Kirchenzucht, und war damit der Einzelgemeinde die Pflicht abgesprochen, sich eigne Organe für innere Leitung und Selbstzucht (Disciplin) zu geben. Ja noch mehr: wenige Jahre nur vor dem Weseler Convent war Friedrich III von der Pfalz, der fromme Fürst, auf

---

rae sustineat aliis omnibus non tantum (1.) in gubernanda ecclesia tota sed (2.) in defendenda illa adversus conatus omnes omnium adversariorum et (3) in unanimi omnium consensu in doctrinae controversiis retinendo; aber die Auslegung dieses Passus äußert sich sehr bestimmt: Primum: Superintendentis seu Inspectoris ministerium — Graeci *Ἐπισκοπὴν* vocant — esse divinam ordinationem in Christi ecclesia (act. 1, 1 Tim. 3.), per ipsummet Christum dominum inter ipsos etiam Apostolos institutam, dum Petro confirmandi reliquos fratres in fide provinciam peculiariter demandaret (Math. 28., Lucae 22., Joan, 20., 1 Petri 5); non quod Petro aliam ullam super reliquos Apostolos potestatem auctoritatemve dederit, quem admodum Papa romanus somniat, sed quod parem alioqui atque aequalem omnino aliorum omnium Apostolorum cum Petro potestatem certo aliquo sollicitudinis aliorum pro aliis ordine retineri in ecclesia oportebat, quemadmodum sanctus Dei martyr Cyprianus vere et praeclare docet. Was Cyprian gelehrt hat ist bekannt genug. „Der Apostel Petrus erscheint ihm als Repräsentant der Einen, in ihrer von göttlicher Stiftung herrührenden Einheit verharrenden Kirche, der Einen bischöflichen Gewalt, welche, obgleich unter viele Organe vertheilt, doch ihrem Ursprunge und ihrem Wesen nach nur Eine sei und bleibe." Neander.

welchen damals die Augen aller Reformirten hoffend sich richteten, der in seinem Heidelberger Katechismus ihre Lehre, in seiner Kirchenordnung ihren Gottesdienst anerkannt mustergültig ausgesprochen und eingerichtet hatte (1563), durch die Einsetzung seines landesherrlichen „Kirchenraths" (1564) dazu übergegangen die consistoriale Verfassung der lutherischen Kirchen nachzuahmen, den Gemeinden, und damit auch den Synoden, seines reformirten Landes ihre volle freie Bewegung zu beschränken.¹)

Trotz dieser verschiedenen, auf reformirtem Kirchengebiet vorhandenen, und, wie wir sehen, glänzend vertretenen, Anschauungen über Kirchenverfassung einigten sich die Theilnehmer des Convents dahin: ihren Volksgenossen die presbyteriale Ordnung des Kirchenwesens wie sie in Genf bestand, jedoch mit Beseitigung aller dort ihr anhängenden politischen Zuthaten, und unter Hinzunahme ihrer stufenweisen synodalen Entwickelung zu empfehlen. Zu diesem Ende entwarfen sie ihnen den Grundriß dafür; auf daß, wenn es bei günstigerer Zeit zur Berufung einer Synode käme, ihre Glieder vorbereitet darauf erschienen, und nur noch über die weitere Ausführung des Baues zu verhandeln wäre. Wie wichtig diese ihre Entschließung für die Entwickelung der niederländischen Kirche gewesen, wie sehr sie die noch ungeklärten Ansichten geleitet, die noch flüssigen Verhältnisse consolidirt hat, kann uns, wenn wir uns nur der bedeutenden Persönlichkeiten erinnern, welche sie vertraten, keinem Zweifel unterliegen; und wir verstehen es, daß die Conventsvorschläge, nachdem sie bei den Gemeinden bald Beifall und Eingang gefunden hatten, auf der folgenden Synode der niederländischen und ostfriesischen Kirchen unter dem Kreuz zu Emden (1571) in allen Hauptsachen angenommen, und auf den folgenden Provinzial- und Nationalsynoden (zu Dortrecht 1574 u. s. w.) trotz des Oraniers Widerstreben bestätigt, ausgebaut und endlich zum Abschluß gebracht worden sind.²)

---

1) Churfürstlicher Pfalz Kirchen- Raths Ordnung. de Anno 1564.

2) Die Beschlüsse des Weseler Convents sind gefaßt „ut a Belgii Ministris obsignentur," und wurden sogleich (dafür bürgt uns der Charakter seiner Glieder) überall hin an die Prediger und Freunde daheim und draußen versandt; vgl. den Schluß des Namensverzeichnisses der Unterschriebenen.

Den mächtigsten Einfluß übten diese Beschlüsse auf die, durch alle größeren Städte des clevischen Herzogthums zerstreuten, Schaaren der Geflüchteten, welche zwar meistens nicht so glücklich waren wie die in Wesel einen öffentlich anerkannten Cultus zu besitzen, aber alle doch sich schon in den Häusern ihrer reicheren Mitglieder einen verborgenen Gottesdienst eingerichtet hatten. Unter ihnen erblühte, im Anschluß an diese Anregung durch den Convent, welcher sie ungehindert Folge geben konnten, zum ersten Male auf deutschem Boden ein presbyteriales kirchliches Leben[1]), welches aus kleinen Haufen kleine Gemeinden bildete, ihre Glieder durch kirchliche Zucht verband, und in den Collegien ihrer Aeltesten bei aller Noth der Verfolgung Feuermauern um sie zog.

Die deutsche Gemeinde in Wesel hatte an dem Convent selbstredend nicht Theil genommen: — ist es doch nicht einmal zu erweisen, daß die Pfarrer der walonischen und niederländischen hinzugezogen worden sind. Wahrscheinlich hatte man sie nicht eingeladen um der gastlichen Stadt neue Verlegenheiten zu ersparen. Denn der clevische Herzog, bis dahin, trotz der sich widersprechenden Einwirkungen die auf ihn geübt wurden, immer human gesinnt, und für die kirchlichen Fragen (seit 1566) in evangelischer Neigung mehr als sonst erwärmt, ja mit seiner lang versprochenen Reformationsordnung (vom 12. Jan. 1567) bis auf die Hauptsache — die Publikation — fertig: war durch die höhnische und maaßlos verächtliche Art, womit Alba ihn behandelte (er dachte eine Zeitlang daran, das Herzogthum durch einen Spanier verwalten zu lassen!), dermaßen in Angst gesetzt worden, daß er durch Edicte gegen die flüchtigen Niederländer sich die Gunst dieses „Schelmen"[2]) zu erwerben suchte. Früher hatte er (noch 25. April 1567) der Stadt Wesel, weil es ihm immerhin ja bedenklich scheinen konnte, daß ein solcher Heerd von fremden Menschen und Interessen in seinem Lande

---

1) Das Consistorium zu Wesel hielt am 31. Juli 1569 seine erste Sitzung; Bruchstücke seiner ersten Consistorialordnung aus dieser Zeit bewahrt das W. K. A. (3, 1.). Jakobson hat (Urkunden, S. 74.) die spätere der deutschen Gemeinde von 1602 mitgetheilt.

2) So nannte er ihn als er zornig einmal seines Herzens Meinung über ihn offenbarte. s. m. Heresbach S. 195.

sich bildete, nur geboten: keine neu Einwandernden mehr zuzulassen, und in Betreff der Religion sich damit begnügt, nur die „Sacramentirer" zu bedrohn „die da meinen, daß Leib und Blut Christi nicht wesentlich sondern nur figürlich, bedeutlich oder gar nicht im Abendmahl sei". (10. Octbr. 1554; noch 9. Decbr. 1566); aber in der Albanoth wandten sich seine Befehle plötzlich wider die „Calvinisten" [1]) (5. Octbr. 1567) und forderten ihre gänzliche Vertreibung aus der Stadt (2. Jan. 1568).

Nicht lange konnten die mächtige niederländische Flüchtlingsgemeinde und die, in der reformirten Glaubensfassung allmählig ihr schon so befreundete, deutsche Kirche als zwei getrennte Gemeinden neben einander in der Stadt bestehn. Beide traten immer mehr in einen lebhaften Austausch, welcher damit endete, daß die deutsche Gemeinde ganz die kirchlichen Ordnungen der niederländischen annahm, ja sich in ihren synodalen Organismus als besonderes Glied einfügen ließ. [2]) Einen ganz gleichen Verlauf nahmen die Dinge in allen denjenigen clevischen Städten, wo niederländische und deutsche evangelische Gemeinden neben einander bestanden, je mehr der vom Schlag gerührte, verstummte und geistig geschwächte Herzog von einer spanischen Hofparthei sich leiten, und die Evangelischen seines Landes von Fremdlingen bedrängen ließ.

Die Synode von Emden (1571) vereinigte die niederländischen Flüchtlingsgemeinden im Gebiet des clevischen Landes als „Weseler Classe" zu einem eigenen Synodalverband der Kirchenprovinz „Deutschland", welcher somit auch den niederländischen Generalsynoden unterworfen wurde. Dies Verhältniß war so lange normal, als die Glieder dieser Gemeinden Niederländer waren, die auf fremder Erde nur als Gäste verweilten, und den Tag ersehnten, da sie wieder in ihr Vaterland zurückkehren könnten; es wurde aber um so mehr abnorm, je

---

1) Das Wort war bis dahin in der clevischen Hofsprache unerhört.
2) Es war um so eher möglich als Wesel auch für die politischen Unternehmungen der Flüchtlinge ein Stützpunkt wurde, und sie in immer größerer Zahl sich hier festsetzten. Am 15. Mai 1573 ließ Alba zu Grave sieben, für welche ihre Weiber von Wesel 700 Thlr. zu Ranzion gebracht, bei Nacht hängen. s. den Bericht Weiers aus Wesel bei Groen IV. 145.

mehr diese Gemeinden deutsche Glieder in sich aufnahmen, oder gar (nach der Rückkehr der Flüchtlinge) nur noch aus Deutschen, aus Unterthanen des clevischen Herzogs bestanden. Diese Verwandlung derselben vollzog sich in den meisten Städten und Städtchen unmerklich, weil allmählich; in Wesel allein plötzlich.¹) Als nämlich das „ewige Edict des beschlossenen Vertrags zwischen Don Juan d'Austria und den Ständen der Niederlande" die Brüsseler Union und den Genter Frieden bestätigt hatte (17. Febr. 1577), und den niederländischen Protestanten wenigstens in einigen Provinzen freie Uebung ihres Glaubens erlaubt war: zogen sowohl die französisch wie die holländisch redenden niederländischen Flüchtlinge, so weit sie nicht (wie die Mehrzahl der längst eingebürger-

---

1) Nachdem hier die reformirte Lehre gesiegt hatte, wurde auch im Cultus Stück für Stück umgestaltet. Den Chorrock legten die Pfarrer 1580 ab; die Einsetzungsworte des h. Abendmahls sangen sie seit 1608 nicht mehr; die Heiligenbilder wurden 1595 (3. März) aus den Kirchen genommen; statt des Altars wurde „der Tisch des Herrn" 1612 aufgestellt. S. m. Aufsatz über Wilden in der Zeitschrift des Berg. Gesch. Vereins II. 88. — Erst im J. 1575 (20. März; W. R. P.) findet sich das deutliche Zeugniß dafür, daß damals zu Wesel „Calvins und der Heidelberger Katechismus mehr galt als das Augsburger und Weseler Bekenntniß" und noch war damals diese Behauptung, von einem Gegner des Katechismus den vielen Freunden desselben ins Gesicht geworfen, nur eine Beschuldigung der Stadt. Davon, daß er öffentlich gebraucht wurde ist noch keine Rede. Alle Versicherungen, er sei frühe schon (sogar 1564) als Leitfaden des Unterrichts oder Bekenntnißbuch „öffentlich" angenommen oder „eingeführt" worden (vgl. auch Plitt in s. Aufsatz über die Bedeutung des Heidelb. Katechismus in den Studien und Kritiken von 1863) schweben grundlos in der Luft. Es ist dies viel später geschehn. Damals, und so lange sie die spanischen Räthe und Einflüsse ihrer clevischen Landesherren fürchten mußte, hatte die Stadt überdies allen Grund, den Schein als sei sie „calvinisch", zu vermeiden. — Der eigentliche Halt der Katholiken verschwand, als das Volk das Hochkloster vollends zerstörte (10. Juli 1587), welches die Spanier (in den Truchseß'schen Wirren) ein Jahr lang inne gehabt, und von wo aus sie die Stadt geängstigt hatten. „Die fremdbe spanische, italiänische, burgundische und andere mehr als barbarische Nationen (berichtete der Rath) hat darin ihren seß gehabt, und von hier aus tamquam ex spelunca latronum die Nachbarschaft beraubt, mit Morden, Brennen, — — schänden bedrängt." W. R. A. 144. 7.

ten Walonen) durch Handel, Gewerbe oder Familienbande an Wesel gefesselt waren in ihre Heimath zurück, die Stadt beschenkend und segnend „welche ihnen ein rechtes Vaterland gewesen, darum, daß sie in ihr hätten leben und sterben und mit ihren Bürgern Gott dienen können im Geist und in der Wahrheit." (24. Febr. 1578).[1]

Die „Walonen" behielten ihr eignes Gemeinwesen (bis 1806); die zurückgebliebenen Niederländer dagegen verschmolzen mit der deutschen Gemeinde der Stadt, und am 27. April 1579 nahm diese statt der früheren niederländischen an dem Classenconvente der niederländischen Gemeinden Theil.

So blieb den Weseler Lutheranern nur die Stiftung einer eigenen Gemeinde übrig. Früher hatte wohl der erste Stadtpfarrer Vels dem Rath erklärt „er begehre keine Calvinisten, Martinisten oder Lutheraner zu Gemeindegliedern; er lasse sich mit Christen genügen, die mit den Pfarrern sich zu Gottes Wort, den alten Lehrern und Symbolen, zur Augsburger Confession und deren Apologie, so wie zur Kölnischen Reformation

---

[1] Die Dankrede der Heimkehrenden an den Weseler Rath veröffentlichte zuerst der spätere Büdericher Pastor Strad (Pius exul i. e. oratio eucharistica etc. nunc in Latinum convertit Theod. Strackius Essendiensis, ecclesiae Borchariensis et Hernensis administer. Arnhemi 1630. — vgl. m. Herresbach S. 240); über ihren Abschied hat ausführlich gehandelt: Janssen in: Kist eu Royaards, archief V. bl. 309—460. Die zwei prächtigen silbernen Pokale, welche die Stadt von ihnen erhielt, sind bis heute erhalten. Der Deckel beider ist von einer Figur gekrönt, die mit dem Geusenbettelsack angethan, den Brabanter Bettelhut auf dem Kopfe, mit dem historischen Näpfchen und der Wasserflasche versehen, den Pilgerstab in der Hand hält; auf dem Wappenschild, darauf die andere Hand ruht, stehn auf dem Pokal der Niederländer die Worte: Hospes fui et collegistis me. Ma. 25., auf dem der Walonen: Conserva domine Wesaliam inclytam hospitium ecclesiae tuae. Die Dedicationsinschriften beider lauten gleichmäßig: Ampliss. sen. po.que Wesaliensi belgico Germani (Galli) propter puram evangelii professionem patria pulsi ob acceptum in persecutione hospitalitatis beneficium hoc grati animi testimonium d. d. anno exilii 11. et Chro. nato 1578. Der niederländische zeigt in getriebner Arbeit die Bewirthung Abrahams (1 Mos. 18), der Wittwe von Sarepta (1 Kön. 10), des Zachäus (Luk. 19), der walonische: Loth's (1 Mos. 18), der Wittwe von Sunem (2 Kön. 3), der Martha und Maria (Luk. 10).

des Bischofs **Hermann** bekennten (1572)"; als er aber noch im Jahre 1578 (Herbst) das bis dahin üblich gewesene Abendmahlslied „Jesus Christus unser Heiland"[1]), das den Leib des Herrn als „verborgen in dem Brod so klein" preist, verbot: brach der lang verhaltene Unwille der Lutheraner gegen ihn offen aus, und es begann damit ein langer, meist auf dem Papier geführter, Kampf zwischen den von der spanischen Hofparthei geschmeichelten „Heshusianern" und den „Calvinisten". Was die Väter vergeblich erstrebten gelang endlich den Kindern; am 29. April 1603 eröffneten sie, die bis dahin ihre Sacramente in Essen empfangen, ihre eigne kleine Hauskirche, und gruben in den Rand des Abendmahlskelches die Worte „Gemeinde **unveränderter Augsburgischer Confession**" so ein, daß der Communicant sie mit den Lippen berührte, wenn er die höchste Feier seines Glaubens beging.

Nicht viel später als zu Wesel vollendete sich die **Umbildung** der niederländischen in deutsche Gemeinden auch auf dem übrigen Gebiet des Clevischen Herzogthums, und leitete sich damit der gewiß beispiellose Zustand ein, wonach die evangelische Kirche **eines deutschen Herzogthums** in den Verband und in die Verwaltung der Kirche **einer fremden Nachbarrepublik** eingefügt war. Wäre sie es nicht gewesen, so würde es ohne Zweifel, wie die Sachen nun einmal lagen, während der Geistesschwachheit des alten Herzogs **Wilhelm** den spanischen Hofkabalen, und später (1592) den von Oesterreich bezahlten Räthen seines blödsinnigen Sohnes **Johann Wilhelm** gelungen sein, ihr ein Ende mit Schrecken zu bereiten: nun aber gelang es **ihr**, wenn auch unter Druck und Noth, eine „Kirche unter dem Kreuz" vor vielen anderen, sich gesunde Lehre und Verfassung in bessere Zeiten hinüber zu retten.[3])

Als das berühmte Herzogsgeschlecht mit **Johann Wil**=

---

1) Johannes Hussen Lied, gebessert durch **Marthinum Luther**.

2) vgl. die aus den Quellen gearbeitete, eben so lehrreiche als anziehende Geschichte der Ersten Weseler Classe . . gegen das Ende des 16. Jahrhdts von **Sardemann**. Wesel 1859.

3) Der Annalist W. **Teschenmacher**, welcher jener Zeit so viel näher stand als wir, hat in seinen noch ungedruckten Kirchenannalen den Beweis führen wollen und geführt, daß die Clevische Kirche ohne ihre Verfassung zertrümmert worden wäre.

helms Tode ruhmlos erlosch (25. März 1609), und der Kurfürst von Brandenburg Johann Sigismund sich von den clevischen Städten als Landesherrn huldigen ließ (16. Juni 1609): überkam und übernahm er damit zugleich die einzige in Presbyterien und Synoden verfaßte evangelische Kirche deutscher Zunge, welche bereits im folgenden Jahre (7. Sept. 1610), von der Kirche der Niederlande gelöst, ihre erste selbstständige Generalsynode (der Provinzen Jülich, Cleve und Berg) hielt, unter dem Schirm seiner Nachfolger sich weiter entwickelte, und endlich unter dem fünften Könige von Preußen Friedrich Wilhelm III ihre, im Feuer der Trübsal wie in guter Zeit Jahrhundertelang erprobte, Verfassung gewährleistet, und auf die ganze vereinigte evangelische Kirche Niederrheinlands und Westphalens ausgedehnt sah (5. März 1835).[1]

Hätte die Weseler Gemeinde nicht Stand gehalten, und hätte also die Clevische Kirche nicht nach ihrem Vorgang und Vorbild sich gestalten können: so würden auch die Brandenburgischen Fürsten für Deutschland nicht eine Kirchenpolitik inaugurirt haben, welche Frieden höher achtet als Streit, die Einheit beider evangelischen Confessionen behauptet weil sie auf diejenigen gemeinsamen christlichen Ideen zurückgeht, die die erste Hälfte der Reformationszeit beherrschten, und bei dieser ihrer Arbeit den freudigen Glauben zur Voraussetzung hat, daß ein barmherziger Gott die Sünden der Väter nicht über das dritte und vierte Glied hinaus heimsuchen will.

So hat die Saat, welche einst zu Wesel ausgestreut wurde, ihre Frucht getragen.

Die alte Clevische Provinzialsynode, dankbar dafür, daß Gott die Kirchen des Herzogthums aufwachsen ließ wie jene Bäume des gelobten Landes, welche um so frischer grünen sollen je mehr sie beschwert werden, grub in ihr Siegel drei Palmen, durch deren Zweige Kreuze schimmern. Möge überall, wo in unsern Tagen die Synodalverfassung der evangelischen Kirche sich ausbreitet oder wo für sie gekämpft wird, der Geist nicht fehlen, welcher dieses Symbol schuf!

---

[1] s. m. Vortrag über die Principien der rheinisch-westphälischen Kirchen-Ordnung. Bonn 1862.

Erster Anhang: die Synode von Wesel.

I. Das lateinische Protokoll derselben.
II. Erläuterungen dazu;
    1. der Text,
    2. die Unterschreiber,
    3. der Inhalt des Protokolls.
III. Deutsche Uebersetzung.

I. Acta Synodi,

Wesaliae inde a III die Novembris anni MDLXVIII habitae, quae Hagae Comitis asservantur, descripta.

Certa quaedam capita seu articuli quos in ministerio ecclesiae Belgicae Ministri eiusdem ecclesiae partim necessarios partim utiles esse iudicarunt.

Praecipit Apostolus Paulus ut in ecclesia Dei omnia fiant ordine et decenter: quo non modo unanimis ecclesiae in doctrina, verum etiam in ipso ordine et politica ministerii gubernatione constet et habeatur consensus. Ut autem earum rerum consimilis ratio in omnibus Belgicis ecclesiis servari possit, visum fuit haec subsequentia capita, de quibus apud optime reformatas ecclesias consultatum est, ordine proponere, quo ad salutarem ecclesiae fructum a Belgii Ministris unanimi consensu et obsignentur et observentur.

I. De Collegiis ac provinciarum Classibus.

1. Quandoquidem et ad constituendas rite ecclesias imprimis erit necessarium summam ac praecipuam adhiberi curam, ut pii docti et in Scripturarum cognitione praestantes viri, qui verbum Dei recte norint secare, ecclesiis praeficiantur Ministri ac pastores, ei rei linguarum disciplinarumque cognitionem ac explicandarum Scripturarum assiduas exercitationes (quas propositiones sive prophetias vocant) maxime conducere, nemo ambigit; et illis porro constitutis ad unum omnium consensum, tum in doctrina tum in ceremoniarum ac disciplinae ratione, quoad eius fieri potest, ineundum retinendumque omnino expediet frequentes vicinarum ecclesiarum conventus institui, ad quos de singulis rebus referatur: 2. ideo putamus quidem ante

omnia laborandum, ut et Collegia disciplinarum instituantur, in quibus doceantur tres linguae, ac imprimis theologiae sincera professio diligensque exercitatio vigeat, et simul Belgicae singulae provinciae in certas ac ratas Classes seu paroecias distribuantur, quo cuique ecclesiae constare possit, cum quibus graviora quaeque negotia quae ad publicam utilitatem spectare videbuntur, ei sint conferenda consultandaque.

3. Sed quia hoc tempore de istiusmodi rebus necdum quicquam decerni potest, antequam ipse usus rerumque experientia docuerit quae loca quibusque rebus futura sint maxime accommoda: propterea existimamus, posteaquam Dominus euangelii praedicationi ianuam in Belgio aperuerit, tum primo quoque tempore omnibus ecclesiis ecclesiarumque Ministris omni studio fore enitendum, ut ad cogendam Synodum provincialem totius Belgii nummi in commune conferantur, quo possit legitima Synodo statui, quid in iis aliisque rebus omnibus ad communem ecclesiarum constitutionem ordinisque quam pulcherrimi observationem sequendum erit. (⊙ pag. 2) 4. Ad eam putamus esse referendum de Collegiorum institutione, Doctorum honorariis, munere, autoritate, scholarum exercitiis theologicis, professionibus propositionum prophetiarumque observationibus, ceterisque omnibus ad eam rem pertinentibus; 5. ac item de provinciarum rata et aequabili per Classes seu paroecias distributione, de singularum Classium sigillatim atque omnium universim ratis conventibus eorumdemque ordine, ratione, autoritate, censura; 6. ac deinceps de causis matrimoniorum, de rationibus divortiorum, ac denique de omnibus omnino rebus, quae ad omnes ecclesias et commune ministerium generatim spectant. Nam quae omnes pariter attingunt, ea vel hoc tempore vel posthac per unam aliquam aut alteram statui ecclesiam, non adhibito ceterarum ecclesiarum, ad quas peraeque spectant, calculo, neque autoritati Scripturae nec aequitati legum est consentaneum.

7. Sin autem eiusmodi Synodus vel rerum vel temporum difficultate iniri omnino non poterit, tum censemus ex praecipuis quibusque provinciarum ecclesiis praestantissimos aliquot viros fore deligendos, qui tum distribuendarum Classium, tum Collegii instituendi ceterorumque difficilium negotiorum explicandorum, ac totius denique ecclesiae constituendae rationem quam

optimam, primum quidem pro se singuli, aut si videbitur bini
aut terni quique, perscribant, deinde vero in commune conferant,
et certam aliquam ex omnibus formulam concipiant, quae singularum atque omnium ecclesiarum calculo vel approbetur, vel
si quid erit correctione dignum, communi consensu corrigatur,
ac in meliorem formam reducatur.

8. Interea autem temporis, quandoquidem patefacta Dei
beneficio euangelii ianua cunctationi locus non erit, et tamen
ordo aliquis et decor in commune debebit observari quo tanquam
vinculo ecclesiarum communis consensus retineatur, videtur aliqua esse ineunda ac certis capitibus consignanda ratio: quam
pro se quisque in ea cui praefectus erit ecclesia tantisper se-
quatur, donec coacta Synodo rectius aliquid atque perfectius
constitutum fuerit.

9. Haec autem visa est nobis quam proxime accedere tum
ad Apostolorum doctrinam constitutionemque, tum ad vetustioris
puriorisque ecclesiae exemplar inculpatum: ut primum quidem
in iis omnibus rerum circumstantiis ($\odot$ pag. 3), quae cum natura sint adiaphorae, neque in Apostolorum doctrina exemplove
certum habent fundamentum nec denique necessariam aliquam
atque inevitabilem rationem, tum ad declinandam conscientiarum
tyrannidem, tum ad omnes dissentionum ansas praecidendas, nulla
praescripta formula, ecclesiarum libertas constringatur; sed liceat
id cuique sequi, quod res et usus quemque docuerit esse convenientissimum. Atque id quidem donec Synodo provinciali certi
quippiam in huiusmodi rebus sancitum fuerit. 10. Eiusmodi videntur esse in Baptismi quidem administratione semel aut bis aut
ter tingendi baptizati discrimen, idque num vel ante concionem
vel post fiat ascitisve certis testibus an commissa parentibus
ac toti ecclesiae baptizatorum cura; in Coenae vero celebratione
num mensae accumbatur, an stando eundove panis calixque por-
rigantur; an lectio Scripturarum an Psalmorum cantus, dum coena
fit, instituatur, et si quae alia sunt eiusmodi (de quorum libero
usu populum rudiorem diligenter si ita res postulat instituent)
quae nisi certis ac gravissimis de causis iisque totius provinciae
consensu approbatis, a cuiusque ecclesiae arbitrio removeri minime debent.

11. Quae vero alterius sunt generis, ut vel in Dei verbo,

vel in Apostolorum usu atque exemplo, vel iu ecclesiarum perpetua eaque gravibus ac necessariis rationibus subnixa consuetudine fundata sunt, in iis non temere a communi ecclesiarum consensu ac inveterato usu recedatur.

Ea autem propemodum omnia sequentibus hisce capitibus quam potuimus et absolutissime et compendiosissime complexi sumus.

Cum enim quatuor potissimum ministerii ordines in ecclesia autoribus apostolis proponantur, Ministrorum nimirum, Doctorum, Seniorum et Diaconorum, ad quos et verbi divini sincere administrandi et honestatis ac morum pauperumque cura pertineat: quibus deinde adiicitur sacramentorum ac disciplinae ecclesiasticae consideratio, quae coniuncta verbo Dei legitima sunt ecclesiae testimonia, sane iis rite constitutis nihil esse amplius putamus, quod in ecclesiae constitutione possit magnopere desiderari (☉ pag. 4).

II. De Ministris et Doctoribus.

1. Ac primum, ut ad verbi Dei ministerium ecclesiaeque qualemcunque ordinem, sine legitima vocatione, electione, ratishabitione iustoque examine et ordine legitimo nemo admittatur est prorsus necessarium.

2. Vocatio autem electioque legitima censeri nullo iure potest, nisi in qua et vocati ambitus et plebis impotentis ac temerariae inclinationes et Seniorum praefectorumque ambitiosum imperium, quoad eius fieri potest, excludantur. 3. Quod ut fieri recte possit, optandum sane fuerit, ut pius magistratus, maturo Seniorum iudicio ac prudenti delectui mutuam praebere velit operam. Ea enim ratione tuto possit plebis omne arbitrium in eorum coniuncta autoritate acquiescere. Quod cum sperari vix posse videatur, non putamus meliorem institui rationem posse, quam ut ecclesiae communis calculus ad Seniorum accedat autoritatem, idque in unaquaque ecclesia tantisper observetur, donec distributis Classibus Synodus censuerit plurium ecclesiarum Ministros ac Seniores ad unius electionem explorationemque debere convenire. Id enim si fiat non magnopere videntur ple-

.bis suffragia deberi desiderari cum Seniorum impotentiam (si quae fortasse, quod Deus avertat, irrepsisset) frenare possit plurium ecclesiarum autoritas. 4. Interea autem dum id confici nondum potest, ne iusto amplius imperium ac licentia Senioribus in plebem concedatur, censemus maturo eorum delectu probatos exploratosque duplo plures (si omnino haberi possint) esse plebi nominatim consignandos, ex quibus deinde per singulorum suffragia media pars electa in ministerii functionem adhibeatur. 5. Quibus tamen locis plebs ad electionem minus erit idonea, vel propter fidelium infrequentiam, vel propter hominum doctorum expertorumque inopiam, vel propter contraria partium studia, vel denique propterea quod nulli antehac Ministri nullaque ecclesiae constitutio iis locis fuerit: non putamus nisi accedente alterius eiusque praecipuae alicuius, et si fieri potest vicinae ecclesiae autoritate ac iudicio, in ministerium adscisci quemquam posse (⊙ pag. 5). 6. Interea censemus exemplo Apostolorum instituendum esse ieiunio precibusque solemnibus diem, quo plebis iudicio ac suffragiis simul et Seniorum delectui atque explorationi Spiritus sancti Deus adspiret auxilium.

7. Examen iustum partim doctrinam spectat partim mores.
8. In doctrina quatuor observare erit utile.

Primum, ut requiratur testimonium sive ecclesiae, sive scholae, aut etiam civitatis in qua antehac vixit, ut certo constare possit an cuipiam haeresi addictus fuerit an exoticis et curiosis quaestionibus speculationibusque otiosis plus aequo se oblectarit, an haereticorum libros studiosius quam par est legerit, hominumque fanaticorum et suis somniis indulgentium consuetudine multa usus fuerit. Deinde quaeratur ecquid per omnia consentiat cum ea doctrina quae in ecclesia publice retinetur secundum ea, quae confessione fidei, quae primum Galliarum regi per ecclesiarum illius regni Ministros, deinde etiam in vernaculam linguam conversa Hispaniarum regi ceterisque inferioris Germaniae magistratibus inscripta exhibitaque fuit, denique etiam Catechesi continentur. Tertio interrogetur de primariis quibusque religionis capitibus. Ac postremo proponantur ei ut minimum bis terve aliquot scripturae loca coram Ministris, si adfuerint, ac Prophetis seu Doctoribus vel (sin minus aderunt) coram Senioribus in prophetiae morem explicanda.

9. In morum exploratione testimonio eorum apud quos vixerit est acquiescendum.

10. Haec autem omnia (si ita a Synodo statutum fuerit) posthac in Classis seu paroeciae conventu Classibus distributis erunt peragenda. Ante id tempus vero non possunt nisi in cuiusque ecclesiae Consistorio confici: tamen quibuscumque erit commodum, ii quos cupiunt sibi asciscere Ministros in exteras ecclesias reformatas primum mittent, ut earum incorrupto iudicio et non suspectae examinationi tutius possint incumbere.

11. Iam ita exploratos populique suffragiis comprobatos Ministros censemus vel solis solemnibus precibus, vel manuum etiam impositione (quam liberam relinquimus) coram tota ecclesia more Apostolorum esse confirmandos.

Ea confirmatio fiet -vel ab eiusdem ecclesiae (si quis est) (⊙ pag. 6) vel a vicinae ecclesiae (si nemo in illa superest) Ministro cuius autoritas in electione examinationeque fuerit interposita.

12. Nec tamen antequam illi ipsi, a quo manus imponendae sunt, coram universa ecclesia sancte sese obstrinxerit, Dei dumtaxat gloriae propagandae, eiusque verbo sincere administrando ecclesiaeque aedificandae daturum operam, neque, ad suas privatas cupiditates Spiritus sancti oracula esse detorturum, neque a veritate vel gratia, vel pretio, vel metu, ne tantillum declinaturum, ac simul religiose observaturum receptas ecclesiae constitutiones quaecunque ad ordinem et tranquillitatem ecclesiarum spectant, ac denique officio pro virili functurum in exhortando, increpando, consolandoque ac docendo ubicunque opus fuerit, omni gratia ac personarum respectu procul excluso.

13. Ministrorum enim, quos et pastores et episcopos, nonnunquam etiam seniores seu presbyteros vocat scriptura, munus potissimum versari in verbo Dei annunciando ac rite secando, et ad doctrinam, exhortationem, consolationem, increpationemque, prout res fert, tum publice tum privatim accommodando, atque in administrandis sacramentis ac disciplina observanda est extra controversiam.

14. Ministris adiuncti sunt Doctores ac Prophetae, quorum unum quidem est docendi munus sed diversa functionis ratio.

15. De Doctoribus hoc quidem tempore nihildum potest statui, donec ipsa res ac tempus quid e re ecclesiarum sit eos qui Synodo aderunt plenius edocuerit. 16. Prophetas vocamus hoc loco eos, qui in coetu ecclesiae propositum Scripturae locum ordine exponunt, prout est a Paulo institutum; eosque a Ministris distinguimus, quod his proprie ac potissimum explicandi Scripturas docendique munus, illis multa praeterea alia, ut ante declaravimus, sunt imposita. 17. Quare iudicamus in omnibus ecclesiis, sive nascentibus sive vegetis, ubi qua ratione fieri poterit prophetiae ordinem ex Pauli instituto esse observandum, eoque instituendum Collegium Prophetarum: qui quidem constituto aliquo die singulis septimanis vel certe binis (☉ pag. 7) quibusque, vel a concione vel quovis commodissimo tempore coram ecclesia conveniant, ubi ad omnium aedificationem librum aliquem Scripturarum rato ordine vicissim explicent. Ubi autem is, cuius erunt partes, suas vices expleverit, licebit et iis qui subselliis eum insequuntur si quid visum erit adiicere quod ad aedificationem pertineat, ac tum demum concepta precatione ab eo cuius sunt praecipuae partes coetum claudere.

18. Illam autem nuper exortam prophetandi formam quae quaestionibus constat et responsionibus, ut et a Pauli instituto alienam et simultatum contentionumque persaepe occasionem, omnino devitandam censemus.

19. In hoc Prophetarum collegium cooptabuntur non modo Ministri sed etiam Doctores, ac ex Senioribus et Diaconis, atque adeo ex ipsa plebe si qui erunt qui cupient donum prophetiae a domino acceptum in ecclesiae communem utilitatem conferre: ita tamen ut prius habitis identidem propositionibus Ministrorum ac ceterorum Prophetarum iudicio sese probarint, et simul in universae ecclesiae conspectu, vel saltem apud eos penes quos est ius explorandi, promiserint Scripturam minime detorturos sed ad Dei gloriam et ecclesiae aedificationem quam sincerissime explicaturos, et ecclesiae censuram quae in Classium conventu futura sit non gravate subituros.

20. Prophetis autem et Doctoribus in Consistorio seu Senatu ecclesiastico locus erit quoties de doctrina vel ceremoniis aliqua inciderit controversia, cum spirituum ac doctrinarum probatio ad eos vel maxime pertineat. 21. Ad eosdem etiam, vel

certe ubi eorum non erit potestas ad Ministrum vel ad Seniores, censemus esse referenda dubia singulorum in ecclesia fidelium si quae occurrent. Et si ii nequeant satisfacere scripto comprehendantur, atque ad Ministrum, vel si ne ille quidem satisfacere poterit, ad Classis conventum deferantur. Plebis autem aures variis quaestionibus exagitandas turbandasque neque publice neque privatim censemus (⊙ pag. 8). 22. Porro in ratione tum concionandi tum prophetandi nihil potest cuiquam peculiare praescribi, nisi ut quisque pro dono Spiritus sancti accepto conetur Scripturam quam planissime explicare et ad auditorum captum stilo quam accommodatissimo ; fugiat autem omnem odiosam ac putidam affectationem, in quam multi multa otiose speculando, extra propositum Scripturae scopum divagando, variis et acutis allegoriis ludendo, ethnicis testibus ac persaepe etiam profanis fabulosisque historiis ad ostentationem producendis, patrum testimoniis studiosius quam par est conquirendis laudandisque, obscuritate vel sententiarum vel verborum affectanda, vel alia denique quapiam arte simili ad inanem ostentationem potius quam ad aedificationem comparata, non raro incidunt.

23. Referat vero omnia ad illa duo praecipua euangelii capita, fidem nimirum et poenitentiam. In illa Christi cognitionem, in hac veram vitae mortificationem vivificationemque tanquam unicum sibi scopum proponat, et conetur quam poterit maxime eos humani cordis sinus atque abdita involucra tum in falsis opinionibus atque haeresibus tum in pravis moribus redarguendis explicare. Neque crassa tantum scelera et manifesta flagitia insectetur: sed occultam etiam animorum hypocrisin conetur excutere, et impietatis, superbiae ac ingratitudinis seminarium, vel in optimis quibusque delitescens, in lucem trahere et quam poterit aptissime extirpare.

24. Cavebit etiam ne nimis prolixis concionibus auditoris et memoriam oneret et zelum obtundat fastidioque stomachum afficiat, et quidem maxime iis diebus, quibus est ad operas manuarias plebi concedendum, quibusque prophetiae locus est dandus. Quare studebit ad unius horae spatium orationem temperare. (⊙ pag. 9.)

25. Haec tamen omnia in cuiusque arbitrio et Spiritus sancti mensura ita relinquimus, ut sciant interea et pastores et

prophetae lenem ac modestam censuram in Classium conventu ultro ac libenter super hisce rebus sibi esse admittendam.

26. Sicubi autem in maioribus oppidis atque ecclesiis frequentioribus erit commodum omnino suademus privatas propositiones haberi, quibus se intra domesticos parietes exerceant ii, de quibus bona spes est posse aliquando ecclesiae Dei inservire publicaque munia capessere; idque praeside ac moderatore uno aliquo ex Ministris vel certe prophetis ac Doctoribus.

27. Unus ut minimum in hebdomade dies pro cuiusque ecclesiae commodo solennibus precationibus consecrabitur, quo vel ante vel post concionem peccatorum publica atque solennis confessio ac submissa deprecatio pro populo habeatur, quam quisque Minister, vel dictante Spiritu, vel si volet formula ecclesiae Genevensis, alteriusve cuiuspiam sibi proposita concipiet.

28. Quae autem sub finem concionis prophetiaeque ordinariae fient preces eae vel a Ministro vel Propheta quam aptissime ad argumentum in concione propositum accommodabuntur: et si fieri potest praecipua quaeque in concione explicata capita hic attingentur, ut ea ratione res ipsa in auditorum animis altius haerere possit, et simul quis sit Scripturarum in precando usus a rudibus intelligi.

29. Tantisper dum in concionem conveniunt, ne inanibus confabulationibus et animi distrahantur (☉ pag. 9) et verbi Dei ministerium afficiatur contumelia, non erit inutile primum quidem a Seniorum vel Diaconorum quopiam, vel quovis denique alio ad hanc rem constituto, unum aut alterum ex Scriptura caput ad populum legi, ac deinde pro more psalmos decantari.

30. Meminerint tamen lectores sui haud esse muneris Scripturam explicare: quare ab omni interpretatione abstineant, ne et falcem in alienam messem inmittant et intempestivis explicationibus ordinarium ecclesiae ritum interturbent.

31. In cantu ecclesiastico retinebuntur per omnes Belgii ecclesias psalmi a Petro Datheno conversi, ne varietate versionum quicquam minus concinnum minusque ad aedificationem pertinens interveniat.

32. In quibus ecclesiis erunt scholae, quibus sit musices peritus aliquis Scholarcha, is in psalmodia pueris praeibit ac pueros cetera deinceps turba insequatur. Ubi vero vel non erunt

scholae vel propter musices imperitiam scholarchis praeire non erit integrum, ibi erit utile unum ut minimum aliquem cantorem adhiberi, qui populi cantum moderetur, et in psalmodia praeeat, et quidem maxime si est musices ignarus verbi Minister.

33. Nec erit alienum in ecclesiis habere tabellas suspensas quibus breviter et dilucide perscripta sit psalmorum decantandorum ratio, et vulgaris canendi ars compendiose explicata, ne plebis canentis disphonia vel scandalum infidelibus vel ridendi argumentum praebeat.

34. Iis adiungentur aliae tabellae, quibus significabitur qui quoque die psalmi cantabuntur, ut possint, si qui volent, ante meditari quod erit canendum, nisi forte ab initio deinceps ordine continuo psalmos omnes canere (⊙ pag. 10) videbitur commodius. Quo enim ordine psalmi decantentur in cuiusque ecclesiae arbitrio stare debere existimamus.

III. De Catechismo.

1. Ministerii ac prophetiae muneri non abs re coniungimus catechisandi consuetudinem, quam ab Apostolis eorumque discipulis acceptam in omnibus ecclesiis observandam esse plane censemus.

2. Catechismi vero formulam in ecclesiis quidem Gallicanis Genevensem, in Teutonicis vero Heydelbergensem, potissimum sequendam ducimus: quam tamen usque ad futuram Synodum liberam relinquimus.

3. Tempus catechisandi quibusque ecclesiis pro loci ac rerum opportunitate sit liberum. Ratio hactenus usitata retineatur, omnisque adhibeatur diligentia, ut pueri quibus per aetatem licet catechismi verba non ad numerum syllabarum tantum discant recitare, sed etiam rem ipsam intelligere, eamque non modo memoriae, sed intimis etiam praecordiis mandare.

Quare non verba modo recitata, sed ipsam etiam rei substantiam a catechista plane ac dilucide expositam interrogabuntur. Eritque ante omnia opus in explicando catechismo sermone uti quam familiarissimo et vel ad puerorum captum accommodato: ac serio etiam commonefacere catechumenorum parentes et ludimagistros, ut eos domi et in scholis diligenter instituant, et quae in ecclesia proposita sunt assuescant etiam sua sponte ruminare et Scripturarum appositis testimoniis corroborare, 4. imprimis autem ad modestiam in templis et conventibus observandam eos instruant. Sane quicunque haberi se membra ecclesiae volunt, ii liberos suos quam primum aetas patietur catechisandos offerant, ut ab ineunte aetate in vera religione ac pietate possint institui. Qui recusabunt ecclesiae censurae procul dubio subiacebunt. (☉ pag. 12.)

IV. De Senioribus.

1. Sequitur ordo Seniorum sive Presbyterorum, qui a Paulo $\varkappa v \beta \varepsilon \varrho v \eta \sigma \acute{\varepsilon} \omega v$ i. e. gubernatorum, vel $\tau \tilde{\omega} v \; \pi \varrho o \ddot{\iota} \sigma \tau \alpha \mu \acute{\varepsilon} v \omega v$ i. e. eorum qui praesunt, nomine censentur, eoque Senatum ecclesiasticum sive Consistorium una cum Ministris constituunt. 2. Quare est extra omnem controversiam eorum munus in hoc versari, ut singuli suis paroeciis sedulo invigilent et domatim sibi commissos semel ad minimum in hebdomade, et quoties pro singularum ecclesiarum ratione ex usu erit invisant, maxime autem sub tempus Coenae celebrandae, deque eorum vitae ac morum integritate, pietatisque exercitiis, fideli familiae institutione ac pro familia mane ac vesperi concipiendis precationibus, et de eius generis similibus diligenter inquirant, placide et tamen serio moneant, et pro rei usu ac opportunitate vel ad constantiam hortentur, vel ad patientiam confirment, vel ad serium Dei timorem incitent: quique vel consolatione vel increpatione indigebunt consolentur atque increpent, et sicubi opus fuerit ad eos referant, qui secum fraternis correctionibus praeerunt, quibuscum una correctionem pro ratione delicti instituant; meminerint etiam omnes ac singulos in sua paroecia hortari, ut liberos suos ad catechismum mittant.

3. Ad eam rem exequendam necesse erit primo quoque tempore singulas ecclesias in certas paroecias pro multitudine et commodo fidelium ea loca incolentium dispertire, singulis paroeciis singulos praeficere Seniores, qui singulis septimanis die constituto in commune Consistorium referant ecquid omnia in suis paroeciis recte gerantur et ex sententia, et sese ita gerant, ut meminerint sibi non modo coram ecclesia sed coram ipso Deo animarum sibi commissarum reddendam fore rationem.

4. In partitione autem paroeciarum non tam consanguinitatis affinitatis aut mutuae consuetudinis, quam habitationis ac vicinitatis rationem haberi et Senioribus commodum et eorum functioni est accomodatum.

5. Seniorum eligendorum confirmandorumque eadem quae Ministrorum est ratio, nisi quod in examine non magna habetur ratio eorum quae proprie ad ministerium verbi pertinent, neque in confirmatione exterorum Ministrorum praesentia opus sit.

6. Summopere autem erit enitendum ut adsint ea quae Paulus requirit: vita nimirum inculpata, religio sincera, pietas eximia, pru-(⊙ p. 13)dentia spiritualis, ad quam rerum etiam civilium nonnullam cognitionem accedere erit apprime utile. Sed sint ante omnia ab omni ambitione gloriaeque cupiditate, adeoque ab omni ambitus suspicione quam remotissimi.

7. Electi spondebunt in Ministri manus coram ceteris Senioribus, vel etiam si commodum fuerit coram tota ecclesia, sese pro suo officio impugnaturos omnem idololatriam, blasphemiam, haereses, luxum ceteraque omnia quae cum Dei gloria ecclesiaeque reformatione manifeste pugnant: moniturosque diligenter ac fideliter eos qui curae suae commissi erunt pro quavis rerum occassione et opportunitate, et si quae digna videbuntur ad Consistorium relaturos, suoque officio functuros quam fidelissime: nulla vel gratia, vel pretio inductos iri, sed solius ecclesiae nominisque divini habiturus rationem: neque ullum imperium dominandique licentiam usurpaturos, sive erga Ministros, sive erga ecclesiam, neque ullas novas leges, pro suo arbitrio, introductoros: sed staturos constitutionibus ecclesiasticis ac synodalibus, et si quid novi exortum fuerit, quod accuratiore disquisitione indigeat, ad Classis seu provincialis paroeciae conventum relaturos, ut ibi quod ex re ecclesiarum erit communibus suffragiis statuatur; ac tum demum praeeuntibus solennibus precibus (nam hic quoque manuum impositionem liberam relinquimus) in ministerii functionem admittentur.

8. Sciant etiam Seniores munus suum etiam ad aegros invisendos consolandosque pertinere; quamquam et Diaconis pro sua vocatione ea cura incumbit ut aegros non modo rebus ad victum necessariis refocillent, sed etiam reficiant consolatione. Quare necessum erit a Senioribus aegrorum ac praesertim inopum

nomina Diaconis consignari quo possint illi suo officio rectius fungi.

9. Leges autem condere vel imperium exercere, sive erga Ministros collegasque sive erga ecclesiam, ac vel Consistorium seu senatum ecclesiasticum pro suo arbitratu cogere Ministris ignorantibus vel absentibus, sciant a suo munere esse quam alienissimum.

10. Quod si autem Ministris absentibus erit cogendum Consistorium, debebunt certe Seniores et occassionem indicti senatus et quid in eo gestum sit fideliter iis aperire. (☉ pag. 14.)

11. Si etiam erit aliquo Minister ablegandus, non debebit illud a Senioribus nisi convocato altero Ministro vel certe doctoribus ac prophetis decerni, eo quod illo absente in hos vel inscios vel invitos non debeat sollicitudo cadere.

12. Quoties autem communi consensu vel verbi Minister, vel alius quis publicum munus gerens aliquo ablegatus fuerit, aliove quopiam munere, quod sit ex usu ecclesiae, oneratus, debet hoc ipsum libenter et non gravate in se recipere ac promptissima voluntate exsequi, cogitans in Domini nostri Iesu Christi negotio se minime esse sui iuris; alioqui si fratrum vel Classis vel Consistorii iudicio stare renuerit, forma disciplinae ecclesiasticae cum eo agendum erit.

13. Quemadmodum vero multis de causis non utile tantum sed necessarium prorsus esse censemus, ut peculiari quodam libro acta Consistorii omnia per unum quempiam ex Seniorum numero ad hoc deputatum diligenter annotentur: ita etiam Diaconos recepta dispensataque omnia sedulo adscribere, Consistorioque singulis mensibus, vel quoties alioqui videbitur, rationes reddere verbo Domini omnino consentaneum est.

V. De Diaconis.

1. Diaconorum officium in eo esse, ut mensae inserviant i. e. pauperum inopiis succurrant et collectis eleemosynis necessaria administrent, Scriptura teste certissimum est.

2. Eorum electionem confirmationemque non alio ritu debere fieri quam qui in Senioribus est supra declaratus consentaneum est, nisi quod in examine maxime habebitur ratio fidelitatis atque

industriae, et potissimum cavebitur avaritiae nota. Per omnia autem observabitur ratio a Paulo praescripta 1 Tim. III. 3. Debent etiam diligenter commonefacere eos quibus per facultates licet, ut ecclesiae inopiae et necessitati pauperum subveniant.

4. Eorum numerum in singulis ecclesiis non posse hoc tempore praescribi, cum circumstantiarum sit habenda maxime ratio, existimamus. (☉ pag. 15.)

5. Atqui in maioribus praesertim civitatibus Diaconorum duo genera institui non erit alienum, quorum alii eleemosynis colligendis distribuendisque operam dabunt, et simul pauperibus bona legata si quae fuerint ea curae habebunt, ut rite ab haeredibus erogentur et legatariis fideliter distribuantur, 6. alii potissimum aegrorum, sauciorum, captivorumque curam gerent: quos erit necesse praeter fidelitatem atque industriam etiam dono consolationis et verbi cognitione non vulgari esse praeditos, et sedulo a Senioribus inquirere num qui sint in paroeciis aegri atque infirmi qui consolatione sustentationeve indigeant.

7. Quicunque lecto aegri decubuerint ii suam valetudinem per Diaconos sive Seniores Ministro verbi indicent: ut si opus fuerit vel accedat ipse aegrumque verbo Dei consoletur, vel eam provinciam senioribus vel diaconis mandet, ubi ei per alia publica et maioris momenti negocia minus erit integrum. 8. Advenarum etiam ac peregrinorum rationem haberi iubet caritatis ratio. 9. Quare Diaconorum erit diligenter de Senioribus aliisque ecclesiae membris exquirere num qui fideles advenae seu peregrini in ea loca venerint ut eis hospitalitatis beneficium et reliqua fidelis ac christiana opera praestari possit, et si sint inopes etiam necessaria subministrentur. Eorum autem curam ad prius Diaconorum genus pertinere est extra dubium.

10. Quibus locis erit opportunum existimamus etiam mulieres spectata fide ac probitate et aetate provectas ad hoc munus, Apostolorum exemplo, recte adscisci posse.

11. Providebunt etiam Diaconi an ecclesiae viduis pupillisve alicunde vis vel iniuria sit illata, et si quid resciverint referent ad Consistorium: quo statim certi aliquot delegantur qui pro rei qualitate curent a magistratu ius reddi.

12. Iam porro necessarium erit praeter hos Diaconos alios etiam viros bonos ac spectatae fidei ac probitatis magno delectu

conquiri qui colligant Ministrorum stipendia ceteraque quae ad usum ministerii erunt necessaria. (⊙ pag. 16.)

13. In quibus meminerimus etiam ea quae ad congregandas Synodos, ad ablegandos ubi erit necesse vel ministros vel quosvis alios ad necessaria ecclesiae negotia, et simul quaecunque ad templorum sive basilicarum structuram pertinebunt, 14. quamquam in maioribus civitatibus, ubi omnino poterit, haec munia etiam distingui satius esse ducimus, ac Ministrorum curam a ceterarum rerum sollicitudine disiungi. Verum haec in Synodo commodissime decerni poterunt, cui etiam scholarum curam constitutionemque relinquimus.

15. De constituendo porro Argentario aliquo sive Quaestore, de reddendis Consistorio tum accepti tum expensi rationibus, deque iis quae ad hanc rem pertinebunt debet a singulis ecclesiis, pro cuiusque ratione et modo, posthac statui vel certe a Synodo in genere aliquid decerni.

16. Senioribus autem ecclesiae facultatum, qualescunque tandem sint aut undecunque obvenerint, erogationem administrationemque ab eorum munere ducimus esse penitus alienam.

17. Praeter eas quae quotidie accidunt difficultates ipsa etiam res clamat Seniores et Diaconos, qui in vocatione sua aliquamdiu fidi extiterunt, non nisi magno rei domesticae dispendio hoc ipsum facere: proinde utile censemus, ut quotannis nova eorum fiat electio; ita ut exacto anno vel sex mensibus (prout res et opportunitas postulabunt) dimidia pars ab officio relaxetur atque alii in eorum locum deligantur qui cum reliquis adhuc remanentibus ecclesiae praeficiantur; ita tamen ut liberum sit Consistorio Seniores et Diaconos maxime idoneos et promptae voluntatis rogare et precari, ut dimidium vel integrum subsequentem annum (prout Consistorio videbitur) ecclesiae in sua vocatione inserviant.

18. Publica persona ut minister seu pastor, doctor, senior, ludimagister aut diaconus ecclesiam cui inservit minime deseret sine legitima causae cognitione et interposito totius Classis seu paroeciae (postquam in paroecias divisae erunt provinciae) iudicio, neque vicissim ecclesiis erit liberum suum vel ministrum, vel doctorem, senioremve etc. destituere, nisi paroeciae Classisve provincialis consensus intercesserit.

19. Nec tamen Classium conventibus quicquam iuris hac in re concedendum putamus in ullam ecclesiam eiusve Ministros, nisi illa ultro consentiente, ne suo iure et autoritate invita privetur ecclesia. (☉ pag. 17.)

VI. De Sacramentis;
ac primum de baptismo.

1. Sacramenta quia sunt cum verbi administratione individuo nexu copulata, ad Ministrorum officium pertinere nemo ambigit. Quare non censemus ab alio quam a verbi Ministro baptismum rite conferri posse.

2. Administretur autem baptismus forma usitata, et in ecclesiasticis constitutionibus expressa; et quidem non alibi, neque alias quam in ecclesiae conventu sub concione et catechismo, nisi fortasse initio nascentis ecclesiae infirmorum quorundam rationem haberi erit necesse, et in eorum gratiam ad evitandum scandalum pueros valetudine afflictos domi baptizare. Quod ipsum tamen non conceditur nisi praesentibus, ut minimum, quatuor vel quinque fidelibus, et quidem tantisper donec Synodi decreto aliter cautum fuerit.

3. Testium autem particularium (quos compatres vulgus vocat) usum et tingendi formam liberam relinqui debere iam antea diximus.

4. Atqui parentes et testes, qui ad baptismum pueros afferent, iis verbis quae in forma baptismi expressa sunt interrogabuntur.

5. Nomina infantium parentum ac testium publicis tabulis consignari tum ecclesiae tum reipublicae maxime conducere in confesso est. Quibus etiam seorsim eorum nomina adscribi poterunt qui post editam in ecclesia confessionem in Christo moriuntur.

De coena Domini.

6. Coenae celebrandae tempus ad populum referri ante quartum decimum diem putamus esse perutile, tum ut singula ecclesiarum membra sese mature praeparare, tum ut Seniores in obeundis paroeciis officio suo rite fungi possint.

7. Nemo autem ad coenam dominicam admittatur nisi qui fidei confessionem antea ediderit et se disciplinae ecclesiasticae subiecerit.

8. Qui ad coenam admitti cupient octiduo ante praestitutum coenae diem nomina apud Ministrum edent, et mox Seniorum uni aut pluribus pro ratione paroeciae (⊙ pag. 18) ac numero personarum negocium a Consistorio dabitur ut sedulo ac diligenter de eorum anteacta vita inquirant et ad Consistorii cognitionem quod acceperint referant, ut si quid obstet, quo minus recipi debeant, mature intercedatur, sin minus ad fidei examinationem procedatur.

9. Eam autem propter multas causas publice fieri debere haud necesse ac ne utile quidem iudicamus: sed privatim coram Ministro et Doctoribus ac prophetis, vel si minus eorum potestas fuerit, coram aliquot Senioribus et Ministro instituatur secundum ea quae in constitutionibus ecclesiasticis proponuntur.

10. Pueros autem qui ex catechumenis excesserunt non erit alienum coram universa ecclesia examinari secundum brevioris catechismi formam, cui etiam adiungentur maioris catechismi summa capita: idque octiduo ante constitutum coenae diem.

11. Qui autem erunt rite examinati, sive pueri sint sive adulti, ii sistent sese ecclesiae pridie eius diei quo celebranda est coena, et propositis fidei ac religionis primariis capitibus eorum assensio postulabitur; et simul subiicient sese ecclesiasticae disciplinae eorumque nomina publicis tabulis adscribentur, atque tum demum ad plebem referentur ut si nihil causae obstet possint postridie ad mensam dominicam admitti.

12. Panis fractionem, quia est a Christo manifeste instituta et ab Apostolis totaque vetustiori ecclesia non sine gravissimis causis observata, necessariam esse omnino censemus.

13. Verba coenae quae in constitutionibus ecclesiasticis proponuntur, quia sunt et cum institutione et cum manifesto Christi praecepto et denique cum Pauli declaratione quam maxime consentanea, putamus plane esse retinenda. 14. Communem vero panem, non peculiarem aliquem aut azymum, aut aliud quid superstitionis recipientem putamus in omnibus ecclesiis esse usurpandum.

15. Sedendo vero aut stando coenam celebrari, et dum ea

celebratur vel Scripturam legi vel psalmos decantari indiscriminatim posse existimamus.

16. Tempus autem celebrandae coenae unum aliquod omnibus (☉ pag. 19) ecclesiis praescribi nondum potest donec in Synodo quid ex communi usu ecclesiarum sit dispectum fuerit.

17. Providendum autem est, ne tempore celebrandae coenae conciones in eas horas extrahantur quae coenae conficiendae dari debent, ut habeatur populi ac praesertim mulierum praegnantium ceterorumque valetudine affectorum ratio.

VII. De matrimonio.

1. Matrimonio copulandorum nomina ternis diebus dominicis pro suggesto ad populum edi et usus rerum et experientia quotidiana debere testatur.

2. Antea vero quam haec nominum editio fiat sistent se una cum parentibus aut curatoribus Ministro et duobus suae Classis Senioribus, ut de iis quae necessaria esse existimabuntur possint interrogari. Quo facto eorum nomina tabulis publicis consignabuntur.

3. Quovis die indiscriminatim matrimonia celebrari possunt modo eodem die concio ad populum habeatur, exceptis tantum ieiunio sacratis diebus quibus est potissimum precationi et luctui incumbendum.

4. Caetera quae ad matrimoniorum rationem et considerationem divortiorum spectare possunt, putamus in Synodo esse sigillatim discutienda.

VIII. De disciplina.

1. Omnino vigilandum est ne ulla nascens ecclesia neglecta disciplina ecclesiastica instituatur. Quam enim illa sit et salutaris et necessaria ipsa Christi domini et Apostolorum tum institutio tum doctrina atque etiam apostolicae totiusque vetustioris ecclesiae usus et ipsa denique quotidiana rerum experientia luculenter docet. 2. Ac proinde neminem ad verbi ministerium admitti debere aequum est nisi qui hanc disciplinae rationem tueri retinereque paratus fuerit.

3. Disciplinam censemus constare tum censura doctrinae (⊙ pag. 20) sive religionis ac morum, tum correctione legitima, tum etiam excommunicatione in qua potissimum versatur potestas clavium a Domino ecclesiae data.

4. Religionis ac morum censuram quod ad singula ecclesiae membra attinet debere ad senatum ecclesiasticum, Seniorum inquam conventum, adhibitis Ministris, Doctoribus ac Prophetis si qui fuerint spectare, est extra controversiam. 5. Ad quos enim cuiusque rei cognitio pertinet eosdem a iudicio et censura excludi praeter omne ius et fas esse omnes vident. Quare proprie quidem doctrinae censura ad Ministros et Doctores, morum vero ad Seniores videtur pertinere; sed debent procul dubio utrobique mutuas praestare operas.

6. Iam cui censura relinquitur apud eum correctionis arbitrium stare est procul dubio rationi et aequitati consentaneum. Quare ad Consistorii iudicium hanc causam pertinere putamus esse quam convenientissimum. 7. Proinde si quis aliena dogmata et haereses clam palamve sparserit, eius nomen a Senioribus ad Consistorium referatur: eo vocatus moneatur, et si se ecclesiae iudicio submiserit in gratiam recipiatur, sin autem iterum ac tertio monitus animum pertinaciter obfirmarit a fidelium communione arceatur; 8. eodemque modo si quis ecclesiae ordinem conventumque superbe fastidierit ac identidem monitus minime resipuerit, huic ecclesiae communio interdicatur.

9. In morum autem censura correctioneque Christi institutio per omnia observetur, ut in criminibus occultis et a publico scandalo remotis nemo ad ecclesiae iudicium trahatur, nisi obstinato animo saepius repetitas monitiones fastidiose reiecerit; delatus autem ad Consistorium serio moneatur, et nisi resipuerit tanquam putre membrum abscindatur.

10. In publicis autem et cum aperto scandalo coniunctis criminibus Consistorii senatusve ecclesiastici autoritas primo quoque tempore interponatur, monendo primum placide et in gratiam recipiendo si paruerit, sin minus excommunicatione feriendo (⊙ pag. 21).

In atrocibus porro flagitiis ac sceleribus etiamsi monitioni obtemperaverint, tamen a communione in certum aliquod tempus suspendantur donec resipiscentiae specimen ac testimonium luculentum praebuerint. 11. Liceat autem, si quis se hac via vel alia quavis ratione iniuria affectum putet, a Consistorii sententia ad Classium (postquam erunt institutae) iudicium appellare, et rursus a Classium decisione Synodi auxilium implorare; et sane eiusmodi tergiversatio ac recusatio agnoscendae culpae pervicaciae nota non carebit.

12. Atqui in Ministris ac Senioribus paulo aliam observari rationem aequum est ne facile pateant calumniis, nisi forte (quod avertat Deus) publico aliquo scelere ac flagitio sese contaminarint. Tum enim quam primum, non exspectato Classis iudicio, cum ignominia ac dedecore ab officio movendos esse nemo dubitat. 13. Sin autem crimine aliquo occulto tenebuntur referatur ad conventum Classis censura, in quo singulorum Ministrorum Seniorumque diligens exploratio habeatur et quomodo se quisque in officio gesserit, iis egredi iussis sumtoque a ceteris iureiurando neminem proditurum quid aut a quo quicquam dictum sit, diligenter inquiratur, et si monitione videbitur indigere revocatus in conventum moneatur, sin reprehensione castigationeque reprehendatur et pro criminis magnitudine vel levitate castigetur.

14. Porro crimina quae in Ministris tolerari nequaquam debent ea fere sunt istiusmodi: haereses, schisma, manifestus ordinis ecclesiastici contemtus, blasphemia manifesta et animadversione civili digna, simonia, inhonestus ambitus ad alterius locum invadendum, desertio sui muneris suaeque ecclesiae sine legitimo consensu ac vocatione, crimen falsi, periurium, scortatio, furtum, ebriositas, vis armata, omnisque vis correctione civili digna, foenus illicitum, alea, ceterique ludi inhonesti ac legibus interdicti, manifesta affectatio tyrannidis in ecclesiam et collegas: ceteraque alia eiusmodi quae vel inurunt infamiam vel separationem ab ecclesia in aliis merentur.

15. Alterius vero generis crimina sunt quae tolerantur quidem, sed tamen reprehensioni ac censurae sunt obnoxia. Qualia sunt inanis quaestionum inutilium curiositas (⊙ pag. 22), aliena et affectata Scripturas pertractandi ratio quae scandalum pariat auditoribus (qualis est eorum qui vel suis speculationibus plus aequo indulgent, vel allegoriis intempestivis ludunt, vel denique aliena vel a scopo vel a dignitate Scripturarum ad ostentatio-

nem ingerunt), novi quippiam et quod sit prorsus inusitatum in ecclesiam pro libidine invehere, in studiis et Scripturarum lectione manifeste negligentem esse, in vitiis castigandis plus aequo remissum se praebere et adulationi quam proximum esse, in ceteris denique rebus quae officii sui sint nimis esse lentum ac socordem, scurrilitas seu facetiae indecorae, mendacium, detractio sive maledicentia, sermones impuri, verba contumeliosa, temeritas, dolus malus, manifesta avaritia, ambitio et inanis gloriae cupiditas, praeceps ac immoderata iracundia, dissidium in familia, odia et rixae, obiurgationes plus aequo acres ac immoderatae, omnis immoderatus luxus in habitu, mensa, ceterisque rebus qui verbi divini ministrum dedeceat, occulta affectatio imperandi ac tyrannidem in ecclesiam vel collegas exercendi.

16. In prioris generis criminibus qui convictus erit ab officio in consessu Classis removebitur.

17. In ceteris vero fraterna admonitio ac lenis castigatio adhibebitur ab iis qui in Classis conventum erunt vocati. Quam si iterum ac tertio repetitam respuerit, referatur ad Classium comitia sive ad Synodi iudicium, atque ibi quod erit e re et commodo ecclesiae constituatur.

18. In levioribus porro vitiis quae ne iudicio quidem consessus digna videbuntur servetur ea quae est in ceteris omnibus a Christo praescripta ratio.

Ut autem hic ordo censurae commodius observetur, putamus fore utile, ut in binos vel ut minimum in ternos menses Classis cuiusque conventus habeatur, in quibus de huiusmodi rebus diligens fiat exploratio. 19. Totius autem provinciae Classes semestri intervallo convenire non foret inutile, ac in singulos denique annos totius Belgii provincialem Synodum institui. Sed de iis quia nihil constitui potest in arbitrio Synodi censemus esse relinquenda (⊙ pag. 13).

20. Videtur etiam fore utile ne hi singularum Classium conventus ad censuram instituti uno semper loco habeantur, sed potius ut persaepe loca varientur, tum ut ecclesiarum alterius in alteram dominatio impediatur, tum vero vel maxime ut singularum ecclesiarum explorationi eo diligentius qui conveniunt possint invigilare, et qualis cuiusque sit ordo tum in verbi doctrina tum in ceremoniarum et disciplinae ratione, et denique

an Seniores ac Ministri suo officio probe ac sedulo fungantur sigillatim exquirere.

21. Postremo si quid singulare in ecclesia aliqua sit, quod ad ordinem et rectam ecclesiae constitutionem pertineat, liberum erit unicuique ecclesiae id sequi quod maxime ad aedificationem erit accommodum, habita semper circumstantiarum diligenti ratione, ut ipsum ecclesiae corpus in unitate s. Spiritus ac vinculo pacis continuo cursu retineatur.

22. In his autem capitibus constituendis, quae pro ecclesiarum Belgicarum incolumitate et uniformi atque aequabili constitutione hactenus perscripta sunt, publice et coram Deo ac hominibus testatum volunt esse qui his colligendis operam dederunt Ministri, nullo aliarum ecclesiarum praeiudicio id a se factum esse, sed tantum habuisse rationem temporis, locorum, personarum, ac ceterarum circumstantiarum pro quibus quid ecclesiis Belgicis conducat vel non conducat summa cura ac diligentia (implorato prius divino auxilio) exquisiverunt; et ita rem temperarunt, ut, si contingat dominum nostrum Iesum Christum uberiorem gratiae suae fructum Belgio posthac aliquando concedere, tam quod ad magistratus piam reformationem attinet quam quod ad ecclesiae proventum spectat, haec ipsa capita latius extendere, et pro re ac tempore vel augere vel minuere vel quae videbuntur immutare liceat.

Actum Wesaliae 3º Nouembris anni 1568.

Petrus Dathenus fubfcripsit.
Hermannus Moded.
Cornelius Walrauen.
Her:m: Moded nomine Jacobi Michaelis.
Johannes Lippius.
Godefridus Piftorius.
Guilielmus Zulenus Nyenueldius.
Retrus de Rycke.
Joannes Afperenfis.

Joannes nomine Hermanni Millenii. (☉ pag. 24.)
Ita eſt Joannes Maſius.
Joannes Wicodurſtadius.
Hermannus Vander Meere.
Gerardus Larenius.
Joannes Woudanus.
Cornelius de Vos.·
Gerardus Culenborganus.
Gerhardus Venradius.
Adrianus Voſſius.
Jacobus Richoboſcus.
Ego Johannes Lippius ſubſequentium nomine signo ad hoc
                requiſitus.
    Caſparus Coelaes.
    Philippus Raeſuelt.
    Hermannus Rachemius.
    Cornelius Egidij.
Petrus Dathenus Joannis Oſtendorpii nomine ſubſcripſit.
Leonardus Panhuſius.
Albertus Goudrianus.
Christianus Sinapius Venlo.
Ludouicus Sanarius Eeclomenſis.
Georgius Okamus Syluanus.
Joannes Cubus.
Henricus Michael.
Johannes Gelonius.
Franciſcus Franckennus.
Philippus Marnixius.
Hubertus Buſſeurs.
Cornelius Poppius.
Simeon van Haboſch.
Joannes Houe Bergenſis.
Jacobus Pontifortius alias Sterckebrugge.
Jacobus Laubegeois.
Christophorus Becanus.
Cornelius Rhetius.
Caſpar van Bygaerden Bruxellenſis. (☉ pag. 25)

Defe naervolghende perfoonen de lecture der ouerghezette copie hen ghedaen zynde hebben oec onderteeckent
Reynier de Peftere.
Gooris vanden Bogaerde.
Jan van de Zomere.
Jan van Winghene vuer my feluen en
Matthys van de Loo.
Pieter van Hoorebeke.
Chryftoffels wut Waes.
Jacobus Miggrodius.
Cornelius Sprunzers.
Abraham Rouffau.
Jan Mouell.
Joos Faes.
Pieter Bunters.
Cornelis Franckx.
Joannes Gastercomius.

Nomine Anthonii Algoet, Miniftri eccl. belgicae. et
Nomine Caroli Rycwart. eiufdem eccl. Miniftri apud Norwicenfes
Herm: Moded, requifitus, fubfcripfit. (☉ pag. 26).

Joannes Cubus, nomine Laurentii Bruninck, alias Bruxellenfis, et
Chriftophori Lautfochtii Brugensis.

II. Erläuterungen zu dem Protokoll der Synode.

Drei Dinge nehmen bei diesen Verhandlungen unsre Aufmerksamkeit in Anspruch, und erheischen, wenn wir verstehen wollen, was wir in ihnen besitzen, eine genauere Untersuchung: 1. der Wortlaut des Textes, worin sie auf uns gekommen, sodann 2. ihre Unterschreiber, endlich 3. ihr Inhalt[1]).

1. Der Text.

Bisher war der lateinische Text nur in einer fehlerhaften Recension bekannt. Das Archiv der evangelischen (früher reformirten) Gemeinde zu Wesel nämlich besitzt denselben, unter dem auch sonst gewöhnlichen Titel Acta Synodi Wesaliensis, in einer Abschrift von der Hand des Dortrechters Johannes Gysius (aus dem Jahre 1639). Als der Gelehrte der Weseler Gemeinde das, sie so sehr interessirende, Schriftstück in dieser Gestalt übersandte, that er was er konnte, denn seine Handschrift zeichnet sich durch Regelmäßigkeit und Schönheit aus. Da aber der von ihm dargebotene Text durch zahllose Fehler entstellt ist, können wir nur annehmen, daß er seine Copie nicht von einer Urschrift (die er richtiger gelesen haben würde), sondern von einer mangelhaften Copie derselben, welche von einem des Lateinischen nicht genugsam Kundigen herrührte, genommen, und er sich nicht für berufen gehalten hat auch nur die am meisten sinnentstellenden und leicht zu ändernden Lesarten zu verbessern. Die von ihm am Schluß mitgetheilte Liste der Unterschriebenen aber zeigt, daß die Copie, welche er abschrieb, nicht in derselben Weise unterzeichnet gewesen ist, wie die sogleich zu besprechende, in Haag aufbewahrte und vorstehend abgedruckte Urschrift. Denn abgesehen davon, daß der Name des J. Woubanus bei Gysius

---

[1] Ueber den, auf den vorhergehenden Blättern gegebenen, Abdruck der Acten, mit dem Wort certa anhebend, bemerke ich: daß derselbe nach dem in 'sGraavenhage aufbewahrten (einzigen) Manuscript besorgt ist, indem nur die darin sich findenden offenbaren Versehen sowie die fehlerhafte Interpunktion verbessert, die jetzt gewöhnliche Orthographie angewendet, die Seitenzahlen des Originals in Parenthesen eingefügt, auch die in Holland hergebrachte Bezeichnung der Abschnitte durch römische und arabische Ziffern, welche das Original nicht kennt, um nicht unnöthige Schwierigkeiten bei der Vergleichung zu machen, darin eingetragen worden ist.

fehlt, was immerhin auf Rechnung eines Versehens gebracht werden könnte: so bricht bei ihm auch das Verzeichniß der Unterschreiber vor dem Namen Jac. Miggrobius ab¹), also daß dasselbe zehn Namen weniger als das Haager Exemplar enthält. Dazu kommt noch, daß die im Haager Original, auffallend und unpassend, oben an der Spitze der letzten Seite (S. 26), obwohl die vorhergehende noch zum Dritttheil leer ist, stehende Unterschrift des J. Cubus für zwei seiner Freunde in dem Text des Gysius passender gleich an die von Cubus für sich selbst geleistete Unterschrift sich anschließt²). Wir können deshalb nur vermuthen, daß derjenige Text des Protokolls, dessen durch **Unkenntniß der Abschreiber verstümmelten** Wortlaut die Abschrift des Gysius darbietet, die Unterschriften unvollständiger, diejenigen des Cubus aber in natürlicherer Reihenfolge dargeboten hat, als das auf uns gekommene Original.

Nach dieser Weseler Copie des Gysius ist der Text von L. J. F. Janssen³) als Anhang zu einer Arbeit über die niederländischen Reformirten des 16. Jhdts. im clevischen Lande mitgetheilt; und es blieb Richter, als er seine reiche Sammlung von Kirchenordnungen herausgab, da über die Sache inzwischen nichts veröffentlicht war, nur übrig, denselben unverändert nach Janssen, mit allen seinen, der Unkenntniß entsprungenen, Fehlern und Unverständlichkeiten zu reproduciren⁴). Der Auszug, welchen Jacobson⁵) mittheilt, ist ebendaher entnommen.

Welche Gründe Janssen verhindert haben, statt aus der ausländischen trüben Weseler Quelle zu schöpfen, den Text nach dem Originalprotokoll zu reproduciren, besonders da er aus 'sGravezande (a. a. O. S. 226) wissen konnte, daß dasselbe in seinem Vaterlande, in Haag, sich befand, wissen wir nicht. Genug daß Diejenigen, welche für das Gebiet kirchlichen Lebens, dem die Weseler Synode angehört, sich interessirten, sich lange, wenn sie auf dieselbe stießen, in der Ent=

---

1) Ebenso bei Renesse, dem Uebersetzer der Verhandlungen (1664) und den von diesem abhängigen Trigland und Ens.

2) Joannes Cubus. Idem nomine Laurentii Bruninck etc.

3) Archief voor kerkelyke Geschiedenis etc. van Kist en Royaards. Leiden 1834. V. deel.

4) Die evang. Kirchenordnungen des sechszehnten Jahrh. Weimar. 1846. Zweiter Band, von S. 310 an.

5) Urkundensammlung zu seiner Geschichte der Quellen des ev. Kirchenrechts im Rheinland. Königsberg. 1844.

sagung zu üben hatten. Nur die Niederlande waren darin bisher günstiger gestellt, indem dieselben seit 1664 eine holländische Uebersetzung der Weseler Synodalacten im Druck besaßen, welche ihnen noch ganz kürzlich in der schönen Ausgabe alter vaterländischer Kirchenordnungen von Hooyer wieder dargeboten worden ist [1]).

Vergleichen wir diese niederländische Uebersetzung mit der auf uns gekommenen lateinischen Haager Urschrift: so ergiebt sich, daß die erstere die fehlerhafte Interpunktion der letzteren nicht kennt, obwohl sie in möglichst engem Anschluß an den lateinischen Wortlaut überträgt [2]). Es wird deßhalb wahrscheinlich, daß der Uebersetzer da, wo er einmal von unserm Haager lateinischen Original abweicht, auch eine abweichende lateinische Lesart in demjenigen Exemplar, welches er besaß, vor sich gehabt habe [3]).

---

1) Bereits 1568 ist der lat. Text holländisch übersetzt, und danach zu Wesel von einer Anzahl Flüchtlinge unterschrieben (f. u.); er ist aber nie gedruckt worden. Aufs neue übertrug ihn Lodewyk van Renesse, (damals Prediger zu Maarsen, später Professor zu Breda) und gab ihn 1664 heraus (f. Heringa, kerk. Raadvr. 2. 2. p. 261). Alle späteren Ausgaben des holl. Textes sind nur Abdrücke dieses Renesse'schen (bei Trigland, Ens, im kerkel. handboekje, kerk. placcatboek, zuletzt bei C. Hooyer, Oude kerkordeningen der nederl. herv. Gemeenten etc. Zalt-Bommel. 1865.)

2) Falsch übersetzt sie nur selten. So ist I, 11: quae coniuncta verbo Dei falsch durch welk alles by een gevoegt ende met Godes woort over een komende etc., und am Schluß der Verhandlung proventus ecclesiae falsch durch kerkelyke inkomsten übertragen. An einer Stelle fehlt ihr ein ganzer Satz (die Uebersetzung der Worte in VIII. 10: In atrocibus bis praebuerint). Entweder hat der sonst so genaue Uebersetzer hier ein Versehen sich zu Schulden kommen lassen (was wenig wahrscheinlich ist), oder es hat seinem lat. Exemplar, wonach er arbeitete, der Passus gefehlt.

3) Solcher Stellen gibt es zwar manche, doch genügt für unsern Zweck die Aufzählung der auffallendsten. Im ersten Abschnitt im Schlußabsatz (I, 11) beweist z. B. die holländische Uebertragung in do volgende Capitelen ende Articulen, daß der Uebersetzer nicht sequentibus hisce capitibus, wie unser Originaltext lautet, sondern auch noch die Worte et articulis vor sich hatte. Im 2. Abschn. im 2. Absatz (II, 2) kann die Phrase de kuiperyen van die beroepelyk ofte beroepen is nicht Uebersetzung unserer zwei Worte vocati ambitus sein. Daselbst im 3. Absatz zeigen die Worte de ongematigde driften der Ouderlingen, daß der Uebersetzer Seniorum insolentiam vor sich hatte, während wir (fälschlich) impotentiam lesen. Da-

Wir schließen demnach, daß Reneſſe bei ſeiner Arbeit einen la⸗
teiniſchen Text benutzt hat, welcher ſich von dem uns erhaltenen un⸗
terſchied; werden aber nicht behaupten können, daß eine der beiden
Recenſionen der anderen gegenüber den Anſpruch größerer Correct⸗
heit erheben dürfe, indem wie wir ſahn Licht und Schatten, richtigere
und unrichtigere Lesarten ſich ziemlich gleichmäßig auf beide vertheilen.
Ebenſowenig werden wir die Entſtehung der beiderſeitigen Abweichungen
auf irgend ein Prinzip (etwa auf gefliſſentliche, von irgend einem Vor⸗
urtheil geleitete, Aenderung des Textes) zurückführen können, vielmehr

---

ſelbſt im 6. Abſatz hat der Ueberſetzer geleſen quo plebis iudicio Deus
spiritus sancti aspiret auxilium (op dat Godt met zynen H. Geest
etc.), während unſerm Text das Wort Deus (fälſchlich) fehlt. Daſelbſt im
8. Abſatz hat er geleſen in qua vocatus ante hac vixit (waar inne
de Beroepene te vorens heeft gewoont), während unſerm Text das
Wort vocatus (fälſchlich) fehlt. Ebendaſelbſt hat er den Paſſus Deinde
quaeratur etc. offenbar anders geleſen als wir ihn beſitzen, da er das secundum ea unüberſetzt läßt, und dadurch den Sinn nicht unweſentlich ändert.
Ebendaſelbſt überſetzt er exploretur et interrogetur (zal men hem on-
derzooken en ondervragen), während unſerm Text das exploretur et
(fälſchlich) fehlt. In II, 11 hat er einen corrumpirten Text vel solennibus precibus vel manuum impositione quam liberam relinquimus
etc. durch ofte met openbare gebeden ofte met oplegginge der handen, 't welk wy laten in de vryheid der kerken überſetzt, während
unſer richtiger Text lautet vel solis sol. precibus vel manuum etiam
etc. Im 12. Abſatz überſetzt er die Worte in ministerio, welche uns, (fälſch⸗
lich, fehlen (dat hy in zynen dienst zal beogen ende betragten etc.)
während ebendaſelbſt das wichtige ac docendo unſeres Textes unüberſetzt bleibt.
Ebenſo fehlt der holländiſchen Ueberſetzung im 18. Abſatz die Uebertragung
der ſcharfen, gegen Lasco gerichteten, Worte nuper exortam. Im 19. über⸗
ſetzt ſie den Paſſus In hoc prophetarum Collegium cooptabuntur non
modo Ministri sed etiam Doctores et Diaconi atque adeo ex ipsa
plebe si qui erunt etc. mit: Tot dit Collegie zullen niet alleen
de Dienaren worden aangenomen maar ook de Leeraars ende Diaconen, ja uit de Gemeinte zelfs etc., während derſelbe in richtiger Faſſung bei
uns lautet: sed etiam Doctores ac ex Senioribus et Diaconis atque
etc. Ihr fehlt II, 22. die Ueberſetzung der Worte ad ostentationem producendis, patrum testimoniis studiosius quam par est conquirendis,
welche alſo auch in dem Text, den der Ueberſetzer vor Augen hatte, irrthüm⸗
lich werden gefehlt haben. Daſſelbe iſt der Fall mit einem ganzen Abſatz in
VIII. 10; u. ſ. w.

behaupten müssen, daß beiderseits die Varianten (mit Ausnahme der oben erwähnten Abweichungen in den Unterschriften) lediglich auf Rechnung der Abschreiber kommen, und nichts weiter als Versehen und Nachlässigkeiten derselben sind. Nur das Eine bleibt dabei auffallend, daß im Text eines so wichtigen Actenstücks so frühe diese Varianten haben entstehen können; — ein Punkt, auf den wir später noch zurückkommen werden.

Der oben mitgetheilte Text ist einem Manuscriptbande entnommen, welcher die Acten der National- und Provinzialsynoden der Kirche der Niederlande von 1568—1586 enthält, zum früheren Archiv der Provinzialsynode von Süd-Holland gehört, und mit diesem in der Klosterkirche zu Haag noch heute aufbewahrt wird [1]). Es unterliegt keinem Zweifel, daß wir in diesem Manuscript des Weseler Convents eine **Originalausfertigung des Protokolls** desselben vor uns haben. Dasselbe ist von einer sehr geübten, festen, Schreiberhand, in außerordentlicher Gleichmäßigkeit (in gewöhnlichem Folioformat) geschrieben, und sodann von den Theilnehmern des Convents unterzeichnet worden [2]).

Die Versammlung, der es sein Entstehen verdankt, war nicht der Art, daß ihr Protokoll in den Sitzungen selbst reinlich geschrieben hätte zu Stande kommen können. Wir werden vielmehr anzunehmen haben, daß das Originalprotokoll, als es schließlich zum Unterschreiben kam, der Correcturen und Aenderungen nicht wenige gehabt hat; und vermuthen dürfen, daß, da jeder, wenigstens jeder bedeutendere, Theilnehmer der Versammlung ein Exemplar der Verhandlungen zu besitzen wünschen mußte, der Druck desselben aber aus nahe liegenden Gründen nicht rathsam war, gleich nach dem Schluß der Sitzungen die Anfertigung von Abschriften, welche die Druckexemplare zu ersetzen hatten,

---

1) Seine Benutzung verdanke ich der besonderen Freundlichkeit des Herrn Staatsraths Groen van Prinsterer und des Herrn Pfarrers J. H. Gunning in Haag.

2) Und zwar so, daß jeder für sich und für diejenigen unterschrieb, die ihm Vollmacht gegeben hatten; z. B. Petrus Dathenus. Petrus Dathenus Joannis Ostendorpii nomine etc. Ich nehme an, daß alle, welche durch ihre Freunde für sich das Protokoll haben unterschreiben lassen, auch dem Convent beigewohnt haben; denn wenn man darauf ausgegangen wäre, entfernter Freunde Namen, als Zeichen ihrer Zustimmung, unter die Verhandlungen zu setzen, so würden wir eine Legion darunter finden.

begonnen haben wird. Es ist wohl nicht zu viel gewagt, wenn wir in dieser, durch möglichst viele Schreiber besorgten, schleunigen, schriftlichen Vervielfältigung des Protokolls den Grund dafür finden, daß die so entstandenen Schriftstücke an Mängeln und Fehlern litten[1]). Nun mußte aber den Betheiligten auch daran liegen, nicht nur eine bloße Abschrift, sondern eine beglaubigte, mit den Originalunterschriften versehene, mit anderen Worten **eine dem Originalprotokoll gleich zu achtende Ausfertigung desselben zu erhalten**, damit sie diese, wohin sie kämen, als zweifelloses Dokument des Geschehenen, und zugleich als Creditbrief für ihr Auftreten und Handeln vorlegen und sich darauf berufen könnten. So scheinen denn gleich Anfangs eine große Anzahl Abschriften angefertigt, und von den in Wesel seßhaften sowie den noch nicht abgereisten Gliedern der Versammlung, und zwar in derjenigen Reihenfolge, in welcher sie das eigentliche Originalprotokoll unterzeichnet hatten, (vielleicht so, daß man die zu unterschreibenden Exemplare sammt dem Originalprotokoll von Haus zu Haus trug), unterschrieben worden zu sein. **Eines dieser also angefertigten, und von den Gliedern der Versammlung eigenhändig unterschriebenen, Originalexemplare würden wir dann in dem in Haag aufbewahrten besitzen.**

Bei dieser Annahme lösen sich am leichtesten die Schwierigkeiten, welche eine genaue Prüfung dieses merkwürdigen Schriftstückes darbietet.

Daß es nicht das in den Sitzungen selbst entstandene und in der letzten derselben unterschriebene Originalprotokoll (die Mutter gleichsam aller späteren Abschriften) sein kann, liegt auf der Hand. Denn ein solches pflegt man, besonders bei wichtigen Angelegenheiten so richtig, so sorgfältig, und so genau wie möglich herzustellen, nicht aber in der Art die wir hier antreffen. Auch rührt, während wir annehmen müssen, daß der Protokollführer der Synode einer der Gelehrtesten aus den Anwesenden gewesen sein wird, unser Schriftstück nicht von der Hand

---

1) Das Renesse'sche wie das Haag'sche lat. Exemplar leiden, wie gesagt, daran. Der Gysius'sche Text bietet die Mängel beider vereinigt dar, und zeigt, wo er von ihnen abweicht, nur sinnlose Fehler und Auslassungen, weshalb von ihm bei dieser Besprechung abgesehen ist (Numinis nomine statt nummi in commune; exacta Synodo statt coacta; in VII fehlt der ganze letzte Absatz).

eines wissenschaftlich Gebildeten, sondern nur von der eines Copi­
sten her; das beweist die durchaus mangelhafte, oft sinnentstellende
Interpunktion ¹), die falsche Accentuation der zwei vorkommenden grie­
chischen Wörter²), die thörichten, der Feder eines Fachgelehrten un­
möglichen Schreibfehler ³), endlich das Fehlen mancher Wörter. Was
das Letztere angeht, so hat zwar eine nachbessernde gleichzeitige Hand
(es ist nicht die des Abschreibers, wie ich ausdrücklich bemerke), an
drei Stellen das ausgelassene Wort eingeschoben — die einzigen
Correcturen in dem 23 Seiten langen Schriftstück⁴), — aber es fehlt
noch an manchen anderen⁵).

Daß ferner unser Actenstück nicht in derselben Stunde und in
demselben Lokale, (also nicht in der Schlußsitzung der Synode), unter­
schrieben worden ist, wird daraus klar erwiesen, daß die Unterschriften
uns fast so viele verschiedene Arten von Dinte als Namen darbieten.
Daß die Unterschreiber es in einer bestimmten Aufeinan­
derfolge (wahrscheinlich also in derjenigen welche das eigentliche
verloren gegangene Sitzungsprotokoll darbot) und nicht in willkürlicher
Reihe unterschrieben haben, ersehen wir daraus, daß z. B. Dathen
zuerst für sich unterschrieben hat, nicht aber gleich darauf für Joh.
Ostendorp, sondern für diesen erst 25 Zeilen später⁶).

Nachdem in dieser Weise die Unterzeichnung durch die gelehrten
Conventsglieder geschlossen war, begann man eine neue Reihe von Un­
terschriften, und zwar Derjenigen, welche zwar den Verhandlungen (die
wahrscheinlich eher niederländisch und französisch als lateinisch geführt,
und nur der Gemeinverständlichkeit wegen lateinisch protokollirt worden

---

1) Zum Beispiel diene nur gleich der erste lange Satz des ersten Ab­
schnitts: . . ambigit. Et illis . . . referatur. Ideo . . . Et simul etc.

2) κυβερνήσεων, προισταμενῶν.

3) impotentia statt insolentia, quemque statt quemquam, singu­
larum fidelium statt singulorum. Belgiae statt Belgio u. s. w.

4) In I, 11 ist pauperumque, in II, 22 vor ad inanem simili,
und endlich in IV, 7 vor nam hic quoque das Wort precibus eingeschaltet.

5) z. B. an den drei oben besprochenen, wo in der ersten Deus, in der
zweiten vocatus, in der dritten quae vor primum zu ergänzen ist.

6) Dabei nehme ich an, daß Moded (für Michaelis) J. Asperensis
(für Millenius) und Lippius für seine vier Freunde schon in der Schluß­
sitzung haben unterschreiben müssen, weil dieselben schon damals abgereist waren.

sind) beigewohnt hatten, es aber für unpassend halten mußten, ein lateinisches Actenstück zu unterschreiben, da sie der lateinischen Sprache nicht mächtig waren. Der erste derselben (Reynier de Pestere; daß Er war, beweist die Handschrift) schrieb deßhalb über ihre Namenreihe die Bemerkung: „diese nachfolgenden Personen haben, nachdem man ihnen die holländische Uebersetzung vorgelesen hat, auch unterschrieben". Es sind ihrer siebenzehn, deren drei durch Andere für sich haben unterzeichnen lassen [1]).

Dabei ist noch ein ganz besonderer Umstand zu berühren. Keine Autopsie wird nämlich leugnen können, daß in der Haager Schrift allein die drei Zeilen, womit die Unterschriften der nur holländisch verstehenden Unterschreiber schließen (Noie Anthonii Algoet bis subscripsit), nicht aber auch die beiden Zeilen zu Anfang der Unterschriften („Hermannus Moded" und „Her: Moded noie Jacobi Michaelis") von Mobeds Hand geschrieben sind. Diese letzteren rühren vielmehr, wie die Vergleichung der Schriftzüge lehrt, von Jan van Winghene her. Ich kann mir die Sache nur so erklären, daß, als in der oben angegebenen Weise die Unterschriften auf den ausgefertigten Abschriften gesammelt wurden, Mobed für eine Zeitlang von Wesel abwesend war, und deßhalb sein Freund Jan van Winghen, der sich ebenso wenig auf Urkundenabfassung wie aufs Latein verstand, in seinem Auftrage diejenigen beiden Unterschriften, und an denjenigen Stellen, vollzog, welche er und wo er sie in dem maaßgebenden eigentlichen Originalprotokoll stehen sah, — nämlich: Hermannus Moded und noch einmal Her: Moded nomine Iacobi Michaelis. Er verdarb es dabei aber mit der Form und mit der lateinischen Grammatik zugleich. Denn jene war nicht correct, da er, nur im Auftrag eines Freun-

---

[1]) Diejenigen Exemplare, wovon die durch (Gysius und) Janssen mitgetheilte Abschrift (so gut wie die in den beiden letztverflossenen Jahrhunderten gedruckte holländische Uebersetzung) herstammt, haben, wie bereits bemerkt, die Unterschriften dieser zweiten Categorie unvollständiger, diejenigen des Cubus für zwei seiner Freunde aber an passenderer Stelle als unser Original; und kann deßhalb wohl angenommen werden, daß nicht alle Originalausfertigungen diese — weniger bedeutsamen — Namen vollständig, dagegen jene Notiz des Cubus auch nicht an der unpassenden Stelle enthalten haben, wo dies Haager Exemplar sie hat, in welchem sie auf S. 26 hoch oben am Rand ganz einsam steht.

des handelnd, dem Namen desselben an der **ersten** Stelle hätte die Bemerkung zufügen müssen, daß er statt **seiner** unterschreibe; an der **zweiten** aber hätte angeben sollen, daß er im Namen Mobeds handle, welcher schon im Auftrage des Michaelis gehandelt habe: — Dinge, wofür dem zufahrenden, praktischen Manne der Sinn gefehlt haben mag. Nur wo er **seine** Sprache redet, wußte er sich richtig zu fassen (er unterschreibt weiter unten: Jan van Winghene vuer my seluen en Mathys van de Loo). Als danach das Schriftstück dem zurückgekehrten Mobed in der uns erhaltenen Ausfertigung zu Gesicht kam (welcher es noch im spät erhaltenen Auftrage der Pfarrer Algoet und Rycwart unterzeichnen sollte [1]), und auch nach den Nicht=Lateinern für sie unterzeichnet hat), erkannte er zwar selbstredend, was sein hochgeehrter Freund in seinem Namen, wenn auch etwas formlos, gethan hatte, an, und ließ dastehn was dastand; doch konnte er sich es nicht versagen, wenigstens die von demselben vorgenommene Abkürzung seines Vornamens „Her:" mit den Abbreviaturregeln der Lateinischen Grammatik in Einklang zu setzen, indem er daraus „Herm:" machte [2]).

Ist diese Ansicht von der Entstehung des Haager Exemplars richtig, so haben wir uns Glück zu wünschen, daß, während das erste, in den Sitzungen selbst entstandene, Protokoll ebenso wie alle anderen gleichzeitigen Abschriften spurlos verschwunden sind, doch dieses dem Originalprotokoll gleich zu achtende gerettet wurde, und uns trotz seiner Mängel und disputabeln Punkte (deren bessere Erklärung ich gerne Befähigteren überlasse) auf den festen Grund und Boden stellt, von dem aus allein eine Besprechung und Behandlung der Weseler Synode möglich ist.

---

1) Ich muß dabei unentschieden lassen, ob dieselben die Synode bereits vor dem Schluß verlassen ohne einen Freund mit Vollmacht, für sie zu unterschreiben versehn zu haben; oder ob Mobed diese beiden Namen (wie Cubus die beiden folgenden) nur hinzugefügt hat, ohne daß sie der Verhandlung beigewohnt, um in ihrem Auftrag ihre Zustimmung zu den ohne sie gefaßten Beschlüssen zu erkennen zu geben, — welches mir nicht wahrscheinlich ist.

2) Mobed hat diese drei Zeilen mit jetzt **fuchsiger** Dinte geschrieben (während sein Name unter dem Protokoll, gleich nach demjenigen Dathens, **schwarz** ist); dieselbe häßliche Farbe zeigt das an Her: gehängte m: und ist dieser Buchstabe auch mit demselben sonderbaren Schnörkel versehen, welchen er in Mobeds authentischer Unterschrift trägt.

2. Die Unterschreiber.

Der im Folgenden vorzulegende Versuch, der Reihe nach die Unterschreiber des Convents näher zu bestimmen, beruht auf einer mühsamen aber leider nicht erfreulichen, weil nicht erfolgreichen, Arbeit. So viel nämlich zur Aufklärung der Zeiten des Abfalls der Niederländer in den letzten Dezennien auch geschehen sein mag: die Geschicke derjenigen Männer unter ihnen, mit welchen wir hier zu thun haben, sind davon mit wenigen Ausnahmen gar nicht berührt worden, da ihr Leben größtentheils nicht an der Oberfläche, sondern in der Verborgenheit der Verfolgten gespielt hat. Daher kommt es, daß die sorgfältigste Durchforschung der dahin einschlägigen Schriften kaum hie und da einen kleinen Beitrag lieferte, und das so entstandene Bruchstück der Vervollständigung bringend bedarf, welche ihm hoffentlich aus der allerwärts wieder erwachten Liebe zu den Studien der Anfänge evangelischer Kirchenverfassung noch erwachsen wird [1].

1. **Petrus Dathenus.** Ueber ihn ist im Vorhergehenden so oft ausführlich geredet worden, daß weitere Mittheilungen hier überflüssig sind. (vgl. ter Haar, vita Datheni. Traiecti 1858).

2. **Hermannus Moded** (de Stryker). Er war in Zwolle geboren, Mönch und Priester geworden, und zählte seit 1554, wo er in steter Lebensgefahr den heimlichen Gemeinden zu predigen begann, wenn nicht gerade zu den Leitern, so doch zu den Agitatoren der religiösen Bewegung seines Landes (die zich by do vestiging der nederl. herv. kerk steeds op den voorgrond vertoonde). Da ihm wie Dathen daran lag, die, unter den verschiedensten Anregungen entstandenen, niederländischen Gemeinden zu ihrer Rettung zunächst in der Lehre zu einigen: so war es ihm eine liebe Aufgabe Guido von Bres (der am 31. Mai 1567 zu Valenciennes den Märtyrertod gestorben ist) in Gemeinschaft mit den Predigern Adrianus de Saravia und Gottfried van Winghen bei Aufstellung jenes Glaubensbekenntnisses behülflich zu sein, welches später das der ganzen niederländischen Kirche geworden ist. Sein Freund und Genosse, der kühne Edelmann

---

[1] Die ersten Notizen über die Unterschreiber des Convents hat 'sGravezande in seinem oft genannten Werk gegeben; diejenigen, welche Gysius in seiner Abschrift der Verhandlungen (zu Wesel) einzelnen Namen beigefügt hat, sind entweder irrig oder werthlos.

Jan van Wingben machte ihm Muth, jene Ansprachen an das Volk unter freiem Himmel zu beginnen. Seine erste „Feldpredigt" hielt er zu Oudenaarde, und van Wingben führte die Schaaren zu ihm hinaus. Am 23. Juli 1566 sprach er zu (aus Furcht vor einem Ueberfall bewaffneten) Haufen auf einer Wiese bei Gent, während Dathen zu Poperingen das Volk also begeisterte, daß er von dieser Stadt seinen Beinamen erhielt (D. van Poperinghe). Gegen die Beschuldigung zu Antwerpen den Bildersturm erregt zu haben, hat er sich in einer besonderen Apologie gerechtfertigt, und bewiesen, daß er und alle Glieder des dortigen reformirten Kirchenraths darum so wenig gewußt hätten, als um die Stunde ihres Todes; daß sie im Gegentheil sich unter das Volk in den Dom begeben, um den — freilich vergeblichen — Versuch zu machen, es zu beruhigen. In seiner ganzen inneren Richtung ist er mit Dathen verwandt, und gehörte zu denjenigen, welche die Bewegung in den Niederlanden nur von ihrer kirchlichen Seite ansehn und anerkennen konnten, ohne sich um die politische viel zu kümmern. Da die Wassergeusen aufkamen ging er als ihr erster Prediger nach Ziericzee (1572). Hier eiferte er gegen den Admiral Jacob de Ryl wegen seiner Verwendung der Kirchengüter der Abtei Middelburg so heftig, und auf eine für Oranien so lästige Weise, daß dieser nichts Besseres zu thun wußte, als ihn zu seinem Hofprediger zu ernennen um ihn so weniger gefährlich zu machen. Daß Oraniens Gemahlin ihn, geärgert, Immoded genannt habe, ist oben berichtet. Am 17. October 1580 ward er zum Pfarrer nach Utrecht berufen, wo er, allezeit zur Disputation bereit, die streng calvinistische Fassung des Glaubens und die schroffste Kirchenzucht nach Genfer Vorbild, gegen alle Diejenigen vertheidigte, welche „ihre Opfer für Vaterland und Gottesdienst nicht gebracht haben wollten, um sich wieder ein papistisches Joch auflegen zu lassen." In dieser Stellung hat er die Synode von Middelburg (1581) besucht. Während Leicester als Feldoberster im Lande war, und nach damaligem Witzwort in Assenliebe die welche er schützte todt drückte, hielt er, ganz der englischen Parthei hingegeben, zu ihm, unbeugsam Allen, besonders seinen Feinden, gegenüber. Am 14. December 1584 vom Magistrat wegen seines hohen Alters (obwohl er noch zwanzig Jahre gearbeitet hat) entsetzt, verdankte er der englischen Uebermacht seine Wiedereinsetzung. Gebhard Truchseß, der frühere Bischof von Cöln, welcher nach dem mißlungenen Versuch die Reformation in seinem Erzstift einzuführen, nach

Holland geflohn war und sich in Oraniens Schutz begeben hatte, verhinderte hier (1587) einen blutigen Zusammenstoß der Soldaten des oranischen Statthalters, des Grafen von Neuenaar, die den von ihrem Herrn gehaßten Prediger ergreifen sollten, mit der Volkspartei die demselben anhing. Nochmals erfolgte damals seine Ab- und Wiedereinsetzung (1587), ja zum dritten Mal wiederholte sich dies Schauspiel (1589). Später hat er, mit Neuenaar versöhnt, als Gesandter der Niederlande gewirkt [1]).

3. Cornelius Walraven. Von ihm wissen wir nur, daß er aus Aalst in Flandern, und Prediger zu Armentieres gewesen ist.

*4. Jacobus Michaelis (eigentlich Michiels) [2]), seit 1564 Hausprediger des zu Niedermörmter im Clevischen residirenden adeligen Niederländers Theodor, Freiherrn van Bronckhorst und Batenburg, der, wie seine Gemahlin Elisabeth van Buren, die Flüchtlinge beschützte, und sie sogar als kleine Frembdengemeinde auf seinen Gütern sich ansiedeln ließ. Wo er zur Zeit des Conventes sich aufgehalten, ist ungewiß. Im Jahre 1573 finden wir ihn als Pfarrer zu Dortrecht wieder. [3])

5. Johannes Lippius ist der erste der uns begegnenden, zu Wesel ansässigen, Fremden. Welcher der dortigen Flüchtlingsgemeinden er sich angeschlossen hat, wird zwar nicht mit Gewißheit ent-

---

1) s. W. te Water a. a. O. S. 222. Brandt I. 253. 348. Royaards, geschied. der herv. in de Stad Utrecht in s. Archiv XVII. XVIII. — Es ist, wenn nicht belehrend, so doch interessant zu sehen wie Schiller sich seine Feldpredigten gedacht, und die Züge des davon entworfenen Bildes, die ihm die Quellen versagten, aus der Phantasie ergänzt hat. Jene Predigt-Versammlungen werden ihm zu Feldgottesdiensten; er läßt „Hermann Stricker" Kinder mit Wasser aus dem nächsten Flusse „ohne weitere Zeremonie taufen", „Sacramente (!) auf calvinische Art reichen, Brautpaare einsegnen und Ehen zerreißen." Daß Tausende zu diesen Predigern strömten (Dathen redete bekanntlich zuweilen vor 15,000 Menschen) schreibt der große Dichter auf Rechnung theils der Neugierde, theils des Wohlklanges der gesungenen Psalmen, und läßt einen großen Theil der Hörer der Predigten wie von lustigen Komödien angezogen werden. Abfall der Niederl. III. Buch.

2) Die Namen derjenigen, welche das Protokoll durch ihre Freunde an ihrer Statt haben unterschreiben lassen, sind mit einem * bezeichnet.

3) Kist, archief. XIII. 25. Beck, Statistik der ev. Kirche in der Rheinprovinz. 1848. 46. 165. Teschenmacheri Annales, charta genealog. ad pag. 539.

schieben werden können. Da jedoch auf der Synode von Emden 1571 der Prediger Carolus Niellius (der Sohn) für die ecclesia Wesaliensis Gallica (d. h. für die französisch redende, die walonische Gemeinde) unterschrieben hat, und neben ihm unser Lippius als Wesaliensis vorkommt: so ist es im höchsten Grade wahrscheinlich, daß er minister ecclesiae Belgicae gewesen ist. Drei Jahre lang (1572—1575) soll er als Pfarrer zu Dortrecht beschäftigt gewesen, danach aber wieder nach Wesel zurückgezogen sein.[1)]

6. Godefridus Pistorius. Unbekannt.

7. Guilielmus Zulenus Nyeveldius (Wilhelm Zuylen van Nyevelt, Herr von Bergambacht und Aertsberge). Es ist oben bereits von ihm mitgetheilt, daß er, der Sohn des gefeierten gleichnamigen Psalmenübersetzers, großen Besitz im Stich gelassen hatte um seinen Glauben zu retten, und zur Zeit des Conventes in der clevischen Stadt Emmerich als Buchbindergeselle ein kümmerliches Leben fristete. Er war 1538 zu Utrecht geboren, gehörte zu den Unterzeichnern des Compromisses der Adelichen, und war von Alba wegen des Verdachts der Bilderstürmerei (1568) aus Utrecht verbannt worden. In sein Vaterland zurückgekehrt nahm er eine bevorzugte Stellung unter seinen Landsleuten überall da ein, wo es galt die höchsten geistigen Güter sicher zu stellen. Er hat an der Staatskirchenordnung von 1583 mitgearbeitet, und unter den acht, durch die Edlen und Staaten von Holland und Westfriesland zur Revision derselben gewählten, Vertrauensmännern steht sein Name oben an (Jonkheer W. van Z.; der zweite war Oldenbarneveld). Auch in der Streitsache des Joh. Campensis tritt er (1598) als Vertrauensmann der holländischen Staaten auf.

8. Petrus de Ryke, Doctor der Rechte, lebte vor seiner Flucht als hochgeehrter, einflußreicher, und darum den Spaniern um so. mehr verdächtiger, Advokat zu Gent, wo er, der Freund des, hier einer heimlichen Gemeinde dienenden, Hugenottenpredigers Franziscus Junius (du Jon) diesem das Leben rettete. Schon 15. Juli 1567 ward er auf nicht weniger als 50 Jahre verbannt. Er ging nach Wesel, wo er als Glied einer der dortigen Fremdengemein-

---

1) Die gedruckten Synodalacten von Emden schreiben seinen Namen falsch Lipsius; das Manuscript derselben in der Klosterkirche zu Haag liest richtig Lippius.

den unsrer Synode beiwohnte, als welches er auch zur Versammlung von Emben (1571) entsendet worden ist. Nach der Befreiung seines Landes nahm er die bedeutende Stellung eines Drosten von Vlissingen ein.[1]

9. **Joannes Aspersis** (van Aspern) scheint ein früherer Mönch aus dem Kreuzbrüderkloster Aspern in den Niederlanden gewesen zu sein. Wo er damals stand oder lebte ist ungewiß.[2]

*10. **Hermannus Millenius**[3]). Unbekannt.

11. **Joannes Masius.** Die Familie Masius ist in der niederrheinischen und niederländischen Geschichte durch eben so vornehme wie gelehrte Leute vertreten[4]). Wer dieser Joannes gewesen ist noch nicht aufgeklärt. Vielleicht darf man ihn für den Bruder des Bischofs von Herzogenbusch Gisbert Masius, halten, welcher Johann hieß, und dessen Wittwe 1609 als Protestantin genannt wird[5]).

12. **Joannes Wicoburstabius** (aus Wyk by Duurstede). Unbekannt.

13. **Hermannus van der Meere** war das Glied einer mächtigen Antwerpener Bürgerfamilie. Das Vergehen, welches ihn nöthigte bei Zeiten zu flüchten, bestand darin, daß er als einer von den reformirten Deputirten in Antwerpen am 2. September 1566 mit Wilhelm von Oranien über die Freilassung des evangelischen Gottesdienstes verhandelt hatte. Er war zur Zeit des Convents in Wesel ansässig, von wo er auch als Vertreter einer der dortigen Fremdengemeinden die Synode zu Emben (1571) besucht hat. Seine beiden Brüder, Simon und Franz, lebten zur selben Zeit in dem clevischen Städtchen Gennep.[6]

---

1) f. o. S. 318. — te Water a. a. O. Brandt p. 373.

2) Ein Hermannus Merling Asperensis. erst Mönch zu Aspern, danach Prediger zu Nieuwerkerk an der Issel, hatte sich der Fürsprache Wilhelms von Oranien zu erfreuen 1584. Kist, archief, XX. 216. Die Vermuthung, er möge mit dem nunmehr folgenden Hermannus identisch gewesen sein, geht wohl zu weit.

3) Es ist nicht zu ergänzen Joannes Millenius nomine Hermanni Millenii sondern Joannes Asperensis, wie die Schriftzüge des Manuscripts zeigen; und hat der Unterschreiber das Wort Asperensis in der Eile ausgelassen.

4) f. m. Heresbach S. 156 ff.

5) f. Kist a. a. O. IV. 166. XX. 57.

6) f. Brandt a. a. S., Sardemann S. 21. In der Liste der banniz steht er als Henry van der Meeren; den Vertrag, unterzeichnet durch Wil-

14. **Gerarbus Larenius** (auch Larenensis, van Laren; ein Franchois van Laere et sa femme aus Antwerpen stehn auf der Liste der banniz Alba's) aus Flandern, Glied einer Fremden=gemeinde in Wesel, war 1574 Prediger der benachbarten Stadt Rees[1]).

15. **Joannes Woubanus** (van Wouw) hat auf der Em=bener Synode als Antwerpiensis unterschrieben, und ist deshalb der=selbe, welcher erst Prediger zu Antwerpen war, und von da (1573) an eine Fremdengemeinde nach England zog.[2])

16. **Cornelius de Vos** ist unbekannt.

17. **Gerarbus Culenborganus** (aus Cuylenburg — eigentlich van Swieten) war 1566 Prediger zu Cuylenburg, 1574 zu Middelburg, 1576 zu Zieridzee, um die Zeit, da diese Stadt in die Hände der Spanier fiel. 1577 durfte er zu seiner letztgenannten Gemeinde zurückkehren, wohnte 1578 der Dortrechter Synode bei, und starb in Zieridzee 1579[3]).

18. **Gerarbus Venrabius** (Venraidt) gehört zu den schon vor der Zeit Alba's aus den Niederlanden geflohenen Geistlichen. Bereits 1547 war er Prediger in der clevischen Stadt Orsoy; fand, von hier verjagt, in dem benachbarten Flecken Sonsbeck (1564) Arbeit und Brod, mußte aber auch diese Stellung aufgeben, da er heftiger gegen die Bilderverehrung auftrat als die Politik des clevischen Hofes es vertragen konnte. Von 1571 bis 1578 hat er als Pfarrer der deutschen reformirten Gemeinde zu Wesel gedient[4]).

19. **Abrianus Vossius** ist unbekannt, wie auch

20. **Jacobus Richoboscus**.

*21. **Gasparus Coelaes** (Caspar Janszoon Koolhaes) ist bereits in der Episode zu Essen erwähnt, auch seine Richtung kurz an=gedeutet worden. Er gehörte zu den ungewöhnlichen Menschen, welche einem inneren Zuge folgend eigene Wege suchen und darum auch zu finden pflegen. Von Essen scheint er in die Pfalz — den damaligen

---

helm von Nassau einerseits, und die Deputirten der Flamländer und Walonen andrerseits, hat Rahlenbeck a. a. O. S. 244. mitgetheilt.

1) Sardemann a. a. O.; ein Jodocus van Laren, welcher 1618 als Mitüberseter der Staatenbibel zu Dortrecht vorkommt, gehört wohl der=selben Familie an.

2) f. Meiners, Ostfriesische Kirchengeschichte II. 99.

3) f. Kist a. a. O. S. 187.

4) v. Steinen, Reform. Historie 1727. S. 31. 45.

Zufluchtsort vieler ausländischer Gelehrten — gegangen zu sein, und kam von da eine Weile nach Gorkum, darauf nach Leyden. Hier gerieth er in einen zwiefachen Streit, der seinen Namen berühmt gemacht hat; — einen Streit, der lediglich aus den Anschauungen, welche Wilhelm von Oranien über Staat und Kirche hegte, und denen Koolhaes ohne Vorbehalt anhing, zu erklären ist. Am 3. October 1574 ward er Pfarrer in Leyden, nachdem er auf der Dortrechter Synode dieses Jahres für die scharfen und weitgehenden Bestimmungen in Betreff des Cultus (Abschaffung der zweiten und dritten Feiertage u. s. w.), sowie überhaupt für Beseitigung „aller Dinge, die nach dem Papstthum schmeckten" gewirkt hatte. Der erste Streitpunkt, welcher ihn in Verdrießlichkeiten verwickelte, war die Wahl der Aeltesten und Diakonen. Er forderte nämlich, daß der Einzelgemeinde nicht die Macht ihrer Wahl zuzugestehn, dieselbe vielmehr gehalten sein solle, in jedem besondern Fall die ganz bestimmt zu bezeichnenden Männer der städtischen Obrigkeit vorzustellen, und von dieser sich die Erlaubniß zur Wahl derselben einzuholen. Es handelte sich also um die Frage von der Macht des Staates in Bezug auf die Kirche, von der Stellung beider zu einander. Der andere Gegenstand seines Streites ging das kirchliche Leben selber an. Seinem Collegen (Hespe) gegenüber, welcher meinte, ein Christ könne Niemanden für einen Bruder halten noch mit irgend Einem zum Nachtmahl gehn, mit dem er nicht ganz Einer Meinung sei, bestand Koolhaes darauf, daß die Uebereinstimmung in Glaubenssachen unter Brüdern nur bei den Fundamentallehren nöthig sei. In der Hitze des dieserhalb entbrannten Kampfes, woran bald Classen und Synoden Theil nahmen, entfuhr ihm das bekannte Wort: „er werde sich auch ihnen nicht unterwerfen, sofern sie nach ihrem Gutdünken urtheilten; er sei Einmal Mönch gewesen, und begehre die Kutte nicht noch einmal zu tragen und sich an menschliche Satzungen zu binden". Die Kirchenzucht der Gemeinden schränkte er in so enge Grenzen ein, daß er behauptete, Jeder, der sich von offenbaren Sünden enthielte, dürfe wie zur Predigt so auch zum Nachtmahl kommen auf seine eigene Prüfung hin. Die Geistlichkeit begehrte von ihm Unterwerfung unter die Synoden, und stellte den Satz auf, der eben so sehr auf den Meister Oranien wie auf seinen Schüler Koolhaes zielte: außer der reformirten sei keine Religion im Lande zu dulden, vielmehr hätte die Obrigkeit jede andere abzuschaffen nach dem Exempel der Könige von Juda. Der

Leydener Magistrat ließ sich, von Dirk Coornhert vertheidigt, vergeblich durch die Nationalsynode von Midbelburg (1581) mahnen, gegen den hartnäckigen Pfarrer seines Weichbilds mit weltlichen Strafen vorzugehn; zahlte ihm vielmehr, als er auf der Synode von Haarlem excommunicirt war, noch Jahre lang, und bis er wieder eine neue Stelle hätte, sein Gehalt. Die Wirren aber, welche die Stadt zerrütteten, waren so groß, daß Oranien meinte „wenns so fortgehe werde die reformirte Kirche und das Land selbst zu Grunde gehn." Koolhaes war demüthig genug, die Macht, welche ihm geblieben, nicht für sich zu gebrauchen; er begnügte sich, nur mit der Feder seine Sache auszumachen, die um so mehr ihre Bedeutung verlor, je mehr überall der mächtigere Gang der Ereignisse seinen Gegnern den Sieg verlieh [1]).

*22. **Philippus Raesvelt** wird später (1580) als Hausprediger des adelichen Hauses Eyl bei Calcar (im clevischen Lande) angeführt [2]).

*23. **Hermannus Rachemius** kam, glücklicher als der zuletzt Genannte, in sein Vaterland zurück, und wurde Pfarrer op do groote Lindt bei Dortrecht, wo er 1583 gestorben ist [3]).

*24. **Cornelius Egidii.** Unbekannt [4]).

*25. **Joannes Ostendorpius** aus Oberyssel hielt sich zur Zeit des Convents in Noorden auf. Später war er Prediger zu Rysum, dann zu Emden, wo er 10. August 1575 an der Pest gestorben ist. Wahrscheinlich ist er derselbe, welcher bereits 1525 unter den Gelehrten in Deventer genannt wird [5]).

26. **Leonardus Panhusius** (Leonhard Gisberti Panhuysen) wird als eifriger Patriot in der Geschichte der Befreiung sei-

---

1) s. Rogge a. a. O. De D. Cornhert scr. teu Brinck. Ultrai. 1860.

2) v. Steinen S. 68.

3) Sein Familienname ist ungewöhnlich; ein Rabhemius kommt in der Geschichte Heinrichs van Zutphen vor.

4) Mit einem Träger desselben latinifirten Namens, Petrus Aegidius (Pieter Gillissen), dem Stadtschreiber von Antwerpen, hat Erasmus in genauem Verkehr gestanden. s. Erasmi Epp. II. 27. etc.

5) Meiners I. 460. Im Itinerarium Geldenhaurii Antverpia Vitebergam heißt es: Daventriae salutavimus fratres et amicos, Johannem Ostendorpium virum doctissimum etc. Kist, a. a. O. IX. 510.

nes Vaterlandes genannt, und gehörte zu denjenigen Predigern, welche in den Flüchtlingsgemeinden des Auslandes Geld für Oranien sammelten, um ihm Mittel für den von ihm beabsichtigten Kriegszug gegen die Spanier in den Niederlanden zu beschaffen. Er war vor Alba geflohn, der, als er schon in Sicherheit war noch auf ihn fahnden ließ [1]), und hatte, wie der oben (4) genannte Michaelis, bei dem Herrn von Niedermörmter Aufnahme gefunden. Später ist er zu Hooglarspel in den Niederlanden (1570), darauf zu Medenblick (1575) Pfarrer gewesen [2]).

27. Albertus Goudrianus. Unbekannt.

28. Christianus Sinapius Venlo (Christian Mostert aus Venlo). Auch dieser suchte, wie der eben besprochene Panhuysen, nachdem er die Niederlande verlassen, seine erste Zuflucht in Niedermörmter, und der Besitzer des dortigen „Hauses" scheint ihm auch später noch eine Herberge gewährt zu haben; wenigstens taucht er erst 1572 wieder als Prediger zu Venlo auf. Von dort ist er 1573 nach Dortrecht gegangen, hat 1574 aushülfsweise in Gertruidenburg, dann zu Rees (im Clevischen), Oudewater, Medenblick, und endlich in Amisfoort gedient, wo er 1610 gestorben ist [3]).

29. Ludovicus Sanarius Ceclomensis scheint damals schon Pfarrer einer Frembengemeinde zu Esklom in Ostfriesland gewesen zu sein, als welcher er auch 1584 vorkommt (pastor Eskelanus).

30. Georgius Olamus Sylvanus (Jooris van den Bosche) hat seinen Beinamen (Sylvanus) von seiner Wirksamkeit in Herzogenbusch erhalten, wo er einer der ersten reformirten Prediger war. Später hat er zu Antwerpen, und zwar zur Zeit der Erhebung

---

1) Alba's Decret d. d. Brussel 22. Juny 1569 sagt: Leonardus, predicant Sectaire, et brisé les images au Cloistre de Cédron.

2) Petrus Bloccius von Leyden nennt ihn in seinem Buch gegen die katholische Kirche: Meer dan tweehondert Ketteryen etc. 1567. einen Prediger „des frommen Josias". In demselben Buche aber findet sich im Bericht über Michaelis folgende Stelle: „Michaelis, predicant der vromer Josias, Hoer Theodorus te Nedermurmpter, hebbende een Godtsvreesende vrouwe Elisabeth van Bueren, onde een eenige sone Georgius, myn lieuo discipel," und kann ich deshalb den Josias des Panhuysen, den man am ersten in Oranien suchen möchte, nur für den Herrn Theodor von Brondhorst halten.

3) s. Kist III. 106. — Schotel, Kerkelyk Dortrecht. — Garbemann S. 24.

des Landes und in Gemeinschaft mit Caspar von der Heyden, an der (seit 30. Septbr. 1566) aus einem Kuhstall in der Eile hergerichteten Kirche (onde koeyenkerk) gewirkt, und verfiel deshalb der Proscriptionsliste Alba's. Seine beiden akrostichischen Lieder sind kürzlich wieder größeren Kreisen zugänglich gemacht worden[1]).

31. **Joannes Cubus.** Wo er früher gelebt ist ungewiß. Nach einer alten Notiz, welche seinem Namen im Haager Manuscript beigeschrieben ist, soll er 1573 Prediger der Londoner Gemeinde gewesen sein. Wir finden ihn später in den Verhandlungen der Synode zu Antwerpen (à la Vigne) vom 8. Mai 1578 als bei ihr gegenwärtig genannt. Aus einem Briefe Dathens an Peter Sichem zu Amsterdam (1578) folgt, daß er damals, nachdem sein College Isebrandt Trabius (Bald) zu seiner englischen Gemeinde (nach Sandwich) sich zurückbegeben hatte, als einziger Prediger in Antwerpen fungirte (neben ihm stand nur noch ein unbekannter schwächlicher Mann). Auch an der Synode von Dortrecht hat er sich betheiligt, und wurde zu ihrem zweiten Scriba ernannt, während Dathen präsidirte. Er starb zu Antwerpen 1579[2]).

32. **Henricus Michael** war Aeltester der walonischen Gemeinde zu Emden.

33. **Johannes Gelonius** ist ebenso wie der folgende

---

1) Auf der Liste des personnes suspectes dressée à Anvers par les soins des conseillers-inquisiteurs von 1567 steht er als: Mtro. George en la nouvelle ville, et faict en ce lieu la cène. s. Rahlenbeck. Anvers. Brux. 1857. p. 263. Das Dorlof Liedt van M. Jooris Siluanus aende verstroyde Ghemeynte van Antwerpen, und eine Aufforderung zur Buße, aus dem Geusen Lieden-Boecxken von 1580 mitgetheilt in: Lieder der niederl. Reformirten von Wackernagel. Frankfurt 1867. — Die Proscriptionsliste nennt ihn unter den Predicantes Calvinistes: „M. George en la nouvelle ville au Marché de blé." Außer den bei 's Gravezande angef. Quellen vgl. auch Kist XV. S. 152.

2) Tweede Scriba of notaris van de Synode. Aus der, so viel ich sehe von Gysius in Cours gebrachten, Notiz, Cubus habe zuerst die Märtyrergeschichten seiner Kirche gesammelt, weiß ich Nichts zu machen, da ich ihr nicht trauen kann. Sie beruht wohl auf einer Verwechslung mit dem Antwerpener Prediger Adrian Corn. Haemstede, welchem diese Ehre gebührt, und dessen Buch De Geschiedenisse ende den doodt der vromer Martelaren etc. totten Jare 1559 toe schon am 18. März 1559 in erster, 1565 in zweiter Auflage erschienen ist.

34. **Franziscus Francennus** unbekannt, nur daß von Letzterem vermuthet wird, er sei ein Prediger gewesen[1]).

35. **Philippus Marnixius.** Von diesem Freunde Oraniens ist oben (S. 289.) ausführlicher Bericht gegeben.

36. **Hubertus Busseurs** ist unbekannt; ebenso ist von

37. **Cornelius Poppius** bisher keine Spur zu finden gewesen.

38. **Simeon van Habosch** aus Oudenaarde in Flandern war Prediger zu Borchen, aber schon 1567 in Emden. Seit 1571 und noch 1582 (zu Middelburg) hat er den Synoden wegen seiner Abweichungen in der Lehre zu thun gemacht.

39. **Johannes Hove Bergensis** und

40. **Jacobus Pontifortius** (Sterckebrugge) sind unbekannt.

41. **Jacobus Laubegeois** war zur Zeit des Convents Aeltester der walonischen Gemeinde zu Emden.

42. **Christophorus Becanus.** Auch dieser wohnte der Embener Synode als Aeltester der walonischen Gemeinde von Emden bei. Die bereits citirte Liste des personnes suspectes zählt unter diesen einen Becanus, medecin, auf, dem sie die Notiz hinzufügt: cousin des Bomberge, et est du consistoire et pire de tous, ayant ospousé une fille de Jacques des Cordes.

43. **Cornelius Rhetius**, ein bekannter Advocat und Doctor der Rechte von Antwerpen, scheint Anfangs seinen Aufenthalt zwischen Emden und Wesel getheilt zu haben, bis er endlich in letzterer Stadt dauernd sich niederließ. In den Verhandlungen der Embener Synode 1571 wird er als Glied einer Embener Fremdengemeinde erwähnt (Beschluß 39); doch ist es gewiß, daß er zur Zeit des Convents wie auch später Aeltester der walonischen Gemeinde in Wesel gewesen, und als solcher sowohl auf dem Convent wie auf der Dortrechter Synode von 1578 erschien[2]). Er ist es, welcher die besondere Bittschrift der „Ausgetriebenen aus Stadt und Landen von Groningen in Friesland," welche Kaiser und Reich aufforderte Philipp und Alba die rechten Wege für Behandlung der nieder-

---

1) Meiners a. a. O. I. 411.
2) Ouderling der Fransche Kerke tot Wesel sagen die Dortrechter Acten.

ländischen Unterthanen zu weisen, 1580 dem Reichstage zu Speier übergab [1]).

44. Gaspar van Bygaerden aus Brüssel ist wahrscheinlich derselbe, welcher 1571 das Embener Protokoll als zukünftiger Prediger[2]) unterschrieben hat; woraus sich denn auch erklären würde, daß er in unseren Unterschriften die bescheidene letzte Stelle einnimmt.

Mehr noch als bei diesen Gelehrten lassen uns die historischen Nachrichten bei den, nun folgenden, fünfzehn Namen derjenigen Glieder der Synode im Stich, welche das lateinische Protokoll, das sie nicht verstanden, erst unterschrieben haben nachdem man ihnen eine holländische Uebersetzung desselben vorgelesen hatte. Von

45. Reynier de Pestere wissen wir nur, daß er ein Glied eines Kirchenraths zu Emden gewesen ist.

45. Gooris (Georg) van den Bygaerbe und

46. Jan van de Zomere sind unbekannt.

47. Jan van Wingben, der damals zu Emden sich aufhielt, ist in seiner Thätigkeit für Einrichtung der Feldpredigten und als Genosse Hermann Mobed's bereits mehrere Male erwähnt und genügend besprochen.

*48. Mathys van de Loo, für den Wingben unterschrieben, war gleichfalls Glied, und zwar Aeltester, einer Flüchtlingsgemeinde zu Emden[3]).

49. Pieter van Hoorebeke. Von ihm wissen wir nur, daß er zu Emden sich aufhielt.

50. Chrystoffels wut Waes[4]),
51. Jakobus Miggrobius,
52. Cornelius Sprunzers,
53. Abraham Roussau,
54. Jan Mouell,

---

1) Gedruckt 4. Sept. 1573 zu Frankfurt. s. Groninganorum exulum libellus supplex, Spirae exhibitus, bei Gerdes. scrin. VII. 585. VIII. 721. — cf. Hooyer, p. 353.

2) Jasperus Bigardus futurus — scl. minister.

3) 's Gravezande's Vermuthung, er möchte vielleicht mit dem clevischen Drosten Mathias van Loe identisch sein, ist nicht stichhaltig; die beiden Familiennamen sind nur scheinbar gleichlautend.

4) Vielleicht aus Waes oder Waas, der, zwei Stunden von Antwerpen gelegenen, Landschaft.

55. Joos Faes,
56. Pieter Bunters und
57. Cornelis Franck, sind ebenso wie
58. Joannes Gastercomius, der Letzte der Unterschreiber, unbekannt ¹).

Die, diesen zwei Reihen von Unterschriften noch folgenden, und, wie wir annehmen müssen, erst eine Zeitlang nach gehaltener Synode beigeschriebenen, vier Namen haben für die Beurtheilung der Versammlung selbst kein Gewicht. Die zwei ersten hat Moded aus Auftrag beigefügt: (59) Anton Algoet und (60) Carl Rycwart, (beide Prediger der niederländischen Gemeinde zu Norwich in England) ²). Die zwei letzten, (61) Laurenz Bruninck aus Brüssel und (62) Christoph Lautsocht aus Brugge, haben durch Cubus für sich unterzeichnen lassen.

3. Inhalt des Protokolls.

Wie wichtig die Verabredungen des Convents für die Gründung und Entwickelung der evangelischen Kirche des westlichen Deutschlands gewesen sind, ist leicht zu zeigen. Waren doch die hier vertretenen niederländischen Gemeinden die ersten, welche den Beweis lieferten, daß sie leben könnten **ohne den Schutz des Staates, ja trotz seiner Verfolgungen**: und so ohne es zu wollen, durch ihr Beispiel die Protestanten derjenigen deutschen Territorien, wo gleichfalls die Obrigkeit die Gewissen ihrer Unterthanen zu beschweren suchte, zum Widerstand ermuthigten, wenn man sie zwingen wollte den Menschen mehr als Gott zu gehorchen. Namentlich das clevische Land säumte nicht, sich diese Erfahrung zu Nutz zu machen. Nehmen wir hinzu wie an sich bedeutend seine Theilnehmer, und wie groß das Ansehen

---

1) Daß dieser, des Lateinischen unkundige Mann, der Weseler Prediger Jan Pietersz von Castricum gewesen sein soll, ist schwer zu glauben. Ein Andreas Castricomius kommt als Prediger (minister, Diener, dienaar) von Endhuisen auf der Dortrechter Synode 1578 vor.

2) Ein Liuinus Algoot (Algotius) von Gent war Erasmus' Famulus. Meiners hat für Rycwart den Vornamen Theophilus aus Urkunden beigebracht. Trotzdem kommt er hier und auf der Synode von Dortrecht 1578 (als Prediger von Leyden) als Carl vor, und ist es deshalb nicht nöthig, Moded der Vergeßlichkeit anzuklagen, sondern nur anzunehmen, daß sein Freund eben beide Namen geführt habe.

war, in welchem sie mit Recht bei Volks- und Glaubensgenossen standen; bedenken wir, daß Jeder von ihnen, diese Beschlüsse in der Hand, begeistert hinauszog, um für sie Propaganda zu machen, und so heimathliche Kirche und Vaterland zugleich zu retten; ja daß vier von ihnen (Modet, Lippius, Becanus und Meranus) nur drei Jahre später auf einer neuen Synode (zu Emden) sie verfechten und empfehlen konnten: so wird es uns nicht mehr überraschen, wenn wir bemerken, daß diese geheimen, in einer Stadt des clevischen Herzogs unbemerkt von der großen Welt gezogenen, Grundlinien über Bekenntniß, Verfassung und Gottesdienst bald darauf das geistige Eigenthum aller, so weit zerstreuten niederländischen, Kirchen unter dem Kreuz geworden sind; daß sie in den folgenden regelmäßigen Synoden in allen Hauptpunkten Bestätigung und Weiterbildung erfuhren, und in den nächsten Jahrhunderten um so mehr Eingang gefunden haben, als sie, wo überall man sie pflegte, sich als würzendes und bewahrendes Salz erwiesen. Freilich würden wir zu weit gehn, wenn wir die Sache so auffaßten, als ob der Convent diese Grundzüge ohne alle Vorarbeit und wie aus sich selbst gefunden hätte; vielmehr erfordert die Gerechtigkeit der historischen Betrachtung, daß wir nicht nur nach den reichen Früchten, welche er getragen, seine Bedeutung bestimmen: sondern daß wir eben so auch den Wurzeln nachspüren woraus er erwuchs, daß wir den Versuchen und Ansätzen nachfragen, aus welchen er hervorgegangen ist. Nur wenn wir so gleicherweise Vorarbeiten und Erfolge des Convents in Betracht ziehn, werden uns seine Beschlüsse in ihrem wahren Licht erscheinen.

Ehe wir aber diese Prüfung sowohl desjenigen, worauf der Covent sich schon hat stützen können, als auch desjenigen was er auf den folgenden kirchlichen Versammlungen für Jahrhunderte erreicht hat, im Einzelnen versuchen, sei die Bemerkung erlaubt, daß er selbst alle seine Beschlüsse nur als Rathschläge, nur als vorläufige, in der Noth einer bösen, und in Hoffnung einer besseren Zeit gefaßte, Verabredungen gemeint hat. Weit entfernt sich eine Macht anzumaßen, welche er als freie Versammlung vieler, für ihr Land und ihren Glauben begeisterter, Männer nicht hatte, gab er seinen Verhandlungen nur den bescheidenen Titel von „Punkten, welche Diener der niederländischen Kirche — und das waren sie Alle, gleichviel ob sie als Adliche, Bürgerliche, Gelehrte oder Staatsmänner die verschiedensten Stellungen einnahmen — theils für nöthig, theils für nützlich gehalten", und be-

theuert an zwanzig Stellen, er meine Dies oder rathe Jenes „nur
bis dahin an, daß eine rechtmäßige Synode endgültig
darüber beschlossen haben würde;" ja er fordert von den
Volksgenossen als erste Pflicht „daß, so Gott die Thüre zur Ver=
kündigung seines Wortes im Vaterlande öffnen werde, dann sofort alle
Gemeinden Geld zur Abhaltung dieser Nationalsynode[1]) sam=
meln sollten." Und wie demüthig ist das Bekenntniß seiner Mitglieder, daß diese von ihnen aufgestellten Punkte zum Theil nur noth=
wendig, zum andern Theil aber nur nützlich seien; und wie fern
waren sie von dem Fanatismus, welcher namentlich in Glaubenssachen
es liebt, die Seligkeit auch von der Annahme des letzten Buchstabens
seiner Sätze abhängig zu machen. Dieselbe wohlthuende Besonnenheit
und Mäßigung zeichnet den Ton des ganzen Actenstückes aus. Es
will zum Beispiel gar nicht darüber entscheiden, ob der Täufling ein
oder dreimal zu besprengen, ob das Abendmahl sitzend oder stehend zu
empfangen, der Prediger in sein Amt auch unter Handauflegung ein=
zuführen sei, und läßt solche und ähnliche Dinge „frei"; ja seine Ver=
fasser bezeugen zum Schluß, daß, wie sie nicht gewillt waren ein Ideal
aufzustellen oder zu erstreben[2]), sondern nur dem Worte Gottes gehorsam zu sein begehrten: sie so auch in diesem Streben nicht die Einrichtungen irgend einer andern Kirche hätten herabsetzen oder tadeln
wollen, da sie vielmehr nur den einen ganz bestimmten Zweck im Auge
gehabt, Dasjenige zu finden, was den niederländischen Gemeinden nütze (quid ecclesiis belgicis conducat), und sie ihre Verabredungen so getroffen, daß dieselben, wenn Gott ihrem Lande wieder
gnädig werde, weiter ausgeführt oder abgekürzt oder auch verändert
werden könnten. Und eben weil sie es so ernst mit ihrer Sache nah=

---

1) „Allgemeine Provinzialsynode" ist der bescheidene Name derselben im
Protokoll, der aber, seitdem die Niederlande sich nicht mehr als Provinz des
Reichs, sondern als Nation fühlten, in den der „Nationalsynode" überge-
gangen ist.

2) So fragen die Acten: was der Lehre der Apostel und der alten Kirche
möglichst nahe komme? und nur das wollen sie fixiren; so wagen sie
nicht zu glauben, daß durchweg die Wahl eines Predigers ohne alle menschlichen Leidenschaften geschehe, und fordern deshalb, daß dieselben so viel als
möglich fern gehalten werden; so wissen sie, daß keines Predigers Vortrag
so hell wie ein Diamant ist, und bestehen deshalb nur darauf, daß er seine
Sachen möglichst deutlich mache.

men, nicht in der Aufstellung farbloser Theorieen sich weideten, sondern ihnen, als erste und nothwendigste Eigenschaft all ihrer Vorschläge, deren Lebensfähigkeit galt, gingen sie nicht einseitig vor; nicht einmal da, wo sie an der Hand des Wortes Gottes hätten meinen können ganz unbekümmert um Andere es thun zu dürfen. Sie glaubten nicht allein den Geist Gottes zu haben, und erkundigten sich deshalb bei den reformirten Kirchen ehe sie zu ihren Berathungen schritten (capita de quibus apud optime reformatas ecclesias consultatum est). Aber nicht nur durch die hier erhaltene Auskunft ließen sie sich belehren, und für ihren Convent vorbereiten: sie Alle, die in ihrer Heimath schon der Entwickelung der kirchlichen Dinge mit so bewegtem Herzen gefolgt, ihrer Kirche früher als Prediger, Staatsmänner, Aelteste, Apologeten gedient, um ihretwillen die Verbannung auf sich genommen, hatten auch zu Hause Jahre lang praktisch eine Vorschule durchgemacht, welche sie zu einem reifen Urtheil über die hier einschlägigen Fragen vor Anderen befähigte. Waren sie doch in den Niederlanden selbst schon, wenn auch in der freiesten, und nach der individuellen Verschiedenheit der vorzüglichsten Leiter auch verschiedenen, Weise bestrebt gewesen, ihre Gemeinden nach dem Vorbild der apostolischen Kirche zu verfassen: ja noch mehr, sie zu größeren kirchlichen Verbänden in Synoden zu sammeln und zu festigen. Daher lassen sich auch in diesen „Punkten" des Convents deutlich die beiden Gebiete aufweisen, worauf sie fußen: sowohl die Einrichtungen der ausländischen reformirten Kirchen nämlich, als auch diejenigen genuinen, spezivisch niederländischen Formen, welche die walonischen Gemeinden sich bereits auf ihren Synoden gegeben hatten.

Bei der Frage nach dem Bekenntniß konnte der Convent an ein bereits Erarbeitetes anknüpfen, und er that es. Als Norm der Lehre hält und stellt er vor Allem diejenige Confession fest, „welche zuerst von den Predigern Frankreichs dem französischen König übermacht, und danach in holländischer Uebersetzung dem König von Spanien und den anderen Obrigkeiten von Niederdeutschland übergeben worden sei." Es ist damit dasjenige Bekenntniß gemeint, welches Guy de Bres, der im Jahre vorher zu Valenciennes umgebracht war, (in 37 Artikeln) französisch, und zwar im Anschluß an das durch die französisch reformirte Kirche aufgestellte, 1561 bereits Karl IX übergebene, und 1571 von Heinrich II bestätigte, Bekenntniß redigirt hatte. Dasselbe war schon 1561 von der Ant-

werpener Gemeinde französisch gedruckt, 1562 ins Niederländische über=
setzt, sowohl dem Könige Philipp als Landesfürsten, wie auch dem
Kaiser Maximilian, da er seinen ersten denkwürdigen Reichstag zu
Augsburg vorbereitete (1566), übersandt, danach auf einer Ant=
werpener Synode (Mai 1566) übersehen und den Brüdern in Genf
zur Billigung und zum Druck zugestellt worden, und erfreute sich
in den Niederlanden, als klarster Ausdruck des Glaubensstandpunktes
der Gemeinden, schon damals großer Verbreitung. [1])

---

1) Illa primo fuit conscripta gallico sermone a Christi servo
et martyre G. de Bres, sed antequam ederetur ministris verbi Dei
quos potuit nancisci illam communicavit et emendandum si quid
displiceret, addendum, detrahendum proposuit ut unius opus censeri
non debeat. Sed nemo eorum qui manum apposuerunt, umquam
cogitavit fidei Canonem edere, verum ex canonicis Scriptis fidem
suam probare sagt der Zeitgenosse Adrianus de Saravia. Den Bericht
über die erste französische Ausgabe s. bei v. Toorenenbergen, eene bladzyde uit de geschied. der nederl. geloofsbelydenis etc. 's Gravenhage. 1862. (worin auch die Confession de Foy von 1561 u. s. w.);
über die erste holländische Ausgabe s. v. d. Linde, de nederl. Geloofsbelydenis. Nymegen 1864. In der letzteren findet sich zu Anfang die
Zuschrift der gheloouige die in de Nederlande zyn aen den onuer-
winnelicken Koninck Philippus, haren ouersten Heere, am
Schluß an die Ouerheden van den Nederlanden (die ceteri
magistratus des Convents). Dem Augsburger Reichstag (1566) wurde
die Confession mit der Oratio ad Maximilianum durch Friedrich III von
der Pfalz überreicht (Toorenbergen a. a. O.; Kludhohn, Friedrichs
Briefe I. 708.) — Es darf nicht unbemerkt bleiben, daß der Convent die
Prediger nicht zur Lehre nach dem Wortlaut des Bekenntnisses, sondern
nach seinem Inhalt verpflichtet (nicht secundum confessionem, sondern
secundum ea quae confessione continentur), und die Beiden Bekenntnisse, das französische und niederländische, für gleich hält, obwohl das zweite
die Bearbeitung des ersten, ist und namentlich in der Bekämpfung der Wiedertäufer darüber hinaus geht. Wie fern überhaupt jener Zeit der spröde Begriff einer Confession lag, den unsre Tage pflegen, zeigt der Beschluß der
Synode tenu à la Vigne (Antwerpen) 1565: Qu'au commencement de
chaque Synode on ait à faire lecture de la Confession de foy des
Eglises de ce païs, tant pour protester de notre union, que pour
adviser s il ni a rien à changer ou amender! Bei solchen Grundsätzen war kein Boden für einen Streit über Variata oder Invariata. —
So wenig trat das Bekenntniß damals über die Schrift hinaus, oder auch
nur neben sie, daß, als 1581 die Nationalsynode von Middelburg den Be-

Noch an einer andern Stelle wird bezeugt, daß die von Genf übernommene Lehre der französischen Kirche mit derjenigen stimme, welche, im Anschluß an die Confession von 1561 und den Heidelberger Katechismus (1563), in den Niederlanden sich Bahn gebrochen; in der Bestimmung nämlich: daß in den französisch redenden Walonengemeinden der Genfer Katechismus Calvins, in den niederländischen hingegen der von Dathen übersetzte Heidelberger vorläufig beim Jugendunterricht zu gebrauchen sei, — obwohl auch die Entscheidung darüber, welcher von beiden einzuführen, jeder Gemeinde noch vorbehalten blieb.

Wir sehen also, daß der Convent in Betreff des Bekenntnisses leichte Sache hatte, indem er an dieses innerste Heiligthum der Gemeinden seine Hand nicht zu legen brauchte, sondern nur den vorhandenen Thatbestand einfach festhielt. Versuchen wir es nachzuforschen, wie die niederländische Kirche seine Beschlüsse überhaupt, und also auch in diesem Punkte, sich angeeignet hat: so werden wir uns nicht auf die Synode zu Emden (1571) beschränken dürfen, welche, wenn sie auch weiterführend gewirkt hat, doch nicht jene vom Convent ersehnte Nationalsynode, sondern nur die Versammlung von deputirten Pfarrern und Aeltesten der Kreuzgemeinden, mit Ausschluß freiwilliger Theilnehmer, war [1]); wir werden vielmehr auch die Acten der ersten eigentlichen Provinzialsynode zu Dortrecht (1574), sowie der ebendaselbst gehaltenen Nationalsynode (1578) aufzuschlagen, ja bisweilen noch weiter zu gehen haben.

---

schluß debattirte, die Confession sei von den Predigern zu unterschreiben, viele dieser bibelfesten Männer sie nicht kannten, und fragen konnten: wat is dat voor een Confessie van 37 artykelen? Daß die erste Generalsynode Jülich-Cleve-Berg (1610) die Kirche dieser Lande nur von der h. Schrift abhängig wußte, und ihr einziges symbolisches Buch, den Heidelberger Katechismus, lediglich als Ausdruck der Schriftlehre gelten ließ, wird später noch zu berühren sein.

1) Es wurde schon bemerkt, daß vier Glieder des Weseler Conventes ihr beigewohnt haben: Mobet, Lippius, Becanus und Meranus. Nächst dem clevischen Herzogthum stand wohl kein Gebiet den Flüchtlingen näher als Ostfriesland. Gehörte doch sogar diese Provinz ursprünglich zu den Niederlanden, und war nur politisch bei Errichtung der Kreiseintheilung von dem Burgundischen Kreise abgetrennt und dem Westphälischen zugelegt worden: eine Maaßregel, die auch Karl V nicht zu ändern versucht hat.

Die Embener Versammlung acceptirte jene Weseler Bestimmung ohne Weiteres, indem sie beschloß: ihre Mitglieder sollten zum Zeugniß, daß die ganze niederländische Kirche im Glauben einig sei, jenes niederländische Bekenntniß unterschreiben, und für seine weitere Unterschrift durch alle Prediger des Landes wirken. Aber sie ging noch weiter, indem sie, um sich die Verbindung mit der französischen Kirche zu sichern, ohne die man noch nicht auskommen zu können glaubte (Dathen war in dieser Beziehung besonders thätig), auch das französische Bekenntniß unterschrieb, in der gegründeten Zuversicht, die Nachbarkirche werde wiederum das ihrige unterschreiben[1]). Damit stimmt es, daß sie auch den Beschluß des Weseler Convents (der freilich, und mit Recht, nicht ausdrücklich citirt werden konnte) wegen der Katechismen wörtlich wiederholt, soweit er den Genfer und Heidelberger betrifft. Nun war aber neben diesen beiden Volkslehrbüchern in Friesland der Lasco'sche, sogenannte Embener, Katechismus (von 1554) eingewurzelt, und scheint auf ihn ein Embener Beschluß sich zu beziehen, „daß, wo noch ein anderer Katechismus gebraucht würde, derselbe nicht zwangsmäßig beseitigt werden solle". Wir werden freilich nicht sagen können, daß die in den Weseler Beschlüssen überall sich abspiegelnde freudige Gewißheit, Gottes Wort werde immer ausreichen die Einigkeit im Geiste zu erhalten, und die zu Emden zum Ausdruck gekommene Zuversicht dieser vorhandenen Einigkeit der reformirten Kirchen untereinander, lange unversehrt ausgehalten haben. Der Frühling währt eben nirgend lange. Die Provinzialsynode von Dordrecht

---

1) So enge fühlten sich die beiden Kirchen, Frankreichs und der Niederlande, verbunden, daß, als auf der Nationalsynode zu Vitré (15. Mai 1583) endlich jener Embener Vorschlag zur Verhandlung kommen konnte, derselbe nicht nur angenommen, sondern auch noch dazu beschlossen wurde, daß fortwährend Deputirte beider Kirchen die künftigen Synoden gegenseitig besuchen sollten. Wegen des Bekenntnisses heißt es: Pour co qui est de la confession et des statuts de la discipline que les frères (des Païs-Bas) ont apporté des églises de leur païs: la compagnie après avoir rendu grâces à Dieu du bon accord et de l'union qu'elles ont en l'un et l'autre point avec les églises de ce roïaume, a trouvé bon de les signer, aiant requis lesdits frères députés, de vouloir faire réciproquement la même chose, touchant la confession de foi et la discipline ecclésiastique des églises réformées de ce roïaume. Vgl. Actes généraux du 12. Synode national. n. I.

(1574) berief sich Namens der Niederländischen Kirche nicht mehr auf das französische Bekenntniß, sondern nur noch auf ihr eigenes niederländisches, und erlaubte weder Genfer noch Embener, sondern nur noch den Heidelberger Katechismus. So schnell hatte hier die Kirche, trotz aller Kämpfe nach innen und außen, sich abzugrenzen gelernt; so schnell war der nationalen politischen Bewegung eine nationale Kirche zur Seite getreten! [1])

Die wichtigsten Beschlüsse unsres Convents sind unzweifelhaft diejenigen über die Verfassung der Kirche, schon deshalb, weil sie die folgenreichsten wurden. Hier bewegte er sich um so sicherer, als alle seine Mitglieder darin erfahren waren; und um so glücklicher, als die Noth der Zeit grade diese Anordnungen empfahl, welche die Kirche in dem entsetzlichen Elend, das über sie hereingebrochen, zu erhalten, ihre versprengten schwachen Glieder zu verbinden und zu stärken verhießen.

Die Walonischen Reformirten hatten schon seit 1563 [2]), von ihren französischen Nachbarn belehrt, deren Glauben und Sprache sie führten, Synoden gehalten.

Bis 1559 bestanden in Frankreich nur zerstreute Einzelgemeinden ohne Zusammenhang unter einander, deren Geistliche sich je und dann, in größerer oder kleinerer Zahl, und entweder nur unter sich, oder auch mit obrigkeitlichen Beisitzern zu Versammlungen vereinigten, die

---

1) Die mit der niederländischen Kirche verbundene reformirte Kirche von Jülich-Cleve-Berg folgte in ihrem Glaubensstandpunkt den oben dargelegten Verhältnissen. Anfänglich war ihr Bekenntniß das niederländische (Jülichsche Classenversammlung von 1573: „Im Synodo soll die Bekentnuß des glaubens der Nederländischen Kirchen seyn"); sobald sie aber selbstständig wurde, ließ sie — auffallend genug — dasselbe fallen, und erklärte auf ihrer ersten Generalsynode zu Duisburg (1610), „daß das h. Wort Gottes die einige Regel und Richtschnur ihres Glaubens und ihrer Lehre, und die Summe der in Gottes Wort gegründeten Religion im Heidelbergischen Katechismus wohl gefaßt sei". Von dieser Zeit an ist die niederrheinische Kirche der Lehrentwickelung der niederländischen nicht mehr gefolgt, namentlich hat sie gleich schon an der Dortrechter Synode nicht Theil genommen, sondern ist ihren eigenen Weg gegangen.

2) S. den erschöpfenden Aufsatz von Kist, de Synoden onder het Kruis in s. Archief. 1849. p. 113., desgl. VIII. 260. De verbloemde namen der herv. kerken.

den altkirchlichen Namen der Synoden trugen. Die Einrichtung unterschied sich nicht wesentlich von denjenigen Pfarrerconferenzen, welche auf den deutschen und lutherischen Gebieten der Reformation in geordneter Weise durch die Kirchengesetze vielfach unter demselben Namen eingeführt worden waren; und es vertraten diese Synoden selbstrebend nur denjenigen Kirchenkreis, welchem die Erschienenen angehörten. Erst 1559 ward auf der General- oder Nationalsynode von Paris, ohne erkennbare besondere Veranlassung, der große Schritt vorwärts gemacht, daß Aelteste und Diakonen, daß die Mitglieder der Presbyterien oder Gemeindevorstände als wesentliche Glieder der Synoden anerkannt wurden. Damit war bewiesen, daß die Synoden die kirchenregimentliche Macht für sich beanspruchten, welche in Deutschland und anderswo an die Landesherren als sogenannte Landesbischöfe verloren gegangen; und zugleich erklärt, daß nicht irgend welche Kirchenkreise oder Massen ihre Vertretung in der Synode zu sehen hätten, vielmehr die synodalen Verbände aus Gemeinden beständen, also auch nichts mehr und nichts minder als der Zusammenschluß von Gemeinden zu einer größeren und höheren Einheit seien. Demnach zerfiel von da an Frankreich in eine Anzahl von Provinzialsynoden, welche aus Einzelgemeinden bestanden; die Provinzialsynoden aber entsandten aus sich ihre Deputirten zur Generalsynode: — ein Zustand, welchen erst später, nach den Weseler und Embener Verhandlungen (und wohl in Folge derselben auch) die Generalsynode von Nimes (1572) dahin vervollkommnete, daß zwischen die Gemeinden und ihre Provinzialsynode noch eine Mittelstufe — das Colloque — eingeschoben wurde, um die untersten synodalen Kreise kleiner, und so ihre Verwaltung weniger schwerfällig zu machen.

Im Anschluß an die ursprünglichen französischen Einrichtungen hatten die Walonen in den Niederlanden Anfangs ihr Kirchenwesen, so gut es die Noth leiden wollte, eingerichtet; und finden wir deßhalb auch bei ihnen jene mehr freien Synoden, bei welchen es nicht einmal bis zu einer Ueberordnung der größeren über die kleineren gekommen ist, weil sowohl das Terrain, auf dem sie bestanden, zu klein war, als auch der Antwerpener Bildersturm mit seinen Folgen die friedliche Entwickelung dieser evangelischen Kirche unterbrach. In gewisser Weise ist die Weseler Synode eine Fortsetzung dieser Walonischen Synoden, welche sich in allen Hauptsachen unter den Einfluß Genfs gestellt hatten, und deren letzte Mitte Mai 1566 in

Antwerpen unter einer Betheiligung von anderthalbtausend Theilnehmern, und in der Absicht, das Kirchenwesen des ganzen Landes gleichmäßig zu ordnen und gemeinsames Handeln abzusprechen, gehalten worden ist; jedenfalls haben diese, in verschiedenen, mit Geheimnamen bezeichneten, Orten gehaltenen Synoden, den zu Wesel versammelten Flüchtlingen, von welchen Viele nachweisbar daran Theil genommen hatten, als Vorarbeit gedient; und wir werden uns nicht wundern, wenn wir die Weseler Versammlung in manchen Punkten auf dieselben gegründet sehn.[1]

Der Bau der niederländischen Kirche, den die Weseler Synode ins Werk gesetzt hat, beginnt zwar naturgemäß von unten auf: so jedoch, daß die Einheiten, woraus sie behufs des Kirchenregiments nach innen, und behufs der Vertheidigung ihrer vom Herrn empfangenen Güter nach außen, ihn aufführt, aus richtig verfaßten Gemeinden besteht, welche, ohne Ansehn auf die Kopfzahl der zu ihr gehörigen einzelnen Glieder, als die lebendigen Bausteine der statt hierarchisch geleiteter Massen auftretenden Versammlung der Erlösten erscheinen. Es kann bei der gegenwärtigen Herrschaft entgegengesetzter irriger Auffassungen der Sache nicht genug betont werden, daß mit dieser Einrichtung die reformirte Kirche dem Ueberwuchern der Subjectivität von vorn herein den Boden entzogen hat. Nicht aus selbstständigen einzelnen Christen kommt die Gemeinde hier zusammen; vielmehr gilt der Einzelne nur so weit und so viel, als die, auf Gottes Wort gestellte, Gemeinde, zu der er gehört, ihn gelten läßt[2].

Sehen wir auf die Organisation der ganzen Kirche zuerst, ehe wir auf die der Einzelgemeinden genauer eingehn: so begegnet uns

---

1) Synode Provincial tenu à Tours, Synode du lieu de la palme, Provincial tenu au bouton, à la vigne etc. Ueber diese Synoden ist in den letzten Jahren Vieles in holländischer und deutscher Sprache geschrieben was jedoch, so anziehend es meistens ist, den Eindruck nicht zu ersetzen vermag, welchen die einfache Durchlesung ihrer ersten Synodalacten hervorbringt.

2) Die reformirte Kirche hat, zur Zeit ihres blühendsten Verfassungslebens so wenig als heute, das Recht des Einzelnen auf Kirchenverwaltung wie ein Grundrecht behandelt; nicht primitiv ist ihr dasselbe, sondern abgeleitet, von der Gemeinde dem Gliede übertragen. Jenes subjectivistische Treiben, welches des Einzelnen Rechte durch „das allgemeine Priesterthum der Gläubigen" begründet, ist in die reformirten Gebiete erst durch den Methodismus eingeschwärzt worden.

obenan stehend der große Satz: „daß keine Gemeinde vor den anderen (daher auch selbstredend keiner der sie vertretenden Diener) irgend einen Vorzug habe." „Das was Alle gleicher Weise angeht, kann weder jetzt noch künftig durch eine einzelne Gemeinde, und ohne Rücksicht auf die übrigen, abgemacht werden," heißt es in Wesel zu Anfang; und zum Schluß: „die Classenconvente sollen nicht immer an denselben Orten abgehalten werden, auf daß die Herrschaft einer Gemeinde über die andere verhindert werde". Damit wird nun aber nichts Anderes gesagt, als was bereits das Glaubensbekenntniß angebahnt (art. 31. de dienaers des Woorts, in wat plaetse datse zyn, soo hebbense eene selve macht ende autoriteyt), was eine Antwerpner Synode (1. Mai 1564), der Pariser von 1559 wörtlich folgend, ausgesprochen hatte (nulle Eglise ne pourra pretendre primauté ni domination l'une sur l'autre, ni semblalement les Ministres les uns sur les autres), was später die Embener gar als Fundamentalsatz an die Spitze ihrer Verhandlungen stellte (geen kerke zal over een ander kerke, geen dienaar des woorts, geen ouderling noch diakon, zal de een over de ander heerschappye voeren).

Diese gleichen Einzelgemeinden schließen sich je nach ihrer Lage und Größe zu Verbänden zusammen, welche den Namen der Classen (Quartiere oder Parochieen) tragen. Die sämmtlichen Classen jeder der politischen Provinzen des Landes (hier schmiegt sich die Kirchenverfassung ganz den bürgerlichen Einrichtungen an) bilden eine Provinzialsynode, und diese letzteren alle werden zur Nationalsynode zusammengefaßt.

Das ist die, unter Hinzunahme der in gewissen Grenzen sich selbst regierenden Gemeinden, in vier Stufen aufsteigende, durch Einfachheit großartige und bewährte Verfassung, welche, so weit sie je Geltung erlangte, das kirchliche Leben gegen die Welt sicher zu stellen und zugleich seiner Ebbe und Fluth so naturgemäß zu folgen berufen war.

Die weitere Darlegung davon, daß seit der Embener Synode alle niederländischen Synoden nur diese Verfassung gewollt, befördert und gepflegt haben; daß Jahrhunderte lang hier und am Niederrhein, was die Gemeinde nicht beendigen konnte an den Classenconvent, was diesem zu lösen unmöglich war an die Provinzialsynode, was endlich diese nicht zu entscheiden wagte an die General= oder National=

Synode gebracht wurde, und so die Gemeinden beruhigt in ihrer Selbstregierung geblüht haben, ist überflüssig, weil die Thatsache von aller Welt, so weit sie Augen hat zu sehen, zugegeben wird. Die Verfassung der Einzelgemeinden hingegen verlangt an dieser Stelle ein genaueres Eingehn deshalb, weil der Weseler Convent die Aemter ihrer Vorsteher hie und da anders aufgefaßt hat als wir es zu thun gewohnt sind, und seine Beschlüsse gerade hier uns den besten Einblick in die eigenartige, mit den Mächten einer hinsterbenden und einer neu auflebenden Zeit ringende, Bewegung eröffnen, aus welcher er hervorging.

Zunächst ist mit dem Begriff, den der Convent von der Gemeinde hat, die Forderung verbunden, daß an ihrer Spitze ein **sie regierendes** und zwar rein **kirchliches Collegium**, ein Presbyterium (Senat, Kirchenrath, Consistorium, compagnie des anciens ou commis), stehe[1]. Es ist bereits bemerkt worden, daß in dieser Beziehung die La sco'schen Einrichtungen ebenso wenig wie diejenigen der Kirche von Schottland (welche durch ihre Generalsynode, ebenso wie der Convent, am 20. Dezember 1560 die Presbyterialverfassung „für die allein schriftgemäße" erklärt hatte), Berücksichtigung gefunden haben. Vielmehr sind die Weseler Beschlüsse in Betreff der Presbyterien lediglich den Genfer Ordonanzen Calvins (vom 20. November 1541) entlehnt, obwohl die darin aufgestellten **vier** Arten von Amtsträgern den Conventsgliedern fast unwillkürlich in die **drei** der schottischen Kirche sich zusammengezogen haben[2]. Offenbar hat hier die Gewöhnung an die, von den Walonen her im Lande schon weit verbreiteten, Genfer Gesetze den Ausschlag gegeben. Im engen Anschluß an diese, jedoch unter dem fundamentalen **Fortschritt**, der die Vermengung von Staat und Kirche aufgibt, und es **unmöglich** macht, daß etwa wie zu Genf ein städtischer Syndic Präsident des Gemeindevorstandes wäre, wird nun behauptet, daß das Presbyterium nach Vorschrift des Herrn und seiner Apostel **vier** Classen von Beamten (Calvin: quatre ordres ou espèces d'offices) für das Kirchenregiment in sich beschließe: Diener am

---

[1] In Genf war der Präsident des Consistoriums ein Staatsbeamter.

[2] Dadurch, daß sie mit den doctores (die den Schotten fehlen) nicht recht zu bleiben wußten; s. u.

Wort (ministri, die pasteurs der Genfer), Lehrer (doctores, die docteurs), Aelteste (Seniores, die anciens), Diakonen oder Armenpfleger (diaconi, die diacres). Wir halten uns der Mühe überhoben, Amt und Arbeit der Diener, Aeltesten und Diakonen im Allgemeinen darzulegen, da die Art, wie der Convent dieselben gefaßt hat, und die durch ihn in der niederländischen Kirche zur allgemeinen Annahme gekommen ist, von der in den reformirten Kirchen gewöhnlichen und allbekannten nicht abweicht. Ebenso wenig aber ist es hier der Ort, die exegetische Begründung dieser Einrichtungen durch Schriftstellen zu critisiren. Es kann uns zur Erreichung unsres Zweckes nur darum zu thun sein, auf das Besondere, was seine Beschlüsse dabei darbieten, aufmerksam zu machen.

Eigenthümlich ist nun aber besonders die von Calvin entlehnte Aufstellung der „Lehrer" als eines besonderen, von den Aeltesten und Dienern verschiedenen, Standes in der Regierung der Kirche; welcher jedoch dadurch wieder von dem gleichbenannten Genfer wesentlich sich unterscheidet, daß er mit dem der „Propheten" (wohl nach Apostelgeschichte 13, 1) auf eine Linie gestellt wird. Hier laufen offenbar in den Conventsbeschlüssen zwei ursprünglich verschiedene Strömungen in einander. Denn die Calvinschen „Lehrer" sind wirkliche Lehrer, die den Schulstand (l'ordre des Ecoles) vertreten, welcher der Kirche Prediger schafft und bildet, und so die eigentlichen Schullehrer (pour les petits enfants) ebensowohl wie die, den Predigern oder Dienern zunächst stehenden Universitätsdozenten der Theologie in sich befassen (le degré plus prochain au Ministere et plus coniont ou gouuernement de l'Eglise est la lecture de Theologie). Mit diesen „Lehrern" weiß jedoch der Convent nichts Rechtes anzufangen. Er sagt von ihnen nur: „noch lasse sich über sie Nichts bestimmen; die Zeit werde später die Synode wohl darüber belehrt haben, was in dieser Beziehung gut sei"; zugleich aber führt er, wie um die Lücke auszufüllen, die den Genfer Bestimmungen fremden „Propheten", als mit den Lehrern auf Einer Linie stehend, ein, deren Amt und Thätigkeit er ausführlich beschreibt.

Als in Zürich zuerst es an Predigern zu mangeln begann, welche, wie die Zeit es forderte, nicht aus den Schulen der Scholastiker, sondern aus dem Ideenkreis des Wortes Gottes ihre Vorbereitung auf das Amt erhalten hätten: wurde hier im Chor des Groß-Münsters jeden Morgen eine Stunde lang eine Versammlung aller Geistlichen und Studenten gehalten, worin die Gelehrten den Grundtext der Bibel fortlaufend erklärten, und woran sich unmittelbar ein, den behandelten Gegenstand erbaulich fassender, Vortrag eines der Geistlichen vor der nunmehr in der Kirche erschienenen Gemeinde anschloß. Das war die sogenannte Prophezey (1525), die ihre Benennung aus dem Sprachgebrauch des Neuen Testamentes erhielt, welches ja ein beredtes Zeugen von Christus durchweg Prophezeien nennt[1]).

Während diese Einrichtung, anderswohin verpflanzt (zu Bern), nicht einmal Wurzel schlagen konnte, und auch in Zürich der gelehrte Theil der Prophezey allmälig in academische Vorlesungen, der volksthümliche in gewöhnliche Predigten überging: nahm Lasco sie von einer anderen Seite auf, und führte sie kirchenordnungsmäßig in die Verfassung und das gottesdienstliche Leben seiner Londoner Fremdengemeinden ein. Denn nicht das war dabei seine Sorge, einen Ersatz für die fehlenden theologischen Schulen zu schaffen; sondern er stellte sie hin als unentbehrliches Stück des Gemeindecultus, als nothwendige Aeußerung des Gemeindelebens. Seine „Prophezey" wurde jeden Donnerstag nach der Predigt so gehalten, daß die, von der Gemeinde dazu aus Aeltesten, Diakonen und sonst aus gottesfürchtigen Männern Verordneten, im Angesicht der Gemeinde da sitzen mußten, um aus eigenem Antrieb oder im Auftrage Anderer, über die dunkel gebliebenen Punkte der Predigten der letzten Woche Fragen zu stellen, und von den Predigern darauf Antwort zu erhalten; sie war „eine öffentliche Probe der Lehre der Prediger." Diese Anordnung ihres hochgeehrten Freundes konnten sich die Glieder des Weseler Convents nun zwar so wenig zu eigen machen, daß sie dieselbe als eine „den Einrichtungen des Apostols Paulus fremde Neuerung, die nur Zank gebähre", ausdrücklich verwarfen, und auf die alten Züricher Einrichtungen zurückgingen. Dieselbe Noth führte auf dasselbe Heilmittel. Hatten die Züricher aus ihrer Prophezey ihre Theologenschule hervorwachsen sehn (scholae nostrae reformatae primordia): so hoffte der Convent zwar fromme und gelehrte Prediger in Erster Linie durch die Gründung wissenschaftlicher „Bildungsanstalten, in welchen das reine Bekenntniß blühe", sich zu beschaffen; doch versprach er auch (und besonders bis dahin, daß diese Anstalten errichtet sein würden), sich große Hülfe von „fleißigen Uebungen in

---

1) Matth. 7, 22. 1. Kor. 14, 3—5. Ap. G. 19, 6.

der Schriftauslegung (welche wir Propositionen¹) oder Prophezeiungen nennen)". Es sollten diese Bibelbesprechungen so gehalten werden, daß „nicht nur die Diener am Wort und die (ihnen wie wir hörten zunächst stehenden) Lehrer, sondern auch aus den Aeltesten, Diakonen, ja aus den übrigen Gemeindegliedern Alle, welche die Gabe der Schrifterklärung besäßen (jedoch erst nachdem sie als solche erprobt), als ein geschlossenes Collegium der Propheten (Proposanten) wöchentlich vor versammelter Gemeinde zusammenträten, und ein Buch der Schrift so erklärten, daß je Einem die eigentliche Auslegung zufiel, die Anderen aber (und zwar nur der Reihe nach), was etwa vergessen war, hinzuthun durften; den Schluß bildete das Gebet dessen, der die Deutung gehabt hatte".

Die reformirte Kirche räumt überhaupt dem Worte Gottes im Cultus eine besonders bevorzugte Stelle ein; und so mußte schon deßhalb das Institut der Proposanten sich Gemeinden empfehlen, welche statt der Predigten über Pericopen, solche über fortlaufende Texte lieb gewonnen hatten²): zu geschweigen, daß sie hoffen durften, auf diesem Wege in geordneter Weise zu einer Schriftkenntniß geführt zu werden, die sie sonst schwerlich erlangen konnten. Das ganze Institut aber entspricht irgendwie den kirchlichen Homilieen oder Bibelstunden der Gemeinden unsrer Tage, die da, wo Glaubensleben ist, so sehr Bedürfniß geworden sind, daß, wenn die Kirche sie nicht darbietet, die Laien sich selber helfen, sie als Colloquien einrichten so gut und so schlecht es geht, und dabei den Besonnenen unter ihnen reichliche Gelegenheit geben, die Weisheit eines Weseler Convents anzuerkennen, welcher Bibeldeutungen in Fragen und Antworten verwarf.

Die Bedrängniß jener Zeit ließ diese freie Einrichtung, welche von Anfang an gegen die Furcht, es möchte dadurch das eigentliche, bei den Reformirten so hoch gehaltene „Amt des Wortes" beschädigt werden, zu kämpfen hatte, bestehn; und die Embener Synode beschloß, ohne in Genaueres sich einzulassen (52), „daß in großen Gemeinden Diejenigen, welche Hoffnung erweckten einmal der Kirche dienen zu

---

1) Die Schrifterklärer, welche die Propositionen hielten, bekamen allmählig den Namen der Proposanten.
2) Schon die Dortrechter Synode (1574) beschloß, daß, um das Volk zum rechten Verständniß der Schrift zu bringen, nur über ganze Bücher derselben fortlaufend gepredigt werden dürfe (39). Doch durften Alttestamentliche nur mit besonderem Consens der Consistorien gewählt werden.

können, im Proponiren sich üben sollten, jedoch, damit es ordentlich geschehe, ein Kirchendiener der Action präsidire." Auch die Dortrechter Synode (1574) ließ das vorhandene Institut gewähren, ohne es besonders in Pflege zu nehmen, und beschloß (21), „daß man die, so nicht stu.dirt, aber guten Verstand hätten und zu proponiren wünschten, um zum Kirchendienst überzugehen, nur dann zulassen sollte, wenn sie gottselig, demüthig, sittsam, verständig, bescheiden und beredt seien." Je mehr den Gemeinden in der Folgezeit die Lehrer auf geordnete Weise zukamen, desto mehr scheinen die Propositionen verkümmert zu sein[1]). Sie sind nie aufgehoben worden, sondern von selbst verblüht: Zeugnisse eines erregten Glaubenslebens, das in allen Schichten der Gemeinden die schlummernden Kräfte weckte, ein außergewöhnliches Mittel außergewöhnlicher Noth abzuhelfen[2]).

Während so in den Niederlanden die „Propheten" verschwanden, waren jene ihnen im Convent zu Wesel gleichgestellten „Lehrer" bereits 1576 zu „Professoren der Theologie" geworden[3]).

Ein anderer, den Beschlüssen eigenthümlicher, von den gewohnten Einrichtungen der Reformirten abweichender Punkt findet sich in den Aussagen über das Diakonat. Daß der Convent zwei Arten gleichsam von Diakonen fordert, solche, welche Almosen sammeln und austheilen, und solche, welche die mehr geistige Seite der Armenpflege in Tröstung der Kranken und Gefangenen aus Gottes Wort vertreten, ist nicht neu. Denn schon Calvin hatte den Einen die

---

1) Die Gemeinde Wesel hatte 1576 sechs Proposanten, welche wöchentlich „solche Gemeindeglieder um sich sammelten, die, zur weiteren Ausbildung in der Lehre, im Worte unterrichtet wurden". Sardemann a. a. O. S. 33. Das war ein Rest der vom Weseler Convent für größere Gemeinden empfohlenen privaten Propositionen.

2) An ihre Stelle trat gründlich helfend für die Niederlande die Hochschule von Leyden, in welcher Wilhelm von Oranien der theologischen Fakultät den ersten Platz eingeräumt wissen wollte. Mihi sane cum primum auctor essem instituendae scholae, illud imprimis propositum erat, ut studii Theologici prima et summa haberetur ratio. S. Wilhelms Brief an den Rector der Universität vom 10. März 1582.

3) Terwylen hedendaegs de Professoren van der Theologie in der Doctooren plaetsen syn etc. Kerkel. wetten van Holland en Zeeland. 1576. 36. — Het Ampt der Doctoren ofte Professoren in de Theologie is etc. S. van Middelburg. 1591. 18.

Geldsachen, den Anderen die eigentliche Pflege der Elenden zugewiesen, und auch die Synode von Antwerpen (1. Mai 1564) hatte bereits (wie selbst das Glaubensbekenntniß **Hülfe und Tröstung der Armen** fordert), den Diakonen die Stärkung des **Glaubens** der Pfleglinge auferlegt; ja die letztere war so weit gegangen, die Diakonen für bestimmte Fälle als **Diener am Wort** zu proklamiren, welche öffentlich katechisiren sollten, ohne jedoch die Macht zu haben Sacramente zu spenden (12). Von dieser, zwei Stände verwirrenden, Anordnung sah der Convent mit richtigem Gefühl, und trotzdem daß der Mangel an Lehrern sie hätte empfehlen können, ab; darin aber geht er nun wieder über alle Kirchenordnungen jener Zeit hinaus, daß er den Muth hat, nach dem Vorbild der apostolischen Kirche, **den Dienst der Frauen** für die Armen der Gemeinde in Anspruch zu nehmen. „Wo es paßt — beschloß er — da achten wir, daß auch bejahrte Frauen von bewährtem Glauben und Ehrbarkeit als Diakonissen, nach dem Beispiel der Apostel, angenommen werden dürfen." Dieser Vorschlag fand freilich in der Folge keinen sonderlichen Beifall, und sein Verständniß scheint erst in unsern Zeiten sich anzubahnen: wenn es auch noch lange dauern wird bis wir wieder dahin kommen, daß jede Gemeinde es für Ehre und Freude hält **ihre Helferinnen** sich selbst in geordneter Weise zu beschaffen. Die Gemeinde Wesel legt auch hier das Zeugniß davon ab, wie tief bei ihr die Wirksamkeit des in ihren Mauern abgehaltenen Convents gegangen ist. Denn in ihrer Armenordnung von 1573 hat sie die Wahl ihrer Diakonissen schon gesetzlich geordnet. Der Weseler Classenconvent von 1578 billigte das Institut, als er in einem bestimmten Falle darüber befragt wurde; aber schon die folgende Provinzialsynode erklärte sich dagegen, und die Generalsynode von **Middelburg** (1581) hielt überhaupt die „Wiedereinführung" desselben für **nicht rathsam**, — wohl von dem damals allgemeinen Irrthum geleitet, welcher die „**Wittwen**" der h. Schrift mit den „**Diakonissen**" derselben für identisch hält [1]. Trotz dieses ungünstigen Bescheides,

---

[1] „Of raedsaem ware het ampt der Diaconessen weder in te voeren?" Neen, om verscheiden inconvenienten wille, die daer uit souden mogen volgen: maer in tyden van pest .. so daer enige dienst te doen ware .. den diaconen niet betamelyk, so sullense die voorsorgen door haer huisvrouwen of andere daer toe bequaem synde (56).

der übrigens die Armen nicht beschädigte, da ja die Diakonen vollkommene Krankenpflege übten, erlosch zu Wesel die Einrichtung der, von dem Presbyterium jährlich erwählten (vier), den Armen dienenden Frauen erst bei Ablösung der Gemeinde von ihrem niederländischen Synodalverband und in dem Elend der spanischen Zeit, welche die Stadt auf lange von ihrer Höhe herabstürzte (1610)[1].

Eigenthümlich, und nicht ohne Rücksicht auf die „Billigkeit des Rechts" eingegeben, sind auch die Vorschläge des Convents in Betreff der Wahlen der Gemeindebeamten. Calvins Ordonanzen wissen bekanntlich von einer Wahl der Diener am Wort durch Gemeindeglieder Nichts, vielmehr wählen die Diener allein. Die französische Kirche hielt es ebenso. Nicht viel günstiger als sie denkt der Convent von der Befähigung der Gemeinden in Betreff der Wahl, und möchte am liebsten, daß die Obrigkeit oder sonst die Classen (Synoden) mit den Aeltesten gemeinsam sie in die Hand nähmen: doch bequemt er sich dazu (was auch schon die Wallonische Synode von Teurs 1563 bestimmt hatte), daß, so lange noch keine Classen da seien, der Gemeinde die doppelte Zahl der zu Erwählenden vorgestellt werde, und sie daraus ihre Ernennung vornehme; — eine Einrichtung, welche von der Embener Synode (13) dahin präcisirt worden ist, daß künftig die Prediger von dem Presbyterium unter Zuthun der Classe, die Aeltesten und Diakonen ohne dieselbe erwählt werden sollten.

Diesen knappen und einfachen kirchenregimentlichen Formen entspricht die, nur auf das Bedürfniß berechnete, Einrichtung des Gottesdienstes, welche der Convent fordert.

Fragen wir zunächst nach den Formularen, die dabei zu Grund gelegt werden sollen, so sehen wir auch hier die niederländische Kirche, bei allem Festhalten der Gemeinschaft mit anderen, eigene Wege betreten.

Der öffentliche Gottesdienst mußte — so fordern die Beschlüsse — zum mindesten an Einem Tage der Woche, und außerdem selbstverständlich am Sonntag gehalten werden. Die Wände der Kirchen sind weiß, ohne allen Schmuck. Eine Tafel zeigt die Nummer des zu singenden Psalmes an: denn noch sind keine anderen Lieder erlaubt.

---

[1] Vgl. Sardemann, Geschichte der Weseler Classe. 1859. S. 58. und dessen Aufsatz im Fliednerschen Krankenfreund. 1854. Maiheft.

Während die Gemeinde sich versammelt, tritt ein Aeltester auf und verliest einen Abschnitt der Schrift. Ist sie versammelt, so hebt der Gesang der Psalmen unter Leitung der Vorsänger [1]), und nach der bereits viel gebrauchten Uebersetzung derselben von Dathen an.[2]) Diesem Gesange folgt das, durch den Diener des Worts auf der Kanzel gesprochene, Sündenbekenntniß und Bitte um Vergebung Namens der Gemeinde; und zwar in freiem Wort „nach Eingebung des h. Geistes", oder nach der Form der Genfer Kirche oder irgend einer anderen, die ihm zur Hand ist[3]). Nach demselben wird die Bitte um

---

1) Die Orgeln durften nur wenn die Feier gänzlich beendigt war, und während die Gemeinde die Kirche verließ, ertönen. Bekanntlich hat die orientalische Kirche die Orgel nie im Cultus geduldet, und der Mißbrauch derselben zur Reformationszeit war im Abendlande so groß, daß selbst auf dem Tridentiner Concil ein Antrag auf ihre Entfernung eingebracht und lebhaft verhandelt worden ist. — Aangaande het spelen der Orgelen houd men dat het gantsch behoort afgezet te wezen volgende de Leere Pauli 1 Cor. 14, 19. S. v. Dordrecht 1574. 50. — Nicht wie in der Schweiz, der Pfalz u. s. w. wurde in den Niederlanden das schöne Instrument aus der Kirche entfernt; auch in diesem Stück war man hier maaßvoll; aber seine Wiederaufnahme in den Cultus hat lange mit den ihn bekämpfenden Vorurtheilen zu thun gehabt. vgl. Kerkelyk orgelgebruik door Kist in s. Archief X. Bef. S. 239.

2) Dathen, der „herzlich begehrte daß, da die niederl. Gemeinden mit denen in Frankreich in Lehre und Ceremonien gleich wären, sie auch im Psalmengesang ihnen gleich würden", hatte dieselben 1566 aus der Marot'schen Uebertragung, und unter Beibehaltung ihrer franz. Melodieen, übersetzt „nicht um die Arbeit Anderer dadurch herabzusetzen, sondern weil die bisher erschienenen niederl. Uebersetzungen nicht geeignet seien in den Gemeinden erbaulich gesungen zu werden" (am verbreitetsten war die Uebersetzung Rieuvelt's, die Volls melodieen angepaßt war). Die Dathen'sche Ausgabe entwerthete allmählig alle anderen. Schon 1580 mußte Marnix sich bei der Veröffentlichung seiner Uebertragung gegen den Vorwurf vertheidigen, als „habe er damit in Datheni Ernte eintreten wollen, dessen Uebersetzung er doch nicht aus des gemeinen Mannes Händen zu reißen gedenke." Ausführlicher noch rechtfertigte er sich 1591 in neuer Vorrede. — De Psalmen Davids, Ende ander Losfanghen, wt den Francoyschen Dichte in Nederlanschen ouergheset, Door Petrum Dathenum. Gheprint int Jaer ons Heeren. 1566.

3) Die Lasco'sche Ordnung war damit noch frei gegeben; später wurden die von Dathen bearbeiteten liturgischen Stücke der Pfälzer Kirchenordnung (von 1563) auch hier geltend (Gebedt des Sondaeghs voorde Predicatie.)

Erleuchtung für den Redner und die Hörer angestimmt.¹) Zum Schluß der nun folgenden einfachen, aber eine Stunde währenden, Anfangs noch über die hergebrachten Pericopen, bald aber über ganze Bücher gehaltenen, Predigten, hat er frei, und im Rückblick auf das, was er vorgetragen, zu beten.²) Ein Psalm beendigt diesen ersten Theil des Gottesdienstes, an den sich die Prophezeiung anschließt, welche in freies Gebet ausläuft. Sind Trauungen, Taufen, oder ist das heil. Abendmahl zu halten, so schließen sie hier sich an. Die Sacramente werden nach der „gewohnten" Form verwaltet (forma in constitutionibus ecclesiasticis expressa); das heißt nach der, mit Dathens Psalmübersetzung zugleich unglaublich schnell beliebt gewordenen, Bearbeitung der Pfälzer Liturgie, die als Anhang der Psalmen gedruckt in Aller Händen war, und die, durch die Glieder der Londoner Flüchtlingsgemeinden verbreiteten „Ordinanzen" Microns (von 1554) verdrängte.

Junge Leute, welche zum ersten Mal das Nachtmahl feierten, wurden „nach der kürzeren Form des Katechismus" öffentlich geprüft, und erst sammt denjenigen Erwachsenen, welche sich zur Gemeinde begeben (d. h. übertreten) wollten, nachdem sie ihren Glauben bekannt und ihre Unterwerfung unter die Kirchenzucht gelobt hatten, zum Tisch des Herrn zugelassen.³)

---

1) Die Dortr. Syn. v. 1574. 41. sagt: aengaende den ghewoonlycken ghesangh tuschen t' Gebedt ende Predicatie: O God die onse Vader bist etc., dat sal inde vryheyt der Dienaren staen te houden ofte te laten. — Er findet sich in den ältesten liturg. Büchern als Een kort Gebedt voor de Predicatie, door Jan Uytenhove: Godt die onsen Vader bist, Door Jesum Christ, Geeft uwen Geest ons algemeyn, Die ons ter waerheyt leyde; Verhoort ons doch tot deser Stondt, Opent den mondt Uw's Dienaers, dat by uw' woort reyn, En vrymoedig verbreyde: Daer toe, o Heer genadelick, Opent ons hert en ooren, Dat wy dat hooren vlytelick, En trouwelick bewaren; Op dat wy mogen vruchtbaerlick Uw' lof altydt verklaren.

2) Schon die Dortrechter Synode von 1574. (39) fordert, statt der Pericopentexte in den Predigten fortlaufend ganze Bücher — jedoch nur des neuen Testaments — zu behandeln. Seit der Synode von Haag (1586) wurde in dem Nachmittagsgottesdienst über den Heidelberger Katechismus gepredigt.

3) Die Prüfung soll geschehen secundum brevioris Catechismi formam. Ich möchte nicht mit Hooyer (a. a. O. S. 31.) annehmen, daß

Die Freiheit, mit welcher in allen diesen Beziehungen in Wesel gehandelt, die geringe Bedeutung, welche, dem Worte Gottes gegenüber, auf kirchliche Formulare gelegt wurde, ist das Erbtheil der nächsten Synode geworden, die bei dem Abendmahl die Worte Christi (wie Lasco) oder die des Apostels Paulus (wie die Pfalz) zu gebrauchen erlaubte (Emden 21.). Doch schon die zweite (1574. 37 ff.) lenkte auch hier in die pfälzischen Formen ein, welche, wenn auch bereichert und geändert, seitdem in den Niederlanden zur Alleinherrschaft gekommen sind.

Die reformirte Kirche erhält überall ihr unverkennbares Gepräge durch die Uebung ihrer Disciplin oder Kirchenzucht, wodurch sie sich der Welt gegenüber abschließt, um diejenigen Gnaden zu retten und sicher zu stellen, welche der Herr ihr gegeben hat, und in strenger Sonderung und Unterscheidung von der Welt Kraft zu behalten auf sie einzuwirken, sie zu überwinden. Und wer wollte für die Ausbildung dieser ihrer Eigenthümlichkeit die gradezu maßgebende Bedeutung der Weseler Synode verkennen? Wir wissen ja, wie vielfach der Ausübung der kirchlichen Zucht auch in den Niederlanden der Verdacht entgegen kam „sie wolle nur eine neue Priesterherrschaft, ein neues Papstthum aufrichten"; wie ein Wilhelm von Oranien sie mißtrauisch ansah, weil die Art, wie sie damals auftrat, allerdings die unveräußerlichen Rechte des bürgerlichen Lebens verletzte; wie Viele von der, den Gemeinden vindicirten Macht, ihre Glieder selbst strafen zu können, nur Uebergriffe in das Gebiet des staatlichen Lebens und der weltlichen Obrigkeit — eine nie versiegende Quelle des Haders — witterten; und alle diese Dinge waren den Conventsgliedern aus nächster Anschauung besser bekannt als uns; dennoch gaben sie sich gefangen unter „Christi und der Apostel Anordnung und Lehre, so wie den Gebrauch der apostolischen und der ganzen alten Kirche," und sahen in ihrer „täglichen Erfahrung" die sie gemacht,

---

damit der kleine Katechismus Microns gemeint ist, sondern verstehe darunter das für die holländische Kirche gearbeitete (Lasco'sche?) „Kort begryp der Christelycke religie voor die haer willen begeven tot des Heeren heylige Avondtmael". Vgl. u. A. auch die Acten von Dortrecht (1574): es soll nur der Heidelberger Katechismus getrieben werden, wobei es den Dienern freigestellt wird, ausnahmsweise sommigen in't besonder het corte ondersoeck te laten leeren.

den klaren und überzeugenden Beweis dafür, daß ohne diese Zucht die Kirche nicht bestehen könne. Und so tief waren sie von der Nothwendigkeit, sie aufzurichten und zu schirmen, überzeugt, und so unauslöschlich pflanzten sie, wohin sie kamen, diese Ueberzeugung ihren Volksgenossen ein: daß von der Embener an alle folgenden Synoden in ihr das Panier verehrten, das sie hoch halten mußten aller Welt zum Trotz, und alle Gemeinden dabei verharrten „wie klein ein Haus oder eine Gemeinschaft auch sei, so vermöge es ohne Zucht nicht bestehn; darum könne viel weniger Gottes Gemeinde ihrer entbehren."

Gewiß ist ja, daß, nachdem die alte, wegen der damaligen Verschlingung und Durchdringung der weltlichen und geistlichen Sphären oftmals ungeistlich, und darum ungerecht, geübte Kirchenzucht, deren Begründung zu Wesel geschehen ist, auf allen Gebieten wo sie eingebürgert war, sich ausgelebt hatte: die im letzten Jahrhundert von ihrer geistigen Höhe gesunkenen Gemeinden hätten in die Welt zerfließen und also untergehen müssen, wenn nicht der Herr indem er die Seinen segnet immer auch seine Feinde verblendete; wenn nicht der Unglaube unsrer Zeit es für unnöthig hielte, sich um kirchliche Dinge zu kümmern; wenn es nicht für den Bestand der Gemeinden gleich wäre, ob das Abendmahl vom Unwürdigen deshalb nicht empfangen wird weil man ihn davon ausgeschlossen hat, oder deshalb nicht, weil er sich selbst nicht werth achtet des ewigen Lebens. Gewiß ist, daß die früheren Formen für ernste Selbstreinigung der Gemeinden dahin sind; daß sie, so wie sie einmal waren, trotz aller Versuche nicht wieder aufgerichtet werden können, und wir vorab noch der Zeit warten müssen, da es Gott gefallen wird zum Himmelreich gelehrte Schriftgelehrte zu senden, welche es verstehen das uns nöthige Neue im Alten zu erkennen, und so das Alte im Neuen aufleben zu lassen.

Diese Andeutungen werden — so hoffe ich — das Verständniß der nun folgenden ersten deutschen Uebersetzung der Weseler Verhandlungen erleichtern, und einer Würdigung des darin waltenden Geistes der Kraft, der Liebe und der Zucht den Weg bahnen können.

III. Deutsche Uebersetzung.

Einige Hauptpunkte oder Artikel, welche Diener der niederländischen Kirche zu Nutz derselben theils für nöthig theils für nützlich geachtet haben.

Der Apostel Paulus schreibt vor „es solle in der Kirche Gottes Alles ordentlich und ehrbar zugehn"[1]), damit so eine einmüthige Uebereinstimmung derselben nicht nur in der Lehre, sondern auch in der Ordnung und Verwaltung des Amtes bestehe und erhalten werde. Auf daß nun in diesen Stücken eine solche gleichmäßige Einigkeit in allen niederländischen Gemeinden bewahrt werden könne, hat es uns gut geschienen, Folgendes, worüber wir uns bei den best reformirten Kirchen Rath geholt haben, der Reihe nach hier vorzustellen, damit es zu heilsamer Frucht der Kirche von ihren Dienern in den Niederlanden in einmüthiger Uebeinstimmung unterschrieben und beobachtet werden möge.

I. Von den Bildungsanstalten und Classen in den Provinzen.

1. Weil bei Einrichtung der Gemeinden vor Allem die höchstmögliche Sorgfalt darauf zu verwenden sein wird, daß ihnen fromme, gelehrte und in der Kenntniß der heiligen Schrift ausgezeichnete Männer, welche „Gottes Wort recht zu theilen" verstehn[2]), als Diener und Hirten vorgesetzt werden; Niemand aber bezweifeln kann, daß dabei von Kenntniß der Sprachen und Wissenschaften, sowie auch von fleißigen Uebungen in der Schriftauslegung, die man Propositionen oder Prophezeiungen nennt, die größte Hülfe zu erwarten ist; nach ihrer Einrichtung aber es sich empfehlen wird, daß man, um die möglichste Uebereinstimmung ihrer aller in Lehre, Ceremonien und Kirchenzucht herzustellen und festzuhalten, häufige Zusammenkünfte der benachbarten Gemeinden einrichte, auf welchen, was zu berathen ist, berathen wird: — 2. so ist nach unsrer Meinung vor Allem dahin zu wirken, daß Erstens Bildungsanstalten ins Leben geru-

---

1) 1. Korinther 14, 40.
2) 2. Timotheus 2, 15.

fen werden, in welchen die drei Sprachen[1]) gelehrt werden, und besonders das reine Bekenntniß und die fleißige Uebung der Theologie blüht; so wie daß Zweitens zugleich alle Niederländischen Provinzen in bestimmte Classen oder Parochien zweckmäßig eingetheilt werden, damit jede Gemeinde wisse, mit welchen anderen Gemeinden sie alle schwierigeren, und nach ihrem Dafürhalten das gemeine Beste betreffenden, Geschäfte zu berathen und zu verhandeln hat.

3. Weil aber zur Zeit und auch so lange noch Nichts in diesen Angelegenheiten entschieden werden kann, bis Gewohnheit und Erfahrung darüber belehrt haben werden, welche Orte und für welche Dinge sie am meisten geeignet sind: so glauben wir, daß, wenn der Herr der Predigt des Evangeliums in den Niederlanden die Thür aufgethan haben wird, alsdann sofort alle Gemeinden und ihre Diener mit ganzer Kraft dahin streben müssen, daß überall Geld gesammelt werde, um eine Nationalsynode der ganzen Niederlande halten zu können; damit so durch eine gesetzmäßige Versammlung festgestellt werde, was in diesen und allen anderen Sachen Behufs gemeinsamer Einrichtung der Gemeinden und Beobachtung der besten Ordnung zu befolgen sein wird. 4. Diese Synode wird also nach unsrer Meinung zu bestimmen haben über die Errichtung der vorhin erwähnten Bildungsanstalten, Beschaffung der Besoldung ihrer Lehrer, deren amtliche Stellung und Autorität, theologische Studien, Lehre der Propositionen und Uebung der Propheseiungen, sowie überhaupt über Alles, was dahin gehört; 5. ferner über die rechte und zweckmäßige Eintheilung jeder Provinz in Classen oder Parochien, darüber wie diese Classen einzeln und zusammen ihre Convente halten, und wie dieselben anzuordnen sind, welche Macht sie haben und wie sie die Censur ausüben sollen; 6. ebenso wird sie über Ehesachen, über die Gründe der Ehescheidung, kurzum über alle diejenigen Dinge entscheiden müssen, welche alle Gemeinden und den allgemeinen Kirchendienst angehn. Denn daß, was Alle gleicherweise betrifft, jetzt oder künftig durch eine einzelne Gemeinde und ohne Rücksicht auf die übrigen, deren Sache es ebenso sehr ist, abgemacht werde, entspricht weder der Autorität der Schrift noch billigem Recht.

7. Sollte aber die Schwierigkeit der Umstände oder Zeitverhältnisse die Abhaltung einer solchen Synode durchaus unmöglich machen:

---

[1] Die hebräische, griechische und lateinische.

dann wird es, meinen wir, nöthig sein, daß aus allen bedeutenderen Gemeinden der Provinzen einige der ausgezeichnetsten Männer erwählt werden, um einen Vorschlag über Eintheilung des Landes in Classen, Errichtung einer Bildungsanstalt, überhaupt über die Aufklärung der übrigen schwierigen Angelegenheiten, sowie endlich über einen möglichst guten Entwurf einer Verwaltungsordnung für das ganze Land aufzustellen; und zwar so, daß erst Jeder für sich oder je Zwei oder Drei arbeiten, Dieselben dann ihre Entwürfe gemeinsam berathen, und schließlich aus diesen allen eine einzige Kirchenordnung zusammengestellt werde, welche endlich entweder von allen einzelnen Gemeinden angenommen, oder, nachdem das, was etwa darin noch zu verbessern sein möchte, mit Bewilligung Aller verbessert worden ist, in eine angemessenere Form zu bringen sein wird.

8. Weil nun aber durch Gottes Güte die Thüre des Evangeliums[1]) offen und deshalb Zögern nicht angebracht ist, für diese Zwischenzeit aber doch irgend eine anständige Ordnung ins gemein wird beobachtet werden müssen, wodurch wie durch ein Band die allgemeine Uebereinstimmung der Gemeinden bewahrt werde: so scheint es nöthig eine Weise zu finden und in einigen Artikeln festzustellen, die jeder Kirchendiener in derjenigen Gemeinde, welcher er vorgesetzt werden möchte, bis dahin zu befolgen hat, daß durch eine Synode etwas Besseres und Vollkommneres zu Stande gebracht sein wird.

9. Es scheint uns aber sowohl der Lehre und den Einrichtungen der Apostel, als auch dem untadeligen Beispiel der älteren und reineren Kirche möglichst nahe zu kommen: daß zuerst in allen Angelegenheiten, welche ihrer Natur nach gleichgültig (adiaphoristisch) sind, nicht in Lehre und Beispiel der Apostel wurzeln, und nicht durchaus nöthig und unvermeidlich sind, sowohl um Tyrannei über die Gewissen zu verhindern, als auch um jede Veranlassung zu Streitigkeiten zu beseitigen, die Freiheit der Gemeinden nicht durch irgend eine vorgeschriebene Formel eingeengt werde; vielmehr Jeder darin dasjenige befolgen dürfe, was er nach dem Wesen der Sache selbst wie nach seiner Erfahrung für das Geeignetste hält; und zwar so lange, bis durch eine Nationalsynode in diesen Dingen etwas Gewisses festgestellt sein wird. 10. Dahin scheinen gerechnet werden zu müssen bei der Verwaltung der Taufe die Fragen: ob man den Täufling einmal oder

---

1) für uns im Ausland.

dreimal besprengen; ob die Taufe vor oder nach dem Gottesdienst geschehn müsse; ob Taufzeugen zuzulassen seien, oder die Sorge für den Täufling den Eltern und der ganzen Gemeinde anheimfalle; bei der Abendmahlsfeier ob die Feiernden sich an Tische zu setzen oder ob sie Brod und Wein stehend oder gehend zu empfangen haben; ob dabei Schriftlesung und Psalmengesang vorzunehmen: — und Anderes dergleichen, über dessen freien Gebrauch das unerfahrene Volk, wo nöthig, fleißig zu belehren ist, worin aber eine einzelne Gemeinde nicht anders als aus gewissen, sehr guten, und von der ganzen Provinz gebilligten Gründen eine Aenderung treffen darf. 11. In denjenigen Dingen aber, welche andrer Art sind, entweder auf Gottes Wort oder der Apostel Gebrauch und Vorbild, oder auf die fortwährende und durch gewichtige Ursachen gestützte Gewohnheit der Kirchen sich gründen, soll man nicht leichthin von der Uebereinstimmung der Kirchen und verjährtem Brauch abgehn. Diese Dinge haben wir möglichst vollständig im Folgenden so kurz und so vollständig es anging behandelt.

Nun werden hauptsächlich vier Arten des Kirchendienstes von den Aposteln vorgestellt, — die der Diener nämlich, der Lehrer, der Aeltesten und der Diakonen, — welchen die reine Verwaltung des Wortes Gottes und die Sorge für Zucht und Ehrbarkeit, sowie die Pflege der Armen obliegt. Hiezu sind noch die Sacramente und die Kirchenzucht, welche neben dem Worte Gottes die wahren Kennzeichen der Kirche Christi bilden [1]), hinzuzunehmen. Sind diese Stücke gut im Stande, so sehen wir nicht, was bei der Einrichtung einer Gemeinde noch sonderlich vermißt werden könnte.

II. Von den Dienern am Wort und von den Lehrern.

1. Zuvörderst ist es ganz nothwendig, daß zum Dienst am Worte Gottes, wie überhaupt zu jeder Art des Kirchendienstes, Niemand zugelassen werde ohne gesetzmäßige Berufung, Erwählung, Zustimmung, gehörige Prüfung und gesetzmäßige Ordnung [2]).

---

1) Nach den lutherischen Bekenntnissen ist die wahre Kirche da, wo rechte Lehre und rechtes Sacrament ist; nach den reformirten hingegen da, wo zu diesen beiden Kennzeichen noch das dritte: die Kirchenzucht hinzukommt. vgl. Conf. scoticana § 16, gallica § 29, etc.

2) Que personne ne soit admis pour administrer la parole de Dieu sans vocation legitime. S. de Tours. 1563.

2. Nun kann aber keineswegs für eine rechtmäßige Berufung und Erwählung gehalten werden eine solche, bei welcher nicht die Bewerbung des Candidaten selbst, die Neigung des ohnmächtigen[1]) und unbedachtsamen Volkes, und die ehrsüchtige Herrschaft der Aeltesten und Vorgesetzten so viel als möglich ausgeschlossen sind.

3. Um zu einer rechtmäßigen Berufung zu kommen, wäre freilich das Wünschenswertheste, daß eine fromme Obrigkeit ihrerseits den reifen Rath und die weise Auswahl der Aeltesten schützen möchte, so daß dann das Volk sich mit dieser Beiden gemeinsamer Autorität zu beruhigen hätte. Weil darauf aber kaum zu hoffen ist, so wissen wir kein besseres Mittel, als daß die Einwilligung der ganzen Gemeinde zur Autorität der Aeltesten hinzuzunehmen[2]), und diese Art der Wahl in jeder Gemeinde so lange zu üben sei, bis nach Einrichtung der Classen die Synode selbst bestimmt haben wird, daß die Wahl und Prüfung eines Dieners von den Dienern und Aeltesten mehrerer Gemeinden zu geschehen hat[3]). Wenn dies nämlich geschieht, ist die Zustimmung des Volkes nicht weiter nöthig; indem ja die Autorität mehrerer Gemeinden hinreicht, den Uebermuth der Aeltesten (wenn er, was Gott verhüte, einreißen möchte!) zu zügeln. 4. Für die Zwischenzeit aber, und bis es dahin kommt, halten wir für gut, damit nicht den Aeltesten eine unmäßige Herrschaft und Macht über das Volk zugestanden werde, daß dieselben nach reiflicher Wahl dem Volke doppelt so viel bewährte und erprobte Männer (wenn sie zu haben sind) namentlich bezeichnen müssen, und aus diesen, durch die Abstimmung der einzelnen Gemeindeglieder, die Hälfte zur Verwaltung des Pfarramtes erwählt werde. 5. An denjenigen Orten aber, wo das Volk zu einer solchen Wahl nicht fähig wäre (weil entweder die Zahl der Gläubigen zu geringe ist, oder es an gelehrten und erfahrenen Männern mangelt, oder wegen bestehender Partheiungen, oder endlich, weil daselbst bisher weder Diener noch Gemeinde gewesen), da, glauben

---

1) Sollte nicht insolentis zu lesen sein? s. u. II, 3.

2) Tant les Diacres que les Anciens seront esleus par la voix commune de tout le peuple avec leurs Pasteurs etc. S. du Bouton. 1563.

3) Wir haben es hier mit der Magna charta der Presbyterialverfassung zu thun; und ihr dünkt die Mitwirkung der ganzen Gemeinde sogar bei Wahlen gefährlich: — ein seltsamer Contrast mit dem, was heutzutage Vielen der Kern dieser Verfassung zu sein scheint.

wir, kann Jemand ins Amt nur berufen werden durch eine andere, und zwar bedeutende, und wo möglich eine benachbarte Gemeinde.

6. Auch meinen wir, daß nach dem Vorgang der Apostel ein Tag für Fasten und feierliches Gebet festzusetzen ist, damit Gott den Beistand des h. Geistes für des Volkes Urtheil und Stimmen sowohl, als für die durch die Aeltesten vorzunehmende Wahl und Prüfung verleihe.

7. Eine gesetzmäßige Prüfung erstreckt sich theils auf die Lehre, theils auf den Lebenswandel.

8. In der Lehre wird es gut sein, auf folgende vier Punkte zu achten. Erstens fordre man ein Zeugniß der Gemeinde, der Schule oder auch des Orts, wo der zu Prüfende bisher gelebt hat, um genau feststellen zu können, ob er irgend einer Irrlehre zugethan gewesen, oder sich an fremden und absonderlichen Fragen und leeren Speculationen mehr als recht ist, ergötzt hat; ob er die Bücher der Irrlehrer über Gebühr eifrig gelesen, und viel mit fanatischen und auf ihre Träumereien versessenen Menschen umgegangen ist. Danach frage man ihn: ob er in allen Stücken stimme mit derjenigen Lehre, welche öffentlich in der Kirche gehalten wird, gemäß demjenigen, was im Bekenntniß des Glaubens (welches zuerst dem Könige von Frankreich durch die Kirchendiener seines Reiches, und danach auch, in die niederländische Sprache übersetzt, dem Könige von Spanien und den übrigen Obrigkeiten von Niederdeutschland zugeschrieben und eingehändigt worden ist), so wie endlich auch in dem Katechismus enthalten ist [1]).

---

[1] Auf der Synode zu Antwerpen (Anfang Mai) 1566 wurde das von Guy de Bres verfaßte Glaubensbekenntniß verbessert, und Franziscus Junius (du Jon) beauftragt, es den Brüdern in Genf zur Approbation und Veröffentlichung durch den Druck zu übermachen. Die zweite, ebenfalls zu Antwerpen (Ende Juli) 1566, und wieder von mehr als 1500 Mitgliedern, sprach als Grund des Glaubens aus: „die Lehre des A. und N. Testaments, kürzlich verfaßt in den Artikeln des apostolischen Glaubens und in den vier ersten Concilien." Anfangs Dezember 1566 fand die dritte zu Antwerpen Statt, und Dathen hielt noch eine zu Nieuwkerke in Flandern am 16. Dezember 1566, sowie (die letzte) am 1. Januar 1567 zu Antwerpen. Wilhelm von Oranien war begreiflicher Weise gegen eine selbständige Fixirung der evangelischen Lehre durch ein besonderes Bekenntniß: er wollte Annahme der Augsburger Confession, erreichte auch sogar, daß die Reformirten in dem Vertrag, welchen er für sie mit der Stadt Gent vermit-

Drittens frage man ihn über die Hauptstücke der Religion. Endlich sollen ihm mindestens zwei oder drei Mal in Gegenwart von Dienern, wenn sie zu haben sind, und Propheten oder Lehrern, sonst in Gegenwart der Aeltesten, einige Stellen der h. Schrift vorgelegt werden, damit er sie prophetischer Weise auslege.

9. Die Prüfung des Lebenswandels muß sich auf die Forderung eines Zeugnisses Derjenigen, bei welchen er bisher gelebt hat, beschränken.

10. Dies Alles wird später (falls es anders von der Synode gebilligt und die Classen gebildet sein werden) in den Conventen der Classen (Parochien) vorzunehmen sein. Bis dahin kann es nur im Consistorium jeder Gemeinde geschehn, — mit dem Bescheide jedoch, daß Alle, so es begehren, diejenigen Männer, welche sie zu ihren Dienern annehmen wollen, zuvor in ausländische reformirte Gemeinden senden können, um auf deren unbestochenes Urtheil und unverdächtige Prüfung um so zuversichtlicher sich verlassen zu können.

11. Die also geprüften und durch die Wahl des Volkes bestätigten Diener, achten wir, sollen entweder nur unter feierlichem Gebet, oder auch zugleich unter Handauflegung (welche wir frei lassen), vor der ganzen Gemeinde nach apostolischer Sitte befestigt werden [1]).

Diese Befestigung hat durch den zweiten Diener der Gemeinde, wenn einer vorhanden, sonst durch den derjenigen Nachbargemeinde zu geschehen, deren Hülfe bei der Wahl und Prüfung in Anspruch genommen worden ist.

12. Doch darf diese Befestigung nicht eher geschehen, als bis der berufene Diener Dem gegenüber, welcher ihm die Hände auflegen soll, vor dem Angesicht der ganzen Gemeinde sich feierlich verpflichtet hat: sich zu bemühen, Gottes Ehre auszubreiten, sein Wort rein zu verwalten und die Gemeinde zu erbauen; ferner die Zeugnisse des h. Geistes nicht nach seiner Willkür zu deuten, noch von der Wahrheit durch

---

telte (25. Loumaendt 1567), sich auf „die Augsburger Confession, wie Melanchthon sie in seinem Brief an den Pfalzgrafen erklärt habe," beriefen. Wie wenig populär aber dies sein Streben war, zeigt die Weseler Synode, die, so bald es nur anging, die niederländische, selbstständige Confession als Panier erhob. s. oben S. 368.

1) Die Handauflegung wurde zu Dortrecht 1574 (24) zwar abgeschafft, findet sich aber in den alten niederländischen „Formulieren".

Gunst, Geld oder Furcht sich um eines Haares breit abdrängen lassen zu wollen; auch die bestehenden kirchlichen Gesetze, welche zur Ordnung und Ruhe der Gemeinde dienen, gewissenhaft zu halten, und endlich sein Amt nach Kräften ausrichten zu wollen, je nachdem es nöthig, im Ermahnen, Strafen, Trösten und Lehren, ohne jegliche Rücksicht auf Menschengunst und Ansehen der Person.

13. Denn es ist unzweifelhaft, daß das Amt der **Diener** (welche die h. Schrift auch Hirten und Bischöfe, bisweilen auch Aeltesten oder Presbyter nennt) vornämlich besteht im Predigen und richtigen Austheilen des Wortes Gottes, sowie in der Anwendung desselben in Bezug auf Lehre, Mahnung, Tröstung, Strafe, je nach Gelegenheit, und sowohl öffentlich als sonderlich, ferner in Verwaltung der Sacramente und Aufrechthaltung der Kirchenzucht.

14. Den **Dienern** sind **Lehrer** und **Propheten** zugegeben, welche zwar dasselbe Amt, — nämlich zu lehren, — aber doch eine verschiedene Art es auszuüben haben.

15. Ueber die **Lehrer** kann noch Nichts bestimmt werden, bis Zeit und Gelegenheit Diejenigen, welche auf der Synode sein werden, vollständiger darüber unterrichtet haben wird, was den Gemeinden in dieser Beziehung ersprießlich sei[1]). 16. **Propheten** nennen wir hier Diejenigen, welche vor versammelter Gemeinde irgend eine Schriftstelle ordentlich auslegen, wie dies Paulus bestimmt hat, und unterscheiden dieselben von den Dienern so, daß den Propheten eigentlich und vorzüglich das Amt der Schrifterklärung und der Lehre, den Dienern aber, wie vorhin auseinandergesetzt, noch außerdem vieles Andere obliegt. 17. Deshalb halten wir für gut, daß in allen Gemeinden, entstehenden sowohl wie bestehenden, wo es irgend möglich ist, die Ordnung des Prophezeiens nach Pauli Einsetzung beobachtet und ein **Collegium der Propheten** eingerichtet werde, in der Weise, daß dieselben an einem bestimmten Tage jeder Woche oder jeder zweiten Woche nach der Predigt, oder zu einer anderen bequemen Stunde, vor versammelter Gemeinde zusammenkommen, und daselbst zu Aller Er-

---

1) Wie dieser Versuch, die Doctores ins Kirchenregiment einzuordnen, ausgeschlagen, ist oben berührt. Daß in der betr. Stelle (Epheser 4, 11) unser theologischer Lehrstand nicht gemeint, daß mit den Worten „Hirten und Lehrer" nicht zweierlei verschiedene Berufsarten gezeichnet sind, ist jetzt ziemlich allgemein angenommen.

bauung ein Buch der h. Schrift so erklären, daß sie dabei nach einer feststehenden Ordnung abwechseln. Wenn aber derjenige, der an der Reihe war, seine Erklärung vollendet hat, so sollen auch diejenigen, welche ihm, den Sitzplätzen nach, folgen — wenn es ihnen gut scheint — noch das Ihrige hinzufügen, was zur Erbauung dient; und soll also zum Schluß die Versammlung mit dem Gebet dessen, der für den Tag an der Reihe war, beschlossen werden.

18. Diejenige Art von Prophezeien aber, welche kürzlich aufgekommen ist, und in Fragen und Antworten besteht, meinen wir, soll man meiden, da sie der Einrichtung Pauli fremd ist und sehr oft Gelegenheit zu Zank und Streit gibt.

19. In dies Collegium der Propheten sind nicht nur die Diener, sondern auch die Lehrer, und aus den Aeltesten und Diakonen, ja auch aus den Gemeindegliedern selbst, Diejenigen, welche ihre vom Herrn empfangene Prophetengabe zum allgemeinen Besten der Gemeinde anwenden wollen, aufzunehmen; aber unter der Bedingung, daß jeder von ihnen zuerst eine Proposition hält, darin sich nach dem Urtheil der Diener und übrigen Propheten als befähigt ausweist, und zugleich vor dem Angesicht der ganzen Gemeinde oder doch vor denjenigen, welchen das Recht, sie zu prüfen, zusteht, gelobt, die h. Schrift ganz und gar nicht verdrehen, sondern zu Gottes Ehre und zur Erbauung der Gemeinde aufs reinste auslegen, und sich ohn Beschwer der Censur, welche im Classenconvent geübt werden wird, unterwerfen zu wollen.

20. Die Propheten und Lehrer werden an dem **Consistorium** oder kirchlichen Senat so oft Theil nehmen, als eine Frage über Lehre und Ceremonien vorliegt, da ihnen die Prüfung der Geister und Lehren zumeist zukommt [1]).

21. An sie, oder wenn dies unmöglich ist, an die Diener oder Aeltesten, glauben wir, haben sich auch die einzelnen Gemeindeglieder mit ihren etwaigen Zweifeln zu wenden. Können sie hier nicht zurecht kommen, so möge die Sache schriftlich an den Diener; oder, wenn auch dieser außer Stande ist, sie zu lösen, an den Classenconvent gebracht

---

1) Daß sich das Presbyterium für gewisse Fälle durch Berufung der Propheten und Lehrer nicht nur, sondern auch der Diakonen, zu erweitern berechtigt war, wird unten noch berührt werden müssen.

werden. Das Volk aber soll, weder öffentlich noch geheim, durch solche Fragen erregt oder verwirrt werden.

22. Ueber die Art zu predigen ferner, ebenso wie über die des Prophezeiens, kann Niemanden etwas Besonderes vorgeschrieben werden, wenn nicht dies: daß jeder danach trachte, gemäß der Gabe des h. Geistes die er empfangen hat, die h. Schrift möglichst deutlich, und in einer den Zuhörern möglichst verständlichen Sprache auszulegen; hingegen alle gehässige und widerliche Affectation zu fliehn, worin Manche nicht selten verfallen, indem sie müßig über allerlei speculiren, über die vorliegende Schriftstelle hinausschweifen, mit allerlei spitzfindigen Allegorieen spielen, heidnische Zeugnisse, ja oft auch profane und fabelhafte Geschichten prahlerisch vorbringen, die Citate aus den Vätern ungebührlich eifrig aufstöbern und preisen, obscure Gedanken oder Worte, oder irgend eine andere ähnliche Künstelei suchen, welche mehr zum hohlen Gepränge, als zur Erbauung dient.

23. Es richte vielmehr Jeder Alles auf die beiden Hauptstücke des Evangeliums, auf den Glauben nämlich und die Buße. In jenem setze er sich die Erkenntniß Christi, in diesem die wahre Abtödtung und Lebendigmachung der Seele zum einzigen Ziel; und versuche, so viel er kann, die Geheimnisse des menschlichen Herzens und seine Abgründe, indem er sowohl falsche Meinungen und Irrlehren als auch schlechte Sitten straft, aufzudecken. Er begnüge sich nicht damit, nur grobe Laster und offenbare Schandthaten zu verfolgen, sondern wage es auch, die versteckte Heuchelei der Seelen ans Licht zu ziehn, und diese wahre Pflanzschule der Gottlosigkeit, des Stolzes, des Undanks, welche selbst in den besten Menschen steckt, hervorzukehren, und so viel er kann auszurotten.

24. Er hüte sich auch, mit allzu langen Reden das Gedächtniß der Hörer zu beschweren, ihren Eifer abzustumpfen, oder durch Ermüdung ihren Unwillen zu erregen; und zwar vornämlich an Wochentagen, an welchen man auf das Volk wegen seiner Arbeit Rücksicht nehmen muß, wie auch an denjenigen Tagen, da Prophezeiungen stattfinden. Er wird sich deshalb bemühen, seine Predigt in Einer Stunde zu beendigen[1]).

25. Dies Alles aber überlassen wir eines Jeden, vom heiligen Geist geleiteten, Gutdünken; also daß dabei sowohl Hirten wie Pro-

---

1) Dasselbe ward zu Dortrecht 1574 beschlossen (38).

pheten sich bewußt bleiben, über diese Dinge der milden und bescheidenen Censur im Classenconvent gern und willig sich unterwerfen zu müssen.

26. Wo es aber in größeren Städten und bedeutenderen Gemeinden angeht, da rathen wir durchaus zur Einrichtung von privaten Propositionen, darin sich innerhalb der vier Wände Diejenigen üben können, von welchen man hofft, sie werden dereinst der Kirche Gottes zu dienen und öffentliche Aemter zu übernehmen, fähig werden; jedoch unter Vorsitz und Leitung eines der Diener, oder mindestens der Propheten und Lehrer.

27. Wenigstens Ein Wochentag, nach Gelegenheit jeder Gemeinde, soll dem feierlichen Gebet geweiht sein, an welchem der Diener vor oder nach der Predigt öffentliches und feierliches Sündenbekenntniß und demüthige Abbitte für das Volk thue, und zwar entweder in freiem Wort, nach Eingebung des h. Geistes, oder indem er, wenn er es vorzieht, die Form der Genfer Kirche oder irgend einer anderen, die ihm zur Hand ist, gebraucht[1]).

28. Die Gebete aber, welche am Schluß der Predigt oder der Prophezeiung regelmäßig gehalten werden, sollen vom Diener oder Propheten möglichst passend an den Gegenstand, welchen die Predigt behandelt hat, angeschlossen werden, und wo möglich die Hauptsachen, welche in derselben vorgekommen sind, berühren: damit auf diese Weise die Sache um so tiefer im Gemüth der Zuhörer hafte, und zugleich die noch Ungebildeten einen Begriff davon bekommen, was ein schriftgemäßes Gebet sei.

29. Damit die Gemüther nicht, während die Gemeinde sich versammelt, durch leeres Geschwätz zerstreut, und der Dienst des göttlichen Wortes nicht verunehrt werde, wird es nicht unzweckmäßig sein, daß von einem der Aeltesten oder Diakonen, oder irgend einem Anderen, den man dazu bestellt, irgend ein Capitel der h. Schrift dem Volke verlesen und danach, wie üblich, Psalmen gesungen werden. 30. Diese Vorleser sollen sich aber erinnern, daß es ihres Amtes nicht ist, die Schrift zu erklären, und sich deshalb aller Auslegung enthalten, damit

---

1) Zu Dordrecht 1574 (37) wurde beschlossen, daß die Predigt mit der Aditialformel: Unsre Hülfe 2c. begonnen und mit dem aronitischen Segen (Num. 6) beendigt werden müsse. Es gab besondre Formulare für die Wochengottesdienste.

sie nicht ihre Sichel an die Ernte eines Andern legen und durch unzeitige Ausbeutungen die gewöhnliche Weise der Kirche stören.

31. Im Kirchengesang soll in allen Kirchen der Niederlande die von **Peter Dathen** verfaßte Psalmenübersetzung beibehalten werden, damit nicht durch Verschiedenheit der Uebersetzungen sich etwas weniger Gefälliges und weniger Erbauliches eindränge.

32. In denjenigen Gemeinden, welche Schulen mit einem musikkundigen Schulmeister haben, soll dieser im Psalmengesang den Knaben vorsingen, und ihnen soll die übrige Versammlung folgen. Wo aber keine Schule, oder wegen Unkenntniß des Schulmeisters in der Musik das Vorsingen nicht angebracht ist, da wird es nützlich sein, daß wenigstens ein Cantor angenommen wird, der den Gesang der Gemeinde leite und beim Psalmengesang vorsinge; und das um so mehr, wenn der Diener des Wortes keine Musik versteht.

33. Auch wird es nicht übel sein, in den Kirchen Tafeln aufzuhängen, worauf die Art des Psalmengesangs kurz und deutlich beschrieben, und die gewöhnliche Sangeskunst in wenigen Sätzen ausgelegt wird, damit nicht ein häßlicher Gesang des Volkes den Ungläubigen Aergerniß oder Anlaß zum Spott gebe. 34. Zu diesen Tafeln hange man andere, um anzuzeigen, welcher Psalm jedesmal gesungen wird; damit, wer da will, zuvor über das nachdenke, was er singen wird; wenn es nicht etwa passender erscheint, alle Psalmen, der Reihe nach, durchzusingen[1]). Denn wir glauben, daß es in der Freiheit jeder Gemeinde stehen müsse, zu bestimmen, in welcher Aufeinanderfolge sie dieselben singen will.

III. Vom Katechismus.

1. Dem Amte des Kirchendienstes und der Prophezeiung fügen wir nicht unpassend die Gewohnheit des **Katechisirens** hinzu, welche, wie wir glauben, als von den Aposteln und ihren Schülern überkommen, in allen Gemeinden durchaus aufrecht gehalten werden muß.

2. Wir halten dafür, daß man dabei in den französisch redenden Gemeinden[2]) den Genfer, in den deutsch redenden hingegen den

---

1) Wobei es geschehen konnte, daß an einem Bußtag ein Lobpsalm angestimmt wurde. Mir ist kein Beispiel einer Gemeinde bekannt, die von dieser Freiheit Gebrauch gemacht hätte.

2) d. h. den walonischen Gemeinden der Niederländer.

Heidelberger Katechismus zumeist gebrauchen solle: doch lassen wir dies frei bis zur Synode.

3. Tag und Stunde der Katechisation sei jeder Gemeinde nach Lage des Ortes und der Dinge freigestellt. Die bisher übliche Art derselben aber werde beibehalten; und ist alle Sorgfalt aufzuwenden, daß die Kinder, welche es nach ihrem Alter vermögen, die Fragen des Katechismus nicht nur wörtlich auswendig hersagen können, sondern auch die Sache selbst verstehen, und sie nicht nur im Gedächtniß, sondern mit dem innersten Herzen sich aneignen. Deshalb sollen sie nicht nur in Bezug auf die hergesagten Worte, sondern in Bezug auf das Wesen der Sache selbst, nachdem ihnen dasselbe vom Katecheten faßlich und klar auseinandergesetzt worden, gefragt werden; und wird es vor Allem nöthig sein, daß man bei Erklärung des Katechismus sich der allervertraulichsten, und einer der Fassungskraft der Kinder angemessenen Sprechweise bediene, und auch ihre Eltern und Lehrer ernstlich vermahne, sie zu Hause und in den Schulen fleißig zu unterrichten, auf daß sie, was in der Kirche vorgenommen ist, frei wiederzugeben und mit Schriftstellen zu belegen lernen; 4. insbesondre aber sie zu einem gesitteten Betragen in Kirchen und Versammlungen anleiten.

Wer ein Glied der Gemeinde sein will, der wird auch seine Kinder so frühe als möglich zur Katechisation bringen, damit sie von Jugend auf in der wahren Religion und Frömmigkeit unterwiesen werden können; wer sich dessen weigert, wird ohne Zweifel der Kirchenzucht anheimfallen.

IV. Von den Aeltesten.

1. Die folgende Ordnung ist die der **Aeltesten** oder **Presbyter**, welche von Paulus mit dem Namen der $\varkappa \upsilon \beta \varepsilon \rho \nu \acute{\eta} \sigma \varepsilon \omega \nu$ das heißt der Regierer, oder der $\pi \varrho o \ddot{\iota} \sigma \tau a \mu \acute{\varepsilon} \nu \omega \nu$, das heißt der Vorsteher, bezeichnet werden[1]), und welche mit den Dienern den kirchlichen Senat oder das **Consistorium** bilden[2]). 2. Es ist deshalb außer

---

1) 1. Korinther 12, 28 und Römer 12, 8.

2) Die Ausschließung der Diakonen von dem Consistorium ist nicht überall strenge durchgeführt worden, und schon die Dortrechter Synode von 1574 bestimmte: In plaetsen daer weynich Ouderlingen zyn, sullen de Diaconen een deel des kerckenraets mogen wesen. Nebenher aber bestanden dann noch besondere Diakonatsversammlungen nur für Armenpflege,

allem Streit, ihr Amt bestehe darin, daß Jeder von ihnen über den ihm zugetheilten Gemeindebezirk (Parochie)¹) sorgfältig wache, und die ihm anvertrauten Gemeindeglieder, von Haus zu Haus, mindestens Einmal wöchentlich, und außerdem so oft es nach Art der einzelnen Gemeinde bräuchlich ist, besonders aber um die Abendmahlszeiten, besuche; nach ihrem Leben, der Reinheit ihres Wandels, ihren Uebungen in der Gottseligkeit, der Treue, womit sie ihre Familie unterweisen, ihrem Morgen- und Abendgebet für die Familie und Aehnlichem fleißig sich erkundige; milde aber doch ernst vermahne, und nach Lage der Sachen entweder zur Standhaftigkeit ermuntere, oder in der Geduld stärke, oder zu ernstlicher Gottesfurcht antreibe; die so des Trostes oder der Strafe bedürfen, tröste oder strafe; und darüber mit Denjenigen verhandle, welche neben ihm den brüderlichen Bestrafungen vorgesetzt sind, um mit ihnen gemeinsam, nach Art des Vergehens, die Bestrafung vorzunehmen; auch soll er Alle und Jede in seinem Bezirk ermahnen, ihre Kinder zur Katechisation zu schicken.

3. Um dies ins Werk zu setzen, wird es nöthig sein, daß, so schnell als möglich, jede Gemeinde, nach der Menge und Bequemlichkeit der in den betreffenden Städten lebenden Gläubigen, in bestimmte Bezirke getheilt, und jedem Bezirk ein Aeltester vorgesetzt werde²), und daß diese alle wöchentlich, an dem dazu bestimmten Tage, im Consistorium vorbringen, ob Alles in ihren Bezirken recht und nach Wunsch stehe, und sich selber also betragen, daß sie sich erinnern, wie sie nicht nur vor der Gemeinde, sondern vor Gott selbst für die ihnen anvertrauten Seelen verantwortlich sind.

4. Bei der Bildung der Bezirke nicht so sehr auf Blutsverwandtschaft, Schwägerschaft oder gegenseitige Bekanntschaft, als auf die Wohnung und Nachbarschaft Rücksicht zu nehmen, ist sowohl den Aeltesten bequem, als auch ihrer Arbeit angemessen.

---

und haben die alten Formulieren sogar das liturg. Anfangsgebet derselben. — Vgl. S. de la Vigne, 15. Oct. 1563: Consistoire, composé de Ministres, Diacres et Anciens.

1) Die Niederländer nannten einen solchen Bezirk wyk oder auch quartier.

2) Die vier Bezirke der Weseler Gemeinde nannte man nicht nach Zahlen, sondern mit den heimathlichen Klängen: Brabant, Flandern, Holland und Geldern.

5. Die Wahl der Aeltesten und ihre Befestigung soll ebenso geschehen, wie die der Diener; nur daß bei ihrer Prüfung nicht viel Rücksicht auf das genommen wird, was zum Dienst des Wortes gehört, auch bei ihrer Befestigung die Anwesenheit auswärtiger Diener nicht nöthig ist. 6. Mit aller Kraft aber wird dahin zu streben sein, daß diejenigen Erfordernisse vorhanden seien, welche Paulus nennt: nämlich ein unsträfliches Leben, reine Lehre, ausgezeichnete Frömmigkeit, geistliche Klugheit, zu welcher auch irgend eine Kenntniß bürgerlicher Dinge als nützliche Zugabe hinzukommen darf; vor Allem aber seien sie frei von jedem Ehrgeiz und jeder Ruhmessucht, und von jedem Verdacht einer Herrschsucht so fern als möglich.

7. Die Erwählten sollen in die Hände des Dieners und in Gegenwart der übrigen Aeltesten, oder wenn es bequem sich machen läßt vor der ganzen Gemeinde, geloben: daß sie, nach Erforderniß ihres Amts, bekämpfen wollen jede Abgötterei, Lästerung, Irrlehre, Prunk, und alles Andere, was mit der Ehre Gottes und der Reformation der Kirche offenbar streitet; daß sie fleißig und treulich Diejenigen vermahnen wollen, welche ihrer Sorge befohlen werden, nach Lage der Dinge, Zeit und Gelegenheit; daß sie, was sie für werth achten, an das Consistorium bringen, und ihr Amt so treu als möglich führen, sich durch keine Gunst noch Gabe fangen lassen, sondern allein die Gemeinde und den Namen Gottes in Acht nehmen wollen; keine Herrschaft oder Gewalt über die Diener oder über die Gemeinde sich anmaßen, noch irgend welche neue Gesetze nach ihrem Gutdünken einführen, sondern auf den Constitutionen der Gemeinden und Synoden fest stehen bleiben wollen, und wenn etwas Fremdes ihnen aufstößt, das eine sorgfältigere Untersuchung bedarf, dasselbe an den Classen- oder an den Provinzialconvent bringen wollen, damit hier durch allgemeine Verhandlung festgestellt werde, was den Gemeinden frommt. Erst wenn dies geschehen ist, sind sie durch feierliches Gebet (auch hier lassen wir die Handauflegung frei) in die Thätigkeit ihres Dienstes einzuführen[1]).

8. Die Aeltesten sollen ferner wissen, daß zu ihrem Amt der Besuch und die Tröstung der Kranken gehört, obgleich auch den

---

1) Früher war es üblich sie und die Diakonen nur par la remonstrance qu'on leur fera de leur devoir avec promesses reciproques einzuführen. S. de la Vigne, 15. Oct. 1563.

Diakonen berufsmäßig obliegt, nicht nur die Kranken mit Lebensmitteln zu unterhalten, sondern sie auch mit Trost zu erquicken. Deshalb wird es nöthig sein, daß die Aeltesten den Diakonen die Namen der Kranken, und besonders der Armen, schriftlich mittheilen, damit dieselben desto besser ihres Berufes warten können.

9. Doch sollen sie bedenken, daß es zu ihrem Amte durchaus nicht gehört, Gesetze zu machen oder eine Herrschaft über die Diener oder ihre Amtsgenossen zu üben, oder ohne Wissen und in Abwesenheit der Diener das Consistorium (den kirchlichen Senat) willkürlich zu berufen[1]).

10. Ist in Abwesenheit der Diener das Consistorium zu versammeln, so haben später die Aeltesten sowohl die Ursache seiner Berufung, als auch was darin verhandelt ist, den Dienern getreulich kund zu thun.

11. Wenn auch ein Diener irgend wohin entsendet werden muß, so soll dies von den Aeltesten nur dann beschlossen werden dürfen, wenn der andere Diener oder doch die Lehrer und Propheten hinzugerufen sind; da es sich nicht schickt, daß bei seiner Entsendung die Sorge für die Gemeinde auf Solche falle, welche entweder von jenem Beschluß nichts wissen, oder ihn nicht billigen.

12. So oft aber unter allgemeiner Zustimmung entweder der Diener am Wort oder ein anderer Gemeindebeamter irgend wohin entsendet, oder mit irgend einem anderen Amt zum Besten der Gemeinde beschwert wird: so soll er das gern und ohne Murren auf sich nehmen, mit willigstem Herzen ausführen, und bedenken, daß er, in unsres Herrn Jesu Christi Dienst, nicht sein eigner Herr sei; im andern Falle wird, wenn er sich dem Urtheil der Brüder oder der Classe oder des Consistoriums nicht unterwerfen will, mit ihm gemäß der Kirchenzucht zu handeln sein.

13. Auch halten wir es aus vielen Gründen nicht nur für nützlich, sondern für ganz nothwendig, daß die Verhandlungen des Consistoriums durch einen dazu ernannten Aeltesten in ein besondres Buch sorgfältig eingetragen werden. Nicht minder stimmt es durchaus

---

1) Und doch konnte es vorkommen, daß z. B. in Wesel Jahrelang das Presbyterium ohne Betheiligung des Pfarrers gehalten wurde. s. Sardemann a. a. O. De Dienaren zullen ordenlyken ende by gebeurten in de Consistorien presideeren. S. v. Dortr. 1574.

mit Gottes Wort, daß die Diakonen alle ihre Einnahmen und Ausgaben genau anschreiben, und dem Consistorium monatlich oder so oft es gut scheint, Rechnung legen [1]).

V. Von den Diakonen.

1. Die h. Schrift lehrt uns klar, das Amt der Diakonen bestehe in der „Bedienung des Tisches" [2]), das heißt darin, daß sie die Armen unterstützen, und vermittels der von ihnen gesammelten Almosen ihnen das Nöthige darreichen.

2. Es ist passend, daß ihre Wahl und Befestigung auf keine andere Weise geschehe, als welche bei den Aeltesten oben erklärt worden ist; mit der Ausnahme jedoch, daß man bei ihrer Prüfung zumeist auf Treue und Geschick zu sehn und am meisten die Geizigen zu vermeiden hat, durchweg aber die von Paulus angegebene Regel beobachtet werden muß (1 Timoth. 3.) 3. Sie müssen auch fleißig die Wohlhabenden ermahnen, der Dürftigkeit der Gemeinde und der Noth der Armen abzuhelfen. 4. Wir glauben zwar, daß ihre Anzahl den einzelnen Gemeinden jetzt nicht vorgeschrieben werden könne, indem dabei am meisten Rücksicht auf die Umstände zu nehmen ist; doch 5. wird es passend sein, vornämlich in großen Städten, zwei Arten von Diakonen einzusetzen, davon den Einen die Einsammlung und Austheilung der Almosen obliegt, und die zugleich die den Armen zugewendeten Legate vorkommenden Falls von den Erben einfordern und den Beschenkten getreulich austheilen; 6. die Anderen aber besonders die Sorge für Kranke, Verwundete und Gefangene übernehmen; und müssen diese Letzteren außer Treue und Geschick auch die Gabe der Tröstung sammt einer ungewöhnlichen Kenntniß des Wortes Gottes haben, und fleißig bei den Aeltesten nachfragen, ob in ihren Bezirken Kranke und Schwache seien, die des Trostes oder der Unterstützung bedürfen.

7. Alle bettlägerigen Kranken haben ihre Krankheit durch die Diakonen oder Aeltesten dem Diener am Wort anzuzeigen, damit derselbe, so es nöthig ist, entweder selber erscheine, um den Kranken aus

---

1) In diesen monatlichen Sitzungen waren Diener, Aelteste und Diakonen zusammen, und stärkte sich auch hiedurch die Ansicht, daß der Diakon zum Presbyterium gehöre.

2) Ueber den Ausdruck vgl. Apostelgeschichte 6, 2.

Gottes Wort zu trösten, oder, falls es ihm wegen anderer wichtigerer Gemeindesachen weniger möglich ist, die Aeltesten oder Diakonen damit beauftrage.

8. Die Liebespflicht erheischt, daß man auch der Zuwandernden und Fremdlinge sich annehme. 9. Deßhalb ist es Sache der Diakonen, fleißig bei den Aeltesten und Gemeindegliedern sich zu erkundigen, ob irgend welche gläubige¹) Zuwandernde oder Fremdlinge in die Orte gekommen seien, damit denselben die Wohlthat der Gastfreundschaft und jede treue und christliche Bemühung zu Gute komme, sie auch, wenn sie arm sind, mit dem Nöthigen unterstützt werden. Ihre Besorgung kommt unzweifelhaft der ersten Art der Diakonen zu.

10. An den Orten, wo es passend ist, achten wir, daß auch bejahrte Frauen von bewährtem Glauben und Ehrbarkeit nach dem Beispiel der Apostel zu diesem Amte angenommen werden dürfen.

11. Die Diakonen sollen auch sich umsehn, ob den Wittwen oder Waisen der Gemeinde irgendwoher Gewalt oder Unrecht geschieht, und so dies der Fall wäre, darüber an das Consistorium berichten, welches dann sofort Einige aus sich abordnen wird, die nach Lage der Sache dafür sorgen werden, daß der Magistrat ihnen ihr Recht zukommen lasse.

12. Auch wird es nöthig sein, außer diesen Diakonen noch andre gute Männer von bewährtem Glauben und Ehrbarkeit in vorsichtiger Wahl zu gewinnen, welche das Gehalt der Diener und alles Andre, was zum Kirchendienst nöthig ist, beschaffen. Dahin 13. rechnen wir auch das, was zur Abhaltung der Synoden, zur Entsendung der Diener oder Anderer Behufs nothwendiger Kirchensachen, wie auch Alles, was die Erhaltung der Kirchengebäude oder Basiliken betrifft;²) 14. obgleich wir für besser halten, daß in größeren Städten, wenn irgend möglich, jede dieser Thätigkeiten getrennt behandelt, und die Sorge für die Diener von der Bemühung um andere Dinge gesondert werde. Doch darüber wird erst in der Synode am bequemsten Beschluß gefaßt werden können, und überlassen wir derselben auch die Errichtung der Schulen und die Sorge für dieselben.

---

1) Auch zu Teurs (1563) war beschlossen, nur solche povres passants zu unterstützen, welche sich als Glieder einer Gemeinde legitimiren konnten.

2) Sorgfältig ist das Wort ecclesia, welches durchweg nur die Gemeinde, nie das Gotteshaus, bezeichnen soll, hier im lat. Text vermieden.

15. Ob ferner ein Rentmeister oder Quästor einzusetzen ist, der dem Consistorium über seine Einnahme und Ausgabe und was dahin gehört, Rechenschaft schuldig ist, das wird jede Gemeinde für sich, je nach ihrer Lage bestimmen, oder später im Allgemeinen die Synode feststellen müssen: unsre Meinung aber ist, 16. daß die Verwaltung kirchlicher Vermögensgelder, welcher Art sie sein oder woher immer sie kommen mögen, mit dem Amt der Aeltesten sich durchaus n i c h t verträgt.

17. Abgesehn von den Beschwernissen, welche dieselben täglich treffen, spricht die Sache selbst dafür, daß Aelteste und Diakonen, welche eine Zeitlang in ihrem Berufe treu gewesen sind, dies nur durch große eigne Opfer an ihrem Hauswesen haben sein können[1]), und halten wir deshalb für nützlich, jährlich neue zu erwählen, also daß am Ende des Jahres, oder nach sechs Monaten (wie die Gelegenheit der Sachen es räth) die Hälfte derselben ihres Dienstes entlassen, und Andere an ihre Stelle gesetzt werden, um mit den Bleibenden der Gemeinde vorzustehn; so jedoch, daß es dem Consistorium frei steht, die tüchtigsten und dazu willigen Aeltesten und Diakonen zu bitten und zu ersuchen, noch ein halbes oder ganzes Jahr (wie es ihm gut scheint) der Gemeinde in ihrer Stellung weiter zu dienen.

18. Wer einen Kirchendienst bekleidet, Diener oder Hirte, Lehrer, Aeltester, Schulmeister, Diakon u. s. w. darf die Gemeinde, der er dient, nicht verlassen ohne rechtmäßige Ursache, und nicht ohne das Urtheil der ganzen Classe oder Parochie (nachdem nämlich die Provinzen in solche eingetheilt sein werden); wie es auch andrerseits den Gemeinden nicht frei stehn soll ihren Diener, Lehrer, Aeltesten u. s. w., abzusetzen, ohne Erlaubniß der Classical- oder der Provinzialsynode.

19. Doch räumen wir hierbei dem Classenconvent keinerlei Recht über irgend eine Gemeinde oder ihre Diener ein, es wäre denn, daß dieselbe es ihm zugestände; auf daß nicht eine Gemeinde ihres Rechts und ihrer Autorität wider ihren Willen beraubt werde.

---

[1]) Wie weit das Diakonenamt und das der Aeltesten damals davon entfernt war ein E h r e n a m t zu sein, erhellt aus dem Wortlaut dieser Verhandlungen am besten.

VI. Von den Sacramenten.
1. Von der Taufe.

1. Weil die Sacramente mit dem Dienst am Wort durch ein unlösliches Band verknüpft sind, so gehören dieselben ohne Zweifel zum Amt der Diener, und glauben wir deshalb, daß Niemand als nur der Diener taufen darf.[1]

2. Die Taufe aber werde in gewohnter Weise verwaltet, so wie die Kirchenordnungen es vorschreiben; und zwar nirgend anders als nur vor versammelter Gemeinde unter dem Predigt= oder Katechismus=gottesdienst, wenn nicht etwa zu Anfang bei Bildung einer Gemeinde auf die Schwachen Rücksicht genommen, und um ihretwillen und zu Vermeidung des Aergernisses, schwächliche Kinder in den Häusern zu taufen sind. Doch wird auch dieses nur für den Fall zugestanden, daß wenigstens vier oder fünf Gläubige dabei gegenwärtig sind, und auch nur so lange bis die Synode darüber anders beschlossen haben wird.

3. Die herkömmlichen besonderen Zeugen (welche das Volk Pathen nennt) ebenso wie die Art zu taufen[2] lassen wir, wie schon oben gesagt, frei.

4. Eltern und Zeugen, welche die Kinder zur Taufe bringen, sind mit den Worten, welche in der „Form zu taufen" enthalten sind[3] zu fragen.

5. Die Namen der Kinder, Eltern und Zeugen in ein öffentliches Register einzutragen, ist offenbar sowohl im Interesse der Kirche als des Staates. In dasselbe können auch an anderer Stelle die

---

1) Damit war nicht nur die Nothtaufe der Hebammen (die „Weibertaufe") verworfen, sondern auch der Beschluß der Synode von Teurs getadelt que nul Ancien et Diacre ne s'ingerera d'administrer les mariages encore moins le Baptesme, si ce n'est qu'on ne puisse recouvrir de Ministre. — Of men een Kind, van een der Vrouwen gedoopt, in der kerken doopen zal? Antw. Ja, overmits der Vrouwen doopen geen Doop en is. S. v. Dordrecht 1574. Vragen. 10.

2) Ob eine ein= oder dreimalige Besprengung, s. o. Die Embener Synode repetirte diese Bestimmungen fast wörtlich. Die Dortrechter Synode von 1574. zog Eine Besprengung vor.

3) Die drei Fragen der Pfälzer (von Dathen bearbeiteten) Taufform.

Namen Derjenigen eingeschrieben werden, welche, nachdem sie ihr Glaubensbekenntniß in der Gemeinde gethan, in Christo sterben.¹)

2. Von dem Abendmahl.

6. Wir halten es für sehr nützlich, daß man den Tag, da man das Abendmahl zu feiern gedenkt, vierzehn Tage zuvor dem Volk ankündige, sowohl damit die einzelnen Gemeindeglieder sich reiflich vorbereiten, als auch damit die Aeltesten beim Rundgang durch ihre Bezirke ihr Amt so, wie es sich gehört, verwalten können.

7. Zum Abendmahl darf nur zugelassen werden wer sein Glaubensbekenntniß abgelegt und sich der Kirchenzucht unterworfen hat²).

8. Diejenigen, welche zugelassen zu werden wünschen, müssen acht Tage vor der Abendmahlsfeier ihre Namen beim Diener abgeben, und wird alsdann sofort vom Consistorium, je nach der Zahl der Meldungen, einem oder mehreren Aeltesten aufgetragen werden, eifrig und fleißig sich nach ihrem Lebenswandel zu erkundigen und was sie erfahren zur Kenntniß des Consistoriums zu bringen, damit, wo etwas ihrer Zulassung im Wege steht, zeitig eingegriffen, wo nicht, zur Prüfung ihres Glaubens fortgeschritten werde.

9. Diese Prüfung möge aus verschiedenen Gründen unsres Erachtens nicht öffentlich geschehn, sondern nur in Gegenwart des Dieners, der Lehrer und Propheten, oder wo diese nicht zu haben sind, einiger Aeltesten, und gemäß der kirchlichen Agende³).

10. Doch wird es sich empfehlen die Kinder, welche ihre Katechisation beendigt haben, vor der ganzen Gemeinde zu prüfen, und zwar nach dem kleineren Katechismus⁴) unter etwaiger Hinzunahme

---

1) On ne fera prieres ni predications à l'enterrement des morts. S. de la Vigne, 1564. Die Dortrechter Synode (1578) bestimmte deshalb: das bisher unter den Formularen mitgeführte Gebet der Pfälzer Kirche am Grabe nicht mehr mit abdrucken zu lassen. So weit trieb eine übergroße Furcht dem Aberglauben aufzuhelfen.

2) Personne ne sera recue à la Cene que premierement elle n'ait esté catechisée et trouvée suffisante soit en vie soit en doctrine. S. du Bouton. 1563.

3) welche diese Prüfung vorschreibt.

4) Dem „kurzen Inbegriff" des Katechismus, nach dem die Abendmahlsgäste vor ihrem ersten Abendmahl gradezu katechisirt wurden. Wenn oben gesagt ist, daß nur zwei Katechismen erlaubt seien: der Genfer und

der Hauptsachen des größeren, und zwar acht Tage vor dem Abendmahlstag.

11. Die aber, welche in dieser Weise geprüft worden, es seien Kinder oder Erwachsene, haben sich der Gemeinde am Tage vor dem Abendmahl zu stellen, um hier die von ihnen geforderte Zustimmung zu den ihnen vorzuhaltenden Hauptstücken des Glaubens und der Religion zu geben, sich der kirchlichen Zucht zu unterwerfen[1]) und in das Verzeichniß der Gemeindeglieder einschreiben zu lassen. Danach erst werden sie der Gemeinde angezeigt, und können, wenn kein Hinderniß da ist, folgenden Tags zum Tisch des Herrn zugelassen werden.

12. Wir halten es für durchaus nothwendig, daß dabei das Brod gebrochen werde, weil der Herr dies Brechen offenbar eingesetzt hat, und es von den Aposteln und der ganzen alten Kirche nicht ohne die gewichtigsten Gründe geübt worden ist[2]).

13. Wir halten dafür, daß die Worte des Abendmahls, welche in der kirchlichen Agende enthalten sind, beibehalten werden müssen[3]),

---

der Heidelberger, so ist es unmöglich hier an etwas anderes als an eine Art von Auszug aus einem von diesen beiden zu denken. S. o.

1) Diese Zustimmung rc. wurde auf eine freie Ansprache des Predigers hin gegeben. »Als (sagt das Formular) de gene die hun tot de Gemeynte begeven willen dese hooft-stucken bekent hebben, soo vraeght men hun .. of sy voorgenomen hebben by dese Leere te blyven etc. Ten eynde vraeghtmen oock, of sy hun der Christelicke straffe willen onderwerpen?«

2) Nachdem ich drei Jahre vergebens nach dem so angefochtenen „Büchlein von dem brottbrechen", „in heidelbergk neben dem Catechismo wiewol ohne den namen autoris aufgangen" (s. m. Schrift: Der Heidelberger Katech. S. 184) gesucht, bringt jetzt Eine Woche unverhofft zwei Exemplare desselben zugleich — (das Eine von der Utrechter Univ.-Bibliothek, das Andre von einer Dresdener Auction, beide aus dem Jahr 1565). Vorläufig genüge die Mittheilung seines Titels: Erzelung Etli-| cher Ursachen, warumb | das Hochwirdige ·Sacrament | des Nachtmals unsers HErren unnd | Heilands Jesu Christi, nicht sol-| le ohne das brotbrechen | gehalten wer-| den. | Gedruckt in der Churfürstli-| chen Statt Heidelberg, durch | Johannem Mayer. | ANNO | M.D.LXV. | 12 Bll. 8.

3) Dat broodt dat wy breken is de ghemeynschap des lichaems Christi. De Drinckbeker der danckseggínghe, daer mede wy dancksegghen, is de ghemeynschap des Bloedts Christi. (Wie auch die Pfälzer Agende hat.)

weil sie erstlich der Einsetzung, zweitens dem deutlichen Befehl Christi, und endlich der Erklärung des Apostels Paulus am meisten entsprechen.

14. Auch halten wir dafür, daß man gewöhnliches, nicht aber besonderes oder ungesäuertes Brod, oder das irgend etwas Abergläubisches an sich hat, in allen Gemeinden gebrauchen muß¹).

15. Dabei meinen wir, daß es keinen Unterschied mache, ob das Abendmahl stehend oder sitzend gehalten²), und während der Feier die Schrift gelesen oder Psalmen gesungen werden.

16. Auch kann eine bestimmte Zeit der Abendmahlsfeier für alle Gemeinden noch nicht festgesetzt werden, bis in der Synode, was darin den Gemeinden frommt, erkannt sein wird³).

17. Man muß dafür sorgen, daß an Abendmahlstagen die Predigt nicht in die Zeit hinein daure, welche für die Abendmahlsfeier nöthig ist, und Rücksicht auf das Volk, besonders auf schwangere Frauen und Kränkliche, nehmen.

VII. Von der Ehe.

1. Herkommen und tägliche Erfahrung empfiehlt, daß die Namen Derjenigen, welche sich in die Ehe begeben wollen, an drei Sonntagen vom Predigtstuhl dem Volk bekannt gemacht werden⁴).

2. Bevor ihre Verkündigung geschieht, sollen dieselben aber sich mit ihren Eltern oder Vormündern dem Diener und zweien Aeltesten aus ihrer Classe⁵) stellen, um sich über das, was erforderlich scheint, befragen zu lassen. Danach sollen ihre Namen in das Register eingetragen werden.

3. Die Ehe kann ohne Unterschied an jedem Tage geschlossen werden, an welchem eine Predigt vor dem Volk gehalten wird; nur

---

1) Wer den Wein nicht vertragen konnte erhielt nur das Brod. S. de la Vigne. Pent. 1565.

2) Lasco bestand darauf es sitzend zu feiern. Seine Freunde waren, wie wir sehen, weitherziger.

3) Die Synode von Dortrecht (1574. 69) setzte fest alle twee maanden, nahm also dabei auf die kirchlichen Feste keine Rücksicht.

4) Que doresenavant on publiera les annonces de ceux qui se voudront marier en la compagnie où ils seront. S. de la Palme.

5) Suae Classis hat Renesse nicht in seinem Text gehabt.

nicht an den Fasttagen, weil dieselben dem Gebet und der Trauer gewidmet sind[1]).

4. Alles Uebrige, was etwa Eheschließung oder Behandlung der Ehescheidung angeht, wird nach unsrer Meinung Punkt für Punkt durch die Synode zu verhandeln sein.

VIII. Von der Kirchenzucht (Disciplin).

1. Man muß durchaus darüber wachen, daß jede Gemeinde gleich bei ihrer Bildung die Kirchenzucht einführe; denn wie heilsam und nothwendig dieselbe ist lehrt nicht nur Christi und der Apostel Einsetzung und Lehre, wie der Brauch der ganzen apostolischen Kirche, sondern auch die tägliche Erfahrung überflüssig.

2. Deshalb ist es billig, daß kein Andrer zum Dienst des Wortes zugelassen werde als nur wer bereit ist, dieselbe zu vertheidigen und zu erhalten[2]).

3. Die Disciplin besteht unsres Erachtens theils in der Censur sowohl der Lehre oder der Religion, als auch des Lebenswandels, theils in gesetzmäßiger Bestrafung, theils auch in der Excommunication, in welcher vornämlich die von dem Herrn der Gemeinde gegebene Schlüsselgewalt zur Erscheinung kommt.

4. Es unterliegt keinem Zweifel, daß die Censur des Glaubens und des Lebenswandels, sofern sie die Gemeindeglieder betrifft, dem kirchlichen Senat, das heißt also dem Convent der Aeltesten, jedoch unter Zuziehung der Diener, Lehrer und Propheten, wenn welche da sind, gebühre. 5. Denn daß die, welchen die Kenntniß aller Gemeindeangelegenheiten gebührt, dieselben nicht richten und censuriren sollten, wäre augenscheinlich gegen alles Recht und Billigkeit. Wohl scheint eigentlich die Censur der Lehre den Dienern und Lehrern, die des Lebenswandels den Aeltesten zuzukommen: aber ohne Zweifel haben Beide sich hierin gegenseitig Hülfe zu leisten.

6. Es ist vernünftig und billig, daß der, welchem die Censur

---

1) Die Feier fand vor der Gemeinde Statt. Le Baptesme et le mariage se feront en l'assemblée, sinon pour grande raison, dont le Consistoire jugera. S. de la Vigne à la St. Jean 1563.

2) Und deshalb auch selbst sich ihr zu unterwerfen! On tiendra un consistoire tous les mois où on traitera .. de la vie et doctrine du Ministre etc. S. de la Palme; s. u.

zusteht, auch das Urtheil über die Bestrafung zu fällen hat; und meinen wir deshalb, daß dieselbe zweckmäßig dem Consistorium gebührt.

7. Wenn deshalb Jemand fremde Lehren und Irrlehren geheim oder öffentlich ausbreitet: so soll sein Name von den Aeltesten dem Consistorium angezeigt werden; hierhin berufen ist er zu vermahnen und, so er sich dem Urtheil der Gemeinde unterwirft, zu Gnaden wieder anzunehmen. So er aber, zwei und dreimal vermahnt, hartnäckig bleibt, halte man ihn von der Gemeinschaft der Gläubigen fern.

8. Ebenso soll Demjenigen, welcher die Ordnung der Kirche und den Gottesdienst stolz verachtet, und nach zweimaliger Ermahnung sich nicht bessert, die Gemeinschaft der Kirche untersagt werden.

9. Bei der Censur des Lebenswandels aber und der Bestrafung desselben muß Christi Einsetzung durchaus festgehalten werden; also, daß bei geheimen, und dem öffentlichen Aergerniß entzogenen, Vergehen nur der Trotzige, welcher die ihm öfter gemachten Ermahnungen hartnäckig verworfen hat, vor das Urtheil der Gemeinde gezogen werden soll; ist er aber also dem Consistorium genannt, so soll er von diesem ermahnt, und, wo er sich nicht bessert, wie ein faules Glied abgeschnitten werden. 10. Bei öffentlichen aber, und zum öffentlichen Aergerniß geschehenen, Vergehen soll die Autorität des Consistoriums (des Gemeindesenates) gleich zu Anfang eintreten, und dasselbe ihn zuerst in Sanftmuth vermahnen und, wenn er sich folgsam weist, zu Gnaden wieder annehmen, sonst die Excommunication über ihn aussprechen [1]).

Bei schweren Sünden ferner und Verbrechen sollen, die sie begangen, auch wenn sie der Vermahnung gehorsam sind, dennoch von der Gemeinschaft auf eine gewisse Zeit suspendirt werden, und zwar bis dahin, daß sie ein bedeutsames Zeichen und Zeugniß ihrer Sinnesänderung gegeben haben.

11. Es soll aber Jeder, der sich hier oder anderswo für ungerecht behandelt hält, von der Sentenz des Consistoriums an das Urtheil der Classe (wenn dieselben eingerichtet sein werden) appelliren, und noch weiter gegen die Entscheidung der Classe die Hülfe der Synode anrufen dürfen; wiewohl solches Drehn und Winden, um an dem

---

1) Que les fautes publiques soyent reparées publiquement et les particulieres particulierement. Syn. de Tours. 1563. — Die zonden welke openbaar zyn die zal men opentlyk verzoenen. Emden 1571.

Bekenntniß der Schuld vorbeizukommen, dem Verdacht der Hartnäckigkeit nicht wird entgehen können.

12. In Bezug auf Diener und Aelteste wird man billiger Weise eine etwas andere Art beobachten müssen, damit sie nicht leicht der Verleumdung zum Opfer fallen; es wäre denn daß sie (was Gott verhüte) mit einem öffentlichen Vergehen oder Verbrechen sich befleckt hätten, in welchem Fall sie ohne allen Zweifel sofort, und ohne das Urtheil der Classe abzuwarten, mit Schimpf und Schande von ihrem Amt zu entfernen sind. 13. Lastet aber irgend ein geheimes Vergehen auf ihnen: so soll die Censur dem Classenconvent zustehn, und hat derselbe eine fleißige Prüfung seiner einzelnen Diener und Aeltesten vorzunehmen, und in Beziehung darauf, wie jeder von ihnen in seiner Amtsführung sich betrage scharfe Nachfrage zu halten; und zwar so, daß immer Einer von ihnen herausgeht, und alsdann die Uebrigen seinetwegen befragt werden, nachdem zuvor Alle eidlich gelobt haben nicht zu verrathen was oder von wem etwas gesagt sei. Wenn Einer der Ermahnung bedürftig scheint so soll er, nachdem er in den Convent zurückgerufen ist, vermahnt werden; wenn des Tadels und der Züchtigung, so soll er getadelt, und nach dem Maaß seines Vergehens gezüchtigt werden.

14. Diejenigen Laster aber, welche an den Dienern unerträglich sind, sind etwa folgende:[1]) Irrlehre, Spaltung, offenbare Verachtung der kirchlichen Ordnung, offenbare Gotteslästerung die selbst bürgerliche Strafe verdient, Simonie, unehrenhafte Bewerbung um in die Stelle eines Anderen zu kommen, Aufgabe des Amtes und der Gemeinde ohne gesetzmäßige Zustimmung und Beruf, Fälschung, Meineid, Hurerei, Diebstahl, Trunkenheit, Gebrauch der Waffen wie jede von der Obrigkeit zu strafende Gewaltthat, Wucher, Würfelspiel so wie jedes unehrenwerthe und staatlich verbotene Glücksspiel, offenbares Streben nach Herrschaft über Gemeinde und Amtsgenossen, und alles was dahin gehört und entweder infam macht oder bei Anderen die Abschneidung von der Gemeinde nach sich zieht.

15. Anderer Art sind die Sünden, welche man zwar tragen muß, die aber dem Tadel und der Censur unterworfen sind, wie: eitle

---

[1]) Die hier und später aufgezählten Laster stimmen durchweg mit denjenigen, welche die Ordonnances ecclésiastiques de Genève von 1541 bedrohn.

Beschäftigung mit unnützen Problemen; fremde und prunkhafte Art der Schriftbehandlung, welche die Zuhörer ärgert und die wir an Solchen sehn, welche ihren Speculationen übermäßig nachhängen oder mit unpassenden Allegorieen spielen, oder endlich fremde Dinge, welche mit Ziel und Würde der Schrift sich nicht vertragen, um Aufsehn zu erregen vorbringen; etwas Neues und ganz Ungewöhnliches nach seinem Wohlgefallen in die Kirche einführen; Nachlässigkeit im Studiren und im Lesen der Schrift; übermäßige Milde im Strafen der Sünden und Neigung zur Schmeichelei; endlich in den anderen zu seinem Amt gehörigen Dingen laß und schläfrig sein; Possenreißerei und unziemender Scherz; Lüge; Ehrabschneidung oder Verleumbung; schmutzige Reden; Schmachworte; Verwegenheit; Betrug; offenbarer Geiz; Kriecherei und eitle Ruhmsucht; unmäßiger Jähzorn; häuslicher Zwist; Haß und Streit; bissige und unmäßige Bestrafungen; jeder unmäßige einem Diener des göttlichen Wortes nicht ziemende Prunk in der Kleidung, bei Tische oder in anderen Dingen; geheimes Streben nach Befehlen und Tyrannisiren über Gemeinde und Amtsgenossen.

16. Wer der Sünden der ersten Art überführt wird, soll seines Amtes gleich während der Versammlung der Classe entsetzt werden.

17. Bei Sünden der zweiten Art hingegen soll brüderliche Vermahnung und leichte Strafe von den Gliedern des Classenconventes angewandt werden. Hat er dieselbe aber zum zweiten und dritten Mal wiederholt verworfen, so soll die Sache an den Ausschuß der Classen, das heißt an die Provinzialsynode, gebracht werden, welche was der Kirche nutzt und frommt bestimmen wird.

18. Bei leichteren Vergehen, welche nicht werth scheinen, daß eine Versammlung sich damit befasse, werde die Weise angewandt, welche Christus für alle anderen Fälle vorgeschrieben hat.

19. Damit aber diese Ordnung der Censur desto bequemer beobachtet werde, halten wir für nützlich, daß jede Classe ihren Convent alle zwei oder mindestens alle drei Monate halte, und hier über diese Dinge fleißige Nachforschung angestellt werde [1]. Doch überlassen wir auch dies dem Urtheil der Synode [2], da wir darüber nicht bestimmen können.

---

1) Dasselbe fordern die Ordonnances von Genf.
2) Es ist bereits bemerkt worden, daß die bescheidenen Weseler Acten

20. Ebenso scheint es nützlich, diese Classenconvente, welche Behufs der Censur eingerichtet sind, nicht immer an denselben, vielmehr an möglichst vielen verschiedenen Orten zu halten: sowohl damit die Herrschaft einer Gemeinde über die andre verhindert werde, als auch besonders damit die Glieder des Convents sich der Erforschung der einzelnen Gemeinden desto sorgfältiger widmen können und Gelegenheit haben auszukundschaften, sowohl wie es in jeder derselben mit Lehre, Ceremonien und Disciplin bestellt ist, als auch ob jeder Aelteste und Diener seines Berufes treulich wartet.

21. Endlich, wenn etwas Besonderes in irgend einer Gemeinde sich findet, das zur Ordnung und guten Einrichtung der Kirche gehört, so wird es jeder Gemeinde freistehn, darin das zu befolgen, was am meisten zu ihrer Erbauung dient; indem dabei stets fleißige Rücksicht auf die Umstände genommen wird, auf daß der Leib der Kirche in der „Einigkeit des Geistes und durch das Band des Friedens"[1]) fort und fort erhalten werde.

Die Diener, welche sich für Zusammenstellung dieser, die Wohlfahrt der Niederländischen Gemeinden und ihre gleichmäßige und übereinstimmende Einrichtung bezweckenden, Punkte bemüht, wollen hiemit öffentlich und vor Gott und Menschen bezeugt haben: daß sie das gethan nicht um damit irgend eine andere Kirche zu verletzen, sondern daß sie dabei lediglich sich von der Rücksicht auf Zeit, Ort, Menschen und Umstände haben leiten lassen, um unter Anrufung der Hülfe Gottes sorgsam und fleißig Dasjenige zu finden, was sich für die Niederländischen Gemeinden eigne oder nicht eigne, — und sie haben die Sache also gestellt, daß, wenn unser Herr Jesus Christus den Niederlanden einmal eine reichere Frucht seiner Gnade gewährt, alsdann diese Punkte sowohl in Bezug auf die Reformation der Obrigkeit, als auf das Wachsthum der Kirche weiter ausgeführt, und nach Zeit und Gelegenheit gemehrt, gemindert oder wo es gut scheint, geändert werden können.

So geschehen zu Wesel am 3. November des Jahres 1568.

---

das etwas hochfahrende Wort einer Nationalsynode noch nicht kennen; es wurde erst später üblich.

1) Ephefer 4, 3.

Zweiter Anhang: Urkunden.

1. Herzog Johann III. ladt den Weseler Rath zu einem Feste ein. 1514.
2. Derselbe vertheidigt sein Hoheitsrecht in Wesel. 1533.
3. Herzog Wilhelm erkennt an, daß das Hochkloster zu Wesel das Patronatrecht der Stadt besitze. 1549.
4. Derselbe kauft dies Recht. 1557.
5. Das Kloster bescheinigt die Kaufsumme erhalten zu haben. 1558.
6. Philipp von Hessen ermahnt die Stadt Wesel zur Standhaftigkeit. 1546.
7. Brief Imans an Tileman Heshusen. 1551.
8. Aufzeichnung Imans über seine Erlebnisse auf der Insel Föhr.
9. Bekenntniß der Walonen zu Wesel. 1553.
10. Brief Peruzels an Melanchthon. 1556.
11. Geheimprotokoll der Heshusianer. 1556.
12. Bittschrift der englischen Flüchtlinge an die Stadt Wesel. 1556.
13. Bekenntniß der englischen und französischen Gemeinde zu Wesel. 1557.
14. Bekenntniß der Walonen in Wesel von 1545, der Stadt Wesel von 1561, und diejenige Form des letzteren, worin die Fremdengemeinden es anzunehmen bereit waren, von 1563.

15. M. Hortensius von Essen an Nic. Rollius. 1564.
16. Zeugniß der Weseler Lutheraner für L. Florin. 1567.
17. Zeugniß Johanns von Bert für denselben. 1567.
18. Zeugniß der Weseler Lutheraner für H. Hamelmann. 1571.
19. Johanns von Bert Bericht an Heshusen über Essen. 1572.
20. Desselben Schreiben an den Magistrat von Essen. 1572.
21. Desselben an den Bürgermeister von Essen. 1572.
22. H. Hamelmann an den Rath der Stadt Wesel. 1575.
23. Derselbe an den Bürgermeister von Wesel. 1575.

1. Herzog Johann und seine Gemahlin laden den Weseler Rath zur Einführung eines neuen Dechanten ein. Donnerst. nach Invocavit 1514.

An vnse lieue getruwe burgermeister Scepen vnd rait onser lieuer stat Wesell.

Johan ind Mechtelt Hertoch vnd Hertoginne van Cleue Greue ind Grevynne van der marck. Lieue getruwen. Die Eirber meister Baltasair distelhuysen doctoir, Deken to Cleue, vnse prister wurdt mit. vnsen Raide vp Sonnendach Letare iherusalem neistkomende bynnen Cleue syn irste misse singen. Ind so dan dat eyn geistlicke ind goitlicke zaele is jnd wy oen omb syns truwen dienstz will mit ganzer gnade geneigt syn. willen wy wilt got in eygenen personen dartoe synen dach halden. So is vnse guetlicke begert. Dat gy vm asdan ons to lieue oid synen dach halden. Daran sall vns van v dand ind willen gescheyn. jnd willen dat hyrneist oid tegen v bekennen jnd vur ougn hebn. Gegeuen to Cleue op donnestach post Invocavit a° 14.

2. Herzog Johanns Schreiben an die Stadt Wesel, sein Hoheitsrecht betreffend, 9. März 1533.

Johann Hertough tho Cleue Guylich Berghe Greue tho der Marcke jnnd tho Rauensberg ꝛc.

Lieue getrouwen. So wy ouermitz v vnnsern richter, bem werdt jm Swaenen alsdair, Johann van Bellinchauen, vp voirladen Guedesdach alhier tot Monreberghe by ons to erschynen habben doin bescheydenn, Dairop hy dan an v Burgemeysteren Schepen ind Raith mit supplication angehaldenn jnnd vwe voirschrifft an vns erlanght gehabt hefft jn schyn als dat wy oen dergestalt niet voir vns to bescey-

den hebbenn des wy vns dan (ind niet onbillich) hoichlichen ver=
wonderen. wie gy Burgemeyster ind andere Geschickten berhaluen vp
dem seluen Guedesdaige die meynonghe waell vernommen hebbenn.
jnnd indem affscheyden hebben wy v burgemeyster ind den anderen
Geschickten beuelen laten, den genanten Bellinchauen noch op vergangen
Frydach by vns alhier tot Monreberg to bescheyden vmb des ghoenen wy
mit oem to boin moegen hebben tho hoeren. So is hy auermails wie
voir vytgebleuen jnnd alsoe allenthaluen geyne gehoirsam geleyst.
Jnnd want dan vnse spraeke op oen dairmede by sich mennich mael
ontghaen vnnseren heyligen christlichen geloeuen aenghaende ind be=
treffende is. Dairomb wy oenn wie sich mit recht geboirt gedencken
beclaigenn to latenn. beuelen wy v mit ernste. dat gy richter oen
van vnser wegen gesenckelichen annemen. jnnd gy Burgemeister Sche=
pen ind Raith oem dairtoe behulpelich ind bystendich synn. jnnd dat
desem van v sonder enyger parthyelicheyt alsoe naegekoemen werde. ge=
schuydt dairan vnse begerliche meynongh. jnd willen vns des tot v
alsoe genzlichen versien jnnd verlaten. gegheuen tho monreberghe op
Sonnendach den IX^{en} Martii anno XXXIII. Johan.

3. Herzog Wilhelm erkennt an, daß das Hochkloster in Wesel
das Patronat der Wilibrordskirche besitze. 30. April 1549.

Wilhem Hertough tho Cleue Guylich ind Berghe, Greue tho
der Marcke nnd Raeuensberg, Her tho Raeuensteyn rc.

Wy doin kondt, Naedem die Erber vnsere lieue andechtige
frouwe ind Jonfferen des Cloisters tho Auendorps dye pastorie jnder
parrochikerden Sent Willebrordi binnen vnser Stadt Wesell tho ver=
geuen, jnd auer wy tho deser tyt Goedertum puerorum voer eynen
pastoren vnder vnserem Segell mit des Cloisters durß. bewilligongh
jnd oeren byhangenden Segell presentirt hebben: Soe bekennen wy
voer vns, vnsen eruen ind Nakomelingen: dat dese vnse presentation
gemelten Jonfferen ind Cloister an oere gerechticheit nyet hinderlich
noch naedeylich syn sall.

Sonder argelist. In orkondt vnnsers hieropgedruckten Secretitse=
gels. gegeuen den 30ten dach des Maents Aprilis anno 1549.

(l. s.)

4. Herzog Wilhelm erklärt, unter welcher Bedingung er das Patronatrecht dem Hochkloster abgekauft habe. 17 Dezbr. 1557.

Vonn Gaits gnaden, Wy Wilhelm Hertogh tho Cleue Gulich vnd Bergh, Graue tho der March vnd Rauennßberg, her tho Rauenstein ꝛc. Doin kundt,

Naedem die Erbare vnse lieue Andechtige Frouw, Suppriorsche vnd semptliche Junfern Ordinis Praemonstratensis tho Auendorpß by vnser Statt Weseŀl gelegen, nu vnß, vnsen Eruen vnd Nakhommelingen vmb behorliche erstadungh dath Jus patronatus vnd Kerckegifte derseluer vnser Statt Weseŀl demodiglich auergelhaten, Woe vnsere vurhern von Cleue solch Jus patronatus sampt Allen oeren thobehor In vorigen tyden denseluen Closter vith gnebigen gunsten gegeuen hebben, Vnd auer die Frauw vnd Junfern die fursorgh bragen, Wannher wy, ober vnse eruen vnd Nakommelingen datselue Jus patronatus Anderen weder tho Auergeuen bedacht, dath oen den Junfern In Anbere wege schade vnd beschwernuß daruth entstain vnd erwassen mogten, Demna bekhennen wy Hertogh vurß:

dath In dem vnd so shern tho Jnnig tytt wy vnse eruen vnd Nakhommelingen dat vurg. Jus patronatus nytt behalden sondern ahn Andern handen stellen wulten (welchs wy doch noch nichtt geneigth syn) dat wy solch Jus patronatus Alßdan niemandt Anders dan den Junfern vmb billige vergudungh weder Auergeuen vnd thostellen, Noch och wy ober Vnsere eruen vnd Nakhommelingen Jetwes widers ober ferners dan der kerdengift vndernhemmen sollen ober wollen. Sonber alle gefherdt vnd Arghlift, In orkundt vnsers Siegels ahn diesen brief mith rechter wetenheit gehangen, die gegeuen Js In dem Jhare nha vnsers hern geboertt Viesthynhondert vnd Soeuen vnd vystigh ahm Seuennthienden dagh Decembris.

Vth hesel myns G. hern hertogenn ꝛc. burgt.

Henr. Oliesl. d. subscripsit.

5. Das Hochkloster quittirt über die erhaltene Verkaufssumme. 7. Februar 1558.

Wy Barbara vann wylid, frouwe des Cloesters to Neuenndorps vur Weseŀl dohnn kundt vnnd bekennenn vur vns vnd vnsenn naekocmelinngenn, bat wy dann wegenn des Durchluchtigen Hoichgeborenenn furstenn vnsers genedigenn Herenn Herrtogenn to Cleeff etc. empfangenn hebbenn hondert daler, die vnns syne f. G. vann wegenn der auerlatungh der lerdengysftenn bynnenn wesell genebiglichenn heft toseggenn laetenn, Schelbenn derwegenn hoichg. vnserenn g. h. vnnd wenn des ferner noedich daer aff gwyt, vnns der gueben betalungh bedanckenbe.

Orkunndt dieser vnnser eigener Hantschrifft. Datum denn 7. febr. a° 1558.

6. Landgraf Philipp von Hessen ermahnt die Stadt Wesel zur Standhaftigkeit. 5. Mai 1546.

Philips vonn Goits gnaden Landgraue zu hessen Graue zu Catzenelnpogen ꝛc.

Vnnsern gnedigen grus zuuor. Ersamen vnnd weisenn lieben Besundern wir befinden jn bestenbigem bericht das jr (one zweiuel aus sonderliche schickung Goites) sein Euangelium vnnd warheit erkennet, vnd darauf christliche kirchenordnung bei euch vorgenomen habt, wilchs wir fast gern vernomen. woltenn derwegen nit vnderlassen bei euch aus Christlichem wolmeinendem gemut zuerjndern vud zuermanen das Jr euch keinswegs von der einmal erkenten goitlichen warheitt abkuren oder schrecken lasset, sonnbern vf solchem eueren christlichem furnemen beharret, vnnd darneben auch den kirchen vnnd schulen dienen, wilch in diesenn dingenn sonnderlich werchzeug Gottes sein, nach jrer notturft vnd ewer gelegenheit die hand bietet, vnd sie in gonstigen beuelch habett.

Machenn wir vnns keinen zwiuel gott de almechtig werde euch durch sein mittel bei seinem gottlichen wort erhalten.

Es ist hie ein kurtze zeit heut lebenn vnnd morgen sterbenn, dernwegen das ewig dem zeitlichen furzusetzen ist.

Wilchs wir euch also nit wolten pergen vnndt seindt euch mit sondern gnaden gewogen vnd geneigt. Datum Cassell am funften May anno 1546.

Philips zu Hessen ꝛc.

[Ein früherer Brief Philipps an die Stadt Wesel (25. März 1542) worin er ihr mittheilt, daß er (ungebeten) mit dem Kurfürsten von Sachsen bei dem Herzog um Schonung der Weseler Kirche anhalten werde, ist nebst der Antwort der Stadt (28. März), welche ihm bezeugt es sei ihr höchster Wunsch bei dem heilsamen Wort Gottes zu bleiben, und sie sei „gänzlich vertröstet ihr Landesfürst werde sie auch nicht davon bringen," bei v. Steinen S. 147, wenn auch mit groben Fehlern, mitgetheilt.]

  7. **Brief Jmans an Tilem. Heshusen. 1. August 1551.**

  Gratia dei tecum. Expectavi hactenus vocationem aliquam ex tuae gratiae patrocinio in Ditmarsia: promiseras enim in postremis tuis literis propria dextra conscriptis, ut mei memor esse velis. Quapropter instabam, sed exspectationis meae frustratus. Dedit eventus provinciam quandam insularem cui inservirem pascha usque, et docerem insulares evangelium domini ac praecipuos locos theologicos atque catechisarem ex petitione cuiusdam militis aurati. Arripui onus et opus hoc non exiguum ad probationem si forte aliquos potero lucrificare Christo *). Sed mi frater in Christo et doctissime Tilmanne: displicet mihi tam locus quam populus. Est enim insula undique aquis circumcincta horrendis, nempe et strepitu maris et ventorum conflata, vulgo appellata feurlant, continens tres ecclesias, divi Nicolai cui ego praesum, aliam Joannis Bapt., et D. Laurentii. Deinde populus admodum incivilis, inhumanus et agrestis, more Frysonum. Maxima pars marium callent nostro idiomate, at mulieres paucae, nec ego intelligo illarum idioma, praesertim in colloquio seu privata confessione, licet pro parte jactent se intelligere meam locutionem. Deinceps stipendium satis exiguum, quum magis propriis expensis victito quam illorum, et quidquid datur ex rusticorum congerie extorquere debeo etiam rixis. Id maxime egre fert animus meus, et potius optarem agere pastorem pecudum quam huiusmodi agricolarum. Ego autem confidens deo meo praeteritam et praesentem calamitatem fortiter et patienter tolero, studeoque expectans consolationem a Deo; nam etsi differtur tamen non aufertur. Non deseret Deus optimus sperantes in illum. Notum ergo facio tuae Gratiae praesentibus conditionem meam, ut, si poterit fieri, mei memor esse velis quomodo circa paschae festum bonam et convenientem conditionem

---

  *) cf. 1 Cor. 9, 19. sec. vulg. vers.

habere potero tuo suffragio, ubi, bona conscientia coram Deo meo pascam pabulo verbi oves suo sanguine emptas, habeamque calceamenta et tegimenta corporis mei ac coniugis, ne diutius meis pecuniis fovear sicut usque in diem praesentem facere coactus ab eo die quo Wesalia eiectus sum propter Christi nomen et doctrinam. quod ego denuo summa gratitudine recompensabo. Vale et gaude in domino semper cum dilecta tua conjuge et prelibus. Datum ex insula Feur, pathmos meum. Deus meus velit me eripere ex ea et manibus omnium hostium meorum. Anno 1551. die ad vincula Petri.

8. Aufzeichnung Jmans über seine Erlebnisse auf der Insel Föhr.

Anno 51 heeft dat karspel to sint niclaes op Foer my geeyschet vor een pastoren. met dese bescheyt. se wolden aen heren Jven amptman aenholden: dat he de vestungen des kerkeheren-landes, acker vnn wyss so he vervest vnn verpacht hedde om gewisse gelde so he darom ontfangen, vnn de vestungen besegeld, solde looss geuen vnn vry laten. also dat ick dat sulfde scolde gebruycken to myner profyt vnn vnderholdunge, wo andere pastoren deden op den lande to sint Johans- vnn synt laurens-kerke. vnn verleden pastoren gebruycket hedden. vnn na des koningen ordinantien de in syner konelicke of holtsten ordnungen gesett unn gebiedet dat alle acker vnn wyssen so den pastoren vnn kerkedeneren tho komen vnn dartho gegeuen synt scollen vry unn onbeuesten blyuen. Op dese verscryvunge hebb ick de eyschunge aengenomen, glovende heren thosagungen, unn ben op paeschen van deluen affgedanckt vnn to Foer gekomen. So hebben se my gesegt ik scolde har tho segge wo lange jare ick dar blyven wolde: hebben wy vns verdracht gemaeckt op 3. jaer, wo averst myn die vestunge ny mach looss gelaten worden, wolde ick van den lande verreyssen. So is here Jven ampman op pynster op den lande gekomen met synre eevrouwen. hebbe ick aldar met den bure der vestunge halven gehandelt. So heeft he darop geantwoort: he hedde de vestunge besegelt unn der luden gelt ontffangen, derhaluen konde he dat nu ny wederropen. doch so balt als enyge bure storv de vestlant van kerkheren hedde, scolt dat ny mer vervest werden, dan vry den pastoren jn syn gebruyck blyuen. Darmet ben ick tho vreden gewessen, vnn hebben my die buere togesegt, met willen here Jven, vor myn besoldyng dat zielgelt so dat een jder ploge, scolde geuen een schepel gerste vnn dartho noch twe scellinge. dat sulue scolde die 12 menner jnmanen to syner tyt. vnn de ny wolden geuen scolden 18 scellinge gebreuckt hebben. hier van heeft een besegelden breff ontffangen vnn blasy een daler vor scryfftgelt gegeuen.

So nu dyt verlopen was ouert jaer hebbe de bueren jtlicke onwillick gewesen in der betalunge, syn oick jtlick gestoruen, so geuest hadden, vnn dat lant fry geworden. So hebb ick darvan gevordert mer here Jven heefft dat ny laten volgen na synre [fehlt eine von dem Manuscript abgeschnittene Zeile] danckt, vnn was jn den vorsatt na veste to reyssen off na engelant to londen*) wente dar was ick ny gewete dat de kerckgudere so mysshandelt worden vnn ick langescht (?) de huyfft bedolnyss solde . . . . vnn van de zelen, papistischer wysen, leuen, oick ander orsaecken haluer. etc.

Op desen vorsat verkoft ick koeyen, kalff, brouke . . stuul, scrynen . . . hnys beholtinge dat ick ny konde in twee tenen packen. So is myn vyt Ditmarssen van deluen een eyschonge to geschickt . . . . met versekerung erlick onderholdts, nadan nu dese na bi de hant was, so hebbe ick myn versatt unn Mey nagen Wuntoorp vnnde to deluen to . . . op paeschen.

Dat heeft her Jven vernomen vnn den bothen verboden Jck scolde ny van den lande, hy solt my myn guet ny laeten volgen. So hebbe ick met den voget also geredet, dat he heeft 3 daler van my ontfangen vnn heeft my . . . . myn guet laten schepen vnn verreyssen. Und ben also to huysse vnn van dan to deluen gekomen.

Darna omtrent pynster ben ick to huyss gekomen unn met foerlingern woort gehebt derhaluen ick van foer gereysst

---

*) a Lasco bat ihn 30. April 1551 zu ihm nach London zu kommen und eine Stelle an der Fremdengemeinde anzunehmen. s. Lasc. Opp. edd. Kuyper. II. 651.

ben? antwoort dat my ny geholdet worden so togesegt was van den lant unn wyssen; Jck wolde ny lenger op de prathe leven vnn andere scolden myn lant hebben; het were grote sunde met dat kerckgude so to handelen unn wen ick een forst van den lande were so wolde ick ophencken de also deden to een ander exempel.

9. Bekenntniß der Walonen vom 3. October 1553. (Im Auszug.)

Vnser Demütiges arms vnnd willigs gebet in Christo onsern Salichmater vnnde Erloesser zuuor.

Eersamen vorsichtige wysen gunstigen heren, so wy dem beuel van v Eersamheyt in aller gehorsamheit na comen wie sich ghehort ja so gottlich vnnd loffelick, od wie ons Petrus vermaent Altyt bereyt to syn antwordt to geuen eyn ybren onsser gelouen (1 Petri 3), Wye dan v Eersamheit wy schuldich syn alle ghehorsamheit na godes beuell, des wy verhopen ons in aller vrompcheit to halden, Aengesien die lieft vnnde vurycheit die v Eers. hebben aen godes eer vnnde tot opbou= wynge synder heilligen kyrchen aber ghemeinte, bie aen ons vrem= delingen bewysen is, so wy to samen husgenoten des geloues syn vnnde hebben gemeinscapp myt eynen heren Jesu Christo, die ons tot alle gehorsamheit vermanet. Dusser orsaed presentyeren wy eynbrech= telick ytsund onssern Conffession, die wy op dat sympels, so ons mu= gelick sy geweest, gemalet hebben na godes woort, dar wy ons onder begeuen, dar dorch wy od gestrafft vnnde vermanet begeren to syn tot allen tyden so die not vorbert, Welcker Confession wy hebben in vier deylen gesabt, Zum versten van gott dem vader, Zum anderbe van dem soin vnde hopnung vnsern erloesung, Zum drubde van den heyligen geyst, vnnde zum vierden van die Christelicke gemeinte vnnde ere gauen vnnde gnade baer sy mede begeuen ist.

Sequitur prima pars de Deo Patre.

Zum versten muten wy weten dat wy gott nit kennen en muegen ten sey dattet synen soin ons openbare, jn welcken soin wy onsern herr gott muegen seen vnnde kennen, vnnde burch hem alleyn kennen wyr bie gude wille bie ber vaber tot ons heefft. Derhaluen seggen wyr, bat gott is ewych vnnd eyn geystlick wesen, sonder anfang, sonder ennbb, jn welcken is aller macht, krafft, herrlicheyt, gudicheyt vnnde wysheit,

weld van nichtes alles geschapen vnnde gemaect heefft allen durch syn
eygen wort, vnnde durch datselbigen woort vnnde synder vorsichticheyt
alles neret vnd erhelt. Welcken vaber durch synder Bermherticheyt alle
onsere sunden vergeefft durch Jesum Christum. Vnnde wo well er sey
nit meer dan eyn alleyn in syn göttlich wesen, nochtan vindet sich in
hem eyn dryuoldicheyt der personen etc. etc. Aengaende gott dem
vader .. Zum lesten is er vnser vader vm des willen dat wy syn
kinderen syn, nit naturlicke wye syn eygen soin die mit hem eyn gott
is sondern adoptati vnnde erwelt durch syn göttliche vorsichticheit vor
dem anfang der welt nit seende enych gut in ons.

Secunda pars de filio.

Wyr bekennen vnde gelouen .. Er is warafftiger gott .. die
sych nit geschamet hefft onsere eygen natur tot sich antonemen .. Want
do der tyt kam die gott verordnet habb vor den anfang der werlt, so
heefft he synen eygen soin eyn mensch laben werden als wy syn,
becleydende synder gottheit mit onssern eygen substantz vnnd natuer,
to weten van lyff vnnd seel ... Wyr gelouen dat denselbigen soin
Marie Jesus Christus die sy ontfangen heefft van den heiligen geist
in erer Jonfrowelick lichaem, allen durch die werd vnnde krafft des
heyligen geist is gebleuen warhafftiger mensch blyuende in eygen
(suppositum) hypostasym ober persoin in alle beide naturen, to
weten die gottheit vnde menschelicheyt sonder enich verwandelung,
permixtione vel confusione beser beyde naturen in ere seluen ...
Dieweil he dan alles geleden habb dar die menschelicke natur in ver-
wesen was, vnnd voor alles genug gedain tot die gerechticheyt gottes,
is den drubben dach durch syn eygen krafft vnnde macht van den doot
wider opperstanden ... Wyr gelouen ock, dat Christus .. geuaren
tom hemelen ja bouen allen hemelen, dair hy is sittende aen die
rechter handt des vaders, dat ist ingehult *) ober entfangen als gott,
vnnde allenthaluen gott gelyck, in herlicheit vnnde macht ouer allen
creaturen in hemel vnnd in der erden. Vnnde wyewal hy van ons
leiblich abgescheyden ist tot dat he sich weder openbaren sall jnden dach
onsere erloessung om tu ordelen die leuendigen vnnde die doden,
nochtans so he myt gott is so is hy alltyt by ons ons regierende durch
synen heyligen geyst.

---

*) gehuldigt.

Tertia pars de spiritu sancto.

Van den heiligen geist gelouen wyr dat er . . allen erwelten gegeuen ist die ben soin durch syn blut erloest hefft . . op dat sy bequem seyn gott den heren to dienen durch dem geloue die he in oren herten drucket, versegelnde ere herten myt versekering dat sy kinderen gottes syn, erffgenamen myt Christo in syn hemelryck, welck is dat ewyghe leuen.

Quarta pars do ecclesia sancta.

Wyr gelouen dat allen menschen also wedbergeboren durch den heyligen geist, seyn eyn lychaem daer Christus alleyn dat hooft aff is, welcke nieuw geboren consentieren eendrachticklick yn eynen gott, durch eyner geloue, vnnde reynigung der sunden in den blut Christi. Item allen den genen die sich eendrachticklick bewilligen in die reyne leer des Euangelii vnnd gebruck der sacramenten syn od' die gemeinte godes, vnder welcken muegen also wail hypocryten wesen als gude vnde fromen. Item die sacramenten syn nit meer dan twee, dat yerst is die dopsel welcker is eyn sacrament der verbuntnissen die gott mit dem mensch gemackt heefft, durch welcken dopsel allen ere sunden vergeuen werden, vnnd durch gnade kinderen godes syn, vergewissende inwendich durch den heyligen geist alle dingen vnnde vtwendich myt dem water durch dat woort godes. Dat anderbe sacrament ist die heylige nachtmael, in welcken wy durch dem geloue gewisslicken vnnde warhafftichlick entfangen all dat gene dat vns in die teylen gepresentiert is, tho weten syn warhafftige lyff vnnde blut, vnnde bekennen wyr dat dese beyde sacramenten in der gemeinten noedich syn to gebrucken durch dye gene die van obrycheit dartoe verordnet syn, welcke gebruck van vnss allen geforbert werdt.

So dan van dem regiment der gemeinten, als welcke wy gelouen voor warafftige vnnde Christelicke gemeinte durch die teylen die sy heefft, als die reyne leer des Euangelii vnnd anroeping synes naem, myt dem gebruck syner sacramenten dur insettung Christi vnnd die geistelicke disciplina glycformigch die leer. Wy gelouen dat den heyligen geist diss alle regiert durch syn ministern ober bienern, welcker die sommige syn vtbeilders der leer, der sacramenten vnnd disciplina tot stifftinge, die anderen furen dat sweert tot straffing der boesen vnnde beschyrmung der fromen, in alle gemeyne wandel oprecht gut regiment, aen welcken wy sculdych syn Eer, gehorsamheyt vnnde tribut, welcker

wy bekennen nit, alleyn billick to wesen burch bem woordt gottes, son-
bern ock noebich to syn in syner gemeinten aen welcker wy ons onder-
banigen in alle gehorsamheyt, vtgenomen die Eere gottes . . .

Derhaluen verwerpen unde verdammen wy allen secten vnde ketteryen wibber dat wort gottes, namentlyck die weberbeuppers, wy
verjaten oock ben Paust vnnb all syn leer nementlick die veranderung
des brots in den nachtmael, anroepung der heyligen, bat vertrowen
in die gerechticheit der gude werken, die freye will in gut to doen,
bat fegfewr vnd alle genugboen anders dan bat bloet Christi, sampt
alle andere erdichte ynfettinge in die Papistige religion. Vnnde bidden
gott almachtich bat hy onsen geloue meere, vnnde lett ons in der
seluigen voll harden blyuen bis jum endbe, vnnb geue alle Infeltiger
die ware erkintnis synes soins Jesu Christi tot ere salycheit amen.

Bidden oetmoelyck, v Eersamheyt willen ons armen vrembelingen
myt gunsten vnder v scuts vnnb scherm annemen, verhopen ons in
aller gehorsam vnnd frompcheit jo halben, wye den fromen justeyt,
darburch sullen wyr besto herteliker gott den almechtigen voor v Eersamheit to bidden nimmer vergeten die v Eersamheit in gude regiment lange vnnd frolych beuriste, vnnde ons mitt guttelick vnnd trostelic
antwort to beiegenen.

Anno 1553 ben 3. Octobris bem Ers. Raide verthoent.

10. Brief Peruzels an Melanchthon. 15. October 1556.

Gratia et pax per Iesum Christum. Reverende domine.
Non dubito quin prudentissimus et honestus Senatus noster ad
te scripserit de compromissione inter ipsum et me facta in tuum
arbitrium super articulo de coena domini. Quare supervacaneum
esse existimavi totam actionem in his meis literis repetere. Satius autem esse duxi diserte tibi explicare qualis sit nostrae
ecclesiae de ea re sententia.

Credimus itaque coenam domini esse ritum qui non habet
rationem sacramenti extra usum. Item credimus esse pignus
et testimonium gratiae, quod de promissione et tota redemptione
commonefacit et ostendit beneficia evangelii ad illos pertinere
qui eo ritu utuntur. Credimus etiam esse vinculum et notam
publicae congregationis, qua Deus suam ecclesiam ab aliis discer-
nit. Reverenter autem ad eam accedendum esse dicimus, cum ibi

testimonium exhibeatur mirandae societatis domini et sumentium, et in eo inclusa sit promissio de conservanda ecclesia, cum jubemur annuntiare mortem domini donec veniat. Item credimus eam prodesse ad propagationem et conservationem memoriae beneficiorum acceptorum a Christo, et per eam nos confirmari ut statuamus ad nos pertinere beneficia Evangelii et Christum hoc foedus nobiscum facere »manete in me et ego in vobis.« Item credimus esse confessionem qua ostendimus quod doctrinae genus amplectamur, et cui coetui nos adjungamus, et est etiam vinculum mutuae inter nos benevolentiae. Credimus etiam oportere accedentes adferre conversionem et ibi quaerere confirmationem suae fidei, ita tamen ut non existimemus propter hoc opus remitti peccata. Item credimus recte utentes hoc sacramento verum corpus et sanguinem Christi sumere mente non ore; et quod scriptum est »animas nostras carne et sanguine Christi pasci« non intelligimus transfusionem substantiae fieri sed virtute spiritus sancti eas vitam haurire ex carne et sanguine semel pro nobis oblatis. Ipsum vero Christum quatenus homo est non includimus elementis sed fide in coelo intuemur, nec in eo admittimus confusionem naturarum, sed propositionem illam »Christus est ubique per communicationem idiomatum« intelligimus secundum naturam quae est infinita, veluti illam »Christus est mortuus« videlicet secundum naturam quae erat mortalis. Nam si ubiquitatem seu infinitatem gloriosi corporis Christi fingamus, idem erit dicendum de corporibus nostris post resurrectionem, iuxta illud Pauli »conversatio nostra in coelis est, unde et servatorem expectamus dominum Iesum Christum, qui transfigurabit corpus nostrum humile, et conforme reddet corpori suo glorioso.« Tantum abest autem ut nostra hac confessione damnemus eorum qui bona conscientia de praesentia corporis a nobis dissident, ut etiam eos tanquam fratres amplectamur, et cuperemus nunquam esse motam istam controversiam quae progressum evangelii impedivit et magnarum calamitatum in ecclesia causa fuit. Verum quum noster Senatus a me peteret, ut quid de ea re sentirem diserte proferrem, vocatus ad confessionem in tam celebri loco, non putavi mihi quicquam dissimulandum ne conscientiam meam sauciarem.

Sunt etiam quaedam inter nos controversa de baptismo

et ceremoniis. Nam in baptismo nostrorum infantium relinquitur mihi ministerium verbi tantum, elementi retinet sibi minister germanicus. Quamvis non ita contendam de ea re, tamen istam divisionem ministerii verbi et elementi non possum probare. Item nos dicimus promissiones ad semen Abrahae pertinere, nos autem et nostros filios semen Abrahae esse, ergo bene sperandum esse de filiis sanctorum qui moriuntur ante baptismum. Nam licet nascantur natura filii irae, tamen videntur sanctificati eo quod nascantur ex sanctis, juxta id quod habes 1 Cor. 7. Ministri vero huius urbis illos condemnant. Item quum in administratione coenae valde multum ceremoniarum retineant, videtur esse minus aequum nos adigere ad earum observationem, quum nunquam antea iis in nostris ecclesiis usi simus, et nostri (maxima ex parte infirmi) iis offendantur, et etiam ii qui cum nobis contendunt fateantur esse eas indifferentes. Haec habui; reverende domine, quae nostri Senatus jussu tibi proponerem, quibus ut benigne respondere velis te per Christum, de cuius gloria agitur, obsecro.

   Franciscus Perrucellus, minister ecclesiae
    gallicae exulantis, Wesaliae.
[Dem Burgermeister Groin übergeben 15. Octbr. 1556.]

11. Geheimprotokoll der Hesshusianer aus dem Rath von Wesel, wodurch der Wortlaut ihres Briefes an Melanchthon festgestellt wurde. 1. Novbr. 1556.

Anno 1556. den irsten Novembr.

Consules Groin, Knevell; voirt: Lynner, Deuß, Bert, Bruggen, Haffelt, Schoill. in domo Consulis sub juramento commendat. helbar, nec unquam pandere.

Got Vader Soin vnd hilger geist sei vnd bleib mit vns allen in warer erkentniß syns heylsamen woirts. Amen.

Wytberoempter hoichgelierter her groißgunstiger freundt. Wiewail wir am 19. tage Octbr. jungstvergangen an B. W. vmb eynen Superattendenten, ouch van etlicher bekanteniß vber das hilge Nachtmaill geschrieben, vnd bairin was christlich vnd recht van B. W. vorzuwenden nicht zweyveln: dannoch konte der mundtlicher bericht vnsers vermoitens bairbi gantz nutzlich sein, vnd hebben bairumb

jegenwirdigen, vnſerer Predicanten eynen, nemlich den Eirbaren froe-
men vnd gelierten meiſter Thomam von der Straiten, der
auch mit den anderen alhyr in vnderredungh derhalben mehr dan zo
eyner Zeit geweſen, nun zu V. W. abgefiertiget vnd begehren demnach fruntlich, denſelbigen an vnſerer ſtat gunſtiglichen anzohoiren, vnd
gleich vns dieſer zeit in ſeiner relation vnd angeben vollen glauben
zo zoſtellen, vnd ſo baldt muglich mit gueber expedition vns den
widder ankommen zo laiſſen, wie wir vns vngezwyvelt verſehen vnd
vff andere wege gerne verſchulden jegen V. W. die der Almechtige
zo beforderung ſyns gotlichen wortz lange walfarende befriſte.

Datum am jrſten Tage Novembr. anno 1556.

12. Bittſchrift der engliſchen Flüchtlinge an den Rath von
Weſel. 10. Novbr. 1556.

Ad eximios et praestantissimos Consules et Senatum civitatis wesaliensis Anglorum qui in hac ipsa civitate
Christum vere et orthodoxe colunt oratio supplicatoria.

Quemadmodum aeterni judicis et rerum omnium moderatoris
Dei opt. max. aequissima justitia factum est, ut propter peccata populi h. e. propter peccatricem populi nequitiam, pertinaciam, ingra-
titudinem etc. regnent et dominentur interdum hypocritae; ita rursus per divinam clementiam, benignitatem et inexhaustam misericordiam probos, pios, industrios et prudentes, singularibusque donis
praeditos viros (qui gregem domini pusillum et nonnunquam alioqui
incertis vagantem sedibus colligant tueantur et foveant) reipub.
christianae saepenumero praefici videmus. Quo sane nomine
isti civitati longe felicissimae hanc tam uberem tamque copio-
sam felicitatem (pro debiti officiique nostri ratione) plurimum
congratulamur, quae tam pios apud dominum nacta eſt tamque
industrios, ac de reipublicae statu et salute sollicitos, sed et
rebus oeconomicis gerendis praecellenti dexteritate pollentes viros, qui magistratum gerant, et quorum opera, fide, diligentia,
prudentia atque probatissima pietate et mansuetudine clementissimus ille pater misericordiam non modo ab Antichristi trucu-
lentis morsibus liberam reddidit civitatem istam, eique tranquillitatem et Christi filii sui Evàngelii salutiferam propagationem
atque libertatem amplissime largitus est, verum etiam miris eis-

demque celebribus suae paternae benignitatis et providentiae testimoniis atque encomiis eam ipsam uberrime locupletavit, suffulsit atque ornavit. Agnoscimus autem et nos cum omni gratiarum actione, vestram (praestantissimi Consules et Senatus) in hac parte clementiam et vere christianam pietatem, multis certe nominibus compertam et approbatam non solum exteris quibuscunque huc evangelii nomine promiscue confluentibus, sed nobis Anglis maxime, quos (hoc etiam nomine) a patria nostra exterres et avitis possessionibus omnino cedentes, in hoc turbulentissimo rerum discrimine atque patriae nostrae retrograda et penitus deploranda conditione vestra collegit atque amplexata est caritas, liberaque hic exercendae veritatis evangelicae copia humanissime donavit. En namque est indulgentissimi patris nostri coelestis incomprehensa bonitas et prudentia, deque sua (alioqui contemptibili et nullius numeri apud petulantem et ridiculum mundum habita) ecclesia sollicitudo, ut cum videatur omni humano praesidio destituta ad internecionem propendere, et deploratissima aerumnarum conditione susque deque exagitata, altissimoque omnium miseriarum pelago pene submergi, quasi postliminio sublevet, reficiat eamque consoletur atque hospitio concredat inopinato, ineffabilibusque modis evehat et exornet. Hinc siquidem fit ut, qui promissionibus divinis freti, Abrahamicae fidei vestigia germane sectari volunt, ac fidem suam christianam fuco carere, atque his qui vere Christiani sunt, probatam reddere instituunt, praeter spem in spem credant: qua etiam fit ut justificati ex fide non solum pacem habeamus erga deum per dom. nostrum I. Chr., sed et spretis omnibus patriae ideoque totius mundi deliciis et oblectamentis, gloriemur in exilio et tribulationibus, quae sursum sunt quaerentes, et facultatum nostrarum direptionem cum gaudio accipientes, non ignari nos in nobis habere potiorem substantiam in coelis ac manentem. Quamquam enim elementorum scientia, corporis forma, eloquentia angelorum, mundi dominatio, principatus, divitiae et opes vel uni dumtaxat homini affatim etiam et in immensum concederentur, ita ut nihil eorum, quae ad hanc fluxam brevique duraturam vitam tuendam praeferendamque spectare putantur, desiderari possit, nisi laetum tamen et tranquillum simul habeant animum ea omnia adeo nihil essent, et etiam excrementis vilissimarum rerum multo inferiora ducerentur, et supremo horrori (ne dicam anathemati) obnoxia. Animus autem (qui originali traduce alioqui sauciatur, et suapte natura Deo omnipotenti adversarius existit) non potest aliquo modo pacari et reddi tranquillus, nisi benedictionis et ignoscentiae divinae promissionibus indubie nitatur; et sanae pacataeque conscientiae hoc est verbo divino illustratae firmiter inhaereat et conquiescat. Quoniam vero non caro solum humana peccatorum labe ab origine conspurcata, et adhuc iniquitatum faecibus et illecebris obnoxia, atque eo nomine Christi domini ipsius testimonio sit infirma: sed et spiritus ipse ad quamvis tentationem et vel levissimum irritantis venti flatum promptus sit et vertiginosus: sensus quoque humanus ita sit divinae beneficentiae immemor, et tanto veterno subditus, ut aeternae damnationi et rugientis satanae furoribus omnino succumberet et substerneretur, nisi crassioribus (ut ita loquamur) et humano captui congruentioribus remediis a Deo ipso institutis, hominis infirmitati subveniretur. Christus dominus igitur verus Deus pariter et verus homo, figmentum nostrum cognoscens, memorque, quod pulvis sumus (etiam regenerati) et ideo infirmitati nostrae compassus occurrere atque mederi volens, sacramentum corporis sui pro nobis in mortem traditi atque sanguinis sui pro nobis in remissionem peccatorum effusi, in symbolis panis et vini institutum, ecclesiae suae per manus participantium apostolorum in suprema sua coena commendabat, quo nimirum sacramento se ipsum nobis symbolica significatione porrigit et exhibet, ut mortem eius annuntiemus donec venerit. Hoc est, ut quotiescunque manducaverimus panem hunc et poculum hoc biberimus, non solum visibili et vocali verbo, sed et illo sacramento quasi conspicuo et visibili verbo gustantes quam suavis est dominus, depraedicemus quanta bona nobis alioqui perditis hominibus, ac diaboli mortisque et aeternae gehennae mancipiis, miserator et misericors dominus per mortem filii sui contribuerit: utpote liberationem a faucibus et potentia Satanae, mortis et inferni, remissionem peccatorum, nostri in filios dei adoptionem, et cum Christo domino in ipsius corpore et sanguine communionem, atque mutuam inter nos ipsos in Christo coniunctionem, iustitiam, sanctificationem spiritus sancti, renovationem mentis, vitam aeternam etc. Hac autem commemoratione mortis et passionis dom. Christi in symbolica participatione corporis et sanguinis ipsius commonemur officii debitique nostri in proximum. Sed et sensus nostri alioqui obtusi et veternosi hac ipsa expergefiunt, et quasi excitantur, surriguntur ac sursum rapiuntur ad Deum celebrandum, mundum contemnendum, crucem tolerandam, in novitate vitae ambulandum sed et modis omnibus cavendum ne in prosperis efferamur nec in adversis aliquatenus deiiciamur. Haec igitur sacrosancta synaxis et actio a Christo domino in memoriam ipsius instituta, qua se ipsum nobis ob oculos exponit, et quasi praesentem exhibet, quum sit necessaria quae frequens habeatur et participetur ab omnibus promiscue hominibus qui Christo nomen dederint, nobis exulibus et abiectis a paternis sedibus homunculis, nunc panis istius mystici atque poculi salutiferi usumfructum (nobis cum maximo animarum nostrarum dolore pariter et incommodo diutius, proh dolor, ademptum) avidissime rursum esurientibus multo magis necessaria profecto est: qua nimirum nos ipsos in hisce calamitatibus et procellosi seculi nostri tempestatibus consolemur, ut nostrae cum Christo Domino in ipsius corpore et sanguine communionis fructuose recordemur, iniquitatum nostrarum culpam ex animo deprecemur, adversa quaeque fortius et magis intrepide feramus, et Deum opt. max. assiduis votis imploremus, ut propendentia mala a regione nostrae Angliae propter Christum dignetur clemens avertere, denique ut pro omnibus christiani orbis ordinibus maxime pro magistratu et repub. huius civitatis, sub cuius patrocinio nos iam versamur et protegimur, Deum cum devotissima gratiarum actione (quod tamen pro debito nostro facimus assidue) interpellemus. In hac autem sacra synaxi administranda nullius consuetudinis aut praetextus (nedum alicuius praeiudicii) rationem (quoquo tandem modo sit invecta in ecclesiam dei) imitandum esse, praeter Christi domini unius institutionem ab Evangelistis et Apostolo Paulo disertissime conscriptam, agnoscimus et ingenue confitemur. Nos vero nullo alio ordine, ritu aut methodo huius sacramenti administrandi in ecclesiae nostrae coetu usi fuimus, quam illo unico quem pientissimus beatae memoriae princeps noster rex Eduardus VI per clerum suum maximis curis et indefessis studiis publica auctoritate ecclesiae anglicanae religiosissime commendavit: quique quum sit e purissimo sacrarum literarum fonte petitus, nec non ex cruore quam plurimorum martyrum in Anglia subinde confirmatus et obsignatus, nulla alia basi, nullo alio fundamento nititur quam Christi domini ipsiusmet institutione et mandato „hoc facite in mei recordationem." Hunc denique ordinem et methodum celebrandae coenae dominicae dominationibus vestris latine versum offerimus humiles, parati semper cum omni modestia et christiana subiectione rationem reddere cuique poscenti de omnibus quae in eo conscribuntur aut instituuntur. Caeterum quum haec sit insitutio mere **divina**, ab eadem vel latum unguem desciscere non est nostri instituti. Huic praeterea Christi domini salvificae ordinationi aliquam humanam imaginationem aut praeiudicium commiscere, nedum anteponere, in ecclesiae nostrae ministerio haudquaquam audemus. Quocirca pietatem vestram, praeclarissimi Consules et Senatus, obnixe rogamus, et vehementer per Christum oramus et obtestamur, ut huius sacrae coenae (iuxta Christi domini institutionem nobis receptam et consuetam) **denuo permittatur in conclavi nostro ecclesiastico** celebrandae facultas. Non est cur vereantur iudicia vestra aliquid incommodi inde posse contingere. Nos neminem irritamus, nemini damus offensionem. Nos minime affectamus publicum aliquod templum aut theatrum nostrae administrationi, contenti in hoc aerumnarum turbine vel abditissimo conducto caenaculo. Nos non invidemus aliis sinceris evangelii cultoribus suam administrandi rationem: imo condignam evangelico illorum ministerio studiose laudem optamus, illosque ipsos pro evangelicae caritatis quo tenerrimo vinculo religiose amplectimur atque fraterne veneramur in domino. Tantum hoc apud aequitatem vestram impetrare studemus supplices, ut nobis cum Christo domino in sua sacrosanctissima coena pro ritu nostro consueto **sicut antea** connivari liceat, ad Dei gloriam, animarum nostrarum fructum, et ecclesiae Christi vere crucigerae aedificationem. Dominus noster Iesus Christus unicus mundi redemptor et servator, in quo sunt omnes thesauri sapientiae et scientiae reconditi, benedicat studiis et institutis vestris vosque, praestantissimi Consules et Senatus, reipublicae istius civitatis et ecclesiae suae diu servet incolumes. Amen.

10. Novbr. 1556.

13. **Glaubensbekenntniß der englischen und französischen Gemeinde zu Wesel, dem Rath der Stadt und den städtischen Pfarrern übersandt 16. Februar 1557.**

Ad Senatum Wesaliensem per Ministros utriusque ecclesiae, Anglicanae scilicet et Gallicanae, die Martis 16. februarii a⁰ 57.

Candidi pectoris est, si quid animo concepisti quod bonis et piis hominibus utilitatem aliquam afferre posse speres, benigne in medium proferre. Christiani etiam est ingenii, si quando Dei veritatem calumniis impeti contigerit, ad eas non connivere sed modeste quidem fortiter tamen sese opponere. Cum itaque et multis utilem rem nos aggressuros, et calumnias male feriatorum hominum facile depulsuros arbitraremur, si nostram de eucharistia sententiam libere et candide proferremus auspice Christo, id nobis imprimis esse faciendum libenter nobis persuasimus; vos vero, praestantissimi viri, vehementer rogamus, ut nostrum studium boni consulatis si omnibus prodesse, nemini nocere volumus, si calumnias depellere, non convitia regerere studemus.

De coena ergo domini sic sentimus, esse eam sacram actionem divinitus institutam, qua rebus terrenis et visibilibus propositis ad coelestia atque invisibilia nos dominus subvehit. Instructo enim spirituali epulo se panem esse vivificum testatur, quo animae nostrae ad immortalitatem pascuntur. Pane ergo et vino ad vescendum et bibendum appositis suam nobis promissionem et communionem confirmat atque obsignat, coelestia sua dona nobis repraesentat ac sensibus subiicit, seipsum nobis dat mente non ore sumendum; nec etiam per transfusionem substantiae, sed ita ut virtute spiritus sancti carne eius pasti et sanguine refocillati cum ad veram pietatem tum ad immortalitatem innovemur. Visibiliter etiam nos in unum corpus colligit, mortem suam nobis in memoriam revocat, nosque postremo ad gratias agendas sanctissimumque eius nomen celebrandum excitat. Reverenter autem ad hanc sacram actionem esse accedendum dicimus, cum ibi testimonium exhibeatur mirandae societatis domini et sumentium, et in eo sacramento inclusa sit promissio de conservanda ecclesia, cum iubeamur mortem domini annuntiare donec veniat. Item credimus esse confessionem, qua ostendimus quod doctrinae genus amplectamur, et cui coetui nos adiungamus, et est etiam vinculum mutuae inter nos benevolentiae. Credimus etiam oportere accedentes afferre conversionem, et ibi quaerere confirmationem suae fidei, ita tamen, ut non existimemus propter hoc opus remitti peccata.

Haec est nostra de toto euchnristiae negotio sententia. Quae vero impugnanda censemus haec sunt: panem et vinum in corpus et sanguinem Domini transsubstantiari, corpus Domini sub terrena et corruptibilia huius mundi elementa detrahi aut illis alligari atque affigi, in spiritum esse versum, pluribus locis sisti aut immensam illi magnitudinem affingi, quae partim cum coelestis eius gloria pugnant, partim veritatem humani corporis auferunt. Nos autem credimus dominum Iesum Christum et corpus suum ex hoc mundo in coelestem gloriam subvexisse, et illud corpus proprietates humanae naturae, veri nimirum corporis, retinere, quod carnem et ossa habeat, et uno aliquo loco contineatur. Neque illud corpus in terris esse quaerendum dicimus, neque ut eius simus participes illud e coelo esse devocandum, aut ulla omnino opus esse carnali praesentia cum id virtute divini spiritus efficiatur.

Rationes vero cur haec ita se habere credamus plurimae nobis sunt in promptu, quarum aliquot vobis recensebimus. Ac primum quod ad transsubstantiationem attinet eam prorsus omittimus, quod is error a beatae memoriae viro D. Luthero felicissime sit jam pridem explosus. Reliqua cur non admittamus mox patebit. Marcus ultimo capite sic loquitur: Ac dominus etc. etc. . . . . *) Hactenus divina testimonia attulimus, nunc pauca etiam externa annectemus. Ac primum incipiemus a Synodo Chalcedonensi ubi ita loquuntur sancti patres etc. etc. . . . . *) Et vetustissimus scriptor Tertullianus »Christus, inquit, sumptum panem corpus suum fecit, hoc est corpus meum dicendo, id est figura corporis mei.« Figura autem non fuisset nisi veritatis corpus esset. Nam corpus fantasticum quod Mar-

---

*) Die weiteren Ausführungen sind hier der Kürze wegen ausgelassen.

cion somniabat, figuram non admittit. Oportet enim ut sit verum corpus, cuius figura res aliqua esse possit. Hieronymus etiam dicit, dominum corpus suum pane repraesentasse, Ambrosius: significasse. Neque tamen nos dicimus signum aut repraesentationem tantum esse. Credimus enim dominum vere corpus suum nobis dare ad edendum, vere sanguinem etiam dare ad bibendum, sed hoc virtute Spiritus fieri, modo coelesti dicimus, neque opus esse propterea ut corpus de coelo detrahatur aut corporaliter adsit in, sub, aut cum pane. Neque vero adversarii nostri effugere possunt quin tropum admittant. Nam cum resolvunt haec verba hoc est corpus meum in haec: cum hoc, sub hoc, aut in hoc pane est corpus meum, dominum tropice locutum velint nolint coguntur fateri, etiamsi alioqui clamitent a naturali verborum significatione recedere sibi religioni esse. Quid quod haec verba hoc poculum est novum testamentum in sanguine meo tropis planissime scatent? Neque enim poculum est novum testamentum, neque quod est in poculo est novum testamentum, neque sanguis domini est novum testamentum, sed domini sanguine novum testamentum partum, sancitum et confirmatum est. Quod si a tropo perfracte abhorrebimus istis absurditatibus nos imprudentes involvimus. Primum enim sequetur panem et vinum in corpus et sanguinem transsubstantiari, et Christum duo corpora habuisse, unum quod praeberetur Apostolis, alterum quo illud probaretur, idem corpus eodem tempore passibile et impassibile fuisse, idem corpus eodem tempore loquutum et non loquutum esse, nam quatenus erat in Apostolis non loquebatur; idem sedisse et non sedisse, ambulasse et non ambulasse, captum esse et non captum esse, vinctum et non vinctum esse, flagris caesum et non caesum etc. Nam haec omnia corpus illud quod erat in Apostolis non est passum. Sequetur etiam dominum sacramentum sanguinis frustra instituisse, cum antea totum Apostoli corpus sumpsissent; Apostolos etiam sine iusta fide percepisse, non enim crediderunt se corpus domini realiter intra se recepisse. Nam si credidissent non potuissent postea de eius resurrectione tantopere dubitare.

Quomodo vero haec nova, et, ut vere quod res est dicamus, periculosa opinione vera Christi humanitas in nihilum redigatur, scripturarum sinceritas corrumpatur, fides nostra concutiatur, supra ostensum est.

Vos vero, clarissimi viri atque optimi senatores, appellamus suppliciterque obsecramus, si haec nostra firma sunt, si Dei verbo per omnia consentanea, si nihil prodigiosae novitatis continent, si a confessione Augustana, modo verba confessionis dextre intelligantur, non abhorrent: ut liceat nobis swermeritatis, superbiae, arrogantiae et $\pi o \lambda v \pi \rho a \gamma \mu o \sigma \acute{v} v \eta \varsigma$ infamia liberari, et quibusdam nostrum vestra in posterum urbe.frui, quemadmodum antehac per summam vestram bonitatem licuit, qui rebus omnibus ad cultum vitae necessariis non ita sunt instructi ut sine multa difficultate hinc demigrare queant. Quod si haec a vobis impetrari non possunt, rogamus saltem ut concionatores vestri ad haec nostra candide respondeant, utque nostra argumenta, si possunt, firmis rationibus diluant. Nos enim neque sumus tam pervicaces, ut apertae veritati ullo modo repugnare velimus; neque tam abiecti animi, ut Dei veritatem nulla iusta de causa aut prodamus aut deseramus; neque tamen tam superbi ut doctorum et modestorum hominum monita aspernemur. Speramus haec nostra omnino esse solida, et $\varkappa a \tau'$ $\dot{a} v a \lambda o \gamma \acute{\iota} a v$ $\pi \acute{\iota}$-$\sigma \tau \varepsilon \omega \varsigma$ ut Paulus loquitur exposita. Si quid tamen vestri vel desiderabunt vel reprehendendum putabunt, parati erimus sive scriptis sive viva voce respondere. Ut vero scriptis res agatur, et tranquillius et nobis tutius futurum videmus. Non enim nos latet quam parum vera sint iam de nobis sparsa, ab illis fortasse qui nos nunquam aut audiverunt aut agnoverunt. Scripta nostra testabuntur semper et quid sentiamus et quomodo nos in hoc negotio gesserimus. Quidquid vero vobis visum fuerit esse faciendum, nos libenter obtemperabimus. Tantum autem abest, ut nostra hac confessione damnemus eorum coenam, qui bona conscientia de praesentia corporis a nobis dissident, ut etiam eos tanquam fratres amplectamur, eisque lucem divinae veritatis indies augeri ex animo vehementer precemur. Dominus Iesus, cuius negotium agitur, vos omnes spiritu suo amplissime donet diuque servet florentes atque incolumes.

Ministri utriusque ecclesiae, Anglicanae
scilicet et Gallicanae.

14. **Glaubensbekenntniße der Walonen, der Stadt Wesel und der Fremden.**

a. **Bekenntniß der Walonen, 4. Februar 1545.**

1. Premierement nous croyons le contenu au simbole des apostres, du concil de Nicene et de sainct Athanase, comme nous confessons quil est vng dieu et non plusieurs en trois distinctes personnes le pere le filz et le sainct esprit;

et croyons que Jesus Christ filz de dieu est conceu du sainct esprit nayz de la vierge Marie et que il est vray dieu et vray home et par sa mort et passion il nous a achete de nos pechez et par sa glorieuse et triumphante resurrection nous somes justifiez;

nous croyons aussy la resurrection de la chair, et que nous erssusciterous des mors en nostre propre chair au dernier jour, les bons a la vie eternelle et les mauuais en condamnation.

2. Davantage nous croyons et confessons que il y a ung baptesme en la remission des pechez, et que les petitz enfans qui sont conceuz et naiz en pechie doibuent estre baptisez car a eulx appartient la promesse de la redemption par Christ.

3. Aussy nous confessons que la cene du seigneur doibt estre celebre et communiquee a tous soubz deux especes assauoir pain et vin selon linstitution et lordonance de Christ, aux bons comme estoit St. Pierre et aux mauuais comme estoit Judas. Et est veritablement baillie et distribue le corps de Christ soubz ou en lespece du pain et le sang du Christ soubz ou en lespece du vin.

4. Aussy des magistratz et de la puissance du glaiue nous sentons et tenons quil fault honnorer et obeyr aux magistratz non seulement aux bons et modestes mais aux rudes et mauluais tant et sy longuement que ilz ne commendent riens contre Christ.

Sy confessons aussy que les biens ne doibuent pas estre communs contre les anabaptistes car jl est escript tu ne desroberas point.

Nous confessons aussy que les femmes ne doibuent pas estre communes car jl est escript pour eviter fornication vng chascun ayt sa femme. Pour quoy nous reiectons et avons en execration toutes sectes qui sont contre la parolle de Dieu comme les anabaptistes, les sacramentaires, les libertins et aultres semblables qui se sont separez de la vraye eglise de Christ en laquelle on enseigne purement sa parolle et les sacramentz sont administrez selon son commandement.

Pour la fin nous croyons que par la seulle foy nous sommes sauuez par la misericorde de dieu pour lamour de son filz Jesus Christ nostre seigneur sans noz propres merites.

b. Daſſelbe Bekenntniß zur Confeſſion der Stadt Weſel erweitert, 29. October 1561.

Wy geloeuen dat inhalt des symboli der apostelen des concilii van Nicenen vnd des heiligen Athanasii als wy beliedenn dat daer sy ein Gott (vnd nicht viell Gaden) jn drie verscheiden personen, der vader der soin vnd der heilig geist. Wy geloiuen oick dat Jesus Christus Gades soin ontphangen sy van den heiligen geist, vnnd gebaren van die junckfrow Maria, vnd dat hy is waraftich Gott vnnd mensch die sin ware fleisch vnnd bloett van Maria heft angenommen, vnd dat hy durch synen doit vnd liden ons verloist heft van onsen sunden, vnd dat wy durch syn herlicke vnd froilicke operstentniss gerechtuerdiget syn. wy gelouen oick die operstendeniss des fleischs dat wy sullen van der doit verriesenn mit ons eigen fleisch jn den jungsten dach die gude tho dem ewigen leuen, die boisse auerst thor verdammnis.

Darenbauen wy belieden oick enen doip tot vergeueniss der sunden vnd dat die kleine kinderen (die dair ontphangen vnd gebaren syn in sonden) gedoipt moiten syn, want hoirluiden behoirt die beloiftenisse van verlosung durch Christo, vnd Christus selft die doip ein nyegebort numet, dardurch wir van aller tyranni des duuels (der wy sunder die doip nit erlediget noch kwit kunnen werden) aick der sunden des doitz vnd der hellen erlediget kinder des leuens vnd eruen aller guder gades vnd miteruen Christi werden. Willen aick hirmit verworpen vnd verdampt hebn alle wedergedoipte ader wederdopere, aick die ore kinder vngedoipt geuerliger wieſe tho verachtung der heiliger doip liggen laten vnd versuimen der meynong dat vmb angebarner heilicheit orer elderen onnen die doip vnnoidich sye.

Wy geloiven oick dat dat auentmail des heren gehalden vnd vitgespendett behoert tho werden allen minschen onder twe gestalt nemptligen broit vnd wyn na der jnstellung Christi, vnd dat ons mit den broit vnd mit den wyn die substantzi des waren vnd wesentligen lif vnd bloit Christi dat er van der reiner junffraw Maria entphangen vthgedeilt werde, den guden als dair was S. Peter thor selicheit vnd den boissen als dar was Judas thor verdamniss. verwerpen oick hirmit die transsubstantiation der papisten vnd der capernaiten meynong, oick die dar leren dat sy ein bloite figur ader teicken des liues Christi vnd werde allein geistlich emphangen. oick die dar lheren datt Christus na syner minscheit sitte tho besunderer platz im himmel vnd darumb allein myt syner kraft vnnd nit wesentlich (wie der doch warer gott vnd minsch ist) jn den auentmail tegenwordich sye.

Achten sick vit hochwichtigen orsaicken christlick vnd gutt dat ein jeder van uns wanne er tho dem nachtmail Christi sich bereiden vnd begeuen wille thouorn mit berowen vnd beclagen synre sunden den kerckendiener sich presentir vnd die priuat absolution gemelter kerckendieners beger und ontfange.

Wy halden vnd geuoelen van der overicheit vnd macht des swertz dat men der ouericheit mot horen vnd gehorsam syn nit allein den guden auerst oick den vreden vnd boesen biss der tit tho dat sy ietwess widder Christo gebieden. Alsoe bekennen wy oick dat dat guet nit on moet gemein syn widder den widderdoperen want dar steet geschreuen ghi en sult nit stelen. Wy bekennen oick dat die frowen nit behoiren gemein tho sin want dair steet geschreuen een jder hebbe syn frow op dat ebrekerie gevloden werde. Derhaluen hebben wy jn vervloickung aller secten die dar dem worde gades wederstreuen als dar syn die wederdopere die sacramentirers die libertiner vnd andere der gelicken die sich affgesundert hebn van der gemeint Christi jn welcker men gades wort reinelick lheret vnd die sacramenten vitspendet na synem beuhell.

Summa wir gelouen dat wy salich syn allein durch den gelouen durch die gnad gades om die liefde synes sones Jesu Christi onses heren sunder vnse eigen verdiensten.

Gelauen sick jn allen anderen puncten vns der auspurgischer confession, sick gene heimlige bykumpsten noch vergaderunge tohalden, sunder allen vnd jederen ceremonien christliger lehr vnd predigen beider kercken deser statt Wesell item derseluiger statt priuilegien plebisciten vnd gewonheit gemeess thalden vnd tho erzeigen, dargegen nit thodoin ader durch anderen gedain tho werden tho reizen, woder mit warden wercken ader jenigerley wiess vnd manieren by penen na begangener dait jnwendich drien dagen deser statt Wesell tho ontwickenn.

c. Diejenige Form der Confession der Stadt, in welcher die walonische Gemeinde sie annehmen wollte; 9. November 1563.

1. De divinitate et humanitate domini nostri Iesu Christi.

Credimus ea esse vera quae continentur in symbolo apostolorum, Concilii Niceni et S. Athanasii, sicut nullum confitemur alium esse deum quam unum solum et non plures deos, in tres distinctum personas, patrem filium et spiritum sanctum. Credimus etiam quod Iesus Christus filius Dei conceptus fuerit de spiritu sancto et natus ex virgine Maria et quod idem ille verus sit Deus et verus homo, qui carnem suam accepit et suum verum sanguinem ex virgine Maria, et quod per mortem suam ac passionem redemerit nos a peccatis nostris, et per suam gloriosam ac triumphantem resurrectionem iustificaverit. Credimus etiam resurrectionem carnis et quod resurgemus a morte in novissimo die cum hac propria nostra carne, boni quidem ad salutem et vitam aeternam, mali vero ad condemnationem et mortem.

2. De baptismo.

Adhaec confitemur unum baptismum in remissionem peccatorum, et quod infantes (qui concepti sunt in peccato) sint baptisandi, nam promissio a deo facta redemtionis humanae per Christum ad eos pertinet, imo ipse Christus appellat baptismum regenerationem aut nativitatem novam per quam liberamur a tyrannide diaboli, peccati, mortis et inferni, et simus filii vitae imo haeredes omnium bonorum dei, ac cohaeredes Christi. Et hac ipsa confessione improbamus ac detestamur omnes rebaptisatos aut anabaptistas, et eos similiter qui despicientes vel contemnentes s. baptismum pueros suos non baptisatos manere patiuntur, aut qui per oscitantiam vel negligentiam voluntariam eosdem mori sinunt antequam baptisentur, existimantes et asserentes baptismum pueris esse superfluum quia sanctificantur infantes per promissionem, quum sacramentum sit confirmatio quaedam infirmitati humanae necessaria,. ut hac ratione promissio magis nos provocare debeat ad baptismum quam ad huius contemptum inducere.

3. De coena domini.

Credimus etiam quod coena domini celebrari debeat et administrari omnibus hominibus sub duabus speciebus, nimirum pane et vino, iuxta ordinationem et institutionem Christi, et quod in hac coena substantia veri corporis et sanguinis Iesu Christi quam accepit de virgine Maria omnibus exhibeatur tam bonis quam malis. Et licet soli tantum fideles sint qui vere recipiant, sunt tamen et ipsi infideles tam corporis quam sanguinis rei, quia sacramentum polluunt dum recipiunt. Hoc confitentes reiicimus etiam transsubstantionem papistarum et opinionem Capernaitarum, deinde etiam eorum doctrinam qui docent signum tantum esse et figuram nudam corporis et sanguinis Iesu Christi, quique docent nos spiritum suum tantum recipere, volentes excludere carnem et sanguinem, nam dictum est „caro mea vere est cibus et sanguis meus vere est potus." Et quamvis talis receptio spiritualis sit, id minime est dicere non esse realem ac multo minus imaginariam. Confitemur enim quod, quamvis Christus iuxta naturam humanam in coelo sit unde eum exspectamus, sedeat tamen secundum infinitam virtutem suam ad dextram dei patris sui quae ubique extenditur. Itaque sine descensu aut loci mutatione potest et vult nos vere nutrire suo corpore et sanguine modo incomprehensibili.

4. De confessione et privata absolutione.

Existimamus etiam idque propter rationes quae et laudem merentur et valere debent, christianum esse et bonum, ut unusquisque nostrum se coram ministro ecclesiae sistat cum contritione et poenitentia peccatorum antequam sacram coenam adeat, requirens et recipiens ab eodem ministro absolutionem privatam, quam tamen ad salutem non statuimus esse necessariam.

5. De magistratu et potestate gladii.

Censemus et credimus magistratus ac eos qui potestatem gladii habent audiendos esse illisque obsequendum, non solum bonis et benignis sed etiam malis ac seueris, modo nihil praecipiant quod Christo adversetur. Sic etiam confitemur (contra anabaptistas) bona non debere esse communia, nam scriptum est „non furaberis."

6. Feminae non erunt communes.

Confitemur etiam feminas non debere esse communes, nam scriptum est „ad evitandam fornicationem unusquisque uxorem suam habeat." Quapropter detestamur omnes sectas contrarias et verbum dei non sequentes, ut sunt anabaptistae, sacramentarii, illi nimirum qui extenuant virtutem sacramentorum aut usum corrumpunt, libertini et similes, qui sese separarunt ab ecclesia Christi, in qua verbum dei pure docetur et iuxta huius mandatum sacramenta administrantur.

In summa credimus firmiter nos salvos fieri per solam gratiam Dei ob amorem filii sui I. Christi domini nostri sine ullis nostris meritis.

7. Promissio generalis.

Promittimus etiam nos in omnibus aliis articulis secuturos confessionem augustanam secundum declarationem supra factam, neque habituros clandestina conventicula aut congregationes, sed observaturos omnes et singulas ceremonias doctrinae christianae et institutionem tam unius quam alterius in ecclesia civitatis Wesaliensis. Pollicemur similiter nos victuros iuxta priuilegia plebiscita aut leges et consuetudines praedictae urbis Wesaliensis nec contra quicquam tentaturos, neque alium quempiam incitaturos, qui verbo vel facto vel alio modo aliud conetur sub poena eiectionis ex urbe Wesaliensi et abitu ex ea parandi spacio tridui postquam contrarium probatum fuerit.

15. Marcus Hortenfius von Effen an Nicolaus Rollius, 7. Juli 1564.

Reverendo iuxta ac pietate eruditione praestanti viro d. Nicolao Rollio verbi divini apud Wesalienses ad sanctum Willebrordum praeconi, vigilantissimo et fidelissimo amico et fratri in Christo perpetuo colendo.

S. p. Cum mi Nicolae vetus dictum sit „amicorum omnia sunt communia," tua negocia non minus ac mea cordi sunt. Scire peropto qui tibi conveniat cum tuo crocodilo zoilo Momo illo ac Cerbero $\varkappa \varrho \epsilon o \varphi \acute{a} \gamma \psi$ nihil non in tui perniciem moliente. Apud nos fama est graviter de re sacramentaria istic concertatum. Demiror hominis turbidum ac irrequietum ingenium. Studet (si diis placet) doctrina sua celebrare patriam quam maxime his agitatis dissidiis dedecorabit. Non est pii ac Christiani hominis tot ac tantas de lana caprina dare turbas. Debet certe veteris infortunii meminisse ne in eundem bis impingat lapidem. Inanes hae $\lambda o \gamma o \mu \alpha \chi \acute{\iota} \alpha \iota$ maxima in ecclesiis pariunt dissidia. Diabolica haec sunt zizania in triticum iacta. Monet in primis Apostolus ne sint inter nos schismata. Ceterum haec futura praedixit Christus: non enim venit pacem immittere terris sed gladium. Orandus dominus ut pacem suae ecclesiae conservet. Quam ob rem quoad fieri potest paci ac tranquillitati ecclesiae studeamus. De his quotidie cum cooperario sermo est. Non temere tanto studio hinc ad patrem ascensurus dominus ac servator pacem apostolis commendavit praescius rupto inter ipsos pacis ac caritatis vinculo fore offendicula ac dissidia. Hinc divinus ille ac regius vates tanto encomio prosequitur pacis ac concordiae hominum inter ipsos commoda: „Ecce quam bonum et quam iucundum habitare fratres in unum!" Hic muri ahenei simus. In hoc princeps ille pacis a patre in terram missus ut pacem inter deum et hominem conciliet. Et deus est deus pacis non dissidii. Caeterum, mi frater Nicolae, non est necesse ut sus Minervam doceat, satis enim tuo ipse consilio sapis. Haec amice pro more nostro tecum ago, atque eadem ratione liberius ac audacius mecum agas licebit. Novimus nos inter nos.

De statu ecclesiae nostrae si certior velis reddi, brevibus depingam. Firmissime stat super petram angularem Christum, ac in dies magis ac magis succrescit et augetur, semen evangelii felicissime iactum enascitur, ita ut inde bonas segetes ac messem speremus. Immortales tibi aguntur a civibus gratiae, quod huc nos miseris. Non enim dissimilem Henrico suo nacti putant. Henrici doctrinam non per omnia probo. Non enim christiani doctoris est plebem in magistratum concitare ac laxius disciplinae frenum dissolvere, id quod Essendiae factum experimur. Grata quidem haec et plausibilia sunt caeco et insulso vulgo, sed sano doctore indigna et Evangelio inimica. Cupiunt nos sibi placentia loqui. Nescio quo caeco amore Henric rapiatur turbidum vulgus; non enim hominem sed Deum quendam (si diis placet) habuisse iudicant; nemo enim dum steterit Essendia ea erit eruditione, pietate, docendique dexteritate praeditus qui cum illo se conferri queat. Tam stultum et sinistrum de rebus sibi incognitis vulgi est iudicium, hinc non temere a satyrico belua multorum capitum dictum. Amat libertatem carnis, severioris disciplinae solutionem. Sed qui Christi sunt crucifigunt carnem cum omnibus concupiscentiis et desideriis. Praedicavit hactenus Henricus publicam confessionem et absolutionem, omnemque illam privatam abiecit ac plane inutilem vulgo per suasit. Haec quam bene fecerit aliorum esto iudicium. Approbatur certo illa et recipitur ab omnibus repurgatis ecclesiis non ita tamen necessitatis sed utilitatis ergo. Obganniunt nobis Henriciani „probet seipsum homo." Non inficiamur haec. Homo enim sibi ipsi notus esse debet. Caeterum multi sunt qui seipsos probare nesciunt. Pastoris est novisse oves, quarum animos in privata confessione penitius introspicere potest. Super hac re summum mihi negocium facessunt Henriciani-Libertini idem facientes quod vobis Hesbusiani hominum genus in sua sententia pertinacissimum.

  Mi frater Nicolae est nostrarum rerum curta suppellex, nec maiora quam ferant opes extendenda moenia. Incidimus nuper domi tuae in lectionem ecclesiasticae historiae Eusebii. Huius duo exemplaria esse tibi intelleximus. Si uno aliquamdiu carere poteris rem feceris mihi gratam. Est enim lectio ecclesiastae inprimis necessaria et utilis. Inde enim cernere est quae initia et certamina fuerint nascentis ecclesiae. Summe etiam desideramus commentaria Brentii et Calvini in gesta apostolica, his enim atque aliis arietibus opus est expugnan-

dis muris Babylonicis dum funditus deiiciatur. De pretio panni
ne sis quaeso sollicitus, solvetur propediem. Quo in statu et
cardine res tuae versentur scire etiam atque etiam gestio, si per
ocium liceat paucis perscribito.

Salutat te plurimum meis verbis Casparus meus coopera-
rius. Saluta quaeso D. Ioannem Heitfeldium meum fratrem ac
commendatorem fidelissimum, ac tuam honestam blandamque uxor-
culam Petriscam tuamque famulam Christinam. His paucis vale.
Assendiae ipsis nonis Iulii aº 1564.

Tuus ex animo Marcus Hortensius
verbi divini apud Assendienses minister.

16. Zeugniß der Weseler Lutheraner für den Rector Lubbert Florin; 15. April 1567.

Wiewoll der Erbar vnd Wolgelerter M. Lubbertus Flori=
nus seiner gelertheitt vnd christlichen Wandels woll beruempt, vnd
erzeitt der loblicher Statt Soest — daher er itz widder beruffen —
trewlich gebienet, das Jme wenich nötigh sey einiger leute zeugnuß,
haben wir nachbeschriebene vmb allerley widderwertigkeitt, so einem
menschen zukommen magh, dennoch auß christlicher liebe vnd mittbürger=
licher pflicht imme seines glaubens, handels vnd wandels zeugnus —
seinem gesinnen nach — nicht wollen verhalten. Bekennen derohalben,
das vurbes. M. Lubbertus alhie zu Nider Wesell die drie jair auß, da
er Conrector gewesen, vnd sort die achtzehen jair da er das Rectoris
ampt verpfleget, die junge jugent, so jenen vertrouwet, in Gottes
furcht, christlicher lehre, in aller erbericheitt, zucht vnd allen freyen
Kunsten auffs forderligs, fleißigs vnd trewligs erzogen vnd geleret
hatt, vnd nicht allein seinen Schoelkinderen, so er vnter seine Disci=
plin gehabt, vnd mitgehulffen, mit benen er auch gantz freundtlich
gelebet, sondern auch einen jederen — seiner gepor vnd beruffungh
nach — gantz trewlich voir itz schwebender Calvinischer vnd anderen
irthumben gewarnet vnd schuch gemacht, vnd sich jederzeit befleißen den
prophetischen vnd Apostolischen schrifften, sampt der Augsburgischen
Confession aº 30 Rom. Keis. Majst. von den Protestirenden vber=
antwort, gemeß zu halten, den welchen auch gleichstemmenden artideln
vom Ersamen Raidt zu Nidder Wesell anno 61 auffgericht er vnter=
schrieben, vnd vnnachlessig nachgelebett, vnd allen seinen handell vnd
wandell mit seinen nachbarn vnd mitburgern nach christi lehr vnd po=

litischer ordnungh vnstrafflich gerichtett, Ist darumb vnße christliche vnd trewe bitt, Ein jeder christliebender vnd Erbarer biederman wolle desen magistrum Lubbertum Florinum als ein trewen discipel Lutheri vnd Philippi, von welchen er auch zu Wittenbergh instruirt vnd promovirt ist, auffnemen, vnd dieses zeuchniß nach hanthaben vnd behulfflich sein. Daran thut er Gott vnd allen Christen ein wolgefallen, vnd wird der Allmechtige solz reichlich belohnen, neben das vorgs. mit seiner trewer arbeidt sich wird erzeigen. Der Allmechtige Gott woll Euch vnd jnnen in rechter Erkenntnuß vnd bekentnuß standthafftiglich erhalten.

Datum zu Nidderweßell anno 1567. den 15 Apilis.

17. Zeugniß Johanns von Bert für Lubbert Florin; April 1567.

Nachdem ein jeder Christ seinem Mittburger vnd Christlichen bruder, so seiner vocation vnd beruffung halben auff andern fremdden örthern zu dienst beruffen vnd gefordert, schuldig ist ware vnd glaubwurdige zeugnus seines Glaubens, wandels vnd handels, so Er gefuhrt, mitzutheilen: so sey kund vnd offenbahr jedermenniglich vnd allen so dieser brieff oder schrifft furbracht, zu handen kompt oder verlesen wird, daß der Erbar vnd wolgelehrter M. Lubbertus Florinus, der freyen kunsten Meister in der loblichen Universitet Wittembergh promovirt, alhie zu Nieder Weßell vor ein vnd zwantzig Jahr von einem Ersamen Raht zum Conrector beruffen, vnd nachmals dem Rector-Ampt achtzehen jahr lang Christlich vnd fromlich mit aller trew vorgestanden, Gottes Wort nach laut der Augsburgischen Confession vnd christlichen Articuln von Einem Ehrsamen Raht in den hauptstucken vnsers christlichen Glaubens in der Religion der Gemeine furgestellt, offentlich bekandt, gelehrt, vnd der jugend ingepflantzet, vnd alle andere Ketzereyen vnd Schismata, vnd insonderheit den Sacramentirischen Irthumb, welchen die Zwinglische vnd Calvinische Geister in der Christlichen Kirchen außstoßen, vnd damit die Gemeine Gottes irre machen vnd verwirren, mit dem thewren Wortt Gottes in Christlicher bestendigkeit, seinem beruff nach, stedigh vnd vielfeltigh widersochten, vnd seine liebe Kindern vnd Discipuln, die welche Er vnder sein disciplin gehabt, in christl. lehr vnd freyen kunsten fleißigh gelehret.

a° 1567. April.

Joh. von Bertt, dr.

18. Zeugniß der Weseler Lutheraner für H. Hamelmann über seine Wirksamkeit in Essen; 25. October 1571.

Kundt vnd offenbar sey jedermenniglich die welche diese schrifft werden sehen oder hören lessen, das nachdem der werdiger vnd hochgelehrter herr Hermannus Hamelmannus, Gottlicher schrifften licentiatus vnd Superintendens, von eynen Erbaren Raidt der Stadt Essen durch jre botschafft vnd schrifften beruffen worden, vmb etliche Jrthumben in Religions oder Glaubenssachen durch die der Zeitt anwesende Predicanten eingeführt, fuzukommen vnd abzuhelffen, derwegen dan gedachte prebicanten, sonderlich eyner *), den gemeynen pöbell nicht allein wider gedachten herrn hamelmannum, dan auch wider die Obrigkeitt daselbst commovirt vnd angereizt, also daß durch vnsern gnedigen landtfursten vnd herren vnd derselbigen hochweise Rethen alsulche Commotion oder Auffruhr hat mussen sedirt vnd nedergelegt, vnd der auffruhrische prediger abgeschafft werden. Dieweyll aber durch den eynen lestbleibenden predicanten alsulcher vnmenschlicher groll, haß vnd neidt wider sein (des H. L. Hamelmanni) person in den hertzen des gemeinen pöbels angezundet, das sie das crucifige mit jhme gespielet, hat er jhme entlich furgenommen, doch nicht ehe dan die Kirch daselbst mit andern auffrechten lehrern versehen vnd bestelt were, von dannen anders wohin zu entweichen. Doch bei Gelehrten Radt zu suchen, damit er nach ihren Rathe sich in dem zu verhalden wisse mit gudem gewissen. Derhalben er dan von vns begehrt aller obglr. beschehener sachen neben der obrigkeit gerurter Statt Essen glaubwurdig, bestendig zeugnuß mitzutheilen. Dweill wir vns nu der Warheitt Zeugnuß zu geben schuldig erkennen, haben wir jhme sulches fuglich nitt abschlagen noch verweigern kunnen, hiemit offentlich zeugende, daß gedachter Licentiat H. Hamelmannus aller auffruhr vnd meuterey dieser Zeitt binnen der Stadt Essen entstanden allerdings vnschuldig, vnd in grosser leibsgefahr anders nicht gesucht (wie vnserer etliche den selbst etliche mahlen zu Essen gesehen vnd auch gehöret haben alle gelegenheit vnd darvon mit den herren burgermeisteren vnd etlichen des Raidts geredet vnd viel der Dingen erfahren) dan außbreitung der reinen gesunden lehr in der christlichen augsburgischen Confession vnd derselben Apologia sampt den drien symbolis vnd Buchern, sampt Catechismo Lutheri begriffen,

---
*) Caspar Isselborch.

beyde zur ehren Gottes vnd aller zuhörer heill vnd seligkeit. Vnd obwoll ein Erbar Radt gern in stehenden Dienste Jhn halten wolte, jedoch hat er sulches in bedencken genhommen, weiters davon mit ge= lehrten leuten zu radtschlagen. So haben wir nitt vmbgehen konnen, Jhm als die wir von allen diesen Dingen Wissenschaft dragen, vnd seinem stande nach, diese zeugniß mitzutheilen, vnd haben in vrkundt der warheitt diß also mit eigener handt vnderzeichnet.

Datum zu Nedder Wesell. anno 1571. den 25 tagh des Monats Octobris.

>Iohannes a Bert Wesaliensis med. doctor.
>Wernerus a Bert Wesaliensis J. U. doctor.
>Henrich van Bert.
>Johannes Amarinus, ludimagister scholae
>   Vesaliensis manu propria.
>Derick van Bellinckhofen.
>Et ego Henricus Kuick pro veritate subscribo, dem Teuffel vnd seinen Sacramentsdieben den Calvinisten zu widder, manu propria.

19. Joh. von Berts Bericht an (den wieder verheiratheten) Hes= husen über die Zustände in Essen; 4. Juni 1572.

Propter multiplices tuas occupationes tuae quamvis breves literae gratae atque acceptae fuere, eo quod ex illis tum tuam quam uxorculae et liberorum secundam valetudinem perceperim. Intellexi te cum tota familia patrem uxoris tuae, clariss. et doctiss. virum dom. doctorem Musaeum (me praesente Wit- tenbergae promotum) invisisse, cuius eruditio, constantia, since- ritas et integritas satis mihi perspecta est, cum ex scriptis tum ex disputatione et privata collocatione cum Philippo Melanchtone in prandio habita, ex quibus non parum fructus percepi; quia retinui adhuc inter cetera ipsius solutionem ad propositionem seu argumentum doct. Maioris in publica disputatione illi obiectum, sed propter interpellationem Melanchtonis non in publico, sed ante prandium privatim in aedibus Philippi solutum, quod tale erat:

>Ubicunque Christi corpus est, ibi est adorandum,
>   In pane, cum pane et sub pane est in administratione
>   coenae corpus Christi,
>Ergo ibi est adorandum.

Quod argumentum Maiorem non alia de causa proposuisse suspicor, quam ut exploraret mentem Philippi de praesentia corporis Christi in coena domini. Sed Philippus non respondit ad argumentum, verum inquit, haec gravia, difficillima et singularia non incurrentia singulorum captui, debere privatim decidi. Sic subterfugit ne ad argumentum responderet! Christum vero sive Christi corpus invocandum, ut se in verbo patefecit, et docuit nos in verbo suo, se invocari velle; sed corpus suum instituisse in coena ad manducandum et non ad invocandum; ergo etc. respondit clarissimus dom. Musaeus, cuius responsionem et ego amplector. De hoc ideo mentionem facio, ut intelligas illius eruditionem, notionem nondum mihi excidisse, et quod gaudeam tam pii, docti et constantis viri filiam in locum sororis meae successisse. "Antidotum" tuum hic emi, et "sexcentos errores Pontificiorum" quoque comparavi, tibique gratias ago pro propositionibus tuis, quarum alioquin copia nobis non fuisset. Pluresque libros, a te conscriptos, Francofordiae mihi emi a nostris bibliopolis curaveram, sed eos distraxerant et vendiderant antequam Vesaliam appulissent. De praegnante uxore tua nihil certi habeo, quare gratulationem usque eo dum certior factus, differam. Faxit interim Deus ut familia tua pulchra prole augeatur atque ornetur.

Status antiquus civitatis est. Princeps noster clementissimus valetudinarius est, romanamque religionem videtur recepisse, cum ad sacramenta Papistarum accedat, nullumque augustanae confessionis concionatorem apud se habeat. Patitur tamen atque admittit, quod doctor Morlinus iam Essendiae in locum Hamelmanni (qui Casparum Isselburgium Calvinismi vicit et refutavit atque propter odium civium Calvinismo infectorum ibi manere noluit) succedat, ac sinceram et puram de Deo et ipsius sacramentis doctrinam concionetur. Sunt quidam concionatores moti ab officio in ditione principis, verum propter Calvinismum ut opinor. Nam et praefato Casparo Isselburgio et officio et ditione principis interdictum est propter idem schisma, qui Bremae in officio reassumptus est, ex quo eius haeresis magis elucet. Tumultus atque rumores belli hic sparguntur, apparatusque inter exules inferioris germaniae et Ducem de Alba fiunt. Exitus ignotus. Haec sunt quae tibi nota volui, quare his brevibus te cum uxorcula et liberis Deo commendatum volo et plurimum valere iubeo. Datae Wesaliae 4. Iunii 72.

Tuus affinis
Ioannes a Bertt.

doctori etc. Tilemanno Heshusio.

20. Johann von Bert in Wesel an den Magistrat von Essen; 21. Juni 1572.

Erb. furs. weis. H. vnd besondere freunde in Christo. Nechst erbietung meines gantzen vermuegens danck ich Gott dem Vatter vnsers einigen herrn vnd heylandts J. Christi, daß er den oberschwenglichen reichthumb seiner gnaden an euch erwiesen, vnd die warheit des h. Euangelii bey Euch gnediglich restituirt vnd widerbracht hat mit einbrunstiger bitt meines hertzens, Ihr sulches auch in aller danckbarheit erkennen, vnd euch die sach nu ernstlich befohlen sein lassen wollet, damit der Satan kein einbruch hinferner gewinnen moge, vnd also das leste erger dan das erste werde. Ihr habt auß sonderlicher gnade gottes ietzunder gelehrte, gotselige, vnd in der reinen gesunden Evangelischen lehr ernsthafftige bestendige eifrige lehrer vnd prediger (Gott lob) bekommen als nemlich H. Henrichum Kempensem vnd M. Joannem Isenbund, an welche ich auch bey zeigern dieses geschrieben*), vnd sie ernstlich vermanet daß sie nach allem vermögen, das Got darreichen vnd geben thut, mit ernst daran sein wollen, daß die christliche Gemein durch rechte, gesunde vnd vnverfelschte lehr in warer erkentnus Gottes recht erbawet, vnd durch ein vnergerlichs gotseliges christlichs leben in allen christlichen tugenden vnd guten werden bestetigt vnd bevestigt muge werden. Darzu ihnen dan Ew. Erf. christliches Ampt nit weniger nutz als nobig sein wirt; nemblich daß die jhenige, so durch gute lehr vnd vermanung sich nit willen ziehen lassen noch weisen, E. Erf. dieselbigen mit gebuhrlichen ernst dahin halten vnd zwingen wollen, damit alle ergernuß auffgehaben vnd christlicher fried vnd einigkeit des geistes gestifft vnd erhalten möge werden.

---

*) Der Brief an diese Pfarrer ist nicht erhalten. Offenbar hat v. Bert in Bezug auf das luther. Bekenntniß wie Er es verstand, Heinrich Kempensis zu viel zugetraut.

Daran thun E. Erſ. Gott dem Almechtigen einen ſonderlichen chriſtlichen angenehmen vnd wolgefalligen Dienſt, welches der miltreicher Gott ſie zeitlich mit gludſeligkeit, vnd hernachmals mit ewiger himliſcher belohnung reichlich wirdt vergelten.

Datum 21 Junii 72.

Joh. von Bertt.

21. Johann von Bert an den Bürgermeiſter von Eſſen, 21. Juni 1572.

Mein freundtlich gruß vnd dienſt zuvor. Ehrenthaffter wyſer vnd Erbar, inſonders großgunſtiger herr vnd ſonderlinger gebietender her vnd freundt. Ewer Erſ. geſundtheit vnd wolſtandt zu wiſſen iſt mir ein ſunderlinge freude. Ich bin, Gott lob, noch wolpeſſigh. Wie ich alhie ein gemein geſchrey vernomen, daß der Ehrenthaffter vnd hochgelehrter her doctor Maximilianus Morlin ſoll von euch verreiſen muſſen, hab ich nicht kunnen hinderlaſſen, wiewoll ein geringer, Ew. Ehrſ. Weißheit etliche dingen zu erinnern, bitt derhalben, Ew. W. diß mein ſchreibens ins guth auffnemen vnd zum beſten deuten wolle. Ich hab Ew. E. W. mehrmalen in tegenwart vnd auch ſchrifftlich nicht verhalten, was meines bedundens ewere l. Kirchen vnd der Religion Wolfart in der loblicher Stat Eſſen hoch notigh, in dieſen geſchwinden Schwermeriſche loepen. Daß man ein hocherfarnen, witberumpten wolſprechenden Man vnd Kirchen-Superintendenten beſchicken ſolle, daran ever E. W. kein mühe noch vnkoſten geſpart, erſtlich mit den herren licentiaten Hamelmanno zu forderen, vnd darnach mit d. Henrico Kempenſi vnd jhiger Zeit mit dem achtbar vnd hochgelehrten M. Morlino, der billiger Schrifft Doctoren. Wiewoll man aber der voriger kein hat behalten mogen, wehre mein rath, daß man mit allem fleiß anhalten wolle, daß vurſ. Dr. Morlin bei Euch verbleiben mochte, weil er nicht ein geringe perſon noch in geringen officio in die Reformirte Kirche geweſen iſt, als da bezeugen die disputationes in beyſein Chur- vnd Fürſten zu Heidelbergh in der univerſiteten gehalten, die welche auch in bruck verfertiget ſein. Und wen jo ſulx nicht ſein mochte, daß man ihn doch nicht eher ließe verreiſen, Sein Werben hetten dan einen andern in ſeine ſtatt verſchaffet. Weil er mit vielen gelehrten Kundtſchafft hat, vnd kan wiſſen, welche E. Erſ. Weißheit am beſten ſein konte. Wiewoll auch M. Johan Eißbondt nicht ſo verbigh wie der gemein man begehrt, doch nicht vngeſchickt iſt die

reine lehre zu verfechten vnd darob zu halten, were es woll nicht vn=
raidtsam gewesen, sein l. neben andern in der Kirche ober scholen bey
euch zu gebrauchen als Dr. Morlinus vnd alle gelehrten sollen zeugen
müssen. Vnd befrembdt mich sehr, daß sie Jhn dingen beschuldigen,
darin er vnschuldig ist. Wandt weil gesagt wordt, daß vnser her Jo=
han Heitfeldt andere geschmehet soll hebben, so meister J. Eißbonds
lanßluyden waren (davon zum theil fur dem Richter Kundtschafft ge=
furt wart) hat M. J. Eißbond her Johannen durß. darumb be=
sprochen vnd gesagt, daß er daran nicht wol gethan en hette, vnd wehre
selbst nicht werth den canzel zu betretten er kunde dan solx beweisen.
Soll solx so große schmehung sein? Das aber auch die handlongh
lestmal in der gute verdragen, kan jo auch nicht fur den mundt ge=
klopt heißen. bitte derhalben E. L. ihm vnd alle frome Christen be=
hulfflich sein wöll, E. L. vnd ewer Kirche zu guth. Solx wirt der
barmherzige Gott miltiglich vergelten. Dem herren in seine gnade
mit gludlicher regierungh gesundt bevolen. Datum Wesel den 21
Junii anno 1572.

     Ew. Erf. Wißh.
      ganß williger
     Johan von Bert. D.

22. H. Hamelmann an den Rath zu Wesel, 16. April 1575.

  Etsi saepius ad V. Excell., viri clariss. et prudentissimi,
patroni colendi, scripserim, tamen nihil hactenus literarum ac-
cepi. Interim adhuc scribendi occasionem necessitas et causae
gravitas requirit, et oro V. Excell. per Christum filium Dei, et
per vestram salutem atque conscientiam aliquando Deo in morte
offerendam obtestor, ut hic attentis animis et timore Dei ac
sano iudicio legere et expendere pro vestra pietate dignemini
haec sequentia.

  Audio a multis quod vestri concionatores fucum faciendo
recantaverint et dixerint verum corpus et sanguinem d. n. I. Ch.
quod pependit in cruce in coena exhiberi. Sic multi existimant
satisfactum esse ecclesiae. Interim illam confessionem et Beza
admittit et multi ex sacramentariis. Verum dum nec Bezam nec
Cinglium nec Calvinum damnant dum dicunt impios non sumere
corpus Christi, profecto et contra doctrinam Lutheri (imo filii

Dei) peccant, et omnium suevicarum, saxonicarum etc. professionem agunt.

. . . .

Nisi igitur vestri concionatores primo dicant ipsum verum Christi corpus pro nobis crucifixum et sanguinem ex eius latere in ara crucis effusum, in coena hic in terris exhiberi et dari, et ore ab omnibus accedentibus, tam indignis quam dignis, accipi et sumi, et (ut habet vetus aug. confessio) secus docentes damnant, profecto credite mihi tunc fucum faciunt et cothurnis ludunt. Cavete vobis, ne prius, nisi hoc et ore et scriptis ratificatum ab istis habeatis, cum illis commercia habeatis, multo minus ab illis eucharistiam vobis porrigi patiamini.

. . . .

Haec scripsi pio et syncero animo, et oro V. A. et Excell. ut hanc admonitionem ex sancto zelo profectam dignemini boni consulere, et omnia recte accipere et intelligere. Dominus Iesus regat vos spiritu s. suo, ut omnia et pie et recte faciatis. Ex Oldenburgo 16. Aprilis anno 1575.

V. E. et M.

observantiss. Hermannus
Hamelmannus L.

23. H. Hamelmann an den Bürgermeister (späteren fürstlichen Richter) Ott von Bellinghoven in Wesel, 19. Juli 1575.

S. in Christo. Credo forsan et me molestum et importunum esse meis scriptis et literis apud T. Excell. multis publicis et privatis negotiis occupatam, quum hactenus nondum intellexerim quo animo ea quae T. Excell. quoque publice inscripta erant, et quo privatas literas nostras acceperit, tamen bono zelo to animo non cesso vobis meas obtrudere literas. Interim spero adhuc animo vestro insidere, quae nuper ex pio zelo scripsi ad vestram magnificentiam; et credat vestra Excell. pie facere Christianos, qui magno numero Assendiam confluunt, quo ibi a synceris ministris coenam percipiant. Nam impiis, qui veram doctrinam non adferunt vel non habent, ne quidem ave dicendum fatente scriptura.

. . . .

Cum igitur vestri cives audiant a vestro illo Gerhardo (Vels) dici se non Calvini, non Lutheri, non Heshusii coenam, sed Christi administrare (quasi Lutherus et Heshusius aliam habeant coenam et administrent, vel usurpent, vel sumant quam quae Christi sit!); quum inquam iuxta aug. confessionis sententiam, quae secus docentes reiicit, non damnet Calvini et Bezae nominatim de coena sententias et opiniones, et vestri adhuc familiaritatem habeant cum Heidelbergicis theologis et Tigurinis: ideo sunt fugiendi, et eorum coena non percipienda est ab omnibus illis, qui volunt pie et bona conscientia coram Christo perstare.

. . . . .

Videat igitur T. Excell. pro sua pietate, ut istius Gerhardi conatum reprimat, et istos pie Assendiae communicare permtittat; vel hoc agat ut vestri Lutheri sententiam approbent et expresse Calvini, Bezae, Bullingeri, Martyris, Heydelbergensium sententiam de eucharistia damnent, et sic omnes pii cum ipsis (et quidem non prius) communicent. Haec laborans ex manu scripsi pio animo et amante tui, ratione officii, ut T. Excell., et per eam D. Henricum a Bertt et DD. fratres Heshusios aliosque confirmem in pio proposito. Valeat eadem in Christo et patrocinium mei agere pergat. Ex Oldenburgo valde tumultuanter. 19 Iulii anno d. 1575.

    T. Mag. et Excell. deditiss.
    Hermannus Hamelmannus L.

D. doctori I. U. Otthoni Bellinckhovio,
  Consuli urbis Wesaliae etc.

Register.

Abendmahl 79. 80. 95. 137. 189.
Abendmahlsstreit 151.
Ablaß 18.
Abraham Roussau 379.
Adam Bollenheim 94.
Adelheid, Kaiser Otto's Tochter 272.
Adolph v. Cleve 14.
Adolph v. Holstein 231.
Adrianus de Saravia 368.
Alba 5. 296. 327. 328.
Albert Conind 94.
Albertus Goudrianus 376.
Alberus, Erasmus 200.
Aldendorp, s. Hochkloster.
Aleander 31.
Algoet, Anton 380.
Amsdorf Nic. v. 206.
Andernach 101.
Andreas Trail 146.
Anna v. Sachsen 292. 297.
Anton Morenanus v. Mecheln 80. 86. 98. 121. 124.
Antonius der Einsiedler 14.
Antoniusbild 14. 96.
Antoniustracht in Wesel 15. 25. 81.
Antwerpen 286. 305.
Arndt v. Wassenberg 123. 127.
Arnold II v. Cleve 11.
Augustiner in Wesel 13. 23. 46. 59. 105. in Antwerpen 24. 31. in Dortrecht 42.

Ball, s. Isbrand.
Bann und Bannbriefe 25. 43. 59.
Barenbroch, Heinrich (v. Kempen) 274. 283.
Bedburg, Kloster 11.
Beghinen zu Wesel 14.
Bellinghofen, Ott v. 471.
Bert, Heinr. v. 85. 117. 139. 251.
Bert, Joh. v. 251. 258. 267. 276. 282. 464. 468.
Bert, Wessel v. 26. 33. 37. 38. 40. 44. 67. 71. 72. 87. 139. 259.
Bertie, Peregrin 161.
Beyer, Hartmann 201. 207.
Beylar bei Brünen 13.
Bomel, Heinrich 138. 146. 229.
Bongert, Gerit 26. 37.
Boquin, Peter 255. 307.
Braunschweiger Theologen 243.
Bremen 253. 282.
Brenz 206. 241. 244.
Bres, Guy de 303. 368. 384. 407.
Brixius 41.
Broiel, Herm. 66.
Bronchhorst, Theod. v. 370. 376.
Brüder des gemeins. Lebens 3. ihre Stiftungen zu Münster und Wesel 13.
Brühl 101.
Brünen 12.
Bruninc, Laurenz 380.
Burschot, Adrian, Augustiner, 24.
Busch, Hermann 22.
Busch, Nicolaus 83. Superintendent 97. 109. 124.
Butzer Martin 100. 101. 143.

Calvin 153. 162. 167. 171. 197. 209. 212. 233. 248.
Calvinisten 269. 328.
Camerarius 210.
Capito 201.
Carl Bertie 161.
Carl Brandon 160.
Caspar Isselborch s. u. J.
Cellarius 200.
Charles le Bran 300.
Chemnitz, Martin 252. 253. 254.
Choirod, Streit um dens. 228.
Christoph v. Oldenburg 124.
Christoph v. Würtemberg 269. 315.
Christophorus Becanus 378.

Chryſtoffels wut Waes 379.
Clarenbach, Adolph 34.
Clemens aus Rade (Sylvanus) 34. 35.
Cluver, Hermann 282.
Compromiß 289.
Concordie, Wittenberger 303.
Confeſſion, Augsburger 143. 145. 155. 156. 173. 226. 227. 302. 408.
 „   , der clev. Kirche 387.
 „   , der Engländer 446. 451.
 „   , franz. 383. 451.
 „   , der Niederlande 368. 363. 384. 387.
 „   , der Stadt Weſel 234. 236. 456.
 „   , der Walonen 440. 455. 458.
Conſiſtorien, fürſtliche 265.
Coolhaes ſ. u. K.
Coornhert, Dirk 298. 375.
Corneille de Lezenne 300.
Cornelis Franckx 380.
Cornelius Egidii 375.
Cornelius Poppius 378.
Cornelius Rhetius 378.
Cornelius Sprunzers 379.
Coſſius, Stephan 235.
Coverdale 171.
Cruciger 201.
Cyprian 325.

Dathen, Peter 203. 295. 315. 368. 369. 398. 407.
Diakonen 395.
Diakoniſſen 396.
Diedrich v. Cleve (Luyff) 12. 13.
Tiersfort 263.
Dominicaner in Weſel 13.
Türer, Albrecht 286.

Eber, Paul 210. 241. 246.
Edict, ewiges 329.
Eduard VI 150. 152.
Einhorn, Paul 244.
Eiſenbuuk, Johann 283.
Eliſabeth v. England 160. 211.
Emden 314. Synode v. 328. 386. — Katechismus v. 386.
Emmerich 371.
Engländer in Weſel 155. 186. vertrieben 196.
Erasmus 24. 55. 83. 85.

Erich v. Braunſchweig 301.
Eſch, Joh. (van Eſſen) 24.
Eſſen, Stadt 259. 272. 373. 465. 468. 469. 472. Die Predigerartikel 283.
Evert v. Utrecht 93. 98. 124.
Eyl bei Calcar 375.

Falais, de 153.
Feldpredigten 289. 320.
Ferdinand, röm. König 107. 270.
Fiſchart 15.
Flazius Illyricus 119. 194. 252. 305.
Florin ſ. Lubbert.
Flyſtädt, Peter 37.
Föhr 230.
Frankenthal, Kloſter 212. 315. (und Schönau).
Frankfurt, Reform. daſ. 200. Flüchtlinge daſ. 201 fig. — 245. 262.
Franz, König v. Frankreich 102.
Franz van der Hulſt, Inquiſitor 108.
Franziscus Franckennus 378.
Franziscus Perucellius 153. 154. 160. 169. 176. 190. 197. 248. 443.
Friedrich III v. d. Pfalz 212. 231. 252. 301. 315. 316. 325.
Friedrich Wilhelm III, König 332.
Friemersheim 229.
Fürſtenberg, Kloſter 11.
Fürſtenberg, Paſtor in Weſel 21. 25. 40. 44. 92.

Gandersheim 280.
Gaspar v. Bygaerden 379.
Gebhard Truchſeß 369.
Geltner 201.
Gerardus Culenborganus 373.
Gerhard v. Wickrath 11.
Gerwin Haverlant 70.
Gladbach, München 101.
Glaube und Werke 130.
Glaubensbekenntniß ſ. Confeſſ.
Glauburg 207.
Gnadenſeil, das 77.
Gooris v. d. Bygaerden 379.
Gotfried van Kinderen 123. 136.
Gottesdienſt der Niederl. 398.
Gottesfreunde 3.
Granvella 103. 109. 288.
Grave 328.
Grindal, Biſchof 211.

Groen, Diedrich 117. 139. 143. 155. 184. 196. 232. 251. 255. 259. 299. 445.
Groot, Gerh. aus Deventer 13.
Gropper, Joh. 99.
Gysbert v. Neukirchen 80. 86. 89. 96. 122. 137.
Gysius, Joh. 359.

Haemstede, Adrian 211. 377.
Haller, Reiner 235.
Hamborn, Kloster 11.
Hamelmann, Herm. 184. 270. 280. 283. 305. 465. 470. 471.
Hardenberg, Albert 246. 253. 282.
Harst, Carl 132.
Hedio 201.
Heidelberger Theologen 239. — Katechismus 254. 257. 326. 385. 400.
Heiligerlee, Schlacht bei 322.
Heinrich Barenbroch f. u. B.
Heinrich VIII v. England 150.
Heinrich II v. Frankreich 149.
Heitfeld, Johannes 225. 276.
Henricus Michael 377.
Heresbach, Konr. v. 4. 30. 79. 82. 94. 99. 131. 226. Stellung zu den Wiedertäufern 64.
Hermann v. Moers u. Neuenar 229.
Hermann v. Wied, Bischof v. Köln 63. 65. 99. 103 f. Reformationsordnung 175. 232. 263. 331. zu Wesel 1553 angenommen 143.
Hermannus Millenius 372.
Hermannus Rachemius 375.
Heshusen, Tileman 85. 125. 139. 231. 232. 241. 251. 437. 466.
Heyden, Casp. v. d. 377.
Hochkloster in Wesel 12. 20. 88. 97. 105. 434. f. Zerstörung 329.
Holtmann, Albert 78.
Hortensius, Marcus 276. 461.
Hotoman, Franz 7.
Hroswitha 280.
Hubertus Buffeurs 378.
Humanismus 2. 21.
Hyperius, Andr. 84. 240.

Jacobus Laubegeois 378.
Jacobus Miggrodius 379.
Jacobus Sterdebrugge 378.
Jan Mouell 379.
Jan van de Zomere 379.

Jbach, Hartmann 200.
Jman Ortzen v. Zeeland 73. 86. 90. 105. 121. 230. 256. 437.
Inquisition in Wesel 158.
Interim 113. in Wesel 116. 132.
Joan Handtop 176.
Joannes Asperensis 372.
Joannes Cubus 377. 380.
Joannes Gastercomius 380.
Joannes Ostenborpius 375.
Joannes Wicoburstabius 372.
Johann Bullich 98.
Johann III v. Cleve 20. 30. 61. 433.
Johann Daventria 70.
Johann Friedrich v. Sachsen 46. 63. 115. 315.
Johann Host v. Romberg 70.
Johann v. Hünte 61.
Johann v. Leyden 68.
Johann Plückbart 274.
Johann Sigismund 332.
Johann Sturm f. Sturm.
Johann Wilhelm, Herzog 331. 332.
Johann v. Zutphen 48. 51. 72.
Johanna d'Albret 102.
Johanna Gray 159.
Johannes Gelonius 378.
Johannes Hove 378.
Johannes Lithobius 125.
Johanniter in Wesel 13.
Joos Faes 380.
Joung Thomas, Erzbischof 171.
Irmgard v. Diepholz 273.
Isebrandt Trabius 305. 377.
Isselborch, Caspar 276. 467.
Juan d'Austria, Don 329.
Junius (du Jon) Franz 289. 307. 371.

Kappenberg, Grafen v. 11.
Karl V 31. 102. 115. 124. 135. 203. 205. 302.
Ketler, Joh., Probst 26.
Kirchenordnung, clevische 33. 58.
Kirchenvisitation, clevische 54.
Kirchenzucht 165. 400. 405. 425.
Klebitz, Wilh. 252. 253.
Klopris, Joh. 34. 35. 36. 41.
Knox, John 205.
Köln 268.
Kölner Reformation 101.
Konrad, röm. König 12.
Koolhaes, Caspar 279. 373.

Lactanz 157.
Languet, Hubert 185. 199. 210.
Larenius, Gerh. 373.
Lasco, Joh. a. 150. 167. 202. 230. 324. 439.
Lautfocht, Christoph 380.
Leicester 161. 369.
Leonhard Panhustus 375.
Leyser, Polycarp 265.
Linz 101.
Lippius, Joh. 370.
Londoner Fremdengemeinde 149. 211.
Louis, Pfarrer der Walonen 112.
Lubbertus Florinus 125. 183. 229. 269. 463. 464.
Ludovicus Sanarius 376.
Ludwig v. Nassau 322.
Luther 32. 80. 206. 258. 272. f. Abendmahlslehre 140. 141. 201.
Lutheraner in den Niederlanden 292. 302. 305.
Lutheraner und Reformirte im Streit 6. 292. 309.

Magdeburg 134.
Major, Johann 305.
Marbach, Joh. 238.
Marcellus, Guardian 69. 71.
Margaretha v. Parma 31. 287. 289. 309. 319.
Maria v. Oesterreich 107.
Maria Tudor 151. 159. 202. 205.
Marnix, Phil. v. 288. 289. 318. 378. 398.
Masius, Joannes 372. Gisbert ebdf.
Mathys v. d. Loo 379.
Matthäus v. Ginderich 26. 34.
Maurus, Nicolaus 201.
Meere, Herm. v. d. 372.
Melanchthon 3. 4. 81. 101. 118. 141. 176. 186. 209. 251. 274.
Melander, Dionys 200.
Menius, Justus 188.
Meuwlen, Heinr. 78.
Michaelis, Jac. 370.
Micron 202. 399.
Micyllus, Jacob 200.
Modet, Hermann (de Stryker) 319. 368.
Moers 229.
Mörlin, Joachim 180. 182. 244. 253.
Mörlin, Maximilian 282. 284. 467.
Moriscos 294.

Moritz v. Sachsen 135. 292.
Müller, Henrich, v. Zutphen 24.
Murner, Thomas 200.
Myconius, Friedr. 46.
Mystiker 2.

Resen, Wilh. 200.
Reuenar, Graf v. 370.
Neulutheraner 171. 276.
Neuville, Rupert de 212.
Nicolai, Philipp 7.
Niederlande, Abfall der 286.
Niederländer in Wesel 297.
Niedermörmter 370. 376.
Niellius, Carol. 371.
Noeteman, Derrick 267.
Norbert v. Xanten 11.
Norwich 211. 320.
Nothtaufe 421.

Oemelen 52.
Oislleger (Bars) Vater, Sohn, Enkel 60. 61. 66. 73. 74. 91. 230. 262.
Oranien, Wilh. v. 265. 288. 291. 297. 302. 304. 322. 374. 400.
Orgeln 398.
Orsoy 373.

Passauer Vertrag 135.
Peruzel s. Franz.
Peucer 210.
Pfefferkorn 22.
Philipp v. Heinsberg, köln. Bischof 12.
Philipp von Hessen 41. 63. 80. 113. 115. 135. 292. 436.
Philipp II von Spanien 287. 320. 384.
Philippus Raesfeld 375.
Pieter Bunters 380.
Pieter v. Hoorebele 379.
Pistor v. Nidda 210. 244.
Pistorius, Godefr. 371.
Platean s. Thomas.
Presbyterien, deren Zusammensetzung 391.
Prophezey 393.
Proposanten 394.

Recke, Catharine v. d. 88.
Rees 259. 260. 373. 376.
Religionsfriede, Augsburger 134.
Reynier de Pestere 379.
Rheinland, das, und die Reformation 2.

Richoboscus, Jac. 373.
Ringelstein 237.
Ritter, Mathias 201.
Rollius, Nicolaus 226. 266. 461.
Rough, John 171.
Rubens 310.
Rutger, Pistor 81.
Rycke, Peter de 318. 371.
Rycwart, Carl 380.
Ryk, Jacob de 369.

Sack, Rector 253.
Sacramentirer 328.
Schaumburg, Adolph v., Erzb. 103. 127.
Schaumburg, Anton v., Erzb. 270.
Schets, Caspar 299.
Schriwer, Simon 78.
Schule von Wesel 106.
Scory, Bischof 171.
Sibylle v. Cleve 46. 119.
Sigismund v. Polen 161.
Simeon van Habosch 378.
Sinzig 101.
Smithals, Albert 78.
Soest 70. 113. 269.
Sonsbeck 373.
Spangenberg, Cyriacus 305.
Spreng, Joh. 24.
Stein, Hermann 137. 177. 181. 229.
Stella, Tileman 241.
Straßburg 238.
Stryker, de, s. Mobet.
Sturm, Joh., v. Straßburg 78. 238.
Suffolk 160.
Suso, Heinr. 3.
Sylvanus, Georg. Olamus 376.
Synode v. Antwerpen 304.
Synode v. Paris 321.
Synoden 323, der Walonen 387, von Frankreich 388.
Synode von Wesel 1. 321.

Tertullian 157.
Tetrapolitana 238.
Thomas Plateanus 121. 123. 137. 177. 269.
Thorn, Lambert, Augustiner 24.
Tuber, Georg 272.

Ulenberg, Caspar 273.
Union der Protestanten 9. 201. 408.
Utenhoven, Joh. v. 211.

Valeranbus Pullanus 152. 202. 203.
Varenstege, Berndt 78.
Veltius, Arzt 209.
Veltius, Gerhard 270. 330.
Venlo, Christian 376.
Venlo, Frieden v. 103.
Venraidt, Gerh. 378
Viglius v. Zuichem 287. 289. 305.
Villerius, Petrus 310.
Voes, Heinrich 24.
Vos, Corn. de 373.
Vossius, Abr. 379.
Vynck, Ott 38. 66.

Walonen 107, ihr erstes Bekenntniß 110. 169. 181. — Auflösung ihrer Gemeinde 330.
Walraven, Cornel. 370.
Wesel, Stadt 12. Stiftungen daselbst 13 ff. Zustände im 16. Jhdt. 17. 25. Erste öffentl. Abendmahlsfeier 80. Gottesdienst das. um 1542 91. Latein. Schule 106. Bekenntniß 236. Synode das. 313. Weseler Classe 328.
Wesenbeck, Jacob v. 265.
Wesenbeck, Matthäus v. 265.
Wesenbeck, Philipp v. 237. 265.
Westerburg, Gerhard v. 15.
Westphal, Joachim, in Hamburg 152. 201. 204. 311.
Weyer aus Wesel 328.
Weyer, Joh. 263.
Wiedertäufer 63.
Wilhelm, Herzog v. Cleve 77. 102. 113. 260. 273. 331.
Wilhelm v. Oranien s. Oranien.
Wilibrord 12.
Winghen, Gottfr. v. 368.
Winghen, Jan van 319. 369. 379.
Wittenberger Concordie 201.
Wolfgang Wilh. v. Zweibrücken 273.
Wolter v. Plettenberg 18.
Wormser Theologen 245.
Woubanus, Joh. 379.
Wylach (Wilich) Otto v. 87. — Diedrich 263.

Xanten 11. 160.

Zierichzee 73. 320. 373.
Zülbeck, Johann 42.
Zuylen van Nyevelt, Wilh. 318. 371.

Verbesserungen.

S. 44 Z. 7 v. u. lies 1530.
„ 89 „ 20 v. o. „ führten.
„ 147 „ 18 v. o. „ weil die Zeit.
„ 206 „ 18 v. o. „ lesse enemie.
„ 233 „ 14 v. u. „ blicke.
„ 256 „ 8 v. o. „ gestritten hatte.
„ 256 „ 10 v. o. ist das Wort hatte zu tilgen.
„ 259 „ 10 v. u. „ zu kümmern.
„ 266 „ 5 v. u. und S. 267 Z. 1 v. o. sind die Worte seinem Gegner zu tilgen.
„ 271 „ 4 v. o. lies eintraf.
„ 320 „ 13 v. u. „ machten.
„ 339 „ 1 v. o. „ -insolentiam.
„ 401 „ 8 v. o. „ nicht zu bestehn.

Bonn, Druck von Carl Georgi.